Heinrich Heine, Gottfried Becker, Heinrich Heine

Sämtliche Werke

5. Band

Heinrich Heine, Gottfried Becker, Heinrich Heine

Sämtliche Werke
5. Band

ISBN/EAN: 9783743433250

Hergestellt in Europa, USA, Kanada, Australien, Japan

Cover: Foto ©ninafisch / pixelio.de

Manufactured and distributed by brebook publishing software (www.brebook.com)

Heinrich Heine, Gottfried Becker, Heinrich Heine

Sämtliche Werke

Heinrich Heine's

Sämmtliche Werke.

Fünfter Band:

Vermischte Schriften.

(Erste Abtheilung.)

Siebente Auflage.

Philadelphia:

Verlag von Schäfer und Koradi.

1870.

H. Heine's

sämmtliche Werke.

Fünfter Band:

Vermischte Schriften.

Erste Abtheilung.

Notiz.

—

Im fünften und sechsten Bande geben wir sämmtliche politische, literar-historische, biographische ꝛc. Arbeiten Heinrich Heine's so vollständig, als wir sie in den zerstreuten und vermischten Schriften des Verfassers auftreiben konnten.

Philadelphia, im Juli 1855.

Der Verleger.

Einleitende Bemerkung.

Herr Lumley, Direktor des Theaters Ihrer Majestät der Königin zu London, forderte mich auf, für seine Bühne ein Ballet zu schreiben, und diesem Wunsche willfahrend dichtete ich das nachfolgende Poem. Ich nannte es: Doktor Faust, ein Tanzpoem. Doch dieses Tanzpoem ist nicht zur Aufführung gekommen, theils weil in der Saison, für welche dasselbe angekündigt war, der beispiellose Success der sogenannten schwedischen Nachtigall jede andere Erhibition im Theater der Königin überflüssig machte, theils auch weil der Balletmeister aus Esprit de Corps de Ballet, hemmend und säumend, alle möglichen Böswilligkeiten ausübte. Dieser Balletmeister hielt es nämlich für eine gefährliche Neuerung, daß einmal ein Dichter das Libretto eines Balletes gedichtet hatte, während doch solche Produkte bisher immer nur von Tanzaffen seiner Art, in Collaborazion mit irgend einer dürftigen Literatenseele, geliefert worden. Armer Faust! armer Herenmeister! so mußtest du auf die Ehre verzichten, vor der großen Victoria von England deine Schwarzkünste zu produziren! Wird es dir in deiner Heimath besser gehn? Sollte gegen mein Erwarten irgend eine deutsche Bühne ihren guten Geschmack dadurch bekunden, daß sie mein Opus zur Aufführung brächte, so bitte ich die hochlöbliche Direktion bei dieser Gelegenheit auch nicht zu versäumen, das dem Autor gebührende Honorar, durch Bemittlung der Buchhandlung von Hoffmann und Campe zu Hamburg, mir oder meinen Rechtsnachfolgern zukommen zu lassen. Ich halte es nicht für überflüssig zu bemerken, daß ich, um das Eigenthumsrecht meines Ballets in Frankreich zu sichern, bereits eine französische Uebersetzung drucken ließ und die gesetzlich vorgeschriebene Anzahl Exemplare an gehörigem Orte deponirt habe.

Als ich das Vergnügen hatte dem Herrn Lumley mein Balletmanuskript einzuhändigen und wir, bei einer duftigen Tasse Thee, uns über den Geist der Faustsage und meine Behandlung derselben unterhielten, ersuchte mich der geistreiche Impressario das Wesentliche unseres Gespräches aufzuzeichnen, damit er späterhin das Libretto damit bereichern könne, welches er am Abend der Aufführung seinem Publikum zu übergeben gedachte. Auch solchem freundlichen Begehr nachkommend, schrieb ich den Brief an Lumley, den ich abgekürzt am Ende dieses Büchleins mittheile, da vielleicht auch dem teutschen Leser diese flüchtigen Blätter einiges Interesse gewähren dürften.

Wie über den historischen Faust habe ich in dem Briefe an Lumley auch über den mythischen Faust nur dürftige Andeutungen gegeben. Ich kann nicht umhin, in Bezug auf die Entstehung und Entwickelung dieses Faustes der Sage, der Faustfabel, hier das Resultat meiner Forschungen mit wenigen Worten zu resumiren.

Es ist nicht eigentlich die Legende vom Theophilus, Seneschall des Bischofs von Adama in Sicilien, sondern eine alte angelsächsische, dramatische Behandlung derselben, welche als die Grundlage der Faustfabel zu betrachten ist. In dem noch vorhandenen plattdeutschen Gedichte vom Theophilus sind altsächsische oder anglosächsische Archäismen, gleichsam Wortversteinerungen, fossile Redensarten enthalten, welche darauf hinweisen, daß dieses Gedicht nur eine Nachbildung eines älteren Originals ist, das im Laufe der Zeit verloren gegangen. Kurz nach der Invasion Englands durch die französischen Normannen muß jenes anglosächsische Gedicht noch existirt haben, denn augenscheinlich ward dasselbe von einem französischen Poeten, dem Troubadour Rüteboeuf fast wörtlich nachgeahmt und als ein Mystère in Frankreich auf's Theater gebracht. Für diejenigen, denen die Sammlung von Mommerque, worin auch dieses Mystère abgedruckt, nicht zugänglich ist, bemerke ich, daß der gelehrte Mangin vor etwa sieben Jahren im Journal des savants über das erwähnte Mystère hinlänglich Auskunft giebt. Dieses Mysterium vom Troubadour Rüteboeuf benutzte nun der englische Dichter Marlow, als er seinen Faust schrieb, indem er die analoge Sage vom deutschen Zauberer Faust nach dem älteren Faustbuche, wovon es bereits eine englische Uebersetzung gab, in die dramatische Form kleidete, die ihm das französische auch in England bekannte Mysterium bot. Das Mysterium des Theophilus und das ältere Volksbuch vom Faust sind also die beiden Faktoren, aus welchen das Marlow'sche Drama hervorgegangen. Der Held desselben ist nicht mehr ein ruchloser Rebell gegen den Himmel, der verführt von einem Zauberer und um irdische Güter zu gewinnen, seine Seele dem Teufel verschreibt, aber endlich durch die Gnade der Mutter Gottes, die den Pakt aus der Hölle zurückholt, gerettet wird, gleich dem Theophilus: sondern der Held des Stücks ist hier selbst ein Zauberer, in ihm, wie im Nekromanten des Faustbuchs, resumiren sich die Sagen von allen früheren Schwarzkünstlern, deren Künste er vor den höchsten Herrschaften produzirt, und zwar geschieht solches auf protestantischem Boden, den die rettende Mutter Gottes nicht betreten darf, weshalb auch der Teufel den Zauberer holt ohne Gnade und Barmherzigkeit. Die Puppenspiel=Theater, die zur Shakespear'schen Zeit in London florirten und sich eines jeden Stückes, das auf den großen Bühnen Glück machte, gleich bemächtigten, haben gewiß auch nach dem Marlow'schen Vorbilde einen Faust zu geben gewußt, indem sie das Originaldrama mehr oder minder ernsthaft parodirten, oder ihren Lokalbedürfnissen gemäß zustutzten, oder auch, wie oft geschah, von dem Verfasser selbst für den Standpunkt ihres Publikums umarbeiten ließen. Es ist nun jener Puppenspiel-Faust, der von England herüber nach dem Festland kam, durch die Niederlande reisend auch die Marktbuden unserer Heimath besuchte, und in derb deutscher Maulart übersetzt und mit deutschen Hanswurstiaden verballhornt, die unteren Schichten des deutschen Volkes ergötzte. Wie verschieden auch die Versionen, die sich im Laufe der Zeit, besonders durch das Improvisiren, gebildet, so blieb doch das Wesentliche unverändert, und einem solchen Puppenspiele, das Wolfgang Goethe in einem Winkeltheater zu Straßburg aufführen sah, hat unser großer Dichter die Form und den Stoff seines Meisterwerks entlehnt. In der ersten Fragment-Ausgabe des Goethe'schen Faustes ist dieses am sichtbarsten; diese entbehrt noch die der Sakontala entnommene Einleitung und einen dem Hiob nachgebildeten Prolog, sie weicht noch nicht ab von der schlichten Puppenspielform und es ist kein wesentliches Motiv darin enthalten, welches auf eine Kenntniß der älteren Originalbücher von Spieß und Widman schließen läßt.

Das ist die Genesis der Faustfabel, von dem Theophilus-Gedichte bis auf Goethe, der sie zu ihrer jetzigen Popularität erhoben hat. — Abraham zeugte den Isaak, Isaak zeugte den Jakob, Jakob aber zeugte den Juda, in dessen Händen das Scepter ewig bleiben wird. In der Literatur wie im Leben hat jeder Sohn einen Vater, den er aber freilich nicht immer kennt, oder den er gar verläugnen möchte.

Geschrieben zu Paris, den 1. Oktober 1851.

Der Doktor Fauſt.

Ein Tanzpoem,

nebſt

kurioſen Berichten über Teufel, Hexen

und

Dichtkunſt.

Du haft mich beschworen aus dem Grab
Durch deinen Zauberwillen,
Belebtest mich mit Wollustgluth —
Jetzt kannst du die Gluth nicht stillen.

Preß deinen Mund an meinen Mund,
Der Menschen Odem ist göttlich!
Ich trinke deine Seele aus,
Die Todten sind unersättlich.

(10)

Der Doktor Faust.

Ein Tanzpoem.

—

Erster Akt.

Studirzimmer, groß, gewölbt, in gothischem Styl. Spärliche Beleuchtung. An den Wänden Bücherschränke, astrologische und alchymistische Geräthschaften (Welt- uud Himmelskugel, Planetenbilder, Retorten und seltsame Gläser), anatomische Präparate (Skelette von Menschen und Thieren) und sonstige Requisiten der Nekromanzie.

Es schlägt Mitternacht. Neben einem mit aufgestapelten Büchern und physikalischen Instrumenten bedeckten Tische, in einem hohen Lehnstuhl, sitzt nachdenklich der Doktor Faust. Seine Kleidung ist die altdeutsche Gelehrtentracht des sechzehnten Jahrhunderts. Er erhebt sich endlich und schwankt mit unsichern Schritten einem Bücherschranke zu, wo ein großer Foliant mit einer Kette angeschlossen; er öffnet das Schloß und schleppt das entfesselte Buch (den sogenannten Höllenzwang) nach seinem Tische. In seiner Haltung und seinem ganzen Wesen beurkundet sich eine Mischung von Unbeholfenheit und Muth, von linkischer Magisterhaftigkeit und trotzigem Doktorstolz. Nachdem er einige Lichter angezündet und mit einem Schwerte verschiedene magische Kreise auf dem Boden gezeichnet, öffnet er das große Buch, und in seinen Geberden offenbaren sich die geheimen Schauer der Beschwörung. Das Gemach verdunkelt sich; es blitzt und donnert; aus dem Boden, der sich prasselnd öffnet, steigt empor ein flammend rother Tiger. Faust zeigt sich bei diesem Anblick nicht im Mindesten erschreckt, er tritt der feurigen Bestie mit Verhöhnung entgegen und scheint ihr zu befehlen sogleich zu entweichen. Sie versinkt auch alsbald in die Erde. Faust beginnt aufs neue seine Beschwörungen, wieder blitzt und donnert es entsetzlich und aus dem sich öffnenden Boden schießt empor eine ungeheure Schlange, die in den bedrohlichsten Windungen sich ringelnd, Feuer und Flammen zischt. Auch ihr begegnet der Doktor mit Verachtung, er zuckt die Achsel, er lacht, er spottet darüber, daß der Höllengeist nicht in einer weit gefährlichern Gestalt zu erscheinen vermochte, und auch die Schlange kriecht in die Erde zurück. Faust erhebt sogleich mit gesteigertem

Eifer seine Beschwörungen, aber diesmal schwindet plötzlich die Dunkelheit, das Zimmer erhellt sich mit unzähligen Lichtern, statt des Donnerwetters ertönt die lieblichste Tanzmusik, und aus dem geöffneten Boden, wie aus einem Blumenkorb, steigt hervor eine Ballettänzerin, gekleidet im gewöhnlichen Gaze- und Trikot-Kostüme und umhergaukelnd in den banalsten Pirouetten.

Faust ist anfänglich darob befremdet, daß der beschworene Teufel Mephistopheles keine unheilvollere Gestalt annehmen konnte als die einer Ballettänzerin, doch zuletzt gefällt ihm diese lächelnd anmuthige Erscheinung und er macht ihr ein gravitätisches Kompliment. Mephistopheles oder vielmehr Mephistophela, wie wir nunmehr die in die Weiblichkeit übergegangene Teufelei zu nennen haben, erwiedert parodirend das Kompliment des Doktors und umtänzelt ihn in der bekannten koketten Weise. Sie hält einen Zauberstab in der Hand und Alles, was sie im Zimmer damit berührt, wird aufs Ergötzlichste umgewandelt, doch dergestalt, daß die ursprüngliche Formation der Gegenstände nicht ganz vertilgt wird, z. B. die dunkeln Planetenbilder erleuchten sich buntfarbig von innen, aus den Pokalen mit Mißgeburten blicken die schönsten Vögel hervor, die Eulen tragen Girandolen im Schnabel, prachtvoll sprießen an den Wänden hervor die kostbarsten gülbenen Geräthe, venetianische Spiegel, antike Basreliefs, Kunstwerke, alles chaotisch gespenstisch und dennoch glänzend schön: eine ungeheuerliche Arabeske. Die Schöne scheint mit Faust ein Freundschaftsbündniß zu schließen, doch das Pergament, das sie ihm vorhält, die furchtbare Verschreibung, will er noch nicht unterzeichnen. Er verlangt von ihr die übrigen höllischen Mächte zu sehen, und diese, die Fürsten der Finsterniß, treten alsbald aus dem Boden hervor. Es sind Ungethüme mit Thierfratzen, fabelhafte Mischlinge des Skurrilen und Furchtbaren, die meisten mit Kronen auf den Köpfen und Sceptern in den Tatzen. Faust wird denselben von der Mephistophela vorgestellt, eine Präsentazion, wobei die strengste Hofetikette vorwaltet. Ceremoniös einherwackelnd, beginnen die unterweltlichen Majestäten ihren plumpen Reigen, doch indem Mephistophela sie mit dem Zauberstabe berührt, fallen die häßlichen Hüllen plötzlich von ihnen, und sie verwandeln sich ebenfalls in lauter zierliche Ballettänzerinnen, die in Gaze und Trikot und mit Blumenguirlanden dahinflattern. Faust ergötzt sich an dieser Metamorphose, doch scheint er unter allen jenen hübschen Teufelinnen keine zu finden, die seinen Geschmack gänzlich befriedige; dieses bemerkend, schwingt Mephistophela wieder ihren Stab, und in einem schon vorher an die Wand hingezauberten Spiegel erscheint das Bildniß eines wunderschönen Weibes in Hoftracht und mit einer Herzogkrone auf dem Haupte. Sobald Faust sie erblickt, ist er wie hingerissen von Bewunderung und Entzücken, und er naht dem holden Bildniß mit allen Zeichen der Sehnsucht und Zärtlichkeit. Doch das Weib im Spiegel, welches sich jetzt wie lebend bewegt, wehrt ihn von sich ab mit hochmüthigstem Naserümpfen; er kniet flehend vor ihr nieder und sie wiederholt nur noch beleidigender ihre Gesten der Verachtung.

Der arme Doktor wendet sich hierauf mit bittenden Blicken an Mephistophela, doch diese erwiedert sie mit schalkhaftem Achselzucken und sie bewegt ihren Zauberstab. Aus dem Boden taucht sogleich bis zur Hüfte ein häßlicher Affe hervor, der aber auf ein Zeichen der Mephistophela, die ärgerlich den Kopf schüttelt, schleunigst wieder hinabsinkt in den Boden, woraus im nächsten Augenblicke ein schöner, schlanker Ballettänzer hervorspringt, welcher die banalsten Pas exekutirt. Der Tänzer naht sich dem Spiegelbilde, und indem er demselben mit der fadesten Süffisance seine buhlerischen Huldigungen darbringt, lächelt ihm das schöne Weib aufs holdseligste entgegen, sie streckt die Arme nach ihm aus mit schmachtender Sehnsucht und erschöpft sich in den zärtlichsten Demonstrationen. Bei diesem Anblick geräth Faust in rasende Verzweiflung, doch Mephistophela erbarmt sich seiner und mit ihrem Zauberstab berührt sie den glücklichen Tänzer, der auf der Stelle in die Erde zurücksinkt, nachdem er sich zuvor in einen Affen verwandelt und seine abgestreifte Tänzerkleidung auf dem Boden zurückgelassen hat. Jetzt reicht Mephistophela wieder das Pergamentblatt dem Faust dar, und dieser, ohne langes Besinnen, öffnet sich eine Ader am Arme, und mit seinem Blute unterzeichnet er den Kontrakt, wodurch er, für zeitliche irdische Genüsse, seiner himmlischen Seligkeit entsagt. Er wirft die ernste ehrsame Doktortracht von sich und zieht den sündig bunten Flitterstaat an, den der verschwundene Tänzer am Boden zurückgelassen; bei dieser Umkleidung, die sehr ungeschickt von Statten geht, hilft ihm das leichtfertige Corps-de-Ballet der Hölle.

Mephistophela giebt dem Faust jetzt Tanzunterricht, und zeigt ihm alle Kunststücke und Handgriffe, oder vielmehr Fußgriffe des Metiers. Die Unbeholfenheit und Steifheit des Gelehrten, der die zierlich leichten Pas nachahmen will, bilden die ergötzlichsten Effekte und Kontraste. Die teuflischen Tänzerinnen wollen auch hier nachhelfen, jede sucht auf eigne Weise die Lehre durch Beispiel zu erklären, eine wirft den armen Doktor in die Arme der andern, die mit ihm herumwirbelt; er wird hin und her gezerrt, doch durch die Macht der Liebe und des Zauberstabs, der die unfolgsamen Glieder allmählig gelenkig schlägt, erreicht der Lehrling der Choregraphie zuletzt die höchste Fertigkeit: er tanzt ein brillantes Pas-de-deur mit Mephistophela, und zur Freude seiner Kunstgenossinnen fliegt er auch mit ihnen umher in den wunderlichsten Figuren. Nachdem er es zu dieser Virtuosität gebracht, wagt er es als Tänzer auch vor dem schönen Frauenbilde des Zauberspiegels zu erscheinen, und dieses beantwortet seine tanzende Leidenschaft mit den Geberden der glühendsten Gegenliebe. Faust tanzt mit immer sich steigernder Seelentrunkenheit; Mephistophela aber reißt ihn fort von dem Spiegelbilde, das durch die Berührung des Zauberstabes wieder verschwindet, und fortgesetzt wird der höhere Tanzunterricht der altclassischen Schule.

Zweiter Akt.

Großer Platz vor einem Schlosse, welches zur rechten Seite sichtbar. Auf der Rampe, umgeben von ihrem Hofgesinde, Rittern und Damen, sitzen in hohen Thronsesseln der Herzog und die Herzogin, ersterer ein steifältlicher Herr, letztere, ein junges, üppiges Weib, ganz das Konterfei des Frauenbilds, welches der Zauberspiegel des ersten Akts dargestellt hat. Bemerklich ist, daß sie am linken Fuße einen güldenen Schuh trägt.

Die Scene ist prachtvoll geschmückt zu einem Hoffeste. Es wird ein Schäferspiel aufgeführt, im ältesten Roccocogeschmacke: graziöse Fadheit und galante Unschuld. Diese süßlich gezierte Arkadien-Tänzelei wird plötzlich unterbrochen und verscheucht durch die Ankunft des Faust und der Mephistophela, die in ihrem Tanzkostüm und mit ihrem Gefolge von dämonischen Ballettänzerinnen, unter jauchzenden Fanfaren, ihren Siegeseinzug halten. Faust und Mephistophela machen ihre springenden Reverenzen vor dem Fürstenpaar, doch ersterer und die Herzogin, indem sie sich näher betrachten, sind betroffen wie von freudigster Erinnerung: sie erkennen sich und wechseln zärtliche Blicke. Der Herzog scheint mit besonders gnädigem Wohlwollen die Huldigung Mephistophela's entgegen zu nehmen. In einem ungestümen Pas-de-deur, welches letztere jetzt mit Faust tanzt, haben beide fürnehmlich das Fürstenpaar im Auge, und während die teuflischen Tänzerinnen sie ablösen, kos't Mephistophela mit dem Herzog und Faust mit der Herzogin; die überschwängliche Passion der beiden Letztern wird gleichsam parodirt, indem Mephistophela den eckigen und steifleinenen Graziösitäten des Herzogs eine ironische Zimperlichkeit entgegensetzt.

Der Herzog wendet sich endlich gegen Faust und verlangt, als eine Probe seiner Schwarzkunst, den verstorbenen König David zu sehen, wie er vor der Bundeslade tanzte. Auf solches allerhöchste Verlangen nimmt Faust den Zauberstab aus den Händen Mephistophela's, schwingt ihn in beschwörender Weise, und aus der Erde, welche sich öffnet, tritt die begehrte Gruppe hervor: Auf einem Wagen, der von Leviten gezogen wird, steht die Bundeslade, vor ihr tanzt König David, possenhaft vergnügt und abenteuerlich geputzt gleich einem Kartenkönig, und hinter der heiligen Lade, mit Spießen in den Händen, hüpfen schaukelnd einher die königlichen Leibgarden, gekleidet wie polnische Juden in lang herabschlotternd schwarzseidenen Kaftans und mit hohen Pelzmützen auf den spitzbärtigen Wackelköpfen. Nachdem diese Karrikaturen ihren Umzug gehalten, verschwinden sie wieder in den Boden unter rauschenden Beifallsbezeugungen.

Aufs Neue springen Faust und Mephistophela hervor zu einem glänzenden Pas-de-deur, wo der Eine wieder die Herzogin und die Andre wieder den Herzog mit verliebten Geberden anlockt, so daß das erlauchte Fürstenpaar endlich nicht mehr widersteht und seinen Sitz verlassend, sich den Tänzen jener beiden anschließt. Dramatische Quadrille, wo Faust die Herzogin noch inniger zu bestricken sucht. Er hat ein Teufelsmaal an ihrem Halse bemerkt, und indem er dadurch entdeckt, daß sie eine Zauberin sei, giebt er ihr ein Rendez-vous für den nächsten Heren-Sabbath. Sie ist erschrocken und will läugnen, doch Faust zeigt hin auf ihren gülbenen Schuh, welcher das Wahrzeichen ist, woran man die Domina, die fürnehmste Satansbraut, erkennt. Verschämt gestattet sie das Rendez-vous. Parodistisch geberden sich wieder gleichzeitig der Herzog und Mephistophela, und die dämonischen Tänzerinnen setzen den Tanz fort, nachdem die vier Hauptpersonen sich in Zwiegesprächen zurück-gezogen.

Auf ein erneutes Begehr des Herzogs ihm eine Probe seiner Zauberkunst zu geben, ergreift Faust den magischen Stab, und berührt damit die eben dahin wirbelnden Tänzerinnen. Diese verwandeln sich im Nu wieder in Ungethüme, wie wir sie im ersten Akte gesehen, und aus den graziösesten Rin-gelreihen in die täppischste und barockste Ronde überplumpsend, versinken sie zuletzt unter sprühenden Flammen in dem sich öffnenden Boden. — Rauschend enthusiastischer Beifall, und Faust und Mephistophela verbeugen sich dankbar vor den hohen Herrschaften und einem verehrungswürdigen Publiko.

Aber nach jedem Zauberstück steigert sich die tolle Lust; die vier Hauptper-sonen stürzen rücksichtslos wieder auf den Tanzplatz, und in der Quadrille, die sich erneut, geberdet sich die Leidenschaft immer dreister: Faust kniet nieder vor der Herzogin, die in nicht minder kompromittirenden Pantomimen ihre Gegenliebe kund giebt: vor der schäkernd hingerissenen Mephistophela kniet, wie ein lüsterner Faun, der alte Herzog; — doch indem er sich zufällig um-wendet und seine Gattin nebst Faust in den erwähnten Posituren erblickt, springt er wüthend empor, zieht sein Schwert und will den frechen Schwarz-künstler erstechen. Dieser ergreift rasch seinen Zauberstab, berührt damit den Herzog und auf dem Haupte desselben schießt ein ungeheures Hirschgeweih empor, an dessen Enden ihn die Herzogin zurückhält. Allgemeine Bestür-zung der Höflinge, die ihre Schwerter ergreifen und auf Faust und Mephi-stophela eindringen. Faust aber bewegt wieder seinen Stab, und im Hinter-grunde der Scene erklingen plötzlich kriegerische Trompetenstöße, und man erblickt in Reih und Glied eine ganze Schaar von Kopf bis zu Füßen geharnischter Ritter. Indem die Höflinge sich gegen diese zu ihrer Vertheidigung umwenden, fliegen Faust und Mephistophela durch die Luft davon, auf zwei schwarzen Rossen, die aus dem Boden hervorgekommen. Im selben Augenblick zerrinnt, wie eine Phantasmagorie, auch die bewaffnete Ritterschaar.

Dritter Akt.

Nächtlicher Schauplatz des Hexen-Sabbaths: Eine breite Bergkoppe; zu beiden Seiten Bäume, an deren Zweigen seltsame Lampen hängen, welche die Scene erleuchten; in der Mitte ein steinernes Postament, wie ein Altar, und darauf steht ein großer schwarzer Bock mit einem schwarzen Menschenantlitz und einer brennenden Kerze zwischen den Hörnern. Im Hintergrunde Gebirgshöhen, die einander überragend, gleichsam ein Amphitheater bilden, auf dessen kolossalen Stufen als Zuschauer die Notabilitäten der Unterwelt sitzen, nemlich jene Höllenfürsten, die wir in den vorigen Akten gesehen und die hier noch riesenhafter erscheinen. Auf den erwähnten Bäumen hocken Musikanten mit Vogelgesichtern und wunderlichen Saiten- und Blasinstrumenten. Die Scene ist bereits ziemlich belebt von tanzenden Gruppen, deren Trachten an die verschiedensten Länder und Zeitalter erinnern, so daß die ganze Versammlung einem Maskenball gleicht, um so mehr, da wirklich viele darunter verlarvt und vermummt sind. Wie barock, bizarr und abenteuerlich auch manche dieser Gestalten, so dürfen sie dennoch den Schönheitssinn nicht verletzen, und der häßliche Eindruck des Fratzenwesens wird gemildert oder verwischt durch mährchenhafte Pracht und positives Grauen. Vor dem Bocksaltar tritt ab und zu ein Paar, ein Mann und ein Weib, jeder mit einer schwarzen Fackel in der Hand, sie verbeugen sich vor der Rückseite des Bocks, knieen davor nieder und leisten das Homagium des Kusses. Unterdessen kommen neue Gäste durch die Luft geritten, auf Besenstielen, Mistgabeln, Kochlöffeln, auch auf Wölfen und Katzen. Diese Ankömmlinge finden hier die Buhlen, die bereits ihrer harrten. Nach freudigster Willkomm - Begrüßung mischen sie sich unter die tanzenden Gruppen. Auch Ihre Durchlaucht die Herzogin kommt auf einer ungeheuren Fledermaus herangeflogen; sie ist so entblößt als möglich gekleidet und trägt am rechten Fuß den gülbenen Schuh. Sie scheint Jemanden mit Ungeduld zu suchen. Endlich erblickt sie den Ersehnten, nämlich Faust, welcher mit Mephistophela auf schwarzen Rossen zum Feste heranfliegt; er trägt ein glänzendes Rittergewand und seine Gefährtin schmückt das züchtig enganliegende Amazonenkleid eines deutschen Edelfräuleins. Faust und die Herzogin stürzen einander in die Arme und ihre überschwellende Inbrunst offenbart sich in den verzücktesten Tänzen. Mephistophela hat unterdessen ebenfalls einen erwarteten Gespons gefunden, einen dürren Junker in schwarzer, spanischer Manteltracht und mit einer blutrothen Hahnenfeder auf dem Barett; doch während Faust und die Herzogin die ganze Stufenleiter einer wahren Leidenschaft, einer wilden Liebe, durchtanzen, ist der Zweitanz der Mephistophela und ihres Partners, als Gegensatz, nur der buhlerische Ausdruck der Galanterie, der zärtlichen Lüge, der sich selbst persiflirenden Lüsternheit. Alle vier ergreifen endlich schwarze Fackeln, bringen in der obenerwähnten Weise dem Bocke ihre Huldigung, und schließen sich zuletzt der Ronde an, womit die ganze vermischte Gesellschaft den Altar umwirbelt. Das Eigenthümliche dieser Ronde besteht darin, daß die Tänzer einander den Rücken zudrehen, und nicht das Gesicht, welches nach Außen gewendet bleibt.

Faust und die Herzogin, welche dem Ringelreihen entschlüpfen, erreichen die Höhe ihres Liebetaumels und verlieren sich hinter den Bäumen zur rechten Seite der Scene. Die Ronde ist beendet und neue Gäste treten vor den Altar und begehen dort die Adorazion des Bocks; es sind gekrönte Häupter darunter, sogar Großwürdenträger der Kirche in ihren geistlichen Ornaten.

Im Vordergrunde zeigen sich mittlerweile viele Mönche und Nonnen, und an ihren extravaganten Polkasprüngen erquicken sich die dämonischen Zuschauer auf den Bergspitzen und sie applaudiren mit lang hervorgestreckten Tatzen. Faust und die Herzogin kommen wieder zum Vorschein, doch sein Antlitz ist verstört, und verdrossen wendet er sich ab von dem Weibe, das ihn mit den wollüstigsten Karessen verfolgt. Er giebt ihr seinen Ueberdruß und Widerwillen in unzweideutiger Weise zu erkennen. Vergebens stürzt flehentlich die Herzogin vor ihm nieder; er stößt sie mit Abscheu zurück. In diesem Augenblicke erscheinen drei Mohren in goldnen Wappenröcken, worauf lauter schwarze Böcke gestickt sind; sie bringen der Herzogin den Befehl sich unverzüglich zu ihrem Herrn und Meister Satanas zu begeben, und die Zögernde wird mit Gewalt fortgeschleppt. Man sieht im Hintergrunde wie der Bock von seinem Postamente herabsteigt und, nach einigen sonderbaren Complimentirungen, mit der Herzogin ein Menuet tanzt. Langsam gemessene ceremoniöse Pas. Auf dem Antlitz des Bockes liegt der Trübsinn eines gefallenen Engels und der tiefe Ennui eines blasirten Fürsten; in allen Zügen der Herzogin verräth sich die trostloseste Verzweiflung. Nach Beendigung des Tanzes steigt der Bock wieder auf sein Postament; die Damen, welche diesem Schauspiel zugesehen, nahen sich der Herzogin mit Knir und Huldigung und ziehen dieselbe mit sich fort. Faust ist im Vordergrunde stehen geblieben, und während er jenem Menuet zugeschaut, erscheint wieder an seiner Seite Mephistophela. Mit Widerwillen und Ekel zeigt Faust auf die Herzogin und scheint in Betreff derselben etwas Entsetzliches zu erzählen; er bezeugt überhaupt seinen Ekel ob all dem Fratzentreiben, das er vor sich sehe, ob all dem

2*

gothischen Wuste, der nur eine plump schnöde Verhöhnung der kirchlichen Asketik, ihm aber eben so unerquicklich sei wie letztere. Er empfindet eine unendliche Sehnsucht nach dem Reinschönen, nach griechischer Harmonie, nach den uneigennützig edlen Gestalten der Homerischen Frühlingswelt! Mephistophela versteht ihn, und mit ihrem Zauberstab den Boden berührend, läßt sie das Bild der berühmten Helena von Sparta daraus hervorsteigen und sogleich wieder verschwinden. Das ist es, was das gelehrte, nach antikem Ideal dürstende Herz des Doktors begehrte; er giebt seine volle Begeisterung zu erkennen, und durch einen Wink der Mephistophela erscheinen wieder die magischen Rosse, worauf beide davon fliegen. In demselben Momente erscheint die Herzogin wieder auf der Scene; sie bemerkt die Flucht des Geliebten, geräth in die unsinnigste Verzweiflung und fällt ohnmächtig zu Boden. In diesem Zustande wird sie von einigen wüsten Gestalten aufgehoben und mit Scherz und Possen, wie im Triumphe, umhergetragen. Wieder Hexen-Ronde, die plötzlich unterbrochen wird von dem gellenden Klang eines Glöckchens und einem Orgel=Choral, der eine verruchte Parodie der Kirchenmusik ist. Alles drängt sich zum Altar, wo der schwarze Bock in Flammen aufgeht und prasselnd verbrennt. Nachdem der Vorhang schon gefallen, hört man noch die grausenhaft burlesken Freveltöne der Satansmesse.

Vierter Akt.

Eine Insel im Archipel. Ein Stück Meer, smaragdfarbig glänzend, ist links sichtbar und scheidet sich lieblich ab von dem Turkoisenblau des Himmels, dessen sonniges Tageslicht eine ideale Landschaft überstrahlt: Vegetazion und Architekturen sind hier so griechisch schön wie sie der Dichter der Odyssee einst geträumt. Pinien, Lorbeerbüsche, in deren Schatten weiße Bilderwerke ruhen; große Marmorvasen mit fabelhaften Pflanzen; die Bäume von Blumenguirlanden umwunden; kristallene Wasserfälle; zur rechten Seite der Scene ein Tempel der Venus Aphrodite, deren Statue aus den Säulengängen hervorschimmert; und das alles belebt von blühenden Menschen, die Jünglinge in weißen Festgewanden, die Jungfrauen in leichtgeschürzter Nymphentracht, ihre Häupter geschmückt mit Rosen oder Myrthen, und theils in einzelnen Gruppen sich erlustigend, theils auch in ceremoniösen Reigen vor dem Tempel der Göttin mit dem Freudendienste derselben beschäftigt. Alles athmet hier griechische Heiterkeit, ambrosischen Götterfrieden, classische Ruhe. Nichts erinnert an ein neblichtes Jenseits, an mystische Wollust- und Angstschauer, an überirdische Extase eines Geistes, der sich von der Körperlichkeit emanzipirt: hier ist alles reale plastische Seligkeit ohne retrospektive Wehmuth, ohne abnende leere Sehnsucht. Die Königin dieser Insel ist Helena von Sparta, die schönste Frau der Poesie, und sie tanzt an der Spitze ihrer Hofmägde vor dem Venus-Tempel: Tanz und Posituren, im Einklang mit der Umgebung, gemessen, keusch und feierlich.

In diese Welt brechen plötzlich herein Faust und Mephistophela, auf ihren schwarzen Rossen durch die Lüfte herabfliegend. Sie sind wie befreit von einem düstern Alpdruck, von einer schnöden Krankheit, von einem tristen Wahnsinn, und erquicken sich beide an diesem Anblick des Urschönen und des wahrhaft Edlen. Die Königin und ihr Gefolge tanzen ihnen gastlich entgegen, bieten ihnen Speise und Trank in kostbar ciselirten Geräthen, und laden sie ein bei ihnen zu wohnen auf der stillen Insel des Glücks. Faust und seine Gefährtin antworten durch freudige Tänze, und Alle, einen Festzug bildend, begeben sich zuletzt nach dem Tempel der Venus, wo der Doktor und Mephistophela ihre mittelalterlich romantische Kleidung gegen einfach herrliche griechische Gewänder vertauschen; in solcher Umwandlung wieder mit der Helena auf die Vorderscene tretend, tragiren sie irgend einen mythologischen Dreitanz.

Faust und Helena lassen sich endlich nieder auf einen Thron, zur rechten Seite der Scene, während Mephistophela, einen Thyrsus und eine Handtrommel ergreifend, als Bacchantin in den ausgelassensten Posituren einherspringt. Die Jungfrauen der Helena erfaßt das Beispiel dieser Lust, sie reißen die Rosen und Myrthen von ihren Häuptern, winden Weinlaub in die entfesselten Locken, und mit flatternden Haaren und geschwungenen Thyrsen taumeln sie ebenfalls dahin als Bacchanten. Die Jünglinge bewaffnen sich alsbald mit Schild und Speer, vertreiben die göttlich rasenden Mädchen, und tanzen in Scheinkämpfen eine jener kriegerischen Pantomimen, welche von den alten Autoren so wohlgefällig beschrieben sind.

In dieser heroischen Pastorale mag auch eine antique Humoreske eingeschaltet werden, nämlich eine Schaar Amoretten, die auf Schwänen herangeritten kommen, und mit Spießen und Bogen ebenfalls einen Kampftanz beginnen. Dieses artige Spiel wird aber plötzlich gestört: die erschreckten Liebesbübchen werfen sich rasch auf ihre Reitschwäne und flattern von bannen bei der Ankunft der Herzogin, die auf einer ungeheuren Fledermaus durch die Luft herbeigeflogen kommt, und wie eine Furie vor den Thron tritt, wo Faust und Helena ruhig sitzen. Sie scheint jenem die wahnsinnigsten Vorwürfe zu machen und diese zu bedrohen. Mephistophela, die den ganzen Auftritt mit Schadenfreude betrachtet, beginnt wieder ihren Bacchantentanz, dem die Jungfrauen der Helena sich ebenfalls wieder tanzend beigesellen, so daß diese Freuden-Chöre mit dem Zorn der Herzogin gleichsam verhöhnend contrastiren. Letztere kann sich zuletzt vor Wuth nicht mehr lassen, sie schwingt den Zauberstab, den sie in der Hand hält, und scheint diese Bewegung mit den entsetzlichsten

Beschwörungssprüchen zu begleiten. Alsbald verfinstert sich der Himmel
Blitz und Donnerschlag, das Meer fluthet stürmisch empor, und auf der ganzen Insel geschieht an Gegenständen und Personen die schauderhafteste Umwandlung. Alles ist wie getroffen von Wetter und Tod: die Bäume stehen
laublos und verdorrt; der Tempel ist zu einer Ruine zusammengesunken; die
Bildsäulen liegen gebrochen am Boden; die Königin Helena sitzt als eine
fast zum Gerippe entfleischte Leiche in einem weißen Laken zur Seite des Faust;
die tanzenden Frauenzimmer sind ebenfalls nur noch knöcherne Gespenster, gehüllt in weiße Tücher, die über den Kopf hängend nur bis auf die dürren Lenden reichen, wie man die Lamien darstellt, und in dieser Gestalt setzen sie ihre
heitern Tanzposituren und Ronden fort, als wäre gar nichts passirt, und sie
scheinen die ganze Umwandlung durchaus nicht bemerkt zu haben. Faust ist
aber bei diesem Begebniß, wo all sein Glück zertrümmert ward durch die Rache
einer eifersüchtigen Here, aufs höchste gegen dieselbe erbost; er springt vom
Thron herab, mit gezogenem Schwerte, und bohrt es in die Brust der Herzogin.

Mephistophela hat die beiden Zaubertrappen wieder herbeigeführt, sie treibt
den Faust angstvoll an, sich schnell aufzuschwingen und reitet mit ihm davon
durch die Luft. Das Meer brandet unterdessen immer höher, es überschwemmt
allmählig Menschen und Monumente, nur die tanzenden Lamien scheinen
nichts davon zu merken, und bei heitern Tambourinklängen tanzen sie bis zum
letzten Augenblick, wo die Wellen ihre Köpfe erreichen und die ganze Insel
gleichsam im Wasser versinkt. Ueber das sturmgepeitschte Meer, hoch oben in
der Luft, sieht man Faust und Mephistophela auf ihren schwarzen Gäulen
dahin jagen.

Fünfter Akt.

Ein großer freier Platz vor einer Kathedrale, deren gothisches Portal im
Hintergrunde sichtbar. Zu beiden Seiten zierlich geschnittene Lindenbäume;
unter denselben links sitzen zechende und schmausende Bürgersleute, gekleidet in
der niederländischen Tracht des sechzehnten Jahrhunderts. Unfern sieht man
auch mit Armbrüsten bewaffnete Schützen, die nach einem auf einen hohen
Pfahl gepflanzten Vogel schießen. Ueberall Kirmeßjubel: Schaubuden, Musikanten, Puppenspiel, umherspringende Pickelhäringe und fröhliche Gruppen.
In der Mitte der Scene ein Rasenplatz, wo die Honoratioren tanzen. —

Der Vogel ist herabgeschossen und der Sieger hält als Schützenkönig seinen
Triumphzug. Eine feiste Bierbrauerfigur, auf dem Haupte eine enorme
Krone, woran eine Menge Glöckchen, Bauch und Rücken behängt mit großen
Schilden von Goldblech; und solchermaßen mit Geklingel und Gerassel ein-

herstolzirend. Vor ihm marschiren Trommler und Pfeifer, auch der Fahnen-
träger, ein kurzbeiniger Knirps, der mit einer ungeheuern Fahne die drolligsten Schwenkungen verrichtet; die ganze Schützengilde folgt gravitätisch hinter-
her. Vor dem dicken Bürgermeister und seiner nicht minder korpulenten Gattin, die nebst ihrem Töchterlein unter den Linden sitzen, wird die Fahne ge-
schwenkt und neigen sich respektvoll die Vorüberziehenden. Jene erwiedern die
Salutazion, und ihr Töchterlein, ein blondlockiges Jungfrauenbild aus der
niederländischen Schule, kredenzt dem Schützenkönig den Ehrenbecher.

Trompetenstöße ertönen und auf einem hohen mit Laubwerk geschmückten
Karren, der von zwei schwarzen Gäulen gezogen wird, erscheint der hochge-
lahrte Doktor Faust in scharlachrothem und goldbetreßtem Quacksalberkostüme;
dem Wagen voran, die Pferde lenkend, schreitet Mephistophela, ebenfalls in
grell marktschreierischem Aufputz, reich bebändert und befiedert und in der
Hand eine große Trompete, worauf sie zuweilen Fanfaren bläst, während sie
eine das Volk heranlockende Reklame tanzt. Die Menge drängt sich alsbald
um den Wagen, wo der fahrende Wunderdoktor allerlei Tränklein und Mix-
turen gegen baare Bezahlung austheilt. Einige Personen bringen ihm in
großen Flaschen ihren Urin zur Besichtigung. Andern reißt er die Zähne
aus. Er thut sichtbare Mirakelkuren an verkrüppelten Kranken, die ihn geheilt verlassen und vor Freude tanzen. Er steigt endlich herab vom Wagen,
der davon fährt, und vertheilt unter die Menge seine Phiolen, aus welchen
man nur einige Tropfen zu genießen braucht, um von jedem Leibesübel geheilt
und von der unbändigsten Tanzlust ergriffen zu werden. Der Schützenkönig,
welcher den Inhalt einer Phiole verschluckt, empfindet dessen Zaubermacht, er
ergreift Mephistophela und hopst mit ihr ein Pas-de-deux. Auch auf den be-
jahrten Bürgermeister und seine Gattin übt der Trank seine beinbewegende
Wirkung, und beide humpeln den alten Großvatertanz.

Während aber das sämmtliche Publikum im tollsten Wirbel sich umher
dreht, hat Faust sich der Bürgermeisterstochter genaht, und bezaubert von ihrer
reinen Natürlichkeit, Zucht und Schöne, erklärt er ihr seine Liebe, und mit
wehmüthigen, fast schüchternen Geberden nach der Kirche deutend, wirbt er um
ihre Hand. Auch bei den Aeltern, die sich keuchend wieder auf ihre Bank nie-
derlassen, wiederholt er seine Werbung; jene sind mit dem Antrag zufrieden,
und auch die naive Schöne giebt endlich ihre verschämte Zustimmung. Letztere und Faust werden jetzt mit Blumensträußen geschmückt und tanzen als
Braut und Bräutigam ihre sittsam bürgerlichen Hymeneen. Der Doktor hat
endlich im bescheiden süßen Stillleben das Hausglück gefunden, welches die
Seele befriedigt. Vergessen sind die Zweifel und die schwärmerischen Schmerz-
genüsse des Hochmuthsgeistes, und er strahlt vor innerer Beseligung, wie der
vergoldete Hahn eines Kirchthurms.

Es bildet sich der Brautzug mit hochzeitlichem Gepränge, und derselbe ist schon auf dem Wege zur Kirche, als Mephistophela plötzlich mit hohnlachenden Geberden vor den Bräutigam tritt und ihn seinen idyllischen Gefühlen entreißt; sie scheint ihm zu befehlen ihr unverzüglich von hinnen zu folgen. Faust widersetzt sich mit hervorbrechendem Zorn, und die Zuschauer sind bestürzt über diese Scene. Doch noch größerer Schrecken erfaßt sie, als plötzlich, auf Mephistophela's Beschwörung, ein nächtliches Dunkel und das schrecklichste Gewitter hereinbricht. Sie fliehen angstvoll und flüchten sich in die nahe Kirche, wo eine Glocke zu läuten und eine Orgel zu rauschen beginnen, ein frommes Gedröhne, welches mit dem blitzenden und donnernden Höllenspektakel auf der Scene contrastirt. Auch Faust hat sich wie die andern in den Schooß der Kirche flüchten wollen, aber eine große schwarze Hand, die aus dem Boden hervorgriff, hat ihn zurückgehalten, während Mephistophela, mit boshaft triumphirender Miene aus ihrem Mieder das Pergamentblatt hervorzieht, das der Doktor einst mit seinem Blute unterzeichnet hat; sie zeigt ihm, daß die Zeit des Kontraktes verflossen sei und Leib und Seele jetzt der Hölle gehöre. Vergebens macht Faust allerlei Einwendungen, vergebens legt er sich zuletzt aufs Jammern und Bitten — das Teufelsweib umtänzelt ihn mit allen Grimassen der Verhöhnung. Es öffnet sich der Boden und es treten hervor die greuelhaften Höllenfürsten, die gekrönten und sceptertragenden Ungethüme. In jubelnder Ronde verspotten sie ebenfalls den armen Doktor, den Mephistophela, die endlich sich in eine gräßliche Schlange verwandelt hat, mit wilder Umschlingung erdrosselt. Die ganze Gruppe versinkt unter Flammengeprassel in die Erde, während das Glockengeläute und die Orgelklänge, die vom Dome her ertönen, zu frommen, christlichen Gebeten auffordern.

Erläuterungen.

TO

LUMLEY, ESQ.,

Director of the Theatre of Her Majesty the Queen.

Dear Sir!

Eine leicht begreifliche Zagniß überfiel mich, als ich bedachte, daß ich zu meinem Ballete einen Stoff gewählt, den bereits unser großer Wolfgang Goethe, und gar in seinem größten Meisterwerke, behandelt hat. Wäre es aber schon gefährlich genug bei gleichen Mitteln der Darstellung mit einem solchen Dichter zu wetteifern, wie viel halsbrechender müßte das Unternehmen sein, wenn man mit ungleichen Waffen in die Schranken treten wollte! In der That, Wolfgang Goethe hatte, um seine Gedanken auszusprechen, das ganze Arsenal der redenden Künste zu seiner Verfügung, er gebot über alle Truhen des deutschen Sprachschatzes, der so reich ist an ausgeprägten Denk-worten des Tiefsinns und uralten Naturlauten der Gemüthswelt, Zauber-sprüche, die im Leben längst verhallt, gleichsam als Echo in den Reimen des Goethe'schen Gedichtes wiederklingen und des Lesers Phantasie so wunderbar aufregen! Wie kümmerlich dagegen sind die Mittel, womit ich Aermster aus-gerüstet bin, um das, was ich denke und fühle, zur äußern Erscheinung zu bringen! Ich wirke nur durch ein magres Libretto, worin ich in aller Kürze andeute, wie Tänzer und Tänzerinnen sich gehaben und geberden sollen und wie ich mir dabei die Musik und die Dekorazionen ungefähr denke. Und dennoch hab' ich es gewagt einen Doktor Faustus zu dichten in der Form eines Ballets, rivalisirend mit dem großen Wolfgang Goethe, der mir sogar die Jugendfrische des Stoffes vorweggenommen, und zur Bearbeitung desselben sein langes blühendes Götterleben anwenden konnte, — während mir, dem bekümmerten Kranken, von Ihnen, verehrter Freund, nur ein Termin von vier Wochen gestellt ward, binnen welchen ich Ihnen mein Werk liefern mußte.

Die Grenzen meiner Darstellungsmittel konnte ich leider nicht überschreiten, aber innerhalb derselben habe ich geleistet, was ein braver Mann zu leisten

(23)

vermag, und ich habe wenigstens einem Verdienste nachgestrebt, dessen sich Goethe keineswegs rühmen darf: in seinem Faustgedichte nämlich vermissen wir durchgängig das treue Festhalten an der wirklichen Sage, die Ehrfurcht vor ihrem wahrhaftigen Geiste, die Pietät für ihre innere Seele, eine Pietät, die der Skeptiker des achtzehnten Jahrhunderts (und ein solcher blieb Goethe bis an sein seliges Ende) weder empfinden noch begreifen konnte! Er hat sich in dieser Beziehung einer Willkür schuldig gemacht, die auch ästhetisch verdammenswerth war und die sich zuletzt an dem Dichter selbst gerächt hat. Ja, die Mängel seines Gedichts entsprangen aus dieser Versündigung, denn, indem er von der frommen Symmetrie abwich, womit die Sage im deutschen Volksbewußtsein lebte, konnte er das Werk nach dem neu ersonnenen ungläubigen Bauriß nie ganz ausführen, es ward nie fertig, wenn man nicht etwa jenen lendenlahmen zweiten Theil des Faustes, welcher vierzig Jahre später erschien, als die Vollendung des ganzen Poems betrachten will. In diesem zweiten Theile befreit Goethe den Nekromanten aus den Krallen des Teufels, er schickt ihn nicht zur Hölle, sondern läßt ihn triumphirend einziehen in's Himmelreich, unter dem Geleite tanzender Englein, katholischer Amoretten, und das schauerliche Teufelsbündniß, das unsern Vätern so viel haarsträubendes Entsetzen einflößte, endigt wie eine frivole Farçe, — ich hätte fast gesagt wie ein Ballet.

Mein Ballet enthält das Wesentlichste der alten Sage vom Doktor Faustus, und indem ich ihre Hauptmomente zu einem dramatischen Ganzen verknüpfte, hielt ich mich auch in den Details ganz gewissenhaft an den vorhandenen Tradizionen, wie ich sie zunächst vorfand in den Volksbüchern, die bei uns auf den Märkten verkauft werden, und in den Puppenspielen, die ich in meiner Kindheit tragiren sah.

Die Volksbücher, die ich hier erwähne, sind keineswegs gleichlautend. Die meisten sind willkürlich zusammengestoppelt aus zwei ältern großen Werken über Faust, die, nebst den sogenannten Höllenzwängen, als die Hauptquellen für die Sage zu betrachten sind. Diese Bücher sind in solcher Beziehung zu wichtig als daß ich Ihnen nicht genauere Auskunft darüber geben müßte. Das älteste dieser Bücher über Faust ist 1587 zu Frankfurt erschienen bei Johann Spies, der es nicht blos gedruckt, sondern abgefaßt zu haben scheint, obgleich er in einer Zueignung an seine Gönner sagt, daß er das Manuscript von einem Freunde aus Speyer erhalten. Dieses alte Frankfurter Faustbuch ist weit poetischer, weit tiefsinniger und weit symbolischer abgefaßt, als das andere Faustbuch, welches Georg Rudolph Widman geschrieben und 1599 zu Hamburg herausgegeben. Letzteres jedoch gelangte zu größerer Verbreitung, vielleicht weil es mit homiletischen Betrachtungen durchwässert und mit gravitätischen Gelehrsamkeiten gespickt ist. Das bessere Buch ward dadurch ver-

drängt und versank schier in Vergessenheit. Beiden Büchern liegt die wohl-
gemeinteste Verwarnung gegen Teufelsbündnisse, ein frommer Zweck, zum
Grunde. Die dritte Hauptquelle der Faustsage, die sogenannten Höllenzwänge, sind Geisterbeschwörungsbücher, die zum Theil in lateinischer, zum
Theil in deutscher Sprache abgefaßt und dem Doktor Faust selbst zugeschrieben sind. Sie sind sehr wunderlich von einander abweichend und kursiren auch
unter verschiedenen Titeln. Der famoseste der Höllenzwänge ist „der Meer-
geist" genannt: seinen Namen flüsterte man nur mit Zittern, und das Manuscript lag in den Klosterbibliotheken mit einer eisernen Kette angeschlossen.
Dieses Buch ward jedoch durch frevelhafte Indiskrezion im Jahre 1692 zu
Amsterdam bei Holbek in dem Kohlsteg gedruckt.

Die Volksbücher, welche aus den angegebenen Quellen entstanden sind, be-
nutzten auch mitunter ein eben so merkwürdiges Opus über Doktor Faust's
zauberkundigen Famulus, der Christoph Wagner geheißen und dessen Abenteuer und Schwänke nicht selten seinem berühmten Lehrer zugeschrieben werden. Der Verfasser, der sein Werk 1594, angeblich nach einem spanischen
Originale, herausgab, nennt sich Tholeth Schotus. Wenn es wirklich aus
dem Spanischen übersetzt, was ich aber bezweifle, so ist hier eine Spur, woraus sich die merkwürdige Uebereinstimmung der Faustsage mit der Sage vom
Don Juan ermitteln ließe.

Hat es in der Wirklichkeit jemals einen Faust gegeben? Wie manchen andern Wunderthäter, hat man auch den Faust für einen bloßen Mythos erklärt.
Ja, es ging ihm gewissermaßen noch schlimmer: die Polen, die unglücklichen
Polen, haben ihn als ihren Landsmann reklamirt, und sie behaupten, er sei
noch heutigen Tages bei ihnen bekannt unter dem Namen Twardowski. Es
ist wahr, nach frühesten Nachrichten über Faust hat derselbe auf der Universität zu Krakau die Zauberkunst studirt, wo sie öffentlich gelehrt ward, als freie
Wissenschaft, was sehr merkwürdig; es ist auch wahr, daß die Polen damals
große Herenmeister gewesen, was sie heut zu Tage nicht sind: aber unser Doktor Johannes Faustus ist eine so grundehrliche, wahrheitliche, tiefsinnig naive,
nach dem Wesen der Dinge lechzende, und selbst in der Sinnlichkeit so gelehrte
Natur, daß er nur eine Fabel oder ein Deutscher sein konnte. Es ist aber an
seiner Existenz gar nicht zu zweifeln, die glaubwürdigsten Personen geben davon Kunde, z. B. Johannes Wierus, der das berühmte Buch über das He-
renwesen geschrieben, dann Philipp Melanchthon, der Waffenbruder Luther's,
so wie auch der Abt Tritheim, ein großer Gelehrter, welcher ebenfalls mit Ge-
heimnissen sich abgab und daher, beiläufig gesagt, vielleicht aus Handwerksneid
den Faust herabzuwürdigen und ihn als einen unwissenden Marktschreier darzustellen suchte. Nach den eben erwähnten Zeugnissen von Wierus und Me-

lanchthon war Fauſt gebürtig aus Knittlingen, einem kleinen Städtchen in Schwaben. Beiläufig muß ich hier bemerken, daß die oben erwähnten Haupt-bücher über Fauſt von einander abweichen in der Angabe ſeines Geburtsorts. Nach der älteren Frankfurter Verſion iſt er als eines Bauern Sohn zu Rod bei Weimar geboren. In der Hamburger Verſion von Widman heißt es hin-gegen: „Fauſtus iſt gebürtig geweſen aus der Grafſchaft Anhalt und haben ſeine Aeltern gewohnt in der Mark Soltwedel, die waren fromme Bauers-leute.‟

In einer Denkſchrift über den fürtrefflichen und ehrenveſten Bandwurm-doktor Calmonius, womit ich mich jetzt beſchäftige, finde ich Gelegenheit bis zur Evidenz zu beweiſen, daß der wahre hiſtoriſche Fauſt kein anderer iſt, als jener Sabellicus, den der Abt Tritheim als einen Marktſchreier und Erzſchelm ſchilderte, welcher Gott und die Welt beſeſelt habe. Der Umſtand, daß der-ſelbe auf einer Viſitenkarte, die er an Tritheim ſchickte, ſich Fauſtus junior nannte, verleitete viele Schriftſteller zu der irrigen Annahme, als habe es einen älteren Zauberer dieſes Namens gegeben. Das Beiwort „junior‟ ſoll aber hier nur bedeuten, daß der Fauſt einen Vater oder älteren Bruder beſaß, der noch am Leben geweſen; was für uns von keiner Bedeutung iſt. Ganz an-ders wäre z. B. wenn ich unſerm heutigen Calmonius das Epithet „junior‟ beilegen wollte, indem ich dadurch auf einen ältern Calmonius hindeuten würde, der in der Mitte des vorigen Jahrhunderts gelebt und ebenfalls ein großer Prahlhans und Lügner geweſen ſein mochte; er rühmte ſich z. B. der ver-trauten Freundſchaft Friedrich's des Großen, und erzählte oft, wie der König eines Morgens mit der ganzen Armee ſeinem Hauſe vorbeimarſchirt ſei, und vor ſeinem Fenſter ſtille haltend, zu ihm hinaufgerufen habe: „Adies, Cal-monius, ich gehe jetzt in den ſiebenjährigen Krieg und ich hoffe Ihn einſt geſund wieder zu ſehen!‟

Viel verbreitet im Volke iſt der Irrthum, unſer Zauberer ſei auch derſelbe Fauſt, welcher die Buchdruckerkunſt erfunden. Dieſer Irrthum iſt bedeutungs-voll und tiefſinnig. Das Volk identificirte die Perſonen, weil es ahnte, daß die Denkweiſe, die der Schwarzkünſtler repräſentirt, in der Erfindung des Buchdruckers das furchtbarſte Werkzeug der Verbreitung gefunden, und da-durch eine Solidarität zwiſchen beiden entſtanden. Jene Denkweiſe iſt aber das Denken ſelbſt in ſeinem Gegenſatze zum blinden Credo des Mittelalters, zum Glauben an alle Autoritäten des Himmels und der Erde, einem Glau-ben an Entſchädigung dort oben für die Entſagungen hienieden, wie die Kirche ihn dem knieenden Köhler vorbetete. Fauſt fängt an zu denken, ſeine gottloſe Vernunft empört ſich gegen den heiligen Glauben ſeiner Väter, er will nicht länger im Dunkeln tappen und dürftig lungern, er verlangt nach Wiſſenſchaft, nach weltlicher Macht, nach irdiſcher Luſt, er will wiſſen, können und genießen, — und, um die symbolische Sprache des Mittelalters zu reden, er fällt ab von Gott, verzichtet auf seine himmlische Seligkeit und huldigt dem Satan und dessen irdischen Herrlichkeiten. Diese Revolte und ihre Doktrin ward nun eben durch die Buchdruckerkunst so zauberhaft gewaltig gefördert, daß sie im Laufe der Zeit nicht blos hochgebildete Individuen, sondern sogar ganze Volksmassen ergriffen. Vielleicht hat die Legende von Johannes Faustus deshalb einen so geheimnißvollen Reiz für unsre Zeitgenossen, weil sie hier so naiv faßlich den Kampf dargestellt sehen, den sie selber jetzt kämpfen, den modernen Kampf zwischen Religion und Wissenschaft, zwischen Autorität und Vernunft, zwischen Glauben und Denken, zwischen demüthigem Entsagen und frecher Genußsucht — ein Todeskampf, wo uns am Ende vielleicht ebenfalls der Teufel holt wie den armen Doctor aus der Grafschaft Anhalt oder Kundlingen in Schwaben.

Ja, unser Schwarzkünstler wird in der Sage nicht selten mit dem ersten Buchdrucker identifizirt. Dies geschieht namentlich in den Puppenspielen, wo wir den Faust immer in Mainz finden, während die Volksbücher Wittenberg als sein Domizil bezeichnen. Es ist tief bedeutsam, daß hier der Wohnort des Faustes, Wittenberg, auch zugleich die Geburtsstätte und das Laboratorium des Protestantismus ist.

Die Puppenspiele, deren ich abermals erwähne, sind nie im Druck erschienen und erst jüngst hat einer meiner Freunde nach den handschriftlichen Texten ein solches Opus herausgegeben. Dieser Freund ist Herr Karl Simrock, welcher mit mir auf der Universität zu Bonn die Schlegel'schen Collegien über deutsche Alterthumskunde und Metrik hörte, auch manchen guten Schoppen Rheinwein mit mir ausstach und sich solchermaßen in den Hülfswissenschaften perfektionirte, die ihm später zu statten kamen bei der Herausgabe des alten Puppenspiels. Mit Geist und Takt restaurirte er die verlorenen Stellen, wählte er die vorhandenen Varianten, und die Behandlung der komischen Person bezeugt, daß er auch über deutsche Hanswürste, wahrscheinlich ebenfalls im Collegium A. W. Schlegel's zu Bonn, die besten Studien gemacht hat. Wie köstlich ist der Anfang des Stücks, wo Faust allein im Studirzimmer bei seinen Büchern sitzt und folgenden Monolog hält:

> So weit hab' ich's nun mit Gelehrsamkeit gebracht,
> Daß ich aller Orten werd' ausgelacht.
> Alle Bücher durchstöbert von vorne bis hinten
> Und kann doch den Stein der Weisen nicht finden.
> Jurisprudenz, Medizin, Alles umsonst,
> Kein Heil als in der nekromantischen Kunst.

Was half mir das Studium der Theologie?
Meine durchwachten Nächte, wer bezahlt mir die?
Keinen heilen Rock hab' ich mehr am Leibe
Und weiß vor Schulden nicht wo ich bleibe.
Ich muß mich mit der Hölle verbünden
Die verborgenen Tiefen der Natur zu ergründen.
Aber um die Geister zu citiren,
Muß ich mich in der Magie informiren.

Die hierauf folgende Scene enthält hoch poetische und tief ergreifende Motive, die einer großen Tragödie würdig wären und auch wirklich größern dramatischen Dichtungen entlehnt sind. Diese Dichtungen sind zunächst der Faust von Marlow, ein geniales Meisterwerk, dem augenscheinlich die Puppenspiele nicht blos in Bezug auf den Inhalt, sondern auch in Betreff der Form nachgeahmt sind. Marlow's Faust mag auch andern englischen Dichtern seiner Zeit bei der Behandlung desselben Stoffes zum Vorbild gedient haben, und Stellen aus solchen Stücken sind dann wieder in die Puppenspiele übergegangen. Solche englische Faustkomödien sind wahrscheinlich später in's Deutsche übersetzt und von den sogenannten englischen Komödianten gespielt worden, die auch schon die besten Shakspear'schen Werke auf deutschen Brettern tragirten. Nur das Repertoire jener englischen Komödianten-Gesellschaft ist uns nothdürftig überliefert, die Stücke selbst, die nie gedruckt wurden, sind jedoch verschollen und erhielten sich vielleicht auf Winkeltheatern oder bei herumziehenden Truppen niedrigsten Ranges. So erinnere ich mich selbst, daß ich zweimal von solchen Kunstvagabonden das Leben des Faust's spielen sah und zwar nicht in der Bearbeitung neuerer Dichter, sondern wahrscheinlich nach Fragmenten alter, längst verschollener Schauspiele. Das erste dieser Stücke sah ich vor fünfundzwanzig Jahren in einem Winkeltheater auf dem sogenannten Hamburger Berge zwischen Hamburg und Altona. Ich erinnere mich, die citirten Teufel erschienen alle tief vermummt in grauen Laken. Auf die Anrede Faust's: „Seid Ihr Männer oder Weiber?" antworteten sie: „Wir haben kein Geschlecht." Faust fragt ferner, wie sie eigentlich aussähen unter ihrer grauen Hülle? und sie erwiedern: „Wir haben keine Gestalt, die uns eigen wäre, wir entlehnen nach deinem Belieben jede Gestalt, worin du uns zu erblicken wünschest: wir werden immer aussehen wie deine Gedanken." Nach abgeschlossenem Vertrag, worin ihm Kenntniß und Genuß aller Dinge versprochen wird, erkundigt sich Faust zunächst nach der Beschaffenheit des Himmels und der Hölle, und hierüber belehrt, bemerkt er: daß es im Himmel zu kühl und in der Hölle zu heiß sein müsse; am leidlichsten sei das Clima wohl auf unserer lieben Erde. Die köstlichsten Frauen dieser lieben Erde gewinnt er durch den magischen Ring, der ihm die blühendste Jugendgestalt, Schönheit und Anmuth, auch die brillanteste Ritterkleidung verleiht. Nach vielen durchschlemmten und verluderten Jahren hat er noch ein Liebesverhältniß mit der Signora Lukrezia, der berühmtesten Courtisane von Venedig: er verläßt sie aber verrätherisch und schifft nach Athen, wo sich die Tochter des Herzogs in ihn verliebt und ihn heirathen will. Die verzweifelnde Lukrezia sucht Rath bei den Mächten der Unterwelt um sich an dem Ungetreuen zu rächen, und der Teufel vertraut ihr, daß alle Herrlichkeit des Faust mit dem Ringe schwinde, den er am Zeigefinger trage. Signora Lukrezia reist nun in Pilgertracht nach Athen und gelangt dort an den Hof, als eben Faust, hochzeitlich geschmückt, der schönen Herzogstochter die Hand reichen will um sie zum Altar zu führen. Aber der vermummte Pilger, das rachsüchtige Weib, reißt dem Bräutigam hastig den Ring vom Finger und plötzlich verwandeln sich die jugendlichen Gesichtszüge des Faust in ein runzlichtes Greisenantlitz mit zahnlosem Munde; statt der goldnen Lockenfülle umflattert nur noch spärliches Silberhaar den armen Schädel; die funkelnde, purpurne Pracht fällt wie dürres Laub von dem gebückten, schlottrigen Leib, den jetzt nur noch schäbige Lumpen bedecken. Aber der entzauberte Zauberer merkt nicht, daß er sich solcherweise verändert oder vielmehr, daß Körper und Kleider jetzt die wahre Zerstörniß offenbaren, die sie seit zwanzig Jahren erlitten, während höllisches Blendwerk dieselbe unter erlogener Herrlichkeit den Augen der Menschen verbarg; er begreift nicht, warum das Hofgesinde mit Ekel von ihm zurückweicht, warum die Prinzessin ausruft: schafft mir den alten Bettler aus den Augen! da hält ihm die vermummte Lukrezia schadenfroh einen Spiegel vor, er sieht darin mit Beschämung seine wirkliche Gestalt und wird von der frechen Dienerschaft zur Thür hinausgetreten, wie ein räudiger Hund. —

Das andre Faust-Drama, dessen ich oben erwähnt, sah ich zur Zeit eines Pferdemarktes in einem hannöverschen Flecken. Auf freier Wiese war ein kleines Theater aufgezimmert, und trotzdem daß am hellen Tage gespielt ward, wirkte die Beschwörungs-Scene hinlänglich schauervoll. Der Dämon, welcher erschien, nannte sich nicht Mephistopheles, sondern Astaroth, ein Name, welcher ursprünglich vielleicht identisch ist mit dem Namen der Astarte. obgleich letztere in den Geheimschriften der Magiker für die Gattin des Astaroths gehalten wird. Diese Astarte wird in jenen Schriften dargestellt mit zwei Hörnern auf dem Haupte, die einen Halbmond bilden, wie sie denn wirklich einst in Phönizien als eine Mondgöttin verehrt und deshalb von den Juden, gleich allen anderen Gottheiten ihrer Nachbaren, für einen Teufel gehalten ward. König Salomon, der Weise, hat sie jedoch heimlich angebetet und Byron hat in seinem Faust, den er Manfred nannte, sie gefeiert. In dem

3*

Puppenspiele, das Simrock herausgegeben, heißt das Buch, wodurch Faust verführt wird: Clavis Astarti de magica.

In dem Stücke, wovon ich reden wollte, bevorwortet Faust seine Beschwörung mit der Klage, er sei so arm, daß er immer zu Fuße laufen müsse und nicht einmal von der Kuhmagd geküßt werde; er wolle sich dem Teufel verschreiben, um ein Pferd und eine schöne Prinzessin zu bekommen. Der beschworene Teufel erscheint zuerst in der Gestalt verschiedener Thiere, eines Schweins, eines Ochsen, eines Affen, doch Faust weist ihn zurück mit dem Bedeuten: du mußt bösartiger aussehen, um mir Schrecken einzuflößen. Der Teufel erscheint alsdann wie ein Löwe, brüllend, quærens quem devorat — auch jetzt ist er dem fecken Nefromanten nicht furchtbar genug, er muß sich mit eingekniffenem Schweife in die Coulissen zurückziehen und kehrt wieder als eine riesige Schlange. Du bist noch nicht entsetzlich und grauenhaft genug, sagt Faust. Der Teufel muß nochmals beschämt von dannen trollen, und jetzt sehen wir ihn hervortreten in der Gestalt eines Menschen von schönster Leibesbildung und gehüllt in einen rothen Mantel. Faust giebt ihm seine Verwunderung darüber zu erkennen, und der Rothmantel antwortet: es ist nichts entsetzlicheres und grauenhafteres als der Mensch, in ihm grunzt und brüllt und meckert und zischt die Natur aller andern Thiere, er ist so unflätig wie ein Schwein, so brutal wie ein Ochse, so lächerlich wie ein Affe, so zornig wie ein Löwe, so giftig wie eine Schlange, er ist ein Compositum der ganzen Animalität.

Die sonderbare Uebereinstimmung dieser alten Komödiantentirade mit einer der Hauptlehren der neuern Naturphilosophie, wie sie besonders Ofen entwickelt, frappirte mich nicht wenig. Nachdem der Teufelsbund geschlossen, bringt Astaroth mehrere schöne Weiber in Vorschlag, die er dem Faust anpreist, z. B. die Judith. Ich will keine Kopfabschneiderin, antwortet jener. Willst du die Cleopatra? fragt alsdann der Geist. Auch diese nicht, erwiedert Faust, sie ist zu verschwenderisch, zu kostspielig und hat sogar den reichen Antonius ruiniren können; sie säuft Perlen. So rekommandire ich dir die schöne Helena von Sparta, spricht lächelnd der Geist und setzt ironisch hinzu: mit dieser Person kannst du Griechisch sprechen. Der gelehrte Doktor ist entzückt über diese Proposizion und fordert jetzt, daß der Geist ihm körperliche Schönheit und ein prächtiges Kleid verleihe, damit er erfolgreich mit dem Ritter Paris wetteifern könne; außerdem verlangt er ein Pferd, um gleich nach Troja zu reiten. Nach erlangter Zusage geht er ab mit dem Geiste, und beide kommen alsbald außerhalb der Theaterbude zum Vorschein, und zwar auf zwei hohen Rossen. Sie werfen ihre Mäntel von sich, und Faust sowohl als Astaroth sehen wir jetzt im glänzendsten Flitterstaate englischer Reiter die erstaunlichsten Reitkünststücke verrichten, angestaunt von den versammelten

Roßkämmen, die mit hannöverisch rothen Gesichtern im Kreise umherstanden und vor Entzücken auf ihre gelbledernen Hosen schlugen, daß es klatschte, wie ich noch nie bei einer dramatischen Vorstellung klatschen hörte. Astaroth ritt aber wirklich allerliebst und war ein schlantes, hübsches Mädchen mit den größten, schwarzen Augen der Hölle. Auch Faust war ein schmucker Bursche in seinem brillanten Reiterkostüme und er ritt besser als alle anderen deutschen Doktoren, die ich jemals zu Pferde gesehen. Er jagte mit Astaroth um die Schaubühne herum, wo man jetzt die Stadt Troja und auf den Zinnen derselben die schöne Helena erblickte.

Unendlich bedeutungsvoll ist die Erscheinung der schönen Helena in der Sage vom Doktor Faust. Sie charakterisirt zunächst die Epoche, in welcher dieselbe entstanden und giebt uns wohl den geheimsten Aufschluß über die Sage selbst. Jenes ewig blühende Ideal von Anmuth und Schönheit, jene Helena von Griechenland, die eines Morgens zu Wittenberg als Frau Doktorin Faust ihre Aufwartung macht, ist eben Griechenland und das Helenenthum selbst, welches plötzlich im Herzen Deutschlands emportaucht, wie beschworen durch Zaubersprüche. Das magische Buch aber, welches die stärksten jener Zaubersprüche enthielt, hieß Homeros, und dieses war der wahre, große Höllenzwang, welcher den Faust und so viele seiner Zeitgenossen köderte und verführte. Faust, sowohl der historische als der sagenhafte, war einer jener Humanisten, welche das Griechenthum, griechische Wissenschaft und Kunst, in Deutschland mit Enthusiasmus verbreiteten. Der Sitz jener Propaganda war damals Rom, wo die vornehmsten Prälaten dem Cultus der alten Götter anhingen, und sogar der Papst, wie einst sein Reichsvorgänger Constantinus, das Amt eines Pontifex Maximus des Heidenthums mit der Würde eines Oberhauptes der christlichen Kirche cumulirte. Es war die sogenannte Zeit der Wiederauferstehung oder besser gesagt der Wiedergeburt der antiken Weltanschauung, wie sie auch ganz richtig mit dem Namen Renaissance bezeichnet wird. In Italien konnte sie leichter zur Blüthe und Herrschaft gelangen, als in Deutschland, wo ihr durch die gleichzeitige neue Bibelübersetzung auch die Wiedergeburt des judäischen Geistes, die wir die evangelische Renaissance nennen möchten, so bilderstürmend fanatisch entgegentrat. Sonderbar! die beiden großen Bücher der Menschheit, die sich vor einem Jahrtausend so feindlich befehdet und wie kampfmüde während dem ganzen Mittelalter vom Schauplatz zurückgezogen hatten, der Homer und die Bibel, treten zu Anfang des sechszehnten Jahrhunderts wieder öffentlich in die Schranken. Wenn ich oben aussprach, daß die Revolte der realistischen, sensualistischen Lebenslust gegen die spiritualistisch-altkatholische Askese, die eigentliche Idee der Faustsage ist: so will ich hier darauf hindeuten, wie jene sensualistische, realistische Lebenslust selbst im Gemüthe der Denker zunächst dadurch entstanden ist, daß dieselben

plötzlich mit den Denkmalen griechischer Kunst und Wissenschaft bekannt wurden, daß sie den Homer lasen, so wie auch die Originalwerke von Plato und
Aristoteles. In diese beiden hat Faust, wie die Tradizion ausdrücklich erzählt,
sich so sehr vertieft, daß er sich einst vermaß: gingen jene Werke verloren, so
würde er sie aus dem Gedächtnisse wieder herstellen können, wie weiland Esra
mit dem alten Testamente gethan. Wie tief Faust in den Homer eingedrungen, merken wir durch die Sage, daß er den Studenten, die bei ihm ein
Collegium über diesen Dichter hörten, die Helden des trojanischen Krieges in
Person vorzuzaubern wußte. In derselben Weise beschwor er ein andermal,
zur Unterhaltung seiner Gäste, eben die schöne Helena, die er später für sich
selber vom Teufel begehrte und bis zu seinem unseligen Ende besaß, wie das
ältere Faustbuch berichtet. Das Buch von Widman übergeht diese Geschichten und der Verfasser äußert sich mit den Worten:

„Ich mag dem christlichen Leser nicht fürenthalten, daß ich an diesem Orte
etliche Historien von D. Johanne Fausto gefunden, welche ich aus hochbedenklichen christlichen Ursachen nicht habe hierher setzen wollen, als, daß ihn der
Teufel noch fortan vom Ehestand abgehalten, und in sein höllisches, abscheu-
liches Hurennetz gejagt, ihm auch Helenam aus der Hölle zur Beischläferin
zugeordnet hat, die ihm auch für's erste ein erschreckliches Monstrum, und
darnach einen Sohn mit Namen Justum geboren."

Die zwei Stellen im älteren Faustbuch, welche sich auf die schöne Helena
beziehen, lauten wie folgt:

„Am weißen Sonntag kamen oftgemeldete Studenten unversehens wieder
in D. Fausti Behausung zum Nachtessen, brachten ihr Essen und Trank mit
sich, welches angenehme Gäste waren. Als nun der Wein einging, wurde
am Tisch von schönen Weibsbildern geredet, da einer unter ihnen anfing, daß
er kein Weibsbild lieber sehen wollte, als die schöne Helenam aus Graecia,
derowegen die schöne Stadt Troja zu Grund gegangen wäre, sie müßte schön
gewesen sein, weil sie so oft geraubt worden, und wodurch solche Empörung
entstanden wäre. Weil ihr denn so begierig seid, die schöne Gestalt der
Königin Helenae, Menelai Hausfrau, oder Tochter Tyndari und Laedae,
Castoris und Pollucis Schwester (welche die schönste in Graecia gewesen sein
soll) zu sehen, will ich euch dieselbe fürstellen, damit ihr persönlich ihren Geist
in Form und Gestalt, wie sie im Leben gewesen, sehen sollt, dergleichen ich
auch Kaiser Carolo Quinto auf sein Begehren, mit Fürstellung Kaiser
Alexandri Magni und seiner Gemahlin, willfahren habe. Darauf verbot
D. Faustus, daß keiner nichts reden sollte, noch vom Tische aufstehen, oder sie
zu empfahen sich anmaßen, und geht zur Stube hinaus. Als er wieder hinein-
geht, folgte ihm die Königin Helena auf dem Fuße nach, so wunderschön, daß
die Studenten nicht wußten, ob sie bei sich selbst wären oder nicht, so verwirrt

und inbrünstig waren sie. Diese Helena erschien in einem köstlichen schwarzen Purpurkleid, ihr Haar hatte sie herabhangen, das so schön und herrlich als Goldfarbe schien, auch so lang, daß es ihr bis in die Kniebiegen hinabging, mit schönen kohlschwarzen Augen, ein lieblich Angesicht, mit einem runden Köpflein, ihre Lefzen roth wie Kirschen, mit einem kleinen Mündlein, einen Hals wie ein weißer Schwan, rothe Bäcklein wie ein Röslein, ein überaus schön gleißend Angesicht, eine länglichte aufgerichtete gerade Person. In Summa, es war an ihr kein Untäblein zu finden, sie sahe sich allenthalben in der Stube um, mit gar frechem und bübischem Gesicht, daß die Studenten gegen sie in Liebe entzündet wurden, weil sie es aber für einen Geist achteten, verginge ihnen solche Brunst leichtlich, und ging also Helena mit D. Fausto wiederum zur Stube hinaus. Als die Studenten solches alles gesehen, baten sie D. Faustum, er solle ihnen so viel zu Gefallen thun, und sie morgen wiederum fürstellen, so wollten sie einen Maler mit sich bringen, der sollte sie abconterfeien, welches ihnen aber D. Faustus abschlug und sagte, daß er ihren Geist nicht alle Zeit erwecken könnte. Er wollte ihnen aber ein Conterfei davon zukommen lassen, welches sie, die Studenten, abreißen lassen möchten, was dann auch geschah, und welches die Maler hernach weit hin und wieder schickten, denn es war eine sehr herrliche Gestalt eines Weibsbildes. Wer aber solches Gemälde dem Fausto abgerissen, hat man nicht erfahren können. Die Studenten aber, als sie zu Bett gekommen, haben wegen der Gestalt und Form, so sie sichtbarlich gesehen, nicht schlafen können. Hieraus ist dann zu sehen, daß der Teufel oft die Menschen in Liebe entzündet und verblendet, daß man in's Hurenleben geräth, und hernach nicht leicht wieder herauszubringen ist."

Später heißt es in dem alten Buche:

„Damit nun der elende Faustus seines Fleisches Lüsten genugsam Raum gebe, fällt ihm um Mitternacht, als er erwachte, die Helena aus Graecia, die er vormals den Studenten am weißen Sonntag erweckt hat, in den Sinn, derhalben er Morgens seinen Geist anmahnt, er sollte ihm die Helenam darstellen, die seine Concubine sein möchte, was auch geschah, und diese Helena war ebenmäßiger Gestalt, wie er sie den Studenten erweckt hat, mit lieblichem und holdseligem Anblicken. Als nun D. Faustus solches sah, hat sie ihm sein Herz dermaßen gefangen, daß er mit ihr anfing zu buhlen, und sie für sein Schlafweib bei sich behielt, die er so lieb gewann, daß er schier keinen Augenblick von ihr sein konnte, wurde also im letzten Jahre schwangeres Leibs von ihm, gebar ihm einen Sohn, dessen sich Faustus heftig freute, und ihn Justum Faustum nannte. Dies Kind erzählet D. Fausto viel zukünftige Dinge, die in allen Ländern sollten geschehen. Als er aber hernach um sein Leben kam, verschwanden zugleich mit ihm Mutter und Kind."

Da die meisten Volksbücher über Faust aus dem Widman'schen Werke entstanden, so geschieht darin von der schönen Helena nur kärgliche Erwähnung
und ihre Bedeutsamkeit könnte leicht übersehen werden. Auch Goethe übersah
sie anfänglich, wenn er überhaupt, als er den ersten Theil des Faust schrieb,
jene Volksbücher kannte und nicht blos in den Puppenspielen schöpfte. Erst
vier Dezennien später, als er den zweiten Theil zum Faust dichtete, läßt er
darin auch die Helena auftreten, und in der That, er behandelte sie con amore.
Es ist das Beste oder vielmehr das einzig Gute in besagtem zweiten Theile, in
dieser allegorischen und labyrinthischen Wildniß, wo jedoch plötzlich, auf erha-
benem Postamente, ein wunderbar vollendetes griechisches Marmorbild sich erhebt und uns mit den weißen Augen so heidengöttlich liebreizend anblickt, daß
uns fast wehmüthig zu Sinne wird. Es ist die kostbarste Statue welche jemals das Goethe'sche Atelier verlassen und man sollte kaum glauben, daß eine
Greisenhand sie gemeißelt. Sie ist aber auch viel mehr ein Werk des ruhig
besonnenen Bildens, als eine Geburt der begeisterten Phantasie, welche letztere
bei Goethe nie mit besonderer Stärke hervorbrach, bei ihm ebenso wenig wie
bei seinen Lehrmeistern und Wahlverwandten, ich möchte fast sagen bei seinen Landsleuten, den Griechen. Auch diese besaßen mehr harmonischen For-
mensinn als überschwellende Schöpfungsfülle, mehr gestaltende Begabniß
als Einbildungskraft, ja, ich will die Ketzerei aussprechen, mehr Kunst als
Poesie.

Sie werden, theuerster Freund, nach obigen Andeutungen leicht begreifen,
warum ich der schönen Helena einen ganzen Akt in meinem Ballete gewidmet
habe. Die Insel, wohin ich sie versetzt, ist übrigens nicht von meiner eigenen
Erfindung. Die Griechen hatten sie schon längst entdeckt, und nach der Behauptung der alten Autoren, besonders des Pausanias und des Plinius, lag
sie im Pontus Euxinus, ungefähr bei der Mündung der Donau, und sie führte
den Namen Achillea, wegen des Tempels des Achilles, der sich darauf befand.
Er selbst, hieß es, der aus dem Grab erstandene Pelide, wandle dort umher
in Gesellschaft der andern Berühmtheiten des Trojanischen Krieges, worunter
auch die ewig blühende Helena von Sparta. Heldenthum und Schönheit
müssen zwar frühzeitig untergehen, zur Freude des Pöbels und der Mittelmäßigkeit, aber großmüthige Dichter entreißen sie der Gruft und bringen sie ret-
tend nach irgend einer glückseligen Insel, wo weder Blumen noch Herzen
welken.

Ich habe über den zweiten Theil des Goethe'schen Faustes etwas mürrisch
abgeurtheilt, aber ich kann wirklich nicht Worte finden um meine ganze Bewunderung auszusprechen über die Art und Weise, wie die schöne Helena darin behandelt ist. Hier blieb Goethe auch dem Geiste der Sage getreu, was
leider, wie ich schon bemerkt, so selten bei ihm der Fall, ein Tadel, den ich nicht

oft genug wiederholen kann. In dieser Beziehung hat sich am meisten der
Teufel über Goethe zu beklagen. Sein Mephistopheles hat nicht die mindeste
innere Verwandtschaft mit dem wahren „Mephostophiles," wie ihn die älteren
Volksbücher nennen. Auch hier bestärkt sich meine Vermuthung, daß Goethe
letztere nicht kannte, als er den ersten Theil des Faustes schrieb. Er hätte sonst
in keiner so läppisch spaßhaften, so cynisch skurilen Maske den Mephistopheles
erscheinen lassen. Dieser ist kein gewöhnlicher Höllenlump, er ist ein „subti-
ler Geist," wie er sich selbst nennt, sehr vornehm und nobel und hochgestellt
in der unterweltlichen Hierarchie, im höllischen Gouvernemente, wo er einer
jener Staatsmänner ist, woraus man einen Reichskanzler machen kann. Ich
verlieh ihm daher eine Gestalt, die seiner Würde angemessen. Verwandelte
sich doch der Teufel immer am liebsten in ein schönes Frauenzimmer, und im
älteren Faustbuche weiß auch Mephistopheles den armen Doktor in dieser Gestalt zu kirren, wenn den Aermsten manchmal fromme Skrupel überschlichen.
Das alte Faustbuch erzählt ganz naiv:

„Wenn der Faust allein war, und dem Wort Gottes nachdenken wollte,
schmücket sich der Teuffel in Gestalt einer schönen Frauwen für ihn, hälset ihn,
und trieb mit ihm alle Unzucht, also daß er des Göttlichen Worts bald vergaß,
und in Wind schlug, und in seinem bösen Fürhaben fortfuhr."

Indem ich den Teufel und seine Gesellen als Tänzerinnen erscheinen lasse,
bin ich der Tradizion treuer geblieben als Sie vermuthen. Daß es zur Zeit
des Doktor Faust schon Corps-de-ballets von Teufeln gegeben hat, ist keine
Fixion Ihres Freundes, sondern es ist eine Thatsache, die ich mit Stellen aus
dem Leben des Christoph Wagner, welcher Faust's Schüler war, beweisen
kann. In dem sechzehnten Capitel dieses alten Buches lesen wir, daß der
arge Sünder ein Gastgelag in Wien gab, wo die Teufel in Frauenzimmer-
gestalt, mit Saitenspielen die schönste und lieblichste Musik machten und andre
Teufel „allerlei seltsame und unzüchtige Tänze tanzten." Auch in Affenge-
stalt tanzten sie bei dieser Gelegenheit und da heißt es: „Bald kamen zwölf
Affen, die machten einen Reigen, tanzten französische Ballete, wie jetzt die
Leute in Welschland, Frankreich und Deutschland zu thun pflegen, sprungen
und hüpften sehr wohl, daß sich männiglich verwunderte." Der Teufel Auerhahn, der dem Wagner als dienender Geist angehörte, zeigte sich gewöhnlich in
der Gestalt eines Affen. Er debütirt ganz eigentlich als Tanzaffe. Als
Wagner ihn beschwur, ward er ein Affe, erzählt das alte Buch und da heißt
es: „der sprang auf und nieder, tanzte Gaillard und andere üppige Tänze,
schlug bisweilen auf dem Hackebrett, pfiff auf der Querpfeife, blies auf der
Trompete, als wären ihrer hundert."

Ich kann hier, liebster Freund, der Versuchung nicht widerstehen Ihnen zu
erklären, was der Biograph des Nekromanten unter dem Namen „Gaillard-

tanzen" versteht. Ich finde nämlich in einem noch ältern Buche von Johann Prätorius, welches 1668 zu Leipzig gedruckt ist und Nachrichten über den Blocksberg enthält, die merkwürdige Belehrung, daß obenerwähnter Tanz vom Teufel erfunden worden; der ehrbare Autor sagt dabei ausdrücklich:

„Von der neuen Gaillardischen Volta, einem welschen Tanze, wo man einander an schamigen Orten fasset und wie ein getriebener Topf herumhaspelt und wirbelt, und welcher durch die Zauberer aus Italien nach Frankreich ist gebracht worden, mag man auch wohl sagen, daß zu dem, daß solcher Wirbeltanz voller schändlicher unflätiger Geberden und unzüchtiger Bewegungen ist, er auch das Unglück auf sich trage, daß unzählig viel Morde und Mißgeburten daraus entstehen. Welches wahrlich bei einer wohlbestellten Polizei ist wahrzunehmen und auf's allerschärfste zu verbieten. Und dieweil die Stadt Genf fürnehmlich das Tanzen hasset, so hat der Satan eine junge Tochter von Genf gelehret, alle die tanzend und springend zu machen, die sie mit einer eisernen Gerte oder Ruthe, welche der Teufel ihr gegeben gehabt, möchte berühren. Auch hat sie der Richter gespottet, und gesagt, sie werden sie nicht mögen umbringen; hat deßhalb der Uebelthat nie keine Reue gehabt."

Sie sehen aus dieser Citazion, liebster Freund, erstens, was die Gaillarde ist, und zweitens, daß der Teufel die Tanzkunst aus dem Grunde fördert, um den Frommen ein Aergerniß zu geben. Daß er gar die fromme Stadt Genf, das calvinistische Jerusalem, mit seiner Zaubergerte zum Tanzen zwang, das war der Gipfel seiner Frevelhaftigkeit! Denken Sie sich alle diese kleinen Genfer Heiligen, alle diese gottesfürchtigen Uhrmacher, alle diese Auserwählten des Herren, alle diese tugendhaften Erzieherinnen, diese steifen, eckigen Prediger- und Schulmeisterfiguren, welche auf einmal die Gaillarde zu tanzen beginnen! Die Geschichte muß wahr sein, denn ich erinnere mich sie auch in der Daemonomania des Bodinus gelesen zu haben, und ich hätte nicht übel Lust, sie zu einem Ballete zu bearbeiten, betitelt: das tanzende Genf!

Der Teufel ist ein großer Tanzkünstler, wie Sie sehen, und es darf wahrlich niemanden wundern, wenn er in der Gestalt einer Tänzerin sich einem verehrungswerthen Publico präsentirt. Eine minder natürliche, aber sehr tiefsinnige Metamorphose ist es, daß sich, im älteren Faustbuche, der Mephistopheles in ein geflügeltes Roß verwandelt und auf seinem Rücken den Faust nach allen Ländern und Orten brachte, wohin dessen Sinn oder Sinnlichkeit begehrte. Der Geist hat hier nicht blos die Geschwindigkeit des Gedankens, sondern auch die Macht der Poesie; er ist hier ganz eigentlich der Pegasus, der den Faust zu allen Herrlichkeiten und Genüssen dieser Erde hinträgt in der kürzesten Frist. Er bringt ihn im Nu nach Constantinopel und zwar direkt in den Harem des Großtürken, wo Faust unter den erstaunten Odalisken, die ihn für den Gott Mahomet hielten, sich göttlich ergötzt. Auch trägt er ihn nach Rom und hier direkt in den Vatikan, wo Faust, unsichtbar allen Augen, dem Papste seine besten Gerichte und Getränke vor der Nase wegstibitzt und sich selber zu Gemüthe führt; manchmal lacht er laut auf, so daß der Papst, der sich im Zimmer allein glaubte, innerlich erschrak. Eine Animosität gegen Papstthum und katholische Kirche überhaupt tritt überall grell hervor in der Faustsage. In dieser Beziehung ist es auch charakteristisch, daß Faust, nach den ersten Beschwörungen, dem Mephistopheles ausdrücklich befiehlt, ihm hinführo, wenn er ihn rufe, in der Kutte eines Franziskaners zu erscheinen. In dieser Mönchstracht zeigen ihn uns die alten Volksbücher, (nicht die Puppenspiele) zumal, wenn er mit Faust über Religionsthemata disputirt. Hier weht der Athem der Reformazionszeit.

Mephistopheles hat nicht blos keine wirkliche Gestalt, sondern er ist auch unter keiner bestimmten Gestalt populär geworden, wie andere Helden der Volksbücher, z. B. wie Till Eulenspiegel, dieses personifizirte Gelächter in der derben Figur eines deutschen Handwerksburschen, oder gar wie der ewige Jude mit dem langen achtzehnhundertjährigen Barte, dessen weiße Haare an der Spitze wie verjüngt wieder schwarz geworden. Mephistopheles hat auch in den Büchern der Magie keine determinirte Bildung wie andre Geister, wie z. B. Aziabel, der immer als ein kleines Kind erscheint, oder wie der Teufel Marbuel, der sich ausdrücklich in der Gestalt eines zehnjährigen Knaben präsentirt.

Ich kann nicht umhin, hier die Bemerkung einfließen zu lassen, daß ich es ganz dem Belieben Ihres Maschinisten überlasse, ob er den Faust nebst seinen höllischen Gesellen auf zwei Pferden oder beide in einen großen Zaubermantel gehüllt, durch die Lüfte reisen lassen will. Der Zaubermantel ist volksthümlicher.

Die Hexen, die zum Sabbath fahren, müssen wir jedoch reiten lassen, gleichviel auf welchem Haushaltungsgeräthe oder Unthier. Die deutsche Hexe bedient sich gewöhnlich des Besenstiels, den sie mit derselben Zaubersalbe bestreicht, womit sie auch ihren eigenen nackten Leib vorher eingerieben hat. Kommt ihr höllischer Galan etwa in Person sie abzuholen, so sitzt er vorne und sie hinter ihm bei der Luftfahrt. Die französischen Hexen sagen: "Emen-Hetan, Emen-Hetan!" während sie sich einsalben. „Oben hinaus und nirgends an!" ist der Spruch der deutschen Besenreuterinnen, wenn sie zum Schornstein hinausfliegen. Sie wissen es so einzurichten, daß sie sich in den Lüften begegnen, und rottenweis zum Sabbath anlangen. Da die Hexen, ebenso wie die Feen, das christliche Glockengeläute aus tiefstem Herzen hassen, so pflegen sie auch wohl auf ihrem Fluge, wenn sie einem Kirchthurm vorbeikommen, die Glocke mitzunehmen und dann in irgend einen Sumpf hinabzuwerfen, mit fürchterlichem Gelächter. Auch diese Anklage kommt vor in den Herenprozessen, und das französische Sprüchwort sagt mit Recht, daß man nur gleich die Flucht ergreifen solle, wenn man angeklagt sei, eine Glocke vom Kirchthurm Notre-Dame gestohlen zu haben.

Ueber den Schauplatz ihrer Versammlung, den die Heren ihren Convent, auch ihren Reichstag, nennen, herrschen im Volksglauben sehr abweichende Ansichten. Doch nach übereinstimmenden Aussagen sehr vieler Heren, die auf der Folter gewiß die Wahrheit bekannt, sowie auch nach den Autoritäten eines Remigius, eines Godelmanus, eines Wierus, eines Bodinus, und gar eines de Lancre, habe ich mich für eine mit Bäumen umpflanzte Bergkoppe entschieden, wie ich solches im dritten Akte meines Balletes vorgezeichnet. In Deutschland soll der Herenconvent gewöhnlich auf dem Blocksberge, welcher den Mittelpunkt des Harzgebirges bildet, stattgefunden haben oder noch stattfinden. Aber es sind nicht blos deutsche Nationalheren, welche sich dort versammeln, sondern auch viele ausländische, und nicht blos lebende, sondern auch längst verstorbene Sünderinnen, die im Grabe keine Ruhe haben und wie die Willis auch nach dem Tode von üppiger Tanzlust gepeinigt werden. Deshalb sehen wir beim Sabbath eine Mischung von Trachten aus allen Ländern und Zeitaltern. Vornehme Damen erscheinen meistens verlarvt, um ganz ungenirt zu sein. Die Herenmeister, die in großer Menge sich hier einfinden, sind oft Leute, die im gewöhnlichen Leben den ehrbarsten, christlichsten Wandel erheucheln. Was die Teufel anbelangt, die als Liebhaber der Heren fungiren, so sind sie von sehr verschiedenem Range, so daß eine alte Köchin oder Kuhmagd sich mit einem sehr untergeordneten armen Teufel begnügen muß, während vornehmere Patrizierfrauen und große Damen auch standesgemäß sich mit sehr gebildeten und feingeschwänzten Teufeln, mit den galantesten Junkern der Hölle, erlustigen können. Letztere tragen gewöhnlich die altspanisch burgundische Hoftracht, doch entweder von ganz schwarzer oder gar zu schreiend heller Farbe, und auf ihrem Barette schwankt die unerläßliche blutrothe Hahnenfeder. So wohlgestaltet und schöngekleidet diese Cavaliere beim ersten Anblick erscheinen, so ist es doch auffallend, daß ihnen immer ein gewisses "finished" fehlt, und sich bei näherer Betrachtung in ihrem ganzen Wesen eine Disharmonie verräth, welche Auge und Ohr beleidigt: sie sind entweder etwas zu mager oder etwas zu korpulent, ihr Gesicht ist entweder zu blaß oder zu roth, die Nase zu kurz oder ein bischen zu lang, und dabei kommen manchmal Finger wie Vogelkrallen, wo nicht gar ein Pferdefuß, zum Vorschein. Nach Schwefel riechen sie nicht, wie die Liebhaber der armen Volksweiber, die sich, wie gesagt, mit allerlei ordinären Kobolden, mit Ofenheizern der Hölle, abgeben müssen. Aber gemein ist allen Teufeln eine fatale Infirmität, worüber die Heren jeden Ranges in den gerichtlichen Verhand-

lungen Klage führten, nämlich die Eiskälte ihrer Umarmungen und Liebes-
ergüsse.

Luzifer, von Gottes Ungnaden König der Finsterniß, präsidirt dem Hexen-
convente in Gestalt eines schwarzen Bocks mit einem schwarzen Menschenge-
sichte und einem Lichte zwischen den zwei Hörnern. Inmitten des Schau-
platzes der Versammlung steht Seine Majestät auf einem hohen Postamente,
oder einem steinernen Tische, und sieht sehr ernsthaft und melancholisch aus,
wie einer, der sich schmählich ennüyirt. Ihm, dem Oberherrn, huldigen alle
versammelten Hexen, Zauberer, Teufel und sonstige Vasallen, indem sie mit
brennenden Kerzen in der Hand, paarweise vor ihm das Knie beugen und
nachher andächtig sein Hintertheil küssen. Auch dieses Homagium scheint ihn
wenig zu erheitern, er bleibt melancholisch und ernsthaft, während jubelnd die
ganze vermischte Gesellschaft um ihn herum tanzt. Diese Ronde ist nun
jener berühmte Hexentanz, dessen charakteristische Eigenthümlichkeit darin besteht, daß die Tänzer ihre Gesichter alle nach Außen kehren, so daß sie sich
einander nur den Rücken zeigen und keiner des Andern Antlitz schaut. Dies
ist gewiß eine Vorsichtsmaßregel und geschieht damit die Hexen, die später ge-
richtlich eingezogen werden möchten, bei der peinlichen Frage nicht so leicht die
Gefährtinnen angeben können mit welchen sie den Sabbath begangen. Aus
Furcht vor solcher Angeberei besuchen vornehme Damen den Ball mit ver-
larvtem Gesichte. Viele tanzen im bloßen Hembe, viele entäußern sich auch
dieses Gewandes. Manche verschränken im Tanzen ihre Hände, einen Kreis
mit den Armen bildend, oder sie strecken einen Arm weit aus; manche schwingen ihren Besenstiel und jauchzen: „Har! Har! Sabbath! Sabbath!" Es
ist ein böses Vorzeichen, wenn man während des Tanzes zur Erde fällt.
Verliert die Hexe gar im Tanztumult einen Schuh, so bedeutet dieser Umstand, daß sie noch in demselben Jahre den Scheiterhaufen besteigen müsse.

Die Musikanten, welche zum Tanze aufspielen, sind entweder höllische Gei-
ster in fabelhafter Fratzenbildung oder vagabundirende Virtuosen, die von der
Landstraße aufgegriffen worden. Am liebsten nimmt man dazu Fiedler oder
Flötenspieler, welche blind sind, damit sie nicht vor Entsetzen im Musiziren
gestört werden, wenn sie die Greuel der Sabbathfeier sähen. Zu diesen
Greueln gehört namentlich die Aufnahme neuer Hexen in den schwarzen
Bund, wo die Novize eingeweiht wird in die grausenhaftesten Mysterien.
Sie wird gleichsam offiziell mit der Hölle vermählt, und der Teufel, ihr fin-
sterer Gatte, giebt ihr bei dieser Gelegenheit auch einen neuen Namen, einen
nom d'amour, und brennt ihr ein geheimes Merkmal ein, als ein Andenken
seiner Zärtlichkeit. Besagtes Merkmal ist so verborgen, daß der Unter-
suchungsrichter bei den Hexenprozessen oft seine liebe Noth hatte, dasselbe aufzu-

finden und deshalb der Inquisitin von der Hand des Büttels alle Haare vom
Leibe abschneiden ließ.

Der Fürst der Hölle besitzt aber unter den Heren der Versammlung noch
eine Auserwählte, welche den Titel Oberste Braut "Archi-sposa" führt und
gleichsam seine Leibmätresse ist. Ihr Ballkostüm ist sehr einfach, mehr als
einfach, denn es besteht aus einem einzigen goldnen Schuh, weshalb sie auch
die Domina mit dem gültenen Schuh genannt wird. Sie ist ein schönes,
großes, beinahe kolossales Weib, denn der Teufel ist nicht blos ein Kenner
schöner Formen, ein Artist, sondern auch ein Liebhaber von Fleisch und er
denkt, je mehr Fleisch, desto größer die Sünde. Ja, in seinem Raffinement
der Frevelhaftigkeit sucht er die Sünde noch dadurch zu steigern, daß er nie
eine unverheurathete Person, sondern immer eine Vermählte zu seiner Oberbraut wählt, den Ehebruch cumulirend mit der einfachen Unzucht. Auch eine
gute Tänzerin muß sie sein, und bei einer außerordentlichen Sabbathfeier sah
man wohl den erlauchten Bock von seinem Postamente herabsteigen und höchst-
selbst, mit seiner nackten Schönen, einen sonderbaren Tanz aufführen, den ich nicht
beschreiben will, „aus hochbedenklichen christlichen Ursachen," wie der alte Widman sagen würde. Nur so viel darf ich andeuten, daß es ein alter National-
tanz Sodomas ist, dessen Tradizionen, nachdem diese Stadt unterging, von
den Töchtern Loth's gerettet wurden und sich bis auf den heutigen Tag erhalten haben, wie ich denn selber jenen Tanz sehr oft tanzen sah zu Paris,
rue Saint-Honoré No. 359, neben der Kirche der heiligen Assomption. Er-
wägt man nun, daß es auf dem Tanzplatz der Heren keine bewaffnete Moral
giebt, die in der Uniform von Munizipalgardisten die bachantische Lust zu
hemmen weiß, so läßt sich leicht errathen, welche Bocksprünge bei oberwähn-
tem Pas-de-deur zum Vorschein kommen mochten.

Nach manchen Aussagen pflegt auch der große Bock und seine Oberbraut
dem Banquette zu präsidiren, welches nach dem Tanze gehalten wird. Das
Tafelgeschirr und die Speisen bei jenem Gastmahl sind von außerordentlicher
Kostbarkeit und Köstlichkeit; doch wer etwas davon einsteckt, findet den andern
Tag, daß der goldne Becher nur ein irdenes Töpfchen und der schöne Kuchen
nur ein Mistfladen war. Charakteristisch bei dem Mahle ist der gänzliche
Mangel an Salz. Die Lieder, welche die Gäste singen, sind eitel Gotteslä-
sterungen und sie plärren sie nach der Melodie frommer Cantiken. Die ehr-
würdigsten Ceremonien der Religion werden dann durch schändliche Possen-
reißerei nachgeäfft. So wird z. B. unsere heilige Taufe verhöhnt, indem
man Kröten, Igel oder Ratten tauft, ganz nach dem Ritus der Kirche, und
während dieser scheußlichen Handlung geberden sich Pathe und Pathin wie
devote Christen und schneiden die scheinheiligsten Gesichter. Das Weihwasser,
womit sie jene Taufe verrichten, ist eine sehr frevelhafte Flüssigkeit, nämlich

der Urin des Teufels. Auch das Zeichen des Kreuzes machen die Hexen, aber
ganz verkehrt und mit der linken Hand; die von der romanischen Zunge sprechen dabei die Worte: "In nomine patrica aragueaco petrica, agorn, agora,
valentia, jouando goure gaits goustin" welches so viel heißt wie: „Im Namen des Patrike, des Petrike, von Aragonien, zu dieser Stunde, zu dieser
Stunde, Valencia, all' unser Elend ist vorbei!" Zur Verhöhnung der göttlichen Lehre von der Liebe und Vergebung erhebt der höllische Bock zuletzt seine
furchtbarste Donnerstimme und ruft: „Rächt Euch, rächt Euch, sonst müßt
Ihr sterben!" Dieses sind die sacramentalen Worte, womit er den Hexen-
convent aufhebt, und um den erhabensten Akt der Passion zu parodiren, will
auch der Antichrist sich selbst zum Opfer bringen, aber nicht zum Heil, sondern
zum Unheil der Menschheit: der Bock verbrennt sich endlich selbst, er lodert auf
mit großem Flammengeprassel, und von seiner Asche sucht jede Hexe eine Hand-
voll zu erhaschen, um sie zu späteren Malefizien zu gebrauchen. Der Ball
und der Schmaus sind alsdann zu Ende, der Hahn kräht, die Damen fangen
an sehr zu frieren, und wie sie gekommen, so fahren sie von dannen, aber noch
schneller, und manche Frau Hexe legt sich wieder zu Bette zu ihrem schnarchen-
den Gemahle, der es nicht bemerkt hatte, daß nur ein Scheit Holz, welches die
Gestalt seiner Ehehälfte angenommen, in ihrer Abwesenheit an seiner Seite lag.

Auch ich will mich jetzt zu Bette begeben, denn ich habe, theurer Freund,
bis tief in die Nacht hinein geschrieben, um die Notizen zusammenzustellen,
die Sie aufgezeichnet zu sehen wünschten. Ich habe weniger dabei an einen
Theaterdirektor gedacht, der mein Ballet auf die Bühne bringen soll, als vielmehr an den Gentleman von hoher Bildung, den alles interessirt, was Kunst
und Gedanken ist. Ja, mein Freund, Sie verstehen den flüchtigsten Wink
des Dichters, und jedes Wort von Ihnen ist wieder befruchtend für diesen.
Es ist mir unbegreiflich, wie Sie, der erprobt praktische Geschäftsmann, doch
zugleich mit jenem außerordentlichen Sinn für das Schöne begabt sein konnten, und noch mehr erstaune ich darüber, wie Sie unter allen Tribulazionen
Ihrer Berufsthätigkeit sich so viel Liebe und Begeisterung für Poesie zu erhalten wußten!

Die Götter im Exil.

(4)

Schon in meinen frühesten Schriften besprach ich die Idee, welcher die nachfolgenden Mittheilungen entsprossen. Ich rede nämlich hier wieder von der Umwandlung in Dämonen, welche die griechisch-römischen Gottheiten erlitten haben, als das Christenthum zur Oberherrschaft in der Welt gelangte. Der Volksglaube schrieb jenen Göttern jetzt eine zwar wirkliche, aber vermaledeite Existenz zu, in dieser Ansicht ganz übereinstimmend mit der Lehre der Kirche. Letztere erklärte die alten Götter keineswegs, wie es die Philosophen gethan, für Chimären, für Ausgeburten des Lugs und des Irrthums, sondern sie hielt sie vielmehr für böse Geister, welche durch den Sieg Christi vom Lichtgipfel ihrer Macht gestürzt, jetzt auf Erden, im Dunkel alter Tempeltrümmer oder Zauberwälder, ihr Wesen trieben und die schwachen Christenmenschen, die sich hierhin verirrt, durch ihre verführerischen Teufelskünste, durch Wollust und Schönheit, besonders durch Tänze und Gesang, zum Abfall verlockten. Alles was auf dieses Thema Bezug hat, die Umgestaltung der alten Naturculte in Satansdienst und des heidnischen Priesterthums in Hexerei, diese Verteuflung der Götter, habe ich sowohl im zweiten wie im dritten Theile des „Salon" unumwunden besprochen, und ich glaube mich jetzt um so mehr jeder weitern Besprechung überheben zu können, da seitdem viele andre Schriftsteller, sowohl der Spur meiner Andeutungen folgend, als auch angeregt durch die Winke, welche ich über die Wichtigkeit des Gegenstandes ertheilt, jenes Thema viel weitläufiger, umfassender und gründlicher als ich behandelt haben. Wenn sie bei dieser Gelegenheit nicht den Namen des Autors erwähnt, der sich das Verdienst der Initiative erworben, so war dieses gewiß eine Vergeßlichkeit von geringem Belange. Ich selbst will einen solchen Anspruch nicht sehr hoch anschlagen. In der That, es ist wahr, das Thema, das ich aufs Tapet brachte, war keine Neuigkeit; aber es hat mit solchem Vulgarisiren alter Ideen immer dieselbe Bewandtniß, wie mit dem Ei des Columbus. Jeder hat die Sache gewußt, aber keiner hat sie gesagt. Ja, was ich sagte, war keine Novität, und befand sich längst gedruckt in den ehrwürdigen Folianten und Quartanten der Compilatoren und Antiquare, in diesen Katakomben der Gelehrsamkeit, wo zuweilen mit einer grauenhaften Symmetrie, die noch weit schrecklicher ist als wüste Willkür, die heterogensten Gedankenknochen aufgeschichtet — Auch gestehe ich, daß ebenfalls moderne

Gelehrte das erwähnte Thema behandelt; aber sie haben es sozusagen ein-gesargt in die hölzernen Mumienkasten ihrer confusen und abstracten Wissen-schaftssprache, die das große Publikum nicht entziffern kann und für ägyptische Hieroglyphen halten dürfte. Aus solchen Grüften und Beinhäusern habe ich den Gedanken wieder zum wirklichen Leben heraufbeschworen, durch die Zau-bermacht des allgemein verständlichen Wortes, durch die Schwarzkunst eines gesunden, klaren, volksthümlichen Stiles!

Doch ich kehre zurück zu meinem Thema, dessen Grundidee, wie oben an-gedeutet, hier nicht weiter erörtert werden soll. Nur mit wenigen Worten will ich den Leser darauf aufmerksam machen, wie die armen alten Götter, von welchen oben die Rede, zur Zeit des definitiven Sieges des Christenthums, also im dritten Jahrhundert, in Verlegenheiten geriethen, die mit älteren traurigen Zuständen ihres Götterlebens die größte Analogie boten. Sie befanden sich nämlich jetzt in dieselben betrübsamen Nothwendigkeiten versetzt, worin sie sich schon weiland befanden, in jener uralten Zeit, in jener revo-lutionairen Epoche, als die Titanen aus dem Gewahrsam des Orcus herauf-brachen und, den Pelion auf den Ossa thürmend, den Olymp erkletterten. Sie mußten damals schmählich flüchten, die armen Götter, und unter allerlei Vermummungen verbargen sie sich bei uns auf Erden. Die meisten begaben sich nach Aegypten, wo sie zu größerer Sicherheit Thiergestalt annahmen, wie männiglich bekannt. In derselben Weise mußten die armen Heidengötter wieder die Flucht ergreifen und unter allerlei Vermummungen in abgelegenen Verstecken ein Unterkommen suchen, als der wahre Herr der Welt sein Kreuz-banner auf die Himmelsburg pflanzte, und die ikonoklastischen Zeloten, die schwarze Bande der Mönche, alle Tempel brachen und die verjagten Götter mit Feuer und Fluch verfolgten. Viele dieser armen Emigranten, die ganz ohne Obdach und Ambrosia waren, mußten jetzt zu einem bürgerlichen Hand-werke greifen, um wenigstens das liebe Brod zu erwerben. Unter solchen Umständen mußte mancher, dessen heilige Haine confiscirt waren, bei uns in Deutschland als Holzhacker taglöhnern und Bier trinken statt Nektar. Apollo scheint sich in dieser Noth dazu bequemt zu haben, bei Viehzüchtern Dienste zu nehmen, und wie er einst die Kühe des Admetos weidete, so lebte er jetzt als Hirt in Niederösterreich, wo er aber, verdächtig geworden durch sein schönes Singen, von einem gelehrten Mönch als ein alter zauberischer Heidengott erkannt, den geistlichen Gerichten überliefert wurde. Auf der Folter gestand er, daß er der Gott Apollo sei. Vor seiner Hinrichtung bat er auch, man möchte ihm nur noch einmal erlauben, auf der Zither zu spielen und ein Lied zu singen. Er spielte aber so herzrührend und sang so bezaubernd, und war dabei so schön von Angesicht und Leibesgestalt, daß alle Frauen weinten, ja viele durch solche Rührung später erkrankten. Nach einiger Zeit wollte man ihn aus seiner Gruft wieder hervorziehen, um ihm einen Pfahl durch den Leib zu stoßen, in der Meinung, er müsse ein Vampyr gewesen sein, und die erkrankten Frauen würden durch solches probate Hausmittel genesen; aber man fand das Grab leer.

Ueber die Schicksale des alten Kriegsgottes Mars, seit dem Siege der Christen, weiß ich nicht viel zu vermelden. Ich bin nicht abgeneigt zu glauben, daß er in der Feudalzeit das Faustrecht benutzt haben mag. Der lange Schimmelpennig, Neffe des Scharfrichters von Münster, begegnet ihm zu Bologna, wo sie eine Unterredung hatten, die ich an einem andern Orte mittheilen werde. Einige Zeit vorher diente er unter Frondsberg in der Eigenschaft eines Landsknechtes, und war zugegen bei der Erstürmung von Rom, wo ihm gewiß bitter zu Muthe war, als er seine alte Lieblingsstadt und die Tempel, worin er selbst verehrt worden, so wie auch die Tempel seiner Verwandten so schmählich verwüsten sah.

Besser als dem Mars und dem Apollo war es, nach der großen Retirade, dem Gotte Bacchus ergangen, und die Legende erzählt Folgendes:

In Tyrol giebt es sehr große Seen, die von Waldungen umgeben, deren himmelhohe Bäume sich prachtvoll in der blauen Fluth abspiegeln. Baum und Wasser rauschen so geheimnißvoll, daß einem wunderlich zu Sinne wird, wenn man dort einsam wandelt. An dem Ufer eines solchen Sees stand die Hütte eines jungen Fischers, der sich mit dem Fischfang ernährte und auch wohl das Geschäft eines Fährmanns besorgte, wenn irgend ein Reisender über den See gesetzt zu werden begehrte. Er hatte eine große Barke, die an alten Baumstäummen angebunden unfern von seiner Wohnung lag. In dieser letztern lebte er ganz allein. Einst, zur Zeit der herbstlichen Tagesgleiche, gegen Mitternacht, hörte er an sein Fenster klopfen, und als er vor die Thüre trat, sah er drei Mönche, die ihre Köpfe in den Kutten tief vermummt hielten und sehr eilig zu sein schienen. Einer von ihnen bat ihn hastig, ihnen seinen Kahn zu leihen, und versprach, denselben in wenigen Stunden an dieselbe Stelle zurückzubringen. Die Mönche waren ihrer drei, und der Fischer, welcher unter solchen Umständen nicht lange zögern konnte, band den Kahn los, und während jene einstiegen und über den See fortfuhren, ging er nach seiner Hütte zurück, und legte sich aufs Ohr. Jung wie er war, schlief er bald ein, aber nach einigen Stunden ward er von den zurückkehrenden Mönchen aufgeweckt; als er zu ihnen hinaustrat, drückte ihm einer von ihnen ein Silberstück als Fahrgeld in die Hand, und alle drei eilten rasch von dannen. Der Fischer ging, nach seinem Kahne zu schauen, den er fest angebunden fand. Dann schüttelte er sich, doch nicht wegen der Nachtluft. Es war ihm nämlich sonderbar fröstelnd durch die Glieder gefahren und es hatte ihm fast das Herz erkältet, als der Mönch, der ihm das Fährgeld gereicht, seine Hand berührte; die Finger des Mönches waren eiskalt. Diesen Umstand konnte der Fischer einige Tage lang gar nicht vergessen. Doch die Jugend schlägt sich endlich alles Unheimliche aus dem Sinn, und der Fischer dachte nicht mehr an jenes Ereigniß, als im folgenden Jahre, gleichfalls um die Zeit der Tagesgleiche, gegen Mitternacht, an das Fenster der Fischerhütte geklopft wurde und wieder mit großer Hast die drei vermummten Mönche erschienen, welche wieder den Kahn verlangten. Der Fischer überließ ihnen denselben diesmal mit weniger Besorgniß, und als sie nach einigen Stunden zurückkehrten, und ihm einer der Mönche eilig das Fahrgeld in die Hand drückte, fühlte er wieder mit Schaudern die eiskalten Finger. Dasselbe Ereigniß wiederholte sich jedes Jahr um dieselbe Zeit in derselben Weise, und endlich, als der siebente Jahrestag herannahte, ergriff den Fischer eine große Begier, das Geheimniß, das sich unter jenen drei Kutten verbarg, um jeden Preis zu erfahren. Er legte eine Menge Netzwerke in den Kahn, daß dieselben ein Versteck bildeten, wo er hineinschlüpfen konnte, während die Mönche das Fahrzeug besteigen würden. Die erwarteten dunklen Kunden kamen wirklich um die bestimmte Zeit, und es gelang dem Fischer, sich unversehens unter die Netze zu verstecken und an der Ueberfahrt Theil zu nehmen. Zu seiner Verwunderung dauerte diese nur kurze Zeit, während er sonst mehr als eine Stunde brauchte, ehe er an's entgegengesetzte Ufer gelangen konnte, und noch größer war sein Erstaunen, als er hier, wo die Gegend ihm so gut bekannt war, jetzt einen weiten offnen Waldesplatz sah, den er früher noch nie erblickt, und der mit Bäumen umgeben war, die einer ihm ganz fremden Vegetation angehörten. Die Bäume waren behängt mit unzähligen Lampen, auch Vasen mit loderndem Waldharz standen auf hohen Postamenten, und dabei schien der Mond so hell, daß der Fischer die dort versammelte Menschenmenge so genau betrachten konnte, wie am hellen Tage. Es waren viele hundert Personen, junge Männer und junge Frauen, meistens bildschön, obgleich ihre Gesichter alle so weiß wie Marmor waren, und dieser Umstand, verbunden mit der Kleidung, die in weißen, sehr weit aufgeschürzten Tuniken mit Purpursaum bestand, gab ihnen das Aussehn von wandelnden Statuen. Die Frauen trugen auf den Häuptern Kränze von natürlichem oder auch aus Gold- und Silberdraht verfertigtem Weinlaub, und das Haar war zum Theil auf dem Scheitel in eine Krone geflochten, zum Theil auch ringelte dasselbe aus dieser Krone wildlockig hinab in den Nacken. Die jungen Männer trugen ebenfalls auf den Häuptern Kränze von Weinlaub. Männer und Weiber aber, in den Händen goldne Stäbe schwingend, die mit Weinlaub umrangt, kamen jubelnd herangeflogen, um die drei Ankömmlinge zu begrüßen. Einer derselben warf jetzt seine Kutte von sich, und zum Vorschein kam ein impertinenter Geselle von gewöhnlichem Mannesalter,

der ein widerwärtig lüsternes, ja unzüchtiges Gesicht hatte, mit spitzen Bocksohren begabt war, und eine lächerlich übertriebene Geschlechtlichkeit, eine höchst
anstößige Hyperbel, zur Schau trug. Der andere Mönch warf ebenfalls seine
Kutte von sich, und man sah einen nicht minder nackten Dickwanst, auf dessen
kahlen Glatzkopf die muthwilligen Weiber einen Rosenkranz pflanzten. Beider
Mönche Antlitz war schneeweiß, wie das der übrigen Versammlung. Schneeweiß war auch das Gesicht des britten Mönchs, der schier lachend die Kapuze
vom Haupte streifte. Als er den Gürtelstrick seiner Kutte losband, und das
fromme schmutzige Gewand nebst Kreuz und Rosenkranz mit Ekel von sich
warf, erblickte man in einer von Diamanten glänzenden Tunica eine wunder-
schöne Jünglingsgestalt vom edelsten Ebenmaß, nur daß die runden Hüften
und die schmächtige Taille etwas Weibisches hatten. Auch die zärtlich gewölbten Lippen und die verschwimmend weichen Züge verliehen dem Jüngling ein
etwas weibisches Aussehen; doch sein Gesicht trug gleichwohl einen gewissen
kühnen, fast übermüthig heroischen Ausdruck. Die Weiber liebkosten ihn mit
wilder Begeisterung, setzten ihm einen Epheukranz auf's Haupt, und warfen
auf seine Schulter ein prachtvolles Leoparbenfell. In demselben Augenblick
kam, bespannt mit zwei Löwen, ein goldner zweiräbriger Siegeswagen heran-
gerollt, auf den sich der junge Mensch mit Herrscherwürde, aber doch heitern
Blickes hinaufschwang. Er leitete an purpurnen Zügeln das wilde Gespann.
An der rechten Seite seines Wagens schritt der eine seiner entkutteten Gefährten, dessen geile Geberden und oben erwähnte unanständige Uebertriebenheit
das Publicum ergötzte, während sein Genosse, der kahlköpfige Dickwanst, den
die lustigen Frauen auf einen Esel gehoben hatten, an der linken Seite des
Wagen einherritt, in der Hand einen goldnen Pocal haltend, der ihm beständ-
big mit Wein gefüllt wurde. Langsam bewegte sich der Wagen, und hinter
ihm wirbelte die tanzende Ausgelassenheit der weinlaubgekrönten Männer und
Weiber. Dem Wagen voran ging die Hofcapelle des Triumphators: der
hübsche bausbäckige Junge mit der Doppelflöte im Maule; dann die hochge-
schürzte Tamburinschlägerin, die mit den Knöcheln der umgekehrten Hand auf
das klirrende Fell lostrommelte; dann die eben so holdselige Schöne mit dem
Triangel; dann die Hornisten, bocksfüßige Gesellen mit schönen aber lasciven
Gesichtern, welche auf wunderlich geschwungenen Thierhörnern oder Seemu-
scheln ihre Fanfaren bliesen; dann die Lautenspieler. —

Doch, lieber Leser, ich vergesse, daß du ein sehr gebildeter und wohlunter-
richteter Leser bist, der schon lange gemerkt hat, daß hier von einem Bacchanale
die Rede ist, von einem Feste des Dionysus. Du hast oft genug auf alten
Basreliefen oder Kupferstichen archäologischer Werke die Triumphzüge gesehen,
die jenen Gott verherrlichen, und wahrlich bei deinem classisch gebildeten Sinn
würdest du nimmermehr erschrecken wenn dir einmal plötzlich in der mitter-

nächtlichen Abgeschiedenheit eines Waldes der schöne Spuk eines solchen Bac-
chuszuges nebst dem dazu gehörigen betrunkenen Personale leiblich vor Augen
träte — Höchstens würdest du einen leisen lüsternen Schauer, ein ästhetisches
Grüseln empfinden beim Anblick dieser bleichen Versammlung, dieser anmu-
thigen Phantome, die den Sarkophagen ihrer Grabmäler oder den Verstecken
ihrer Tempelruinen entstiegen sind, um den alten fröhlichen Gottesdienst noch
einmal zu begehen, um noch einmal mit Spiel und Reigen die Siegesfahrt
des göttlichen Befreiers, des Heilandes der Sinnenlust, zu feiern, um noch
einmal den Freudentanz des Heidenthums, den Cancan der antiken Welt, zu
tanzen, ganz ohne hypokritische Verhüllung, ganz ohne Dazwischenkunft der
Sergents=de=ville einer spiritualistischen Moral, ganz mit dem ungebundenen
Wahnsinn der alten Tage, jauchzend, tobend, jubelnd: Evoe Bacche! Aber
ach! lieber Leser, der arme Fischer, von welchem wir berichten, war keineswegs
wie du in der Mythologie bewandert, er hatte gar keine archäologischen Studien gemacht, und er war von Schrecken und Angst ergriffen bei dem Anblick
jenes schönen Triumphators mit seinen zwei wunderlichen Acoluthen, als sie
ihrer Mönchstracht entsprungen; er schauderte ob der unzüchtigen Geberden
und Sprünge der Bacchanten, der Faunen, der Satyre, die ihm durch ihre
Bocksfüße und Hörner ganz besonders diabolisch erschienen, und die gesammte
Societät hielt er für einen Congreß von Gespenstern und Dämonen, welche
durch ihre Maleficien allen Christenmenschen Verderben zu bereiten suche.
Das Haar sträubte sich auf seinem Haupte, als er die halsbrechend unmögliche
Positur einer Menade sah, die mit flatterndem Haar das Haupt zurückwarf
und sich nur durch den Thyrsus im Gleichgewicht erhielt. Ihm selber, dem
armen Schiffer, ward es wirr im Hirn, als er hier Coribanten erblickte, die
mit den kurzen Schwertern ihrem eigenen Leibe Wunden beibrachten, tobsüch-
tig die Wollust suchend in dem Schmerze selbst. Die weichen, zärtlichen und
doch zugleich grausamen Töne der Musik, die er vernahm, drangen in sein
Gemüth wie Flammen, lodernd, verzehrend, grauenhaft. Aber als der arme
Mensch jenes verrufene ägyptische Symbol erblickte, das in übertriebener
Größe und bekränzt mit Blumen von einem schamlosen Weibe auf einer hohen
Stange herumgetragen wurde: da verging ihm Hören und Sehen — und er
stürzte nach seinem Kahne zurück und verkroch sich unter die Netze, zähneklap-
pernd und zitternd, als hielte ihn Satan bereits an einem Fuße fest. Nicht
lange darauf kamen die drei Mönche ebenfalls nach dem Kahne zurück und stießen ab. Als sie endlich am andern See=Ufer landeten und ausstiegen, wußte
der Fischer so geschickt seinem Versteck zu entschlüpfen, daß die Mönche meinten,
er habe hinter den Weiden ihrer geharrt, und indem ihm einer von ihnen
wieder mit eiskalten Fingern den Fährlohn in die Hand drückte, ei'ten sie stracks
von hinnen.

Sowohl seines eigenen Seelenheils wegen, das er gefährdet glaubte, als auch um andere Christenmenschen vor Verderben zu bewahren, hielt sich der Fischer für verpflichtet, das unheimliche Begebniß dem geistlichen Gerichte anzuzeigen, und da der Superior eines nahegelegenen Franciscanerklosters als Vorsitzer eines solchen Gerichtes und ganz besonders als gelahrter Exorcist in großem Ansehen stand, beschloß er, sich unverzüglich zu ihm zu begeben. Die Frühsonne fand daher den Fischer schon auf dem Wege nach dem Kloster, und demüthigen Blickes stand er bald vor Seiner Hochwürden, dem Superior, der in seiner Bücherei, die Kapuze weit über's Gesicht gezogen, in einem Lehnsessel saß, und in dieser nachdenklichen Positur sitzen blieb, während ihm der Fischer die grausenhafte Historie erzählte. Als derselbe mit dieser Relation zu Ende war, erhob der Superior sein Haupt, und indem die Kapuze zurückfiel, sah der Fischer mit Bestürzung, daß Seine Hochwürden einer von den drei Mönchen war, die jährlich über den See fuhren, und er erkannte in ihm eben denjenigen, den er diese Nacht als heidnischen Dämon auf dem Siegeswagen mit dem Löwengespann gesehen: es war dasselbe marmorblasse Gesicht, dieselben regelmäßig schönen Züge, derselbe Mund mit den zärtlich gewölbten Lippen — Und um diese Lippen schwebte ein wohlwollendes Lächeln, und diesem Munde entquollen jetzt die sanftklingenden salbungsreichen Worte: Geliebter Sohn in Christo! wir glauben herzlich gern, daß Ihr diese Nacht in der Gesellschaft des Gottes Bacchus zugebracht habt, und Eure phantastische Spukgeschichte giebt dessen hinlänglich Kunde. Wir wollen bei Leibe nichts Unliebiges von diesem Gotte sagen, er ist gewiß manchmal ein Sorgenbrecher und erfreut des Menschen Herz, aber er ist sehr gefährlich für diejenigen, die nicht viel vertragen können, und zu diesen scheint Ihr zu gehören. Wir rathen Euch daher hinfüro nur mit Maß des goldenen Rebensaftes zu genießen, und mit den Hirngeburten der Trunkenheit die geistlichen Obrigkeiten nicht mehr zu behelligen, und auch von Eurer letzten Vision zu schweigen, ganz das Maul zu halten, widrigenfalls Euch der weltliche Arm des Büttels fünfundzwanzig Peitschenhiebe aufzählen soll. Jetzt aber, geliebter Sohn in Christo, geht in die Klosterküche, wo Euch der Bruder Kellermeister und der Bruder Küchenmeister einen Imbiß vorsetzen sollen.

Hiermit gab der geistliche Herr dem Fischer seinen Segen, und als sich dieser verblüfft nach der Küche trollte und den Frater Küchenmeister und den Frater Kellermeister erblickte, fiel er fast zu Boden vor Schrecken — denn diese Beiden waren die zwei nächtlichen Gefährten des Superiors, die zwei Mönche, die mit demselben über den See gefahren, und der Fischer erkannte den Dickwanst und die Glatze des Einen, ebenso wie die grinsend geilen Gesichtszüge nebst den Bocksohren des Andern. Doch hielt er reinen Mund, und erst in spätern Jahren erzählte er die Geschichte seinen Angehörigen.

Alte Chroniken, welche ähnliche Sagen erzählen, verlegen den Schauplatz nach Speyer am Rhein.

An der ostfriesischen Küste herrscht eine analoge Tradition, worin die alt-heidnischen Vorstellungen von der Ueberfahrt der Todten nach dem Schatten-reiche, welche allen jenen Sagen zu Grunde liegen, am deutlichsten hervortre-ten. Von einem Charon, der die Barke lenkt, ist zwar nirgend darin die Rede, wie denn überhaupt dieser alte Kauz sich nicht in der Volkssage, sondern nur im Puppenspiele erhalten hat; aber eine weit wichtigere mythologische Per-sonnage erkennen wir in dem sogenannten Spediteur, der die Ueberfahrt der Todten besorgt, und der dem Fährmann, welcher des Charons Amt verrichtet und ein gewöhnlicher Fischer ist, das herkömmliche Fährgeld auszahlt. Trotz ihrer barocken Vermummung werden wir den wahren Namen jener Person bald errathen, und ich will daher die Tradition selbst so getreu als möglich hier mittheilen:

In Ostfriesland, an der Küste der Nordsee, giebt es Buchten, die gleichsam kleine Hafen bilden und Siehle heißen. An den äußersten Vorsprüngen der-selben steht das einsame Haus irgend eines Fischers, der hier mit seiner Fa-milie ruhig und genügsam lebt. Die Natur ist dort traurig, kein Vogel pfeift, außer den Seemöven, welche manchmal mit einem fatalen Gekreische aus den Sandnestern der Dünen hervorfliegen und Sturm verkünden. Das mono-tone Geplätscher der brandenden See paßt sehr gut zu den düstern Wolken-zügen. Auch die Menschen singen hier nicht, und an dieser melancholischen Küste hört man nie die Strophe eines Volksliedes. Die Menschen hier zu Lande sind ernst, ehrlich, mehr vernünftig als religiös, und stolz auf den küh-nen Sinn und auf die Freiheit ihrer Altvordern. Solche Leute sind nicht phantastisch aufregbar, und grübeln nicht viel. Die Hauptsache für den Fischer, der auf seinem einsamen Siehl wohnt, ist der Fischfang, und dann und wann das Fährgeld der Reisenden, die nach einer der umliegenden Inseln der Nordsee übergesetzt sein wollen. Zu einer bestimmten Zeit des Jahres, heißt es, just um die Mittagsstunde, wo eben der Fischer mit seiner Familie, das Mittagsmahl verzehrend, zu Tische sitzt, tritt ein Reisender in die große Wohnstube, und bittet den Hausherrn, ihm einige Augenblicke zu vergönnen, um ein Geschäft mit ihm zu besprechen. Der Fischer, nachdem er den Gast vergeblich gebeten, vorher an der Mahlzeit Theil zu nehmen, erfüllt am Ende dessen Begehr, und Beide treten bei Seite an ein Erkertischchen. Ich will das Aussehen des Fremden nicht lange beschreiben in müßiger Novellisten-weise; bei der Aufgabe, die ich mir gestellt, genügt ein genaues Signalement. Ich bemerke also Folgendes: Der Fremde ist ein schon bejahrtes, aber doch wohlconservirtes Männchen, ein jugendlicher Greis, gehäbig aber nicht fett, die Wänglein roth wie Vorstorfer Aepfel, die Aeuglein lustig nach allen Sei ten blinzelnd, und auf dem gepuderten Köpfchen sitzt ein dreieckiges Hütk'n. Unter einer hellgelben Houppelande mit unzähligen Krägelchen trägt der Mann die altmodische Kleidung, die wir auf Portraiten holländischer Kaufleute finden, und welche eine gewisse Wohlhabenheit verräth: ein seidenes papageigrünes Röckchen, blumengestickte Weste, kurze schwarze Höschen, gestreifte Strümpfe und Schnallenschuhe; letztere sind so blank, daß man nicht begreift, wie Jemand durch den Schlamm der Sichlwege zu Fuße so unbeschmutzt hergelangen konnte. Seine Stimme ist asthmatisch, feinkräthig und manchmal ins Greinende überschlagend, doch der Vortrag und die Haltung des Männleins ist gravitätisch gemessen, wie es einem holländischen Kaufmann ziemt. Diese Gravität scheint jedoch mehr erkünstelt als natürlich zu sein, und sie contrastirt manchmal mit dem forschsamen Hin- und Herlugen der Aeuglein, so wie auch mit der schlecht unterdrückten flatterhaften Beweglichkeit der Beine und Arme. Daß der Fremde ein holländischer Kaufmann ist, bezeugt nicht blos seine Kleidung, sondern auch die merkantilische Genauigkeit und Umsicht, mit der er das Geschäft so vortheilhaft als möglich für seine Committenten abzuschließen weiß. Er ist nämlich, wie er sagt, Spediteur und hat von einem seiner Handelsfreunde den Auftrag erhalten, eine bestimmte Anzahl Seelen, so viel in einer gewöhnlichen Barke Raum fänden, von der ostfriesischen Küste nach der weißen Insel zu fördern; zu diesem Behufe nun, fährt er fort, möchte er wissen, ob der Schiffer diese Nacht die erwähnte Ladung mit seiner Barke nach der erwähnten Insel übersetzen wolle, und für diesen Fall sei er erbötig, ihm das Fährgeld gleich vorauszuzahlen, zuversichtlich hoffend, daß er aus christlicher Bescheidenheit seine Forderung recht billig stellen werde. Der holländische Kaufmann (dieses ist eigentlich ein Pleonasmus, da jeder Holländer Kaufmann ist) macht diesen Antrag mit der größten Unbefangenheit, als handle es sich von einer Ladung Käse, und nicht von Seelen der Verstorbenen. Der Fischer stutzt einigermaßen bei dem Wort Seelen, und es rieselt ihm ein Bischen kalt über den Rücken, da er gleich merkt, daß von den Seelen der Verstorbenen die Rede sei, und daß er den gespenstischen Holländer vor sich habe, der so manchen seiner Collegen die Ueberfahrt der verstorbenen Seelen anvertraute und gut dafür bezahlte. Wie ich jedoch oben bemerkt, diese ostfriesischen Küstenbewohner sind muthig und gesund und nüchtern, und es fehlt ihnen jene Kränklichkeit der Einbildungskraft, welche uns für das Gespenstische und Uebersinnliche empfänglich macht: unsres Fischers geheimes Grauen dauert daher nur einen Augenblick; seine unheimliche Empfindung unterdrückend, gewinnt er bald seine Fassung, und mit dem Anschein des größten Gleichmuths ist er nur darauf bedacht, das Fährgeld so hoch als möglich zu steigern. Doch nach einigem Feilschen und Dingen verständigen sich beide Contrahenten über den Fahrlohn, sie geben einander den Handschlag zur

5 *

Bekräftigung der Uebereinkunft, und der Holländer, welcher einen schmutzigen ledernen Beutel hervorzieht, angefüllt mit lauter ganz kleinen Silberpfennigen, den kleinsten, die je in Holland geschlagen worden, zahlt die ganze Summe des Fahrgelds in dieser putzigen Münzsorte. Indem er dem Fischer noch die Instruction giebt, gegen Mitternacht, zur Zeit wo der Mond aus den Wolken hervortreten würde, sich an einer bestimmten Stelle der Küste mit seiner Barke einzufinden, um die Ladung in Empfang zu nehmen, verabschiedet er sich bei der ganzen Familie, welche vergebens ihre Einladung zum Mitspeisen wiederholte, und die eben noch so gravitätische Figur trippelt mit leichtfüßigen Schritten von dannen.

Um die bestimmte Zeit befindet sich der Schiffer an dem bestimmten Orte mit seiner Barke, die anfangs von den Wellen hin und her geschaukelt wird; aber nachdem der Vollmond sich gezeigt, bemerkt der Schiffer, daß sein Fahrzeug sich minder leicht bewegt und immer tiefer in die Fluth einsinkt, so daß am Ende das Wasser nur noch eine Hand breit vom Rand entfernt bleibt. Dieser Umstand belehrt ihn, daß seine Passagiere, die Seelen, jetzt an Bord sein müssen, und er stößt ab mit seiner Ladung. Er mag noch so sehr seine Augen anstrengen, doch bemerkt er im Kahne nichts als einige Nebelstreifen, die sich hin und her bewegen, aber keine bestimmte Gestalt annehmen und in einander verquirlen. Er mag auch noch so sehr horchen, so hört er doch nichts als ein unsäglich leises Zirpen und Knistern. Nur dann und wann schießt schrillend eine Möve über sein Haupt, oder es taucht neben ihm aus der Fluth ein Fisch hervor, der ihn blöde anglotzt. Es gähnt die Nacht, und frostiger weht die Seeluft. Ueberall nur Wasser, Mondschein und Stille; und schweigsam, wie seine Umgebung, ist der Schiffer, der endlich an der weißen Insel anlangt und mit seinem Kahne stillhält. Auf dem Strande sieht er niemand, aber er hört eine schrille, asthmatisch keuchende und greinende Stimme, worin er die des Holländers erkennt; derselbe scheint ein Verzeichniß von lauter Eigennamen abzulesen, in einer gewissen verificirenden, monotonen Weise; unter diesen Namen sind dem Fischer manche bekannt und gehören Personen, die in demselben Jahr verstorben. Während dem Ableser dieses Namensverzeichnisses wird der Kahn immer leichter, und lag er eben noch so schwer im Sande des Ufers, so hebt er sich jetzt plötzlich leicht empor, sobald die Ablesung zu Ende ist; und der Schiffer, welcher daran merkt, daß seine Ladung richtig in Empfang genommen ist, fährt wieder ruhig zurück zu Weib und Kind, nach seinem lieben Hause am Siehl.

So geht es jedesmal mit dem Ueberschiffen der Seelen nach der weißen Insel. Als einen besondern Umstand bemerkte einst der Schiffer, daß der unsichtbare Controleur im Ablesen des Namenverzeichnisses plötzlich inne hielt und ausrief: „Wo ist aber Pitter Jansen? Das ist nicht Pitter Jansen.‘

Worauf ein feines, wimmerndes Stimmchen antwortete: „If bin Pitter
Janfen's Mieke, un häb mi op mines Manns Noame inschreberen laten.''
(Ich bin Pitter Jansen's Mieke, und habe mich auf meines Mannes Na-
men einschreiben lassen.)

Ich habe mich oben vermessen, trotz der pfiffigen Vermummung die wichtige
mythologische Person zu errathen, die in obiger Tradition zum Vorschein
kommt. Dieses ist keine geringere als der Gott Mercurius, der ehemalige
Seelenführer, Hermes Psychopompos. Ja, unter jener schäbigen Houppelande und in jener nüchternen Krämergestalt verbirgt sich der brillanteste jugendliche Heidengott, der kluge Sohn der Maja. Auf jenem dreieckigen
Hütchen steckt auch nicht der geringste Federwisch, der an die Fittige der göttlichen Kopfbedeckung erinnern könnte, und die plumpen Schuhe mit den stäh-
lernen Schnallen mahnen nicht im Mindesten an beflügelte Sandalen; dieses
holländisch schwerfällige Blei ist so ganz verschieden von dem beweglichen
Quecksilber, dem der Gott sogar seinen Namen verliehen: aber eben der Contrast verräth die Absicht, und der Gott wählte diese Maske, um sich desto
sicherer verstellt zu halten. Vielleicht aber wählte er sie keineswegs aus will-
kürlicher Laune: Mercur war, wie Ihr wißt, zu gleicher Zeit der Gott der
Diebe und der Kaufleute, und es lag nahe, daß er bei der Wahl einer Maske,
die ihn verbergen, und eines Gewerbes, das ihn ernähren könnte, auf seine
Antecedentien und Talente Rücksicht nahm. Letztere waren erprobt: er war
der erfindungsreichste der Olympier, er hatte die Schildkrötenlyra und das
Sonnengas erfunden, er bestahl Menschen und Götter, und schon als Kind
war er ein kleiner Calmonius, der seiner Wiege entschlüpfte, um ein Paar
Rinder zu stibitzen. Er hatte zu wählen zwischen den zwei Industrien, die
im Wesentlichen nicht sehr verschieden, da bei beiden die Aufgabe gestellt ist,
das fremde Eigenthum so wohlfeil als möglich zu erlangen: aber der pfiffige
Gott bedachte, daß der Diebesstand in der öffentlichen Meinung keine so hohe
Achtung genießt, wie der Handelsstand, daß jener von der Polizei verpönt,
während dieser von den Gesetzen sogar privilegirt ist, daß die Kaufleute jetzt
auf der Leiter der Ehre die höchste Staffel erklimmen, während die vom Diebs-
stand manchmal eine minder angenehme Leiter besteigen müssen, daß sie Freiheit und Leben auf's Spiel setzen, während der Kaufmann nur seine Capitalien oder nur die seiner Freunde einbüßen kann, und der pfiffigste der
Götter ward Kaufmann, und um es vollständig zu sein, ward er sogar Holländer. Seine lange Praxis als ehemaliger Psychopompos, als Schatten-
führer, machte ihn besonders geeignet für die Spedition der Seelen, deren
Transport nach der weißen Insel, wie wir sahen, durch ihn betrieben wird.

Die weiße Insel wird zuweilen auch Brea oder Britinia genannt. Denkt
man vielleicht an das weiße Albion, an die Kalkfelsen der englischen Küste?

Es wäre eine humoristische Idee, wenn man England als ein Todtenland, als das plutonische Reich, als die Hölle bezeichnen wollte. England mag in der That manchem Fremden in solcher Gestalt erscheinen.

In einem Versuche über die Faust-Legende habe ich den Volksglauben in Bezug auf das Reich des Pluto und diesen selbst hinlänglich besprochen. Ich habe dort gezeigt, wie das alte Schattenreich eine ausgebildete Hölle und der alte finstre Beherrscher desselben ganz diabolisirt wurde. Aber nur durch den Kanzeleistil der Kirche klingen die Dinge so grell; trotz dem christlichen Anathema blieb die Position des Pluto wesentlich dieselbe. Er, der Gott der Unterwelt, und sein Bruder Neptunus, der Gott des Meeres, diese Beiden sind nicht emigrirt wie andre Götter, und auch nach dem Siege des Christenthums blieben sie in ihren Domainen, in ihrem Elemente. Mochte man hier oben auf Erden das Tollste von ihm fabeln, der alte Pluto saß unten warm bei seiner Proserpina. Weit weniger Verunglimpfungen, als sein Bruder Pluto, hatte Neptunus zu erdulten, und weder Glockengeläute noch Orgelklänge konnten sein Ohr verletzen da unten in seinem Ocean, wo er ruhig saß bei seiner weißbusigen Frau Amphitrite und seinem feuchten Hofstaat von Nereiden und Tritonen. Nur zuweilen, wenn irgend ein junger Seemann zum ersten Male die Linie passirte, tauchte er empor aus seiner Fluth, in der Hand den Dreizack schwingend, das Haupt mit Schilf bekränzt, und der silberne Wellenbart herabwallend bis zum Nabel. Er ertheilte alsdann dem Neophiten die schreckliche Seewassertaufe, und hielt dabei eine lange, salbungsreiche Rede, voll von derben Seemannswitzen, die er nebst der gelben Lauge des gekauten Tabaks mehr ausspuckte als sprach, zum Ergötzen seiner betheerten Zuhörer. Ein Freund, welcher mir ausführlich beschrieb, wie ein solches Wasser-Mysterium von den Seeleuten auf den Schiffen tragirt wird, versicherte daß eben jene Matrosen, welche am tollsten über die drollige Fastnachtsfratze des Neptuns lachten, dennoch keinen Augenblick an der Existenz eines solchen Meergottes zweifelten und manchmal in großen Gefahren zu ihm beteten.

Neptunus blieb also der Beherrscher des Wasserreichs, wie Pluto trotz seiner Diabolisirung der Fürst der Unterwelt blieb. Ihnen ging es besser als ihrem Bruder Jupiter, dem dritten Sohn des Saturn, welcher nach dem Sturz seines Vaters die Herrschaft des Himmels erlangt hatte, und sorglos als König der Welt im Olymp mit seinem glänzenden Troß von lachenden Göttern, Göttinnen und Ehrennymphen sein ambrosisches Freudenregiment führte. Als die unselige Katastrophe hereinbrach, als das Regiment des Kreuzes, des Leidens, proclamirt ward, emigrirte auch der große Kronide, und er verschwand im Tumulte der Völkerwanderung. Seine Spur ging verloren, und ich habe vergebens alte Chroniken und alte Weiber befragt, niemand

wußte mir Auskunft zu geben über sein Schicksal. Ich habe in derselben
Absicht viele Bibliotheken durchstöbert, wo ich mir die prachtvollsten Codices,
geschmückt mit Gold und Edelsteinen, wahre Odalisken im Harem der Wissenschaft, zeigen ließ, und ich sage den gelehrten Eunuchen für die Unbrummig-
keit und sogar Affabilität, womit sie mir jene leuchtenden Schätze erschlossen,
hier öffentlich den üblichen Dank. Es scheint als hätten sich keine volksthümlichen Traditionen über einen mittelalterlichen Jupiter erhalten, und alles was
ich aufgegabelt, besteht in einer Geschichte, welche mir einst mein Freund Niels
Andersen erzählte.

Ich habe soeben Niels Andersen genannt, und die liebe drollige Figur steigt
wieder lebendig in meiner Erinnerung herauf. Ich will ihm hier einige
Zeilen widmen. Ich gebe gern meine Quellen an, und ich erörtere ihre Eigenschaften, damit der geneigte Leser selbst beurtheile, in wie weit sie sein Vertrauen verdienen. Also einige Worte über meine Quelle.

Niels Andersen, geboren zu Drontheim in Norwegen, war einer der größten Wallfischjäger, die ich kennen lernte. Ich bin ihm sehr verpflichtet. Ihm
verdanke ich alle meine Kenntnisse in Bezug auf den Wallfischfang. Er
machte mich bekannt mit allen Finten, die das kluge Thier anwendet, um dem
Jäger zu entrinnen; er vertraute mir die Kriegslisten, womit man seine
Finten vereitelt. Er lehrte mich die Handgriffe beim Schwingen der Harpune, zeigte mir wie man mit dem Knie des rechten Beines sich gegen den
Vorderrand des Kahnes stemmen muß, wenn man die Harpune nach dem
Wallfisch wirft, und wie man mit dem linken Bein einen gesalzenen Fußtritt
dem Matrosen versetzt, der das Seil, das an der Harpune befestigt ist, nicht
schnell genug nachschießen ließ. Ihm verdanke ich Alles, und wenn ich kein
großer Wallfischjäger geworden, so liegt die Schuld weder an Niels Andersen
noch an mir, sondern an meinem bösen Schicksal, das mir nicht vergönnte,
auf meinen Lebensfahrten irgend einen Wallfisch anzutreffen, mit welchem ich
einen würdigen Kampf bestehen konnte. Ich begegnete nur gewöhnlichen
Stockfischen und lausigen Häringen. Was hilft die beste Harpune gegen
einen Häring? Jetzt muß ich allen Jagdhoffnungen entsagen, meiner gesteif-
ten Beine wegen. Als ich Niels Andersen zu Ritzebüttel bei Curhaven kennen lernte, war er ebenfalls nicht mehr gut auf den Füßen, da am Senegal
ein junger Haifisch, der vielleicht sein rechtes Bein für ein Zuckerstängelchen
ansah, ihm dasselbe abbiß, und der arme Niels seitdem auf einem Stelzfuß
herumhumpeln mußte. Sein größtes Vergnügen war damals, auf einer
hohen Tonne zu sitzen, und auf dem Bauche derselben mit seinem hölzernen
Beine zu trommeln. Ich half ihm oft die Tonne erklettern, aber ich wollte
ihm manchmal nicht wieder hinunterhelfen, ehe er mir eine seiner wunderlichen
Fischersagen erzählte.

Wie Muhamet Eben Mansur seine Lieder immer mit einem Lob des Pfer-
des anfing, so begann Niels Andersen alle seine Geschichten mit einer Apologie des Wallfisches. Auch die Legende, die wir ihm hier nacherzählen, er-
mangelt nicht einer solchen Lobspende. Der Wallfisch, sagte Niels Andersen,
sei nicht blos das größte, sondern auch das schönste Thier. Aus den zwei
Naslöchern auf seinem Kopfe sprängen zwei colossale Wasserstrahlen, die ihm
das Ansehen eines wunderbaren Springbrunnens gäben, und gar besonders
des Nachts im Mondschein einen magischen Effect hervorbrächten. Dabei sei
er gutmüthig, friedliebig, und habe viel Sinn für stilles Familienleben. Es
gewähre einen rührenden Anblick, wenn Vater Wallfisch mit den Seinen auf
einer ungeheuern Eisscholle sich hingelagert, und Jung und Alt sich um ihn
her in Liebesspielen und harmlosen Neckereien überböten. Manchmal springen
sie alle auf einmal ins Wasser, um zwischen den großen Eisblöcken Blindekuh
zu spielen. Die Sittenreinheit und die Keuschheit der Wallfische wird weit
mehr gefördert durch das Eiswasser, worin sie beständig mit den Flossen
herumschwänzeln, als durch moralische Principien. Es sei auch leider nicht zu
läugnen, daß sie keinen religiösen Sinn haben, daß sie ganz ohne Religion
sind —

Ich glaube, das ist ein Irrthum — unterbrach ich meinen Freund — ich
habe jüngst den Bericht eines holländischen Missionairs gelesen, worin dieser
die Herrlichkeit der Schöpfung beschreibt, die sich in den hohen Polargegenden
offenbare, wenn des Morgens die Sonne aufgegangen, und das Tageslicht
die abenteuerlichen, riesenhaften Eismassen bestrahlt. Diese, sagte er, welche
alsdann an diamantne Mährchenschlösser erinnern, geben von Gottes Allmacht
ein so imposantes Zeugniß, daß nicht blos der Mensch, sondern sogar die rohe
Fischcreatur, von solchem Anblick ergriffen, den Schöpfer anbete — mit seinen
eigenen Augen, versichert der Domine, habe er mehre Wallfische gesehen, die
an einer Eiswand gelehnt, dort aufrecht standen und sich mit dem Obertheil
auf und nieder bewegten, wie Betende.

Niels Andersen schüttelte sonderbar den Kopf; er läugnete nicht, daß er
selber zuweilen gesehen, wie die Wallfische, an einer Eiswand stehend, solche
Bewegungen machten, nicht unähnlich denjenigen, die wir in den Betstuben
mancher Glaubenssecten bemerken; aber er wollte solches keineswegs irgend
einer religiösen Andacht zuschreiben. Er erklärte die Sache physiologisch: er
bemerkte daß der Wallfisch, der Chimborasso der Thiere, unter seiner Haut
eine so ungeheuer tiefe Schichte von Fett besitze, daß oft ein einziger Wallfisch
hundert bis hundertundfunfzig Fässer Talg und Thran gebe. Jene Fett-
schichte sei so dick, daß sich viele hundert Wasserratten darin einnisten können,
während das große Thier auf einer Eisscholle schliefe, und diese Gäste, unendlich größer und bissiger als unsre Landratten, führen dann ein fröhliches

Leben unter der Haut des Wallfisches, wo sie Tag und Nacht das beste Fett verschmausen können, ohne das Nest zu verlassen. Diese Schmausereien mögen wohl am Ende dem unfreiwilligen Wirthe etwas überlästig, ja unendlich schmerzhaft werden; da er nun keine Hände hat, wie der Mensch, der sich gottlob kratzen kann, wenn es ihn juckt, so sucht er die innere Qual dadurch zu lindern, daß er sich an die scharfen Kanten einer Eiswand stellt und daran den Rücken durch Auf- und Niederbewegungen recht inbrünstiglich reibt, ganz wie bei uns die Hunde sich an einer Bettstelle zu scheuern pflegen, wenn sie mit zu viel Flöhen behaftet sind. Diese Bewegungen hat nun der ehrliche Domine für die eines Beters gehalten und sie der religiösen Andacht zugeschrieben, während sie doch nur durch die Ratten-Orgien hervorgebracht wurden. Der Wallfisch, so viel Thran er auch enthält, schloß Niels Andersen, ist doch ohne den mindesten religiösen Sinn. Er ehrt weder die Heiligen noch die Propheten, und sogar den kleinen Propheten Jonas, den solch ein Wallfisch einmal aus Versehen verschluckte, konnte er nimmermehr verdauen, und nach dreien Tagen spuckte er ihn wieder aus. Das vortreffliche Ungeheuer hat leider keine Religion, und so ein Wallfisch verehrt unsern wahren Herrgott, der droben im Himmel wohnt, eben so wenig wie den falschen Heidengott, der fern am Nordpol auf der Kaninchen-Insel sitzt, wo er denselben zuweilen besucht.

Was ist das für ein Ort, die Kaninchen-Insel? fragte ich unsern Niels Andersen. Dieser aber trommelte mit seinem Holzbein auf der Tonne und erwiederte: Das ist eben die Insel, wo die Geschichte passirt, die ich zu erzählen habe. Die eigentliche Lage der Insel kann ich nicht genau angeben. Niemand konnte, seit sie entdeckt worden, wieder zu ihr gelangen; solches verhinderten die ungeheuern Eisberge, die sich um die Insel thürmen und vielleicht nur selten eine Annäherung erlauben. Nur die Schiffsleute eines russischen Wallfischjägers, welche einst die Nordstürme so hoch hinauf verschlugen, betraten den Boden der Insel, und seitdem sind schon hundert Jahre verflossen. Als jene Schiffsleute mit einem Kahn dort landeten, fanden sie die Insel ganz wüst und öde. Traurig bewegten sich die Halme des Ginsters über dem Flugsand; nur hie und da standen einige Zwergtannen, oder es krüppelte am Boden das unfruchtbarste Buschwerk. Eine Menge Kaninchen sahen sie umherspringen, weshalb sie dem Orte den Namen Kaninchen-Insel ertheilten. Nur eine einzige ärmliche Hütte gab Kunde, daß ein menschliches Wesen dort wohnte. Als die Schiffer hineintraten, erblickten sie einen uralten Greis, der kümmerlich bekleidet mit zusammengestickten Kaninchenfellen, auf einem Steinstuhl vor dem Herde saß, und an dem flackernden Reisig seine magern Hände und schlotternden Knice wärmte. Neben ihm zur Rechten stand ein ungeheuer großer Vogel, der ein Adler zu sein schien, den aber die Zeit so unwirsch gemausert hatte, daß er nur noch die langen struppigen Federkiele seiner Flügel behalten, was dem nackten Thiere ein höchst närrisches und zugleich grausenhaft häßliches Aussehen verlieh. Zur linken Seite des Alten kauerte am Boden eine außerordentlich große haarlose Ziege, die sehr alt zu sein schien, obgleich noch viele Milcheutern mit rosig frischen Zitzen an ihrem Bauche hingen.

Unter den russischen Seeleuten, welche auf der Kaninchen-Insel landeten, befanden sich mehrere Griechen, und einer derselben glaubte, nicht von dem Hausherrn der Hütte verstanden zu werden, als er in griechischer Sprache zu einem Cameraten sagte: Dieser alte Kauz ist entweder ein Gespenst oder ein böser Dämon. Aber bei diesen Worten erhub sich der Alte plötzlich von seinem Steinsitz, und mit großer Verwunderung sahen die Schiffer eine hohe stattliche Gestalt, die sich trotz dem hohen Alter mit gebietender, schier königlicher Würde aufrecht hielt und beinahe die Balken des Gesimses mit dem Haupte berührte: auch die Züge desselben, obgleich verwüstet und verwittert, zeugten von ursprünglicher Schönheit, sie waren edel und streng gemessen, sehr spärlich fielen einige Silberhaare auf die von Stolz und Alter gefurchte Stirn, die Augen blickten bleich und stier, aber doch stechend, und dem hoch aufgeschürzten Munde entquollen in alterthümlich griechischem Dialect die wohllautenden und klangvollen Laute: „Ihr irrt Euch, junger Mensch, ich bin weder ein Gespenst noch ein böser Dämon; ich bin ein Unglücklicher, welcher einst bessere Tage gesehen. Wer aber seid Ihr?"

Die Schiffer erzählten nun dem Manne das Mißgeschick ihrer Fahrt, und verlangten Auskunft über alles was die Insel beträfe. Die Mittheilungen fielen aber sehr dürftig aus. Seit undenklicher Zeit, sagte der Alte, bewohne er die Insel, deren Bollwerke von Eis ihm gegen seine unerbittlichen Feinde eine sichere Zuflucht gewährten. Er lebe hauptsächlich vom Kaninchenfange, und alle Jahr, wenn die treibenden Eismassen sich gesetzt, kämen auf Schlitten einige Haufen Wilde, denen er seine Kaninchenfelle verkaufe, und die ihm als Zahlung allerlei Gegenstände des unmittelbarsten Bedürfnisses überließen. Die Wallfische, welche manchmal an die Insel heranschwämmen, seien seine liebste Gesellschaft. Dennoch mache es ihm Vergnügen, jetzt wieder seine Muttersprache zu reden, denn er sei ein Grieche; er bat auch seine Landsleute, ihm einige Nachrichten über die jetzigen Zustände Griechenlands zu ertheilen. Daß von den Zinnen der Thürme der griechischen Städte das Kreuz abgebrochen worden, verursachte dem Alten augenscheinlich eine boshafte Freude; doch war es ihm nicht ganz recht, als er hörte, daß an seiner Stelle der Halbmond jetzt aufgepflanzt steht. Sonderbar war es, daß keiner der Schiffer die Namen der Städte kannte, nach welchen der Alte sich erkundigte, und die nach seiner Versicherung zu seiner Zeit blühend gewesen; in gleicher Weise waren

ihm die Namen fremd, die den heutigen Städten und Dörfern Griechenlands
von den Seeleuten ertheilt wurden.   Der Greis schüttelte deshalb oft wehmüthig das Haupt, und die Schiffer sahen sich verwundert an.   Sie merkten,
daß er alle Oertlichkeiten Griechenlands ganz genau kannte, und in der That
er wußte die Buchten, die Erdzungen, die Vorsprünge der Berge, oft sogar
den geringsten Hügel und die kleinsten Felsengruppen, so bestimmt und an-
schaulich zu beschreiben, daß seine Unkenntniß der gewöhnlichsten Ortsnamen
die Schiffer in das größte Erstaunen setzte.   So befrug er sie mit besonderem
Interesse, ja mit einer gewissen Aengstlichkeit, nach einem alten Tempel, der,
wie er versicherte, zu seiner Zeit der schönste in ganz Griechenland gewesen
sei.   Doch keiner der Zuhörer kannte den Namen, den er mit Zärtlichkeit
aussprach, bis endlich, nachdem der Alte die Lage des Tempels wieder ganz
genau geschildert hatte, ein junger Matrose nach der Beschreibung den Ort
erkannte, wovon die Rede war.

Das Dorf, wo er geboren, sagte der junge Mensch, sei eben an jenem Orte
gelegen, und als Knabe habe er auf dem beschriebenen Platze lange Zeit die
Schweine seines Vaters gehütet. Auf jener Stelle, sagt er, fänden sich wirklich die Trümmer uralter Bauwerke, welche von untergegangener Pracht zeugten; nur hie und da ständen noch aufrecht einige große Marmorsäulen, entweder einzeln oder oben verbunden durch die Quadern eines Giebels, aus dessen Brüchen blühende Ranken von Geißblatt und rothen Glockenblumen, wie
Haarflechten, herabfielen.   Andre Säulen, darunter manche von rosigem
Marmor, lägen gebrochen auf dem Boden, und das Gras wuchere über die
kostbaren Knäufe, die aus schön gemeißeltem Blätter= und Blumenwerk beständen.   Auch große Marmorplatten, viereckige Wand= oder dreieckige Dach-
stücke steckten dort halbversunken in der Erde, überragt von einem ungeheuer
großen wilden Feigenbaum, der aus dem Schutte hervorgewachsen.   Unter
dem Schatten dieses Baumes, fuhr der Bursche fort, habe er oft ganze Stunden zugebracht, um die sonderbaren Figuren zu betrachten, die auf den großen
Steinen in runder Bildhauerarbeit conterfeit waren, und allerlei Spiele und
Kämpfe vorstellten, gar lieblich und lustig anzusehen, aber leider auch vielfach
zerstört von der Witterung oder überwachsen von Moos und Epheu.   Sein
Vater, den er um die geheimnißvolle Bedeutung jener Säulen und Bildwerke
befragte, sagte ihm einst, daß dieses die Trümmer eines alten Tempels wären,
worin ehemals ein verruchter Heidengott gehaust, der nicht blos die nackteste
Liederlichkeit, sondern auch unnatürliche Laster und Blutschande getrieben; die
blinden Heiden hätten aber dennoch, ihm zu Ehren, vor seinem Altar manchmal hundert Ochsen auf einmal geschlachtet; der ausgehöhlte Marmorblock,
worin das Blut der Opfer geflossen, sei dort noch vorhanden, und es sei eben
jener Steintrog, den er, sein Sohn, zuweilen dazu benutze, mit dem darin ge-

sammelten Regenwasser seine Schweine zu tränken, oder darin allerlei Abfall für ihre Atzung aufzubewahren.

So sprach der junge Mensch. Aber der Greis stieß jetzt einen Seufzer aus, der den ungeheuersten Schmerz verrieth; gebrochen sank er nieder auf seinen Steinstuhl, bedeckte sein Gesicht mit beiden Händen und weinte wie ein Kind. Der große Vogel kreischte entsetzlich, spreizte weit aus seine ungeheuern Flügel, und bedrohte die Fremden mit Krallen und Schnabel. Die alte Ziege jedoch leckte ihres Herrn Hände, und meckerte traurig und wie besänftigend.

Ein unheimliches Mißbehagen ergriff die Schiffer bei diesem Anblick, sie verließen schleunig die Hütte, und waren froh, als sie das Geschluchze des Greises, das Gekreisch des Vogels und das Ziegengemecker nicht mehr vernahmen. Zurückgekehrt an Bord des Schiffes, erzählten sie dort ihr Abenteuer. Aber unter der Schiffsmannschaft befand sich ein russischer Gelehrter, Professor bei der philosophischen Facultät der Universität zu Kasan, und dieser erklärte die Begebenheit für höchst wichtig; den Zeigefinger pfiffig an die Nase legend, versicherte er den Schiffern: Der Greis auf der Kaninchen-Insel sei unstreitig der alte Gott Jupiter, Sohn des Saturn und der Rhea, der ehemalige König der Götter. Der Vogel an seiner Seite sei augenscheinlich der Adler, der einst die fürchterlichen Blitze in seinen Krallen trug. Und die alte Ziege könne, aller Wahrscheinlichkeit nach, keine andere Person sein, als die Althea, die alte Amme, die den Gott bereits auf Creta säugte und jetzt im Exil wieder mit ihrer Milch ernähre.

So erzählte Niels Andersen, und ich gestehe, diese Mittheilung erfüllte meine Seele mit Wehmuth. Schon die Aufschlüsse über das geheime Leid der Wallfische erregten mein Mitgefühl. Arme große Bestie! Gegen das schnöde Rattengesindel, das sich bei dir eingenistet, und unaufhörlich an dir nagt, giebt es keine Hülfe, und du mußt es lebenslang mit dir schleppen; und rennst du auch verzweiflungsvoll vom Nordpol zum Südpol und reibst dich an seinen Eiskanten — es hilft dir nichts, du wirst sie nicht los, die schnöden Ratten, und dabei fehlt dir der Trost der Religion! An jeder Größe auf dieser Erde nagen die heimlichen Ratten, und die Götter selbst müssen am Ende schmählich zu Grunde gehen. So will es das eiserne Gesetz des Fatums, und selbst der Höchste der Unsterblichen muß demselben schmachvoll sein Haupt beugen. Er, den Homer besungen und Phidias abconterfeit in Gold und Elfenbein; er, der nur mit den Augen zu zwinkern brauchte, um den Erdkreis zu erschüttern; er, der Liebhaber von Leda, Alkmene, Semele, Danae, Kalisto, Jo, Leto, Europa rc. — er muß am Ende am Nordpol sich hinter Eisbergen verstecken, und um sein elendes Leben zu fristen mit Kaninchenfellen handeln wie ein schäbiger Savoyarde!

Ich zweifle nicht, daß es Leute giebt, die sich schadenfroh an solchem Schauspiel laben. Diese Leute sind vielleicht die Nachkommen jener unglücklichen Ochsen, die als Hekatomben auf den Altären Jupiters geschlachtet wurden — Freut Euch, gerächt ist das Blut Eurer Vorfahren, jener armen Schlachtopfer des Aberglaubens! Uns aber, die wir von keinem Erbgroll befangen sind, uns erschüttert der Anblick gefallener Größe, und wir widmen ihr unser frömmigstes Mitleid. Diese Empfindsamkeit verhinderte uns vielleicht, unsrer Erzählung jenen kalten Ernst zu verleihen, der eine Zierde des Geschichtsschreibers ist; nur einigermaßen vermochten wir uns jener Gravität zu befleißen, die man nur in Frankreich erlangen kann. Bescheidentlich empfehlen wir uns der Nachsicht des Lesers, für welchen wir immer die höchste Ehrfurcht bezeugten, und somit schließen wir hier die erste Abtheilung unserer Geschichte der Götter im Exil.

Die Göttin Diana

(Nachtrag zu den Göttern im Exil.)

Vorbemerkung.

—

Die nachstehende Pantomime entstand in derselben Weise wie mein Tanz-poem „Faust." In einer Unterhaltung mit Lumley, dem Director des Lon-doner Theaters der Königin, wünschte derselbe, daß ich ihm einige Balletsujets vorschlüge, die zu einer großen Entfaltung von Pracht in Decorationen und Costümen Gelegenheit bieten könnten, und als ich Mancherlei der Art impro-visirte, worunter auch die Diana-Legende, schien letztere den Zwecken des geist-reichen Impresarios zu entsprechen, und er bat mich sogleich ein Scenarium davon zu entwerfen. Dieses geschah in der folgenden flüchtigen Skizze, der ich keine weitere Ausführung widmete, da doch späterhin für die Bühne kein Gebrauch davon gemacht werden konnte. Ich veröffentliche sie hier, nicht um meinen Ruhm zu fördern, sondern um Krähen, die mir überall nachschnüffeln, zu verhindern, sich allzustolz mit fremden Pfauenfedern zu schmücken. Die Fabel meiner Pantomime ist nämlich im Wesentlichen bereits im dritten Theile meines „Salon" enthalten, aus welchem auch mancher Maestro Barthel schon manchen Schoppen Most geholt hat. Diese Dianen-Legende veröffentliche ich übrigens hier an der geeignetsten Stelle, da sie sich unmittelbar dem Sa-genkreise der „Götter im Exil" anschließt, und ich mich also hier jeder beson-deren Bevorwortung überheben kann.

Paris den 1. März 1854.

Erstes Tableau.

—

Ein uralter verfallener Tempel der Diana. Diese Ruine ist noch ziemlich gut erhalten, nur hie und da ist eine Säule gebrochen und eine Lücke im Dach; durch letztere sieht man ein Stück Abendhimmel mit dem Halbmonde. Rechts die Aussicht in einen Wald. Links der Altar mit einer Statue der Göttin Diana. Die Nymphen derselben kauern hie und da auf dem Boden, in nachlässigen Gruppen. Sie scheinen verdrießlich und gelangweilt. Manchmal springt eine derselben in die Höhe, tanzt einige Pas und scheint in heiteren Erinnerungen verloren. Andere gesellen sich zu ihr und vollbringen antike Tänze. Zuletzt tanzen sie um die Statue der Göttin, halb scherzhaft, halb feierlich, als wollten sie Probe halten zu einem Tempelfeste. Sie zünden die Lampen an und winden Kränze.

Plötzlich, von der Seite des Waldes, stürzt herein die Göttin Diana, im bekannten Jagdcostume, wie sie auch hier als Statue conterfeit ist. Sie scheint erschrocken, wie ein flüchtiges Reh. Sie erzählt ihren bestürzten Nymphen, daß jemand sie verfolgt. Sie ist in der höchsten Aufregung der Angst, aber nicht blos der Angst. Durch ihren spröden Unmuth schimmern zärtlichere Gefühle. Sie schaut immer nach dem Wald, scheint endlich ihren Verfolger zu erblicken und versteckt sich hinter ihre eigne Statue.

Ein junger deutscher Ritter tritt auf. Er sucht die Göttin. Ihre Nymphen umtanzen ihn, um ihn fern zu halten von der Bildsäule ihrer Gebieterin. Sie kosen, sie drohen. Sie ringen mit ihm, er vertheidigt sich neckend. Endlich reißt er sich von ihnen los, erblickt die Statue, hebt flehend seine Arme zu ihr empor, stürzt zu ihren Füßen, umfaßt verzweiflungsvoll ihr Piedestal und erbietet sich ihr ewig dienstbar zu sein mit Leib und Leben. Er sieht auf dem Altar ein Messer und eine Opferschale, ein schauerlicher Gedanke durchdringt ihn, er erinnert sich, daß die Göttin einst Menschenopfer liebte, und in der Trunkenheit seiner Leidenschaft ergreift er Messer und Schale — Er ist im Begriff, dieselbe als Libation mit seinem Herzblut zu füllen, schon kehrt er den Stahl nach seiner Brust: da springt die wirkliche leibliche Göttin aus ihrem Versteck hervor, ergreift seinen Arm, entwindet seiner Hand das Messer — und beide schauen sich an, während einer langen Pause, mit wechselseitiger Verwunderung, schauerlich entzückt, sehnsüchtig, zitternd, todesmuthig, voll

(68)

Liebe. In ihrem Zweitanz fliehen und suchen sie sich, aber diesmal nur, um sich wiederzufinden, sich immer wieder einander in die Arme zu sinken. Endlich setzen sie sich kosend nieder, wie glückliche Kinder, auf dem Piedestal der Statue, während die Nymphen sie als Chorus umtanzen und durch ihre Pantomimen den Commentar bilden von dem, was sich die Liebenden erzählen —

(Diana erzählt ihrem Ritter, daß die alten Götter nicht todt sind, sondern sich nur versteckt halten in Berghöhlen und Tempelruinen, wo sie sich nächtlich besuchen und ihre Freudenfeste feiern.)

Man hört plötzlich die lieblich sanfteste Musik und es treten herein Apollo und die Musen. Jener spielt den Liebenden ein Lied vor, und seine Gefährtinnen tanzen einen schönen, gemessenen Reigen um Diana und den Ritter. Die Musik wird brausender, es erklingen von draußen üppige Weisen, Zimbel und Paukenklänge, und das ist Bacchus, welcher seinen fröhlichen Einzug hält mit seinen Satyren und Bacchanten. Er reitet auf einem gezähmten Löwen, zu seiner Rechten reitet der dickbäuchige Silen auf einem Esel. Tolle ausgelassene Tänze der Satyren und Bacchanten. Letztere mit Weinlaub, oder auch mit Schlangen in den flatternden Haaren, oder auch mit goldenen Kronen geschmückt, schwingen ihre Thyrsen und zeigen jene übermüthigen, unglaublichen, ja unmöglichen Posituren, welche wir auf alten Vasen und sonstigen Basreliefs sehen. Bacchus steigt zu den Liebenden herab und ladet sie ein, Theil zu nehmen an seinem Freudendienste. Jene erheben sich und tanzen einen Zweitanz der trunkensten Lebenslust, dem sich Apollo und Bacchus nebst beider Gefolge, so wie auch die Nymphen Diana's anschließen.

Zweites Tableau.

Großer Saal in einer gothischen Ritterburg. Bediente in buntscheckigen Wappenröcken sind beschäftigt mit Vorbereitungen zu einem Balle. Links eine Estrade, wo Musiker zu sehen, die ihre Instrumente probiren. Rechts ein hoher Lehnsessel, worauf der Ritter sitzt, brütend und melancholisch. Neben ihm stehen seine Gattin im enganliegenden, spitzkrägigen Chatelaine-Costum, und sein Schalksnarr mit Narrenkappe und Pritsche; sie bemühen sich beide vergeblich den Ritter aufzuheitern durch ihre Tänze. Die Chatelaine drückt durch ehrsam gemessene Pas ihre eheliche Zärtlichkeit aus und geräth fast in Sentimentalität; der Narr scheint dieselbe übertreibend zu parodiren und macht die barocksten Sprünge. Die Musikanten präludiren ebenfalls allerlei Zerr-Melodien. Draußen Trompetenstöße und bald erscheinen die Ballgäste, Ritter und Fräulein, ziemlich steife, bunte Figuren im überladensten Mittelalter-Putz; die Männer kriegerisch roh und blöde, die Frauen affectirt, sittsam und zimperlich. Bei ihrem Eintritt erhebt sich der Burgherr, der Ritter, und es giebt die ceremonieusesten Verbeugungen und Knixe. Der Ritter und seine Gemahlin eröffnen den Ball. Gravitätisch germanischer Walzer. Es erscheinen der Kanzler und seine Schreiber in schwarzer Amtstracht, die Brust beladen mit goldnen Ketten, und brennende Wachskerzen in der Hand; sie tanzen den bekannten Fackeltanz, während der Narr auf's Orchester hinaufspringt und dasselbe dirigirt; er schlägt verhöhnend den Tact. Wieder hört man draußen Trompetenstöße.

Ein Diener kündigt an, daß unbekannte Masken Einlaß begehren. Der Ritter winkt Erlaubniß; es öffnet sich im Hintergrunde die Pforte und herein treten drei Züge vermummter Gestalten, worunter einige in ihren Händen musikalische Instrumente tragen. Der Führer des ersten Zuges spielt auf einer Leier. Diese Töne scheinen in dem Ritter süße Erinnerungen zu erregen, und alle Zuhörer horchen verwundert — Während der erste Zugführer auf der Leier spielt, umtanzt ihn feierlich sein Gefolge. Aus dem zweiten Zuge treten einige hervor mit Zymbal und Handpauke — Bei diesen Tönen scheinen den Ritter die Gefühle der höchsten Wonne zu durchschauern; er entreißt einer der Masken die Handpauke und spielt selbst und tanzt dabei, gleichsam ergänzend, die rasend lustigsten Tänze.— Mit eben so wildem, ausschweifendem Jubel umspringen ihn die Gestalten des zweiten Zugs, welche Thyrsusstäbe in den Händen tragen. Noch größere Verwunderung ergreift die Ritter und Damen, und gar die Hausfrau weiß sich vor züchtigem Erstaunen nicht zu fassen. Nur der Narr, welcher vom Orchester herabspringt, giebt seinen behaglichsten Beifall zu erkennen und macht wollüstige Capriolen. Plötzlich aber tritt die Maske, welche den dritten Zug anführt, vor den Ritter und befiehlt ihm, mit gebieterischer Geberde, ihr zu folgen. Entsetzt und empört schreitet die Hausfrau auf jene Maske los, und scheint sie zu fragen: wer sie sei? Jene aber tritt ihr stolz entgegen, wirft die Larve und den vermummenden Mantel von sich, und zeigt sich als Diana im bekannten Jagdcostume. Auch die andern Masken entlarven sich und werfen die verhüllenden Mäntel von sich: es sind Apollo und die Musen, welche den ersten Zug bilden, den zweiten bilden Bacchus und seine Genossen, der dritte besteht aus Diana und ihren Nymphen. Bei dem Anblick der enthüllten Göttin stürzt der Ritter stehend zu ihren Füßen und scheint sie zu beschwören, ihn nicht wieder zu verlassen. Auch der Narr stürzt ihr entzückt zu Füßen und beschwört sie, ihn mitzunehmen. Diana gebietet allgemeine Stille, tanzt ihren göttlich edelsten Tanz, und giebt dem Ritter durch Geberden zu erkennen, daß sie nach dem Venusberge fahre, wo er sie später wiederfinden könne. Die Burgfrau läßt endlich in den tollsten Sprüngen ihrem Zorn und ihrer Entrüstung freien

Lauf, und wir sehen ein Pas-de-deur, wo griechisch heidnische Götterlust mit der germanisch spiritualistischen Haustugend einen Zweikampf tanzt.

Diana, des Streites satt, wirft der ganzen Versammlung verachtende Blicke zu, und nebst ihren Begleitern entfernt sie sich endlich durch die Mittelpforte. Der Ritter will ihnen verzweiflungsvoll folgen, wird aber von seiner Gattin, ihren Zofen und seiner übrigen Dienerschaft zurückgehalten — Draußen bacchantische Jubelmusik, im Saale aber dreht sich wieder der unterbrochene steife Fackeltanz.

Drittes Tableau.

Wilde Gebirgsgegend. Rechts: phantastische Baumgruppen und ein Stück von einem See. Links: eine hervorspringend steile Felswand, worin ein großes Portal sichtbar. — Der Ritter irrt wie ein Wahnsinniger umher. Er scheint Himmel und Erde, die ganze Natur zu beschwören, ihm seine Geliebte wiederzugeben. Aus dem See steigen die Undinen und umtanzen ihn in feierlich lockender Weise. Sie tragen lange weiße Schleier und sind geschmückt mit Perlen und Korallen. Sie wollen den Ritter in ihr Wasserreich hinabziehen, aber aus dem Laub der Bäume springen die Luftgeister, die Sylphen, herab, welche ihn zurückhalten, mit heiterer, ja ausgelassener Lust. Die Undinen entweichen und stürzen sich wieder in den See.

Die Sylphen sind in helle Farben gekleidet und tragen grüne Kränze auf den Häuptern. Leicht und heiter umtanzen sie den Ritter. Sie necken ihn, sie trösten ihn und wollen ihn entführen in ihr Luftreich; da öffnet sich zu seinen Füßen der Boden, und es stürmen hervor die Erdgeister, kleine Gnomen mit langen weißen Bärten, und kurze Schwerter in den kleinen Händchen. Sie hauen ein auf die Sylphen, welche entfliehen, wie erschrockenes Gevögel. Einige derselben flüchten sich auf die Bäume, wiegen sich auf den Baumzweigen, und ehe sie ganz in den Lüften verschwinden, verhöhnen sie die Gnomen, welche sich unten wie wüthend geberden.

Die Gnomen umtanzen den Ritter, und scheinen ihn ermuthigen und ihm den boshaften Trotz, der sie selber beseelt, einflößen zu wollen. Sie zeigen ihm, wie man fechten müsse; sie halten Waffentanz und spreizen sich wie Weltbesieger — da erscheinen plötzlich die Feuergeister, die Salamander, und schon bei ihrem bloßen Anblick kriechen die Gnomen mit feiger Angst wieder in ihre Erde zurück.

Die Salamander sind lange, hagere Männer-und Frauen, in enganliegenden feuerrothen Kleidern. Sie tragen sämmtlich große goldene Kronen auf ben Häuptern und Scepter und sonstige Reichskleinodien in den Händen. Sie umtanzen den Ritter mit glühender Leidenschaft; sie bieten ihm ebenfalls eine Krone und ein Scepter an, und er wird unwillkürlich mit fortgerissen in die lodernde Flammenlust; diese hätte ihn verzehrt, wenn nicht plötzlich Wald- horntöne erklängen und im Hintergrund, in den Lüften, die wilde Jagd sich zeigte. Der Ritter reißt sich los von den Feuergeistern, welche wie Raketen versprühen und verschwinden; der Befreite breitet sehnsüchtig die Arme aus gegen die Führerin des wilden Jagdheeres.

Das ist Diana. Sie sitzt auf einem schneeweißen Roß, und winkt dem Ritter mit lächelndem Gruß. Hinter ihr reiten, ebenfalls auf weißen Rossen, die Nymphen der Göttin, sowie auch die Götterschaar, die wir schon als Besuchende in dem alten Tempel gesehen, nämlich Apollo mit den Musen und Bacchus nebst seinen Gefährten. Den Nachtrab auf Flügelrossen bilden einige große Dichter des Alterthums und des Mittelalters, sowie auch schöne Frauen der letztern Perioden. Die Bergkoppen umwindend, gelangt der Zug endlich in den Vordergrund und hält seinen Einritt in die weit sich öffnende Pforte zur linken Seite der Scene. Nur Diana steigt von ihrem Roß herab und bleibt zurück bei dem Ritter, dem freudeberauschten. Die beiden Lieben- den feiern in entzückten Tänzen ihr Wiederfinden. Diana zeigt dem Ritter die Pforte der Felswand und deutet ihm an, daß dieses der berühmte Venus- berg sei, der Sitz aller Ueppigkeit und Wollust. Sie will ihn, wie im Triumphe, dort hineinführen — da tritt ihnen entgegen ein alter weißbärti- ger Krieger, von Kopf bis zu Fuß geharnischt, und er hält den Ritter zurück, warnend vor der Gefahr, welcher seine Seele im heidnischen Venusberge ausgesetzt sei. Als aber der Ritter den gutgemeinten Warnungen kein Gehör schenkt, greift der greise Krieger (welcher der treue Eckart genannt ist) zum Schwerte und fordert jenen zum Zweikampf. Der Ritter nimmt die Herausforderung an, gebietet der angstbewegten Göttin, das Gefecht durch keine Einmischung zu stören; er wird aber gleich nach den ersten Ausfällen niedergestochen. Der treue Eckart wackelt täppisch zufrieden von dannen, wahrscheinlich sich freuend, wenigstens die Seele des Ritters gerettet zu haben. Ueber die Leiche desselben wirft sich verzweiflungsvoll und trostlos die Göttin Diana.

Viertes Tableau.

—

Der Venusberg: Ein unterirdischer Palast, dessen Architektur und Aus- schmückung im Geschmack der Renaissance, nur noch weit phantastischer, und an arabische Feenmährchen erinnernd. Korinthische Säulen, deren Capitäler sich in Bäume verwandeln und Laubgänge bilden. Exotische Blumen in hohen Marmorvasen, welche mit antiken Basreliefs geziert. An den Wänden Gemälde, wo die Liebschaften der Venus abgebildet. Goldne Candelaber und Ampeln verbreiten ein magisches Licht, und Alles trägt hier den Charakter einer zauberischen Ueppigkeit. Hie und da Gruppen von Menschen, welche müßig und nachlässig am Boden lagern, oder bei dem Schachbrett sitzen. Andere schlagen Ball oder halten Waffenübungen und Scherzgefechte. Ritter und Damen ergehen sich paarweis in galanten Gesprächen. Die Costume dieser Personen sind aus den verschiedensten Zeitaltern, und sie selber sind eben die berühmten Männer und Frauen der antiken und mittelalterlichen Welt, die der Volksglaube, wegen ihres sensualistischen Rufes oder wegen ihrer Fabelhaftigkeit in den Venusberg versetzt hat. Unter den Frauen sehen wir z. B. die schöne Helena von Sparta, die Königin von Saba, die Cleopatra, die Herodias, unbegreiflicher Weise auch Judith, die Mörderin des edlen Holofernes, dann auch verschiedene Heldinnen der bretonischen Rittersagen. Unter den Männern ragen hervor Alexander von Macedonien, der Poet Ovidius, Julius Cäsar, Dieterich von Bern, König Arthus, Ogier der Däne, Amadis von Gallien, Friedrich der Zweite von Hohenstaufen, Klingsohr von Ungerland, Gottfried von Straßburg und Wolfgang Goethe. Sie tragen alle ihre Zeit- und Standestracht, und es fehlt hier nicht an geistlichen Ornaten, welche die höchsten Kirchenämter verrathen.

Die Musik drückt das süßeste dolce far niente aus, geht aber plötzlich über in die wollüstigsten Freudenlaute. Dann erscheint Frau Venus mit dem Tannhäuser, ihrem Cavaliere servente. Diese beiden, sehr entblößt und Rosenkränze auf den Häuptern, tanzen ein sehr sinnliches Pas-de-deux, welches schier an die verbotensten Tänze der Neuzeit erinnert. Sie scheinen sich im Tanze zu zanken, sich zu verhöhnen, sich zu necken, sich mit Verspottung den Rücken zu kehren, und unversehens wieder vereinigt zu werden durch eine unverwüstliche Liebe, die aber keineswegs auf wechselseitiger Achtung beruht. Einige andere Personen schließen sich dem Tanz jener Beiden an, in ähnlich ausgelassener Weise, und es bilden sich die übermüthigsten Quadrillen.

Diese tolle Lust wird aber plötzlich unterbrochen. Schneidende Trauermusik erschallt. Mit aufgelöstem Haar und den Geberden des wildesten Schmerzes stürzt herein die Göttin Diana, und hinter ihr wandeln ihre Nymphen, welche die Leiche des Ritters tragen. Letztere wird in der Mitte der Scene niedergesetzt, und die Göttin legt ihr mit liebender Sorgfalt einige seidene Kissen unter das Haupt. Diana tanzt ihren entsetzlichen Verzweiflungstanz, mit allen erschütternden Kennzeichen einer wahren tragischen Leidenschaft, ohne Beimischung von Galanterie und Laune. Sie beschwört ihre Freundin Venus, den Ritter vom Tode zu erwecken. Aber jene zuckt die Achsel, sie ist ohnmächtig gegen den Tod. Diana wirft sich wie wahnsinnig auf den Todten, und benetzt mit Thränen und Küssen seine starren Hände und Füße.

Es wechselt wieder die Musik, und sie verkündet Ruhe und harmonische Beseligung. An der Spitze der Musen erscheint, zur linken Seite der Scene, der Gott Apollo. Auf's Neue wechselt die Musik; bemerkbar wird ihr Uebergang in jauchzende Lebensfreude, und zur rechten Seite der Scene erscheint Bacchus nebst seinem bacchantischen Gefolge. Apollo stimmt seine Leier, und spielend tanzt er nebst den Musen um die Leiche des Ritters. Bei dem Klange dieser Töne erwacht dieser gleichsam wie aus einem schweren Schlafe, er reibt sich die Augen, schaut verwundert umher, fällt aber bald wieder zurück in seine Todeserstarrung. Jetzt ergreift Bacchus eine Hand-pauke, und im Gefolge seiner rasendsten Bacchanten umtanzt er den Ritter. Es erfaßt eine allmächtige Begeisterung den Gott der Lebenslust, er zerschlägt fast das Tambourin. Diese Melodien wecken den Ritter wieder aus dem Todesschlaf, und er erhebt sich halben Leibes, langsam, mit lechzend geöffnetem Munde. Bacchus läßt sich von Silen einen Becher mit Wein füllen und gießt ihn in den Mund des Ritters. Kaum hat dieser den Trank genossen, als er wie neugeboren vom Boden emporspringt, seine Glieder rüttelt und die verwegensten und berauschtesten Tänze zu tanzen beginnt. Auch die Göttin ist wieder heiter und glücklich, sie reißt den Thyrsus aus den Händen einer Bacchantin und stimmt ein in den Jubel und Taumel des Ritters. Die ganze Versammlung nimmt Theil an dem Glücke der Liebenden, und feiert in wieder fortgesetzten Quadrillen das Fest der Auferstehung. Beide, der Ritter und Diana, knien am Ende nieder zu den Füßen der Frau Venus, die ihren eignen Rosenkranz auf das Haupt Diana's und Tannhäuser's Rosenkranz auf des Ritters Haupt setzt. Glorie der Verklärung.

Geständnisse.

— -

Geschrieben im Winter 1854.

Vorwort.

—

Die nachfolgenden Blätter schrieb ich, um sie einer neuen Ausgabe meines Buches de l'Allemagne einzuverleiben. Voraussetzend, daß ihr Inhalt auch die Aufmerksamkeit des heimischen Publicums in Anspruch nehmen dürfte, veröffentliche ich diese Geständnisse ebenfalls in deutscher Sprache, und zwar noch vor dem Erscheinen der französischen Version. Zu dieser Vorsicht zwingt mich die Fingerfertigkeit sogenannter Uebersetzer, die, obgleich ich jüngst in deutschen Blättern die Original-Ausgabe meines Opus ankündigte, dennoch sich nicht entblödeten, aus einer Pariser Zeitschrift, den bereits in französischer Sprache erschienenen Anfang meines Werks aufzuschnappen und als besondere Broschüre verdeutscht herauszugeben *), solchermaßen nicht blos die literarische Reputation, sondern auch die Eigenthumsinteressen des Autors beeinträchtigend. Dergleichen Schnapphähne sind weit verächtlicher als der Straßenräuber, der sich muthig der Gefahr des Gehenktwerdens aussetzt, während jene mit feigster Sicherheit die Lücken unserer Preßgesetzgebung ausbeutend, ganz straflos den armen Schriftsteller um seinen eben so mühsamen wie kümmerlichen Erwerb bestehlen können. Ich will den besondern Fall, von welchem ich rede, hier nicht weitläufig erörtern; überrascht, ich gestehe es, hat die Büberei mich nicht. Ich habe mancherlei bittere Erfahrungen gemacht, und der alte Glaube oder Aberglaube an deutsche Ehrlichkeit ist bei mir sehr in die Krümpe gegangen. Ich kann es nicht verhehlen, daß ich, zumal während meines Aufenthalts in Frankreich, sehr oft das Opfer jenes Aberglaubens ward. Sonderbar genug, unter den Gaunern, die ich leider zu meinem Schaden kennen lernte, befand sich nur ein einziger Franzose, und dieser Gauner war gebürtig aus einem jener deutschen Gauen, die einst dem deutschen Reich entrissen, jetzt von unsern Patrioten zurückverlangt werden. Sollte ich, in der ethnographischen Weise des Leporello, eine illustrirte Liste von den respectiven Spitzbuben anfertigen, die mir die Tasche geleert, so würden freilich alle civilisirten Länder darin zahlreich genug repräsentirt werden, aber die Palme bliebe doch dem Vaterlande, welches das Unglaublichste geleistet, und ich könnte davon ein Lied singen mit dem Refrain:

> „Aber in Deutschland tausend und drei!"

---

*) Die verbannten Götter von Heinrich Heine. Aus dem Französischen. Nebst Mittheilungen über den kranken Dichter. Berlin. Gustav Hempel. 1853

Charakteristisch ist es, daß unsern deutschen Schelmen immer eine gewisse Sentimentalität anklebt. Sie sind keine kalten Verstandesspißbuben, sondern Schufte von Gefühl. Sie haben Gemüth, sie nehmen den wärmsten Antheil an dem Schicksal derer, die sie bestohlen, und man kann sie nicht los werden. Sogar unsre vornehmen Industrieritter sind nicht bloße Egoisten, die nur für sich stehlen, sondern sie wollen den schnöden Mammon erwerben, um Gutes zu thun; in den Freistunden, wo sie nicht von ihren Berufsgeschäften, z. B. von der Direction einer Gasbeleuchtung der böhmischen Wälder, in Anspruch genommen werden, beschüßen sie Pianisten und Journalisten, und unter der buntgestickten, in allen Farben der Iris schillernden Weste trägt mancher auch ein Herz, und in dem Herzen den nagenden Bandwurm des Weltschmerzes. Der Industrielle, der mein obenerwähntes Opus in sogenannter Uebersetzung als Broschüre herausgegeben, begleitete dieselbe mit einer Notiz über meine Person, worin er wehmüthig meinen traurigen Gesundheitszustand bejammert, und durch eine Zusammenstellung von allerlei Zeitungsartifeln über mein jetziges klägliches Aussehen die rührendsten Nachrichten mittheilt, so daß ich hier von Kopf bis zu Fuß beschrieben bin, und ein wißiger Freund bei dieser Lectüre lachend ausrufen konnte: Wir leben wirklich in einer verkehrten Welt, und es ist jetzt der Dieb, welcher den Steckbrief des ehrlichen Mannes, den er bestohlen hat, zur öffentlichen Kunde bringt. —

Beschrieben zu Paris, im März 1854.

Ein geistreicher Franzose — vor einigen Jahren hätten diese Worte einen Pleonasmus gebildet — nannte mich einst einen romantique défroqué. Ich hege eine Schwäche für alles was Geist ist, und so boshaft die Benennung war, hat sie mich dennoch höchlich ergötzt. Sie ist treffend. Trotz meiner exterminatorischen Feldzüge gegen die Romantik, blieb ich doch selbst immer ein Romantiker, und ich war es in einem höhern Grade, als ich selbst ahnte. Nachdem ich dem Sinne für romantische Poesie in Deutschland die tödtlichsten Schläge beigebracht, beschlich mich selbst wieder eine unendliche Sehnsucht nach der blauen Blume im Traumlande der Romantik, und ich ergriff die bezauberte Laute und sang ein Lied, worin ich mich allen holdseligen Uebertrei bungen, aller Mondscheintrunkenheit, allem blühenden Nachtigallen-Wahn sinn der einst so geliebten Weise hingab. Ich weiß, es war „das letzte freie Waldlied der Romantik,“ und ich bin ihr letzter Dichter: mit mir ist die alte lyrische Schule der Deutschen geschlossen, während zugleich die neue Schule, die moderne deutsche Lyrik, von mir eröffnet ward. Diese Doppelbedeutung wird mir von den deutschen Literarhistorikern zugeschrieben. Es ziemt mir nicht, mich hierüber weitläufig auszulassen, aber ich darf mit gutem Fuge sagen, daß ich in der Geschichte der deutschen Romantik eine große Erwähnung verdiene. Aus diesem Grunde hätte ich in meinem Buche de l'Allemagne, wo ich jene Geschichte der romantischen Schule so vollständig als möglich dar zustellen suchte, eine Besprechung meiner eignen Person liefern müssen. In dem ich dieses unterließ, entstand eine Lacune, welcher ich nicht leicht abzuhelfen weiß. Die Abfassung einer Selbstcharakteristik wäre nicht blos eine sehr ver fängliche, sondern sogar eine unmögliche Arbeit. Ich wäre ein eitler Geck, wenn ich hier das Gute, das ich von mir zu sagen wüßte, drall hervorhübe, und ich wäre ein großer Narr, wenn ich die Gebrechen, deren ich mich vielleicht ebenfalls bewußt bin, vor aller Welt zur Schau stellte — Und dann, mit dem besten Willen der Treuherzigkeit kann kein Mensch über sich selbst die Wahr heit sagen. Auch ist dies niemandem bis jetzt gelungen, weder dem heiligen Augustin, dem frommen Bischof von Hippo, noch dem Genfer Jean Jacques Rousseau, und am allerwenigsten diesem letztern, der sich den Mann der Wahrheit und Natur nannte, während er doch im Grunde viel verlogener und unnatürlicher war, als seine Zeitgenossen. Er ist freilich zu stolz, als daß er sich gute Eigenschaften und schöne Handlungen fälschlich zuschriebe, er erfindet vielmehr die abscheulichsten Dinge zu seiner eignen Verunglimpfung. Verleumdete er sich etwa selbst, um mit desto größerm Schein von Wahrhaftigkeit auch Andre, z. B. meinen armen Landsmann Grimm, verleumden zu können? Oder macht er unwahre Bekenntnisse, um wirkliche Vergehen darunter zu verbergen, da, wie männiglich bekannt ist, die Schmachgeschichten, die über uns im Umlauf sind, uns dann nur sehr schmerzhaft zu berühren pflegen, wenn sie Wahrheit enthalten, während unser Gemüth minder verdrießlich davon verletzt wird, wenn sie nur eitel Erfindnisse sind. So bin ich überzeugt, Jean Jacques hat das Band nicht gestohlen, das einer unschuldig angeklagten und fortgejagten Kammerjungfer Ehre und Dienst kostete; er hatte gewiß kein Talent zum Stehlen, er war viel zu blöde und täppisch, er, der künftige Bär der Eremitage. Er hat vielleicht eines andern Vergehens sich schuldig gemacht, aber es war kein Diebstahl. Auch hat er seine Kinder nicht in's Findelhaus geschickt, sondern nur die Kinder von Mademoiselle Therese Levasseur. Schon vor dreißig Jahren machte mich einer der größten deutschen Psychologen auf eine Stelle der Confessionen aufmerksam, woraus bestimmt zu deduciren war, daß Rousseau nicht der Vater jener Kinder sein konnte; der eitle Brummbär wollte sich lieber für einen barbarischen Vater ausgeben, als daß er den Verdacht ertrüge, aller Vaterschaft unfähig gewesen zu sein. Aber der Mann, der in seiner eignen Person auch die menschliche Natur verleumdete, er blieb ihr doch treu in Bezug auf unsre Erbschwäche, die darin besteht, daß wir in den Augen der Welt immer anders erscheinen wollen, als wir wirklich sind. Sein Selbstportrait ist eine Lüge, bewundernswürdig ausgeführt, aber eine brillante Lüge. Da war der König der Aschantis, von welchem ich jüngst in einer afrikanischen Reisebeschreibung viel Ergötzliches las, viel ehrlicher, und das naive Wort dieses Neger-Fürsten, welches die oben angedeutete menschliche Schwäche so spaßhaft resumirt, will ich hier mittheilen. Als nämlich der Major Bowditch in der Eigenschaft eines Ministerresidenten von dem englischen Gouverneur des Caps der guten Hoffnung an den Hof jenes mächtigsten Monarchen Südafrikas geschickt ward, suchte er sich die Gunst der Höflinge und zumal der Hofdamen, die trotz ihrer schwarzen Haut mitunter außerordentlich schön waren, dadurch zu erwerben, daß er sie protraitirte. Der König, welcher die frappante Aehnlichkeit bewunderte, verlangte ebenfalls conterfeit zu werden und hatte dem Maler bereits einige Sitzungen gewidmet, als dieser zu bemerken glaubte, daß der König, der oft aufgesprungen war, um die Fortschritte des Portraits zu beobachten, in seinem Antlitze einige Unruhe und die grimassirende Verlegenheit eines Mannes verrieth, der einen Wunsch auf der Zunge hat, aber doch keine Worte dafür finden kann — der Maler drang jedoch so lange in Seine Majeſtät, ihm ihr allerhöchſtes Begehr kund zu geben, bis der arme Negerkönig endlich kleinlaut ihn ’ragte: ob es nicht anginge, daß er ihn weiß malte?

Das iſt es. Der ſchwarze Negerkönig will weiß gemalt ſein. Aber lacht nicht über den armen Afrikaner — jeder Menſch iſt ein ſolcher Negerkönig, und jeder von uns möchte dem Publikum in einer andern Farbe erſcheinen, als die iſt, womit uns die Fatalität angeſtrichen hat. Gottlob, daß ich dieſes begreiſe, und ich werde mich daher hüten, hier in dieſem Buche mich ſelbſt abzuconter-feien. Doch der Lacune, welche dieſes mangelnde Portrait verurſacht, werde ich in den folgenden Blättern einigermaßen abzuhelfen ſuchen, indem ich hier genugſam Gelegenheit finde, meine Perſönlichkeit ſo bedenklich als möglich her-vortreten zu laſſen. Ich habe mir nämlich die Aufgabe geſtellt, hier nach-träglich die Entſtehung dieſes Buches und die philoſophiſchen und religiöſen Variationen, die ſeit ſeiner Abfaſſung im Geiſte des Autors vorgefallen, zu beſchreiben, zu Nutz und Frommen des Leſers dieſer neuen Ausgabe meines Buches de l’Allemagne.

Seid ohne Sorge, ich werde mich nicht zu weiß malen, und meine Neben-menſchen nicht zu ſehr anſchwärzen. Ich werde immer meine Farbe ganz getreu angeben, damit man wiſſe, wie weit man meinem Urtheil trauen darf, wenn ich Leute von andrer Farbe beſpreche.

Ich ertheilte meinem Buche denſelben Titel, unter welchem Frau von Staël ihr berühmtes Werk, das denſelben Gegenſtand behandelt, herausgegeben hat, und zwar that ich es aus polemiſcher Abſicht. Daß eine ſolche mich leitete, ver-läugne ich keineswegs; doch indem ich von vornherein erkläre, eine Parteiſchrift geliefert zu haben, leiſte ich dem Forſcher der Wahrheit vielleicht beſſere Dienſte, als wenn ich eine gewiſſe laue Unparteilichkeit erheuchelte, die immer eine Lüge und dem beſehdeten Autor verderblicher iſt, als die entſchiedenſte Feindſchaft. Da Frau von Staël ein Autor von Genie iſt und einſt die Meinung ausſprach: daß das Genie kein Geſchlecht habe, ſo kann ich mich bei dieſer Schriftſtellerin auch jener galanten Schonung überheben, die wir gewöhnlich den Damen an-gedeihen laſſen, und die im Grunde doch nur ein mitleidiges Certificat ihrer Schwäche iſt.

Iſt die banale Anekdote wahr, welche man in Bezug auf obige Aeußerung von Frau von Staël erzählt, und die ich bereits in meinen Knabenjahren unter andern Bonmots des Empires vernahm? Es heißt nämlich, zur Zeit wo Napoleon noch erſter Conſul war, ſei einſt Frau von Staël nach der Be-hauſung deſſelben gekommen, um ihm einen Beſuch abzuſtatten; doch trotzdem daß der dienſtthuende Huiſſier ihr verſicherte, nach ſtrenger Weiſung niemanden vorlaſſen zu dürfen, habe ſie dennoch unerſchütterlich darauf beſtanden, ſeinem ruhmreichen Hausherrn unverzüglich angekündigt zu werden. Als dieſer letztere ihr hierauf ſein Bedauern vermelden ließ, daß er die verehrt-

Dame nicht empfangen könne, sintemalen er sich eben im Bade befände, soll dieselbe ihm die famose Antwort zurückgeschickt haben, daß solches kein Hinderniß wäre, denn das Genie habe kein Geschlecht.

Ich verbürge nicht die Wahrheit dieser Geschichte; aber sollte sie auch unwahr sein, so bleibt sie doch gut erfunden. Sie schildert die Zudringlichkeit, womit die hitzige Person den Kaiser verfolgte. Er hatte nirgends Ruhe vor ihrer Anbetung. Sie hatte sich einmal in den Kopf gesetzt, daß der größte Mann des Jahrhunderts auch mit der größten Zeitgenossin mehr oder minder idealisch gepaart werden müsse. Aber als sie einst, in Erwartung eines Compliments, an den Kaiser die Frage richtete: welche Frau er für die größte seinen Zeit halte? antwortete jener: Die Frau, welche die meisten Kinder zur Welt gebracht. Das war nicht galant, wie denn nicht zu läugnen ist, daß der Kaiser den Frauen gegenüber nicht jene zarten Zuvorkommenheiten und Aufmerksamkeiten ausübte, welche die Französinnen so sehr lieben. Aber diese letztern werden nie durch tactloses Benehmen irgend eine Unartigkeit selbst hervorrufen, wie es die berühmte Genferin gethan, die bei dieser Gelegenheit bewies, daß sie trotz ihrer physischen Beweglichkeit von einer gewissen heimathlichen Unbeholfenheit nicht frei geblieben.

Als die gute Frau merkte, daß sie mit ihrer Anbringlichkeit nichts ausrichtete, that sie was die Frauen in solchen Fällen zu thun pflegen, sie erklärte sich gegen den Kaiser, raisonnirte gegen seine brutale und ungalante Herrschaft, und raisonnirte so lange bis ihr die Polizei den Laufpaß gab. Sie flüchtete nun zu uns nach Deutschland, wo sie Materialien sammelte zu dem berühmten Buche, das den deutschen Spiritualismus als das Ideal aller Herrlichkeit feiern sollte, im Gegensatze zu dem Materialismus des imperialen Frankreichs. Hier bei uns machte sie gleich einen großen Fund. Sie begegnete nämlich einem Gelehrten Namens August Wilhelm Schlegel. Das war ein Genie ohne Geschlecht. Er wurde ihr getreuer Cicerone und begleitete sie auf ihrer Reise durch alle Dachstuben der deutschen Literatur. Sie hatte einen unbändig großen Turban aufgestülpt, und war jetzt die Sultanin des Gedankens. Sie ließ unsere Literaten gleichsam geistig die Revüe passiren, und parodirte dabei den großen Sultan der Materie. Wie dieser die Leute mit einem: wie alt sind Sie? wie viel Kinder haben Sie? wie viel Dienstjahre? u. s. w. anging, so frug jene unsere Gelehrten: wie alt sind Sie? was haben Sie geschrieben? sind Sie Kantianer oder Fichteaner? und dergleichen Dinge, worauf die Dame kaum die Antwort abwartete, die der getreue Mamluck August Wilhelm Schlegel, ihr Rustan, hastig in sein Notizenbuch einzeichnete. Wie Napoleon diejenige Frau für die größte erklärte, welche die meisten Kinder zur Welt gebracht, so erklärte die Staël denjenigen Mann für den größten, der die meisten Bücher geschrieben. Man hat keinen Begriff davon welchen Spektakel sie bei uns machte, und Schriften, die erst unlängst erschienen, z. B. die Memoiren der Caroline Pichler, die Briefe der Varnhagen und der Bettina Arnim, auch die Zeugnisse von Eckermann, schildern ergötzlich die Noth, welche uns die Sultanin des Gedankens bereitete, zu einer Zeit, wo der Sultan der Materie uns schon genug Tribulationen verursachte. Es war geistige Einquartierung, die zunächst auf die Gelehrten fiel.. Diejenigen Literatoren, womit die vortreffliche Frau ganz besonders zufrieden war, und die ihr persönlich durch den Schnitt ihres Gesichtes oder die Farbe ihrer Augen gefielen, konnten eine ehrenhafte Erwähnung, gleichsam das Kreuz der Legion d'honneur, in ihrem Buche de l'Allemagne erwarten. Dieses Buch macht auf mich immer einen so komischen wie ärgerlichen Eindruck. Hier sehe ich die passionnirte Frau mit all ihrer Turbulenz, ich sehe wie dieser Sturmwind in Weibskleidern durch unser ruhiges Deutschland fegte, wie sie überall entzückt ausruft: welche labende Stille weht mich hier an! Sie hatte sich in Frankreich echauffirt und kam nach Deutschland, um sich bei uns abzukühlen. Der keusche Hauch unsrer Dichter that ihrem heißen, sonnigen Busen so wohl! Sie betrachtete unsre Philosophen wie verschiedene Eissorten, und verschluckte Kant als Sorbet von Vanille, Fichte als Pistache, Schelling als Arlequin!— O wie hübsch kühl ist es in Euren Wäldern — rief sie beständig — welcher erquickende Veilchengeruch! wie zwitschern die Zeisige so friedlich in ihrem deutschen Nestchen! Ihr seid ein gutes tugendhaftes Volk, und habt noch keinen Begriff von dem Sittenverderbniß, das bei uns herrscht, in der Rue du Bac.

Die gute Dame sah bei uns nur was sie sehen wollte: ein nebelhaftes Geisterland, wo die Menschen ohne Leiber, ganz Tugend, über Schneegefilde wandeln, und sich nur von Moral und Metaphysik unterhalten! Sie sah bei uns überall nur was sie sehen wollte, und hörte nur was sie hören und wiedererzählen wollte — und dabei hörte sie doch nur wenig, und nie das Wahre, einestheils weil sie immer selber sprach, und dann weil sie mit ihren barschen Fragen unsere bescheidenen Gelehrten verwirrte und verblüffte, wenn sie mit ihnen discurirte. — „Was ist Geist?" sagte sie zu dem blöden Professor Bouterwek, indem sie ihr dickfleischiges Bein auf seine dünnen, zitternden Lenden legte. Ach, schrieb sie dann: „wie interessant ist dieser Bouterwek! Wie der Mann die Augen niederschlägt! Das ist mir nie passirt mit meinen Herren zu Paris, in der Rue du Bac!" Sie sieht überall deutschen Spiritualismus, sie preist unsre Ehrlichkeit, unsre Tugend, unsre Geistesbildung — sie sieht nicht unsre Zuchthäuser, unsre Bordelle, unsre Casernen — man sollte glauben, daß jeder Deutsche den Prix Monthyon verdiente — Und das Alles, um den Kaiser zu nergeln, dessen Feinde wir damals waren.

Der Haß gegen den Kaiser ist die Seele dieses Buches "de l'Allemagne," und obgleich sein Name nirgends darin genannt wird, sieht man doch, wie die

Verfasserin bei jeder Zeile nach den Tuilerien schielt. Ich zweifle nicht, daß das Buch den Kaiser weit empfindlicher verdrossen hat, als der directeste Angriff, denn nichts verwundet einen Mann so sehr, wie kleine weibliche Nadelstiche. Wir sind auf große Schwertstreiche gefaßt, und man kitzelt uns an den kitzlichsten Stellen.

O die Weiber! Wir müssen ihnen viel verzeihen, denn sie lieben viel, und so gar Viele. Ihr Haß ist eigentlich nur eine Liebe, welche umgesattelt hat. Zuweilen suchen sie auch uns Böses zuzufügen, weil sie dadurch einem andern Manne etwas Liebes zu erweisen denken. Wenn sie schreiben, haben sie ein Auge auf das Papier und das andre auf einen Mann gerichtet, und dieses gilt von allen Schriftstellerinnen, mit Ausnahme der Gräfin Hahn-Hahn die nur ein Auge hat. Wir männlichen Schriftsteller haben ebenfalls unsre vorgefaßten Sympathien, und wir schreiben für oder gegen eine Sache, für oder gegen eine Idee, für oder gegen eine Partei; die Frauen jedoch schreiben immer für oder gegen einen einzigen Mann, oder besser gesagt, wegen eines einzigen Mannes. Charakteristisch ist bei ihnen ein gewisser Cancan, der Klüngel, den sie auch in die Literatur herüberbringen, und der mir weit fataler ist, als die roheste Verleumdungswuth der Männer. Wir Männer lügen zuweilen. Die Weiber, wie alle passive Naturen, können selten erfinden, wissen jedoch das Vorgefundene dergestalt zu entstellen, daß sie uns dadurch noch weit sicherer schaden, als durch entschiedene Lügen. Ich glaube wahrhaftig, mein Freund Balzac hatte Recht, als er mir einst in einem sehr seufzenden Tone sagte: la femme est un être dangereux.

Ja, die Weiber sind gefährlich; aber ich muß doch die Bemerkung hinzufügen, daß die schönen nicht so gefährlich sind, als die, welche mehr geistige als körperliche Vorzüge besitzen. Denn jene sind gewohnt, daß ihnen die Männer den Hof machen, während die andern der Eigenliebe der Männer entgegenkommen, und durch den Köder der Schmeichelei einen größern Anhang gewinnen, als die Schönen. Ich will damit bei Leibe nicht andeuten, als ob Frau von Staël häßlich gewesen sei; aber eine Schönheit ist ganz etwas Anderes. Sie hatte angenehme Einzelheiten, welche aber ein sehr unangenehmes Ganze bildeten; besonders unerträglich für nervöse Personen, wie es der selige Schiller gewesen, war ihre Manie, beständig einen kleinen Stengel oder eine Papierbüte zwischen den Fingern wirbelnd herumzudrehen— dieses Manövre machte den armen Schiller schwindlicht, und er ergriff in Verzweiflung alsdann ihre schöne Hand, um sie festzuhalten, und Frau von Staël glaubte, der gefühlvolle Dichter sei hingerissen von dem Zauber ihrer Persönlichkeit. Sie hatte in der That sehr schöne Hände, wie man mir sagt, und auch die schönsten Arme, die sie immer nackt sehen ließ; gewiß, die Venus von Milo hätte keine so schönen Arme aufzuweisen. Ihre Zähne uberstrahlten an Weiße das Gebiß der kostbarsten Rosse Arabiens. Sie hatte sehr große schöne Augen, ein Dutzend Amoretten würden Platz gefunden haben auf ihren Lippen, und ihr Lächeln soll sehr holdselig gewesen sein. Häßlich war sie also nicht — keine Frau ist häßlich — so viel läßt sich aber mit Fug behaupten: wenn die schöne Helena von Sparta so ausgesehen hätte so wäre der ganze trojanische Krieg nicht entstanden, die Burg des Priamus wäre nicht verbrannt worden, und Homer hätte nimmermehr besungen den Zorn des Peliden Achilles.

Frau von Staël hatte sich, wie oben gesagt, gegen den großen Kaiser erklärt, und machte ihm den Krieg. Aber sie beschränkte sich nicht darauf, Bücher gegen ihn zu schreiben; sie suchte ihn auch durch nicht-literarische Waffen zu befehden: sie war einige Zeit die Seele aller jener aristokratischen und jesuitischen Intriguen, die der Coalition gegen Napoleon vorangingen, und wie eine wahre Hexe kauerte sie an dem brodelnden Topfe, worin alle diplomatischen Giftmischer, ihre Freunde Talleyrand, Metternich, Pozzo-di-Borgo, Castlereagh u. s. w., dem großen Kaiser sein Verderben eingebrockt hatten. Mit dem Kochlöffel des Hasses rührte das Weib herum in dem fatalen Topfe, worin zugleich das Unglück der ganzen Welt gekocht wurde. Als der Kaiser unterlag, zog Frau von Staël siegreich ein in Paris mit ihrem Buche "de l'Allemagne" und in Begleitung von einigen hundert tausend Deutschen, die sie gleichsam als eine pompeuse Illustration ihres Buches mitbrachte. Solchermaßen illustrirt durch lebendige Figuren mußte das Werk sehr an Authenticität gewinnen, und man konnte sich hier durch den Augenschein überzeugen, daß der Autor uns Deutsche und unsre vaterländischen Tugenden sehr treu geschildert hatte. Welches köstliche Titelkupfer war jener Vater Blücher, diese alte Spielratte, dieser ordinaire Knaster, welcher einst einen Tagesbefehl ertheilt hatte, worin er sich vermaß, wenn er den Kaiser lebendig finge, denselben aushauen zu lassen. Auch unsern A. W. v. Schlegel brachte Frau von Staël mit nach Paris, und das war ein Musterbild deutscher Naivetät und Heldenkraft. Es folgte ihr ebenfalls Zacharias Werner, dieses Modell deutscher Reinlichkeit, hinter welchem die entblößten Schönen des Palais-Royal lachend einherliefen. Zu den interessanten Figuren, welche sich damals in ihrem deutschen Costume den Parisern vorstellten, gehörten auch die Herren Görres, Jahn und Ernst Moritz Arndt, die drei berühmtesten Franzosenfresser, eine drollige Gattung Bluthunde, denen der berühmte Patriot Börne in seinem Buche „Menzel, der Franzosenfresser" diesen Namen ertheilt hat. Besagter Menzel ist keineswegs, wie einige glauben, eine fingirte Personage, sondern er hat wirklich in Stuttgart existirt oder vielmehr ein Blatt herausgegeben, worin er täglich ein halb Dutzend Franzosen abschlachtete und mit Haut und Haar auffraß; wenn er seine sechs Franzosen verzehrt hatte, pflegte er manchmal noch obendrein einen Juden zu fressen, um im Munde einen guten Geschmack zu behalten, pour se faire la bonne bouche. Jetzt hat er längst ausgebellt, und zahnlos, räudig, verlungert er im Maculatur- winkel irgend eines schwäbischen Buchladens. Unter den Muster-Deutschen, welche zu Paris im Gefolge der Frau von Staël zu sehen waren, befand sich auch Friedrich von Schlegel, welcher gewiß die gastronomische Ascetik oder den Spiritualismus des gebratenen Hühnerthums repräsentirte; ihn begleitete seine würdige Gattin Dorothea, geborne Mendelssohn und entlaufene Veit. Ich darf hier ebenfalls eine andre Illustration dieser Gattung, einen merk- würdigen Akoluthen der Schlegel, nicht mit Stillschweigen übergehen. Dieses ist ein deutscher Baron, welcher, von den Schlegeln besonders recommandirt, die germanische Wissenschaft in Paris repräsentiren sollte. Er war gebürtig aus Altona, wo er einer der angesehensten israelitischen Familien angehörte. Sein Stammbaum, welcher bis zu Abraham, dem Sohne Thaer's und Ahnherrn David's, des Königs über Juda und Israel, hinaufreichte, berech- tigte ihn hinlänglich, sich einen Edelmann zu nennen, und da er, wie der Synagoge, auch späterhin dem Protestantismus entsagte, und letztern förmlich abschwörend, sich in den Schooß der römisch-katholischen, allein seligmachenden Kirche begeben hatte, durfte er auch mit gutem Fug auf den Titel eines katholi- schen Barons Anspruch machen. In dieser Eigenschaft, und um die feuda- listischen und clericalischen Interessen zu vertreten, stiftete er zu Paris ein Journal, betitelt: Le catholique. Nicht blos in diesem Blatte, sondern auch in den Salons einiger frommen Douairièren des edlen Faubourgs, sprach der gelehrte Edelmann beständig von Buddha und wieder von Buddha, und weit- läufig gründlich bewies er, daß es zwei Buddha gegeben, was ihm die Fran- zosen schon auf sein bloßes Ehrenwort als Edelmann geglaubt hätten, und er wies nach, wie sich das Dogma der Trinität schon in den indischen Trimurtis befunden, und er citirte den Ramayana, den Mahabarata, die Upnekats, die Kuh Sabala und den König Wiswamitra, die snorrische Edda und noch viele unentdeckte Fossilien und Mammuthsknochen, und er war dabei ganz antedi- luvianisch trocken und sehr langweilig, was immer die Franzosen blendet. Da er beständig zurückkam auf Buddha und dieses Wort vielleicht komisch aussprach, haben ihn die frivolen Franzosen zuletzt den Baron Buddha ge- nannt. Unter diesem Namen fand ich ihn im Jahre 1831 zu Paris, und als ich ihn mit einer sacerdotalen und fast synagogicalen Gravität seine Gelehrsamkeit ableiern hörte, erinnerte er mich an einen komischen Kauz im Vicar of Wakefield von Goldsmith, welcher, wie ich glaube, Mr. Jenkinson hieß und jedesmal, wenn er einen Gelehrten antraf, den er prellen wollte, einige Stellen aus Manetho, Berosus und Sanchuniaton citirte; das Sanskrit war damals noch nicht erfunden. — Ein deutscher Baron idealern

Schlages war mein armer Freund Friedrich de la Motte Jouqué, welcher damals, der Collection der Frau von Staël angehörend, auf seiner hohen Rossinante in Paris einritt. Er war ein Don Quixote, vom Wirbel bis zur Zehe; las man seine Werke, so bewunderte man — Cervantes.

Aber unter den französischen Paladinen der Frau von Staël war mancher gallische Don Quixote, der unsern germanischen Rittern in der Narrheit nicht nachzustehen brauchte, z. B. ihr Freund, der Vicomte Chateaubriand, der Narr mit der schwarzen Schellenkappe, der zu jener Zeit der siegenden Romantik von seiner frommen Pilgerfahrt zurückkehrte. Er brachte eine ungeheuer große Flasche Wasser aus dem Jordan mit nach Paris, und seine im Laufe der Revolution wieder heidnisch gewordenen Landsleute taufte er auf's neue mit diesem heiligen Wasser, und die begossenen Franzosen wurden jetzt wahre Christen und entsagten dem Satan und seinen Herrlichkeiten, bekamen im Reiche des Himmels Ersatz für die Eroberungen, die sie auf Erden einbüßten, worunter z. B. die Rheinlande, und bei dieser Gelegenheit wurde ich ein Preuße.

Ich weiß nicht, ob die Geschichte begründet ist, daß Frau von Staël während der hundert Tage dem Kaiser den Antrag machen ließ, ihm den Beistand ihrer Feder zu leihen, wenn er zwei Millionen, die Frankreich ihrem Vater schuldig geblieben sei, ihr auszahlen wolle. Der Kaiser, der mit dem Gelde der Franzosen, die er genau kannte, immer sparsamer war, als mit ihrem Blute, soll sich auf diesen Handel nicht eingelassen haben, und die Tochter der Alpen bewährte das Volkswort: point d'argent, point de Suisses. Der Beistand der talentvollen Dame hätte übrigens damals dem Kaiser wenig gefruchtet, denn bald darauf ereignete sich die Schlacht bei Waterloo.

Ich habe oben erwähnt, bei welcher traurigen Gelegenheit ich ein Preuße wurde. Ich war geboren im letzten Jahre des vorigen Jahrhunderts zu Düsseldorf, der Hauptstadt des Herzogthums Berg, welches damals den Kurfürsten von der Pfalz gehörte. Als die Pfalz dem Hause Baiern anheimfiel und der bairische Fürst Maximilian Joseph vom Kaiser zum König von Baiern erhoben und sein Reich durch einen Theil von Tyrol und andern angrenzenden Ländern vergrößert wurde, hat der König von Baiern das Herzogthum Berg zu Gunsten Joachim Mürat's, Schwagers des Kaisers, abgetreten; diesem letztern ward nun, nachdem seinem Herzogthum noch angrenzende Provinzen hinzugefügt worden, als Großherzog von Berg gehuldigt. Aber zu jener Zeit ging das Avancement sehr schnell, und es dauerte nicht lange, so machte der Kaiser den Schwager Mürat zum König von Neapel, und derselbe entsagte der Souverainetät des Großherzogthums Berg zu Gunsten des Prinzen François, welcher ein Neffe des Kaisers und ältester Sohn des Königs Ludwig von Holland und der schönen Königin Hortense war. Da derselbe nie abdicirte, und sein Fürstenthum, das von den Preußen occupirt ward, nach seinem Ableben dem Sohne des Königs von Holland, dem Prinzen Louis Napoleon Bonaparte de jure zufiel, so ist letzterer, welcher jetzt auch Kaiser der Franzosen ist, mein legitimer Souverain.

An einem andern Orte, in meinen Memoiren, erzähle ich weitläufiger als es hier geschehen dürfte, wie ich nach der Juliusrevolution nach Paris über- siedelte, wo ich seitdem ruhig und zufrieden lebe. Was ich während der Restauration gethan und gelitten, wird ebenfalls zu einer Zeit mitgetheilt werden, wo die uneigennützige Absicht solcher Mittheilungen keinem Zweifel und keiner Verdächtigung begegnen kann. — — Ich hatte viel gethan und gelitten, und als die Sonne der Juliusrevolution in Frankreich aufging, war ich nachgerade sehr müde geworden und bedurfte einiger Erholung. Auch ward mir die heimathliche Luft täglich ungesunder, und ich mußte ernstlich an eine Veränderung des Climas denken. Ich hatte Visionen; die Wolkenzüge ängstigten mich und schnitten mir allerlei fatale Fratzen. Es kam mir manch- mal vor, als sei die Sonne eine preußische Cocarde; des Nachts träumte ich von einem häßlichen schwarzen Geier, der mir die Leber fraß, und ich ward sehr melancholisch. Dazu hatte ich einen alten Berliner Justizrath kennen gelernt, der viele Jahre auf der Festung Spandau zugebracht und mir erzählte, wie es unangenehm sei, wenn man im Winter die Eisen tragen müsse. Ich fand es in der That sehr unchristlich, daß man den Menschen die Eisen nicht ein Bischen wärme. Wenn man uns die Ketten ein wenig wärmte, würden sie keinen so unangenehmen Eindruck machen, und selbst fröstelnde Naturen könnten sie dann gut ertragen; man sollte auch die Vorsicht anwenden, die Ketten mit Essenzen von Rosen und Lorbeeren zu parfümiren, wie es hier zu Lande geschieht. Ich frug meinen Justizrath, ob er zu Spandau oft Austern zu essen bekommen? Er sagte nein, Spandau sei zu weit vom Meere ent- fernt. Auch das Fleisch, sagte er, sei dort rar, und es gebe dort kein anderes Geflügel, als die Fliegen, die einem in die Suppe fielen. Zu gleicher Zeit lernte ich einen französischen commis voyageur kennen, der für eine Wein- handlung reiste und mir nicht genug zu rühmen wußte, wie lustig man jetzt in Paris lebe, wie der Himmel dort voller Geigen hänge, wie man dort von Morgens bis Abends die Marseillaise und En avant marchons und Lafayette aux cheveux blancs singe, und Freiheit, Gleichheit und Brüderschaft an allen Straßenecken geschrieben stehe; dabei lobte er auch den Champagner seines Hauses, von dessen Adresse er mir eine große Anzahl Exemplare gab, und er versprach mir Empfehlungsbriefe für die besten Pariser Restaurants, im Fall ich die Hauptstadt zu meiner Erheiterung besuchen wollte. Da ich nun wirklich einer Aufheiterung bedurfte, und Spandau zu weit vom Meere entfernt ist, um dort Austern zu essen, und mich die Spandauer Geflügel-

suppen nicht sehr lockten, und auch obendrein die preußischen Ketten im Winter
sehr kalt sind und meiner Gesundheit nicht zuträglich sein konnten, so entschloß
ich mich, nach Paris zu reisen und im Vaterland des Champagners und der
Marseillaise jenen zu trinken und diese letztere, nebst En avant marchons und
Lafayette aux cheveux blancs, singen zu hören.

Den 1. Mai 1831 fuhr ich über den Rhein. Den alten Flußgott, den
Vater Rhein, sah ich nicht, und ich begnügte mich, ihm meine Visitenkarte in's
Wasser zu werfen. Er saß, wie man mir sagte, in der Tiefe und studirte
wieder die französische Grammatik von Meidinger, weil er nämlich während
der preußischen Herrschaft große Rückschritte im Französischen gemacht hatte,
und sich jetzt eventualiter auf's neue einüben wollte. Ich glaubte, ihn unten
conjugiren zu hören: j'aime, tu aimes, il aime, nous aimons — Was liebt
er aber? In keinem Fall die Preußen. Den Straßburger Münster sah ich
nur von fern; er wackelte mit dem Kopfe, wie der alte getreue Eckart, wenn er
einen jungen Fant erblickt, der nach dem Venusberge zieht.

Zu Saint-Denis erwachte ich aus einem süßen Morgenschlafe, und hörte
zum ersten Male den Ruf der Conducteurführer: Paris! Paris! so wie auch das
Schellengeklingel der Coco-Verkäufer. Hier athmet man schon die Luft der
Hauptstadt, die am Horizonte bereits sichtbar. Ein alter Schelm von Lohn-
bedienter wollte mich bereden, die Königsgräber zu besuchen, aber ich war nicht
nach Frankreich gekommen, um todte Könige zu sehen; ich begnügte mich damit,
mir von jenem Cicerone die Legende des Ortes erzählen zu lassen, wie nämlich
der böse Heidenkönig dem Heiligen Denis den Kopf abschlagen ließ, und dieser
mit dem Kopf in der Hand von Paris nach Saint-Denis lief, um sich dort
begraben und den Ort nach seinem Namen nennen zu lassen. Wenn man
die Entfernung bedenke, sagte mein Erzähler, müsse man über das Wunder
staunen, daß jemand so weit zu Fuß ohne Kopf gehen könnte — doch setzte er
mit einem sonderbaren Lächeln hinzu: dans des cas pareils, il n'y a que le
premier pas qui coute. Das war zwei Franken werth, und ich gab sie ihm,
pour l'amour de Voltaire. In zwanzig Minuten war ich in Paris, und
zog ein durch die Triumphpforte des Boulevards Saint-Denis, die ursprünglich zu Ehren Ludwig XIV. errichtet worden, jetzt aber zur Verherrlichung
meines Einzugs in Paris diente. Wahrhaft überraschte mich die Menge von
geputzten Leuten, die sehr geschmackvoll gekleidet waren wie Bilder eines Mo-
dejournals. Dann imponirte mir, daß sie alle französisch sprachen, was bei
uns ein Kennzeichen der vornehmen Welt; hier ist also das ganze Volk so vornehm, wie bei uns der Adel. Die Männer waren alle so höflich, und die
schönen Frauen so lächelnd. Gab mir jemand unversehens einen Stoß, ohne
gleich um Verzeihung zu bitten, so konnte ich darauf wetten, daß es ein Landsmann war; und wenn irgend eine Schöne etwas allzu säuerlich aussah, so

8*

hatte sie entweder Sauerkraut gegessen, oder sie konnte Klopstock im Original lesen. Ich fand alles so amüsant, und der Himmel war so blau und die Luft so liebenswürdig, so generös, und dabei flimmerten noch hie und da die Lichter der Julisonne; die Wangen der schönen Lutetia waren noch roth von den Flammenküssen dieser Sonne, und an ihrer Brust war noch nicht ganz verwelkt der bräutliche Blumenstrauß. An den Straßenecken waren freilich hie und da die liberté, égalité, fraternité schon wieder abgewischt. Ich besuchte sogleich die Restaurants, denen ich empfohlen war; diese Speisewirthe versicherten mir, daß sie mich auch ohne Empfehlungsschreiben gut aufgenommen hätten, da ich ein so honnettes und distinguirtes Aeußere besäße, das sich von selbst empfehle. Nie hat mir ein deutscher Garkoch dergleichen gesagt, wenn er auch eben so dachte; so ein Flegel meint, er müsse uns das Angenehme verschweigen, und seine deutsche Offenheit verpflichte ihn, nur widerwärtige Dinge uns in's Gesicht zu sagen. In den Sitten und sogar in der Sprache der Franzosen ist so viel köstliche Schmeichelei, die so wenig kostet, und doch so wohlthätig und erquickend. Meine Seele, die arme Sensitive, welche die Scheu vor vaterländischer Grobheit so sehr zusammengezogen hatte, erschloß sich wieder jenen schmeichlerischen Lauten der französischen Urbanität. Gott hat uns die Zunge gegeben, damit wir unsern Mitmenschen etwas Angenehmes sagen.

Mit dem Französischen haperte es etwas bei meiner Ankunft; aber nach einer halbstündigen Unterredung mit einer kleinen Blumenhändlerin im Passage de l'Opera ward mein Französisch, das seit der Schlacht bei Waterloo eingerostet war, wieder flüssig, ich stotterte mich wieder hinein in die galantesten Conjugationen und erklärte der Kleinen sehr verständlich das Linnéische System, wo man die Blumen nach ihren Staubfäden eintheilt; die Kleine folgte einer andern Methode und theilte die Blumen ein in solche die gut röchen und in solche welche stänken. Ich glaube, auch bei den Männern beobachtete sie dieselbe Classification. Sie war erstaunt, daß ich trotz meiner Jugend so gelehrt sei, und posaunte meinen gelehrten Ruf im ganzen Passage de l'Opera. Ich sog auch hier die Wohldüfte der Schmeichelei mit Wonne ein, und amüsirte mich sehr. Ich wandelte auf Blumen, und manche gebratene Taube flog mir in's offne, gaffende Maul. Wie viel Amüsantes sah ich hier bei meiner Ankunft! Alle Notabilitäten des öffentlichen Ergötzens und der officiellen Lächerlichkeit. Die ernsthaften Franzosen waren die amüsantesten. Ich sah Arnal, Bouffé Déjazet, Dübüreau, Odry, Mademoiselle Georges und die große Marmite im Invalidenpalaste. Ich sah die Morgue, die académie française, wo ebenfalls viele unbekannte Leichen ausgestellt, und endlich die Nekropolis des Luxemburg, worin alle Mumien des Meineids, mit den einbalsamirten falschen Eiden, die sie allen Dynastien der französischen Pharaonen geschworen. Ich sah im Jardin-des-Plantes die Giraffe, den Bock mit drei Beinen und die

Kängurus, die mich ganz besonders amüsirten. Ich sah auch Herrn von Lafayette und seine weißen Haare, letztere aber sah ich aparte, da solche in einem
Medaillon befindlich waren, welches einer schönen Dame am Halse hing, während er selbst, der Held beider Welten, eine braune Perrücke trug, wie alle alte
Franzosen. Ich besuchte die königliche Bibliothek, und sah hier den Conser-
vateur der Medaillen, die eben gestohlen worden; ich sah dort auch in einem
obscuren Corridor den Zodiacus von Dhontera, der einst so viel Aufsehen erregt hatte, und am selben Tage sah ich Madame Recamier, die berühmteste
Schönheit zu der Zeit der Merovinger, sowie auch Herrn Ballanche, der zu
den pièces justificatives ihrer Tugend gehörte, und den sie seit undenklicher
Zeit überall mit sich herumschleppte. Leider sah ich nicht Herrn von Chateaubriand, der mich gewiß amüsirt hätte. Dafür sah ich aber in der grande
Chaumière den père Lahire, in einem Momente, wo er bougrement en
colère war; er hatte eben zwei junge Robespierre mit weit aufgeklappten
weißen Tugendwesten bei den Krägen erfaßt und vor die Thüre gesetzt; einen
kleinen Saint-Just, der sich mausig machte, schmiß er ihnen nach, und einige
hübsche Citoyennes der Quartier Latin, welche über Verletzung der Mensch-
heitsrechte klagten, hätte schier dasselbe Schicksal betroffen. In einem andern,
ähnlichen Local sah ich den berühmten Chiccard, den berühmten Lederhändler
und Cancantänzer, eine vierschrötige Figur, deren rothaufgedunsenes Gesicht
gegen die blendend weiße Cravatte vortrefflich abstach; steif und ernsthaft glich
er einem Mairie-Adjuncten, der sich eben anschickt, eine Rosière zu bekränzen.
Ich bewunderte seinen Tanz, und ich sagte ihm, daß derselbe große Aehnlichkeit habe mit dem antiken Silenostanz, den man bei den Dionysien tanzte,
und der von dem würdigen Erzieher des Bacchus, dem Silenos, seinen Namen
empfangen. Herr Chiccard sagte mir viel Schmeichelhaftes über meine Gelehrsamkeit und präsentirte mich einigen Damen seiner Bekanntschaft, die ebenfalls nicht ermangelten, mein gründliches Wissen herumzurühmen, so daß sich
bald mein Ruf in ganz Paris verbreitete, und die Direktoren von Zeitschriften
mich aufsuchten, um meine Collaboration zu gewinnen.

Zu den Personen, die ich bald nach meiner Ankunft in Paris sah, gehört
auch Victor Bohain, und ich erinnere mich mit Freude dieser jovialen, geistreichen Figur, die durch liebenswürdige Anregungen viel dazu beitrug, die
Stirne des deutschen Träumers zu entwölken und sein vergrämtes Herz in
die Heiterkeit des französischen Lebens einzuweihen. Er hatte damals die
Europe littéraire gestiftet, und als Director derselben kam er zu mir mit dem
Ansuchen, einige Artikel über Deutschland in dem Genre der Frau von Staël
für seine Zeitschrift zu schreiben. Ich versprach, die Artikel zu liefern, jedoch
ausdrücklich bemerkend, daß ich sie in einem ganz entgegengesetzten Genre schreiben würde. „Das ist mir gleich" — war die lachende Antwort — „außer

tem genre ennuyeux gestatte ich wie Voltaire jedes Genre." Damit ich armer Deutscher nicht in das genre ennuyeux verfiele, lud Freund Bohain mich oft zu Tische und begoß meinen Geist mit Champagner. Niemand wußte besser wie er ein Dinèr anzuordnen, wo man nicht blos die beste Küche, sondern auch die köstlichste Unterhaltung genoß; niemand wußte so gut wie er als Wirth die honneurs zu machen, niemand so gut zu repräsentiren, wie Victor Bohain — auch hat er gewiß mit Recht seinen Actionären der Europe littéraire hunderttausend Franken Repräsentationskosten angerech= net. Seine Frau war sehr hübsch und besaß ein niedliches Windspiel, wel= ches Zi-Zi hieß. Zu dem Humor des Mannes trug sogar sein hölzernes Bein etwas bei, und wenn er allerliebst um den Tisch herumhumpelnd seinen Gästen Champagner einschenkte, glich er dem Vulcan, als derselbe das Amt Hebes verrichtete in der jauchzenden Götterversammlung. Wo ist er jetzt? Ich habe lange nichts von ihm gehört. Zuletzt, vor etwa zehn Jahren, sah ich ihn in einem Wirthshause zu Grandville; er war von England, wo er sich aufhielt um die colossale englische Nationalschuld zu studiren und bei dieser Gelegenheit seine kleinen Privatschulden zu vergessen, nach jenem Hafenstädt= chen der Basse-Normandie auf einen Tag herübergekommen, und hier fand ich ihn an einem Tischchen sitzend neben einer Bouteille Champagner und einem vierschrötigen Spießbürger mit kurzer Stirn und aufgesperrtem Maule, dem er das Project eines Geschäftes auseinandersetzte, woran, wie Bohain mit be= redsamen Zahlen bewies, eine Million zu gewinnen war. Bohain's specu= lativer Geist war immer sehr groß, und wenn er ein Geschäft erdachte, stand immer eine Million Gewinn in Aussicht, nie weniger als eine Million. Die Freunde nannten ihn daher auch Messer Millione, wie einst Marco Paulo in Venedig genannt wurde, als derselbe nach seiner Rückkehr aus dem Morgen= lande den maulaufsperrenden Landsleuten unter den Arcaden des Sanct Marco-Platzes von den hundert Millionen und wieder hundert Millionen Einwohnern erzählte, welche er in den Ländern, die er bereist, in China, der Tartarei, Indien u. s. w., gesehen habe. Die neuere Geographie hat den berühmten Venetianer, den man lange für einen Aufschneider hielt, wieder zu Ehren gebracht, und auch von unserm Pariser Messer Millione dürfen wir behaupten, daß seine industriellen Projecte immer großartig richtig ersonnen waren, und nur durch Zufälligkeiten in der Ausführung mißlangen; manche brachten große Gewinne, als sie in die Hände von Personen kamen, die nicht so gut die Honneurs eines Geschäftes zu machen, die nicht so prachtvoll zu repräsentiren wußten, wie Victor Bohain. Auch die Europe littéraire war eine vortreffliche Conception, ihr Erfolg schien gesichert, und ich habe ihren Untergang nie begriffen. Noch den Vorabend des Tages, wo die Stockung begann, gab Victor Bohain in den Redactions-Sälen des Journals einen

glänzenden Ball, wo er mit seinen dreihundert Actionären tanzte, ganz so wie
einst Leonidas mit seinen dreihundert Spartanern den Tag vor der Schlacht
bei den Thermopylen. Jedesmal wenn ich in der Gallerie des Louvre das
Gemälde von David sehe, welches diese antik heroische Scene darstellt, denke
ich an den erwähnten letzten Tanz des Victor Bohain; ganz ebenso wie der
todesmuthige König des Davidischen Bildes stand er auf einem Beine; es
war dieselbe classische Stellung. — Wanderer! wenn du in Paris die Chaussée
d'Antin nach den Boulevards herabwandelst, und dich am Ende bei einem
schmutzigen Thal, das die rue passe du rempart geheißen, befindest, wisse!
du stehst hier vor den Thermopylen der Europe littéraire, wo Victor Bohain
heldenkühn fiel mit seinen dreihundert Actionären!

Die Aufsätze, die ich, wie gesagt, für jene Zeitschrift zu verfassen hatte und
darin abdrucken ließ, gaben mir Veranlassung, in weiterer Ausführung über
Deutschland und seine geistige Entwickelung mich auszusprechen, und es entstand dadurch das Buch, das du, theurer Leser! jetzt in Händen hast. Ich
wollte nicht blos seinen Zweck, seine Tendenz, seine geheimste Absicht, sondern
auch die Genesis des Buches hier offenbaren, damit jeder um so sicherer ermitteln könne, wie viel Glauben und Zutrauen meine Mittheilungen verdienen. Ich schrieb nicht im Genre der Frau von Staël, und wenn ich mich
auch bestrebte, so wenig ennüyant wie möglich zu sein, so verzichtete ich doch
im Voraus auf alle Effecte des Stiles und der Phrase, die man bei Frau von
Staël, dem größten Autor Frankreichs während dem Empire, in so hohem
Grade antrifft. Ja, die Verfasserin der Corinne überragt nach meinem Bedünken alle ihre Zeitgenossen, und ich kann das sprühende Feuerwerk ihrer
Darstellung nicht genug bewundern; aber dieses Feuerwerk läßt leider eine
übelriechende Dunkelheit zurück, und wir müssen eingestehen, ihr Genie ist
nicht so geschlechtlos, wie nach der früheren Behauptung der Frau von Staël
das Genie sein soll; ihr Genie ist ein Weib, besitzt alle Gebrechen und Launen des Weibes, und es war meine Pflicht als Mann, dem glänzenden Cancan
dieses Genies zu widersprechen. Es war um so nothwendiger, da die Mittheilungen in ihrem Buch de l'Allemagne sich auf Gegenstände bezogen, die
den Franzosen unbekannt waren und den Reiz der Neuheit besaßen, z. B.
alles was Bezug hat auf deutsche Philosophie und romantische Schule. Ich
glaube in meinem Buche absonderlich über erstere die ehrlichste Auskunft ertheilt zu haben, und die Zeit hat bestätigt, was damals, als ich es vorbrachte,
unerhört und unbegreiflich schien.

Ja, was die deutsche Philosophie betrifft, so hatte ich unumwunden das
Schulgeheimniß ausgeplaudert, das, eingewickelt in scholastische Formeln, nur
den Eingeweihten der ersten Classe bekannt war. Meine Offenbarungen erregten hier zu Lande die größte Verwunderung, und ich erinnere mich, daß

sehr bedeutende französische Denker mir naiv gestanden, sie hätten immer geglaubt, die deutsche Philosophie sei ein gewisser mystischer Nebel, worin sich die Gottheit wie in einer heiligen Wolkenburg verborgen halte, und die deutschen Philosophen seien ekstatische Seher, die nur Frömmigkeit und Gottesfurcht athmeten. Es ist nicht meine Schuld, daß dieses niemals der Fall gewesen, daß die deutsche Philosophie just das Gegentheil ist von dem, was wir bisher Frömmigkeit und Gottesfurcht nannten, und daß unsre modernsten Philosophen den vollständigsten Atheismus als das letzte Wort unsrer deutschen Philosophie proclamirten. Sie rissen schonungslos und mit bacchantischer Lebenslust den blauen Vorhang vom deutschen Himmel, und riefen: sehet, alle Gottheiten sind entflohen, und dort oben sitzt nur noch eine alte Jungfer mit bleiernen Händen und traurigem Herzen: die Nothwendigkeit.

Ach! was damals so befremdlich klang, wird jetzt jenseits des Rheins auf allen Dächern gepredigt, und der fanatische Eifer mancher dieser Prädikanten ist entsetzlich! Wir haben jetzt fanatische Mönche des Atheismus, Großinquisitoren des Unglaubens, die den Herrn von Voltaire verbrennen lassen würden, weil er doch im Herzen ein verstockter Deist gewesen. So lange solche Doctrinen noch Geheimgut einer Aristokratie von Geistreichen blieben und in einer vornehmen Coterie-Sprache besprochen wurden, welche den Bedienten, die aufwartend hinter uns standen, während wir bei unsern philosophischen Petits-Soupers blasphemirten, unverständlich war — so lange gehörte auch ich zu den leichtsinnigen Esprits-Forts, wovon die meisten jenen liberalen Grands-Seigneurs glichen, die kurz vor der Revolution mit den neuen Umsturz-Ideen die Langeweile ihres müßigen Hoflebens zu verscheuchen suchten. Als ich aber merkte, daß die rohe Plebs, der Jan Hagel, ebenfalls dieselben Themata zu discutiren begann in seinen schmutzigen Symposien, wo statt der Wachskerzen und Girandolen nur Talglichter und Thranlampen leuchteten, als ich sah, daß Schmierlappen von Schuster- und Schneidergesellen in ihrer plumpen Herbergsprache die Existenz Gottes zu läugnen sich unterfingen — als der Atheismus anfing, sehr stark nach Käse, Branntwein und Tabak zu stinken: da gingen mir plötzlich die Augen auf, und was ich nicht durch meinen Verstand begriffen hatte, das begriff ich jetzt durch den Geruchssinn, durch das Mißbehagen des Ekels, und mit meinem Atheismus hatte es, gottlob! ein Ende.

Um die Wahrheit zu sagen, es mochte nicht blos der Ekel sein, was mir die Grundsätze der Gottlosen verleidete und meinen Rücktritt veranlaßte. Es war hier auch eine gewisse weltliche Besorgniß im Spiel, die ich nicht überwinden konnte; ich sah nämlich, daß der Atheismus ein mehr oder minder geheimes Bündniß geschlossen mit dem schauderhaft nacktesten, ganz feigenblattlosen, communen Communismus. Meine Scheu vor dem letztern hat wahrlich nichts gemein mit der Furcht des Glückspilzes, der für seine Capitalien zittert, oder mit dem Verdruß der wohlhabenden Gewerbsleute, die in ihren Ausbeutungsgeschäften gehemmt zu werden fürchten: nein, mich beklemmt vielmehr die geheime Angst des Künstlers und des Gelehrten, die wir unsre ganze moderne Civilisation, die mühsame Errungenschaft so vieler Jahrhunderte, die Frucht der edelsten Arbeiten unsrer Vorgänger, durch den Sieg des Communismus bedroht sehen. Fortgerissen von der Strömung großmüthiger Gesinnung mögen wir immerhin die Interessen der Kunst und Wissenschaft, ja alle unsre Particularinteressen dem Gesammtinteresse des leidenden und unterdrückten Volkes aufopfern: aber wir können uns nimmermehr verhehlen, wessen wir uns zu gewärtigen haben, sobald die große rohe Masse, welche die Einen das Volk, die Andern den Pöbel nennen, und deren legitime Souverainetät bereits längst proclamirt worden, zur wirklichen Herrschaft käme. Ganz besonders empfindet der Dichter ein unheimliches Grauen vor dem Regierungsantritt dieses täppischen Souverains. Wir wollen gern für das Volk uns opfern, denn Selbstaufopferung gehört zu unsern raffinirtesten Genüssen — die Emancipation des Volkes war die große Aufgabe unseres Lebens und wir haben dafür gerungen und namenloses Elend ertragen, in der Heimath wie im Exile — aber die reinliche, sensitive Natur des Dichters sträubt sich gegen jede persönlich nahe Berührung mit dem Volke, und noch mehr schrecken wir zusammen bei dem Gedanken an seine Liebkosungen, vor denen uns Gott bewahre! Ein großer Demokrat sagte einst: er würde, hätte ein König ihm die Hand gedrückt, sogleich seine Hand in's Feuer halten, um sie zu reinigen. Ich möchte in derselben Weise sagen: ich würde meine Hand waschen, wenn mich das souveraine Volk mit seinem Händedruck beehrt hätte.

O das Volk, dieser arme König in Lumpen, hat Schmeichler gefunden, die viel schamloser, als die Höflinge von Byzanz und Versailles, ihm ihren Weihrauchkessel an den Kopf schlugen. Diese Hoflakaien des Volkes rühmen beständig seine Vortrefflichkeiten und Tugenden, und rufen begeistert: wie schön ist das Volk! wie gut ist das Volk! wie intelligent ist das Volk! — Nein, ihr lügt. Das arme Volk ist nicht schön; im Gegentheil, es ist sehr häßlich. Aber diese Häßlichkeit entstand durch den Schmutz und wird mit demselben schwinden, sobald wir öffentliche Bäder erbauen, wo Seine Majestät das Volk sich unentgeltlich baden kann. Ein Stückchen Seife könnte dabei nicht schaden, und wir werden dann ein Volk sehen, das hübsch propre ist, ein Volk, das sich gewaschen hat. Das Volk, dessen Güte so sehr gepriesen wird, ist gar nicht gut; es ist manchmal so böse wie einige andere Potentaten. Aber seine Bosheit kommt vom Hunger; wir müssen sorgen, daß das souveraine Volk immer zu essen habe; sobald allerhöchst dasselbe gehörig gefüttert und gesättigt sein mag, wird es Euch auch huldvoll und gnädig anlächeln, ganz wie die Andern. Seine Majestät das Volk ist ebenfalls nicht sehr intelligent; es ist vielleicht dümmer als die Andern, es ist fast so bestialisch dumm wie seine Günstlinge. Liebe und Vertrauen schenkt es nur denjenigen, die den Jargon seiner Leidenschaft reden oder heulen, während es jeden braven Mann haßt, der die Sprache der Vernunft mit ihm spricht, um es zu erleuchten und zu veredeln. So ist es in Paris, so war es in Jerusalem. Laßt dem Volk die Wahl zwischen dem Gerechtesten der Gerechten und dem scheußlichsten Straßenräuber, seid sicher, es ruft: „Wir wollen den Barnabas! Es lebe der Barnabas!" — Der Grund dieser Verkehrtheit ist die Unwissenheit; dieses Nationalübel müssen wir zu tilgen suchen durch öffentliche Schulen für das Volk, wo ihm der Unterricht auch mit den dazu gehörigen Butterbröten und sonstigen Nahrungsmitteln unentgeltlich ertheilt werde. — Und wenn jeder im Volke in den Stand gesetzt ist, sich alle beliebigen Kenntnisse zu erwerben, werdet Ihr bald auch ein intelligentes Volk sehen. — Vielleicht wird dasselbe am Ende noch so gebildet, so geistreich, so witzig sein, wie wir es sind, nämlich wie ich und du, mein theurer Leser, und wir bekommen bald noch andre gelehrte Friseure, welche Verse machen wie Monsieur Jasmin zu Toulouse, und noch viele andre philosophische Flickschneider, welche ernsthafte Bücher schreiben, wie unser Landsmann, der famose Weitling.

Bei dem Namen dieses famosen Weitling taucht mir plötzlich mit all ihrem komischen Ernste die Scene meines ersten und letzten Zusammentreffens mit dem damaligen Tageshelden wieder im Gedächtniß herauf. Der liebe Gott, der von der Höhe seiner Himmelsburg alles sieht, lachte wohl herzlich über die saure Miene, die ich geschnitten haben muß, als mir in dem Buchladen meines Freundes Campe zu Hamburg der berühmte Schneidergesell entgegentrat und sich als einen Collegen ankündigte, der sich zu denselben revolutionairen und atheistischen Doctrinen bekenne. Ich hätte wirklich in diesem Augenblick gewünscht, daß der liebe Gott gar nicht existirt haben möchte, damit er nur nicht die Verlegenheit und Beschämung sähe, worin mich eine solche saubere Genossenschaft versetzte! Der liebe Gott hat mir gewiß alle meine alten Frevel von Herzen verziehen, wenn er die Demüthigung in Anschlag brachte, die ich bei jenem Handwerksgruß des ungläubigen Knotenthums, bei jenem collegialischen Zusammentreffen mit Weitling empfand. Was meinen Stolz am meisten verletzte, war der gänzliche Mangel an Respect, den der Bursche an den Tag legte, während er mit mir sprach. Er behielt die Mütze auf dem Kopf, und während ich vor ihm stand, saß er auf einer kleinen Holzbank, mit der einen Hand sein zusammengezogenes rechtes Bein in die Höhe haltend, so daß er mit dem Knie fast sein Kinn berührte; mit der andern Hand rieb er beständig dieses Bein oberhalb der Fußknöchel. Diese unehrerbietige Positur

hatte ich anfangs den lauernden Handwerksgewöhnungen des Mannes zugeschrieben, doch er belehrte mich eines Bessern, als ich ihn befrug, warum er
beständig in erwähnter Weise sein Bein riebe? Er sagte mir nämlich im
unbefangen gleichgültigsten Tone, als handle es sich von einer Sache, die ganz
natürlich, daß er in den verschiedenen deutschen Gefängnissen, worin er gesessen, gewöhnlich mit Ketten belastet worden sei; und da manchmal der
eiserne Ring, welcher das Bein anschloß, etwas zu eng gewesen, habe er an
jener Stelle eine juckende Empfindung bewahrt, die ihn zuweilen veranlasse,
sich dort zu reiben. Bei diesem naiven Geständniß muß der Schreiber dieser
Blätter ungefähr so ausgesehen haben, wie der Wolf in der äsopischen Fabel,
als er seinen Freund den Hund befragt hatte, warum das Fell an seinem
Halse so abgescheuert sei, und dieser zur Antwort gab: des Nachts legt man
mich an die Kette. — Ja, ich gestehe, ich wich einige Schritte zurück, als der
Schneider solchermaßen mit seiner widerwärtigen Familiarität von den Ketten
sprach, womit ihn die deutschen Schließer zuweilen belästigten, wenn er im
Loch saß — „Loch! Schließer! Ketten!" lauter fatale Coterieworte einer
geschlossenen Gesellschaft, womit man mir eine schreckliche Vertrautheit zumu-
thete. Und es war hier nicht die Rede von jenen metaphorischen Ketten, die
jetzt die ganze Welt trägt, die man mit dem größten Anstand tragen kann,
und die sogar bei Leuten von gutem Tone in die Mode gekommen — nein, bei
den Mitgliedern jener geschlossenen Gesellschaft sind Ketten gemeint in ihrer
eisernsten Bedeutung, Ketten, die man mit einem eisernen Ring an's Bein
befestigt — und ich wich einige Schritte zurück, als der Schneider Weitling
von solchen Ketten sprach. Nicht etwa die Furcht vor dem Sprichwort: mit-
gefangen, mitgehangen! nein, mich schreckte vielmehr das Nebeneinander-
gehenktwerden.

Dieser Weitling, der jetzt verschollen, war übrigens ein Mensch von Talent;
es fehlte ihm nicht an Gedanken, und sein Buch, betitelt: „Die Garantien
der Gesellschaft," war lange Zeit der Katechismus der deutschen Commu-
nisten. Die Anzahl dieser letztern hat sich in Deutschland während der letzten
Jahre ungeheuer vermehrt, und diese Partei ist zu dieser Stunde unstreitig
eine der mächtigsten jenseits des Rheines. Die Handwerker bilden den Kern
einer Unglaubens-Armee, die vielleicht nicht sonderlich disciplinirt, aber in
doctrineller Beziehung ganz vorzüglich einexercirt ist. Diese deutschen Handwerker bekennen sich größtentheils zum crassesten Atheismus, und sie sind
gleichsam verdammt, dieser trostlosen Negation zu huldigen, wenn sie nicht in
einen Widerspruch mit ihrem Princip und somit in völlige Ohnmacht verfallen wollen. Diese Cohorten der Zerstörung, diese Sapeure, deren Art
das ganze gesellschaftliche Gebäude bedroht, sind den Gleichmachern und Um-
wälzern in andern Ländern unendlich überlegen, wegen der schrecklichen Con-

sequenz ihrer Doctrin; denn in dem Wahnsinn, der sie antreibt, ist, wie Polonius sagen würde, Methode.

Das Verdienst, jene grauenhaften Erscheinungen, welche erst später eintrafen, in meinem Buche de l'Allemagne lange vorausgesagt zu haben, ist nicht von großem Belange. Ich konnte leicht prophezeien, welche Lieder einst in Deutschland gepfiffen und gezwitschert werden dürften, denn ich sah die Vögel ausbrüten, welche später die neuen Sangesweisen anstimmten. Ich sah, wie Hegel mit seinem fast komisch ernsthaften Gesichte als Bruthenne auf den fatalen Eiern saß, und ich hörte sein Gackern. Ehrlich gesagt, selten verstand ich ihn, und erst durch späteres Nachdenken gelangte ich zum Verständniß seiner Worte. Ich glaube, er wollte gar nicht verstanden sein, und daher sein verclausulirter Vortrag, daher vielleicht auch seine Vorliebe für Personen, von denen er wußte, daß sie ihn nicht verständen, und denen er um so bereitwilliger die Ehre seines nähern Umgangs gönnte. So wunderte sich jeder in Berlin über den intimen Verkehr des tiefsinnigen Hegel mit dem verstorbenen Heinrich Beer, einem Bruder des durch seinen Ruhm allgemein bekannten und von den geistreichsten Journalisten gefeierten Giacomo Meyerbeer. Jener Beer, nämlich der Heinrich, war ein schier unkluger Gesell, der auch wirklich späterhin von seiner Familie für blödsinnig erklärt und unter Curatel gesetzt wurde, weil er anstatt sich durch sein großes Vermögen einen Namen zu machen in der Kunst oder Wissenschaft, vielmehr für läppische Schnurrpfeifereien seinen Reichthum vergeudete und z. B. eines Tags für sechstausend Thaler Spazierstöcke gekauft hatte. Dieser arme Mensch, der weder für einen großen Tragödiendichter, noch für einen großen Sterngucker, oder für ein lorbeerbekränztes musikalisches Genie, einen Nebenbuhler von Mozart und Rossini, gelten wollte und lieber sein Geld für Spazierstöcke ausgab — dieser aus der Art geschlagene Beer genoß den vertrautesten Umgang Hegel's, er war der Intimus des Philosophen, sein Pylades, und begleitete ihn überall wie sein Schatten. Der eben so witzige wie talentbegabte Felix Mendelssohn suchte einst dieses Phänomen zu erklären, indem er behauptete: Hegel verstände den Heinrich Beer nicht. Ich glaube aber jetzt, der wirkliche Grund jenes intimen Umgangs bestand darin, daß Hegel überzeugt war, Heinrich Beer verstände nichts von allem was er ihn reden höre, und er konnte daher in seiner Gegenwart sich ungenirt allen Geistesergießungen des Moments überlassen. Ueberhaupt war das Gespräch von Hegel immer eine Art von Monolog, stoßweis hervorgeseufzt mit klangloser Stimme; das Barocke der Ausdrücke frappirte mich oft, und von letztern blieben mir viele im Gedächtniß. Eines schönen hellgestirnten Abends standen wir beide neben einander am Fenster, und ich, ein zweiundzwanzigjähriger junger Mensch, ich hatte eben gut gegessen und Kaffee getrunken, und ich sprach mit Schwärmerei

von den Sternen, und nannte sie den Aufenthalt der Seligen. Der Meister
aber brümmelte vor sich hin: „Die Sterne, hum! hum! die Sterne sind nur
ein leuchtender Aussatz am Himmel." Um Gotteswillen — rief ich — es giebt
also droben kein glückliches Local, um dort die Tugend nach dem Tode zu
belohnen? Jener aber, indem er mich mit seinen bleichen Augen stier ansah,
sagte schneidend: „Sie wollen also noch ein Trinkgeld dafür haben, daß Sie
Ihre kranke Mutter gepflegt und Ihren Herrn Bruder nicht vergiftet haben?" — Bei diesen Worten sah er sich ängstlich um, doch er schien gleich
wieder beruhigt, als er bemerkte, daß nur Heinrich Beer herangetreten war,
um ihn zu einer Partie Whist einzuladen.

Wie schwer das Verständniß der Hegel'schen Schriften ist, wie leicht man
sich hier täuschen kann, und zu verstehen glaubt, während man nur dialektische
Formeln nachzuconstruiren gelernt, das merkte ich erst viele Jahre später hier
in Paris, als ich mich damit beschäftigte, aus dem abstracten Schul-Idiom
jene Formeln in die Muttersprache des gesunden Verstandes und der allgemeinen Verständlichkeit, in's Französische, zu übersetzen. Hier muß der
Dollmetsch bestimmt wissen, was er zu sagen hat, und der verschämteste Begriff
ist gezwungen, die mystischen Gewänder fallen zu lassen und sich in seiner
Nacktheit zu zeigen. Ich hatte nämlich den Vorsatz gefaßt, eine allgemein
verständliche Darstellung der ganzen Hegel'schen Philosophie zu verfassen, um
sie einer neuern Ausgabe meines Buches de l'Allemagne als Ergänzung
desselben einzuverleiben. Ich beschäftigte mich während zwei Jahren mit dieser
Arbeit, und es gelang mir nur mit Noth und Anstrengung, den spröden
Stoff zu bewältigen und die abstractesten Partien so populair als möglich
vorzutragen. Doch als das Werk endlich fertig war, erfaßte mich bei seinem
Anblick ein unheimliches Grauen, und es kam mir vor, als ob das Manuscript mich mit fremden, ironischen, ja boshaften Augen ansähe. Ich war
in eine sonderbare Verlegenheit gerathen: Autor und Schrift paßten nicht
mehr zusammen. Es hatte sich nämlich um jene Zeit der obenerwähnte
Widerwille gegen den Atheismus schon meines Gemüthes bemeistert, und da
ich mir gestehen mußte, daß allen diesen Gottlosigkeiten die Hegel'sche Philosophie den furchtbarsten Vorschub geleistet, ward sie mir äußerst unbehaglich
und fatal. Ich empfand überhaupt nie eine allzugroße Begeisterung für diese
Philosophie, und von Ueberzeugung konnte in Bezug auf dieselbe gar nicht die
Rede sein. Ich war nie abstracter Denker, und ich nahm die Synthese der
Hegel'schen Doctrin ungeprüft an, da ihre Folgerungen meiner Citelkeit
schmeichelten. Ich war jung und stolz, und es that meinem Hochmuth wohl,
als ich von Hegel erfuhr, daß nicht, wie meine Großmutter meinte, der liebe
Gott, der im Himmel residirt, sondern ich selbst hier auf Erden der liebe
Gott sei. Dieser thörichte Stolz übte keineswegs einen verderblichen Einfluß auf

meine Gefühle, die er vielmehr bis zum Heroismus steigerte; und ich machte damals einen solchen Aufwand von Großmuth und Selbstaufopferung, daß ich dadurch die brillantesten Hochthaten jener guten Spießbürger der Tugend, die nur aus Pflichtgefühl handelten und nur den Gesetzen der Moral gehorchten, gewiß außerordentlich verdunkelte. War ich doch selber jetzt das lebende Gesetz der Moral und der Quell alles Rechtes und aller Befugniß. Ich war die Ursittlichkeit, ich war unsündbar, ich war die incarnirte Reinheit; die anrüchigsten Magdalenen wurden purificirt durch die läuternde und sühnende Macht meiner Liebesflammen, und fleckenlos wie Lilien und erröthend wie keusche Rosen, mit einer ganz neuen Jungfräulichkeit, gingen sie hervor aus den Umarmungen des Gottes. Diese Restaurationen beschädigter Magdthümer, ich gestehe es, erschöpften zuweilen meine Kräfte. Aber ich gab ohne zu feilschen, und unerschöpflich war der Born meiner Barmherzigkeit. Ich war ganz Liebe und war ganz frei von Haß. Ich rächte mich auch nicht mehr an meinen Feinden, da ich im Grunde keinen Feind mehr hatte oder vielmehr niemand als solchen anerkannte: für mich gab es jetzt nur noch Ungläubige, die an meiner Göttlichkeit zweifelten — Jede Unbill, die sie mir anthaten, war ein Sacrilegium, und ihre Schmähungen waren Blasphemien. Solche Gottlosigkeiten konnte ich freilich nicht immer ungeahndet lassen, aber alsdann war es nicht eine menschliche Rache, sondern die Strafe Gottes, die den Sünder traf. Bei dieser höhern Gerechtigkeitspflege unterdrückte ich zuweilen mit mehr oder weniger Mühe alles gemeine Mitleid. Wie ich keine Feinde besaß, so gab es für mich auch keine Freunde, sondern nur Gläubige, die an meine Herrlichkeit glaubten, die mich anbeteten, auch meine Werke lobten, sowohl die versificirten, wie die, welche ich in Prosa geschaffen, und dieser Gemeinde von wahrhaft Frommen und Andächtigen that ich sehr viel Gutes, zumal den jungen Devotinnen.

Aber die Repräsentationskosten eines Gottes, der sich nicht lumpen lassen will und weder Leib noch Börse schont, sind ungeheuer; um eine solche Rolle mit Anstand zu spielen, sind besonders zwei Dinge unentbehrlich: viel Geld und viel Gesundheit. Leider geschah es, daß eines Tages — im Februar 1848 — diese beiden Requisiten mir abhanden kamen, und meine Göttlichkeit gerieth dadurch sehr in Stocken. Zum Glück war das verehrungswürdige Publicum in jener Zeit mit so großen, unerhörten, fabelhaften Schauspielen beschäftigt, daß dasselbe die Veränderung, die damals mit meiner kleinen Person vorging, nicht besonders bemerken mochte. Ja, sie waren unerhört und fabelhaft, die Ereignisse in jenen tollen Februartagen, wo die Weisheit der Klügsten zu Schanden gemacht und die Auserwählten des Blödsinns auf's Schild gehoben wurden. Die Letzten wurden die Ersten, das Unterste kam zu oberst, sowohl die Dinge wie die Gedanken waren umgestürzt, es war wirklich die verkehrte Welt. — Wäre ich in dieser unsinnigen, auf den Kopf gestellten Zeit ein vernünftiger Mensch gewesen, so hätte ich gewiß durch jene Ereignisse meinen Verstand verloren, aber verrückt wie ich damals war, mußte das Gegentheil geschehen, und sonderbar! just in den Tagen des allgemeinen Wahnsinns kam ich selber wieder zur Vernunft! Gleich vielen anderen heruntergekommenen Göttern jener Umsturzperiode, mußte auch ich kümmerlich abdanken und in den menschlichen Privatstand wieder zurücktreten. Das war auch das Gescheiteste, das ich thun konnte. Ich kehrte zurück in die niedre Hürde der Gottesgeschöpfe, und ich huldigte wieder der Allmacht eines höchsten Wesens, das den Geschicken dieser Welt vorsteht, und das auch hinfüro meine eignen irdischen Angelegenheiten leiten sollte. Letztere waren während der Zeit, wo ich meine eigne Vorsehung war, in bedenkliche Verwirrung gerathen, und ich war froh, sie gleichsam einem himmlischen Intendanten zu übertragen, der sie mit seiner Allwissenheit wirklich viel besser besorgt. Die Existenz eines Gottes ward seitdem für mich nicht blos ein Quell des Heils, sondern sie überhob mich auch aller jener quälerischen Rechnungsgeschäfte, die mir so verhaßt, und ich verdanke ihr die größten Ersparnisse. Wie für mich, brauche ich jetzt auch nicht mehr für andre zu sorgen, und seit ich zu den Frommen gehöre, gebe ich fast gar nichts mehr aus für Unterstützung von Hülfsbedürftigen; — ich bin zu bescheiden, als daß ich der göttlichen Fürsehung wie ehemals in's Handwerk pfuschen sollte, ich bin kein Gemeindeversorger mehr, kein Nachäffer Gottes, und meinen ehemaligen Clienten habe ich mit frommer Demuth angezeigt, daß ich nur ein armseliges Menschengeschöpf bin, eine seufzende Creatur, die mit der Weltregierung nichts mehr zu schaffen hat, und daß sie sich hinfüro in Noth und Trübsal an den Herrgott wenden müßten, der im Himmel wohnt, und dessen Budget eben so unermeßlich wie seine Güte ist, während ich armer Ergott sogar in meinen göttlichsten Tagen, um meinen Wohlthätigkeitsgelüsten zu genügen, sehr oft den Teufel an dem Schwanz ziehen mußte.

Tirer le diable par la queue ist in der That einer der glücklichsten Ausdrücke der französischen Sprache, aber die Sache selbst war höchst demüthigend für einen Gott. Ja, ich bin froh, meiner angemaßten Glorie entledigt zu sein, und kein Philosoph wird mir jemals wieder einreden, daß ich ein Gott sei! Ich bin nur ein armer Mensch, der obendrein nicht mehr ganz gesund und sogar sehr krank ist. In diesem Zustand ist es eine wahre Wohlthat für mich, daß es Jemand im Himmel giebt, dem ich beständig die Litanei meiner Leiden vorwimmern kann, besonders nach Mitternacht, wenn Mathilde sich zur Ruhe begeben, die sie oft sehr nöthig hat. Gottlob! in solchen Stunden bin ich nicht allein, und ich kann beten und flehen so viel ich will, und ohne mich zu geniren, und ich kann ganz mein Herz ausschütten vor dem Allerhöchsten und ihm Manches vertrauen, was wir sogar unsrer eignen Frau zu verschweigen pflegen.

Nach obigen Geständnissen wird der geneigte Leser leichtlich begreifen, warum mir meine Arbeit über die Hegel'sche Philosophie nicht mehr behagte. Ich sah gründlich ein, daß der Druck derselben weder dem Publicum noch dem Autor heilsam sein könnte; ich sah ein, daß die magersten Spittelsuppen der christlichen Barmherzigkeit für die verschmachtende Menschheit noch immer erquicklicher sein dürften, als das gekochte graue Spinnweb der Hegel'schen Dialektif; — ja ich will Alles gestehen, ich bekam auf einmal eine große Furcht vor den ewigen Flammen — es ist freilich ein Aberglaube, aber ich hatte Furcht — und an einem stillen Winterabend, als eben in meinem Kamin ein starkes Feuer brannte, benutzte ich die schöne Gelegenheit, und ich warf mein Manuscript über die Hegel'sche Philosophie in die lodernde Gluth; die brennenden Blätter flogen hinauf in den Schlot mit einem sonderbaren kichernden Geknister.

Gottlob, ich war sie los! Ach könnte ich doch alles, was ich einst über deutsche Philosophie drucken ließ, in derselben Weise vernichten! Aber das ist unmöglich, und da ich nicht einmal den Wiederabdruck bereits vergriffener Bücher verhindern kann, wie ich jüngst betrübsamlichst erfahren, so bleibt mir nichts übrig, als öffentlich zu gestehen, daß meine Darstellung der deutschen philosophischen Systeme, also fürnehmlich die ersten drei Abtheilungen meines Buches de l'Allemagne, die sündhaftesten Irrthümer enthalten. Ich hatte die genannten drei Partien in einer deutschen Version als ein besonderes Buch drucken lassen, und da die letzte Ausgabe desselben vergriffen war, und mein Buchhändler das Recht besaß, eine neue Ausgabe zu veröffentlichen, so versah ich das Buch mit einer Vorrede, woraus ich eine Stelle hier mittheile, die mich des traurigen Geschäftes überhebt, in Bezug auf die erwähnten drei Partien der Allemagne mich besonders auszusprechen. Sie lautet wie folgt: „Ehrlich gestanden, es wäre mir lieb, wenn ich das Buch ganz ungedruckt lassen könnte. Es haben sich nämlich seit dem Erscheinen desselben meine Ansichten über manche Dinge, besonders über göttliche Dinge, bedenklich geändert, und manches, was ich behauptete, widerspricht jetzt meiner bessern Ueberzeugung. Aber der Pfeil gehört nicht mehr dem Schützen, sobald er von der Sehne des Bogens fortfliegt, und das Wort gehört nicht mehr dem Sprecher, sobald es seiner Lippe entsprungen und gar durch die Presse vervielfältigt worden. Außerdem würden fremde Befugnisse mir mit zwingendem Einspruch entgegentreten, wenn ich das Buch ungedruckt ließe und meinen Gesammtwerken entzöge. Ich könnte zwar, wie manche Schriftsteller in solchen Fällen thun, zu einer Milderung der Ausdrücke, zu Verhüllungen durch Phrase meine Zuflucht nehmen; aber ich hasse im Grund meiner Seele die zweideutigen Worte, die heuchlerischen Blumen, die feigen Feigenblätter. Einem ehrlichen Manne bleibt aber unter allen Umständen das unveräußerliche Recht, seinen Irrthum offen zu gestehen, und ich will es ohne Scheu hier ausüben. Ich bekenne daher unumwunden, daß Alles, was in diesem Buche namentlich auf die große Gottesfrage Bezug hat, ebenso falsch wie unbesonnen ist. Ebenso unbesonnen wie falsch ist die Behauptung, die ich der Schule nachsprach, daß der Deismus in der Theorie zu Grunde gerichtet sei und sich nur noch in der Erscheinungswelt kümmerlich hinfriste. Nein, es ist nicht wahr, daß die Vernunftkritik, welche die Beweisthümer für das Dasein Gottes, wie wir dieselben seit Anselm von Canterbury kennen, zernichtet hat, auch dem Dasein Gottes selber ein Ende gemacht habe. Der Deismus lebt, lebt sein lebendigstes Leben, er ist nicht todt, und am allerwenigsten hat ihn die neueste deutsche Philosophie getödtet. Diese spinnwebige Berliner Dialektik kann keinen Hund aus dem Ofenloch locken, sie kann keine Katze tödten, wie viel weniger einen Gott. Ich habe es am eignen Leibe erprobt, wie wenig gefährlich ihr Umbringen ist; sie bringt immer um, und die Leute bleiben dabei am Leben. Der Thürhüter der Hegel'schen Schule, der grimme Ruge, behauptete einst steif und fest, oder vielmehr fest und steif, daß er mich mit seinem Portièrstock in den Hallischen Jahrbüchern todt geschlagen habe, und doch zur selben Zeit ging ich umher auf den Boulevards von Paris, frisch und gesund und unsterblicher als je. Der arme, brave Ruge! er selber konnte sich später nicht des ehrlichsten Lachens enthalten, als ich ihm hier in Paris das Geständniß machte, daß ich die fürcherlichen Todtschlagblätter, die Hallischen Jahrbücher, nie zu Gesicht bekommen hatte, und sowohl meine vollen rothen Backen, als auch der gute Appetit, womit ich Austern schluckte, überzeugten ihn, wie wenig mir der Name einer Leiche gebührte. In der That, ich war damals noch gesund und feist, ich stand im Zenith meines Fettes, und war so übermüthig wie der König Nebucadnezar vor seinem Sturze.

„Ach! einige Jahre später ist eine leibliche und geistige Veränderung eingetreten. Wie oft seitdem denke ich an die Geschichte dieses babylonischen Königs, der sich selbst für den lieben Gott hielt, aber von der Höhe seines Dünkels erbärmlich herabstürzte, wie ein Thier am Boden kroch und Gras aß — (es wird wohl Salat gewesen sein). In dem prachtvoll grandiosen Buch Daniel steht diese Legende, die ich nicht blos dem guten Ruge, sondern auch meinem noch viel verstockteren Freunde Marr, ja auch den Herren Feuerbach, Daumer, Bruno Bauer, Hengstenberg und wie sie sonst heißen mögen, diese gottlosen Selbstgötter, zur erbaulichen Beherzigung empfehle. Es stehen überhaupt noch viele schöne und merkwürdige Erzählungen in der Bibel, die ihrer Beachtung werth wären, z. B. gleich im Anfang die Geschichte von dem verbotenen Baume im Paradiese und von der Schlange, der kleinen Privatdocentin, die schon sechstausend Jahre vor Hegel's Geburt die ganze Hegel'sche Philosophie vortrug. Dieser Blaustrumpf ohne Füße zeigte sehr scharfsinnig, wie das Absolute in der Identität von Sein und Wissen besteht, wie der Mensch zum Gotte werde durch die Erkenntniß, oder was dasselbe ist, wie Gott im Menschen zum Bewußtsein seiner selbst gelange. — Diese Formel ist nicht so klar wie die ursprünglichen Worte: wenn ihr vom Baume der Erkenntniß genossen, werdet ihr wie Gott sein! Frau Eva verstand von der ganzen Demonstration nur das Eine, daß die Frucht verboten sei, und weil sie verboten, aß sie davon, die gute Frau. Aber kaum hatte sie den lockenden Apfel gegessen, so verlor sie ihre Unschuld, ihre naive Unmittelbarkeit, sie fand, daß sie viel zu nackend sei für eine Person von ihrem Stande, die Stammmutter so vieler künftiger Kaiser und Könige, und sie verlangte ein Kleid. Freilich nur ein Kleid von Feigenblättern, weil damals noch keine Lyoner Seidenfabrikanten geboren waren, und weil es auch im Paradiese noch keine Putzmacherinnen und Modehändlerinnen gab — o Paradies! Sonderbar, so wie das Weib zum denkenden Selbstbewußtsein kommt, ist ihr erster Gedanke ein neues Kleid! Auch diese biblische Geschichte, zumal die Rede der Schlange, kommt mir nicht aus dem Sinn, und ich möchte sie als Motto diesem Buche voransetzen, in derselben Weise, wie man oft vor fürstlichen Gärten eine Tafel sieht mit der warnenden Aufschrift: Hier liegen Fußangeln und Selbstschüsse."

Nach der Stelle, welche ich hier citirt, folgen Geständnisse über den Einfluß, den die Lectüre der Bibel auf meine spätere Geistesevolution ausübte. Die Wiedererweckung meines religiösen Gefühls verdanke ich jenem heiligen Buche, und dasselbe ward für mich eben so sehr eine Quelle des Heils, als ein Gegenstand der frömmigsten Bewunderung. Sonderbar! Nachdem ich mein ganzes Leben hindurch mich auf allen Tanzböden der Philosophie herumgetrieben, allen Orgien des Geistes mich hingegeben, mit allen möglichen Systemen gebuhlt, ohne befriedigt worden zu sein, wie Messaline nach einer lüderlichen Nacht — jetzt befinde ich mich plötzlich auf demselben Standpunkt, worauf auch der Onkel Tom steht, auf dem der Bibel, und ich kniee neben dem schwarzen Betbruder nieder in derselben Andacht —

Welche Demüthigung! mit all meiner Wissenschaft habe ich es nicht weiter gebracht, als der arme unwissende Neger, der kaum buchstabiren gelernt! Der arme Tom scheint freilich in dem heiligen Buche noch tiefere Dinge zu sehen, als ich, dem besonders die letzte Partie noch nicht ganz klar geworden. Tom versteht sie vielleicht besser, weil mehr Prügel darin vorkommen, nämlich jene unaufhörlichen Peitschenhiebe, die mich manchmal bei der Lectüre der Evangelien und der Apostelgeschichte sehr unästhetisch anwiderten. So ein armer Negersclave liest zugleich mit dem Rücken, und begreift daher viel besser als wir. Dagegen glaube ich mir schmeicheln zu dürfen, daß mir der Charakter des Moses in der ersten Abtheilung des heiligen Buches einleuchtender aufge-

gangen sei. Diese große Figur hat mir nicht wenig imponirt. Welche Rie-
sengestalt! Ich kann mir nicht vorstellen, daß Og, König von Basan, größer
gewesen sei. Wie klein erscheint der Sinai, wenn der Moses darauf steht!.
Dieser Berg ist nur das Postament, worauf die Füße des Mannes stehen,
dessen Haupt in den Himmel hineinragt, wo er mit Gott spricht — Gott ver-
zei mir die Sünde, manchmal wollte es mich bedünken, als sei dieser mosaische
Gott nur der zurückgestrahlte Lichtglanz des Moses selbst, dem er so ähnlich
sieht, ähnlich in Zorn und Liebe — Es wäre eine Sünde, es wäre Anthro-
pomorphismus, wenn man eine solche Identität des Gottes und seines Propheten annähme — aber die Aehnlichkeit ist frappant.

Ich hatte Moses früher nicht sonderlich geliebt, wahrscheinlich weil der
hellenische Geist in mir vorwaltend war, und ich dem Gesetzgeber der Juden
seinen Haß gegen alle Bildlichkeit, gegen die Plastik, nicht verzieh. Ich sah
nicht, daß Moses, trotz seiner Befeindung der Kunst, dennoch selber ein großer
Künstler war und den wahren Künstlergeist besaß. Nur war dieser Künstlergeist bei ihm, wie bei seinen ägyptischen Landsleuten, nur auf das Colossale
und Unverwüstliche gerichtet. Aber nicht wie die Aegypter formirte er seine
Kunstwerke aus Backstein und Granit, sondern er baute Menschenpyramiden,
er meißelte Menschen-Obelisken, er nahm einen armen Hirtenstamm und schuf
daraus ein Volk, das ebenfalls den Jahrhunderten trotzen sollte, ein großes,
ewiges, heiliges Volk, ein Volk Gottes, das allen andern Völkern als Muster,
ja der ganzen Menschheit als Prototyp dienen konnte: er schuf Israel! Mit
größerm Rechte als der römische Dichter darf jener Künstler, der Sohn Am-
ram's und der Hebamme Jochebet, sich rühmen, ein Monument errichtet zu
haben, das alle Bildungen aus Erz überdauern wird!

Wie über den Werkmeister, hab' ich auch über das Werk, die Juden, nit
mit hinlänglicher Ehrfurcht gesprochen, und zwar gewiß wieder meines hellenischen Naturells wegen, dem der judäische Ascetismus zuwider war. Meine
Vorliebe für Hellas hat seitdem abgenommen. Ich sehe jetzt, die Griechen
waren nur schöne Jünglinge, die Juden aber waren immer Männer, gewaltige, unbeugsame Männer, nicht blos ehemals, sondern bis auf den heutigen
Tag, trotz achtzehn Jahrhunderten der Verfolgung und des Elends. Ich habe
sie seitdem besser würdigen gelernt, und wenn nicht jeder Geburtsstolz bei dem
Kämpen der Revolution und ihrer demokratischen Principien ein närrischer
Widerspruch wäre, so könnte der Schreiber dieser Blätter stolz darauf sein,
daß seine Ahnen dem edlen Hause Israel angehörten, daß er ein Abkömmling
jener Märtyrer, die der Welt einen Gott und eine Moral gegeben, und auf
allen Schlachtfeldern des Gedankens gekämpft und gelitten haben.

Die Geschichte des Mittelalters und selbst der modernen Zeit hat selten in
ihre Tagesberichte die Namen solcher Ritter des heiligen Geistes eingezeichnet,

denn sie fochten gewöhnlich mit verschlossenem Visir. Ebenso wenig die Thaten der Juden, wie ihr eigentliches Wesen, sind der Welt bekannt. Man glaubt sie zu kennen, weil man ihre Bärte gesehen, aber mehr kam nie von ihnen zum Vorschein, und wie im Mittelalter sind sie auch noch in der modernen Zeit ein wandelndes Geheimniß. Es mag enthüllt werden an dem Tage, wovon der Prophet geweissagt, daß es alsdann nur noch einen Hirten und eine Heerde geben wird, und der Gerechte, der für das Heil der Menschheit geduldet, seine glorreiche Anerkennung empfängt.

Man sieht, ich, der ich ehemals den Homer zu citiren pflegte, ich citire jetzt die Bibel, wie der Onkel Tom. In der That, ich verdanke ihr viel. Sie hat, wie ich oben gesagt, das religiöse Gefühl wieder in mir erweckt; und diese Wiedergeburt des religiösen Gefühls genügte dem Dichter, der vielleicht weit leichter als andre Sterbliche der positiven Glaubensdogmen entbehren kann. Er hat die Gnade, und seinem Geist erschließt sich die Symbolik des Himmels und der Erde; er bedarf dazu keines Kirchenschlüssels. Die thörichtsten und widersprechendsten Gerüchte sind in dieser Beziehung über mich in Umlauf gekommen. Sehr fromme aber nicht sehr gescheute Männer des protestantischen Deutschlands haben mich bringend befragt, ob ich dem lutherisch evangelischen Bekenntnisse, zu welchem ich mich bisher nur in lauer, officieller Weise bekannte, jetzt, wo ich krank und gläubig geworden, mit größerer Sympathie als zuvor zugethan sei? Nein, Ihr lieben Freunde, es ist in dieser Beziehung keine Aenderung mit mir vorgegangen, und wenn ich überhaupt dem evangelischen Glauben angehörig bleibe, so geschieht es, weil er mich auch jetzt durchaus nicht genirt, wie er mich früher nie allzusehr genirte. Freilich, ich gestehe es aufrichtig, als ich mich in Preußen und zumal in Berlin befand, hätte ich, wie manche meiner Freunde, mich gern von jedem kirchlichen Bande bestimmt losgesagt, wenn nicht die dortigen Behörden jedem, der sich zu keiner von den staatlich privilegirten positiven Religionen bekannte, den Aufenthalt in Preußen und zumal in Berlin verweigerten. Wie Henri IV. einst lachend sagte: Paris vaut bien une messe. so konnte ich mit Fug sagen: Berlin vaut bien un prêche, und ich konnte mir, nach wie vor, das sehr aufgeklärte und von jedem Aberglauben filtrirte Christenthum gefallen lassen, das man damals sogar ohne Gottheit Christi, wie Schildkrötensuppe ohne Schildkröte, in den Berliner Kirchen haben konnte. Zu jener Zeit war ich selbst noch ein Gott, und keine der positiven Religionen hatte mehr Werth für mich als die andere; ich konnte aus Courtoisie ihre Uniformen tragen, wie z. B. der russische Kaiser sich in einen preußischen Gardeofficier verkleidet, wenn er dem König von Preußen die Ehre erzeigt, einer Revüe in Potsdam beizuwohnen.

Jetzt, wo durch das Wiedererwachen des religiösen Gefühls, so wie auch durch meine körperlichen Leiden, mancherlei Veränderungen in mir vorgegangen

— entspricht jetzt die lutherische Glaubens-Uniform einigermaßen meinem innersten Gedanken? In wie weit ist das officielle Bekenntniß zur Wahrheit geworden? Solcher Frage will ich durch keine directe Beantwortung begegnen, sie soll mir nur eine Gelegenheit bieten, die Verdienste zu beleuchten, die sich der Protestantismus, nach meiner jetzigen Einsicht, um das Heil der Welt erworben; und man mag danach ermessen, inwiefern ihm eine größere Sympathie von meiner Seite gewonnen ward.

Früherhin, wo die Philosophie ein überwiegendes Interesse für mich hatte, wußte ich den Protestantismus nur wegen der Verdienste zu schätzen, die er sich durch die Eroberung der Denkfreiheit erworben, die doch der Boden ist, auf welchem sich später Leibnitz, Kant und Hegel bewegen konnten — Luther, der gewaltige Mann mit der Axt, mußte diesen Kriegern vorangehen und ihnen den Weg bahnen. In dieser Beziehung habe ich auch die Reformation als den Anfang der deutschen Philosophie gewürdigt und meine kampflustige Parteinahme für den Protestantismus justificirt. Jetzt, in meinen spätern und reifern Tagen, wo das religiöse Gefühl wieder überwältigend in mir aufwogt, und der gescheiterte Metaphysiker sich an die Bibel festklammert: jetzt würdige ich den Protestantismus ganz absonderlich ob der Verdienste, die er sich durch die Auffindung und Verbreitung des heiligen Buches erworben. Ich sage die Auffindung, denn die Juden, die dasselbe aus dem großen Brande des zweiten Tempels gerettet, und es im Exile gleichsam wie ein portatives Vaterland mit sich herumschleppten, das ganze Mittelalter hindurch, sie hielten diesen Schatz sorgsam verborgen in ihrem Ghetto, wo die deutschen Gelehrten, Vorgänger und Beginner der Reformation, hinschlichen um Hebräisch zu lernen, um den Schlüssel zu der Truhe zu gewinnen, welche den Schatz barg. Ein solcher Gelehrter war der fürtreffliche Reuchlinus, und die Feinde desselben, die Hochstraaten u. Comp. in Cöln, die man als blödsinnige Dunkelmänner darstellte, waren keineswegs so ganz dumme Tröpfe, sondern sie waren fernsichtige Inquisitoren, welche das Unheil, das die Bekanntschaft mit der heiligen Schrift für die Kirche herbeiführen würde, wohl voraussahen: daher ihr Verfolgungseifer gegen alle hebräische Schriften, die sie ohne Ausnahme zu verbrennen riethen, während sie die Dollmetscher dieser heiligen Schriften, die Juden, durch den verhetzten Pöbel auszurotten suchten. Jetzt, wo die Motive jener Vorgänge aufgedeckt liegen, sieht man, wie jeder im Grunde Recht hatte. Die Cölner Dunkelmänner glaubten das Seelenheil der Welt bedroht, und alle Mittel, sowohl Lüge als Mord, dünkten ihnen erlaubt, zumal in Betreff der Juden. Das arme niedere Volk, die Kinder des Erb-Elends, haßte die Juden schon wegen ihrer aufgehäuften Schätze, und was heutzutage der Haß der Proletarier gegen die Reichen überhaupt genannt wird, hieß ehemals Haß gegen die Juden. In der That, da diese letztern, ausgeschlossen von jedem Grund-

besitz und jedem Erwerb durch Handwerk, nur auf den Handel und die Geldgeschäfte angewiesen waren, welche die Kirche für Rechtgläubige verpönte, so
waren sie, die Juden, gesetzlich dazu verdammt, reich, gehaßt und ermordet zu
werden.   Solche Ermordungen freilich trugen in jenen Zeiten noch einen religiösen Deckmantel, und es hieß, man müsse diejenigen tödten, die einst unsern Herrgott getödtet.   Sonderbar! eben das Volk, das der Welt einen Gott
gegeben, und dessen ganzes Leben nur Gottesandacht athmete, ward als Deicide
verschrien!   Die blutige Parodie eines solchen Wahnsinns sahen wir beim
Ausbruch der Revolution von Sanct Domingo, wo ein Negerhaufen, der die
Pflanzungen mit Mord und Brand heimsuchte, einen schwarzen Fanatiker an
seiner Spitze hatte, der ein ungeheures Crucifix trug und blutdürstig schrie:
Die Weißen haben Christum getödtet, laßt uns alle Weißen todtschlagen!

Ja, den Juden, denen die Welt ihren Gott verdankt, verdankt sie auch dessen
Wort, die Bibel; sie haben sie gerettet aus dem Bankerott des römischen
Reichs, und in der tollen Raufzeit der Völkerwanderung bewahrten sie das
theure Buch, bis es der Protestantismus bei ihnen aufsuchte und das gefun-
dene Buch in die Landessprachen übersetzte und in alle Welt verbreitete. Diese
Verbreitung hat die segensreichsten Früchte hervorgebracht, und dauert noch bis
auf heutigen Tag, wo die Propaganda der Bibelgesellschaft eine providentielle
Sendung erfüllt, die bedeutsamer ist und jedenfalls ganz andere Folgen haben
wird, als die frommen Gentlemen dieser britischen Christenthums-Speditions-
Societät selber ahnen.   Sie glauben eine kleine enge Dogmatik zur Herrschaft
zu bringen und wie das Meer, auch den Himmel zu monopolisiren, denselben
zur britischen Kirchendomaine zu machen: und siehe! sie fördern, ohne es zu
wissen, den Untergang aller protestantischen Sekten, die alle in der Bibel ihr
Leben haben und in einem allgemeinen Bibelthume aufgehen.   Sie fördern
die große Demokratie, wo jeder Mensch nicht blos König, sondern auch Bischof
in seiner Hausburg sein soll; indem sie die Bibel über die ganze Erde verbreiten, sie sozusagen der ganzen Menschheit durch merkantilische Kniffe, Schmug-
gel und Tausch, in die Hände spielen und der Exegese, der individuellen Vernunft überliefern, stiften sie das große Reich des Geistes, das Reich des religiösen Gefühls, der Nächstenliebe, der Reinheit und der wahren Sittlichkeit,
die nicht durch dogmatische Begriffsformeln gelehrt werden kann, sondern durch
Bild und Beispiel, wie dergleichen enthalten ist in dem schönen heiligen Erzie-
hungsbuche für kleine und große Kinder, in der Bibel.

Es ist für den beschaulichen Denker ein wunderbares Schauspiel, wenn er
die Länder betrachtet, wo die Bibel schon seit der Reformation ihren bildenden
Einfluß ausgeübt auf die Bewohner, und ihnen in Sitte, Denkungsart und
Gemüthlichkeit jenen Stempel des palästinischen Lebens aufgeprägt hat, das
in dem alten wie in dem neuen Testamente sich befundet.   Im Norden von

Europa und Amerika, namentlich in den scandinavischen und anglosächsischen, überhaupt in germanischen und einigermaßen auch in celtischen Landen, hat sich das Palästinathum so geltend gemacht, daß man sich dort unter Juden versetzt zu sehen glaubt. Z. B. die protestantischen Schotten, sind sie nicht Hebräer, deren Namen überall biblisch, deren Cant sogar etwas jerusalemitisch-pharisäisch klingt, und deren Religion nur ein Judenthum ist, welches Schweinefleisch frißt? So ist es auch mit manchen Provinzen Norddeutsch-lands und mit Dänemark; ich will gar nicht reden von den meisten neuen Gemeinden der vereinigten Staaten, wo man das alttestamentarische Leben pedantisch nachäfft. Letzteres erscheint hier wie daguerreotypirt, die Conturen sind ängstlich richtig, doch alles ist grau in grau, und es fehlt der sonnige Farbenschmelz des gelobten Landes. Aber die Caricatur wird einst schwinden, das Echte, Unvergängliche und Wahre, nemlich die Sittlichkeit des alten Judenthums, wird in jenen Ländern ebenso gotterfreulich blühen, wie einst am Jordan und auf den Höhen des Libanons. Man hat keine Palme und Kameele nöthig, um gut zu sein, und Gutsein ist besser denn Schönheit.

Vielleicht liegt es nicht blos in der Bildungsfähigkeit der erwähnten Völker, daß sie das jüdische Leben in Sitte und Denkweise so leicht in sich aufgenom-men. Der Grund dieses Phänomens ist vielleicht auch in dem Charakter des jüdischen Volks zu suchen, das immer sehr große Wahlverwandtschaft mit dem Charakter der germanischen und einigermaßen auch der celtischen Race hatte. Judäa erschien mir immer wie ein Stück Occident, das sich mitten in den Orient verloren. In der That, mit seinem spiritualistischen Glauben, seinen strengen, keuschen, sogar ascetischen Sitten, kurz mit seiner abstracten Innerlichkeit, bildete dieses Land und sein Volk immer den sonderbarsten Gegensatz zu den Nachbar-Ländern und Nachbar-Völkern, die den üppig buntesten und brünstigsten Naturculten huldigend, im bacchantischen Sinnen-jubel ihr Dasein verluderten. Israel saß fromm unter seinem Feigenbaum und sang das Lob des unsichtbaren Gottes und übte Tugend und Gerechtigkeit, während in den Tempeln von Babel, Ninive, Sidon und Tyrus jene blu-tigen und unzüchtigen Orgien gefeiert wurden, ob deren Beschreibung uns noch jetzt das Haar sich sträubt! Bedenkt man diese Umgebung, so kann man die frühe Größe Israels nicht genug bewundern. Von der Freiheitsliebe Israels, während nicht blos in seiner Umgebung, sondern bei allen Völkern des Alterthums, sogar bei den philosophischen Griechen, die Sclaverei justifi-cirt war und in Blüthe stand, will ich gar nicht reden, um die Bibel nicht zu compromittiren bei den jetzigen Gewalthabern. Es giebt wahrhaftig keinen Socialisten, der terroristischer wäre als unser Herr und Heiland, und bereits Moses war ein solcher Socialist, obgleich er, als ein praktischer Mann, be-stehende Gebräuche, namentlich in Bezug auf das Eigenthum, nur umzumodeln suchte. Ja, statt mit dem Unmöglichen zu ringen, statt die Abschaffung des Eigenthums tollköpfig zu decretiren, erstrebte Moses nur die Moralisation desselben, er suchte das Eigenthum in Einklang zu bringen mit der Sittlichkeit, mit dem wahren Vernunftrecht, und solches bewirkte er durch die Einführung des Jubeljahrs, wo jedes aliénirte Erbgut, welches bei einem ackerbauenden Volke immer Grundbesitz war, an den ursprünglichen Eigenthümer zurückfiel, gleichviel in welcher Weise dasselbe veräußert worden. Diese Institution bildet den entschiedensten Gegensatz zu der „Verjährung" bei den Römern, wo nach Ablauf einer gewissen Zeit der factische Besitzer eines Gutes von dem legitimen Eigenthümer nicht mehr zur Rückgabe gezwungen werden kann, wenn letzterer nicht zu beweisen vermag, während jener Zeit eine solche Restitution in gehöriger Form begehrt zu haben. Diese letzte Bedingniß ließ der Chicane offnes Feld, zumal in einem Staate, wo Despotismus und Jurisprudenz blühte und dem ungerechten Besitzer alle Mittel der Abschreckung, besonders dem Armen gegenüber, der die Streitkosten nicht erschwingen kann, zu Gebote stehn. Der Römer war zugleich Soldat und Advocat, und das Fremdgut, das er mit dem Schwerte erbeutet, wußte er durch Zungendrescherei zu vertheidigen. Nur ein Volk von Räubern und Casuisten konnte die Proscription, die Verjährung, erfinden und dieselbe consacriren in jenem abscheulichsten Buche, welches die Bibel des Teufels genannt werden kann, im Codex des römischen Civilrechts, der leider noch jetzt herrschend ist.

Ich habe oben von der Verwandtschaft gesprochen, welche zwischen Juden und Germanen, die ich einst „die beiden Völker der Sittlichkeit" nannte, stattfindet, und in dieser Beziehung erwähne ich auch als einen merkwürdigen Zug den ethischen Unwillen, womit das alte deutsche Recht die Verjährung stigmatisirt; in dem Munde des niedersächsischen Bauers lebt noch heute das rührend schöne Wort: „Hundert Jahr Unrecht machen nicht ein Jahr Recht." Die mosaische Gesetzgebung protestirt noch entschiedener durch die Institution des Jubeljahrs. Moses wollte nicht das Eigenthum abschaffen, er wollte vielmehr, daß jeder dessen besäße, damit niemand durch Armuth ein Knecht mit knechtischer Gesinnung sei. Freiheit war immer des großen Emancipators letzter Gedanke, und dieser athmet und flammt in allen seinen Gesetzen die den Pauperismus betreffen. Die Sclaverei selbst haßte er über alle Maßen, schier ingrimmig, aber auch diese Unmenschlichkeit konnte er nicht ganz vernichten, sie wurzelte noch zu sehr im Leben jener Urzeit, und er mußte sich darauf beschränken, das Schicksal der Sclaven gesetzlich zu mildern, den Loskauf zu erleichtern und die Dienstzeit zu beschränken. Wollte aber ein Sclave, den das Gesetz endlich befreite, durchaus nicht das Haus des Herrn verlassen, so befahl Moses, daß der unverbesserliche servile Lump mit dem Ohr an den

Thürpfosten des herrschaftlichen Hauses angenagelt würde, und nach dieser schimpflichen Ausstellung war er verdammt, auf Lebenszeit zu dienen. O Moses, unser Lehrer, Mosche Rabenu, hoher Bekämpfer der Knechtschaft, reiche mir Hammer und Nägel, daß ich unsre gemüthlichen Sclaven in schwarzrothgoldner Livree mit ihren langen Ohren festnagle an das Brandenburger Thor!

Ich verlasse den Ocean allgemeiner religiös-moralisch-historischer Betrachtungen, und lenke mein Gedankenschiff wieder bescheiden in das stille Binnenlandgewässer, wo der Autor so treu sein eignes Bild abspiegelt.

Ich habe oben erwähnt, wie protestantische Stimmen aus der Heimath, in sehr indiscret gestellten Fragen, die Vermuthung ausdrückten, als ob bei dem Wiedererwachen meines religiösen Gefühls auch der Sinn für das Kirchliche in mir stärker geworden. Ich weiß nicht, in wie weit ich merken ließ, daß ich weder für ein Dogma noch für irgend einen Cultus außerordentlich schwärme und ich in dieser Beziehung derselbe geblieben bin, der ich immer war. Ich mache dieses Geständniß jetzt auch, um einigen Freunden, die mit großem Eifer der römisch-katholischen Kirche zugethan sind, einen Irrthum zu benehmen, in den sie ebenfalls in Bezug auf meine jetzige Denkungsart verfallen sind. Sonderbar! zur selben Zeit, wo mir in Deutschland der Protestantismus die unverdiente Ehre erzeigte, mir eine evangelische Erleuchtung zuzutrauen, verbreitete sich auch das Gerücht, als sei ich zum katholischen Glauben übergetreten, ja manche guten Seelen versicherten, ein solcher Uebertritt habe schon vor vielen Jahren stattgefunden, und sie unterstützten ihre Behauptung mit der Angabe der bestimmtesten Details, sie nannten Zeit und Ort, sie gaben Tag und Datum an, sie bezeichneten mit Namen die Kirche, wo ich die Ketzerei des Protestantismus abgeschworen und den alleinseligmachenden römisch-katholisch-apostolischen Glauben angenommen haben sollte; es fehlte nur die Angabe, wie viel Glockengeläute und Schellengeklingel der Meßner bei dieser Feierlichkeit spendirte.

Wie sehr solches Gerücht Consistenz gewonnen, ersehe ich aus Blättern und Briefen, die mir zukommen, und ich gerathe fast in eine wehmütige Verlegenheit, wenn ich die wahrhafte Liebesfreude sehe, die sich in manchen Zuschriften so rührend ausspricht. Reisende erzählen mir, daß meine Seelenrettung sogar der Kanzelberedsamkeit Stoff geliefert. Junge katholische Geistliche wollen ihre homiletischen Erstlingsschriften meinem Patronate anvertrauen. Man sieht in mir ein künftiges Kirchenlicht. Ich kann nicht darüber lachen, denn der fromme Wahn ist so ehrlich gemeint — und was man auch den Zeloten des Katholicismus nachsagen mag, eins ist gewiß: sie sind keine Egoisten sie bekümmern sich um ihre Nebenmenschen; leider oft ein Bischen zu viel. Jene falschen Gerüchte kann ich nicht der Böswilligkeit, sondern nur

dem Irrthum zuschreiben; die unschuldigsten Thatsachen hat hier gewiß nur
der Zufall entstellt. Es hat nämlich ganz seine Richtigkeit mit jener Angabe
von Zeit und Ort, ich war in der That an dem genannten Tage in der genannten Kirche, die sogar einst eine Jesuitenkirche gewesen, nämlich in Saint-
Sulpice, und ich habe mich dort einem religiösen Acte unterzogen — Aber
dieser Act war keine gehässige Abjuration, sondern eine sehr unschuldige Con-
jugation; ich ließ nämlich dort meine Ehe mit meiner Gattin, nach der Ci-
viltrauung, auch kirchlich einsegnen, weil meine Gattin, von erzkatholischer
Familie, ohne solche Ceremonie sich nicht gottgefällig genug verheirathet geglaubt hätte. Und ich wollte um keinen Preis bei diesem theuren Wesen in
den Anschauungen der angebornen Religion eine Beunruhigung oder Stör-
niß verursachen.

Es ist übrigens sehr gut, wenn die Frauen einer positiven Religion anhängen. Ob bei den Frauen evangelischer Confession mehr Treue zu finden,
lasse ich dahingestellt sein. Jedenfalls ist der Katholicismus der Frauen für
den Gemahl sehr heilsam. Wenn sie einen Fehler begangen haben, behalten
sie nicht lange den Kummer darüber im Herzen, und sobald sie vom Priester
Absolution erhielten, sind sie wieder trällernd und aufgeheitert und verderben
sie ihrem Manne nicht die gute Laune oder Suppe durch kopfhängerisches
Nachgrübeln über eine Sünde, die sie sich verpflichtet halten, bis an ihr Le-
bensende durch grämliche Prüderie und zänkische Uebertugend abzubüßen.
Auch noch in andrer Beziehung ist die Beichte hier so nützlich: die Sünderin
behält ihr furchtbares Geheimniß nicht lange lastend im Kopfe, und da doch
die Weiber am Ende alles ausplaudern müssen, ist es besser, sie gestehen gewisse Dinge nur ihrem Beichtiger, als daß sie in die Gefahr gerathen, plötzlich
in überwallender Zärtlichkeit oder Schwatzsucht oder Gewissensbissigkeit dem
armen Gatten die fatalen Geständnisse zu machen!

Der Unglauben ist in der Ehe jedenfalls gefährlich, und so freigeistisch ich
selbst gewesen, so durfte doch in meinem Hause nie ein frivoles Wort gesprochen werden. Wie ein ehrsamer Spießbürger lebte ich mitten in Paris,
und deshalb, als ich heirathete, wollte ich auch kirchlich getraut werden, obgleich
hier zu Lande die gesetzlich eingeführte Civil-Ehe hinlänglich von der Gesellschaft anerkannt ist. Meine liberalen Freunde grollten mir deshalb, und
überschütteten mich mit Vorwürfen, als hätte ich der Clerisei eine zu große
Concession gemacht. Ihr Murrsinn über meine Schwäche würde sich noch
sehr gesteigert haben, hätten sie gewußt, wie viel größere Concessionen ich damals der ihnen verhaßten Priesterschaft machte. Als Protestant, der sich mit
einer Katholikin verheirathete, bedurfte ich, um von einem katholischen Priester
kirchlich getraut zu werden, eine besondere Dispens des Erzbischofs, der diese
aber in solchen Fällen nur unter der Bedingung ertheilt, daß der Gatte sich

schriftlich verpflichtet, die Kinder, die er zeugen würde, in der Religion ihrer Mutter erziehen zu lassen. Es wird hierüber ein Revers ausgestellt, und wie sehr auch die protestantische Welt über solchen Zwang schreit, so will mich bedünken, als sei die katholische Priesterschaft ganz in ihrem Rechte, denn wer ihre einsegnende Garantie nachsucht, muß sich auch ihren Bedingungen fügen. Ich fügte mich denselben ganz de bonne foi, und ich wäre gewiß meiner Verpflichtung redlich nachgekommen. Aber unter uns gesagt, da ich wohl wußte, daß Kinderzeugen nicht meine Specialität ist, so konnte ich besagten Revers mit desto leichterm Gewissen unterzeichnen, und als ich die Feder aus der Hand legte, sicherten in meinem Gedächtniß die Worte der schönen Ninon de Lenclos: O, le beau billet que Lechastre!

Ich will meinen Bekenntnissen die Krone aufsetzen, indem ich gestehe, daß ich damals, um die Dispens des Erzbischofes zu erlangen, nicht blos meine Kinder, sondern sogar mich selbst der katholischen Kirche verschrieben hätte — Aber der ogre de Rome, der wie das Ungeheuer in den Kindermährchen sich die künftige Geburt für seine Dienste ausbedingt, begnügte sich mit den armen Kindern, die freilich nicht geboren wurden, und so blieb ich ein Protestant, nach wie vor, ein protestirender Protestant, und ich protestire gegen Gerüchte, die, ohne verunglimpfend zu sein, dennoch zum Schaden meines guten Leumunds ausgebeutet werden können.

Ja, ich, der ich immer selbst das aberwitzigste Gerede, ohne mich viel darum zu bekümmern über mich hingehen ließ, ich habe mich zu obiger Berichtigung verpflichtet geglaubt, um der Partei des edlen Atta Troll, die noch immer in Deutschland herumtrobbelt, keinen Anlaß zu gewähren, in ihrer täppisch treulosen Weise meinen Wankelmuth zu bejammern und dabei wieder auf ihre eigne, unwandelbare, in der dicksten Bärenhaut eingenähte Charakterfestigkeit zu pochen. Gegen den armen ogre de Rome, gegen die römische Kirche, ist also diese Reclamation nicht gerichtet. Ich habe längst aller Bekehrung derselben entsagt, und längst ruht in der Scheide das Schwert, das ich einst zog im Dienste einer Idee, und nicht einer Privatleidenschaft. Ja, ich war in diesem Kampf gleichsam ein officier de fortune, der sich brav schlägt, aber nach der Schlacht oder nach dem Scharmützel keinen Tropfen Groll im Herzen bewahrt, weder gegen die bekämpfte Sache, noch gegen ihre Vertreter. Von fanatischer Feindschaft gegen die römische Kirche kann bei mir nicht die Rede sein, da es mir immer an jener Bornirtheit fehlt, die zu einer solchen Animosität nöthig ist. Ich kenne zu gut meine geistige Taille, um nicht zu wissen, daß ich einem Colosse, wie die Peterskirche ist, mit meinem wüthendsten Anrennen wenig schaden dürfte; nur ein bescheidener Handlanger konnte ich sein bei dem langsamen Abtragen seiner Quadern, welches Geschäft freilich doch noch viele Jahrhunderte dauern mag. Ich war zu sehr Geschichtskundiger,

8*

als daß ich nicht die Riesenhaftigkeit jenes Granitgebäudes erkannt hätte; — nennt es immerhin die Bastille des Geistes, behauptet immerhin, dieselbe werde jetzt nur noch von Invaliden vertheidigt: aber es ist darum nicht minder wahr, daß auch diese Bastille nicht so leicht einzunehmen wäre, und noch mancher junge Anstürmer an seinen Wällen den Hals brechen wird. Als Denker, als Metaphysiker, mußte ich immer der Consequenz der römisch=katholischen Dogmatik meine Bewunderung zollen; auch darf ich mich rühmen, weder das Dogma noch den Cultus je durch Witz und Spötterei bekämpft zu haben, und man hat mir zugleich zu viel Ehre und zu viel Unehre erzeigt, wenn man mich einen Geistesverwandten Voltaire's nannte. Ich war immer ein Dichter, und deshalb mußte sich mir die Poesie, welche in der Symbolik des katholischen Dogmas und Cultus blüht und lodert, viel tiefer als andern Leuten offenbaren, und nicht selten in meiner Jünglingszeit überwältigte auch mich die unendliche Süße, die geheimnißvoll selige Ueberschwänglichkeit und schauerliche Todeslust jener Poesie: auch ich schwärmte manchmal für die hochgebenedeite Königin des Himmels, die Legenden ihrer Huld und Güte brachte ich in zierliche Reime, und meine erste Gedichtesammlung enthält Spuren dieser schönen Madonna=Periode, die ich in spätern Sammlungen lächerlich sorgsam ausmerzte.

Die Zeit der Eitelkeit ist vorüber, und ich erlaube Jedem, über diese Geständnisse zu lächeln.

Ich brauche wohl nicht erst zu gestehen, daß in derselben Weise, wie kein blinder Haß gegen die römische Kirche in mir waltete, auch keine kleinliche Rancune gegen ihre Priester in meinem Gemüthe nisten konnte: wer meine satirische Begabniß und die Bedürfnisse meines parodirenden Uebermuths kennt, wird mir gewiß das Zeugniß ertheilen, daß ich die menschlichen Schwächen der Clerisei immer schonte, obgleich in meiner spätern Zeit die frommthuenden, aber dennoch sehr bissigen Ratten, die in den Sacristeien Bayerns und Oesterreichs herumrascheln, das verfaulte Pfaffengeschmeiß, mich oft genug zur Gegenwehr reizte. Aber ich bewahrte im zornigsten Ekel dennoch immer eine Ehrfurcht vor dem wahren Priesterstand, indem ich, in die Vergangenheit zurückblickend, der Verdienste gedachte, die er sich einst um mich erwarb. Denn katholische Priester waren es, denen ich als Kind meinen ersten Unterricht verdankte; sie leiteten meine ersten Geistesschritte. Auch in der höhern Unterrichtsanstalt zu Düsseldorf, welche unter der französischen Regierung des Lyceum hieß, waren die Lehrer fast lauter katholische Geistliche, die sich alle mit ernster Güte meiner Geistesbildung annahmen; seit der preußischen Invasion, wo auch jene Schule den preußisch=griechischen Namen Gymnasium annahm, wurden die Priester allmählich durch weltliche Lehrer ersetzt. Mit ihnen wurden auch ihre Lehrbücher abgeschafft, die kurzgefaßten, in latei-

nischer Sprache geschriebenen Leitfaden und Chrestomatien, welche noch aus
den Jesuitenschulen herstammten, und sie wurden ebenfalls ersetzt durch neue
Grammatiken und Compendien, geschrieben in einem schwindsüchtigen, pedan-
tischen Berlinerdeutsch, in einem abstracten Wissenschaftsjargon, der den jungen Intelligenzen minder zugänglich war, als das leichtfaßliche, natürliche und
gesunde Jesuitenlatein. Wie man auch über die Jesuiten denkt, so muß man
doch eingestehen, sie bewährten immer einen praktischen Sinn im Unterricht,
und ward auch bei ihrer Methode die Kunde des Alterthums sehr verstümmelt
mitgetheilt, so haben sie doch diese Alterthumskenntniß sehr verallgemeinert,
ja sogar demokratisirt, sie ging in die Massen über, statt daß bei der heutigen
Methode der einzelne Gelehrte, der Geistesaristokrat das Alterthum und die
Alten besser begreifen lernt, aber der großen Volksmenge sehr selten ein classi-
scher Brocken, irgend ein Stück Herodot oder eine Aesopische Fabel oder ein
Horazischer Vers im Hirntopfe zurückbleibt, wie ehemals, wo die armen Leute
an den alten Schulbrodkrusten ihrer Jugend später noch lange zu knuspern
hatten. So ein Bischen Latein ziert den ganzen Menschen, sagte mir einst
ein alter Schuster, dem aus der Zeit, wo er mit dem schwarzen Mäntelchen in
das Jesuitencollegium ging, so mancher schöne Ciceronianische Passus aus den
Catilinarischen Reden im Gedächtnisse geblieben, den er gegen heutige Dema-
gogen so oft und so spaßhaft glücklich citirte. Pädagogik war die Specialität
der Jesuiten, und obgleich sie dieselbe im Interesse ihres Ordens treiben wollten, so nahm doch die Leidenschaft für die Pädagogik selbst, die einzige menschliche Leidenschaft die ihnen blieb, manchmal die Oberhand, sie vergaßen ihren
Zweck, die Unterdrückung der Vernunft zu Gunsten des Glaubens, und statt
die Menschen wieder zu Kindern zu machen, wie sie beabsichtigten, haben sie im
Gegentheil, gegen ihren Willen, durch den Unterricht die Kinder zu Menschen
gemacht. Die größten Männer der Revolution sind aus den Jesuitenschulen
hervorgegangen, und ohne die Disciplin dieser letztern wäre vielleicht die große
Geisterbewegung erst ein Jahrhundert später ausgebrochen.

Arme Väter von der Gesellschaft Jesu! Ihr seid der Popanz und der
Sündenbock der liberalen Partei gewesen, man hat jedoch nur Eure Gefähr-
lichkeit, aber nicht Eure Verdienste begriffen. Was mich betrifft, so konnte ich
nie einstimmen in das Zetergeschrei meiner Genossen, die bei dem Namen
Loyola immer in Wuth geriethen, wie Ochsen, denen man einen rothen Lap-
pen vorhält! Und dann, ohne im Geringsten die Hut meiner Partei-Inter-
essen zu verabsäumen, mußte ich mir in der Besonnenheit meines Gemüthes
zuweilen gestehen, wie es oft von den kleinsten Zufälligkeiten abhing, daß wir
dieser statt jener Partei zufielen und uns jetzt nicht in einem ganz entgegengesetzten Feldlager befänden. In dieser Beziehung kommt mir oft ein Gespräch in den Sinn, das ich mit meiner Mutter führte, vor etwa acht Jahren,

wo ich die hochbetagte Frau, die schon damals achtzigjährig, in Hamburg besuchte. Eine sonderbare Aeußerung entschlüpfte ihr, als wir von den Schulen, worin ich meine Knabenzeit zubrachte, und von meinen katholischen Leh-
rern sprachen, worunter sich, wie ich jetzt erfuhr, manche ehemalige Mitglie-
der des Jesuitenordens befanden. Wir sprachen viel von unserm alten lieben
Schallmeyer, dem in der französischen Periode die Leitung des Düsseldorfer
Lyceums als Rector anvertraut war, und der auch für die oberste Classe Vorlesungen über Philosophie hielt, worin er unumwunden die freigeistigsten griechischen Systeme auseinandersetzte, wie grell diese auch gegen die orthodoxen
Dogmen abstachen, als deren Priester er selbst zuweilen in geistlicher Amtstracht am Altar fungirte. Es ist gewiß bedeutsam, und vielleicht einst vor den
Assisen im Thale Josaphat kann es mir als circonstance atténuante angerechnet werden, daß ich schon im Knabenalter den besagten philosophischen Vorlesungen beiwohnen durfte. Diese bedenkliche Begünstigung genoß ich vorzugsweise, weil der Rector Schallmeyer sich als Freund unsrer Familie ganz
besonders für mich interessirte; einer meiner Oehme, der mit ihm zu Bonn
studirt hatte, war dort sein academischer Pylades gewesen, und mein Groß-
vater errettete ihn einst aus einer tödtlichen Krankheit. Der alte Herr besprach
sich deshalb sehr oft mit meiner Mutter über meine Erziehung und künftige
Laufbahn, und in solcher Unterredung war es, wie mir meine Mutter später
in Hamburg erzählte, daß er ihr den Rath ertheilte, mich dem Dienst der
Kirche zu widmen und nach Rom zu schicken, um in einem dortigen Seminar
katholische Theologie zu studiren; durch die einflußreichen Freunde, die der
Rector Schallmeyer unter den Prälaten höchsten Ranges zu Rom besaß, versicherte er, im Stande zu sein, mich zu einem bedeutenden Kirchenamte zu fördern. Als mir dieses meine Mutter erzählte, bedauerte sie sehr, daß sie dem
Rathe des geistreichen alten Herrn nicht Folge geleistet, der mein Naturell frühzeitig durchschaut hatte und wohl am richtigsten begriff, welches geistige und
physische Klima demselben am angemessensten und heilsamsten gewesen sein
möchte. Die alte Frau bereute jetzt sehr, einen so vernünftigen Vorschlag abgelehnt zu haben; aber zu jener Zeit träumte sie für mich sehr hochfliegende
weltliche Würden, und dann war sie eine Schülerin Rousseau's, eine strenge
Deistin, und es war ihr auch außerdem nicht recht, ihren ältesten Sohn in
jene Soutane zu stecken, welche sie von deutschen Priestern mit so plumpem
Ungeschick tragen sah. Sie wußte nicht, wie ganz anders ein römischer Abbate dieselbe mit einem graciösen Schick trägt und wie coquet er das schwarz-
seidne Mäntelchen achselt, das die fromme Uniform der Galanterie und der
Schöngeisterei ist im ewig schönen Rom.

O, welch ein glücklicher Sterblicher ist ein römischer Abbate, der nicht blos
der Kirche Christi, sondern auch dem Apoll und den Musen dient. Er selbst

ist ihr Liebling, und die drei Göttinen der Anmuth halten ihm das Tintenfaß, wenn er seine Sonette verfertigt, die er in der Academie der Arcadier mit zierlichen Cadenzen recitirt. Er ist ein Kunstkenner, und er braucht nur den Hals einer jungen Sängerin zu betasten, um voraussagen zu können, ob sie einst eine celeberrima cantatrice, eine diva, eine Weltprimadonna, sein wird. Er versteht sich auf Antiquitäten, und über den ausgegrabenen Torso einer griechischen Bacchantin schreibt er eine Abhandlung im schönsten Cicerianischen Latein, die er dem Oberhaupte der Christenheit, dem pontifex maximus, wie er ihn nennt, ehrfurchtsvoll widmet. Und gar welcher Gemäldekenner ist der Signor Abbate, der die Maler in ihren Ateliers besucht und ihnen über ihre weiblichen Modelle die feinsten anatomischen Beobachtungen mittheilt. Der Schreiber dieser Blätter hätte ganz das Zeug dazu gehabt, ein solcher Abbate zu werden und im süßesten dolce far niente dahin zu schlendern durch die Bibliotheken, Gallerien, Kirchen und Ruinen der ewigen Stadt, studirend im Genusse und genießend im Studium, und ich hätte Messe gelesen vor den auserlesensten Zuhörern, ich wäre auch in der heiligen Woche als strenger Sittenprediger auf die Kanzel getreten, freilich auch hier niemals in ascetische Rohheit ausartend — ich hätte am meisten die römischen Damen erbaut, und wäre vielleicht durch solche Gunst und Verdienste in der Hierarchie der Kirche zu den höchsten Würden gelangt, ich wäre vielleicht ein monsignore geworden, ein Violetstrumpf, sogar der rothe Hut konnte mir auf den Kopf fallen — und wie das Sprüchlein heißt:

Es ist kein Pfäfflein noch so klein,

Es möchte gern ein Päpstlein sein —

so hätte ich am Ende vielleicht gar jenen erhabensten Ehrenposten erklommen — denn obgleich ich von Natur nicht ehrgeizig bin, so würde ich dennoch die Ernennung zum Papste nicht ausgeschlagen haben, wenn die Wahl des Conclaves auf mich gefallen wäre. Es ist dieses jedenfalls ein sehr anständiges und auch mit gutem Einkommen versehenes Amt, das ich gewiß mit hinlänglichem Geschick versehen konnte. Ich hätte mich ruhig niedergesetzt auf den Stuhl Petri, allen frommen Christen, sowohl Priestern als Laien, das Bein hinstreckend zum Fußkuß. Ich hätte mich ebenfalls mit gehöriger Seelenruhe durch die Pfeilergänge der großen Basilica in Triumph herumtragen lassen, und nur im wackelndsten Falle würde ich mich ein Bischen festgeklammert haben an der Armlehne des goldnen Sessels, den sechs stämmige carmoisinrothe Camerieren auf ihren Schultern tragen, während nebenher glatzköpfige Kapuziner mit brennenden Kerzen und gallonirte Lakaien wandeln, welche ungeheuer große Pfauenwedel emporhalten und das Haupt des Kirchenfürsten befächeln — wie gar lieblich zu schauen ist auf dem Processions-Gemälbe des Horace Vernet. Mit einem gleichen unerschütterlichen sacerdotalen Ernste — denn ich kann sehr ernst sein, wenn es durchaus nöthig ist — hätte ich auch vom Lateran herab der ganzen Christenheit den jährlichen Segen ertheilt; in Pontificalibus, mit der dreifachen Krone auf dem Kopfe, und umgeben von einem Generalstab von Rothhüten und Bischofsmützen, Goldbrocatgewändern und Kutten von allen Couleuren, hätte sich Meine Heiligkeit auf dem hohen Balcon dem Volke gezeigt, das tief unten, in unabsehbar wimmelnder Menge, mit gebeugten Köpfen und kniend hingelagert — und ich hätte ruhig die Hände ausgestreckt und den Segen ertheilt, der Stadt und der Welt.

Aber, wie du wohl weißt, geneigter Leser, ich bin kein Papst geworden, auch kein Cardinal, nicht mal ein römischer Nuntius, und wie in der weltlichen, so auch in der geistlichen Hierarchie habe ich weder Amt noch Würden errungen. Ich habe es, wie die Leute sagen, auf dieser schönen Erde zu nichts gebracht. Es ist nichts aus mir geworden, nichts als ein Dichter.

Nein, ich will keiner heuchlerischen Demuth mich hingebend, diesen Namen geringschätzen. Man ist viel, wenn man ein Dichter ist, und gar wenn man ein großer lyrischer Dichter ist in Deutschland, unter dem Volke, das in zwei Dingen, in der Philosophie und im Liede, alle andern Nationen überflügelt hat. Ich will nicht mit der falschen Bescheidenheit, welche die Lumpen erfunden, meinen Dichterruhm verläugnen. Keiner meiner Landsleute hat in so frühem Alter wie ich den Lorbeer errungen, und wenn mein College Wolfgang Goethe wohlgefällig davon singt, „daß der Chinese mit zitternder Hand Werthern und Lotten auf Glas male," so kann ich, soll doch einmal geprahlt werden, dem chinesischen Ruhm einen noch weit fabelhaftern, nämlich einen japanischen entgegensetzen. Als ich mich vor etwa zwölf Jahren hier im Hôtel des Princes bei meinem Freunde H. Wöhrman aus Riga befand, stellte mir derselbe einen Holländer vor, der eben aus Japan gekommen, dreißig Jahre dort in Nangasaki zugebracht und begierig wünschte, meine Bekanntschaft zu machen. Es war der Dr. Bürger, der jetzt in Leyden mit dem gelehrten Seybold das große Werk über Japan herausgiebt. Der Holländer erzählte mir, daß er einen jungen Japanesen Deutsch gelehrt, der später meine Gedichte in japanischer Uebersetzung drucken ließ, und dieses sei das erste europäische Buch gewesen, das in japanischer Sprache erschienen — übrigens fände ich über diese curiose Uebertragung einen weitläufigen Artikel in der englischen Review von Calcutta. Ich schickte sogleich nach mehreren cabinets de lecture, doch keine ihrer gelehrten Vorsteherinnen konnte mir die Review von Calcutta verschaffen, und auch an Julien und Paultier wandte ich mich vergebens —

Seitdem habe ich über meinen japanischen Ruhm keine weitern Nachforschungen angestellt. In diesem Augenblick ist er mir eben so gleichgültig wie etwa mein finnländischer Ruhm. Ach! der Ruhm überhaupt, dieser sonst so süße Tand, süß wie Ananas und Schmeichelei, er ward mir seit geraumer Zeit sehr verleidet; er dünkt mich jetzt bitter wie Wermuth. Ich kann wie Romeo sagen: ich bin der Narr des Glücks. Ich stehe jetzt vor dem großen Breinapf, aber es fehlt mir der Löffel. Was nützt es mir, daß bei Festmahlen aus goldnen Pocalen und mit den besten Weinen meine Gesundheit getrunken wird, wenn ich selbst unterdessen, abgesondert von aller Weltlust, nur mit einer schalen Tisane meine Lippen netzen darf! Was nützt es mir, daß begeisterte Jünglinge und Jungfrauen meine marmorne Büste mit Lorbeern umkränzen, wenn derweilen meinem wirklichen Kopfe von den welken Händen einer alten Wärterin eine spanische Fliege hinter die Ohren gedrückt wird! Was nützt es mir, daß alle Rosen von Schiras so zärtlich für mich glühen und duften — ach, Schiras ist zweitausend Meilen entfernt von der Rue d'Amsterdam, wo ich in der verdrießlichen Einsamkeit meiner Krankenstube nichts zu riechen bekomme, als etwa die Parfüms von gewärmten Servietten. Ach! der Spott Gottes lastet schwer auf mir. Der große Autor des Weltalls, der Aristophanes des Himmels, wollte dem kleinen irdischen, sogenannten deutschen Aristophanes recht grell darthun, wie die witzigsten Sarcasmen desselben nur armselige Spöttereien gewesen im Vergleich mit den seinigen, und wie kläglich ich ihm nachstehen muß im Humor, in der colossalen Spaßmacherei. ·

Ja, die Lauge der Verhöhnung, die der Meister über mich herabgeußt, ist entsetzlich, und schauerlich grausam ist sein Spaß. Demüthig bekenne ich seine Ueberlegenheit, und ich beuge mich vor ihm im Staube. Aber wenn es mir auch an solcher höchsten Schöpfungskraft fehlt, so blitzt doch in meinem Geiste die ewige Vernunft, und ich darf sogar den Spaß Gottes vor ihr Forum ziehen und einer ehrfurchtsvollen Kritik unterwerfen. Und da wage ich nun zunächst die unterthänigste Andeutung auszusprechen, es wolle mich bedünken, als zöge sich jener grausame Spaß, womit der Meister den armen Schüler heimsucht, etwas zu sehr in die Länge; er dauert schon über sechs Jahre, was nachgerade langweilig wird. Dann möchte ich ebenfalls mir die unmaßgebliche Bemerkung erlauben, daß jener Spaß nicht neu ist und daß ihn der große Aristophanes des Himmels schon bei einer andern Gelegenheit angebracht, und also ein Plagiat an hoch sich selber begangen habe. Um diese Behauptung zu unterstützen, will ich eine Stelle der Limburger Chronik citiren. Diese Chronik ist sehr interessant für diejenigen, welche sich über Sitten und Bräuche des deutschen Mittelalters unterrichten wollen. Sie beschreibt, wie ein Modejournal, die Kleidertrachten, sowohl die männlichen als die weiblichen, welche in jeder Periode aufkamen. Sie giebt auch Nachricht von den Liedern, die

in jedem Jahre gepfiffen und gesungen wurden, und von manchem Lieblingsliede
der Zeit werden die Anfänge mitgetheilt. So vermeldet sie von Anno 1480,
daß man in diesem Jahre in ganz Deutschland Lieder gepfiffen und gesungen,
die süßer und lieblicher, als alle Weisen, so man zuvor in deutschen Landen
kannte, und Jung und Alt, zumal das Frauenzimmer, sei ganz davon ver-
narrt gewesen, so daß man sie von Morgen bis Abend singen hörte; diese
Lieder aber, setzt die Chronik hinzu, habe ein junger Clericus gedichtet, der von
der Misselsucht behaftet war und sich, vor aller Welt verborgen, in einer Einöde
aufhielt. Du weißt gewiß, lieber Leser, was für ein schauderhaftes Gebreste
im Mittelalter die Misselsucht war, und wie die armen Leute, die solchem un-
heilbarem Siechthum verfallen, aus jeder bürgerlichen Gesellschaft ausgestoßen
waren und sich keinem menschlichen Wesen nahen durften. Lebendig Todte
wandelten sie einher, vermummt vom Haupte bis zu den Füßen, die Kapuze
über das Gesicht gezogen, und in der Hand eine Klapper tragend, die sogenannte Lazarusklapper, womit sie ihre Nähe ankündigten, damit ihnen jeder
zeitig aus dem Wege gehen konnte. Der arme Clericus, von dessen Ruhm
als Liederdichter die obgenannte Limburger Chronik gesprochen, war nun ein
solcher Misselsüchtiger, und er saß traurig in der Oede seines Elends, während jauchzend und jubelnd ganz Deutschland seine Lieder sang und pfiff!
O, dieser Ruhm war die uns wohl bekannte Verhöhnung, der grausame Spaß
Gottes, der auch hier derselbe ist, obgleich er diesmal im romantischen Costume
des Mittelalters erscheint. Der blasirte König von Judäa sagte mit Recht:
es giebt nichts Neues unter der Sonne — Vielleicht ist diese Sonne selbst ein
alter aufgewärmter Spaß, der mit neuen Strahlen geflickt, jetzt so imposant
funkelt!

Manchmal in meinen trüben Nachtgesichten glaube ich den armen Clerikus
der Limburger Chronik, meinen Bruder in Apoll, vor mir zu sehen, und seine
leidenden Augen lugen sonderbar stier hervor aus seiner Kapuze; aber im
selben Augenblick huscht er von dannen, und verhallend, wie das Echo eines
Traumes, hör' ich die knarrenden Töne der Lazarus-Klapper.

Ludwig Marcus

—

Denkworte.

—

Geschrieben zu Paris den 22. April 1844.

Was ist der Grund, warum von den Deutschen, die nach Frankreich herüber gekommen, so viele in Wahnsinn verfallen? Die Meisten hat der Tod aus der Geistesnacht erlöst; andere sind in Irrenanstalten gleichsam lebendig begraben; viele auch, denen ein Funken von Bewußtsein geblieben, suchen ihren Zustand zu verbergen, und geberden sich halbweg vernünftig, um nicht eingesperrt zu werden. Dies sind die Pfiffigen; die Dummen können sich nicht lange verstellen. Die Anzahl derer, die mit mehr oder minder lichten Momenten an dem finstern Uebel leiden, ist sehr groß, und man möchte bald behaupten, der Wahnsinn sei die Nationalkrankheit der Deutschen in Frankreich. Wahrscheinlich bringen wir den Keim des Gebrestens mit über den Rhein, und auf dem hitzigen Boden, dem glühenden Asphaltpflaster der hiesigen Gesellschaft, gedeiht rasch zur blühendsten Verrücktheit, was in Deutschland lebenslang nur eine närrische Krüppelpflanze geblieben wäre. Oder zeugt es schon von einem hohen Grade des Wahnwitzes, daß man das Vaterland verließ, um in der Fremde „die harten Treppen" auf und ab zu steigen, und das noch härtere Brod des Exils mit seinen Thränen zu feuchten? Man muß jedoch beileibe nicht glauben, als seien es excentrische Sturm- und Drangnaturen, oder gar Freunde des Müßiggangs und der entfesselten Sinnlichkeit, die sich hier in die Abgründe des Irrsinns verlieren — nein, dieses Unglück betraf immer vorzugsweise die honorabelsten Gemüther, die fleißigsten und enthaltsamsten Geschöpfe.

Zu den beklagenswerthesten Opfern, die jener Krankheit erlagen, gehört auch unser armer Landsmann Ludwig Marcus. Dieser deutsche Gelehrte, der sich durch Fülle des Wissens ebenso rühmlich auszeichnete, wie durch hohe Sittlichkeit, verdient in dieser Beziehung, daß wir sein Andenken durch einige Worte ehren.

Seine Familienverhältnisse und das ganze Detail seiner Lebensumstände sind uns nie genau bekannt gewesen. So viel ich weiß, ist er geboren zu Dessau im Jahre 1798, von unbemittelten Eltern, die dem gottesfürchtigen Cultus des Judenthums anhingen. Er kam Anno 1820 nach Berlin, um Medicin zu studiren, verließ aber bald diese Wissenschaft. Dort zu Berlin sah ich ihn zuerst, und zwar im Collegium von Hegel, wo er oft neben mir saß und die Worte des Meisters gehörig nachschrieb. Er war damals zweiundzwanzig Jahre alt, doch seine äußere Erscheinung war nichts weniger als

(123)

Jugendblick. Ein kleiner schmächtiger Leib, wie der eines Jungen von acht Jahren, und im Antlitz eine Greisenhaftigkeit, die wir gewöhnlich mit einem verbogenen Rückgrat gepaart finden. Eine solche Mißförmlichkeit aber war nicht an ihm zu bemerken, und eben über diesen Mangel wunderte man sich. Diejenigen, welche den verstorbenen Moses Mendelssohn persönlich gekannt, bemerkten mit Erstaunen die Aehnlichkeit, welche die Gesichtszüge des Marcus mit denen jenes berühmten Weltweisen darboten, der sonderbarerweise ebenfalls aus Dessau gebürtig war. Hätten sich die Chronologie und die Tugend nicht allzubestimmt für den ehrwürdigen Moses verbürgt, so könnten wir auf einen frivolen Gedanken gerathen.

Aber dem Geiste nach war Marcus wirklich ein ganz naher Verwandter jenes großen Reformators der deutschen Juden, und in seiner Seele wohnte ebenfalls die größte Uneigennützigkeit, der duldende Stillmuth, der bescheidene Rechtsinn, lächelnde Verachtung des Schlechten, und eine unbeugsame, eiserne Liebe für die unterdrückten Glaubensgenossen. Das Schicksal derselben war, wie bei jenem Moses, auch bei Marcus der schmerzlich glühende Mittelpunkt aller seiner Gedanken, das Herz seines Lebens. Schon damals in Berlin war Marcus ein Polyhistor, er stöberte in allen Bereichen des Wissens, er verschlang ganze Bibliotheken, er verwühlte sich in allen Sprachschätzen des Alterthums und der Neuzeit, und die Geographie, im generellsten wie im particularsten Sinne, war am Ende sein Lieblingsstudium geworden: es gab auf diesem Erdball kein Factum, keine Ruine, kein Idiom, keine Narrheit, keine Blume, die er nicht kannte — aber von allen seinen Geistesexcursionen kam er immer gleichsam nach Hause zurück zu der Leidensgeschichte Israels, zu der Schädelstätte Jerusalems und zu dem kleinen Väterdialekt Palästinas, um dessentwillen er vielleicht die semitischen Sprachen mit größerer Vorliebe als die andern betrieb. Dieser Zug war wohl der hervorstechend wichtigste im Charakter des Ludwig Marcus, und er giebt ihm seine Bedeutung und sein Verdienst; denn nicht blos das Thun, nicht blos die Thatsache der hinterlassenen Leistung, giebt uns ein Recht auf ehrende Anerkennung nach dem Tode, sondern auch das Streben selbst, und gar besonders das unglückliche Streben, das gescheiterte, fruchtlose, aber großmüthige Wollen.

Andere werden vielleicht das erstaunliche Wissen, das der Verstorbene in seinem Gedächtniß aufgestapelt hatte, ganz besonders rühmen und preisen; für uns hat dasselbe keinen sonderlichen Werth. Wir konnten überhaupt diesem Wissen, ehrlich gestanden, niemals Geschmack abgewinnen. Alles was Marcus wußte, wußte er nicht lebendig organisch, sondern als todte Geschichtlichkeit, die ganze Natur versteinerte sich ihm, und er kannte im Grunde nur Fossilien und Mumien. Dazu gesellte sich eine Ohnmacht der künstlerischen Gestaltung, und wenn er etwas schrieb, war es ein Mitleid

anzusehen wie er sich vergebens abmühte, für das Darzustellende die noth-
dürftigste Form zu finden. Ungenießbar, unverdaulich, abstrus waren daher
die Artikel und gar die Bücher, die er geschrieben.

Außer einigen linguistischen, astronomischen und botanischen Schriften hat
Marcus eine Geschichte der Vandalen in Afrika, und in Verbindung mit dem
Professor Duisberg eine nordafrikanische Geographie herausgegeben. Er
hinterläßt in Manuscript ein ungeheuer großes Werk über Abyssinien, welches
seine eigentliche Lebensarbeit zu sein scheint, da er sich schon zu Berlin mit
Abyssinien beschäftigt hatte. Nach diesem Lande zogen ihn wohl zunächst die
Untersuchungen über die Falaschas, einen jüdischen Stamm, der lange in den
abyssinischen Gebirgen seine Unabhängigkeit bewahrt hat. Ja, obgleich sein
Wissen sich über alle Weltgegenden verbreitete, so wußte Marcus doch am
besten Bescheid hinter den Mondgebirgen Aethiopiens, an den verborgenen
Quellen des Nils, und seine größte Freude war, den Bruce oder gar den
Hasselquist auf Irrthümern zu ertappen. Ich machte ihn einst glücklich, als
ich ihn bat, mir aus arabischen und talmudischen Schriften alles zu compi-
liren, was auf die Königin von Saba Bezug hat. Dieser Arbeit, die sich
vielleicht noch unter meinen Papieren befindet, verdanke ich es, daß ich noch zu
heutiger Stunde weiß, weshalb die Könige von Abyssinien sich rühmen, aus
dem Stamme David entsprossen zu sein: sie leiten diese Abstammung von
dem Besuch her, den ihre Aeltermutter, die besagte Königin von Saba, dem
weisen Salomon zu Jerusalem abgestattet. Wie ich aus besagter Compilation
ersah, ist diese Dame gewiß eben so schön gewesen, wie die Helena von Sparta.
Jedenfalls hat sie ein ähnliches Schicksal nach dem Tode, da es verliebte
Rabbinen giebt, die sie durch cabalistische Zauberkunst aus dem Grabe zu
beschwören wissen; nur sind sie manchmal übel dran mit der beschworenen
Schönen, die den großen Fehler hat, daß sie, wo sie sich einmal hingesetzt, gar
zu lange sitzen bleibt. Man kann sie nicht los werden.

Ich habe bereits angedeutet, daß irgend ein Interesse der jüdischen Geschichte
immer letzter Grund und Antrieb war bei den gelehrten Arbeiten des seligen
Marcus: in wie weit dergleichen auch bei seinen abyssinischen Studien der
Fall war, und wie auch diese ihn ganz frühzeitig in Anspruch genommen,
ergiebt sich unabweisbar aus einem Artikel, den er schon damals zu Berlin in
der „Zeitschrift für Cultur und Wissenschaft des Judenthums" abdrucken
ließ. Er behandelte nämlich die Beschneidung bei den Abyssinierinnen. Wie
herzlich lachte der verstorbene Gans, als er mir in jenem Aufsatze die Stelle
zeigte, wo der Verfasser den Wunsch aussprach, es möchte jemand diesen
Gegenstand bearbeiten, der demselben besser gewachsen sei.

Die äußere Erscheinung des kleinen Mannes, die nicht selten zum Lachen
reizte, verhinderte ihn jedoch keineswegs, zu den ehrenwerthesten Mitgliedern

jener Gesellschaft zu zählen, welche die oben erwähnte Zeitschrift herausgab, und eben unter dem Namen „Verein für Cultur und Wissenschaft des Judenthums" eine hochfliegend große, aber unausführbare Idee verfolgte. Geistbegabte und tiefherzige Männer versuchten hier die Rettung einer längst verlornen Sache, und es gelang ihnen höchstens, auf den Wahlstätten der Vergangenheit die Gebeine der ältern Kämpfer aufzufinden. Die ganze Ausbeute jenes Vereins besteht in einigen historischen Arbeiten, in Geschichtsforschungen, worunter namentlich die Abhandlungen des Dr. Zunz über die spanischen Juden im Mittelalter zu den Merkwürdigkeiten der höhern Kritik gezählt werden müssen.

Wie dürfte ich von jenem Vereine reden, ohne dieses vortrefflichen Zunz zu erwähnen, der in einer schwankenden Uebergangsperiode immer die unerschütterlichste Unwandelbarkeit offenbarte, und trotz seinem Scharfsinn, seiner Skepsis, seiner Gelehrsamkeit, dennoch treu blieb dem selbstgegebenen Worte, der großmüthigen Grille seiner Seele. Mann der Rede und der That, hat er geschaffen und gewirkt, wo Andere träumten und muthlos hinsanken.

Ich kann nicht umhin, auch hier meinen lieben Bendavid zu erwähnen, der mit Geist und Charakterstärke eine großartig urbane Bildung vereinigte, und obgleich schon hochbejahrt, an den jugendlichsten Irrgedanken des Vereins Theil nahm. Er war ein Weiser nach antikem Zuschnitt, umflossen vom Sonnenlicht griechischer Heiterkeit, ein Standbild der wahrsten Tugend, und pflichtgehärtet wie der Marmor des kategorischen Imperativs seines Meisters Immanuel Kant. Bendavid war Zeit seines Lebens der eifrigste Anhänger der kantischen Philosophie, für diese litt er in seiner Jugend die größten Verfolgungen, und dennoch wollte er sich nie trennen von der alten Gemeinde des mosaischen Bekenntnisses, er wollte nie die äußere Glaubenscocarde ändern. Schon der Schein einer solchen Verläugnung erfüllte ihn mit Widerwillen und Ekel. Lazarus Bendavid war, wie gesagt, ein eingefleischter Kantianer, und ich habe damit auch die Schranken seines Geistes angedeutet. Wenn wir von hegel'scher Philosophie sprachen, schüttelte er sein kahles Haupt und sagte, das sei Aberglaube. Er schrieb ziemlich gut, sprach aber viel besser. Für die Zeitschrift des Vereins lieferte er einen merkwürdigen Aufsatz über den Messiasglauben bei den Juden, worin er mit kritischem Scharfsinn zu beweisen suchte, daß der Glaube an einen Messias durchaus nicht zu den Fundamentalartikeln der jüdischen Religion gehöre, und nur als zufälliges Beiwerk zu betrachten sei.

Das thätigste Mitglied des Vereins, die eigentliche Seele desselben, war M. Moser, der vor einigen Jahren starb, aber schon im jugendlichsten Alter nicht blos die gründlichsten Kenntnisse besaß, sondern auch durchglüht war von dem großem Mitleid für die Menschheit, von der Sehnsucht, das Wissen zu ver-

wirklichen in heilsamer That. Er war unermüdlich in philantropischen Bestrebungen, er war sehr praktisch, und hat in scheinloser Stille an allen Liebes-
werken gearbeitet. Das große Publicum hat von seinem Thun und Schaffen
nichts erfahren, er focht und blutete incognito, sein Name ist ganz unbekannt
geblieben, und steht nicht eingezeichnet in dem Abreßkalender der Selbstaufopferung. Unsere ist nicht so ärmlich wie man glaubt; sie hat erstaunlich viele
solcher anonymen Märtyrer hervorgebracht.

Der Necrolog des verstorbenen Marcus leitete mich unwillkürlich zu dem
Nekrolog des Vereins, zu dessen ehrenwerthesten Mitgliedern er gehörte, und
als dessen Präsident der schon erwähnte, jetzt ebenfalls verstorbene Eduard
Gans sich geltend machte. Dieser hochbegabte Mann kann am wenigsten
in Bezug auf bescheidene Selbstaufopferung, auf anonymes Märtyrerthum
gerühmt werden. Ja, wenn auch seine Seele sich rasch und weit erschloß für
alle Heilsfragen der Menschheit, so ließ er doch selbst im Rausche der Begeisterung niemals die Personalinteressen außer Acht. Eine witzige Dame, zu
welcher Gans oft des Abends zum Thee kam, machte die richtige Bemerkung,
daß er während der eifrigsten Discussion und trotz seiner großen Zerstreutheit
dennoch, nach dem Teller der Butterbröde hinlangend, immer diejenigen Butterbröde ergreife, welche nicht mit gewöhnlichem Käse, sondern mit frischem
Lachs bedeckt waren.

Die Verdienste des verstorbenen Gans um deutsche Wissenschaft sind allgemein bekannt. Er war einer der rührigsten Apostel der Hegel'schen Philosophie, und in der Rechtsgelahrtheit kämpfte er zermalmend gegen jene Lakaien
des altrömischen Rechts, welche ohne Ahnung von dem Geiste, der in der alten
Gesetzgebung einst lebte, nur damit beschäftigt sind, die hinterlassene Garderobe derselben auszustäuben, von Motten zu säubern, oder gar zu modernem
Gebrauche zurecht zu flicken. Gans fuchtelte solchen Servilismus selbst in
seiner elegantesten Livrée. Wie wimmert unter seinen Fußtritten die arme
Seele des Herrn von Savigny! Mehr noch durch Wort als durch Schrift
förderte Gans die Entwickelung des deutschen Freiheitssinnes, er entfesselte die
gebundensten Gedanken und riß der Lüge die Larve ab. Er war ein beweg-
licher Feuergeist, dessen Witzfunken vortrefflich zündeten, oder wenigstens herrlich leuchteten. Aber den trübsinnigen Ausspruch des Dichters (im zweiten
Theile des Faust):

> „Alt ist das Wort, doch bleibet hoch und wahr der Sinn,
> Daß Scham und Schönheit nie zusammen, Hand in Hand,
> Den Weg verfolgen über der Erde grünen Pfad.
> Tief eingewurzelt wohnt in Beiden alter Haß,
> Daß wo sie immer auch des Weges sich
> Begegnen, jede der Gegnerin den Rücken kehrt." —

dieses fatale Wort müssen wir auch auf das Verhältniß der Genialität zur Tugend anwenden, diese beiden leben ebenfalls in beständigem Haber, und kehren sich manchmal verdrießlich den Rücken. Mit Bekümmerniß muß ich hier erwähnen, daß Gans in Bezug auf den erwähnten Verein für Cultur und Wissenschaft des Judenthums, nichts weniger als tugendhaft handelte, und sich die unverzeihlichste Felonie zu Schulden kommen ließ. Sein Abfall war um so widerwärtiger, da er die Rolle eines Agitators gespielt, und bestimmte Präsidialpflichten übernommen hatte. Es ist hergebrachte Pflicht, daß der Capitän immer der letzte sei, der das Schiff verläßt, wenn dasselbe scheitert — Gans aber rettete sich selbst zuerst. Wahrlich in moralischer Beziehung hat der kleine Marcus den großen Gans überragt, und er könnte hier ebenfalls beklagen, daß Gans seiner Aufgabe nicht besser gewachsen war.

Wir haben die Theilnahme des Marcus an dem Verein für Cultur und Wissenschaft des Judenthums als einen Umstand bezeichnet, der uns wichtiger und denkwürdiger erschien, als all sein stupendes Wissen und seine sämmtlichen gelehrten Arbeiten. Ihm selber mag ebenfalls die Zeit, wo er den Bestrebungen und Illusionen jenes Vereins sich hingab, als die sonnigste Blüthenstunde seines kümmerlichen Lebens erschienen sein. Deßhalb mußte hier jenes Vereins ganz besonders Erwähnung geschehen, und eine nähere Erörterung seines Gedankens wäre wohl nicht überflüssig. Aber der Raum und die Zeit und ihre Hüter gestatten in diesen Blättern keine solche ausgeführte Darstellung, da letztere nicht blos die religiösen und bürgerlichen Verhältnisse der Juden, sondern auch die aller deistischen Secten auf diesem Erdball umfassen müßte. Nur so viel will ich hier aussprechen, daß der esoterische Zweck jenes Vereins nichts anderes war, als eine Vermittelung des historischen Judenthums mit der modernen Wissenschaft, von welcher man annahm, daß sie im Laufe der Zeit zur Weltherrschaft gelangen würde. Unter ähnlichen Umständen, zur Zeit des Philo, als die griechische Philosophie allen alten Dogmen den Krieg erklärte, ward in Alexandrien Aehnliches versucht, mit mehr oder minderem Mißgeschick. Von schismatischer Aufklärerei war hier nicht die Rede, und noch weniger von jener Emancipation, die in unseren Tagen manchmal so ekelhaft geistlos durchgeträtscht wird, daß man das Interesse dafür verlieren könnte. Namentlich haben es die israelitischen Freunde dieser Frage verstanden, sie in eine wässerig graue Wolke von Langweiligkeit zu hüllen, die ihr schädlicher ist, als das blödsinnige Gift der Gegner. Da giebt es gemüthliche Pharisäer, die noch besonders damit prahlen, daß sie kein Talent zum Schreiben besitzen und dem Apollo zum Trotz für Jehovah die Feder ergriffen haben. Mögen die deutschen Regierungen doch recht bald ein ästhetisches Erbarmen mit dem Publicum haben, und jenen Salbadereien ein Ende machen durch Beschleunigung der Emancipation, die doch früh oder spät bewilligt werden muß.

Ja, die Emancipation wird früh oder spät bewilligt werden müssen, aus Gerechtigkeitsgefühl, aus Klugheit, aus Nothwendigkeit. Die Antipathie gegen die Juden hat bei den obern Classen keine religiöse Wurzel mehr, und bei den untern Classen transformirt sie sich täglich mehr und mehr in den socialen Groll gegen die überwuchernde Macht des Capitals, gegen die Ausbeutung der Armen durch die Reichen. Der Judenhaß hat jetzt einen andern Namen, sogar beim Pöbel. Was aber die Regierungen betrifft, so sind sie endlich zur hochweisen Ansicht gelangt, daß der Staat ein organischer Körper ist, und daß derselbe nicht zu einer vollkommenen Gesundheit gelangen kann, so lange ein einziges seiner Glieder, und sei es auch nur der kleine Zeh, an einem Gebreste leidet. Ja, der Staat mag noch so keck sein Haupt tragen und mit breiter Brust allen Stürmen trotzen, das Herz in der Brust und sogar das stolze Haupt wird dennoch den Schmerz mitempfinden müssen, wenn der kleine Zeh an den Hühneraugen leidet — die Judenbeschränkungen sind solche Hühneraugen an den deutschen Staatsfüßen.

Und bedächten gar die Regierungen, wie entsetzlich der Grundpfeiler aller positiven Religionen, die Idee des Deismus selbst, von neuen Doctrinen bedroht ist, wie die Fehde zwischen dem Wissen und dem Glauben überhaupt nicht mehr ein zahmes Scharmützel, sondern bald eine wilde Todesschlacht sein wird — bedächten die Regierungen diese verhüllten Nöthen, sie müßten froh sein, daß es noch Juden auf der Welt giebt, daß die Schweizergarde des Deismus, wie der Dichter sie genannt hat, noch auf den Beinen steht, daß es noch ein Volk Gottes giebt. Statt sie von ihrem Glauben durch gesetzliche Beschränkungen abtrünnig zu machen, sollte man sie noch durch Prämien darin zu stärken suchen, man sollte ihnen auf Staatskosten ihre Synagogen bauen, damit sie nur hineingehen, und das Volk draußen sich einbilden mag, es werde in der Welt noch etwas geglaubt. Hütet Euch, die Taufe unter den Juden zu befördern. Das ist eitel Wasser, und trocknet leicht. Befördert vielmehr die Beschneidung, das ist der Glauben eingeschnitten ins Fleisch; in den Geist läßt er sich nicht mehr einschneiden. Befördert die Ceremonie der Denkriemen, womit der Glaube festgebunden wird auf den Arm; der Staat sollte den Juden gratis das Leder dazu liefern, sowie auch das Mehl zu Matzekuchen, woran das gläubige Israel schon drei Jahrtausende knuspert. Fördert, beschleunigt die Emancipation, damit sie nicht zu spät komme und überhaupt noch Juden in der Welt antrifft, die den Glauben ihrer Väter dem Heil ihrer Kinder vorziehen. Es giebt ein Sprichwort: Während der Weise sich besinnt, besinnt sich auch der Narr.

Die vorstehenden Betrachtungen knüpfen sich natürlich an die Person, die ich hier zu besprechen hatte, und die, wie ich schon bemerkt, weniger durch individuelle Bedeutung, als vielmehr durch historische und moralische Bezüge, unser Interesse in Anspruch nimmt. Ich kann auch aus eigener Anschauung nur Geringfügiges berichten über das äußere Leben unseres Markus, den ich zu Berlin bald aus den Augen verlor. Wie ich hörte, war er nach Frankreich gewandert, da er, trotz seines außerordentlichen Wissens und seiner hohen Sittlichkeit, dennoch in den Ueberbleibseln mittelalterlicher Gesetze ein Hinderniß der Beförderung im Vaterlande fand. Seine Eltern waren gestorben, und aus Großmuth hatte er zum Besten seiner hülfsbedürftigern Geschwister auf die Verlassenschaft verzichtet. Etwa funfzehn Jahre vergingen, und ich hatte lange nichts mehr gehört, weder von Ludwig Marcus noch von der Königin von Saba, weder von Hasselquist noch von den beschnittenen Abyssinierinnen, da trat mir eines Tages der kleine Mann hier zu Paris wieder entgegen, und er erzählte mir, daß er unterdessen Professor in Dijon gewesen, jetzt aber einer minsteriellen Unbill wegen die Professur aufgegeben habe, und hier bleiben wolle, um die Hülfsquellen der Bibliothek für sein großes Werk zu benutzen. Wie ich von andern hörte, war ein bischen Eigensinn im Spiel, und das Ministerium hatte ihm sogar vorgeschlagen, wie in Frankreich gebräuchlich, seine Stelle durch einen wohlfeiler besoldeten Suppleanten zu besetzen und ihm selber den größten Theil seines Gehalts zu überlassen. Dagegen sträubte sich die große Seele des Kleinen, er wollte nicht fremde Arbeit ausbeuten, und er ließ seinem Nachfolger die ganze Besoldung. Seine Uneigennützigkeit ist hier um so merkwürdiger, da er damals blutarm in rührender Dürftigkeit sein Leben fristete. Es ging ihm sogar sehr schlecht, und ohne die Engelhülfe einer schönen Frau wäre er gewiß im darbenden Elende verkommen. Ja, es war eine sehr schöne und große Dame von Paris, eine der glänzendsten Erscheinungen des hiesigen Weltlebens, die, als sie von dem wunderlichen Kauz hörte, in die Dunkelheit seines kümmerlichen Lebens hinabstieg und mit anmuthiger Zartsinnigkeit ihn dahin zu bringen wußte, einen bedeutenden Jahrgehalt von ihr anzunehmen. Ich glaube, seinen Stolz zähmte hier ganz besonders die Aussicht, daß seine Gönnerin, die Gattin des reichsten Banquiers dieses Erdballs, späterhin sein großes Werk auf ihre Kosten drucken lassen werde. Einer Dame, dachte er, die wegen ihres Geistes und ihrer Bildung so viel gerühmt wird, müsse doch sehr viel daran gelegen sein, daß endlich eine gründliche Geschichte von Abyssinien geschrieben werde, und er fand es ganz natürlich, daß sie dem Autor durch einen Jahrgehalt seine große Mühe und Arbeit zu vergüten suchte.

Die Zeit, während welcher ich den guten Marcus nicht gesehen, etwa funfzehn Jahre, hatte auf sein Aeußeres nicht verschönernd gewirkt. Seine Erscheinung, die früher an's Possierliche streifte, war jetzt eine entschiedene Caricatur geworden, aber eine angenehme, liebliche, ich möchte fast sagen erquickende Caricatur. Ein spaßhaft wehmüthiges Ansehen gab ihm sein von Leiden

durchfurchtes Greisengesicht, worin die kleinen pechschwarzen Aeuglein ver-
gnüglich lebhaft glänzten, und gar sein abenteuerlicher fabelhafter Haarwuchs!
Die Haare nämlich, welche früher pechschwarz und anliegend gewesen, waren
jetzt ergraut, und umgaben in krauser aufgesträubter Fülle das schon außerdem unverhältnißmäßig große Haupt. Er glich so ziemlich jenen breitköpfigen
Figuren mit dünnen Leibchen und kurzen Beinchen, die wir auf den Glas-
scheiben eines chinesischen Schattenspiels sehen. Besonders wenn mir die
zwerghafte Gestalt in Gesellschaft seines Collaborators, des ungeheuer großen
und stattlichen Professors Duisberg, auf den Boulevards begegnete, jauchzte
mir der Humor in der Brust. Einem meiner Bekannten, der mich frug wer
der Kleine wäre, sagte ich es sei der König von Abyssinien, ·und dieser Name
ist ihm bis an sein Ende geblieben. Hast du mir deshalb gezürnt, theurer
guter Marcus? Für deine schöne Seele hätte der Schöpfer wirklich eine
bessere Envelope erschaffen können. Der liebe Gott ist aber zu sehr beschäftigt;
manchmal, wenn er eben im Begriff ist, der edlen Perle eine prächtig ciselirte
Goldfassung zu verleihen, wird er plötzlich gestört, und er wickelt das Juwel
geschwind in das erste beste Stück Fließpapier oder Läppchen — anders kann
ich mir die Sache nicht erklären.

Ungefähr fünf Jahre lebte Marcus im weisesten Seelenfrieden zu Paris;
es ging ihm gut, ja sogar einer seiner Lieblingswünsche war in Erfüllung gegangen: er besaß eine kleine Wohnung mit eignen Möbeln, und zwar in der
Nähe der Bibliothek! Ein Verwandter, ein Schwestersohn, besucht ihn hier
eines Abends, und kann sich nicht genug darüber wundern, daß der Oheim
sich plötzlich auf die Erde setzt und mit wilder trotziger Stimme die scheußlichsten Gassenlieder zu singen beginnt. Er, der nie gesungen, und in Wort und
Ton immer die Keuschheit selbst war! Aber die Sache ward noch grauenhaft
befremdlicher, als der Oheim zornig emporsprang, das Fenster aufstieß und
erst seine Uhr zur Straße hinabschmiß, dann seine Manuscripte, Tintenfaß,
Federn, seine Geldbörse. Als der Neffe sah, daß der Oheim das Geld zum
Fenster hinauswarf, konnte er nicht länger an seinem Wahnsinn zweifeln.
Der Unglückliche ward in die Heilanstalt des Dr. Pinnel zu Chaillot gebracht,
wo er nach vierzehn Tagen unter schauderhaften Leiden den Geist aufgab! Er
starb am 15. Julius, und ward am 17. auf dem Kirchhofe Montmartre begraben. Ich habe leider seinen Tod zu spät erfahren, als daß ich ihm die
letzte Ehre erweisen konnte. Indem ich heute diese Blätter seinem Andenken
widme, wollte ich das Versäumte nachholen und gleichsam im Geiste an seinem
Leichenbegängniß Theil nehmen.

Jetzt aber öffnet mir noch einmal den Sarg, damit ich nach altem Brauch
den Todten um Verzeihung bitte für den Fall daß ich ihn etwa im Leben beleidigt — Wie ruhig der kleine Marcus jetzt aussieht! Er scheint darüber zu

lächeln, daß ich seine gelehrte Arbeiten nicht besser gewürdigt habe. Daran mag ihm wenig gelegen sein, denn hier bin ich ja doch kein so competenter Richter wie etwa sein Freund S. Munk, der Orientalist, der mit einer umfassenden Biographie des Verstorbenen und mit der Herausgabe seiner hinterlassenen Werke beschäftigt sein soll.

Spätere Note.

(Im März 1854.)

Da ich mich immer einer guten Gesinnung und eines eben so guten Stiles befliffen, so genieße ich die Genugthuung, daß ich es wagen darf, unter dem anspruchvollen Namen „Denkworte" die vorstehenden Blätter hier mitzutheilen, obgleich sie anonym für das Tagesbedürfniß der „Augsburger Allgemeinen Zeitung" bereits vor zehn Jahren geschrieben worden. Seit jener Zeit hat sich vieles in Deutschland verändert, und auch die Frage von der bürgerlichen Gleichstellung der Bekenner des mosaischen Glaubens, die gelegentlich in obigen Blättern besprochen ward, hat seitdem sonderbare Schicksale erlitten. Im Frühling des Jahres 1848 schien sie auf immer erledigt, aber wie mit so vielen andern Errungenschaften aus jener Blüthezeit deutscher Hoffnung, mag es jetzt in unsrer Heimath auch mit besagter Frage sehr rückgängig aussehen, und an manchen Orten soll sie sich wieder, wie man mir sagt, im schmachvollsten statu quo befinden. Die Juden dürften endlich zur Einsicht gelangen, daß sie erst dann wahrhaft emancipirt werden können, wenn auch die Emancipation der Christen vollständig erkämpft und sicher gestellt worden. Ihre Sache ist identisch mit der des deutschen Volks, und sie dürfen nicht als Juden begehren, was ihnen als Deutschen längst gebührte.

Ich habe in obigen Blättern angedeutet, daß sich der Gelehrte S. Munk mit einer Herausgabe der hinterlassenen Schriften des seligen Marcus beschäftigen werde. Leider ist dieses jetzt unmöglich, da jener große Orientalist an einem Uebel leidet, das ihm nicht erlaubt, sich einer solchen Arbeit zu unterziehen; er ist nämlich seit zwei Jahren gänzlich erblindet. Ich vernahm erst kürzlich dieses betrübsame Ereigniß, und erinnere mich jetzt, daß der vortreffliche Mann troh bedenklicher Symptome sein leidendes Gesicht nie schonen wollte. Als ich das letzte Mal die Ehre hatte ihn auf der königlichen Bibliothek zu sehen, saß er vergraben in einem Wust von arabischen Manuscripten, und es war schmerzlich anzusehen, wie er seine kranken blassen Augen mit der Entzifferung des phantastisch geschnörkelten Abracadabra anstrengte. Er war

Custos in besagter Bibliothek, und er ist jetzt nicht mehr im Stande, dieses kleine Amt zu verwalten. Hauptsächlich mit dem Ertrag seiner literarischen Arbeiten bestritt er den Unterhalt einer zahlreichen Familie. Blindheit ist wohl die härteste Heimsuchung, die einen deutschen Gelehrten treffen kann. Sie trifft diesmal die bravste Seele, die gefunden werden mag; Munk ist uneigennützig bis zum Hochmuth, und bei all seinem reichen Wissen von einer rührenden Bescheidenheit. Er trägt gewiß sein Schicksal mit stoischer Fassung und religiöser Ergebung in den Willen des Herrn.

Aber warum muß der Gerechte so viel leiden auf Erden? Warum muß Talent und Ehrlichkeit zu Grunde gehen, während der schwadronirende Hanswurst, der gewiß seine Augen niemals durch arabische Manuscripte trüben mochte, sich räkelt auf den Pfühlen des Glücks und fast stinkt vor Wohlbehagen? Das Buch Hiob löst nicht diese böse Frage. Im Gegentheil, dieses Buch ist das Hohelied der Skepsis, und es zischen und pfeifen darin die entsetzlichen Schlangen ihr ewiges: Warum? Wie kommt es, daß bei der Rückkehr aus Babylon die fromme Tempelarchiv-Commission, deren Präsident Esra war, jenes Buch in den Canon der heiligen Schriften aufgenommen? Ich habe mir oft diese Frage gestellt. Nach meinem Vermuthen thaten solches jene gotterleuchteten Männer nicht aus Unverstand, sondern weil sie in ihrer hohen Weisheit wohl wußten, daß der Zweifel in der menschlichen Natur tief begründet und berechtigt ist, und daß man ihn also nicht täppisch ganz unterdrücken, sondern nur heilen muß. Sie verfuhren bei dieser Cur ganz homöopathisch, durch das Gleiche auf das Gleiche wirkend, aber sie gaben keine homöopathisch kleine Dosis, sie steigerten vielmehr dieselbe auf's ungeheuerste, und eine solche überstarke Dosis von Zweifel ist das Buch Hiob; dieses Gift durfte nicht fehlen in der Bibel, in der großen Haus-Apotheke der Menschheit. Ja, wie der Mensch, wenn er leidet, sich ausweinen muß, so muß er sich auch auszweifeln, wenn er sich grausam gekränkt fühlt in seinen Ansprüchen auf Lebensglück; und wie durch das heftigste Weinen, so entsteht auch durch den höchsten Grad des Zweifels, den die Deutschen so richtig die Verzweiflung nennen, die Krisis der moralischen Heilung. — Aber wohl demjenigen, der gesund ist und keiner Medicin bedarf!

Die romantische Schule.

Vorrede.

—

Den beträchtlichsten Theil dieser Blätter, die ursprünglich in französischer Sprache abgefaßt und an Franzosen gerichtet sind, habe ich bereits vor einiger Zeit in deutscher Version, unter dem Titel „Zur Geschichte der neueren schönen Literatur in Deutschland," dem vaterländischen Publikum mitgetheilt. In der gegenwärtigen Ergänzung mag das Buch wohl den neuen Titel „Die romantische Schule" verdienen; denn ich glaube, daß es dem Leser die Hauptmomente der literarischen Bewegung, die jene Schule hervorgebracht, aufs getreusamste veranschaulichen kann.

Es war meine Absicht, auch die spätere Periode unserer Literatur in ähnlicher Form zu besprechen; aber dringendere Beschäftigungen und äußere Verhältnisse erlaubten mir nicht unmittelbar ans Werk zu gehen. Ueberhaupt ist die Art der Behandlung und die Weise der Herausgabe bei meinen letzten Geisteserzeugnissen immer von zeitlichen Umständen bedingt gewesen. So habe ich meine Mittheilungen „Zur Geschichte der Religion und Philosophie in Deutschland" als einen zweiten Theil des „Salon" publiziren müssen; und doch sollte diese Arbeit eigentlich die allgemeine Einleitung in die deutsche Literatur bilden. Ein besonderes Mißgeschick, das mich bei diesem zweiten Theile des Salons betroffen, habe ich bereits, durch die Tagespresse, zur öffentlichen Kunde gebracht. Mein Herr Verleger, den ich anklagte mein Buch eigenmächtig verstümmelt zu haben, hat dieser Beschuldigung, durch dasselbe Organ, widersprochen; er erklärte jene Verstümmelung für das Werk einer Behörde, die über alle Rügen erhaben ist. —

Geschrieben zu Paris, im Herbst 1835.

Heinrich Heine.

Erstes Buch.

—

Frau von Staëls Werk de l'Allemagne ist die einzige umfassende Kunde, welche die Franzosen über das geistige Leben Deutschlands erhalten haben. Und doch ist, seitdem dieses Buch erschienen, ein großer Zeitraum verflossen und eine ganz neue Literatur hat sich unterdessen in Deutschland entfaltet. Ist es nur eine Uebergangsliteratur? hat sie schon ihre Blüthe erreicht? ist sie bereits abgewelkt? Hierüber sind die Meinungen getheilt. Die meisten glauben mit dem Tode Goethes beginne in Deutschland eine neue literarische Periode, mit ihm sei auch das alte Deutschland zu Grabe gegangen, die aristokratische Zeit der Literatur sei zu Ende, die demokratische beginne, oder, wie sich ein französischer Journalist jüngst ausdrückte: „der Geist der Einzelnen habe aufgehört, der Geist Aller habe angefangen."

Was mich betrifft, so vermag ich nicht in so bestimmter Weise über die künftigen Evoluzionen des deutschen Geistes abzuurtheilen. Die Endschaft der „Goethe'schen Kunstperiode," mit welchem Namen ich diese Periode zuerst bezeichnete, habe ich jedoch schon seit vielen Jahren vorausgesagt. Ich hatte gut prophezeien! Ich kannte sehr gut die Mittel und Wege jener Unzufriedenen, die dem Goethe'schen Kunstreich ein Ende machen wollten, und in den damaligen Emeuten gegen Goethe will man sogar mich selbst gesehen haben. Nun Goethe todt ist, bemächtigt sich meiner darob ein wunderbarer Schmerz.

Indem ich diese Blätter gleichsam als eine Fortsetzung des Frau v. Staël-schen de l'Allemagne ankündige, muß ich, die Belehrung rühmend, die man aus diesem Werke schöpfen kann, dennoch eine gewisse Vorsicht beim Gebrauche desselben anempfehlen und es durchaus als Koteriebuch bezeichnen. Frau von Staël, glorreichen Andenkens, hat hier, in der Form eines Buches, gleichsam einen Salon eröffnet, worin sie deutsche Schriftsteller empfing, und ihnen Gelegenheit gab, sich der französischen civilisirten Welt bekannt zu machen; aber in dem Getöse der verschiedensten Stimmen, die aus diesem Buche hervorschreien, hört man doch immer am vernehmlichsten den feinen Diskant des Herrn A. W. Schlegel. Wo sie ganz selbst ist, wo die großfühlende Frau sich unmittelbar ausspricht mit ihrem ganzen strahlenden Herzen, mit dem

(139)

ganzen Feuerwerk ihrer Geistesraketen und brillanten Tollheiten: da ist das Buch gut und vortrefflich. Sobald sie aber fremden Einflüsterungen gehorcht, sobald sie einer Schule huldigt, deren Wesen ihr ganz fremd und unbegreiflich ist, sobald sie durch die Anpreisung dieser Schule gewisse ultramontane Tendenzen befördert, die mit ihrer protestantischen Klarheit in direktem Widerspruche sind: da ist ihr Buch kläglich und ungenießbar. Dazu kommt noch, daß sie außer den unbewußten, auch noch bewußte Partheilichkeiten ausübt, daß sie, durch die Lobpreisung des geistigen Lebens, des Idealismus in Deutschland, eigentlich den damaligen Realismus der Franzosen, die materielle Herrlichkeit der Kaiserperiode, frondiren will. Ihr Buch de l'Allemagne gleicht in dieser Hinsicht der Germania des Tazitus, der vielleicht ebenfalls, durch seine Apologie der Deutschen, eine indirekte Satyre gegen seine Landsleute schreiben wollte.

Wenn ich oben einer Schule erwähnte, welcher Frau von Staël huldigte und deren Tendenzen sie beförderte: so meinte ich die romantische Schule. Daß diese in Deutschland ganz etwas anderes war, als was man in Frankreich mit diesem Namen bezeichnet, daß ihre Tendenzen ganz verschieden waren von denen der französischen Romantifer, das wird in den folgenden Blättern klar werden.

Was war aber die romantische Schule in Deutschland?

Sie war nichts anders als die Wiedererweckung der Poesie des Mittelalters, wie sie sich in dessen Liedern, Bild- und Bauwerken, in Kunst und Leben, manifestirt hatte. Diese Poesie aber war aus dem Christenthume hervorgegangen, sie war eine Passionsblume, die dem Blute Christi entsprossen. Ich weiß nicht ob die melancholische Blume, die wir in Deutschland Passionsblume benamsen, auch in Frankreich diese Benennung führt, und ob ihr von der Volkssage ebenfalls jener mystische Ursprung zugeschrieben wird. Es ist jene sonderbar mißfarbige Blume, in deren Kelch man die Marterwerkzeuge, die bei der Kreuzigung Christi gebraucht worden, nemlich Hammer, Zange, Nägel u. s. w. abkonterfeit sieht, eine Blume, die durchaus nicht häßlich, sondern nur gespenstisch ist, ja deren Anblick sogar ein grauenhaftes Vergnügen in unserer Seele erregt, gleich den krampfhaft süßen Empfindungen, die aus dem Schmerze selbst hervorgehen. In solcher Hinsicht wäre diese Blume das geeignetste Symbol für das Christenthum selbst, dessen schauerlichster Reiz eben in der Wollust des Schmerzes besteht.

Obgleich man in Frankreich unter dem Namen Christenthum nur den römischen Katholizismus versteht, so muß ich doch besonders bevorworten, daß ich nur von letzterem spreche. Ich spreche von jener Religion in deren ersten Dogmen eine Verdammniß alles Fleisches enthalten ist, und die dem Geiste nicht blos eine Obermacht über das Fleisch zugesteht, sondern auch dieses abtödten will um den Geist zu verherrlichen; ich spreche von jener Religion durch deren unnatürliche Aufgabe ganz eigentlich die Sünde und die Hypokrisie in die Welt gekommen, indem eben, durch die Verdammniß des Fleisches, die unschuldigsten Sinnenfreuden eine Sünde geworden, und durch die Unmöglichkeit ganz Geist zu sein die Hypokrisie sich ausbilden mußte; ich spreche von jener Religion, die ebenfalls durch die Lehre von der Verwerflichkeit aller irdischen Güter, von der auferlegten Hundedemuth und Engelsgeduld, die erprobteste Stütze des Despotismus geworden. Die Menschen haben jetzt das Wesen dieser Religion erkannt, sie lassen sich nicht mehr mit Anweisungen auf den Himmel abspeisen, sie wissen daß auch die Materie ihr Gutes hat und nicht ganz des Teufels ist, und sie vindiziren jetzt die Genüsse der Erde, dieses schönen Gottesgartens, unseres unveräußerlichen Erbtheils. Eben weil wir alle Konsequenzen jenes absoluten Spiritualismus jetzt so ganz begreifen, dürfen wir auch glauben, daß die christkatholische Weltansicht ihre Endschaft erreicht. Denn jede Zeit ist eine Sphynx, die sich in den Abgrund stürzt, sobald man ihr Räthsel gelöst hat.

Keineswegs jedoch läugnen wir hier den Nutzen, den die christkatholische Weltansicht in Europa gestiftet. Sie war nothwendig als eine heilsame Reaction gegen den grauenhaft kolossalen Materialismus, der sich im römischen Reiche entfaltet hatte und alle geistige Herrlichkeit des Menschen zu vernichten drohte. Wie die schlüpfrigen Memoiren des vorigen Jahrhunderts gleichsam die pièces justificatives der französischen Revoluzion bilden; wie uns der Terrorismus eines Comité du salut public als nothwendige Arznei erscheint, wenn wir die Selbstbekenntnisse der französischen vornehmen Welt seit der Regentschaft gelesen: so erkennt man auch die Heilsamkeit des ascetischen Spiritualismus, wenn man etwa den Petron oder den Apulejus gelesen, Bücher, die man als pièces justificatives des Christenthums betrachten kann. Das Fleisch war so frech geworden in dieser Römerwelt, daß es wohl der christlichen Disciplin bedurfte um es zu züchtigen. Nach dem Gastmahl eines Trimalkion bedurfte man einer Hungerkur gleich dem Christenthum.

Oder etwa, wie greise Lüstlinge durch Ruthenstreiche das erschlaffte Fleisch zu neuer Genußfähigkeit aufreizen: wollte das alternde Rom sich mönchisch geißeln lassen, um raffinirte Genüsse in der Qual selbst und die Wollust im Schmerze zu finden?

Schlimmer Ueberreiz! er raubte dem römischen Staatskörper die letzten Kräfte. Nicht durch die Trennung in zwei Reiche ging Rom zu Grunde; am Bosphoros wie an der Tiber ward Rom verzehrt von demselben judäischen Spiritualismus, und hier wie dort ward die römische Geschichte ein langsames Dahinsterben, eine Agonie die Jahrhunderte dauerte. Hat etwa das gemeuchelte Judäa, indem es den Römern seinen Spiritualismus bescheerte, sich an dem siegenden Feinde rächen wollen, wie einst der sterbende Centaur, der dem Sohne Jupiters das verderbliche Gewand, das mit dem eignen Blute vergiftet war, so listig zu überliefern wußte? Wahrlich, Rom, der Herkules unter den Völkern, wurde durch das judäische Gift so wirksam verzehrt, daß Helm und Harnisch seinen welkenden Gliedern entsanken, und seine imperatorische Schlachtstimme herabsiechte zu betendem Pfaffengewimmer und Kastratengetriller.

Aber was den Greis entkräftet, das stärkt den Jüngling. Jener Spiritualismus wirkte heilsam auf die übergesunden Völker des Nordens; die allzuvollblütigen barbarischen Leiber wurden christlich vergeistigt; es begann die europäische Civilizazion. Das ist eine preiswürdige, heilige Seite des Christenthums. Die katholische Kirche erwarb sich in dieser Hinsicht die größten Ansprüche auf unsere Verehrung und Bewunderung. Sie hat, durch große geniale Institutionen, die Bestialität der nordischen Barbaren zu zähmen und die brutale Materie zu bewältigen gewußt.

Die Kunstwerke des Mittelalters zeigen nun jene Bewältigung der Materie durch den Geist und das ist oft sogar ihre ganze Aufgabe. Die epischen Dichtungen jener Zeit könnte man leicht nach dem Grade dieser Bewältigung klassifiziren.

Von lyrischen und dramatischen Gedichten kann hier nicht die Rede sein; denn letztere existirten nicht, und erstere sind sich ziemlich ähnlich in jedem Zeitalter, wie die Nachtigallenlieder in jedem Frühling.

Obgleich die epische Poesie des Mittelalters in heilige und profane geschieden war, so waren doch beide Gattungen ihrem Wesen nach ganz christlich; denn, wenn die heilige Poesie auch ausschließlich das jüdische Volk, welches für das allein heilige galt, und dessen Geschichte, welche allein die heilige hieß, die Helden des alten und neuen Testaments, die Legende, kurz die Kirche besang, so spiegelte sich doch in der profanen Poesie das ganze damalige Leben mit allen seinen christlichen Anschauungen und Bestrebungen. Die Blüthe der heiligen Dichtkunst im deutschen Mittelalter ist vielleicht „Barlaam und Josaphat," ein Gedicht worin die Lehre von der Abnegazion, von der Enthaltsamkeit, von der Entsagung, von der Verschmähung aller weltlichen Herrlichkeit am konsequentesten ausgesprochen worden. Hiernächst möchte ich den „Lobgesang auf den heiligen Anno" für das Beste der heiligen Gattung halten. Aber dieses letztere Gedicht greift schon weit hinaus in's Weltliche. Es unterscheidet sich überhaupt von den ersteren wie etwa ein byzantinisches Heiligenbild von einem altdeutschen. Wie auf jenen byzantinischen Gemälden, sehen wir ebenfalls in Barlaam und Josaphat die höchste Einfachheit, nirgends ist perspektivisches Beiwerk, und die lang mageren, statuenähnlichen Leiber und die idealisch ernsthaften Gesichter treten streng abgezeichnet hervor, wie aus weichem Goldgrund; — im Lobgesang auf den heiligen Anno wird, wie auf altdeutschen Gemälden, das Beiwerk fast zur Hauptsache und trotz der grandiosen Anlage ist doch das Einzelne aufs Kleinlichste ausgeführt, und man weiß nicht, ob man dabei die Conception eines Riesen oder die Geduld eines Zwergs bewundern soll. Ottfried's Evangeliengedicht, das man als das Hauptwerk der heiligen Poesie zu rühmen pflegt, ist lange nicht so ausgezeichnet wie die erwähnten Dichtungen.

In der profanen Poesie finden wir, nach obiger Andeutung, zuerst den Sagenkreis der Nibelungen und des Heldenbuchs; da herrscht noch die ganze vorchristliche Denk- und Gefühlsweise, da ist die rohe Kraft noch nicht zum Ritterthum herabgemildert, da stehen noch, wie Steinbilder, die starren Kämpen des Nordens, und das sanfte Licht und der sittige Athem des Christenthums bringt noch nicht durch die eisernen Rüstungen. Aber es dämmert allmählich in den altgermanischen Wäldern, die alten Götzeneichen werden gefällt und es entsteht ein lichter Kampfplatz, wo der Christ mit dem Heiden kämpft: und dieses sehen wir im Sagenkreis Karls des Großen, worin sich eigentlich die Kreuzzüge mit ihren heiligen Tendenzen abspiegeln. Nun aber, aus der christlich spiritualisirten Kraft, entfaltet sich die eigenthümlichste Erscheinung des Mittelalters, das Ritterthum, das sich endlich noch sublimirt als ein geistliches Ritterthum. Jenes, das weltliche Ritterthum, sehen wir am anmuthigsten verherrlicht in dem Sagenkreis des König Arthus, worin die süßeste Galanterie, die ausgebildetste Courtoise und die abentheuerlichste Kampflust herrscht. Aus den süß närrischen Arabesken und phantastischen Blumengebilden dieser Gedichte grüßen uns der köstliche Iwain, der vortreffliche Lanzelot vom See, und der tapfere, galante, honette, aber etwas langweilige Wigalois. Neben diesem Sagenkreis sehen wir den damit verwandten und verwebten Sagenkreis vom „heiligen Gral" worin das geistliche Ritterthum verherrlicht wird, und da treten uns entgegen drei der grandiosesten Gedichte des Mittelalters, der Titurel, der Parcival und der Lohengrin; hier stehen wir der romantischen Poesie gleichsam persönlich gegenüber, wir schauen ihr tief hinein in die großen leidenden Augen, und sie umstrickt uns unversehens mit ihrem scholastischen Netzwerk und zieht uns hinab in die wahnwitzige Tiefe der mittelalterlichen Mystik. Endlich sehen wir aber auch Gedichte in jener Zeit, die dem christlichen Spiritualismus nicht unbedingt huldigen, ja worin dieser sogar frondirt wird, wo der Dichter sich den Ketten der abstrakten christlichen Tugenden entwindet und wohlgefällig sich hinabtaucht in die Genußwelt der verherrlichten Sinnlichkeit; und es ist eben nicht der schlechteste Dichter, der uns das Hauptwerk dieser Richtung, Tristan und Isolde, hinterlassen hat. Ja, ich muß gestehen, Gottfried von Straßburg, der Verfasser dieses schönsten Gedichts des Mittelalters, ist vielleicht auch dessen größter Dichter, und er überragt noch alle

Herrlichkeit des Wolfram von Eschilbach, den wir im Parcival und in den Fragmenten des Titurel so sehr bewundern. Es ist vielleicht jetzt erlaubt, den Meister Gottfried unbedingt zu rühmen und zu preisen. Zu seiner Zeit hat man sein Buch gewiß für gottlos und ähnliche Dichtungen, wozu schon der Lancelot gehörte, für gefährlich gehalten. Und es sind wirklich auch bedenkliche Dinge vorgefallen. Francesca da Polenta und ihr schöner Freund mußten theuer dafür büßen, daß sie eines Tages mit einander in einem solchen Buche lasen; — die größere Gefahr freilich bestand darin, daß sie plötzlich zu lesen aufhörten!

Die Poesie in allen diesen Gedichten des Mittelalters trägt einen bestimmten Charakter, wodurch sie sich von der Poesie der Griechen und Römer unterscheidet. In Betreff dieses Unterschieds nennen wir erstere die romantische und letztere die klassische Poesie. Diese Benennungen aber sind nur unsichere Rubriken und führten bisher zu den unerquicklichsten Verwirrnissen, die noch gesteigert wurden, wenn man die antique Poesie statt klassisch auch plastisch nannte. Hier lag besonders der Grund zu Mißverständnissen. Nemlich die Künstler sollen ihren Stoff plastisch bearbeiten, er mag christlich oder heidnisch sein, sie sollen ihn in klaren Umrissen darstellen, kurz: plastische Gestaltung soll in der romantisch modernen Kunst, eben so wie in der antiquen Kunst, die Hauptsache sein. Und in der That, sind nicht die Figuren in der göttlichen Comödie des Dante oder auf den Gemälden des Raphael eben so plastisch wie die im Virgil oder auf den Wänden von Herkulanum? Der Unterschied besteht darin, daß die plastischen Gestalten in der antiquen Kunst ganz identisch sind mit dem Darzustellenden, mit der Idee, die der Künstler darstellen wollte, z. B. daß die Irrfahrten des Odysseus gar nichts anders bedeuten, als die Irrfahrten des Mannes, der ein Sohn des Laertes und Gemahl der Penelopeya war und Odysseus hieß; daß ferner der Bacchus, den wir im Louvre sehen, nichts anders ist als der anmuthige Sohn der Semele mit der kühnen Wehmuth in den Augen und der heiligen Wollust in den gewölbt weichen Lippen. Anders ist es in der romantischen Kunst; da haben die Irrfahrten eines Ritters noch eine esoterische Bedeutung, sie deuten vielleicht auf die Irrfahrten des Lebens überhaupt; der Drache, der überwunden wird, ist die Sünde; der Mandelbaum, der dem Helden aus der Ferne so tröstlich zuduftet, das ist die Dreieinigkeit, Gott Vater und Gott Sohn und Gott Heiliger Geist, die zugleich eins ausmachen, wie Nuß, Faser und Kern dieselbe Mandel sind. Wenn Homer die Rüstung eines Helden schildert, so ist es eben nichts anders als eine gute Rüstung, die so und so viel Ochsen werth ist; wenn aber ein Mönch des Mittelalters in seinem Gedichte die Röcke der Muttergottes beschreibt, so kann man sich darauf verlassen, daß er sich unter diesen Röcken eben so viele verschiedene Tugenden denkt, daß ein besonderer Sinn verborgen ist unter diesen heiligen Bedeckungen der unbefleckten Jungfrauschaft Mariä, welche auch, da ihr Sohn der Mandelkern ist, ganz vernünftigerweise als Mandelblüthe besungen wird. Das ist nun der Charakter der mittelalterlichen Poesie, die wir die romantische nennen.

Die klassische Kunst hatte nur das Endliche darzustellen, und ihre Gestalten konnten identisch sein mit der Idee des Künstlers. Die romantische Kunst hatte das Unendliche und lauter spiritualistische Beziehungen darzustellen oder vielmehr anzudeuten, und sie nahm ihre Zuflucht zu einem System tradizioneller Symbole, oder vielmehr zum Parabolischen, wie schon Christus selbst seine spiritualistischen Ideen durch allerlei schöne Parabeln deutlich zu machen suchte. Daher das Mystische, Räthselhafte, Wunderbare und Ueberschwengliche in den Kunstwerken des Mittelalters; die Phantasie macht ihre entsetzlichsten Anstrengungen das Reingeistige durch sinnliche Bilder darzustellen, und sie erfindet die kolossalsten Tollheiten, sie stülpt den Pelion auf den Ossa, den Parcival auf den Titurel, um den Himmel zu erreichen.

Bei den Völkern, wo die Poesie ebenfalls das Unendliche darstellen wollte, und ungeheure Ausgeburten der Phantasie zum Vorschein kamen, z. B. bei den Skandinaviern und Indiern, finden wir Gedichte, die wir ebenfalls für romantisch halten und auch romantisch zu nennen pflegen.

Von der Musik des Mittelalters können wir nicht viel sagen. Es fehlen uns die Urkunden. Erst spät, im sechzehnten Jahrhundert, entstanden die Meisterwerke der katholischen Kirchenmusik, die man in ihrer Art nicht genug schätzen kann, da sie den christlichen Spiritualismus am reinsten aussprechen. Die rezitirenden Künste, spiritualistisch ihrer Natur nach, konnten im Christenthum ein ziemliches Gedeihen finden. Minder vortheilhaft war diese Religion für die bildenden Künste. Denn da auch diese den Sieg des Geistes über die Materie darstellen sollten, und dennoch eben diese Materie als Mittel ihrer Darstellung gebrauchen mußten: so hatten sie gleichsam eine unnatürliche Aufgabe zu lösen. Daher in Skulptur und Malerei jene abscheulichen Themate: Martyrbilder, Kreuzigungen, sterbende Heiligen, Zerstörung des Fleisches. Die Aufgaben selbst waren ein Martyrthum der Skulptur, und wenn ich jene verzerrten Bildwerke sehe, wo durch schief=fromme Köpfe, lange dünne Arme, magere Beine und ängstlich unbeholfene Gewänder die christliche Abstinenz und Entsinnlichung dargestellt werden soll, so erfaßt mich unsägliches Mitleid mit den Künstlern jener Zeit. Die Maler waren wohl etwas begünstigter, da das Material ihrer Darstellung, die Farbe, in seiner Unerfaßbarkeit, in seiner bunten Schattenhaftigkeit, dem Spiritualismus nicht so derb widerstrebte wie das Material der Skulptoren; dennoch mußten auch sie, die Maler, mit den widerwärtigsten Leidensgestalten die seufzende Leinwand belasten. Wahrlich, wenn man manche Gemäldesammlung betrachtet und nichts als Blutscenen,

Stäupen und Hinrichtung dargestellt sieht, so sollte man glauben, die alten
Meister hätten diese Bilder für die Gallerie eines Scharfrichters gemalt.

Aber der menschliche Genius weiß sogar die Unnatur zu verklären, vielen
Malern gelang es die unnatürliche Aufgabe schön und erhebend zu lösen, und
namentlich die Italiener wußten der Schönheit etwas auf Kosten des Spiritualismus zu huldigen, und sich zu jener Idealität emporzuschwingen, die in
so vielen Darstellungen der Madonna ihre Blüthe erreicht hat. Die katholische
Klerisei hat überhaupt, wenn es die Madonna galt, dem Sensualismus immer
einige Zugeständnisse gemacht. Dieses Bild einer unbefleckten Schönheit, die
noch dabei von Mutterliebe und Schmerz verklärt ist, hatte das Vorrecht, durch
Dichter und Maler gefeiert und mit allen sinnlichen Reizen geschmückt zu werden. Denn dieses Bild war ein Magnet, welcher die große Menge in den
Schoß des Christenthums ziehen konnte. Madonna Maria war gleichsam
die schöne Dame du Comptoir der katholischen Kirche, die deren Kunden, besonders die Barbaren des Nordens, mit ihrem himmlischen Lächeln anzog und
festhielt.

Die Baukunst trug im Mittelalter denselben Charakter wie die anderen
Künste; wie denn überhaupt damals alle Manifestazionen des Lebens aufs
wunderbarste mit einander harmonirten. Hier, in der Architektur, zeigt sich
dieselbe parabolische Tendenz wie in der Dichtkunst. Wenn wir jetzt in einen
alten Dom treten, ahnen wir kaum mehr den esoterischen Sinn seiner steinernen Symbolik. Nur der Gesammteindruck bringt uns unmittelbar in's Gemüth. Wir fühlen hier die Erhebung des Geistes und die Zertretung des
Fleisches. Das Innere des Doms selbst ist ein hohles Kreuz und wir wandeln da im Werkzeuge des Martyrthums selbst; die bunten Fenster werfen
auf uns ihre rothen und grünen Lichter, wie Blutstropfen und Eiter; Sterbe-
lieder umwimmern uns; unter unseren Füßen Leichensteine und Verwesung;
und mit den kolossalen Pfeilern strebt der Geist in die Höhe, sich schmerzlich
losreißend von dem Leib, der wie ein müdes Gewand zu Boden sinkt. Wenn
man sie von außen erblickt diese gothischen Dome, diese ungeheuren Bauwerke,
die so luftig, so fein, so zierlich, so durchsichtig gearbeitet sind, daß man sie für
ausgeschnitzelt, daß man sie für brabanter Spitzen von Marmor halten sollte:
dann fühlt man erst recht die Gewalt jener Zeit, die selbst den Stein so zu
bewältigen wußte, daß er fast gespenstisch durchgeistet erscheint, daß sogar diese
härteste Materie den christlichen Spiritualismus ausspricht.

Aber die Künste sind nur der Spiegel des Lebens, und wie im Leben der
Katholizismus erlosch, so verhallte und erblich er auch in der Kunst. Zur
Zeit der Reformazion schwand allmählich die katholische Poesie in Europa, und
an ihrer Stelle sehen wir die längst abgestorbene griechische Poesie wieder auf-
leben. Es war freilich nur ein künstlicher Frühling, ein Werk des Gärtners

und nicht der Sonne, und die Bäume und Blumen steckten in engen Töpfen, und ein Glashimmel schützte sie vor Kälte und Nordwind.

In der Weltgeschichte ist nicht jedes Ereigniß die unmittelbare Folge eines anderen, alle Ereignisse bedingen sich vielmehr wechselseitig. Keineswegs bloß durch die griechischen Gelehrten, die nach der Eroberung von Byzanz zu uns herüber emigrirt, ist die Liebe für das Griechenthum und die Sucht es nachzuahmen bei uns allgemein geworden: sondern auch in der Kunst wie im Leben regte sich ein gleichzeitiger Protestantismus; Leo X., der prächtige Medizäer, war ein eben so eifriger Protestant wie Luther; und wie man zu Wittenberg in lateinischer Prosa protestirte, so protestirte man zu Rom in Stein, Farbe und Ottaverime. Oder bilden die marmornen Kraftgestalten des Michel Angelo, die lachenden Nymphengesichter des Giulio Romano, und die lebenstrunkene Heiterkeit in den Versen des Meisters Ludovico nicht einen protestirenden Gegensatz zu dem altdüstern, abgehärmten Katholizismus? Die Maler Italiens polemisirten gegen das Pfaffenthum vielleicht weit wirksamer als die sächsischen Theologen. Das blühende Fleisch auf den Gemälden des Tizian, das ist alles Protestantismus. Die Lenden seiner Venus sind viel gründlichere Thesen, als die welche der deutsche Mönch an die Kirchenthüre von Wittenberg angeklebt. — Es war damals als hätten die Menschen sich plötzlich erlöst gefühlt von tausendjährigem Zwang; besonders die Künstler athmeten wieder frei, als ihnen der Alp des Christenthums von der Brust gewälzt schien; enthusiastisch stürzten sie sich in das Meer griechischer Heiterkeit, aus dessen Schaum ihnen wieder die Schönheitsgöttinnen entgegentauchten; die Maler malten wieder die ambrosische Freude des Olymps; die Bildhauer meißelten wieder mit alter Lust die alten Heroen aus dem Marmorblock hervor; die Poeten besangen wieder das Haus des Atreus und des Lajos; es entstand die Periode der neuklassischen Poesie.

Wie sich in Frankreich unter Ludwig XIV das moderne Leben am vollendetsten ausgebildet; so gewann hier jene neu-klassische Poesie ebenfalls eine ausgebildete Vollendung, ja gewissermaßen eine selbstständige Originalität. Durch den politischen Einfluß des großen Königs verbreitete sich diese neuklassische Poesie im übrigen Europa; in Italien, wo sie schon einheimisch geworden war, erhielt sie ein französisches Colorit; mit den Anjous kamen auch die Helden der französischen Tragödie nach Spanien; sie gingen nach England mit Madame Henriette; und wir Deutschen, wie sich von selbst versteht, wir bauen dem gepuderten Olymp von Versaille unsere tölpischen Tempel. Der berühmteste Oberpriester derselben war Gottsched, jene große Allongeperücke, die unser theurer Goethe in seinen Memoiren so trefflich beschrieben hat.

Lessing war der literarische Arminius der unser Theater von jener Fremdherrschaft befreite. Er zeigte uns die Nichtigkeit, die Lächerlichkeit, die Abgeschmackheit jener Nachahmungen des französischen Theaters, das selbst wieder dem griechischen nachgeahmt schien. Aber nicht bloß durch seine Kritik, sondern auch durch seine eignen Kunstwerke, ward er der Stifter der neuern deutschen Originalliteratur. Alle Richtungen des Geistes, alle Seiten des Lebens, verfolgte dieser Mann mit Enthusiasmus und Uneigennützigkeit. Kunst, Theologie, Alterthumswissenschaft, Dichtkunst, Theaterkritik, Geschichte, alles trieb er mit demselben Eifer und zu demselben Zwecke. In allen seinen Werken lebt dieselbe große sociale Idee, dieselbe fortschreitende Humanität, dieselbe Vernunftreligion, deren Johannes er war, und deren Messias wir noch erwarten. Diese Religion predigte er immer, aber leider oft ganz allein und in der Wüste. Und dann fehlte ihm auch die Kunst, den Stein in Brod zu verwandeln; er verbrachte den größten Theil seines Lebens in Armuth und Drangsal; das ist ein Fluch, der fast auf allen großen Geistern der Deutschen lastet. — Mehr als man ahnte war Lessing auch politisch bewegt, eine Eigenschaft die wir bei seinen Zeitgenossen gar nicht finden; wir merken jetzt erst, was er mit der Schilderung des Duodezdespotismus in Emilia Galotti gemeint hat. Man hielt ihn damals nur für einen Champion der Geistesfreiheit und Bekämpfer der klerikalen Intoleranz; denn seine theologischen Schriften verstand man schon besser. Die Fragmente „über Erziehung des Menschengeschlechts" welche Eugène Rodrigue ins Französische übersetzt hat, können vielleicht den Franzosen von der umfassenden Weite des Lessingschen Geistes einen Begriff geben. Die beiden kritischen Schriften welche den meisten Einfluß auf die Kunst ausgeübt, sind seine „hamburgische Dramaturgie" und sein „Laokoon, oder über die Grenzen der Malerei und Poesie." Seine ausgezeichneten Theaterstücke sind: Emilia Galotti, Minna von Barnhelm und Nathan der Weise.

Gotthold Ephraim Lessing ward geboren zu Camenz in der Lausitz den 22sten Januar 1729, und starb zu Braunschweig den 15ten Febr. 1781. Er war ein ganzer Mann, der, wenn er mit seiner Polemik das Alte zerstörend bekämpfte, auch zu gleicher Zeit selber etwas Neues und Besseres schuf; er glich, sagt ein deutscher Autor, jenen frommen Juden, die beim zweiten Tempelbau von den Angriffen der Feinde oft gestört wurden, und dann mit der einen Hand gegen diese kämpften, und mit der anderen Hand am Gotteshause weiter bauten. Es ist hier nicht die Stelle, wo ich mehr von Lessing sagen dürfte; aber ich kann nicht umhin zu bemerken, daß er in der ganzen Literaturgeschichte derjenige Schriftsteller ist, den ich am meisten liebe. Noch eines anderen Schriftstellers, der in demselben Geiste und zu demselben Zwecke wirkte und Lessings nächster Nachfolger genannt werden kann, will ich hier erwähnen; seine Würdigung gehört freilich ebenfalls nicht hieher; wie er denn überhaupt in der Literaturgeschichte einen ganz einsamen Platz einnimmt und sein

Verhältniß zu Zeit und Zeitgenossen noch immer nicht bestimmt ausgesprochen werden kann. Es ist Johann Gottfried Herder, geboren 1744 zu Morungen in Ostpreußen und gestorben zu Weimar in Sachsen im Jahr 1803.

Die Literaturgeschichte ist die große Morgue wo jeder seine Todten aufsucht, die er liebt oder womit er verwandt ist. Wenn ich da unter so vielen unbedeutenden Leichen den Lessing oder den Herder sehe mit ihren erhabenen Menschengesichtern, dann pocht mir das Herz. Wie dürfte ich vorübergehen, ohne Euch flüchtig die blassen Lippen zu küssen!

Wenn aber Lessing die Nachahmerei des französischen Aftergriechenthums gar mächtig zerstörte, so hat er doch selbst, eben durch seine Hinweisung auf die wirklichen Kunstwerke des griechischen Alterthums gewissermaßen einer neuen Art thörichter Nachahmungen Vorschub geleistet. Durch seine Bekämpfung des religiösen Aberglaubens beförderte er sogar die nüchterne Aufklärungssucht, die sich zu Berlin breit machte, und im seligen Nikolai ihr Hauptorgan, und in der allgemeinen deutschen Bibliothek ihr Arsenal besaß. Die kläglichste Mittelmäßigkeit begann damals, widerwärtiger als je, ihr Wesen zu treiben, und das Läppische und Leere bließ sich auf, wie der Frosch in der Fabel.

Man irrt sehr wenn man etwa glaubt, daß Goethe, der damals schon aufgetaucht, bereits allgemein anerkannt gewesen sei. Sein Götz von Berlichingen und sein Werther waren mit Begeisterung aufgenommen worden, aber die Werke der gewöhnlichsten Stümper waren es nicht minder, und man gab Goethen nur eine kleine Nische in dem Tempel der Literatur. Nur den Götz und den Werther hatte das Publikum, wie gesagt, mit Begeisterung aufgenommen, aber mehr wegen des Stoffes als wegen ihrer artistischen Vorzüge, die fast niemand in diesen Meisterwerken zu schätzen verstand. Der Götz war ein dramatisirter Ritterroman und diese Gattung liebte man damals. In dem Werther sah man nur die Bearbeitung einer wahren Geschichte, die des jungen Jerusalem, eines Jünglings, der sich aus Liebe todtgeschossen, und dadurch in jener windstillen Zeit einen sehr starken Lärm gemacht; man las mit Thränen seine rührende Briefe; man bemerkte scharfsinnig, daß die Art, wie Werther aus einer adeligen Gesellschaft entfernt geworden, seinen Lebensüberdruß gesteigert habe; die Frage über den Selbstmord gab dem Buche noch mehr Besprechung; einige Narren verfielen auf die Idee sich bei dieser Gelegenheit ebenfalls todt zu schießen; das Buch machte, durch seinen Stoff, einen bedeutenden Knalleffekt. Die Romane von August Lafontaine wurden jedoch eben so gern gelesen, und da dieser unaufhörlich schrieb, so war er berühmter als Wolfgang Goethe. Wieland war der damalige große Dichter mit dem es etwa nur der Herr Obendichter Rammler zu Berlin in der Poesie aufnehmen konnte. Abgöttisch wurde Wieland verehrt, mehr als jemals Goethe.

13

Das Theater beherrschte Iffland mit seinen bürgerlich larmoyanten Dramen und Kotzebue mit seinen banal witzigen Possen.

Diese Literatur war es wogegen sich, während den letzten Jahren des vorigen Jahrhunderts, eine Schule in Deutschland erhob, die wir die romantische genannt, und als deren Gerants sich uns die Herren August Wilhelm und Friedrich Schlegel präsentirt haben. Jena, wo sich diese beiden Brüder nebst vielen gleichgestimmten Geistern auf und zu befanden, war der Mittelpunkt, von wo aus die neue ästhetische Doktrin sich verbreitete. Ich sage Doktrin, denn diese Schule begann mit Beurtheilung der Kunstwerke der Vergangenheit und mit dem Recept zu den Kunstwerken der Zukunft. In diesen beiden Richtungen hat die schlegelsche Schule große Verdienste um die ästhetische Kritik. Bei der Beurtheilung der schon vorhandenen Kunstwerke wurden entweder ihre Mängel und Gebrechen nachgewiesen, oder ihre Vorzüge und Schönheiten beleuchtet. In der Polemik, in jenem Aufdecken der artistischen Mängel und Gebrechen, waren die Herren Schlegel durchaus die Nachahmer des alten Lessings, sie bemächtigten sich seines großen Schlachtschwerts; nur war der Arm des Herren August Wilhelm Schlegel viel zu zart schwächlich und das Auge seines Bruders Friedrich viel zu mystisch umwölkt, als daß jener so stark und dieser so scharftreffend zuschlagen konnte wie Lessing. In der reproduzirenden Kritik aber, wo die Schönheiten eines Kunstwerks veranschaulicht werden, wo es auf ein feines Herausfühlen der Eigenthümlichkeiten ankam, wo diese zum Verständniß gebracht werden mußten, da sind die Herren Schlegel dem alten Lessing ganz überlegen. Was soll ich aber von ihren Recepten für anzufertigende Meisterwerke sagen! Da offenbarte sich bei den Herren Schlegel eine Ohnmacht, die wir ebenfalls bei Lessing zu finden glauben. Auch dieser, so stark er im Verneinen ist, so schwach ist er im Bejahen, selten kann er ein Grundprincip aufstellen, noch seltener ein richtiges. Es fehlt ihm der feste Boden einer Philosophie, eines philosophischen Systems. Dieses ist nun bei den Herren Schlegel in noch viel trostloserem Grade der Fall. Man fabelt mancherlei von dem Einfluß des Fichteschen Idealismus und der Schellingschen Naturphilosophie auf die romantische Schule, die man sogar ganz daraus hervorgehen läßt. Aber ich sehe hier höchstens nur den Einfluß einiger Fichteschen und Schellingschen Gedankenfragmente, keineswegs den Einfluß einer Philosophie. Herr Schelling, der damals in Jena docirte, hat aber jedenfalls persönlich großen Einfluß auf die romantische Schule ausgeübt; er ist, was man in Frankreich nicht weiß, auch ein Stück Poet, und es heißt, er sei noch zweifelhaft, ob er nicht seine sämmtlichen philosophischen Lehren in einem poetischen, ja metrischen Gewande herausgeben solle. Dieser Zweifel charakterisirt den Mann.

Wenn aber die Herren Schlegel für die Meisterwerke, die sie sich bei den

Poeten ihrer Schule bestellten, keine feste Theorie angeben konnten, so ersetzten sie diesen Mangel dadurch, daß sie die besten Kunstwerke der Vergangenheit als Muster anpriesen und ihren Schülern zugänglich machten. Dieses waren nun hauptsächlich die Werke der christlich-katholischen Kunst des Mittelalters. Die Uebersetzung des Shakespears, der an der Grenze dieser Kunst steht und schon protestantisch klar in unsere moderne Zeit hereinlächelt, war nur zu polemischen Zwecken bestimmt, deren Besprechung hier zu weitläufig wäre. Auch wurde diese Uebersetzung von Herrn A. W. Schlegel unternommen zu einer Zeit als man sich noch nicht ganz ins Mittelalter zurück enthusiasmirt hatte. Später, als dieses geschah, ward der Calderon übersetzt und weit über den Shakespear angepriesen; denn bei jenem fand man die Poesie des Mittelalters am reinsten ausgeprägt, und zwar in ihren beiden Hauptmomenten, Ritterthum und Mönchsthum. Die frommen Comödien des kastilianischen Priesterdichters, dessen poetische Blumen mit Weihwasser besprengt und kirchlich geräuchert sind, wurden jetzt nachgegildet, mit all ihrer heiligen Grandezza, mit all ihrem sacerdotalen Luxus, mit all ihrer gebenedeiten Tollheit; und in Deutschland erblühten nun jene buntgläubigen, närrisch tiefsinnigen Dichtungen, in welchen man sich mystisch verliebte, wie in der Andacht zum Kreuz, oder zur Ehre der Mutter-Gottes schlug, wie im standhaften Prinzen; und Zacharias Werner trieb das Ding so weit wie man es nur treiben konnte, ohne von Obrigkeitswegen in ein Narrenhaus eingesperrt zu werden.

Unsere Poesie, sagten die Herren Schlegel, ist alt, unsere Muse ist ein altes Weib mit einem Spinnrocken, unser Amor ist kein blonder Knabe, sondern ein verschrumpfter Zwerg mit grauen Haaren, unsere Gefühle sind abgewelkt, unsere Phantasie ist verdorrt: wir müssen uns erfrischen, wir müssen die verschütteten Quellen der naiven, einfältigen Poesie des Mittelalters wieder aufsuchen, da sprudelt uns entgegen der Trank der Verjüngung. Das ließ sich das trockne dürre Volk nicht zweimal sagen; besonders die armen Durst= hälse, die im märkischen Sande saßen, wollten wieder blühend und jugendlich werden, und sie stürzten nach jenen Wunderquellen, und das soff und schlürfte und schlückerte mit übermäßiger Gier. Aber es erging ihnen wie der alten Kammerjungfer, von welcher man folgendes erzählt: sie hatte bemerkt, daß ihre Dame ein Wunderelixir besaß, das die Jugend wieder herstellt; in Ab- wesenheit der Dame nahm sie nun aus deren Toilette das Fläschchen, welches jenes Elixir enthielt, statt aber nur einige Tropfen zu trinken, that sie einen so großen, langen Schluck, daß sie durch die höchstgesteigerte Wunderkraft des verjüngenden Tranks, nicht blos wieder jung, sondern gar zu einem ganz klei- nen Kinde wurde. Wahrlich, so ging es namentlich unserem vortrefflichen Herrn Tieck, einem der besten Dichter der Schule; er hatte von den Volks- büchern und Gedichten des Mittelalters so viel eingeschluckt, daß er fast wieder ein Kind wurde, und zu jener lallenden Einfalt herabblühte, die Frau v. Staël so sehr viel Mühe hatte zu bewundern. Sie gesteht selber, daß es ihr kurios vorkomme, wenn eine Person in einem Drama mit einem Monolog debütirt, der mit den Worten anfängt: Ich bin der wackere Bonifazius, und ich komme Euch zu sagen u. s. w.

Herr Ludwig Tieck hat durch seinen Roman „Sternbalds Wanderungen" und durch die von ihm herausgegebenen und von einem gewissen Wackenroder geschriebenen, „Herzensergießungen eines kunstliebenden Klosterbruders" auch den bildenden Künstlern die naiven, rohen Anfänge der Kunst als Muster dargestellt. Die Frömmigkeit und Kindlichkeit dieser Werke, die sich eben in ihrer technischen Unbeholfenheit kund giebt, wurde zur Nachahmung empfohlen. Von Raphael wollte man nichts mehr wissen, kaum einmal von seinem Lehrer Perugino, den man freilich schon höher schätzte, und in welchem man noch Reste jener Vortrefflichkeiten entdeckte, deren ganze Fülle man in den unsterblichen Meisterwerken des Fra Giovanno Angelico da Fiesole so andachtsvoll bewunderte. Will man sich hier einen Begriff von dem Geschmacke der damaligen Kunstenthusiasten machen, so muß man nach dem Louvre gehen, wo noch die besten Gemälde jener Meister hängen, die man damals unbedingt verehrte; und will man sich einen Begriff von dem großen Haufen der Poeten machen, die damals in allen möglichen Versarten die Dichtungen des Mittelalters nachahmten, so muß man nach dem Narrenhaus zu Charenton gehn.

Aber ich glaube jene Bilder im ersten Saale des Louvre sind noch immer viel zu graziöse, als daß man sich dadurch einen Begriff von dem damaligen Kunstgeschmack machen könnte. Man muß sich diese altitalienischen Bilder noch obendrein ins Altdeutsche übersetzt denken. Denn man erachtete die Werke der altdeutschen Maler für noch weit einfältiglicher und kindlicher und also nachahmungswürdiger als die altitalienischen. Denn die Deutschen vermögen ja, hieß es, mit ihrem Gemüth (ein Wort wofür die französische Sprache keinen Ausdruck hat) das Christenthum tiefer aufzufassen als andere Nationen, und Friedrich Schlegel und sein Freund Herr Joseph Görres, wühlten in den alten Städten am Rhein nach den Resten altdeutscher Gemälde und Bildwerke, die man, gleich heiligen Reliquien, blindgläubig verehrte.

Ich habe eben den deutschen Parnaß jener Zeit mit Charenton verglichen. Ich glaube aber auch hier habe ich viel zu wenig gesagt. Ein französischer Wahnsinn ist noch lange nicht so wahnsinnig wie ein deutscher; denn in diesem, wie Polonius sagen würde, ist Methode. Mit einer Pedanterie ohne Gleichen, mit einer entsetzlichen Gewissenhaftigkeit, mit einer Gründlichkeit wovon sich ein oberflächlicher französischer Narr nicht einmal einen Begriff machen kann trieb man jene deutsche Tollheit.

Der politische Zustand Deutschlands war der christlich altdeutschen Richtung noch besonders günstig. Noth lehrt beten, sagt das Sprüchwort, und wahrlich nie war die Noth in Deutschland größer, und daher das Volk dem Beten, der Religion, dem Christenthum, zugänglicher als damals. Kein Volk hegt mehr Anhänglichkeit für seine Fürsten wie das Deutsche, und mehr noch als der traurige Zustand worin das Land durch den Krieg und die Fremdherrschaft gerathen, war es der jammervolle Anblick ihrer besiegten Fürsten, die sie zu den Füßen Napoleons kriechen sahen, was die Deutschen aufs unleidlichste betrübte; das ganze Volk glich jenen treuherzigen alten Dienern in großen Häusern, die alle Demüthigungen, welche ihre gnädige Herrschaft erdulten muß, noch tiefer empfinden als diese selbst, und die im Verborgenen ihre kummervollsten Thränen weinen wenn etwa das herrschaftliche Silberzeug verkauft werden soll, und die sogar ihre ärmlichen Ersparnisse heimlich dazu verwenden, daß nicht bürgerliche Talglichter statt adlicher Wachskerzen auf die herrschaftliche Tafel gesetzt werden; wie wir solches, mit hinlänglicher Rührung, in den alten Schauspielen sehen. Die allgemeine Betrübniß fand Trost in der Religion, und es entstand ein pietistisches Hingeben in den Willen Gottes, von welchem allein die Hülfe erwartet wurde. Und in der That, gegen den Napoleon konnte auch gar kein anderer helfen als der liebe Gott selbst. Auf die weltlichen Heerschaaren war nicht mehr zu rechnen, und man mußte vertrauungsvoll den Blick nach dem Himmel wenden. —

In der Periode, wo dieser Kampf vorbereitet wurde, mußte eine Schule, die dem französischen Wesen feindlich gesinnt war, und alles deutsch Volksthümliche in Kunst und Leben hervorrühmte, ihr trefflichstes Gedeihen finden. Die romantische Schule ging damals Hand in Hand mit dem Streben der Regierungen und der geheimen Gesellschaften, und Herr A. W. Schlegel konspirirte gegen Racine zu demselben Ziel, wie der Minister Stein gegen Napoleon konspirirte. Die Schule schwamm mit dem Strom der Zeit, nemlich mit dem Strom, der nach seiner Quelle zurückströmte. Als endlich der deutsche Patriotismus und die deutsche Nationalität vollständig siegte, triumphirte auch definitiv die volksthümlich germanisch christlich romantische Schule, die „neudeutsch-religiös-patriotische Kunst." Napoleon, der große Klassiker, der so klassisch wie Alexander und Cäsar, stürzte zu Boden, und die Herren August Wilhelm und Friedrich Schlegel, die kleinen Romantiker, die eben so romantisch wie das Däumchen und der gestiefelte Kater, erhoben sich als Sieger.

Aber auch hier blieb jene Reaction nicht aus, welche jeder Uebertreibung auf dem Fuße folgt. Wie das spiritualistische Christenthum eine Reaction gegen die brutale Herrschaft des imperial römischen Materialismus war; wie die erneuerte Liebe zur heiter griechischen Kunst und Wissenschaft als eine Reaction

gegen den bis zur blödsinnigsten Abtödtung ausgearteten christlichen Spiritualismus zu betrachten ist; wie die Wiedererweckung der mittelalterlichen Romantik ebenfalls für eine Reaction gegen die nüchterne Nachahmerei der antiken, klassischen Kunst gelten kann: so sehen wir jetzt auch eine Reaction gegen
die Wiedereinführung jener katholisch feudalistischen Denkweise, jenes Ritter
thums und Pfaffenthums, das in Bild und Wort geprediget worden und unter
höchst befremdlichen Umständen. Als nemlich die alten Künstler des Mittelalters, die empfohlenen Muster, so hoch gepriesen und bewundert standen, hatte
man ihre Vortrefflichkeit nur dadurch zu erklären gewußt, daß diese Männer
an das Thema glaubten, welches sie darstellten, daß sie in ihrer kunstlosen Einfalt mehr leisten konnten als die späteren glaubenlosen Meister, die es im Technischen viel weiter gebracht, daß der Glaube in ihnen Wunder gethan; — und
in der That, wie konnte man die Herrlichkeiten eines Fra Angelico da Fiesole
oder das Gedicht des Bruder Ottfried anders erklären! Die Künstler allnun,
die es mit der Kunst ernsthaft meinten, und die gottvolle Schiefheit jener
Wundergemälde und die heilige Unbeholfenheit jener Wundergedichte, kurz das
unerklärbar Mystische der alten Werke nachahmen wollten: diese entschlossen
sich zu derselben Hyppokrene zu wandern, wo auch die alten Meister ihre mira-
kulöse Begeisterung geschöpft; sie pilgerten nach Rom, wo der Statthalter
Christi, mit der Milch seiner Eselin, die schwindsüchtige deutsche Kunst wieder
stärken sollte; mit einem Worte, sie begaben sich in den Schooß der alleinseligmachenden römisch katholisch apostolischen Kirche. Bei mehreren Anhängern
der romantischen Schule bedurfte es keines formellen Uebergangs, sie waren
Katholiken von Geburt, z. B. Herr Görres und Herr Klemens Brentano,
und sie entsagten nur ihren bisherigen freigeistigen Ansichten. Andere aber
waren im Schooße der protestantischen Kirche geboren und erzogen, z. B.
Friedrich Schlegel, Herr Ludwig Tieck, Novalis, Werner, Schütz, Carové,
Adam Müller u. s. w., und ihr Uebertritt zum Katholizismus bedurfte eines
öffentlichen Akts. Ich habe hier nur Schriftsteller erwähnt; die Zahl der
Maler, die schaarenweis das evangelische Glaubensbekenntniß und die Vernunft abschworen, war weit größer.

Wenn man nun sah, wie diese jungen Leute vor der römisch katholischen Kirche gleichsam Queue machten, und sich in den alten Geisteskerker
wieder hineindrängten, aus welchem ihre Väter sich mit so vieler Kraft befreit hatten: da schüttelte man in Deutschland sehr bedenklich den Kopf. Als
man aber entdeckte, daß eine Propaganda von Pfaffen und Junkern, die sich
gegen die religiöse und politische Freiheit Europas verschworen, die Hand im
Spiele hatte, daß es eigentlich der Jesuitismus war, welcher, mit den süßen
Tönen der Romantik, die deutsche Jugend so verderblich zu verlocken wußte,
wie einst der fabelhafte Rattenfänger die Kinder von Hameln: da entstand

großer Unmuth und auflodernder Zorn unter den Freunden der Geistesfreiheit und des Protestantismus in Deutschland.

Ich habe Geistesfreiheit und Protestantismus zusammen genannt; ich hoffe aber, daß man mich, obgleich ich mich in Deutschland zur protestantischen Kirche bekenne, keiner Partheilichkeit für letztere beschuldigen wird. Wahrlich, ohne alle Partheilichkeit habe ich Geistesfreiheit und Protestantismus zusammen genannt; und in der That, es besteht in Deutschland ein freundschaftliches Verhältniß zwischen beiden. Auf jeden Fall sind sie beide verwandt und zwar wie Mutter und Tochter. Wenn man auch der protestantischen Kirche manche fatale Engsinnigkeit vorwirft, so muß man doch zu ihrem unsterblichen Ruhme bekennen: indem durch sie die freie Forschung in der christlichen Religion erlaubt und die Geister vom Joche der Autorität befreit wurden, hat die freie Forschung überhaupt in Deutschland Wurzel schlagen und die Wissenschaft sich selbstständig entwickeln können. Die deutsche Philosophie, obgleich sie sich jetzt neben die protestantische Kirche stellt, ja sich über sie heben will, ist doch immer nur ihre Tochter; als solche ist sie immer in Betreff der Mutter zu einer schonenden Pietät verpflichtet; und die Verwandtschaftsinteressen verlangten es, daß sie sich verbündeten, als sie beide von der gemeinschaftlichen Feindin, von dem Jesuitismus, bedroht waren. Alle Freunde der Gedankenfreiheit und der protestantischen Kirche, Skeptiker wie Orthodoxe, erhoben sich zu gleicher Zeit gegen die Restauratoren des Katholizismus; und wie sich von selbst versteht, die Liberalen, welche nicht eigentlich für die Interessen der Philosophie oder der protestantischen Kirche, sondern für die Interessen der bürgerlichen Freiheit besorgt waren, traten ebenfalls zu dieser Opposition. Aber in Deutschland waren die Liberalen bis jetzt auch immer zugleich Schulphilosophen und Theologen, und es ist immer dieselbe Idee der Freiheit, wofür sie kämpfen, sie mögen nun ein rein politisches, oder ein philosophisches oder ein theologisches Thema behandeln. Dieses zeigt sich am offenbarsten in dem Leben des Mannes, der die romantische Schule in Deutschland schon bei ihrer Entstehung untergraben und jetzt am meisten dazu beigetragen hat, sie zu stürzen. Es ist Johann Heinrich Voß.

Dieser Mann ist in Frankreich gar nicht bekannt, und doch giebt es wenige, denen das deutsche Volk, in Hinsicht seiner geistigen Ausbildung, mehr verdankt als eben ihm. Er ist vielleicht, nach Lessing, der größte Bürger in der deutschen Literatur. Jedenfalls war er ein großer Mann und er verdient, daß ich nicht allzukärglichen Wortes ihn bespreche.

Die Biographie des Mannes ist fast die aller deutschen Schriftsteller der alten Schule. Er wurde geboren im Jahr 1751, im Mecklenburgischen, von armen Eltern, studirte Theologie, vernachlässigte sie als er die Poesie und die Griechen kennen lernte, beschäftigte sich ernsthaft mit diesen beiden, gab Unter-

richt um nicht zu verhungern, wurde Schulmeister zu Otterndorf im Lande
Hadeln, übersetzte die Alten, und lebte arm, frugal und arbeitsam bis in sein
fünf und siebenzigstes Jahr. Er hatte einen ausgezeichneten Namen unter
den Dichtern der alten Schule; aber die neuen romantischen Poeten zupften
beständig an seinem Lorbeer, und spöttelten viel über den altmodischen ehrlichen
Voß, der in treuherziger, manchmal sogar plattdeutscher Sprache das klein-
bürgerliche Leben an der Niederelbe besungen, der keine mittelalterlichen Ritter
und Madonnen, sondern einen schlichten protestantischen Pfarrer und seine
tugendhafte Familie zu Helden seiner Dichtungen wählte, und der so kern-
gesund und bürgerlich und natürlich war, während sie, die neuen Troubadou-
ren, so somnambülisch kränklich, so ritterlich vornehm und so genial unnatür-
lich waren. Dem Friedrich Schlegel, dem berauschten Sänger der liederlich
romantischen Luzinde, wie fatal mußte er ihm sein, dieser nüchterne Voß mit
seiner keuschen Louise und seinem alten ehrwürdigen Pfarrer von Grünau!
Herr August Wilhelm Schlegel, der es mit der Liederlichkeit und dem Katholizismus nie so ehrlich gemeint hat wie sein Bruder, der konnte schon mit dem
alten Voß viel besser harmoniren, und es bestand zwischen beiden eigentlich nur
eine Uebersetzer-Rivalität, die übrigens für die deutsche Sprache von großem
Nutzen war. Voß hatte schon vor Entstehung der neuen Schule den Homer
übersetzt, jetzt übersetzte er, mit unerhörtem Fleiß, auch die übrigen heidnischen
Dichter des Alterthums; während Herr A. W. Schlegel die christlichen Dichter der romantisch katholischen Zeit übersetzte. Beider Arbeiten wurden
bestimmt durch die versteckt polemische Absicht: Voß wollte die klassische Poesie
und Denkweise durch seine Uebersetzungen befördern; während Herr A. W.
Schlegel die christlich-romantischen Dichter in guten Uebersetzungen dem Publikum, zur Nachahmung und Bildung, zugänglich machen wollte. Ja, der
Antagonismus zeigte sich sogar in den Sprachformen beider Uebersetzer.
Während Herr Schlegel immer süßlicher und zimperlicher seine Worte glättete,
wurde Voß in seinen Uebersetzungen immer herber und derber, die späteren
sind durch die hineingefeilten Rauhheiten fast unaussprechbar: so daß, wenn
man auf dem blank polirten, schlüpfrigen Mahagoni-Parquet der Schlegelschen Verse leicht ausglitschte, so stolperte man eben so leicht über die versifizirten Marmorblöcke des alten Voß. Endlich, aus Rivalität, wollte letzterer
auch den Shakspeare übersetzen, welchen Herr Schlegel in seiner ersten Periode
so vortrefflich ins Deutsche übertragen; aber das bekam dem alten Voß sehr
schlecht und seinem Verleger noch schlimmer; die Uebersetzung mißlang ganz
und gar Wo Herr Schlegel vielleicht zu weich übersetzt, wo seine Verse
manchmal wie geschlagene Sahne sind, wobei man nicht weiß, wenn man sie
zu Munde führt, ob man sie essen oder trinken soll: da ist Voß hart wie
Stein, und man muß fürchten, sich die Kinnlade zu zerbrechen, wenn man

feine Verfe ausspricht. Aber was eben den Voß so gewaltig auszeichnete, daß
ist die Kraft womit er gegen alle Schwierigkeiten kämpfte; und er kämpfte
nicht bloß mit der deutschen Sprache, sondern auch mit jenem jesuitisch aristokratischen Ungethüm, das damals aus dem Walddunkel der deutschen Literatur sein mißgestaltetes Haupt hervorreckte; und Voß schlug ihm eine tüchtige
Wunde.

Herr Wolfgang Menzel, ein deutscher Schriftsteller welcher als einer der
bittersten Gegner von Voß bekannt ist, nennt ihn einen niedersächsischen
Bauern. Trotz der schmähenden Absicht ist doch diese Benennung sehr treffend. In der That, Voß ist ein niedersächsischer Bauer, so wie Luther es
war; es fehlte ihm alles Chevalereske, alle Courtoisie, alle Graziösität; er
gehörte ganz zu jenem derbkräftigen, starkmännlichen Volksstamme, dem das
Christenthum mit Feuer und Schwert gepredigt werden mußte, der sich erst
nach drei verlorenen Schlachten dieser Religion unterwarf, der aber immer
noch, in seinen Sitten und Weisen, viel nordisch heidnische Starrheit behalten, und in seinen materiellen und geistigen Kämpfen so tapfer und hartnäckig
sich zeigt wie seine alten Götter. Ja, wenn ich mir den Johann Heinrich Voß
in seiner Polemik und in seinem ganzen Wesen betrachte, so ist mir als sähe
ich den alten einäugigen Odin selbst, der seine Aasenburg verlassen, um
Schulmeister zu werden zu Otterndorf im Lande Hadeln, und der da den
blonden Holsteinern die lateinischen Deklinationen und den christlichen Ca-
techismus einstudirt, und der in seinen Nebenstunden die griechischen Dichter
in's Deutsche übersetzt und von Thor den Hammer borgt, um die Verse
damit zurecht zuklopfen, und der endlich, des mühsamen Geschäftes überdrüssig, den armen Fritz Stollberg mit dem Hammer auf den Kopf schlägt.

Das war eine famose Geschichte. Friedrich, Graf von Stollberg, war ein
Dichter der alten Schule und außerordentlich berühmt in Deutschland, vielleicht minder durch seine poetischen Talente als durch den Grafentitel, der damals in der deutschen Literatur viel mehr galt als jetzt. Aber Fritz Stollberg
war ein liberaler Mann, von edlem Herzen, und er war ein Freund jener
bürgerlichen Jünglinge, die in Göttingen eine poetische Schule stifteten. Ich
empfehle den französischen Literaten, die Vorrede zu den Gedichten von Hölty
zu lesen, worin Johann Heinrich Voß das idyllische Zusammenleben des
Dichterbundes geschildert, wozu er und Fritz Stollberg gehörten. Diese beiden waren endlich allein übrig geblieben von jener jugendlichen Dichterschaar.
Als nun Fritz Stollberg mit Eclat zur katholischen Kirche überging und Vernunft und Freiheitsliebe abschwor, und ein Beförderer des Obscurantismus
wurde, und durch sein vornehmes Beispiel gar viele Schwächlinge nachlockte:
da trat Johann Heinrich Voß, der alte siebzigjährige Mann, dem eben so alten
Jugendfreunde öffentlich entgegen und schrieb das Büchlein: „Wie ward Fritz

Stollberg ein Unfreier?" Er analysirte darin dessen ganzes Leben, und
zeigte: wie die aristokratische Natur in dem verbrüderten Grafen immer
lauernd verborgen lag; wie sie nach den Ereignissen der französischen Revolution immer sichtbarer hervortrat; wie Stollberg sich der sogenannten Adels-
kette, die den französischen Freiheitsprinzipien entgegenwirken wollte, heimlich
anschloß; wie diese Abligen sich mit den Jesuiten verbanden; wie man durch
die Wiederherstellung des Katholizismus auch die Adelsinteressen zu fördern
glaubte; wie überhaupt die Restauration des christkatholischen feudalistischen
Mittelalters und der Untergang der protestantischen Denkfreiheit und des
politischen Bürgerthums betrieben wurden. Die deutsche Demokratie und die
deutsche Aristokratie, die sich vor den Revolutionszeiten, als jene noch nichts
hoffte und diese noch nichts befürchtete, so unbefangen jugendlich verbrü-
dert hatten, diese standen sich jetzt als Greise gegenüber und kämpften den
Todeskampf.

Der Theil des deutschen Publikums, der die Bedeutung und die entsetzliche
Nothwendigkeit dieses Kampfes nicht begriffen, tadelte den armen Voß über
die unbarmherzige Enthüllung von häuslichen Verhältnissen, von kleinen
Lebensereignissen, die aber in ihrer Zusammenstellung ein beweisendes Ganze
bildeten. Da gab es nun auch sogenannte vornehme Seelen, die, mit aller
Erhabenheit, über engherzige Kleinigkeitskrämerei schrieen und den armen
Voß der Klatschsucht bezüchtigten. Andere, Spießbürger, die besorgt waren
man möchte von ihrer eignen Misère auch einmal die Gardine fortziehen, diese
eiferten über die Verletzung des literarischen Herkommens, wonach alle Per-
sönlichkeiten, alle Enthüllungen des Privatlebens, streng verboten seien. Als
nun Fritz Stollberg in derselben Zeit starb, und man diesen Sterbefall dem
Kummer zuschrieb, und gar nach seinem Tode das „Liebesbüchlein" heraus-
kam, worin er, mit frömmelnd christlichem, verzeihendem, ächt jesuitischem
Tone, über den armen, verblendeten Freund sich aussprach: da flossen die
Thränen des deutschen Mitleids, da weinte der deutsche Michel seine dicksten
Tropfen, und es sammelte sich viel weichherzige Wuth gegen den armen Voß,
und die meisten Scheltworte erhielt er von eben denselben Menschen, für deren
geistiges und weltliches Heil er gestritten.

Ueberhaupt kann man in Deutschland auf das Mitleid und die Thränendrüsen der großen Menge rechnen, wenn man in einer Polemik tüchtig miß-
handelt wird. Die Deutschen gleichen dann jenen alten Weibern, die nie versäumen einer Execution zuzusehen, die sich da als die neugierigsten Zuschauer
vorandrängen, beim Anblick des armen Sünders und seiner Leiden aufs bitterste
jammern und ihn sogar vertheidigen. Diese Klageweiber, die bei literarischen
Executionen so jammervoll sich geberdeten, würden aber sehr verdrießlich sein,
wenn der arme Sünder, dessen Auspeitschung sie eben erwarteten, plötzlich be-

gnadigt würde und sie sich, ohne etwas gesehen zu haben, wieder nach Hause trollen müßten. Ihr vergrößerter Zorn trifft dann denjenigen, der sie in ihren Erwartungen getäuscht hat.

Indessen, die vossische Polemik wirkte mächtig auf das Publikum, und sie zerstörte in der öffentlichen Meinung die graffirende Vorliebe für das Mittelalter. Jene Polemik hatte Deutschland aufgeregt, ein großer Theil des Publikums erklärte sich unbedingt für Voß, ein größerer Theil erklärte sich nur für dessen Sache. Es erfolgten Schriften und Gegenschriften, und die letzten Lebenstage des alten Mannes wurden durch diese Händel nicht wenig verbittert. Er hatte es mit den schlimmsten Gegnern zu thun, mit den Pfaffen, die ihn unter allen Vermummungen angriffen. Nicht bloß die Kryptokatholiken, sondern auch die Pietisten, die Quietisten, die lutherischen Mystiker, kurz alle jene supernaturalistischen Sekten der protestantischen Kirche, die untereinander so sehr verschiedene Meinungen hegen, vereinigten sich doch mit gleich großem Haß gegen Johann Heinrich Voß, den Rationalisten. Mit diesem Namen bezeichnet man in Deutschland diejenigen Leute, die der Vernunft auch in der Religion ihrer Rechte einräumen, im Gegensatz zu den Supernaturalisten, welche sich da, mehr oder minder, jeder Vernunfterkenntniß entäußert haben. Letztere, in ihrem Hasse gegen die armen Rationalisten, sind wie die Narren eines Narrenhauses, die, wenn sie auch von den entgegengesetztesten Narrheiten befangen sind, dennoch sich einigermaßen leidlich unter einander vertragen, aber mit der grimmigsten Erbitterung gegen denjenigen Mann erfüllt sind, den sie als ihren gemeinschaftlichen Feind betrachten, und der eben kein anderer ist als der Irrenarzt, der ihnen die Vernunft wiedergeben will.

Wurde nun die romantische Schule, durch die Enthüllung der katholischen Umtriebe in der öffentlichen Meinung zu Grunde gerichtet, so erlitt sie gleichzeitig in ihrem eigenen Tempel einen vernichtenden Einspruch, und zwar aus dem Munde eines jener Götter, die sie selbst dort aufgestellt. Nemlich Wolfgang Goethe trat von seinem Postamente herab und sprach das Verdammnißurtheil über die Herren Schlegel, über dieselben Oberpriester, die ihn mit so viel Weihrauch umduftet. Diese Stimme vernichtete den ganzen Spuk; die Gespenster des Mittelalters entflohen; die Eulen verkrochen sich wieder in die obscuren Burgtrümmer; die Raben flatterten wieder nach ihren alten Kirchthürmen; Friedrich Schlegel gieng nach Wien wo er täglich Messe hörte und gebratene Hähndel aß; Herr August Wilhelm Schlegel zog sich zurück in die Pagode des Bramah.

Offen gestanden, Goethe hat damals eine sehr zweideutige Rolle gespielt, und man kann ihn nicht unbedingt loben. Es ist wahr, die Herren Schlegel haben es nie ehrlich mit ihm gemeint; vielleicht nur weil sie in ihrer Polemik gegen die alte Schule auch einen lebenden Dichter als Vorbild aufstellen muß-

ten, und keinen geeigneteren fanden als Goethe, und auch von diesem einigen
literarischen Vorschub erwarteten, bauten sie ihm einen Altar und räucherten
ihm und ließen das Volk vor ihm knien. Sie hatten ihn auch so ganz in der
Nähe. Von Jena nach Weimar führt eine Allee hübscher Bäume, worauf
Pflaumen wachsen, die sehr gut schmecken, wenn man durstig ist von der Som-
merhitze; und diesen Weg wanderten die Schlegel sehr oft, und in Weimar
hatten sie manche Unterredung mit dem Herren Geheimerath von Goethe, der
immer ein sehr großer Diplomat war, und die Schlegel ruhig anhörte, beifäl-
lig lächelte, ihnen manchmal zu essen gab, auch sonst einen Gefallen that u. s. w.
Sie hatten sich auch an Schiller gemacht; aber dieser war ein ehrlicher Mann
und wollte nichts von ihnen wissen. Der Briefwechsel zwischen ihm und
Goethe, der vor drei Jahren gedruckt worden, wirft manches Licht auf das
Verhältniß dieser beiden Dichter zu den Schlegeln. Goethe lächelt vornehm
über sie hinweg; Schiller ist ärgerlich über ihre impertinente Scandalsucht,
über ihre Manier durch Scandal Aufsehen zu machen, und er nennt sie
,,Laffen.''

Mochte jedoch Goethe immerhin vornehm thun, so hatte er nichts destowe-
niger den größten Theil seiner Renommee den Schlegeln zu verdanken. Diese
haben das Studium seiner Werke eingeleitet und befördert. Die schnöde be-
leidigende Art, womit er diese beiden Männer am Ende ablehnte, riecht sehr
nach Undank. Vielleicht verdroß es aber den tiefschauenden Goethe, daß die
Schlegel ihn nur als Mittel zu ihren Zwecken gebrauchen wollten; vielleicht
haben ihn, den Minister eines protestantischen Staates, diese Zwecke zu kom-
promittiren gedroht; vielleicht war es gar der altheidnische Götterzorn, der in
ihm erwachte, als er das dumpfig katholische Treiben sah: — denn wie Voß
dem starren einäugigen Odin glich, so glich Goethe dem großen Jupiter in
Denkweise und Gestalt. Jener, freilich, mußte mit Thors Hammer tüchtig
zuschlagen; dieser brauchte nur das Haupt mit den ambrosischen Locken unwillig zu schütteln, und die Schlegel zitterten, und krochen davon. Ein öffentliches Dokument jenes Einspruchs von Seiten Goethes erschien im zweiten
Hefte der Goethischen Zeitschrift ,,Kunst und Alterthum'' und es führt den
Titel: ,,Ueber die christlich patriotisch neu=deutsche Kunst.'' Mit diesem Artikel machte Goethe gleichsam seinen 18ten Brümaire in der deutschen Literatur; denn indem er so barsch die Schlegel aus dem Tempel jagte und viele
ihrer eifrigsten Jünger an seine eigne Person heranzog, und von dem Publikum, dem das Schlegelsche Direktorium schon lange ein Gräuel war, akkla-
mirt wurde, begründete er seine Alleinherrschaft in der deutschen Literatur.
Von jener Stunde an war von den Herren Schlegel nicht mehr die Rede; nur
dann und wann sprach man noch von ihnen, wie man jetzt noch manchmal
von Barras oder Gohier spricht; man sprach nicht mehr von Romantik und

klaſſiſcher Poeſie, ſondern von Goethe und wieder von Goethe. Freilich es
traten unterdeſſen einige Dichter auf den Schauplatz, die an Kraft und Phan-
taſie dieſem nicht viel nachgaben; aber ſie erkannten ihn aus Courtoiſie als
ihr Oberhaupt, ſie umgaben ihn huldigend, ſie küßten ihm die Hand, ſie knieten vor ihm; dieſe Granden des Parnaſſus unterſchieden ſich jedoch von der
großen Menge dadurch, daß ſie auch in Goethes Gegenwart ihren Lorbeerkranz auf dem Haupte behalten durften. Manchmal auch frondirten ſie ihn;
ſie ärgerten ſich aber dann wenn irgend ein Geringerer ſich ebenfalls berechtigt
hielt Goethen zu ſchelten. Die Ariſtokraten, wenn ſie auch noch ſo böſe gegen
ihren Souverain geſtimmt ſind, werden doch verdrießlich, wenn ſich auch der
Plebs gegen dieſen erhebt. Und die geiſtigen Ariſtokraten in Deutſchland
hatten, während der beiden letzten Decennien, ſehr gerechte Gründe auf Goethe
ungehalten zu ſein. Wie ich ſelber es damals, mit hinlänglicher Bitterkeit,
offen geſagt habe: Goethe glich jenem Ludwig XI., der den hohen Adel
unterdrückte und den tiers état empor hob.

Das war widerwärtig, Goethe hatte Angſt vor jedem ſelbſtſtändigen Ori-
ginalſchriftſteller und lob und pries alle unbedeutende Kleingeiſter; ja er trieb
dieſes ſo weit, daß es endlich für ein Brevêt der Mittelmäßigkeit galt, von
Goethe gelobt worden zu ſein.

Späterhin ſpreche ich von den neuen Dichtern, die während der Goetheſchen
Kaiſerzeit hervortraten. Das iſt ein junger Wald, deſſen Stämme erſt jetzt
ihre Größe zeigen, ſeitdem die hundertjährige Eiche gefallen iſt, von deren
Zweigen ſie ſo weit überragt und überſchattet wurden.

Es fehlte, wie ſchon geſagt, nicht an einer Oppoſition, die gegen Goethe,
dieſen großen Baum, mit Erbitterung eiferte. Menſchen von den entgegen-
geſetzteſten Meinungen vereinigten ſich zu ſolcher Oppoſition. Die Altgläu-
bigen, die Orthodoxen, ärgerten ſich, daß in dem Stamme des großen Baumes
keine Niſche mit einem Heiligenbildchen befindlich war, ja, daß ſogar die nackten Dryaden des Heidenthums darin ihr Herenweſen trieben, und ſie hätten
gern, mit geweihter Art, gleich dem heiligen Bonifacius, dieſe alte Zauber-
eiche niedergefällt; die Neugläubigen, die Bekenner des Liberalismus, ärgerten ſich im Gegentheil, daß man dieſen Baum nicht zu einem Freiheitsbaum,
und am allerwenigſten zu einer Barrikade benutzen konnte. In der That, der
Baum war zu hoch, man konnte nicht auf ſeinen Wipfel eine rothe Mütze
ſtecken und darunter die Carmagnole tanzen. Das große Publikum aber verehrte dieſen Baum eben weil er ſo ſelbſtſtändig herrlich war, weil er ſo lieblich
die ganze Welt mit ſeinem Wohlduft erfüllte, weil ſeine Zweige ſo prachtvoll
bis in den Himmel ragten, ſo daß es ausſah, als ſeien die Sterne nur die goldnen
Früchte des großen Wunderbaums.

Die Oppoſition gegen Goethe beginnt eigentlich mit dem Erſcheinen der sogenannten falschen Wanderjahre, welche unter dem Titel „Wilhelm Meisters Wanderjahre" im Jahre 1821, also bald nach dem Untergang der Schlegel, bei Gottfried Basse in Queblinburg herauskamen. Goethe hatte nemlich unter eben diesem Titel eine Fortsetzung von Wilhelm Meisters Lehrjahren angekündigt, und sonderbarerweise erschien diese Fortsetzung gleichzeitig mit jenem literarischen Doppelgänger, worin nicht blos die goethesche Schreibart nachgeahmt war, sondern auch der Held des goetheschen Originalromans sich als handelnde Person darstellte. Diese Nachäffung zeugt nicht sowohl von vielem Geiste, als vielmehr von großem Takte, und da der Verfasser einige Zeit seine Anonymität zu bewahren wußte und man ihn vergebens zu errathen suchte, so ward das Interesse des Publikums noch künstlich gesteigert. Es ergab sich jedoch am Ende, daß der Verfasser ein bisher unbekannter Landprediger war, Namens „Pustkuchen," was auf französisch ommelette soufflée heißt, ein Name, welcher auch sein ganzes Wesen bezeichnete. Es war nichts anders als der alte pietistische Sauerteig, der sich ästhetisch aufgeblasen hatte. Es ward dem Goethe in jenem Buche vorgeworfen: daß seine Dichtungen keinen moralischen Zweck hätten; daß er keine edlen Gestalten, sondern nur vulgaire Figuren schaffen könne; daß hingegen Schiller die idealisch edelsten Charaktere aufgestellt und daher ein größerer Dichter sei.

Letzteres, daß nemlich Schiller größer sei als Goethe, war der besondere Streitpunkt, den jenes Buch hervorgerufen. Man verfiel in die Manie, die Produkte beider Dichter zu vergleichen und die Meinungen theilten sich. Die Schillerianer pochten auf die sittliche Herrlichkeit eines Mar Pikolomini, einer Thekla, eines Marquis Posa, und sonstiger schillerschen Theaterhelden, wogegen sie die goetheschen Personen, eine Philine, ein Käthchen, ein Klärchen und dergleichen hübsche Kreaturen für unmoralische Weibsbilder erklärten. Die Goetheaner bemerkten lächelnd, daß letztere und auch die goetheschen Helden schwerlich als moralisch zu vertreten wären, daß aber die Beförderung der Moral, die man von Goethes Dichtungen verlange, keineswegs der Zweck der Kunst sei: denn in der Kunst gäbe es keine Zwecke, wie in dem Weltbau selbst, wo nur der Mensch die Begriffe „Zweck und Mittel" hineingegrübelt; die Kunst, wie die Welt, sei ihrer selbst willen da, und wie die Welt ewig dieselbe bleibt, wenn auch in ihrer Beurtheilung die Ansichten der Menschheit unaufhörlich wechseln, so müsse auch die Kunst von den zeitlichen Ansichten der Menschen unabhängig bleiben; die Kunst müsse daher besonders unabhängig bleiben von der Moral, welche auf der Erde immer wechselt, so oft eine neue Religion emporsteigt und die alte Religion verdrängt. In der That, da jedesmal nach Abfluß einer Reihe Jahrhunderte immer eine neue Religion in der Welt aufkommt, und indem sie in die Sitten übergeht, sich auch als eine neue Moral geltend macht: so würde jede Zeit die Kunstwerke der Vergangenheit als unmoralisch verketzern, wenn solche nach dem Maßstabe der zeitigen Moral beurtheilt werden sollen. Wie wir es auch wirklich erlebt, haben gute Christen, welche das Fleisch als teuflisch verdammen, immer ein Aergerniß empfunden beim Anblick der griechischen Götterbilder; keusche Mönche haben der antiquen Venus eine Schürze vorgebunden; sogar bis in die neuesten Zeiten hat man den nackten Statuen ein lächerliches Feigenblatt angeklebt; ein frommer Quäker hat sein ganzes Vermögen aufgeopfert, um die schönsten mythologischen Gemälde des Giulio Romano anzukaufen und zu verbrennen — wahrlich, er verdiente dafür in den Himmel zu kommen und dort täglich mit Ruthen gepeitscht zu werden! Eine Religion, welche etwa Gott nur in die Materie setzte, und daher nur das Fleisch für göttlich hielte, müßte, wenn sie in die Sitten überginge, eine Moral hervorbringen, wonach nur diejenigen Kunstwerke preisenswerth, die das Fleisch verherrlichen, und wonach im Gegentheil die christlichen Kunstwerke, die nur die Nichtigkeit des Fleisches darstellen, als unmoralisch zu verwerfen wären. Ja, die Kunstwerke, die in dem einen Lande moralisch, werden in einem anderen Lande, wo eine andere Religion in die Sitten übergegangen, als unmoralisch betrachtet werden können, z. B. unsere bildenden Künste erregen den Abscheu eines strenggläubigen Moslem, und dagegen manche Künste, die in den Haremen des Morgenlands für höchst unschuldig gelten, sind dem Christen ein Greuel. Da in Indien der Stand einer Bajadere durchaus nicht durch die Sitte fletrirt ist, so gilt dort das Drama „Vasantasena,“ dessen Heldin ein feiles Freudenmädchen, durchaus nicht für unmoralisch; wagte man es aber einmal dieses Stück im Theater Français aufzuführen, so würde das ganze Parterre über Immoralität schreien, dasselbe Parterre, welches täglich mit Vergnügen die Intriguenstücke betrachtet, deren Heldinnen junge Wittwen sind, die am Ende lustig heurathen, statt sich, wie die indische Moral es verlangt, mit ihren verstorbenen Gatten zu verbrennen.

Indem die Goetheaner von solcher Ansicht ausgehen, betrachten sie die Kunst als eine unabhängige zweite Welt, die sie so hoch stellen, daß alles Treiben der Menschen, ihre Religion und ihre Moral, wechselnd und wandelbar, unter ihr hin sich bewegt. Ich kann aber dieser Ansicht nicht unbedingt huldigen; die Goetheaner ließen sich dadurch verleiten, die Kunst selbst als das Höchste zu proklamiren, und von den Ansprüchen jener ersten wirklichen Welt, welcher doch der Vorrang gebührt, sich abzuwenden.

Schiller hat sich jener ersten Welt viel bestimmter angeschlossen als Goethe, und wir müssen ihn in dieser Hinsicht loben. Ihn, den Friedrich Schiller, erfaßte lebendig der Geist seiner Zeit, er rang mit ihm, er ward von ihm bezwungen, er folgte ihm zum Kampfe, er trug sein Banner, und es war dasselbe Banner, worunter man auch jenseits des Rheines so enthusiastisch stritt, und wofür wir noch immer bereit sind, unser bestes Blut zu vergießen. Schiller schrieb für die großen Ideen der Revolution, er zerstörte die geistigen Bastillen, er baute an dem Tempel der Freiheit, und zwar an jenem ganz großen Tempel, der alle Nationen, gleich einer einzigen Brüdergemeinde, umschließen soll; er war Cosmopolit. Er begann mit jenem Haß gegen die Vergangenheit, welchen wir in den „Räubern" sehen, wo er einem kleinen Titanen gleicht, der aus der Schule gelaufen ist und Schnaps getrunken hat und dem Jupiter die Fenster einwirft; er endigte mit jener Liebe für die Zukunft, die schon im Don Carlos wie ein Blumenwald hervorblüht, und er selber ist jener Marquis Posa, der zugleich Prophet und Soldat ist, der auch für das kämpft, was er prophezeit, und unter dem spanischen Mantel das schönste Herz trägt, das jemals in Deutschland geliebt und gelitten hat.

Der Poet, der kleine Nachschöpfer, gleicht dem lieben Gott auch darin, daß er seine Menschen nach dem eigenen Bilde erschafft. Wenn daher Carl Moor und der Marquis Posa ganz Schiller selbst sind, so gleicht Goethe seinem Werther, seinem Wilhelm Meister und seinem Faust, worin man die Phasen seines Geistes studiren kann. Wenn Schiller sich ganz in die Geschichte stürzt, sich für die gesellschaftlichen Fortschritte der Menschheit enthusiasmirt und die Weltgeschichte besingt: so versenkt sich Goethe mehr in die individuellen Gefühle, oder in die Kunst, oder in die Natur. Goethe, den Pantheisten, mußte die Naturgeschichte endlich als ein Hauptstudium beschäftigen, und nicht blos in Dichtungen, sondern auch in wissenschaftlichen Werken gab er uns die Resultate seiner Forschungen. Sein Indifferentismus war ebenfalls ein Resultat seiner pantheistischen Weltansicht.

Es ist leider wahr, wir müssen es eingestehn, nicht selten hat der Pantheismus die Menschen zu Indifferentisten gemacht. Sie dachten: wenn Alles Gott ist, so mag es gleichgültig sein, womit man sich beschäftigt, ob mit Wolken oder mit antiken Gemmen, ob mit Volksliedern oder mit Affenknochen, ob mit Menschen oder mit Comödianten. Aber da ist eben der Irrthum: Alles ist nicht Gott, sondern Gott ist Alles; Gott manifestirt sich nicht in gleichem Maße in allen Dingen, er manifestirt sich vielmehr nach verschiedenen Graden in den verschiedenen Dingen, und jedes trägt in sich den Drang, einen höheren Grad der Göttlichkeit zu erlangen; und das ist das große Gesetz des Fortschrittes in der Natur. Die Erkenntniß dieses Gesetzes, das am tiefsinnigsten von den Saint-Simonisten offenbart worden, macht jetzt den Pantheismus zu einer Weltansicht, die durchaus nicht zum Indifferentismus führt, sondern zum aufopferungssüchtigsten Fortstreben. Nein, Gott manifestirt sich nicht gleichmäßig in allen Dingen, wie Wolfgang Goethe glaubte, der dadurch ein Indifferentist wurde, und statt mit den höchsten Menschheitsinteressen sich nur mit Kunstspielsachen, Anatomie, Farbenlehre, Pflanzenkunde und Wolkenbeobachtungen beschäftigte: Gott manifestirt sich in den Dingen mehr oder minder, er lebt in dieser beständbigen Manifestazion, Gott ist in der Bewegung, in der Handlung, in der Zeit, sein heiliger Odem weht durch die Blätter der Geschichte, letztere ist das eigentliche Buch Gottes; und das fühlte und ahnte Friedrich Schiller und er ward „ein rückwärtsgekehrter Prophet" und er schrieb den Abfall der Niederlande, den dreißigjährigen Krieg und die Jungfrau von Orleans und den Tell.

Freilich, auch Goethe besang einige große Emanzipationsgeschichten, aber er besang sie als Artist. Da er nämlich den christlichen Enthusiasmus, der ihm fatal war, verdrießlich ablehnte, und den philosophischen Enthusiasmus unserer Zeit nicht begriff, oder nicht begreifen wollte, weil er dadurch aus seiner Gemüthsruhe herausgerissen zu werden befürchtete: so behandelte er den Enthusiasmus überhaupt ganz historisch, als etwas Gegebenes, als einen Stoff, der behandelt werden soll, der Geist wurde Materie unter seinen Händen, und er gab ihm die schöne gefällige Form. So wurde er der größte Künstler in unserer Literatur, und alles was er schrieb, wurde ein abgerundetes Kunstwerk.

Das Beispiel des Meisters leitete die Jünger, und in Deutschland entstand dadurch jene literarische Periode, die ich einst als „die Kunstperiode" bezeichnet, und wobei ich den nachtheiligen Einfluß auf die politische Entwickelung des deutschen Volkes nachgewiesen habe. Keineswegs jedoch leugnete ich bei dieser Gelegenheit den selbstständigen Werth der goetheschen Meisterwerke. Sie zieren unser theueres Vaterland, wie schöne Statuen einen Garten zieren, aber es sind Statuen. Man kann sich darin verlieben, aber sie sind unfruchtbar: die goetheschen Dichtungen bringen nicht die That hervor, wie die Schillerschen. Die That ist das Kind des Wortes, und die goetheschen schönen Worte sind kinderlos. Das ist der Fluch alles dessen, was durch die Kunst entstanden ist. Die Statue, die der Pygmalion verfertigt, war ein schönes Weib, sogar der Meister verliebte sich darin, sie wurde lebendig unter seinen Küssen, aber so viel wir wissen hat sie nie Kinder bekommen. Ich glaube Herr Charles Nodier hat mal in solcher Beziehung etwas Aehnliches gesagt, und das kam mir gestern in den Sinn, als ich, die untern Säle des Louvre durchwandernd, die alten Götterstatuen betrachtete. Da standen sie, mit den stummen weißen Augen, in dem marmornen Lächeln eine geheime Melancholie, eine trübe Erinnerung vielleicht an Egypten, das Todtenland, dem sie entsprossen, oder leitende Sehnsucht nach dem Leben, woraus sie jetzt durch andere Gottheiten fortgedrängt sind, oder auch Schmerz über ihre todte Unsterblichkeit: — sie schienen des Wortes zu harren, das sie wieder dem Leben zurückgäbe, das sie aus ihrer kalten, starren Regungslosigkeit erlöse. Sonderbar! diese Antiquen mahnten mich an die goetheschen Dichtungen, die eben so vollendet, eben so herrlich, eben so ruhig sind, und ebenfalls mit Wehmuth zu fühlen scheinen, daß ihre Starrheit und Kälte sie von unserem jetzigen bewegt warmen Leben abscheidet, daß sie nicht mit uns leiden und jauchzen können, daß sie keine Menschen sind, sondern unglückliche Mischlinge von Gottheit und Stein.

Diese wenigen Andeutungen erklären nun den Groll der verschiedenen Partheien, die in Deutschland gegen Goethe laut geworden. Die Orthodoxen waren ungehalten gegen den großen Heiden, wie man Goethe allgemein in Deutschland nennt; sie fürchteten seinen Einfluß auf das Volk, dem er durch lächelnde Dichtungen, ja, durch die unscheinbarsten Liederchen, seine Weltansicht einflößte; sie sahen in ihm den gefährlichsten Feind des Kreuzes, das ihm, wie er sagte, so fatal war wie Wanzen, Knoblauch und Tabak; nämlich so ungefähr lautet die Xenie, die Goethe auszusprechen wagte, mitten in Deutschland, im Lande wo jenes Ungeziefer, der Knoblauch, der Tabak und das Kreuz, in heiliger Allianz, überall herrschend sind. Just dieses war es jedoch keineswegs, was uns, den Männern der Bewegung, an Goethe mißfiel. Wie schon erwähnt, wir tadelten die Unfruchtbarkeit seines Wortes, das Kunstwesen, das durch ihn in Deutschland verbreitet wurde, das einen quietisirenden Einfluß auf die deutsche Jugend ausübte, das einer politischen Regeneration unseres Vaterlandes entgegenwirkte. Der indifferente Pantheist wurde daher von den entgegengesetztesten Seiten angegriffen; um französisch zu sprechen, die äußerste Rechte und die äußerste Linke verbanden sich gegen ihn; und während der schwarze Pfaffe mit dem Kruzifixe gegen ihn losschlug, rannte gegen ihn zu gleicher Zeit der wüthende Sanskülote mit der Pique. Herr Wolfgang Menzel, der den Kampf gegen Goethe mit einem Aufwand von Esprit geführt hat, der eines besseren Zweckes werth war, zeigte in seiner Polemik nicht so einseitig den spiritualistischen Christen oder den unzufriedenen Patrioten: er basirte vielmehr einen Theil seiner Angriffe auf die letzten Aussprüche Friedrich Schlegels, der nach seinem Fall, aus der Tiefe seines katholischen Doms, sein Wehe über Goethe ausgerufen, über den Goethe, „dessen Poesie keinen Mittelpunkt habe." Herr Menzel ging noch weiter und zeigte, daß Goethe kein Genie sei, sondern nur ein Talent, er rühmte Schiller als Gegensatz u. s. w. Das geschah einige Zeit vor der Juliusrevolution, Herr Menzel war damals der größte Verehrer des Mittelalters, sowohl in Hinsicht der Kunstwerke als der Instituzionen desselben, er schmähte mit unaufhörlichem Ingrimm den Johann Heinrich Voß, pries mit unerhörter Begeisterung den Herrn Joseph Görres: sein Haß gegen Goethe war daher ächt und er schrieb gegen ihn aus Ueberzeugung, also nicht, wie viele meinten, um sich dadurch bekannt zu machen. Obgleich ich selber damals ein Gegner Goethes war, so war ich doch unzufrieden über die Herbheit womit Herr Menzel ihn kritisirte, und ich beklagte diesen Mangel an Pietät. Ich bemerkte: Goethe sei doch immer der König unserer Literatur; wenn man an einen solchen das kritische Messer lege, müsse man es nie an der gebührenden

Courtoisie fehlen lassen, gleich dem Scharfrichter, welcher Carl I. zu köpfen
hatte, und, ehe er sein Amt verrichtete, vor dem Könige niederkniete und seine
allerhöchste Verzeihung erbat.

Unter die Gegner Goethes gehörte auch der famose Hofrath Müllner
und sein einzig treu gebliebener Freund, der Herr Professor Schütz, Sohn des
alten Schütz. Noch einige andere, die minder famose Namen führten, z. B.
ein Herr Spaun, der lange Zeit, wegen politischer Vergehen, im Zuchthause
gesessen hat, gehörten zu den öffentlichen Gegnern Goethes. Unter uns gesagt, es war eine sehr gemischte Gesellschaft. Was vorgebracht wurde, habe
ich hinlänglich angedeutet; schwerer ist es das besondere Motiv zu errathen,
das jeden Einzelnen bewogen haben mag seine antigoetheanischen Ueberzeu-
gungen öffentlich auszusprechen. Nur von einer Person kenne ich dieses Motiv
ganz genau, und da ich dieses selber bin, so will ich jetzt ehrlich gestehen: es
war der Neid. Zu meinem Lobe muß ich jedoch nochmals erwähnen, daß ich
in Goethe nie den Dichter angegriffen, sondern nur den Menschen. Ich habe
nie seine Werke getadelt. Ich habe nie Mängel darin sehen können, wie jene
Kritiker, die mit ihren feingeschliffenen Augengläsern, auch die Flecken im
Monde bemerkt haben; — die scharfsüchtigen Leute! was sie für Flecken ansehen,
das sind blühende Wälder, silberne Ströme, erhabene Berge, lachende Thäler.

Nichts ist thörigter als die Geringschätzung Goethes zu Gunsten des
Schiller, mit welchem man es keineswegs ehrlich meinte, und den man von
jeher pries um Goethe herabzusetzen. Oder wußte man wirklich nicht, daß
jene hochgerühmten hochidealischen Gestalten, jene Altarbilder der Tugend und
Sittlichkeit, die Schiller aufgestellt, weit leichter zu verfertigen waren als jene
sündhaften, kleinweltlichen, befleckten Wesen, die uns Goethe in seinen Werken
erblicken läßt? Wissen sie denn nicht, daß mittelmäßige Maler meistens
lebensgroße Heiligenbilder auf die Leinwand pinseln, daß aber schon ein großer
Meister dazu gehört, um etwa einen spanischen Betteljungen, der sich laust,
einen niederländischen Bauern, welcher kotzt, oder dem ein Zahn ausgezogen
wird, und häßliche alte Weiber, wie wir sie auf kleinen holländischen Kabinet-
bildchen sehen, lebenswahr und technisch vollendet zu malen? Das Große
und Furchtbare läßt sich in der Kunst weit leichter darstellen als das Kleine
und Putzige. Die egyptischen Zauberer haben dem Moses viele Kunststücke
nachmachen können, z. B. die Schlangen, das Blut, sogar die Frösche; aber,
als er scheinbar weit leichtere Zauberdinge, nämlich Ungeziefer, hervorbrachte,
da gestanden sie ihre Ohnmacht, und sie konnten das kleine Ungeziefer nicht
nachmachen, und sie sagten: da ist der Finger Gottes. Scheltet immerhin
über die Gemeinheiten im Faust, über die Scenen auf dem Brocken, im
Auerbachskeller, scheltet auf die Liederlichkeiten im Meister — das könnt Ihr
dennoch alles nicht nachmachen; da ist der Finger Goethes! Aber Ihr wollt

das auch nicht nachmachen, und ich höre wie Ihr mit Abscheu behauptet: wir sind keine Hexenmeister, wir sind gute Christen. Daß Ihr keine Hexenmeister seid, das weiß ich.

Goethes größtes Verdienst ist eben die Vollendung alles dessen was er darstellt; da giebt es keine Parthien, die stark sind während andere schwach, da ist kein Theil ausgemalt, während der andere nur skizzirt worden, da giebt es keine Verlegenheiten, kein herkömmliches Füllwerk, keine Vorliebe für Einzelheiten. Jede Person in seinen Romanen und Dramen behandelt er, wo sie vorkömmt, als wäre sie die Hauptperson. So ist es auch bei Homer, so bei Shakespeare. In den Werken aller großen Dichter giebt es eigentlich gar keine Nebenpersonen, jede Figur ist Hauptperson an ihrer Stelle. Solche Dichter gleichen den absoluten Fürsten, die den Menschen keinen selbstständigen Werth beimessen, sondern ihnen selber, nach eigenem Gutdünken, ihre höchste Geltung zuerkennen. Als ein französischer Gesandter einst gegen den Kaiser Paul von Rußland erwähnte, daß ein wichtiger Mann seines Reiches sich für irgend eine Sache interessire: da fiel ihm der Kaiser streng in die Rede, mit den merkwürdigen Worten: „es giebt in diesem Reiche keinen wichtigen Mann außer demjenigen, mit welchem Ich eben spreche, und nur so lange Ich mit ihm spreche ist er wichtig." Ein absoluter Dichter, der ebenfalls seine Macht von Gottes Gnade erhalten hat, betrachtet in gleicher Weise diejenige Person seines Geisterreichs als die wichtigste, die er eben sprechen läßt, die eben unter seine Feder gerathen, und aus solchem Kunstdespotismus entsteht jene wunderbare Vollendung der kleinsten Figuren in den Werken Homers, Shakespeares und Goethes.

Wenn ich etwas herbe von den Gegnern Goethes gesprochen habe, so dürfte ich noch viel Herberes von seinen Apologisten sagen. Die meisten derselben haben in ihrem Eifer noch größere Thorheiten vorgebracht. Auf der Grenze des Lächerlichen steht in dieser Hinsicht einer Namens Herr Eckermann, dem es übrigens nicht an Geist fehlt. In dem Kampfe gegen Herrn Pustkuchen hat Karl Immermann, der jetzt unser größter dramatischer Dichter ist, seine kritischen Sporen erworben; er hat da ein vortreffliches Schriftchen zu Tage gefördert. Zu meist haben sich die Berliner bei dieser Gelegenheit ausgezeichnet. Der bedeutendste Kämpe für Goethe war zu jeder Zeit Varnhagen von Ense, ein Mann, der Gedanken im Herzen trägt, die so groß sind wie die Welt, und sie in Worten ausspricht, die so kostbar und zierlich sind wie geschnittene Gemmen. Es ist jener vornehme Geist auf dessen Urtheil Goethe immer das meiste Gewicht gelegt hat. — Vielleicht ist es nützlich hier zu erwähnen, daß Herr Wilhelm von Humboldt bereits früher ein ausgezeichnetes Buch über Goethe geschrieben hat. Seit den letzten zehn Jahren brachte jede leipziger Messe mehrere Schriften über Goethe hervor. Die Untersuchungen des Herrn Schubart über Goethe gehören zu den Merkwürdigkeiten der hohen Kritik. Was Herr Häring, der unter dem Namen Willibald Alexis schreibt, in verschiedenen Zeitschriften über Goethe gesagt hat, war eben so bedeutend wie geistreich. Herr Zimmermann, Professor zu Hamburg, hat in seinen mündlichen Vorträgen die vortrefflichsten Urtheile über Goethe ausgesprochen, die man zwar spärlich aber desto tiefsinniger in seinen dramaturgischen Blättern angedeutet findet. Auf verschiedenen deutschen Universitäten wurde ein Kollegium über Goethe gelesen, und von allen seinen Werken war es vorzüglich der Faust, womit sich das Publikum beschäftigte. Er wurde vielfach fortgesetzt und kommentirt, er ward die weltliche Bibel der Deutschen.

Ich wäre kein Deutscher, wenn ich bei Erwähnung des Faustes nicht einige erklärende Gedanken darüber aussräche. Denn vom größten Denker bis zum kleinsten Markör, vom Philosophen bis herab zum Doktor der Philosophie, übt jeder seinen Scharfsinn an diesem Buche. Aber es ist wirklich eben so weit wie die Bibel, und, wie diese, umfaßt es Himmel und Erde, mitsammt dem Menschen und seiner Exegese. Der Stoff ist hier wieder der Hauptgrund weshalb der Faust so populär ist; daß er jedoch diesen Stoff herausgesucht aus den Volkssagen, das zeugt eben von Goethes unbewußtem Tiefsinn, von seinem Genie, das immer das Nächste und Rechte zu ergreifen wußte. Ich darf den Inhalt des Faust als bekannt voraussetzen; denn das Buch ist in der letzten Zeit auch in Frankreich berühmt geworden. Aber ich weiß nicht, ob hier die alte Volkssage selbst bekannt ist, ob auch hier zu Land, auf den Jahrmärkten, ein graues, fließpapiernes, schlechtgedrucktes und mit derben Holzschnitten verziertes Buch verkauft wird, worin umständlich zu lesen ist: wie der Erzzauberer Johannes Faustus, ein gelehrter Doktor, der alle Wissenschaften studirt hatte, am Ende seine Bücher wegwarf, und ein Bündniß mit dem Teufel schloß, wodurch er alle sinnlichen Freuden der Erde genießen konnte, aber auch seine Seele dem höllischen Verderben hingeben mußte. Das Volk im Mittelalter hat immer, wenn es irgendwo große Geistesmacht sah, dergleichen einem Teufelsbündniß zugeschrieben, und der Albertus Magnus, Raimund Lullus, Theophrastus Paracelsus, Agrippa von Nettesheim, auch in England der Roger Baco, galten für Zauberer, Schwarzkünstler, Teufelsbanner. Aber weit eigenthümlichere Dinge singt und sagt man von dem Doktor Faustus, welcher nicht bloß die Erkenntniß der Dinge sondern auch die reellsten Genüsse vom Teufel verlangt hat, und das ist eben der Faust, der die Buchdruckerei erfunden und zur Zeit lebte, wo man anfing, gegen die strenge Kirchenautorität zu predigen und selbstständig zu forschen: — so daß mit Faust die mittelalterliche Glaubensperiode aufhört und die moderne kritische Wissenschaftsperiode anfängt. Es ist, in der That, sehr bedeutsam, daß zur Zeit, wo, nach der Volksmeinung, der Faust gelebt hat, eben die

Reformation beginnt, und daß er selber die Kunst erfunden haben soll, die dem Wissen einen Sieg über den Glauben verschafft, nemlich die Buchdruckerei, eine Kunst die uns aber auch die katholische Gemüthsruhe geraubt und uns in Zweifel und Revolutionen gestürzt — ein Anderer als ich würde sagen, endlich in die Gewalt des Teufels geliefert hat.

Minder bekannt als der Faust, ist hier, in Frankreich, Goethes „Westöstlicher Divan" ein späteres Buch, von welchem Frau von Staël noch nicht Kenntniß hatte, und dessen wir hier besonders erwähnen müssen. Es enthält die Denk= und Gefühlsweise des Orients, in blühenden Liedern und kernigen Sprüchen; und das duftet und glüht darin, wie ein Harem voll verliebter Odalisken mit schwarzen geschminkten Gasellenaugen und sehnsüchtig weißen Armen. Es ist dem Leser dabei so schauerlich lüstern zu Muthe, wie dem glücklichen Gaspar Debüreau, als er in Konstantinopel oben auf der Leiter stand, und de haut en bas dasjenige sah, was der Beherrscher der Gläubigen nur de bas en haut zu sehen pflegt. Manchmal ist dem Leser auch zu Muthe, als läge er behaglich ausgestreckt auf einem persischen Teppich, und rauche aus einer lang-röhrigen Wasserpfeife den gelben Tabak von Turkistan, während eine schwarze Sklavin ihm mit einem bunten Pfauenwedel Kühlung zuwäht, und ein schöner Knabe ihm eine Schale mit ächtem Mokka=Kaffee darreicht. — Den berauschendsten Lebensgenuß hat hier Goethe in Verse gebracht, und diese sind so leicht, so glücklich, so hingehaucht, so ätherisch, daß man sich wundert wie dergleichen in deutscher Sprache möglich war. Dabei giebt er auch in Prosa die allerschönsten Erklärungen über Sitten und Treiben im Morgenlande, über das patriarchalische Leben der Araber; und da ist Goethe immer ruhig lächelnd, und harmlos wie ein Kind, und weisheitsvoll wie ein Greis. Diese Prosa ist so durchsichtig wie das grüne Meer, wenn heller Sommernachmittag und Windstille, und man ganz klar hinabschauen kann in die Tiefe, wo die versunkenen Städte mit ihren verschollenen Herrlichkeiten sichtbar werden; — manchmal ist aber auch jene Prosa so magisch, so ahnungsvoll, wie der Himmel wenn die Abenddämmerung heraufgezogen: und die großen Goethe'schen Gedanken treten dann hervor, rein und golden, wie die Sterne. Unbeschreiblich ist der Zauber dieses Buches: es ist ein Selam, den der Occident dem Oriente geschickt hat, und es sind gar närrische Blumen darunter: sinnlich rothe Rosen, Hortensien wie weiße nackte Mädchenbusen, spaßhaftes Löwenmaul, Purpurdigitalis wie lange Menschenfinger, verdrehte Krokosnasen, und in der Mitte, lauschend verborgen, stille deutsche Veilchen. Dieser Selam aber bedeutet, daß der Occident seines frierend mageren Spiritualismus überdrüssig geworden und an der gesunden Körperwelt des Orients sich wieder erlaben möchte. Goethe, nachdem er, im Faust, sein Mißbehagen an dem abstract Geistigen und sein Verlangen nach reellen Genüssen ausgesprochen, warf sich gleichsam mit dem Geiste selbst in die Arme des Sen-sualismus, indem er den West-östlichen Divan schrieb.

Es ist daher höchst bedeutsam, daß dieses Buch bald nach dem Faust erschien. Es war die letzte Phase Goethes und sein Beispiel war von großem Einfluß auf die Literatur. Unsere Lyriker besangen jetzt den Orient. — Erwähnens-werth mag es auch sein, daß Goethe, indem er Persien und Arabien so freudig besang, gegen Indien den bestimmtesten Widerwillen aussprach. Ihm miß-fiel an diesem Lande das Bizarre, Verworrene, Unklare, und vielleicht ent-stand diese Abneigung dadurch, daß er bei den Sanskritischen Studien der Schlegel und ihrer Herren Freunde eine katholische Hinterlist witterte. Diese Herren betrachteten nämlich Hindostan als die Wiege der katholischen Welt-ordnung, sie sahen dort das Musterbild ihrer Hierarchie, sie fanden dort ihre Dreieinigkeit, ihre Menschwerdung, ihre Buße, ihre Sühne, ihre Kasteiungen und alle ihre sonstigen geliebten Steckenpferde. Goethes Widerwillen gegen In-dien reizte nicht wenig diese Leute, und Herr August Wilhelm Schlegel nannte ihn deshalb mit gläsernem Aerger: „einen zum Islam bekehrten Heiden."

Unter den Schriften, welche dieses Jahr über Goethe erschienen sind, ver-dient ein hinterlassenes Werk von Johannes Falk „Goethe aus näherem per-sönlichen Umgange dargestellt" die rühmlichste Erwähnung. Der Verfasser hat uns in diesem Buche, außer einer detaillirten Abhandlung über den Faust (die nicht fehlen durfte!) die vortrefflichsten Notizen über Goethe mitgetheilt, und er zeigt uns denselben in allen Beziehungen des Lebens, ganz naturtreu, ganz unpartheiisch, mit allen seinen Tugenden und Fehlern. Hier sehen wir Goethe im Verhältniß zu seiner Mutter, deren Naturell sich so wunderbar im Sohne wieder abspiegelt; hier sehen wir ihn als Naturforscher, wie er eine Raupe beobachtet, die sich eingesponnen und als Schmetterling entpuppen wird; hier sehen wir ihn dem großen Herder gegenüber, der ernsthaft zürnt ob dem Indifferentismus, womit Goethe die Entpuppung der Menschheit selbst unbe-achtet läßt; wir sehen ihn wie er, am Hofe des Großherzogs von Weimar, lustig improvisirend, unter blonden Hofdamen sitzt, gleich dem Apoll unter den Schafen des König Admetos; wir sehen ihn dann wieder, wie er, mit dem Stolze eines Dalai-Lama den Kotzebue nicht anerkennen will; wie dieser, um ihn herabzusetzen eine öffentliche Feier zu Ehren Schillers veranstaltet; — überall aber sehen wir ihn klug, schön, liebenswürdig, eine holdselig erquickende Gestalt, ähnlich den ewigen Göttern.

In der That, die Uebereinstimmung der Persönlichkeit mit dem Genius, wie man sie bei außerordentlichen Menschen verlangt, fand man ganz bei Goethe. Seine äußere Erscheinung war eben so bedeutsam wie das Wort das in seinen Schriften lebte; auch seine Gestalt war harmonisch, klar, freudig, edel gemessen, und man konnte griechische Kunst an ihm studiren, wie an einer

Antique. Dieser würdevolle Leib war nie gekrümmt von christlicher Wurm-
demuth; die Züge des Antlitzes waren nicht verzerrt von christlicher Zerknir-
schung; diese Augen waren nicht christlich sünderhaft scheu, nicht andächtelnd
und himmelnd, nicht flimmernd bewegt: — nein, seine Augen waren ruhig
wie die eines Gottes. Es ist nämlich überhaupt das Kennzeichen der Götter,
daß ihr Blick fest ist und ihre Augen nicht unsicher hin und her zucken. Daher, wenn Agni, Varuna, Yama und Indra die Gestalt des Nala annehmen,
bei Damayantis Hochzeit, da erkennt diese ihren Geliebten an dem Zwinken
seiner Augen, da wie gesagt die Augen der Götter immer unbewegt sind.
Letztere Eigenschaft hatten auch die Augen des Napoleon. Daher bin ich überzeugt, daß er ein Gott war. Goethes Auge blieb in seinem hohen Alter eben
so göttlich wie in seiner Jugend. Die Zeit hat auch sein Haupt zwar mit
Schnee bedecken, aber nicht beugen können. Er trug es ebenfalls immer stolz
und hoch, und wenn er sprach wurde er immer größer, und wenn er die Hand
ausstreckte, so war es, als ob er, mit dem Finger, den Sternen am Himmel
den Weg vorschreiben könne, den sie wandeln sollten. Um seinen Mund will
man einen kalten Zug von Egoismus bemerkt haben; aber auch dieser Zug ist
den ewigen Göttern eigen, und gar dem Vater der Götter, dem großen Jupiter, mit welchem ich Goethe schon oben verglichen. Wahrlich, als ich ihn in
Weimar besuchte und ihm gegenüber stand, blickte ich unwillkührlich zur Seite,
ob ich nicht auch neben ihm den Adler sähe mit den Blitzen im Schnabel.
Ich war nahe dran ihn griechisch anzureden; da ich aber merkte, daß er deutsch
verstand, so erzählte ich ihm auf deutsch: daß die Pflaumen auf dem Wege
zwischen Jena und Weimar sehr gut schmecken. Ich hatte in so manchen langen Winternächten darüber nachgedacht, wie viel Erhabenes und Tiefsinniges
ich dem Goethe sagen würde, wenn ich ihn mal sähe. Und als ich ihn endlich
sah, sagte ich ihm, daß die sächsischen Pflaumen sehr gut schmeckten. Und
Goethe lächelte. Er lächelte mit denselben Lippen womit er einst die schöne
Leda, die Europa, die Danae, die Semele und so manche andere Prinzessinnen oder auch gewöhnliche Nymphen geküßt hatte — —

Les Dieux s'en vont. Goethe ist todt. Er starb den 22sten März des
verflossenen Jahrs, des bedeutungsvollen Jahrs, wo unsere Erde ihre größten
Renommeen verloren hat. Es ist als sei der Tod in diesem Jahre plötzlich
aristokratisch geworden, als habe er die Notabilitäten dieser Erde besonders
auszeichnen wollen, indem er sie gleichzeitig ins Grab schickte. Vielleicht gar
hat er jenseits, im Schattenreich, eine Pairie stiften wollen, und in diesem
Falle wäre seine fournée sehr gut gewählt. Oder hat der Tod, im Gegentheil, im verflossenen Jahr die Demokratie zu begünstigen gesucht, indem er
mit den großen Renommeen auch ihre Autoritäten vernichtete und die geistige
Gleichheit beförderte? — —

Zweites Buch.

1.

Mit der Gewissenhaftigkeit, die ich mir streng vorgeschrieben, muß ich hier erwähnen, daß mehrere Franzosen sich bei mir beklagt, ich behandelte die Schlegel, namentlich Herrn August Wilhelm, mit allzuherben Worten. Ich glaube aber solche Beklagniß würde nicht statt finden, wenn man hier mit der deutschen Literaturgeschichte genauer bekannt wäre. Viele Franzosen kennen Herrn A. W. Schlegel nur aus dem Werke der Frau v. Staël, seiner edlen Beschützerin. Die meisten kennen ihn nur dem Namen nach; dieser Name klingt ihnen nun im Gedächtniß als etwas verehrlich Berühmtes, wie etwa der Name Osiris, wovon sie auch nur wissen, daß es ein wunderlicher Kauz von Gott ist, der in Egypten verehrt wurde. Welche sonstige Aehnlichkeit zwischen Herrn A. W. Schlegel und dem Osiris statt findet, ist ihnen am allerwenigsten bekannt.

Da ich einst zu den akademischen Schülern des ältern Schlegel gehört habe, so dürfte man mich vielleicht in Betreff desselben zu einiger Schonung verpflichtet glauben. Aber hat Herr A. W. Schlegel den alten Bürger geschont, seinen literärischen Vater? Nein, und er handelte nach Brauch und Herkommen. Denn in der Literatur, wie in den Wäldern der nordamerikanischen Wilden werden die Väter von den Söhnen todtgeschlagen, sobald sie alt und schwach geworden.

Ich habe schon in dem vorigen Abschnitt bemerkt, daß Friedrich Schlegel bedeutender war, als Herr August Wilhelm; und, in der That, letzterer zehrte nur von den Ideen seines Bruders, und verstand nur die Kunst sie auszuarbeiten. Fr. Schlegel war ein tiefsinniger Mann. Er erkannte alle Herrlichkeiten der Vergangenheit und er fühlte alle Schmerzen der Gegenwart. Aber er begriff nicht die Heiligkeit dieser Schmerzen und ihre Nothwendigkeit für das künftige Heil der Welt. Er sah die Sonne untergehn und blickte wehmüthig nach der Stelle dieses Untergangs und klagte über das nächtliche Dunkel, das er heranziehen sah; und er merkte nicht, daß schon ein neues Morgenroth an der entgegengesetzten Seite leuchtete. Fr. Schlegel nannte einst den Geschichtsforscher „einen umgekehrten Propheten." Dieses Wort ist die beste

Bezeichnung für ihn selbst. Die Gegenwart war ihm verhaßt, die Zukunft erschreckte ihn, und nur in die Vergangenheit, die er liebte, drangen seine offenbarenden Seherblicke.

Der arme Fr. Schlegel, in den Schmerzen unserer Zeit sah er nicht die Schmerzen der Wiedergeburt, sondern die Agonie des Sterbens, und aus Todesangst flüchtete er sich in die zitternden Ruinen der katholischen Kirche. Diese war jedenfalls der geeignetste Zufluchtsort für seine Gemüthsstimmung. Er hatte viel heiteren Uebermuth im Leben ausgeübt; aber er betrachtete solches als sündhaft, als Sünde die späterer Abbuße bedurfte, und der Verfasser der „Lucinde" mußte nothwendigerweise katholisch werden.

Die Lucinde ist ein Roman, und außer seinen Gedichten und einem dem Spanischen nachgebildeten Drama, Alarkos geheißen, ist jener Roman die einzige Originalschöpfung, die Fr. Schlegel hinterlassen. Es hat seiner Zeit nicht an Lobpreisern dieses Romans gefehlt. Der jetzige hochehrwürdige Herr Schleyermacher, hat damals enthusiastische Briefe über die Lucinde herausgegeben. Es fehlte sogar nicht an Critikern, die dieses Produkt als ein Meisterstück priesen und die bestimmt prophezeiten, daß es einst für das beste Buch in der deutschen Literatur gelten werde. Man hätte diese Leute von Obrigkeitswegen festsetzen sollen, wie man in Rußland die Propheten, die ein öffentliches Unglück prophezeien, vorläufig so lange einsperrt, bis ihre Weissagung in Erfüllung gegangen. Nein, die Götter haben unsere Literatur vor jenem Unglück bewahrt; der Schlegelsche Roman wurde bald wegen seiner unzüchtigen Nichtigkeit, allgemein verworfen und ist jetzt verschollen. Lucinde ist der Name der Heldin dieses Romans, und sie ist ein sinnlich witziges Weib, oder vielmehr eine Mischung von Sinnlichkeit und Witz. Ihr Gebrechen ist eben, daß sie kein Weib ist, sondern eine unerquickliche Zusammensetzung von zwei Abstrakzionen, Witz und Sinnlichkeit. Die Muttergottes mag es dem Verfasser verzeien, daß er dieses Buch geschrieben; nimmermehr verzeihen es ihm die Musen.

Ein ähnlicher Roman, Florentin geheißen, wird dem seligen Schlegel irrthümlich zugeschrieben. Dieses Buch ist, wie man sagt, von seiner Gattin, einer Tochter des berühmten Moses Mendelssohn, die er ihrem ersten Gemahl entführt, und welche mit ihm zur römisch katholischen Kirche übertrat.

Ich glaube, daß es Fr. Schlegel mit dem Katholicismus Ernst war. Von vielen seiner Freunde glaube ich es nicht. Es ist hier sehr schwer die Wahrheit zu ermitteln. Religion und Heuchelei sind Zwillingsschwestern, und beide sehen sich so ähnlich, daß sie zuweilen nicht von einander zu unterscheiden sind. Dieselbe Gestalt, Kleidung und Sprache. Nur dehnt die letztere von beiden Schwestern etwas weicher die Worte und wiederholt öfter das Wörtchen „Liebe." — Ich rede von Deutschland; in Frankreich ist die eine Schwester gestorben, und wir sehen die andere noch in tiefster Trauer.

Seit dem Erscheinen der Frau v. Staëlschen de l'Allemagne, hat Fr. Schlegel das Publikum noch mit zwei großen Werken beschenkt, die vielleicht seine besten sind und jedenfalls die rühmlichste Erwähnung verdienen. Es sind seine „Weisheit und Sprache der Indier," und seine „Vorlesungen über die Geschichte der Literatur." Durch das erstgenannte Buch hat er bei uns das Studium des Sanskrit nicht blos eingeleitet, sondern auch begründet. Er wurde für Deutschland, was William Jones für England war. In der genialsten Weise hatte er das Sanskrit erlernt, und die wenigen Bruchstücke, die er in jenem Buche mittheilt, sind meisterhaft übersetzt. Durch sein tiefes Anschauungsvermögen erkannte er ganz die Bedeutung der epischen Versart der Indier, der Sloka, die so breit dahinflutet wie der Ganges, der heilig klare Fluß. Wie kleinlich zeigte sich dagegen Herr A. W. Schlegel, welcher einige Fragmente aus dem Sanskrit in Hexametern übersetzte, und sich dabei nicht genug zu rühmen wußte, daß er in seiner Uebersetzung keine Trochäen einschlüpfen lassen und so manches metrische Kunststück der Alexandriner nachgeschnitzelt hat. Fr. Schlegels Werk über Indien ist gewiß ins Französische übersetzt, und ich kann mir das weitere Lob ersparen. Zu tadeln habe ich nur den Hintergedanken des Buches. Es ist im Interesse des Katholicismus geschrieben. Nicht blos die Mysterien desselben, sondern auch die ganze katholische Hirarchie und ihre Kämpfe mit der weltlichen Macht hatten diese Leute in den indischen Gedichten wiedergefunden. Im Mahabarata und im Ramayana sahen sie gleichsam ein Elephanten-Mittelalter. In der That, wenn, in letzterwähntem Epos, der König Wiswamitra mit dem Priester Wasischta hadert, so betrifft solcher Hader dieselben Interessen, um die bei uns der Kaiser mit dem Papste stritt, obgleich der Streitpunkt hier in Europa die Investitur und dort in Indien die Kuh Sabala genannt ward.

In Betreff der Schlegelschen Vorlesungen über Literatur läßt sich Aehnliches rügen. Friedrich Schlegel übersieht hier die ganze Literatur von einem hohen Standpunkt aus, aber dieser hohe Standpunkt ist doch immer der Glockenthurm einer katholischen Kirche. Und bei allem, was Schlegel sagt, hört man diese Glocken läuten; manchmal hört man sogar die Thurmraben krächzen, die ihn umflattern. Mir ist als dufte der Weihrauch des Hochamts aus diesem Buche, und als sähe ich aus den schönsten Stellen desselben lauter tonsurirte Gedanken hervorlauschen. Indessen, trotz dieser Gebrechen, wüßte ich kein besseres Buch dieses Fachs. Nur durch Zusammenstellung der Herderschen Arbeiten solcher Art könnte man sich eine bessere Uebersicht der Literatur aller Völker verschaffen. Denn Herder saß nicht wie ein literarischer Großinquisitor zu Gericht über die verschiedenen Nazionen, und verdammte oder absolvirte sie nach tem Grabe ihres Glaubens. Nein, Herder betrachtete die ganze Menschheit als eine große Harfe in der Hand des großen Meisters, jedes Volk dünkt ihm eine besonders gestimmte Saite dieser Riesenharfe, und er begriff die Universal-Harmonie ihrer verschiedenen Klänge.

Fr. Schlegel starb im Sommer 1829, wie man sagte, in Folge einer gastronomischen Unmäßigkeit. Er wurde 57 Jahr alt. Sein Tod veranlaßte einen der widerwärtigsten literarischen Scandale. Seine Freunde waren ungehalten über die inoffiziöse Weise, womit die liberale Presse diesen Todesfall besprochen; sie verlästerten und schimpften und schmähten daher die deutschen Liberalen. Jedoch von keinem derselben konnten sie sagen: „daß er das Weib seines Gastfreundes verführt und noch lange Zeit nachher von den Almosen des beleidigten Gatten gelebt habe.“

Ich muß jetzt, weil man es doch verlangt, von dem älteren Bruder, Herrn A. W. Schlegel, sprechen. Wollte ich in Deutschland noch von ihm reden, so würde man mich dort mit Verwunderung ansehen.

Wer spricht jetzt noch in Paris von der Giraffe?

Herr A. W. Schlegel ist geboren zu Hannover den 5ten September 1767. Ich weiß das nicht von ihm selber. Ich war nie so ungallant, ihn über sein Alter zu befragen. Jenes Datum fand ich, wenn ich nicht irre, in Spindlers Lexikon der deutschen Schriftstellerinnen. Herr A. W. Schlegel ist daher jetzt 64 Jahr alt. Herr Alexander v. Humboldt und andere Naturforscher behaupten er sei älter. Auch Champolion war dieser Meinung. Wenn ich von seinen literarischen Verdiensten reden soll, so muß ich ihn wieder zunächst als Uebersetzer rühmen. Hier hat er unbestreitbar das Außerordentliche geleistet. Namentlich seine Uebertragung des Shakespeare in die deutsche Sprache ist meisterhaft, unübertrefflbar. Vielleicht mit Ausnahme des Herren Gries und des Herren Grafen Platen, ist Herr A. W. Schlegel überhaupt der größte Metriker Deutschlands. In allen übrigen Thätigkeiten gebührt ihm nur der zweite, wo nicht gar der dritte Rang. In der ästhetischen Critik fehlt ihm, wie ich schon gesagt, der Boden einer Philosophie, und weit überragen ihn andere Zeitgenossen, namentlich Solger. Im Studium des Altdeutschen steht thurmhoch über ihn erhaben Herr Jakob Grimm, der uns, durch seine deutsche Grammatik, von jener Oberflächlichkeit befreite, womit man, nach dem Beispiel der Schlegel, die altdeutschen Sprachdenkmale erklärt hatte. Herr Schlegel konnte es vielleicht im Studium des Altdeutschen weit bringen, wenn er nicht ins Sanskrit hinübergesprungen wäre. Aber das Altdeutsche war außer der Mode gekommen und mit dem Sanskrit konnte man frisches Aufsehen erregen. Auch hier blieb er gewissermaßen Dilettant, die Iniciative seiner Gedanken gehört noch seinem Bruder Friedrich und das Wissenschaftliche, das Reelle, in seinen sanskritischen Leistungen gehört, wie jeder weiß, dem

Herren Laſſen, ſeinem gelehrten Collaborator. Herr Franz Bopp zu Berlin
iſt in Deutſchland der eigentliche Sanskritgelehrte, er iſt der Erſte in ſeinem
Fache. In der Geſchichtskunde hat ſich Herr Schlegel einmal an dem Ruhme
Niebuhrs, den er angriff, feſtkrämpen wollen; aber vergleicht man ihn mit dieſem großen Forſcher, oder vergleicht man ihn mit einem Johannes v. Müller,
einem Heeren, einem Schloſſer und ähnlichen Hiſtorikern, ſo muß man über
ihn die Achſel zucken. Wie weit hat er es aber als Dichter gebracht? Dies
iſt ſchwer zu beſtimmen.

Der Violinſpieler Solomons, welcher dem König von England, Georg III.,
Unterricht gab, ſagte einſt zu ſeinem erhabenen Schüler: „die Violinſpieler
werden eingetheilt in drei Claſſen; zur erſten Claſſe gehören die, welche gar
nicht ſpielen können, zur zweiten Claſſe gehören die, welche ſehr ſchlecht ſpielen,
und zur dritten Claſſe gehören endlich die, welche gut ſpielen; Ew. Majeſtät
hat ſich ſchon bis zur zweiten Claſſe emporgeſchwungen.‟

Gehört nun Herr A. W. Schlegel zur erſten Claſſe oder zur zweiten Claſſe?
Die Einen ſagen, er ſei gar kein Dichter; die Anderen ſagen, er ſei ein ſehr
ſchlechter Dichter. So viel weiß ich, er iſt kein Paganini.

Seine Berühmtheit erlangte Herr A. W. Schlegel eigentlich nur durch die
unerhörte Keckheit, womit er die vorhandenen literariſchen Autoritäten angriff.
Er riß die Lorbeerkränze von den alten Perucken und erregte bei dieſer Gelegenheit viel Puderſtaub. Sein Ruhm iſt eine natürliche Tochter des Scandals.

Wie ich ſchon mehrmals erwähnt, die Critif, womit Herr Schlegel die vorhandenen Autoritäten angriff, beruhte durchaus auf keiner Philoſophie. Nachdem wir von jenem Erſtaunen, worin jede Vermeſſenheit uns verſetzt, zurückgekommen, erkennen wir ganz und gar die innere Leerheit der ſogenannten
Schlegelſchen Critik. Z. B. wenn er den Dichter Bürger herabſetzen will,
ſo vergleicht er deſſen Balladen mit den altengliſchen Balladen, die Percy ge-
ſammelt, und er zeigt, wie dieſe viel einfacher, naiver, alterthümlicher und
folglich poetiſcher gedichtet ſeien. Hinlänglich begriffen hat Herr Schlegel den
Geiſt der Vergangenheit, beſonders des Mittelalters, und es gelingt ihm daher
dieſen Geiſt auch in den Kunſtdenkmälern der Vergangenheit nachzuweiſen,
und ihre Schönheiten aus dieſem Geſichtspunkte zu demonſtriren. Aber Alles
was Gegenwart iſt, begreift er nicht; höchſtens erlauſcht er nur etwas von der
Phyſiognomie, einige äußerliche Züge der Gegenwart, und das ſind gewöhnlich
die minder ſchönen Züge; indem er nicht den Geiſt begreift, der ſie belebt, ſo
ſieht er in unſerem ganzen modernen Leben nur eine proſaiſche Fratze. Ueberhaupt, nur ein großer Dichter vermag die Poeſie ſeiner eigenen Zeit zu erkennen; die Poeſie einer Vergangenheit offenbart ſich uns weit leichter, und ihre
Erkenntniß iſt leichter mitzutheilen. Daher gelang es Herrn Schlegel beim
großen Haufen die Dichtungen, worin die Vergangenheit eingeſargt liegt, auf

Koften der Dichtungen, worin unsere moderne Gegenwart athmet und lebt, emporzupreisen. Aber der Tod ist nicht poetischer als das Leben. Die altenglischen Gedichte, die Percy gesammelt, geben den Geist ihrer Zeit, und Bürgers Gedichte geben den Geist der unsrigen. Diesen Geist begriff Herr Schlegel nicht; sonst würde er in dem Ungestüm, womit dieser Geist zuweilen aus den Bürgerschen Gedichten hervorbricht, keinesweg den rohen Schrei eines ungebildeten Magisters gehört haben, sondern vielmehr die gewaltigen Schmerzlaute eines Titanen, welchen eine Aristokrazie von hannövrischen Junkern und Schulpedanten zu Tode quälte. Dieses war nemlich die Lage des Verfassers der Leonore, und die Lage so mancher anderen genialen Menschen, die als arme Dozenten in Göttingen darbten, verkümmerten, und in Elend starben. Wie konnte der vornehme, von vornehmen Gönnern beschützte, renovirte, baronisirte, bebänderte Ritter August Wilhelm von Schlegel jene Verse begreifen, worin Bürger laut ausruft: daß ein Ehrenmann, ehe er die Gnade der Großen erbettle, sich lieber aus der Welt heraus hungern solle!

Der Name „Bürger" ist im Deutschen gleichbedeutend mit dem Worte *citoyen.*

Was den Ruhm des Herrn Schlegel noch gesteigert, war das Aufsehen, welches er später hier in Frankreich erregte, als er auch die literarischen Autoritäten der Franzosen angriff. Wir sahen mit stolzer Freude, wie unser kampflustiger Landsmann den Franzosen zeigte, daß ihre ganze klassische Literatur nichts werth sei, daß Molière ein Possenreißer und kein Dichter sei, daß Racine ebenfalls nichts tauge, daß man uns Deutsche hingegen als die Könige des Parnassus betrachten müsse. Sein Refrain war immer, daß die Franzosen das prosaischste Volk der Welt seien und daß es in Frankreich gar keine Poesie gäbe. Dieses sagte der Mann zu einer Zeit, als vor seinen Augen noch so mancher Chorführer der Convenzion, der großen Titanentragödie, leibhaftig umherwandelte; zu einer Zeit als Napoleon jeden Tag ein gutes Epos improvisirte, als Paris wimmelte von Helden, Königen und Göttern . . . . . Herr Schlegel hat jedoch von dem allem nichts gesehen; wenn er hier war, sah er sich selber beständig im Spiegel, und da ist es wohl erklärlich, daß er in Frankreich gar keine Poesie sah.

Aber Herr Schlegel, wie ich schon oben gesagt, vermochte immer nur die Poesie der Vergangenheit und nicht der Gegenwart zu begreifen. Alles was modernes Leben ist, mußte ihm prosaisch erscheinen, und unzugänglich blieb ihm die Poesie Frankreichs, des Mutterbodens der modernen Gesellschaft. Racine mußte gleich der Erste sein, den er nicht begreifen konnte. Denn dieser große Dichter steht schon als Herold der modernen Zeit neben dem großen Könige, mit welchem die moderne Zeit beginnt. Racine war der erste moderne Dichter, wie Ludwig XIV. der erste moderne König war. In Corneille athmet noch das Mittelalter. In ihm und in der Fronde röchelt noch das alte Ritterthum. Man nennt ihn auch deshalb manchmal romantisch. In Racine ist aber die Denkweise des Mittelalters ganz erloschen; in ihm erwachen lauter neue Gefühle; er ist das Organ einer neuen Gesellschaft; in seiner Brust dufteten die ersten Veilchen unseres modernen Lebens; ja wir könnten sogar schon die Lorbeeren darin knospen sehen, die erst später, in der jüngsten Zeit, so gewaltig emporgeschossen. Wer weiß, wie viel Thaten aus Racines zärtlichen Versen erblüht sind! Die französischen Helden, die bei den Pyramiden, bei Marengo, bei Austerlitz, bei Moskau und bei Waterloo begraben liegen, sie hatten alle einst Racines Verse gehört, und ihr Kaiser hatte sie gehört aus dem Munde Talmas. Wer weiß wie viel Zentner Ruhm von der Vendomesäule eigentlich dem Racine gebühren. Ob Euripides ein größerer Dichter ist als Racine, das weiß ich nicht. Aber ich weiß, daß letzterer eine lebendige Quelle von Liebe und Ehrgefühl war, und mit seinem Tranke ein ganzes Volk berauscht und entzückt und begeistert hat. Was verlangt ihr mehr von einem Dichter? Wir sind alle Menschen, wir steigen ins Grab und lassen zurück unser Wort, und wenn dieses seine Mission erfüllt hat, dann kehrt es zurück in die Brust Gottes, den Sammelplatz der Dichterworte, die Heimath aller Harmonie.

Hätte sich nun Herr Schlegel darauf beschränkt, zu behaupten, daß die Mission des Racinischen Wortes vollendet sei, und daß die fortgerückte Zeit ganz anderer Dichter bedürfe, so hätten seine Angriffe einigen Grund. Aber grundlos waren sie, wenn er Racines Schwäche durch eine Vergleichung mit älteren Dichtern erweisen wollte. Nicht blos ahnte er nichts von der unendlichen Anmuth, dem süßen Scherz, dem tiefen Reiz, welcher darin lag, daß Racine seine neuen französischen Helden mit antiquen Gewändern kostumirte, und zu dem Interesse einer modernen Leidenschaft noch das Interessante einer geistreichen Maskerade mischte: Herr Schlegel war sogar tölpelhaft genug, jene Vermummung für baare Münze zu nehmen, die Griechen von Versailles nach den Griechen von Athen zu beurtheilen, und die Phädra des Racine mit der Phädra des Euripides zu vergleichen! Diese Manier, die Gegenwart mit dem Maaßstabe der Vergangenheit zu messen, war bei Herrn Schlegel so eingewurzelt, daß er immer mit dem Lorbeerzweig eines älteren Dichters den Rücken der jüngeren Dichter zu geiseln pflegte, und daß er, um wieder den Euripides selber herabzusetzen, nichts besseres wußte, als daß er ihn mit dem älteren Sophokles, oder gar mit dem Aeschylus, verglich.

Es würde zu weit führen, wollte ich hier entwickeln wie Herr Schlegel gegen den Euripides, den er in jener Manier herabzuwürdigen gesucht, eben so, wie einst Aristophanes, das größte Unrecht verübt. Letzterer, der Aristophanes, befand sich, in dieser Hinsicht, auf einem Standpunkte, welcher mit dem

Standpunkte der romantischen Schule die größte Aehnlichkeit darbietet; seiner
Polemik liegen ähnliche Gefühle und Tendenzen zum Grunde, und wenn man
Herrn Tieck einen romantischen Aristophanes nannte, so könnte man mit Fug
den Parodisten des Euripides und Sokrates einen klassischen Tieck nennen.
Wie Herr Tieck und die Schlegel, trotz der eignen Ungläubigkeit, dennoch den
Untergang des Katholizismus bedauerten; wie sie diesen Glauben bei der
Menge zu restauriren wünschten; wie sie in dieser Absicht die protestantischen
Rationalisten, die Aufklärer, die ächten noch mehr als die falschen, mit Spott
und Verlästerung befehdeten; wie sie gegen Männer, die im Leben und in
der Literatur, eine ehrsame Bürgerlichkeit beförderten, die grimmigste Abneigung hegten; wie sie diese Bürgerlichkeit als philisterhafte Kleinmisère per-
siflirten, und dagegen beständig das große Heldenleben des feudalistischen
Mittelalters gerühmt und gefeiert: so hat auch Aristophanes, welcher selber
die Götter verspöttelte, dennoch die Philosophen gehaßt, die dem ganzen Olymp
den Untergang bereiteten; er haßte den razionalistischen Sokrates, welcher eine
bessere Moral predigte; er haßte die Dichter, die gleichsam schon ein modernes
Leben aussprachen, welches sich von der früheren griechischen Götter-, Helden-
und Königsperiode eben so unterschied, wie unsere jetzige Zeit von den mittelalterlichen Feudalzeiten; er haßte den Euripides, welcher nicht mehr wie Aeschylus und Sophokles von dem griechischen Mittelalter trunken war, sondern
sich schon der bürgerlichen Tragödie näherte. Ich zweifle ob sich Herr Schlegel
der wahren Beweggründe bewußt war, warum er den Euripides so sehr her-
absetzte, in Vergleichung mit Aeschylus und Sophokles: ich glaube ein unbe-
wußtes Gefühl leitete ihn, in dem alten Tragiker roch er das modern demokratische und protestantische Element, welches schon dem ritterschaftlichen und
olympisch katholischen Aristophanes so sehr verhaßt war.

Vielleicht aber erzeige ich Herren A. W. Schlegel eine unverdiente Ehre,
indem ich ihm bestimmte Sympathien und Antipathien beimesse. Es ist
möglich, daß er gar keine hatte. Er war in seiner Jugend ein Helenist und
wurde erst später ein Romantiker. Er wurde Chorführer der neuen Schule,
diese wurde nach ihm und seinem Bruder benamset, und er selber war vielleicht
derjenige, dem es mit der Schlegelschen Schule am wenigsten Ernst war. Er
unterstützte sie mit seinen Talenten, er studierte sich in sie hinein, er freute sich
damit so lang es gut ging, und als es mit der Schule ein schlechtes Ende
nahm, hat er sich wieder in ein neues Fach hineinstudiert.

Obgleich nun die Schule zu Grunde ging, so haben doch die Anstrengungen
des Herrn Schlegel gute Früchte getragen für unsere Literatur. Namentlich
hatte er gezeigt, wie man wissenschaftliche Gegenstände in eleganter Sprache
behandeln kann. Früherhin wagten wenige deutsche Gelehrte ein wissenschaft-
liches Buch in einem klaren und anziehenden Style zu schreiben. Man

schrieb ein verworrenes, trocknes Deutsch, welches nach Talglichtern und Tabak roch. Herr Schlegel gehörte zu den wenigen Deutschen die keinen Tabak rauchen, eine Tugend, welche er der Gesellschaft der Frau von Staël verdankte. Ueberhaupt verdankt er jener Dame die äußere Politur, welche er in Deutschland mit so vielem Vortheil geltend machen konnte. In dieser Hinsicht war der Tod der vortrefflichen Frau v. Staël ein großer Verlust für diesen deutschen Gelehrten, der in ihrem Salon so viele Gelegenheit fand, die neuesten Moden kennen zu lernen, und, als ihr Begleiter in allen Hauptstädten Europas, die schöne Welt sehen und sich die schönsten Weltsitten aneignen konnte. Solche bildende Verhältnisse waren ihm so sehr zum heiteren Lebensbedürfnisse geworden, daß er, nach dem Tode seiner edlen Beschützerin, nicht abgeneigt war, der berühmten Catalani seine Begleitung auf ihren Reisen anzubieten.

Wie gesagt, die Beförderung der Eleganz ist ein Hauptverdienst des Herrn Schlegel, und durch ihn kam auch in das Leben der deutschen Dichter mehr Civilisazion. Schon Goethe hatte das einflußreichste Beispiel gegeben, wie man ein deutscher Dichter sein kann, und dennoch den äußerlichen Anstand zu bewahren vermag. In früheren Zeiten verachteten die deutschen Dichter alle convenzionellen Formen, und der Name „deutscher Dichter" oder gar der Name „poetisches Genie" erlangte die unerfreulichste Bedeutung. Ein deutscher Dichter war ehemals ein Mensch, der einen abgeschabten, zerrissenen Rock trug, Kindtauf- und Hochzeitgedichte für einen Thaler das Stück verfertigte, statt der guten Gesellschaft, die ihn abwies, desto bessere Getränke genoß, auch wohl des Abends betrunken in der Gosse lag, zärtlich geküßt von Lunas gefühlvollen Strahlen. Wenn sie alt geworden, pflegten diese Menschen noch tiefer in ihr Elend zu versinken, und es war freilich ein Elend ohne Sorge, oder dessen einzige Sorge darin besteht: wo man den meisten Schnaps für das wenigste Geld haben kann!

So hatte auch ich mir einen deutschen Dichter vorgestellt. Wie angenehm verwundert war ich daher Anno 1819, als ich, ein ganz junger Mensch, die Universität Bonn besuchte, und dort die Ehre hatte, den Herrn Dichter A. W. Schlegel, das poetische Genie, von Angesicht zu Angesicht zu sehen. Es war, mit Ausnahme des Napoleon, der erste große Mann den ich damals gesehen, und ich werde nie diesen erhabenen Anblick vergessen. Noch heute fühle ich den heiligen Schauer, der durch meine Seele zog, wenn ich vor seinem Katheder stand und ihn sprechen hörte. Ich trug damals einen weißen Flauschrock, eine rothe Mütze, lange blonde Haare und keine Handschuhe. Herr A. W. Schlegel trug aber Glacéehandschuh, und war noch ganz nach der neuesten pariser Mode gekleidet; er war noch ganz parfümirt von guter Gesellschaft und eau de mille fleurs; er war die Zierlichkeit und die Eleganz selbst, und wenn er vom Großkanzler von England sprach, setzte er hinzu „mein Freund,“ und neben ihm stand sein Bedienter in der freiherrlichst Schlegel'schen Hauslivree, und putzte die Wachslichter, die auf silbernen Armleuchtern brannten, und nebst einem Glase Zuckerwasser vor dem Wundermanne auf dem Katheder standen. Livreebedienter! Wachslichter! silberne Armleuchter! mein Freund der Großkanzler von England! Glacéehandschuh! Zuckerwasser! welche unerhörte Dinge im Collegium eines deutschen Professors! Dieser Glanz blendete uns junge Leute nicht wenig, und mich besonders, und ich machte auf Herrn Schlegel damals drei Oden, wovon jede anfing mit den Worten: O du, der du, u. s. w. Aber nur in der Poesie hätte ich es gewagt, einen so vornehmen Mann zu dutzen. Sein Aeußeres gab ihm wirklich eine gewisse Vornehmheit. Auf seinem dünnen Köpfchen glänzten nur noch wenige silberne Härchen, und sein Leib war so dünn, so abgezehrt, so durchsichtig, daß er ganz Geist zu sein schien, daß er fast aussah wie ein Sinnbild des Spiritualismus.

Trotz dem hatte er damals geheirathet, und er, der Chef der Romantiker, heirathete die Tochter des Kirchenrath Paulus zu Heidelberg, des Chefs der deutschen Nazionalisten. Es war eine symbolische Ehe, die Romantik vermählte sich gleichsam mit dem Nazionalismus; sie blieb aber ohne Früchte. Im Gegentheil, die Trennung zwischen der Romantik und dem Nazionalismus wurde dadurch noch größer, und schon gleich am andern Morgen nach der Hochzeitnacht lief der Nazionalismus wieder nach Hause, und wollte nichts mehr mit der Romantik zu schaffen haben. Denn der Nazionalismus, wie er denn immer vernünftig ist, wollte nicht bloß symbolisch vermählt sein, und, sobald er die hölzerne Nichtigkeit der romantischen Kunst erkannt, lief er davon. Ich weiß, ich rede hier dunkel und will mich daher so klar als möglich ausdrücken:

Typhon, der böse Typhon, haßte den Osiris (welcher, wie ihr wißt, ein ägyptischer Gott ist), und als er ihn in seine Gewalt bekam, riß er ihn in Stücken. Isis, die arme Isis, die Gattin des Osiris, suchte diese Stücke mühsam zusammen, flickte sie an einander und es gelang ihr den zerrissenen Gatten wieder ganz herzustellen; ganz? ach nein, es fehlte ein Hauptstück, welches die arme Göttin nicht wieder finden konnte, arme Isis! Sie mußte sich daher begnügen mit einer Ergänzung von Holz, aber Holz ist nur Holz, arme Isis! Hierdurch entstand nun in Egypten ein scandaloser Mythos und in Heidelberg ein mystischer Scandal.

Herrn A. W. Schlegel verlor man seitdem ganz außer Augen. Er war verschollen. Mißmuth über solches Vergessenwerden trieb ihn endlich, nach langjähriger Abwesenheit, wieder einmal nach Berlin, der ehemaligen Hauptstadt seines literarischen Glanzes, und er hielt dort wieder einige Vorlesungen über Aesthetik. Aber er hatte unterdessen nichts Neues gelernt, und er sprach jetzt zu einem Publikum, welches von Hegel eine Philosophie der Kunst, eine Wissenschaft der Aesthetik, erhalten hatte. Man spottete und zuckte die Achsel. Es ging ihm wie einer alten Comödiantin, die nach zwanzigjähriger Abwesenheit den Schauplatz ihres ehemaligen Succes wieder betritt, und nicht begreift warum die Leute lachen statt zu applaudiren. Der Mann hatte sich entsetzlich verändert und er ergötzte Berlin vier Wochen lang durch die Etalage seiner Lächerlichkeiten. Er war ein alter eitler Geck geworden, der sich überall zum Narren halten ließ. Man erzählt darüber die unglaublichsten Dinge.

Hier in Paris hatte ich die Betrübniß, Herrn A. W. Schlegel persönlich wieder zu sehen. Wahrlich, von dieser Veränderung hatte ich doch keine Vorstellung, bis ich mich mit eigenen Augen davon überzeugte. Es war vor einem Jahre, kurz nach meiner Ankunft in der Hauptstadt. Ich ging eben das Haus zu sehen, worin Molière gewohnt hat; denn ich ehre große Dichter, und suche überall mit religiöser Andacht die Spuren ihres irdischen Wandels. Das ist ein Kultus. Auf meinem Wege, unfern von jenem geheiligten Hause, erblickte ich ein Wesen, in dessen verwebten Zügen sich eine Aehnlichkeit mit dem ehemaligen A. W. Schlegel kund gab. Ich glaubte seinen Geist zu sehen. Aber es war nur sein Leib. Der Geist ist todt und der Leib spukt noch auf der Erde, und er ist unterdessen ziemlich fett geworden; an den dünnen spiritualistischen Beinen hatte sich wieder Fleisch angesetzt; es war sogar ein Bauch zu sehen, und oben drüber hingen eine Menge Ordensbänder. Das sonst so feine greise Köpfchen trug eine goldgelbe Perücke. Er war gekleidet nach der neuesten Mode jenes Jahrs, in welchem Frau von Staël gestorben. Dabei lächelte er so veraltet süß, wie eine bejahrte Dame, die ein Stück Zucker im Munde hat, und bewegte sich so jugendlich wie ein kokettes Kind. Es war wirklich eine sonderbare Verjüngung mit ihm vorgegangen; er hatte gleichsam eine spaßhafte zweite Auflage seiner Jugend erlebt; er schien ganz wieder in die Blüthe gekommen zu sein, und die Röthe seiner Wangen habe ich sogar in Verdacht, daß sie keine Schminke war, sondern eine gesunde Ironie der Natur.

Mir war in diesem Augenblick als sähe ich den seligen Molière am Fenster stehen, und als lächelte er zu mir herab, hindeutend auf jene melancholisch heitere Erscheinung. Alle Lächerlichkeit derselben ward mir auf einmal so ganz einleuchtend; ich begriff die ganze Tiefe und Fülle des Spaßes, der darin enthalten war; ich begriff ganz den Lustspielcharakter jener fabelhaft ridikülen Personage, die leider keinen großen Komiker gefunden hat um sie gehörig für die Bühne zu benutzen. Molière allein wäre der Mann gewesen, der eine solche Figur für das Theater Français bearbeiten konnte, er allein hatte das dazu nöthige Talent; — und das ahnte Herr A. W. Schlegel schon frühzeitig, und er haßte den Molière aus demselben Grunde, weshalb Napoleon den Tacitus gehaßt hat. Wie Napoleon Bonaparte, der französische Cäsar, wohl fühlte, daß ihn der republikanische Geschichtschreiber ebenfalls nicht mit Rosenfarben geschildert hätte; so hatte auch Herr A. W. Schlegel, der deutsche Osiris, längst geahnt, daß er dem Molière, dem großen Komiker, wenn dieser jetzt lebte, nimmermehr entgangen wäre. Und Napoleon sagte von Tacitus, er sei der Verläumder des Tiberius, und Herr August Wilhelm Schlegel sagte von Molière, daß er gar kein Dichter, sondern nur ein Possenreißer gewesen sei.

Herr A. W. Schlegel verließ bald darauf Paris, nachdem er vorher von Sr. Majestät, Ludwig Philipp I., König der Franzosen, mit dem Orden der Ehrenlegion dekorirt worden. Der Moniteur hat bis jetzt noch gezögert, diese Begebenheit gehörig zu berichten; aber Thalia, die Muse der Komödie, hat sie hastig aufgezeichnet in ihr lachendes Notizenbuch.

<hr/>

2.

Nach den Schlegeln war Herr Ludwig Tieck einer der thätigsten Schriftsteller der romantischen Schule. Für diese kämpfte und dichtete er. Er war Poet, ein Name, den keiner von den beiden Schlegeln verdient. Er war der wirkliche Sohn des Phöbus Apollo, und, wie sein ewig jugendlicher Vater, führte er nicht bloß die Leier, sondern auch den Bogen mit dem Köcher voll klingender Pfeile. Er war trunken von lyrischer Lust und kritischer Grausamkeit, wie der delphische Gott. Hatte er, gleich diesem, irgend einen literarischen Marsyas erbärmlichst geschunden, dann griff er, mit den blutigen Fingern, wieder lustig in die goldenen Saiten seiner Leyer und sang ein freudiges Minnelied.

Die poetische Polemik, die Herr Tieck, in dramatischer Form, gegen die Gegner der Schule führte, gehört zu den außerordentlichsten Erscheinungen unserer Literatur. Es sind satyrische Dramen, die man gewöhnlich mit den Lustspielen des Aristophanes vergleicht. Aber sie unterscheiden sich von diesen fast eben so wie eine Sophokleische Tragödie sich von einer Shakespeare'schen unterscheidet. Hatte nemlich die antique Comödie ganz den einheitlichen Zuschnitt, den strengen Gang und die zierlichst ausgebildete metrische Sprache der antiquen Tragödie, als deren Parodie sie gelten konnte, so sind die dramatischen Satyren des Herrn Tieck ganz so abentheuerlich zugeschnitten, ganz so englisch unregelmäßig und so metrisch willkührlich wie die Tragödien des Shakespeare. War diese Form eine neue Erfindung des Herrn Tieck? Nein, sie existirte

bereits unter dem Volke, namentlich unter dem Volke in Italien. Wer Italienisch versteht, kann sich einen ziemlich richtigen Begriff jener Tieck'schen
Dramen verschaffen, wenn er sich in die buntscheckig bizarren, venezianisch phantastischen Mährchen-Comödien des Gozzi noch etwas deutschen Mondschein
hineinträumt. Sogar die meisten seiner Masken hat Herr Tieck diesem heiteren Kinde der Lagunen entlehnt. Nach seinem Beispiel haben viele deutsche
Dichter sich ebenfalls dieser Form bemächtigt, und wir erhielten Lustspiele,
deren komische Wirkung nicht durch einen launigen Charakter oder durch eine
spaßhafte Intrigue herbeigeführt wird, sondern die uns gleich unmittelbar in
eine komische Welt versetzen, in eine Welt, wo die Thiere wie Menschen sprechen und handeln, und wo Zufall und Willkühr an die Stelle der natürlichen
Ordnung der Dinge getreten ist. Dieses finden wir auch bei Aristophanes.
Nur daß letzterer diese Form gewählt, um uns seine tiefsinnigsten Weltanschauungen zu offenbaren, wie z. B. in den Vögeln, wo das wahnwitzigste
Treiben der Menschen, ihre Sucht, in der leeren Luft die herrlichsten Schlösser
zu bauen, ihr Trotz gegen die ewigen Götter, und ihre eingebildete Sieges-
freude in den possirlichsten Fratzen dargestellt ist. Darum eben ist Aristophanes so groß, weil seine Weltansicht so groß war, weil sie größer, ja tragischer
war als die der Tragiker selbst, weil seine Comödien wirklich „scherzende Tragödien" waren: denn z. B. Paisteteros wird nicht am Ende des Stückes, wie
etwa ein moderner Dichter thun würde, in seiner lächerlichen Nichtigkeit dargestellt, sondern vielmehr er gewinnt die Basilea, die schöne wundermächtige
Basilea, er steigt mit dieser himmlischen Gemahlin empor in seine Luftstadt,
die Götter sind gezwungen, sich seinem Willen zu fügen, die Narrheit feiert
ihre Vermählung mit der Macht und das Stück schließt mit jubelnden Hyme-
näen. Giebt es für einen vernünftigen Menschen etwas grauenhaft Tragi-
scheres als dieser Narrensieg und Narrentriumph! So hoch aber verstiegen
sich nicht unsere deutschen Aristophanesse; sie enthielten sich jeder höheren Weltanschauung; über die zwei wichtigsten Verhältnisse des Menschen, das politische
und das religiöse, schwiegen sie mit großer Bescheidenheit; nur das Thema,
das Aristophanes in den Fröschen besprochen, wagten sie zu behandeln: zum
Hauptgegenstand ihrer dramatischen Satyre wählten sie das Theater selbst,
und sie satyrisirten, mit mehr oder minderer Laune, die Mängel unserer
Bühne. — —

Wir haben jetzt Ruhe in Deutschland, die Theaterkritik und die Novelle
wird wieder Hauptsache; und, da Herr Tieck in diesen beiden Leistungen excel-
lirt, so wird ihm von allen Freunden der Kunst die gebührende Bewunderung
gezollt. Er ist, in der That, der beste Novellist in Deutschland. Jedoch alle
seine erzählenden Erzeugnisse sind weder von derselben Gattung noch von demselben Werthe. Wie bei den Malern, kann man auch bei Herrn Tieck mehrere

16*

Manieren unterscheiden. Seine erste Manier gehört noch ganz der früheren alten Schule. Er schrieb damals nur auf Antrieb und Bestellung eines Buchhändlers, welcher eben kein anderer war als der selige Nikolay selbst, der eigensinnigste Champion der Aufklärung und Humanität, der große Feind des Aberglaubens, des Mystizismus und der Romantik. Nikolay war ein schlechter Schriftsteller, eine prosaische Perücke, und er hat sich mit seiner Jesuitenriecherei oft sehr lächerlich gemacht. Aber wir Spätergeborenen, wir müssen doch eingestehen, daß der alte Nikolay ein grundehrlicher Mann war, der es redlich mit dem deutschen Volke meinte, und der aus Liebe für die heilige Sache der Wahrheit sogar das schlimmste Martyrthum, das Lächerlichwerden, nicht scheute. Wie man mir zu Berlin erzählt, lebte Herr Tieck früherhin in dem Hause dieses Mannes, er wohnte eine Etage höher als Nikolay, und die neue Zeit trampelte schon über dem Kopfe der alten Zeit.

Die Werke, die Herr Tieck in seiner ersten Manier schrieb, meistens Erzählungen und große lange Romane, worunter William Lovell der beste, sind sehr unbedeutend, ja sogar ohne Poesie. Es ist als ob diese poetisch reiche Natur in der Jugend geizig gewesen sei, und alle ihre geistigen Reichthümer für eine spätere Zeit aufbewahrt habe. Oder kannte Herr Tieck selber nicht die Reichthümer seiner eigenen Brust, und die Schlegel mußten diese erst mit der Wünschelruthe entdecken? So wie Herr Tieck mit den Schlegeln in Berührung kam, erschlossen sich alle Schätze seiner Phantasie, seines Gemüthes und seines Witzes. Da leuchteten die Diamanten, da quollen die klarsten Perlen, und vor allem blitzte da der Karfunkel, der fabelhafte Edelstein, wovon die romantischen Poeten damals so viel gesagt und gesungen. Diese reiche Brust war die eigentliche Schatzkammer, wo die Schlegel für ihre literarischen Feldzüge die Kriegskosten schöpften. Herr Tieck mußte für die Schule die schon erwähnten satyrischen Lustspiele schreiben und zugleich nach den neuen ästhetischen Rezepten eine Menge Poesien jeder Gattung verfertigen. Das ist nun die zweite Manier des Herrn Ludwig Tieck. Seine empfehlenswerthesten dramatischen Produkte in dieser Manier sind „der Kaiser Oktavian," „die heilige Genofeva" und der „Fortunat," drei Dramen, die den gleichnamigen Volksbüchern nachgebildet sind. Diese alten Sagen, die das deutsche Volk noch immer bewahrt, hat hier der Dichter in neuen kostbaren Gewanten gekleidet. Aber, ehrlich gestanden, ich liebe sie mehr in der alten naiven treuherzigen Form. So schön auch die Tiecksche Genofeva ist, so habe ich doch weit lieber das alte, zu Köln am Rhein sehr schlecht gedruckte Volksbuch mit seinen schlechten Holzschnitten, worauf aber gar rührend zu schauen ist, wie die arme nackte Pfalzgräfin nur ihre langen Haare zur keuschen Bedeckung hat, und ihren kleinen Schmerzenreich an den Zitzen einer mitleidigen Hirschkuh saugen läßt.

Weit kostbarer noch als jene Dramen sind die Novellen, die Herr Tieck in seiner zweiten Manier geschrieben. Auch diese sind meistens den alten Volkssagen nachgebildet. Die vorzüglichsten sind: „der blonde Eckbert," und „der Runenberg." In diesen Dichtungen herrscht eine geheimnißvolle Innigkeit, ein sonderbares Einverständniß mit der Natur, besonders mit dem Pflanzen- und Steinreich. Der Leser fühlt sich da wie in einem verzauberten Walde; er hört die unterirdischen Quellen melodisch rauschen; er glaubt manchmal, im Geflüster der Bäume, seinen eigenen Namen zu vernehmen; die breitblättrigen Schlingpflanzen umstricken manchmal beängstigend seinen Fuß; wildfremde Wunderblumen schauen ihn an mit ihren bunten sehnsüchtigen Augen; unsichtbare Lippen küssen seine Wangen mit neckender Zärtlichkeit; hohe Pilze, wie goldne Glocken, wachsen klingend empor am Fuße der Bäume; große schweigende Vögel wiegen sich auf den Zweigen, und nicken herab mit ihren klugen, langen Schnäbeln; alles athmet, alles lauscht, alles ist schauernd erwartungsvoll: — da ertönt plötzlich das weiche Waldhorn, und auf weißem Zelter jagt vorüber ein schönes Frauenbild, mit wehenden Federn auf dem Barett, mit dem Falken auf der Faust. Und dieses schöne Fräulein ist so schön, so blond, so veilchenäugig, so lächelnd und zugleich so ernsthaft, so wahr und zugleich so ironisch, so keusch und zugleich so schmachtend, wie die Phantasie unseres vortrefflichen Ludwig Tieck. Ja, seine Phantasie ist ein holdseliges Ritterfräulein, das im Zauberwalde nach fabelhaften Thieren jagt, vielleicht gar nach dem seltenen Einhorn, das sich nur von einer reinen Jungfrau fangen läßt.

Eine merkwürdige Veränderung begiebt sich aber jetzt mit Herrn Tieck, und diese bekundet sich in seiner dritten Manier. Als er nach dem Sturze der Schlegel eine lange Zeit geschwiegen, trat er wieder öffentlich auf, und zwar in einer Weise, wie man sie von ihm am wenigsten erwartet hätte. Der ehemalige Enthusiast, welcher einst, aus schwärmerischem Eifer, sich in den Schooß der katholischen Kirche begeben, welcher Aufklärung und Protestantismus so gewaltig bekämpft, welcher nur Mittelalter, nur feudalistisches Mittelalter athmete, welcher die Kunst nur in der naiven Herzensergießung liebte: dieser trat jetzt auf als Gegner der Schwärmerei, als Darsteller des modernsten Bürgerlebens, als Künstler, der in der Kunst das klarste Selbstbewußtsein verlangte, kurz als ein vernünftiger Mann. So sehen wir ihn in einer Reihe neuer Novellen, wovon auch einige in Frankreich bekannt geworden. Das Studium Goethes ist darin sichtbar, so wie überhaupt Herr Tieck in seiner dritten Manier als ein wahrer Schüler Goethes erscheint. Dieselbe artistische Klarheit, Heiterkeit, Ruhe und Ironie. War es früher der Schlegelschen Schule nicht gelungen, den Goethe zu sich heranzuziehen, so sehen wir jetzt, wie diese Schule, repräsentirt von Herrn Ludwig Tieck, zu Goethe überging.

Dies mahnt an eine mahometanische Sage. Der Prophet hatte zu dem Berge gesagt: Berg komm zu mir. Aber der Berg kam nicht. Und siehe! das größere Wunder geschah, der Prophet ging zu dem Berge.

Herr Tieck ist geboren zu Berlin, den 31. Mai 1773. Seit einer Reihe Jahre hat er sich zu Dresden niedergelassen, wo er sich meistens mit dem Theater beschäftigte, und er, welcher in seinen früheren Schriften die Hofräthe als Typus der Lächerlichkeit beständig persifflirt hatte, er selber wurde jetzt königlich sächsischer Hofrath. Der liebe Gott ist doch immer noch ein größerer Ironiker als Herr Tieck.

Es ist jetzt ein sonderbares Mißverhältniß eingetreten zwischen dem Verstande und der Phantasie dieses Schriftstellers. Jener, der Tiecksche Verstand ist ein honetter, nüchterner Spießbürger, der dem Nützlichkeitssystem huldigt und nichts von Schwärmerei wissen will; jene aber, die Tiecksche Phantasie, ist noch immer das ritterliche Frauenbild mit den wehenden Federn auf dem Barett, mit dem Falken auf der Faust. Diese beiden führen eine kuriose Ehe, und es ist manchmal betrübsam zu schauen, wie das arme hochadlige Weib dem trockenen bürgerlichen Gatten in seiner Wirthschaft, oder gar in seinem Käseladen behülflich sein soll. Manchmal aber, des Nachts, wenn der Herr Gemahl, mit seiner baumwollenen Mütze über dem Kopfe, ruhig schnarcht, erhebt die edle Dame sich von dem ehelichen Zwangslager, und besteigt ihr weißes Roß, und jagt wieder lustig, wie sonst, im romantischen Zauberwald.

Ich kann nicht umhin zu bemerken, daß der Tiecksche Verstand, in seinen jüngsten Novellen, noch grämlicher geworden, und daß zugleich seine Phantasie von ihrer romantischen Natur immer mehr und mehr einbüßt, und in kühlen Nächten, sogar mit gähnendem Behagen, im Ehebette liegen bleibt und sich dem dürren Gemahle fast liebevoll anschließt.

Herr Tieck ist jedoch immer noch ein großer Dichter. Denn er kann Gestalten schaffen, und aus seinem Herzen dringen Worte, die unsere eigenen Herzen bewegen. Aber ein zages Wesen, etwas Unbestimmtes, Unsicheres, eine gewisse Schwächlichkeit ist nicht bloß jetzt, sondern war von jeher an ihm bemerkbar. Dieser Mangel an entschlossener Kraft giebt sich nur allzusehr kund in allem was er that und schrieb. Wenigstens in allem was er schrieb, offenbart sich keine Selbstständigkeit. Seine erste Manier zeigt ihn als gar nichts; seine zweite Manier zeigt ihn als einen getreuen Schildknappen der Schlegel; seine dritte Manier zeigt ihn als einen Nachahmer Goethes. Seine Theaterkritiken, die unter dem Titel „dramaturgische Blätter" gesammelt, sind noch das Originalste, was er geliefert hat. Aber es sind Theaterkritiken.

Um den Hamlet ganz als Schwächling zu schildern, läßt Shakspeare ihn auch, im Gespräche mit den Comödianten, als einen guten Theaterkritiker erscheinen.

Mit den ernsten Disciplinen hatte sich Herr Tieck nie sonderlich befaßt. Er studirte moderne Sprachen und die älteren Urkunden unserer vaterländischen Poesie. Den klassischen Studien soll er immer fremd geblieben sein, als ein ächter Romantiker. Nie beschäftige er sich mit Philosophie; diese scheint ihm sogar widerwärtig gewesen zu sein. Auf den Feldern der Wissenschaft brach Herr Tieck nur Blumen und dünne Gerten, um mit ersteren die Nasen seiner Freunde, und mit letzteren die Rücken seiner Gegner zu regaliren. Mit dem gelehrten Feldbau hat er sich nie abgegeben. Seine Schriften sind Blumensträuße und Stockbündel; nirgends eine Garbe mit Kornähren.

Außer Goethe ist es Cervantes, welchen Herr Tieck am meisten nachgeahmt. Die humoristische Ironie, ich könnte auch sagen, der ironische Humor dieser beiden modernen Dichter, verbreitet auch ihren Duft in den Novellen aus Herrn Tiecks dritter Manier. Ironie und Humor sind da so verschmolzen, daß sie ein und dasselbe zu sein scheinen. Von dieser humoristischen Ironie ist viel bei uns die Rede, die Goethesche Kunstschule preist sie als eine besondere Herrlichkeit ihres Meisters, und sie spielt jetzt eine große Rolle in der deutschen Literatur.

Ich habe nachträglich noch zwei Arbeiten des Herrn Tieck zu rühmen, wodurch er sich ganz besonders den Dank des deutschen Publikums erworben. Das sind seine Uebersetzung einer Reihe englischer Dramen aus der shakespeareschen Zeit, und seine Uebersetzung des Don Quixote. Letztere ist ihm ganz besonders gelungen, keiner hat die närrische Grandezza des ingeniösen Hidalgo von La Mancha so gut begriffen und so treu wieder gegeben wie unser vortrefflicher Tieck.

Spaßhaft genug ist es, daß gerade die romantische Schule uns die beste Uebersetzung eines Buches geliefert hat, worin ihre eigne Narrheit am ergötzlichsten durchgehechelt wird. Denn diese Schule war ja von demselben Wahnsinn befangen, der auch den edlen Manchaner zu allen seinen Narrheiten begeisterte; auch sie wollte das mittelalterliche Ritterthum wieder restauriren; auch sie wollte eine abgestorbene Vergangenheit wieder ins Leben rufen. Oder hat Miguel de Cervantes Savedra in seinem närrischen Heldengedichte auch andere Ritter persiffliren wollen, nämlich alle Menschen, die für irgend eine Idee kämpfen und leiden? Hat er wirklich in seinem langen, dürren Ritter die idealische Begeisterung überhaupt, und in dessen dickem Schildknappen den realen Verstand parodiren wollen? Immerhin, letzterer spielt jedenfalls die lächerlichere Figur; denn der reale Verstand mit allen seinen hergebrachten gemeinnützigen Sprüchwörtern muß dennoch, auf seinem ruhigen Esel, hinter der Begeisterung einher trottiren; trotz seiner bessern Einsicht muß er und sein Esel alles Ungemach theilen, das dem edlen Ritter so oft zustößt: ja, die

ideale Begeisterung ist von so gewaltig hinreißender Art, daß der reale Verstand, mitsammt seinen Eseln, ihr immer unwillkührlich nachfolgen muß.

Oder hat der tiefsinnige Spanier noch tiefer die menschliche Natur verhöhnen wollen? Hat er vielleicht in der Gestalt des Don Quixote unseren Geist,
und in der Gestalt des Sancho Pansa unseren Leib allegorisirt, und das ganze
Gedicht wäre alsdenn nichts anders als ein großes Mysterium, wo die Frage
über den Geist und die Materie in ihrer gräßlichsten Wahrheit diskutirt wird?
So viel sehe ich in dem Buche, daß der arme, materielle Sancho für die spi-
rituellen Don Quixoterien sehr viel leiden muß, daß er für die nobelsten Absichten seines Herren sehr oft die ignobelsten Prügel empfängt, und daß er
immer verständiger ist, als sein hochtrabender Herr; denn er weiß, daß Prügel
sehr schlecht, die Würstchen einer Olla-Potrida aber sehr gut schmecken.
Wirklich, der Leib scheint oft mehr Einsicht zu haben, als der Geist, und der
Mensch denkt oft viel richtiger mit Rücken und Magen, als mit dem Kopf.

3.

Unter den Verrücktheiten der romantischen Schule in Deutschland verdient
das unaufhörliche Rühmen und Preisen des Jakob Böhme eine besondere
Erwähnung. Dieser Name war gleichsam das Schiboleth dieser Leute.
Wenn sie den Namen Jakob Böhme aussprachen, dann schnitten sie ihre tiefsinnigsten Gesichter. War das Ernst oder Spaß?

Jener Jakob Böhme war ein Schuster, der Anno 1575 zu Wörlitz, in der
Oberlausitz, das Licht der Welt erblickt und eine Menge theosophischer Schriften
hinterlassen hat. Diese sind in deutscher Sprache geschrieben, und waren
daher unsern Romantikern um so zugänglicher. Ob jener sonderbare Schuster
ein so ausgezeichneter Philosoph gewesen ist, wie viele deutsche Mystiker behaupten, darüber kann ich nicht allzu genau urtheilen, da ich ihn gar nicht
gelesen; ich bin aber überzeugt, daß er keine so gute Stiefel gemacht hat wie
Herr Sakoski. Die Schuster spielen überhaupt eine Rolle in unserer Literatur, und Hans Sachs, ein Schuster, welcher im Jahre 1454 zu Nürrem-
berg geboren ist, und dort sein Leben verbracht, ward von der romantischen
Schule als einer unserer besten Dichter gepriesen. Ich habe ihn nie gelesen,
und ich muß gestehen, daß ich zweifle ob Herr Sakoski jemals so gute Verse
gemacht hat, wie unser alter, vortrefflicher Hans Sachs.

Des Herrn Schellings Einfluß auf die romantische Schule habe ich bereits
angedeutet. Da ich ihn später besonders besprechen werde, kann ich mir hier
seine ausführliche Beurtheilung ersparen. Jedenfalls verdient dieser Mann

unsere größte Aufmerksamkeit. Denn in früherer Zeit ist durch ihn in der deutschen Geisterwelt eine große Revoluzion entstanden, und in späterer Zeit hat er sich so verändert, daß die Unerfahrnen in die größten Irrthümer gerathen, wenn sie den früheren Schelling mit dem jetzigen verwechseln möchten. Der frühere Schelling war ein kühner Protestant, der gegen den Fichteschen Idealismus protestirte. Dieser Idealismus war ein sonderbares System, das besonders einem Franzosen befremdlich sein muß. Denn während in Frankreich eine Philosophie aufkam, die den Geist gleichsam verkörperte, die den Geist nur als eine Modifikazion der Materie anerkannte, kurz, während hier der Materialismus herrschend geworden, erhob sich in Deutschland eine Philosophie, die, ganz im Gegentheil, nur den Geist als etwas Wirkliches annahm, die alle Materie nur für eine Modifikazion des Geistes erklärte, die sogar die Existenz der Materie läugnete. Es schien fast, der Geist habe jenseits des Rheins Rache gesucht für die Beleidigung, die ihm diesseits des Rheines widerfahren. Als man den Geist hier in Frankreich läugnete, da emigrirte er gleichsam nach Deutschland und läugnete dort die Materie. Fichte könnte man in dieser Beziehung als den Herzog von Braunschweig des Spiritualismus betrachten, und seine idealistische Philosophie wäre nichts als ein Manifest gegen den französischen Materialismus. Aber diese Philosophie, die wirklich die höchste Spitze des Spiritualismus bildet, konnte sich eben so wenig erhalten, wie der krasse Materialismus der Franzosen, und Herr Schelling war der Mann, welcher mit der Lehre auftrat: daß die Materie, oder, wie er es nannte, die Natur, nicht bloß in unserem Geiste, sondern auch in der Wirklichkeit existire, daß unsere Anschauung von den Dingen identisch sei mit den Dingen selbst. Dieses ist nun die Schellingsche Identitätslehre, oder, wie man sie auch nennt, die Naturphilosophie.

Solches geschah zu Anfang des Jahrhunderts. Herr Schelling war damals ein großer Mann. Unterdessen aber erschien Hegel auf dem philosophischen Schauplatz; Herr Schelling, welcher in den letzten Zeiten fast nichts schrieb, wurde verdunkelt, ja, er gerieth in Vergessenheit und behielt nur noch eine literärhistorische Bedeutung. Die Hegelsche Philosophie ward die herrschende, Hegel ward Souverain im Reiche der Geister, und der arme Schelling, ein heruntergekommener, mediatisirter Philosoph, wandelte trübselig umher unter den anderen mediatisirten Herren zu München. Da sah ich ihn einst und hätte schier Thränen vergießen können über den jammervollen Anblick. Und was er sprach war noch das Allerjämmerlichste, es war ein neidisches Schmähen auf Hegel, der ihn supplantirt. Wie ein Schuster über einen andern Schuster spricht, den er beschuldigt, er habe sein Leder gestohlen und Stiefel daraus gemacht: so hörte ich Herrn Schelling, als ich ihn zufällig mal sah, über Hegel sprechen, über Hegel, welcher ihm „seine Ideen genommen;" und „meine Ideen sind es, die er genommen," und wieder „meine Ideen," war der beständige Refrain des armen Mannes. Wahrlich, sprach der Schuster Jakob Böhme einst wie ein Philosoph, so spricht der Philosoph Schelling jetzt wie ein Schuster.

Nichts ist lächerlicher als das reklamirte Eigenthumsrecht an Ideen. Hegel hat freilich sehr viele Schellingsche Ideen zu seiner Philosophie benutzt; aber Herr Schelling hätte doch nie mit diesen Ideen etwas anzufangen gewußt. Er hat immer nur philosophiert, aber nimmermehr eine Philosophie geben können. Und dann dürfte man wohl behaupten, daß Herr Schelling mehr von Spinoza entlehnt hat, als Hegel von ihm selber. Wenn man den Spinoza einst aus seiner starren, altkartesianischen, mathematischen Form erlöst, und ihn dem großen Publikum zugänglicher macht, dann wird sich vielleicht zeigen, daß er mehr als jeder Andere über Ideendiebstahl klagen dürfte. Alle unsere heutigen Philosophen, vielleicht oft ohne es zu wissen, sehen sie durch die Brillen, die Baruch Spinoza geschliffen hat.

Mißgunst und Neid hat Engel zum Falle gebracht, und es ist leider nur zu gewiß, daß Unmuth wegen Hegels immer steigendem Ansehen, den armen Herrn Schelling dahin geführt, wo wir ihn jetzt sehen. — Herr Schelling verrieth die Philosophie an die katholische Religion. Alle Zeugnisse stimmen hierin überein, und es war längst vorauszusehen, daß es dazu kommen mußte. Aus dem Munde einiger Machthaber zu München hatte ich so oft die Worte gehört: „man müsse den Glauben verbinden mit dem Wissen." Diese Phrase war unschuldig wie die Blume und dahinter lauerte die Schlange. Jetzt weiß ich was Ihr gewollt habt. Herr Schelling muß jetzt dazu dienen, mit allen Kräften seines Geistes die katholische Religion zu rechtfertigen, und alles, was er unter dem Namen Philosophie jetzt lehrt, ist nichts anders als eine Rechtfertigung des Katholizismus. Dabei spekulirte man noch auf den Nebenvortheil, daß der gefeierte Name die weisheitsdürstende deutsche Jugend nach München lockt. Andächtig kniet diese Jugend vor dem Manne, den sie für den Hohepriester der Wahrheit hält, und arglos empfängt sie aus seinen Händen die vergiftete Hostie.

Unter den Schülern des Herrn Schelling nennt Deutschland in besonders rühmlicher Weise den Herrn Steffens, der jetzt Professor der Philosophie in Berlin. Er lebte zu Jena als die Schlegel dort ihr Wesen trieben, und sein Name erklingt häufig in den Annalen der romantischen Schule. Er hat späterhin auch einige Novellen geschrieben, worin viel Scharfsinn und wenig Poesie zu finden ist. Bedeutender sind seine wissenschaftlichen Werke, namentlich seine Anthropologie. Diese ist voll originaler Ideen. Von dieser Seite ist ihm weniger Anerkennung zu Theil geworden, als er wohl verdiente. Andere haben die Kunst verstanden, seine Ideen zu bearbeiten, und sie als die ihrigen ins

Publikum zu bringen. Herr Steffens durfte mehr als sein Meister sich beklagen, daß man ihm seine Ideen entwendet. Unter seinen Ideen gab es aber eine, die sich keiner zugeeignet hat, und es ist seine Hauptidee, die erhabene Idee: „Henrik Steffens, geboren den 2ten Mai 1773 zu Stavangar, bei Drohntheim in Norweg, sei der größte Mann seines Jahrhunderts."

Seit den letzten Jahren ist dieser Mann in die Hände der Pietisten gerathen und seine Philosophie ist jetzt nichts als ein weinerlicher, lauwarm wäßriger Pietismus.

Ein ähnlicher Geist ist Herr Joseph Görres, dessen ich schon mehrmals erwähnt, und der ebenfalls zur Schellingschen Schule gehört. Er ist in Deutschland bekannt unter dem Namen: „der vierte Alliirte." So hatte ihn nemlich ein französischer Journalist genannt, im Jahre 1814, als er den Haß gegen Frankreich predigte. Von diesem Complimente zehrt der Mann noch bis auf den heutigen Tag. Aber, in der That, niemand vermochte, so gewaltig wie er, vermittelst nazionaler Erinnerungen, den Haß der Deutschen gegen die Franzosen zu entflammen; und das Journal, das er in dieser Absicht schrieb, „der rheinische Merkur," ist voll von solchen Beschwörungsformeln, die, käme es wieder zum Kriege, noch immer einige Wirkung ausüben möchten. Seitdem kam Herr Görres fast in Vergessenheit. —— Er ist eine Hauptstütze der katholischen Propaganda zu München. Dort sah ich ihn, vor einigen Jahren, in der Blüthe seiner Erniedrigung. Vor einem Auditorium, das meistens aus katholischen Seminaristen bestand, hielt er Vorlesungen über allgemeine Weltgeschichte, und war schon bis zum Sündenfall gekommen. Welch ein schreckliches Ende nehmen doch die Feinde Frankreichs! Der vierte Alliirte ist jetzt dazu verdammt, den katholischen Seminaristen, der Ecole-Polytechnique des Obscurantismus, jahraus, jahrein, tagtäglich den Sündenfall zu erzählen! In dem Vortrage des Mannes herrschte, wie in seinen Büchern, die größte Confusion, die größte Begriff- und Sprachverwirrung, und, nicht ohne Grund, hat man ihn oft mit dem babilonischen Thurm verglichen. Er gleicht wirklich einem ungeheuren Thurm, worin hunderttausend Gedanken sich abarbeiten und sich besprechen und zurufen und zanken, ohne daß der eine den andern versteht. Manchmal schien der Lärm in seinem Kopfe ein wenig zu schweigen, und er sprach dann lang und langsam und langweilig, und von seinen mißmüthigen Lippen fielen die monotonen Worte herab, wie trübe Regentropfen von einer bleiernen Dachtraufe.

Wenn manchmal die alte demagogische Wildheit wieder in ihm erwachte und mit seinen mönchisch frommen Demuthsworten widerwärtig kontrastirte; wenn er christlich liebevoll wimmerte, während er blutdürstig wüthend hin und hersprang: dann glaubte man eine tonsurirte Hyäne zu sehen.

Herr Görres ist geboren zu Coblenz, den 25ten Januar 1776.

Die übrigen Particularitäten seines Lebens, wie die des Lebens der meisten seiner Genossen, bitte ich mir zu erlassen. Ich habe vielleicht in der Beurtheilung seiner Freunde, der beiden Schlegel, die Grenze überschritten wie weit man das Leben dieser Leute besprechen darf.

Ach! wie betrübsam ist es, wenn man nicht blos jene Dioskuren, sondern wenn man überhaupt die Sterne unserer Literatur in der Nähe betrachtet! Die Sterne des Himmels erscheinen uns aber vielleicht deßhalb so schön und rein, weil wir weit von ihnen entfernt stehen und ihr Privatleben nicht kennen. Es giebt gewiß dort oben ebenfalls manche Sterne, welche lügen und betteln; Sterne, welche heucheln; Sterne, welche gezwungen sind, alle möglichen Schlechtigkeiten zu begehen; Sterne, welche sich einander küssen und verrathen; Sterne, welche ihren Feinden und, was noch schmerzlicher ist, sogar ihren Freunden schmeicheln, eben so gut wie hier unten. Jene Cometen, die man dort oben manchmal wie Mänaden des Himmels, mit aufgelöstem Strahlenhaar, umherschweifen sieht, das sind vielleicht liederliche Sterne, die am Ende sich reuig und devot in einen obscuren Winkel des Firmaments verkriechen und die Sonne hassen.

Indem ich hier von deutschen Philosophen gesprochen, kann ich nicht umhin, einen Irrthum zu berichtigen, den ich in Betreff der deutschen Philosophie hier in Frankreich allzusehr verbreitet finde. Seit nemlich einige Franzosen sich mit der Schellingschen und Hegelschen Philosophie beschäftigt, die Resultate ihrer Studien in französischer Sprache mitgetheilt, auch wohl auf französische Verhältnisse angewendet: seitdem klagen die Freunde des klaren Denkens und der Freiheit, daß man aus Deutschland die aberwitzigsten Träumereien und Sophismen einführe, womit man die Geister zu verwirren, und jede Lüge und jeden Despotismus mit dem Scheine der Wahrheit und des Rechts zu umkleiden verstünde. Mit einem Worte, diese edlen, für die Interessen des Liberalismus besorgten Leute, klagen über den schädlichen Einfluß der deutschen Philosophie in Frankreich. Aber der armen deutschen Philosophie geschieht Unrecht. Denn erstens ist das keine deutsche Philosophie, was den Franzosen bisher unter diesem Titel, namentlich von Herren Victor Cousin, präsentirt worden. Herr Cousin hat sehr viel geistreiches Wischiwaschi, aber keine deutsche Philosophie vorgetragen. Zweitens die eigentliche deutsche Philosophie ist die, welche ganz unmittelbar aus Kants Critik der reinen Vernunft hervorgegangen, und, den Charakter dieses Ursprungs bewahrend, sich wenig um politische oder religiöse Verhältnisse, desto mehr aber um die letzten Gründe aller Erkenntniß bekümmerte.

Es ist wahr, die metaphysischen Systeme der meisten deutschen Philosophen glichen nur allzu sehr bloßem Spinnweb. Aber was schadete das? Konnte doch der Jesuitismus dieses Spinnweb nicht zu seinen Lügennetzen benutzen, und konnte doch eben so wenig der Despotismus seine Stricke daraus drehen, um die Geister zu binden. Nur seit Schelling verlor die deutsche Philosophie diesen dünnen, aber harmlosen Charakter. Unsere Philosophen kritisiren seitdem nicht mehr die letzten Gründe der Erkenntnisse und des Seins überhaupt, sie schwebten nicht mehr in idealistischen Abstrakzionen, sondern sie suchten Gründe, um das Vorhandene zu rechtfertigen, sie wurden Justifikatoren dessen, was da ist. Während unsere früheren Philosophen, arm und entsagend, in kümmerlichen Dachstübchen hockten und ihre Systeme ausgrübelten, stecken unsere jetzigen Philosophen in der brillanten Livree der Macht, sie wurden Staatsphilosophen, nemlich sie ersannen philosophische Rechtfertigungen aller Interessen des Staates, worin sie sich angestellt befanden. Z. B. Hegel, Professor in dem protestantischen Berlin, hat in seinem Systeme auch die ganze evangelisch-protestantische Dogmatik aufgenommen; und Herr Schelling, Professor in dem katholischen München, justifizirt jetzt, in seinen Vorlesungen, selbst die extravagantesten Lehrsätze der römisch katholisch apostolischen Kirche.

Ja, wie einst die alexandrinischen Philosophen allen ihren Scharfsinn aufgeboten, um, durch allegorische Auslegungen, die sinkende Religion des Jupiter vor dem gänzlichen Untergang zu bewahren, so versuchen unsere deutschen Philosophen etwas Aehnliches für die Religion Christi. Es kümmert uns wenig zu untersuchen, ob diese Philosophen einen uneigennützigen Zweck haben; sehen wir sie aber in Verbindung mit der Parthei der Priester, deren materielle Interessen mit der Erhaltung des Katholizismus verknüpft ist, so nennen wir sie Jesuiten. Sie mögen sich aber nicht einbilden, daß wir sie mit den älteren Jesuiten verwechseln. Diese waren groß und gewaltig, voll Weisheit und Willenskraft. O, der schwächlichen Zwerge, die da wähnen, sie würden die Schwierigkeiten besiegen, woran sogar jene schwarzen Riesen gescheitert! Nie hat der menschliche Geist größere Combinazionen ersonnen, als die, wodurch die alten Jesuiten den Katholizismus zu erhalten suchten. Aber es gelang ihnen nicht, weil sie nur für die Erhaltung des Katholizismus und nicht für den Katholizismus selbst begeistert waren. An letzterem, an und für sich, war ihnen eigentlich nicht viel gelegen; daher profanirten sie zuweilen das katholische Prinzip selbst, um es nur zur Herrschaft zu bringen; sie verständigten sich mit dem Heidenthum, mit den Gewalthabern der Erde, beförderten deren Lüste, wurden Mörder und Handelsleute, und, wo es darauf ankam, wurden sie sogar Atheisten. Aber vergebens gewährten ihre Beichtiger die freundlichsten Absoluzionen und buhlten ihre Casuisten mit jedem Laster und Verbrechen. Vergebens haben sie mit den Laien in Kunst und Wissenschaft gewetteifert, um beide als Mittel zu benutzen. Hier wird ihre Ohnmacht ganz sichtbar. Sie beneideten alle großen Gelehrten und Künstler und konnten doch nichts Außerordentliches entdecken oder schaffen.

Sie haben fromme Hymnen gedichtet und Dome gebaut; aber in ihren Gedichten weht kein freier Geist, sondern seufzt nur der zitternde Gehorsam für die Oberen des Ordens; und gar in ihren Bauwerken sieht man nur eine ängstliche Unfreiheit, steinerne Schmiegsamkeit, Erhabenheit auf Befehl. Mit Recht sagte einst Barault: die Jesuiten konnten die Erde nicht zum Himmel erheben, und sie zogen den Himmel herab zur Erde. Fruchtlos war all ihr Thun und Wirken. Aus der Lüge kann kein Leben erblühen und Gott kann nicht gerettet werden durch den Teufel.

Herr Schelling ist geboren, den 27. Januar 1775, in Würtemberg.

4.

Ueber das Verhältniß des Herrn Schelling zur romantischen Schule habe ich nur wenig Andeutung geben können. Sein Einfluß war meistens persönlicher Art. Dann ist auch, seit durch ihn die Naturphilosophie in Schwung gekommen, die Natur viel sinniger von den Dichtern aufgefaßt worden. Die einen versenkten sich mit allen ihren menschlichen Gefühlen in die Natur hinein; die anderen hatten einige Zauberformeln sich gemerkt, womit man etwas Menschliches aus der Natur hervorschauen und hervorsprechen lassen konnte. Erstere waren die eigentlichen Mystiker und glichen in vieler Hinsicht den indischen Religiosen, die in der Natur aufgehen, und endlich mit der Natur in Gemeinschaft zu fühlen beginnen. Die Anderen waren vielmehr Beschwörer, sie riefen mit eigenem Willen sogar die feindlichen Geister aus der Natur hervor, sie glichen dem arabischen Zauberer, der nach Willkühr jeden Stein zu beleben, und jedes Leben zu versteinern weiß. Zu den Ersteren gehörte zunächst Novalis, zu den Anderen zunächst Hoffmann. Novalis sah überall nur Wunder und liebliche Wunder; er belauschte das Gespräch der Pflanzen, er wußte das Geheimniß jeder jungen Rose, er identifizirte sich endlich mit der ganzen Natur, und, als es Herbst wurde und die Blätter abfielen, da starb er. Hoffmann hingegen sah überall nur Gespenster, sie nickten ihm entgegen aus jeder chinesischen Theekanne und jeder berliner Perücke; er war ein Zauberer, der die Menschen in Bestien verwandelte und diese sogar in königlich preußische Hofräthe; er konnte die Todten aus den Gräbern hervorrufen, aber das Leben selbst stieß ihn von sich als einen trüben Spuk. Das fühlte er; er fühlte, daß er selbst ein Gespenst geworden; die ganze Natur war ihm jetzt ein mißgeschliffener Spiegel, worin er, tausendfältig verzerrt, nur seine eigene Todtenlarve erblickte; und seine Werke sind nichts anders als ein entsetzlicher Angstschrei in zwanzig Bänden.

Hoffmann gehört nicht zu der romantischen Schule. Er stand in keiner Berührung mit den Schlegeln, und noch viel weniger mit ihren Tendenzen. Ich erwähnte seiner hier nur im Gegensatz zu Novalis, der ganz eigentlich ein Poet aus jener Schule ist. Novalis ist hier minder bekannt als Hoffmann, welcher von Loeve-Veimars in einem so vortrefflichen Anzuge dem französischen Publikum vorgestellt worden und dadurch in Frankreich eine große Reputazion erlangt hat. Bei uns in Deutschland ist jetzt Hoffmann keineswegs in Vogue, aber er war es früher. In seiner Periode wurde er viel gelesen, aber nur von Menschen, deren Nerven zu stark oder zu schwach waren, als daß sie von gelinden Akkorden affizirt werden konnten. Die eigentlichen Geistreichen und die poetischen Naturen wollten nichts von ihm wissen. Diesen war der Novalis viel lieber. Aber, ehrlich gestanden, Hoffmann war als Dichter viel bedeutender als Novalis. Denn letzterer, mit seinen idealischen Gebilden, schwebt immer in der blauen Luft, während Hoffmann, mit allen seinen bizarren Fratzen, sich doch immer an der irdischen Realität festklammert. Wie aber der Riese Antheus unbezwingbar stark blieb, wenn er mit dem Fuße die Mutter Erde berührte, und seine Kraft verlor, sobald ihn Herkules in die Höhe hob: so ist auch der Dichter stark und gewaltig, so lange er den Boden der Wirklichkeit nicht verläßt, und er wird ohnmächtig, sobald er schwärmerisch in der blauen Luft umherschwebt.

Die große Aehnlichkeit zwischen beiden Dichtern besteht wohl darin, daß ihre Poesie eigentlich eine Krankheit war. In dieser Hinsicht hat man geäußert, daß die Beurtheilung ihrer Schriften nicht das Geschäft des Kritikers, sondern des Arztes sei. Der Rosenschein in den Dichtungen des Novalis ist nicht die Farbe der Gesundheit, sondern der Schwindsucht, und die Purpurglut in Hoffmanns Phantasiestücken ist nicht die Flamme des Genies, sondern des Fiebers.

Aber haben wir ein Recht zu solchen Bemerkungen, wir, die wir nicht allzu sehr mit Gesundheit gesegnet sind? Und gar jetzt, wo die Literatur wie ein großes Lazareth aussieht? Oder ist die Poesie vielleicht eine Krankheit des Menschen, wie die Perle eigentlich nur der Krankheitsstoff ist, woran das arme Austerthier leidet?

Novalis wurde geboren den 2. Mai 1772. Sein eigentlicher Name ist Hardenberg. Er liebte eine junge Dame, die an der Schwindsucht litt und an diesem Uebel starb. In allem, was er schrieb, weht diese trübe Geschichte, sein Leben war nur ein träumerisches Hinsterben, und er starb an der Schwindsucht, im Jahe 1801, ehe er sein neun und zwanzigstes Lebensjahr und seinen Roman vollendet hatte. Dieser Roman ist in seiner jetzigen Gestalt nur das Fragment eines großen allegorischen Gedichtes, das, wie die göttliche Komödie des Dante, alle irdischen und himmlischen Dinge feiern sollte. Heinrich von

Ofterbingen, der berühmte Dichter, ist der Held dieses Romans. Wir sehen ihn als Jüngling in Eisenach, dem lieblichen Städtchen, welches am Fuße jener alten Wartburg liegt, wo schon das Größte, aber auch schon das Dümmste geschehen; wo nemlich Luther seine Bibel übersetzt, und einige alberne Deutschthümler den Gensbarmeriekoder des Herrn Kamptz verbrannt haben. In dieser Burg ward auch einst jener Sängerkrieg geführt, wo, unter anderen Dichtern, auch Heinrich von Ofterbingen mit Klingsohr von Ungerland den gefährlichen Wettstreit in der Dichtkunst gesungen, den uns die Manessische Sammlung aufbewahrt hat. Dem Scharfrichter sollte das Haupt des Unterliegenden verfallen sein und der Landgraf von Thüringen war Schiedsrichter. Bedeutungsvoll hebt sich nun die Wartburg, der Schauplatz seines späteren Ruhms, über die Wiege des Helden, und der Anfang des Romans von Novalis zeigt ihn, wie gesagt, in dem väterlichen Hause zu Eisenach. „Die Eltern liegen schon und schlafen, die Wanduhr schlägt ihren einförmigen Tact, vor den klappernden Fenstern saust der Wind; abwechselnd wird die Stube hell von dem Schimmer des Mondes.

„Der Jüngling lag unruhig auf seinem Lager, und gedachte des Fremden und seiner Erzählungen. Nicht die Schätze sind es, die ein so unaussprechliches Verlangen in mir geweckt haben, sagte er zu sich selbst, fern ab liegt mir alle Habsucht: aber die blaue Blume sehne ich mich zu erblicken. Sie liegt mir unaufhörlich im Sinne und ich kann nicht anders dichten und denken. So ist mir noch nie zu Muthe gewesen: es ist als hätte ich vorhin geträumt, oder ich wäre in eine andere Welt hinübergeschlummert; denn in der Welt, in der ich sonst lebte, wer hätte da sich um Blumen bekümmert; und gar von einer so seltsamen Leidenschaft für eine Blume habe ich damals nie gehört."

Mit solchen Worten beginnt „Heinrich von Ofterbingen," und überall in diesem Roman leuchtet und duftet die blaue Blume. Sonderbar und bedeutungsvoll ist es, daß selbst die fabelhaftesten Personen in diesem Buche uns so bekannt dünken, als hätten wir in früheren Zeiten schon recht traulich mit ihnen gelebt. Alte Erinnerungen erwachen, selbst Sophia trägt so wohlbekannte Gesichtszüge, und es treten uns ganze Buchenalleen ins Gedächtniß, wo wir mit ihr auf und abgegangen und heiter gekost. Aber das Alles liegt so dämmernd hinter uns, wie ein halbvergessener Traum.

Die Muse des Novalis war ein schlankes, weißes Mädchen mit ernsthaft blauen Augen, goldnen Hyazinthenlocken, lächelnden Lippen und einem kleinen rothen Muttermahl an der linken Seite des Kinns. Ich denke mir nemlich als Muse der Novalisschen Poesie eben dasselbe Mädchen, das mich zuerst mit Novalis bekannt machte, als ich den rothen Maroquinband mit Goldschnitt, welcher den Ofterbingen enthielt, in ihren schönen Händen erblickte. Sie trug immer ein blaues Kleid und hieß Sophia. Einige Stazionen von Göttingen lebte sie bei ihrer Schwester, der Frau Postmeisterin, einer heiteren, dicken, rothbäckigen Frau mit einem hohen Busen, der, mit seinen ausgezackten steifen Blonden wie eine Festung aussah; diese Festung war aber unüberwindlich, die Frau war ein Gibraltar der Tugend. Es war eine thätige, wirthschaftliche, praktische Frau, und doch bestand ihr einziges Vergnügen darin, Hoffmannsche Romane zu lesen. In Hoffmann fand sie den Mann, der es verstand, ihre derbe Natur zu rütteln und in angenehme Bewegung zu setzen. Ihrer blassen zarten Schwester hingegen gab schon der Anblick eines Hoffmannschen Buches die unangenehmste Empfindung, und berührte sie ein solches unversehens, so zuckte sie zusammen. Sie war so zart wie eine Sinnpflanze, und ihre Worte waren so duftig, so reinklingend, und, wenn man sie zusammensetzte, waren es Verse. Ich habe manches, was sie sprach, aufgeschrieben, und es sind sonderbare Gedichte, ganz in der Novalisschen Weise, nur noch geistiger und verhallender. Eins dieser Gedichte, das sie zu mir sprach, als ich Abschied von ihr nahm um nach Italien zu reisen, ist mir besonders lieb. In einem herbstlichen Garten, wo eine Illumination statt gefunden, hört man das Gespräch zwischen dem letzten Lämpchen, der letzten Rose und einem wilden Schwan. Die Morgennebel brechen jetzt heran, das letzte Lämpchen ist erloschen, die Rose ist entblättert und der Schwan entfaltet seine weißen Flügel und fliegt nach Süden.

Es giebt nemlich im Hannövrischen viele wilde Schwäne, die im Herbst nach dem wärmeren Süden auswandern und im Sommer wieder zu uns heimkehren. Sie bringen den Winter wahrscheinlich in Afrika zu. Denn in der Brust eines todten Schwans fanden wir einmal einen Pfeil, welchen Professor Blumenbach für einen afrikanischen erkannte. Der arme Vogel, mit dem Pfeil in der Brust, war er doch nach dem nordischen Neste zurückgekehrt, um dort zu sterben. Mancher Schwan aber mag, von solchen Pfeilen getroffen, nicht im Stande gewesen sein, seine Reise zu vollenden, und er blieb vielleicht kraftlos zurück in einer brennenden Sandwüste, oder er sitzt jetzt mit ermatteten Schwingen, auf irgend einer egyptischen Pyramide, und schaut sehnsüchtig nach dem Norden, nach dem kühlen Sommerneste im Lande Hannover.

Als ich, im Spätherbst 1828, aus dem Süden zurückkehrte, (und zwar mit dem brennenden Pfeil in der Brust,) führte mich mein Weg in die Nähe von Göttingen, und bei meiner dicken Freundin, der Posthalterin, stieg ich ab, um Pferde zu wechseln. Ich hatte sie seit Jahr und Tag nicht gesehen, und die gute Frau schien sehr verändert. Ihr Busen glich noch immer einer Festung, aber einer geschleiften; die Bastionen rasirt, die zwei Hauptthürme nur hängende Ruinen, keine Schildwache bewachte mehr den Eingang, und das Herz, die Citadelle, war gebrochen. Wie ich von dem Postillon Pieper erfuhr, hatte sie sogar die Lust an den Hoffmannschen Romanen verloren, und sie trank jetzt vor Schlafengeh.t desto mehr Branntewein. Das ist auch viel einfacher; denn den Branntwein haben die Leute immer selbst im Hause, die Hoffmannschen Romane hingegen mußten sie vier Stunden weit aus der Deuerlichschen Lesebibliothek zu Göttingen holen lassen. Der Postillon Pieper war ein kleiner Kerl, der dabei so sauer aussah, als habe er Essig gesoffen und sei davon ganz zusammengezogen. Als ich diesen Menschen nach der Schwester der Frau Posthalterin befragte, antwortete er: Mademoiselle Sophia wird bald sterben und ist schon jetzt ein Engel. Wie vortrefflich mußte ein Wesen sein, wovon sogar der saure Pieper sagte: sie sei ein Engel! Und er sagte dieses, während er, mit seinem hochbestiefelten Fuße, das schnatternde und flatternde Federvieh fortscheuchte. Das Posthaus, einst lachend weiß, hatte sich eben so wie seine Wirthin verändert, es war krankhaft vergilbt, und die Mauern hatten tiefe Runzeln bekommen. Im Hofraum lagen zerschlagene Wagen, und neben dem Misthaufen, an einer Stange, hing, zum Trocknen, ein durchnäßter, scharlachrother Postillionsmantel. Mademoiselle Sophia stand oben am Fenster und las, und, als ich zu ihr hinaufkam, fand ich wieder in ihren Händen ein Buch, dessen Einband von rothem Maroquin mit Goldschnitt, und es war wieder der Osterdingen von Novalis. Sie hatte also immer und immer noch in diesem Buche gelesen, und sie hatte sich die Schwindsucht herausgelesen, und sah aus wie ein leuchtender Schatten. Aber sie war jetzt von einer geistigen Schönheit, deren Anblick mich aufs schmerzlichste bewegte. Ich nahm ihre beiden blassen, mageren Hände und sah ihr tief hinein in die blauen Augen und fragte sie endlich: Mademoiselle Sophia, wie befinden Sie sich? Ich befinde mich gut, antwortete sie, und bald noch besser! und sie zeigte zum Fenster hinaus nach dem neuen Kirchhof, einem kleinen Hügel, unfern des Hauses. Auf diesem kahlen Hügel stand eine einzige schmale dürre Pappel, woran nur noch wenige Blätter hingen, und das bewegte sich im Herbstwind, nicht wie ein lebender Baum, sondern wie das Gespenst eines Baumes.

Unter dieser Pappel liegt jetzt Mademoiselle Sophia, und ihr hinterlassenes Andenken, das Buch in rothem Maroquin mit Goldschnitt, der Heinrich von Osterdingen des Novalis, liegt eben jetzt vor mir auf meinem Schreibtisch, und ich benutzte es bei der Abfassung dieses Capitels.

Drittes Buch.

1.

Kennt Ihr China, das Vaterland der geflügelten Drachen und der porzelanenen Theekannen? Das ganze Land ist ein Raritätenkabinet, umgeben von einer unmenschlich langen Mauer und hunderttausend tartarischen Schildwachen. Aber die Vögel und die Gedanken der europäischen Gelehrten fliegen darüber, und, wenn sie sich dort sattsam umgesehen und wieder heimkehren, erzählen sie uns die köstlichsten Dinge von dem kuriosen Lande und kuriosen Volke. Die Natur mit ihren grellen, verschnörkelten Erscheinungen, abentheuerlichen Riesenblumen, Zwergbäumen, verschnitzelten Bergen, barock wollüstigen Früchten, aberwitzig geputzten Vögeln, ist dort eine eben so fabelhafte Carrikatur wie der Mensch mit seinem spitzigen Zopfkopf, seinen Bücklingen, langen Nägeln, altklugem Wesen und kindisch einsilbiger Sprache. Mensch und Natur können dort einander nicht ohne innere Lachlust ansehen. Sie lachen aber nicht laut, weil sie beide viel zu civilisirt höflich sind; und, um das Lachen zu unterdrücken, schneiden sie die ernsthaft possirlichsten Gesichter. Es giebt dort weder Schatten noch Perspektive. Auf den buntscheckigen Häusern heben sich, über einander gestapelt, eine Menge Dächer, die wie aufgespannte Regenschirme aussehen, und woran lauter metallne Glöckchen hängen, so daß sogar der Wind, wenn er vorbeistreift, durch ein närrisches Geklingel sich lächerlich machen muß.

In einem solchen Glockenhause wohnte einst eine Prinzessin, deren Füßchen noch kleiner waren, als die der übrigen Chinesinnen, deren kleine, schräggeschlitzte Aeuglein noch süßträumerischer zwinkten als die der übrigen Damen des himmlischen Reiches, und in deren kleinem kichernden Herze die allertollsten Launen nisteten. Es war nämlich ihre höchste Wonne, wenn sie kostbare Seiden- und Goldstoffe zerreißen konnte. Wenn das recht knisterte und krakte unter ihren zerreißenden Fingern, dann jauchzte sie vor Entzücken. Als sie aber endlich ihr ganzes Vermögen an solcher Liebhaberei verschwendet, als sie all ihr Hab und Gut zerrissen hatte, ward sie, auf Anrathen sämmtlicher Mandarine, als eine unheilbare Wahnsinnige, in einen runden Thurm eingesperrt.

Diese chinesische Prinzessin, die personifizirte Caprize, ist zugleich die personifizirte Muse eines deutschen Dichters, der in einer Geschichte der romantischen Poesie nicht unerwähnt bleiben darf. Es ist die Muse die uns aus den
Poesien des Herrn Clemens Brentano so wahnsinnig entgegenlacht. Da
zerreißt sie die glattesten Atlasschleppen und die glänzendsten Goldtressen, und
ihre zerstörungssüchtige Liebenswürdigkeit, und ihre jauchzend blühende Tollheit
erfüllt unsere Seele mit unheimlichem Entzücken und lüsterner Angst. Seit
funfzehn Jahren lebt aber Herr Brentano entfernt von der Welt, eingeschlossen,
ja, eingemauert in seinem Katholizismus. Es gab nichts kostbares mehr zu
zerreißen. Er hat, wie man sagt, die Herzen zerrissen die ihn liebten, und
jeder seiner Freunde klagt über muthwillige Verletzung. Gegen sich selbst und
sein poetisches Talent hat er am meisten seine Zerstörungssucht geübt. Ich
mache besonders aufmerksam auf ein Lustspiel dieses Dichters, betitelt: „Ponce
de Leon." Es giebt nichts Zerrisseneres als dieses Stück, sowohl in Hinsicht
der Gedanken als auch der Sprache. Aber alle diese Fetzen leben und kreiseln
in bunter Lust. Man glaubt einen Maskenball von Worten und Gedanken
zu sehen. Das tummelt sich alles in süßester Verwirrung und nur der ge-
meinsame Wahnsinn bringt eine gewisse Einheit hervor. Wie Harlekine
rennen die verrücktesten Wortspiele durch das ganze Stück und schlagen überall
hin mit ihrer glatten Pritsche. Eine ernsthafte Redensart tritt manchmal
auf, stottert aber wie der Dottore von Bologna. Da schlendert eine Phrase
wie ein weißer Pierrot mit zu weiten schleppenden Aermeln und allzugroßen
Westenknöpfen. Da springen bucklige Witze mit kurzen Beinchen, wie Po-
lizinelle. Liebesworte wie neckende Colombinen flattern umher, mit Wehmuth im Herzen. Und das tanzt und hüpft und wirbelt und schnarrt, und
drüberhin erschallen die Trompeten der bacchantischen Zerstörungslust.

Eine große Tragödie desselben Dichters, „die Gründung Prags" ist ebenfalls sehr merkwürdig. Es sind Scenen darin, wo man von den geheimniß-
vollsten Schauern der uralten Sagen angeweht wird. Da rauschen die
dunkel böhmischen Wälder, da wandeln noch die zornigen Slavengötter, da
schmettern noch die heidnischen Nachtigallen; aber die Wipfel der Bäume bestrahlt schon das sanfte Morgenroth des Christenthums. Auch einige gute
Erzählungen hat Herr Brentano geschrieben, namentlich „die Geschichte vom
braven Kasperl und dem schönen Nanerl." Als das schöne Nanerl noch ein
Kind war und mit ihrer Großmutter in die Scharfrichterei ging, um dort,
wie das gemeine Volk in Deutschland zu thun pflegt, einige heilsame Arzneien zu kaufen, da bewegte sich plötzlich etwas in dem großen Schranke, vor
welchem das schöne Nanerl eben stand, und das Kind rief mit Entsetzen: eine
Maus! eine Maus! Aber der Scharfrichter erschrak noch weit mehr, und
wurde ernsthaft wie der Tod, und sagte zu der Großmutter: „liebe Frau! in

diesem Schranke hängt mein Richtschwert, und das bewegt sich jedesmal von selbst, wenn ihm jemand nahet der einst damit geköpft werden soll. Mein Schwert lechzt nach dem Blute dieses Kindes. Erlaubt mir, daß ich die Kleine nur ein wenig damit am Hälschen ritze. Das Schwert ist dann zufrieden gestellt mit einem Tröpfchen Blut und trägt kein fürderes Verlangen." Die Großmutter gab jedoch diesem vernünftigen Rathe kein Gehör, und mochte es späterhin genugsam bereuen, als das schöne Nanerl wirklich geköpft wurde mit demselben Schwerte.

Herr Clemens Brentano mag wohl jetzt 50 Jahr alt sein, und er lebt zu Frankfurt, einsiedlerisch zurückgezogen, als ein korrespondirendes Mitglied der katholischen Propaganda. Sein Name ist in der letzten Zeit fast verschollen, und nur wenn die Rede von den Volksliedern, die er mit seinem verstorbenen Freunde Achim von Arnim herausgegeben, wird er noch zuweilen genannt. Er hat nämlich in Gemeinschaft mit letzterem, unter dem Titel: „des Knaben Wunderhorn," eine Sammlung Lieder herausgegeben, die sie, theils noch im Munde des Volkes, theils auch in fliegenden Blättern und seltenen Druckschriften gefunden haben. Dieses Buch kann ich nicht genug rühmen: es enthält die holdseligsten Blüthen des deutschen Geistes, und wer das deutsche Volk von einer liebenswürdigen Seite kennen lernen will, der lese diese Volkslieder. In diesem Augenblick liegt dieses Buch vor mir, und es ist mir als röche ich den Duft der deutschen Linden. Die Linde spielt nämlich eine Hauptrolle in diesen Liedern, in ihrem Schatten kosen des Abends die Liebenden, sie ist ihr Lieblingsbaum, und vielleicht aus dem Grunde, weil das Lindenblatt die Form eines Menschenherzens zeigt. Diese Bemerkung machte einst ein deutscher Dichter, der mir am liebsten ist, nämlich ich. Auf dem Titelblatte jenes Buches ist ein Knabe, der das Horn bläst; und wenn ein Deutscher in der Fremde dieses Bild lange betrachtet, glaubt er die wohlbekanntesten Töne zu vernehmen, und es könnte ihn wohl dabei das Heimweh beschleichen, wie den schweizer Landsknecht, der auf der Straßburger Bastei Schildwache stand, fern den Kuhreigen hörte, die Pique von sich warf, über den Rhein schwamm, aber bald wieder eingefangen und als Deserteur erschossen wurde. Das Knaben Wunderhorn enthält darüber das rührende Lied:

> Zu Straßburg auf der Schanz,
> Da ging mein Trauern an,
> Das Alphorn hört ich drüben wohl anstimmen,
> In's Vaterland mußt ich hinüberschwimmen
> Das ging nicht an.
>
> Ein' Stund in der Nacht
> Sie haben mich gebracht:

Sie führten mich gleich vor des Hauptmanns Haus,
Ach Gott, sie fischten mich im Strome auf,
Mit mir ist's aus.

Früh Morgens um zehn Uhr
Stellt man mich vor das Regiment;
Ich soll da bitten um Pardon,
Und ich bekomm doch meinen Lohn,
Das weiß ich schon.

Ihr Brüder allzumal,
Heut seht Ihr mich zum letztenmal;
Der Hirtenbub ist doch nur Schuld daran,
Das Alphorn hat mir solches angethan,
Das klag ich an. — — —

Welch ein schönes Gedicht! Es liegt in diesen Volksliedern ein sonderbarer Zauber. Die Kunstpoeten wollen diese Naturerzeugnisse nachahmen, in derselben Weise, wie man künstliche Mineralwasser verfertigt. Aber wenn sie auch, durch chemischen Prozeß die Bestandtheile ermitteln, so entgeht ihnen doch die Hauptsache, die unzersetzbare sympathetische Naturkraft. In diesen Liedern fühlt man den Herzschlag des deutschen Volks. Hier offenbart sich all seine düstere Heiterkeit, all seine närrische Vernunft. Hier trommelt der deutsche Zorn, hier pfeift der deutsche Spott, hier küßt die deutsche Liebe. Hier perlt der ächt deutsche Wein und die ächt deutsche Thräne. Letztere ist manchmal doch noch köstlicher als erstere; es ist viel Eisen und Salz darin. Welche Naivität in der Treue! In der Untreue, welche Ehrlichkeit. Welch ein ehrlicher Kerl ist der Schwartenhals, obgleich er Straßenraub treibt. Hört einmal die phlegmatisch rührende Geschichte, die er von sich selber erzählt:

„Ich kam vor einer Frau Wirthin Haus,
Man fragt mich, wer ich wäre?
Ich bin ein armer Schwartenhals,
Ich eß' und trink so gerne.

„Man führt mich in die Stuben ein,
Da bot man mir zu trinken,
Die Augen ließ ich umher gehn,
Den Becher ließ ich sinken.

„Man setzt mich oben an den Tisch
Als ob ich ein Kaufherr wäre,
Und da es an ein Zahlen ging,
Mein Säckel stand mir leere.

Da ich des Nachts wollt schlafen gehn,
Man wies mich in die Scheuer,
Da ward mir armen Schwartenhals
Mein Lachen viel zu theuer.

„Und da ich in die Scheuer kam,
Da hub ich an zu nisteln,
Da stachen mich die Hagendorn,
Dazu die rauhen Disteln.

„Da ich zu Morgens früh aufstand,
Der Reif lag auf dem Dache,
Da mußt ich armer Schwartenhals
Meins Unglücks selber lachen.

„Ich nahm mein Schwert wohl in die Hand,
Und gürt’ es an die Seiten,
Ich Armer mußt’ zu Fuße gehn,
Weil ich nicht hatt’ zu reiten.

„Ich hob mich auf und ging davon,
Und macht’ mich auf die Straßen,
Mir kam ein reicher Kaufmannssohn,
Sein’ Tasch’ mußt’ er mir lassen.“

Dieser arme Schwartenhals ist der deutscheste Charakter den ich kenne.
Welche Ruhe, welche bewußte Kraft herrscht in diesem Gedichte! Aber auch
unser Gretel sollt Ihr kennen lernen. Es ist ein aufrichtiges Mädel und ich
liebe sie sehr. Der Hans sprach zu dem Gretel:

„Nun schürz’ dich, Gretlein, schürz’ dich,
Wohl auf mit mir davon,
Das Korn ist abgeschnitten,
Der Wein ist abgethan.“

Sie antwortet vergnügt:

„Ach Hänslein, liebes Hänslein,
So laß mich bei dir sein,
Die Wochen auf dem Felde,
Den Feiertag beim Wein.“

Da nahm er’s bei den Händen,
Bei ihrer schneeweißen Hand,
Er führt sie an ein Ende,
Da er ein Wirthhaus fand.

„Nun Wirthin, liebe Wirthin,
Schaut um nach kühlem Wein,
Die Kleider dieses Gretlein
Müssen verschlemmet sein."

Die Gret' hub an zu weinen,
Ihr Unmuth, der war groß,
Daß ihr die lichte Zähre
Ueber die Wänglein floß.

„Ach Hänslein, liebes Hänslein,
Du redetest nicht also,
Als du mich heim ausführtest
Aus meines Vaters Hof."

Er nahm sie bei den Händen,
Bei ihrer schneeweißen Hand,
Er führt sie an ein Ende,
Da er ein Gärtlein fand. — — —

„Ach Gretlein, liebes Gretlein,
Warum weinest du so sehr,
Reuet dich dein freier Muth,
Oder reut dich deine Ehr?"

„Es reut mich nicht mein freier Muth,
Dazu auch nicht meine Ehr';
Es reuen mich meine Kleider,
Die werden mir nimmermehr."

Das ist kein Goethe'sches Gretchen, und ihre Reue wäre kein Stoff für
Scheffer. Da ist kein deutscher Mondschein. Es liegt eben so wenig Sentimentalität drin, wenn ein junger Fant des Nachts bei seinem Mädel Einlaß
verlangt, und sie ihn abweist mit den Worten:

„Reit du nach jener Straße,
Reit du nach jener Haide,
Woher du gekommen bist;
Da liegt ein breiter Stein,
Den Kopf darauf nur leg',
Trägst keine Federn weg."

Aber Mondschein, Mondschein die Hülle und Fülle, und die ganze Seele
übergießend, strahlt in dem Liede:

Wenn ich ein Vöglein wär',
Und auch zwei Flüglein hätt',
Flög' ich zu dir;
Weils aber nicht kann sein,
Bleib' ich allhier.

Bin ich gleich weit von dir,
Bin ich doch im Schlaf bei dir,
Und red' mit dir;
Wenn ich erwachen thu',
Bin ich allein.

Es vergeht keine Stund' in der Nacht,
Da mein Herze nicht erwacht,
Und an dich gedenkt:
Daß du mir viel tausendmal
Dein Herz geschenkt.

Fragt man nun entzückt nach dem Verfasser solcher Lieder, so antworten diese wohl selbst mit ihren Schlußworten

Wer hat das schöne Liedel erdacht?
Es habens drei Gäns übers Wasser gebracht,
Zwei graue und eine weiße.

Gewöhnlich ist es aber wanderndes Volk, Vagabunden, Soldaten, fahrende Schüler oder Handwerksburschen, die solch ein Lied gedichtet. Es sind besonders die Handwerksburschen. Gar oft, auf meinen Fußreisen, verkehrte ich mit diesen Leuten und bemerkte, wie sie zuweilen, angeregt von irgend einem ungewöhnlichen Ereignisse, ein Stück Volkslied improvisirten oder in die freie Luft hineinpfiffen. Das erlauschten nun die Vöglein, die auf den Baumzweigen saßen; und kam nachher ein anderer Bursch, mit Ränzel und Wanderstab, vorbeigeschlendert, dann pfiffen sie ihm jenes Stücklein ins Ohr, und er sang die fehlenden Verse hinzu, und das Lied war fertig. Die Worte fallen solchen Burschen vom Himmel herab auf die Lippen, und er braucht sie nur auszusprechen, und sie sind dann noch poetischer als all die schönen poetischen Phrasen, die wir aus der Tiefe unseres Herzens hervorgrübeln. Der Charakter jener teutschen Handwerksburschen lebt und webt in dergleichen Volksliedern. Es ist eine merkwürdige Menschensorte. Ohne Sous in der Tasche, wandern diese Handwerksburschen durch ganz Deutschland, harmlos, fröhlich und frei. Gewöhnlich fand ich, daß drei zusammen auf solche Wanderschaft ausgingen. Von diesen dreien war der Eine immer der Raisonneur; er raisonnirte mit humoristischer Laune über alles was vorkam, über

jeden bunten Vogel der in der Luft flog, über jeden Musterreuter der vorüber-
ritt, und kamen sie gar in eine schlechte Gegend, wo ärmliche Hütten und zer-
lumptes Bettelvolk, dann bemerkte er auch wohl ironisch: der liebe Gott hat
die Welt in sechs Tagen erschaffen, aber, seht einmal, es ist auch eine Arbeit
darnach! Der zweite Weggeselle bricht nur zuweilen mit einigen wüthenden
Bemerkungen hinein; er kann kein Wort sagen ohne dabei zu fluchen; er
schimpft grimmig auf alle Meister, bei denen er gearbeitet; und sein beständiger Refrain ist, wie sehr er es bereue, daß er der Frau Wirthin in Halberstadt, die ihm täglich Kohl und Wasserrüben vorgesetzt, nicht eine Tracht
Schläge zum Andenken zurückließ. Bei dem Wort „Halberstadt" seufzt
aber der dritte Bursche aus tiefer Brust; er ist der jüngste, macht zum ersten
Mal seine Ausfahrt in die Welt, denkt noch immer an Feinsliebchens schwarz-
braune Augen, läßt immer den Kopf hängen und spricht nie ein Wort.

„Des Knaben Wunderhorn" ist ein zu merkwürdiges Denkmal unserer Literatur und hat auf die Lyriker der romantischen Schule, namentlich auf unseren vortrefflichen Herrn Uhland, einen zu bedeutenden Einfluß geübt, als daß
ich es unbesprochen lassen durfte. Dieses Buch und das Niebelungenlied spielten die Hauptrolle in jener Periode. Auch von letzterem muß hier eine besondere Erwähnung geschehen. Es war lange Zeit von nichts anderem als vom
Nibelungenlied bei uns die Rede, und die klassischen Philologen wurden nicht
wenig geärgert, wenn man dieses Epos mit der Ilias verglich, oder wenn man
gar darüber stritt, welches von beiden Gedichten das vorzüglichere sei? Und das
Publikum sah dabei aus wie ein Knabe, den man ernsthaft fragt: hast du lieber
ein Pferd oder einen Pfefferkuchen? Jedenfalls ist aber dieses Niebelungenlied
von großer gewaltiger Kraft. Ein Franzose kann sich schwerlich einen Begriff
davon machen. Und gar von der Sprache, worin es gedichtet ist. Es ist
eine Sprache von Stein und die Verse sind gleichsam gereimte Quadern. Hie
und da, aus den Spalten, quellen rothe Blumen hervor, wie Blutstropfen,
oder zieht sich der lange Epheu herunter, wie grüne Thränen. Von den Rie-
senleidenschaften, die sich in diesem Gedichte bewegen, könnt Ihr kleinen artigen
Leutchen Euch noch viel weniger einen Begriff machen. Denkt Euch, es wäre
eine helle Sommernacht, die Sterne, bleich wie Silber, aber groß wie Sonnen,
träten hervor am blauen Himmel, und alle gothischen Dome von Europa hätten sich ein Rendez-vous gegeben auf einer ungeheuer weiten Ebene, und da
kämen nun ruhig herangeschritten der straßburger Münster, der köllner Dom,
der Glockenthurm von Florenz, die Kathedrale von Rouen, u. s. w. und diese
machten der schönen Notre-Dame-de-Paris ganz artig die Cour. Es ist
wahr, daß ihr Gang ein bischen unbeholfen ist, daß einige darunter sich sehr
linkisch benehmen, und daß man über ihr verliebtes Wackeln manchmal lachen
könnte. Aber dieses Lachen hätte doch ein Ende, sobald man sähe, wie sie in

Wuth gerathen, wie sie sich unter einander würgen, wie Notre-Dame-de-Paris verzweiflungsvoll ihre beiden Steinarme gen Himmel erhebt, und plötzlich ein Schwert ergreift, und dem größten aller Dome das Haupt vom Rumpfe herunterschlägt. Aber nein, Ihr könnt Euch auch dann von den Hauptpersonen des Niebelungenliebs keinen Begriff machen; kein Thurm ist so hoch und kein Stein ist so hart, wie der grimme Hagen und die rachgierige Chrimhilde.

Wer hat aber dieses Lied verfaßt? Eben so wenig wie von den Volksliedern weiß man den Namen des Dichters, der das Niebelungenlied geschrieben. Sonderbar! von den vortrefflichsten Büchern, Gedichten, Bauwerken und sonstigen Denkmälern der Kunst, weiß man selten den Urheber. Wie hieß der Baumeister, der den kölner Dom erdacht? Wer hat dort das Altarbild gemalt, worauf die schöne Gottesmutter und die heiligen Dreikönige so erquicklich abkonterfeit sind? Wer hat das Buch Hiob gedichtet, das so viele leidende Menschengeschlechter getröstet hat? Die Menschen vergessen nur zu leicht die Namen ihrer Wohlthäter; die Namen des Guten und Edelen, der für das Heil seiner Mitbürger gesorgt, finden wir selten im Munde der Völker, und ihr dickes Gedächtniß bewahrt nur die Namen ihrer Dränger und grausamen Kriegshelden. Der Baum der Menschheit vergißt des stillen Gärtners, der ihn gepflegt in der Kälte, getränkt in der Dürre und vor schädlichen Thieren geschützt hat; aber er bewahrt treulich die Namen, die man ihm in seine Rinde unbarmherzig eingeschnitten mit scharfem Stahl, und er überliefert sie in immer wachsender Größe den spätesten Geschlechtern.

2.

Wegen ihrer gemeinschaftlichen Herausgabe des „Wunderhorns," pflegt man auch sonst die Namen Brentano und Arnim zusammen zu nennen, und da ich ersteren besprochen, darf ich von dem anderen um so weniger schweigen, da er in weit höherem Grade unsere Aufmerksamkeit verdient. Ludwig Achim von Arnim ist ein großer Dichter und war einer der originellsten Köpfe der romantischen Schule. Die Freunde des Phantastischen würden an diesem Dichter mehr als an jedem anderen deutschen Schriftsteller Geschmack finden. Er übertrifft hier den Hoffmann sowohl als den Novalis. Er wußte noch inniger als dieser in die Natur hineinzuleben, und konnte weit grauenhaftere Gespenster beschwören als Hoffmann. Ja, wenn ich Hoffmann selbst zuweilen betrachtete, so kam es mir vor, als hätte Arnim ihn gedichtet. Im Volke ist dieser Schriftsteller ganz unbekannt geblieben, und er hat nur eine Renommee unter den Literaten. Letztere aber, obgleich sie ihm die unbedingteste Anerkennung zollten, haben sie doch nie öffentlich ihn nach Gebühr gepriesen. Ja, einige Schriftsteller pflegten sogar wegwerfend von ihm sich zu äußern, und das waren eben diejenigen, die seine Weise nachahmten. Man könnte das Wort auf sie anwenden, das Steevens von Voltaire gebraucht, als dieser den Shakespeare schmähte, nachdem er dessen Othello zu seinem Orosman benutzt; er sagte nemlich: diese Leute gleichen den Dieben, die nachher das Haus anstecken, wo sie gestohlen haben. Warum hat Herr Tieck nie von Arnim gehörig gesprochen, er, der über so manches unbedeutende Machwerk so viel Geistreiches sagen konnte? Die Herren Schlegel haben ebenfalls den Arnim ignorirt. Nur nach seinem Tode erhielt er eine Art Nekrolog von einem Mitglied der Schule.

Ich glaube, Arnims Renommee konnte besonders deshalb nicht aufkommen, weil er seinen Freunden, der katholischen Parthei, noch immer viel zu protestantisch blieb, und weil wieder die protestantische Parthei ihn für einen Kryptokatholiken hielt. Aber warum hat ihn das Volk abgelehnt, das Volk, welchem seine Romane und Novellen in jeder Leihbibliothek zugänglich waren? Auch Hoffmann wurde in unseren Literaturzeitungen und ästhetischen Blättern fast gar nicht besprochen, die höhere Kritik beobachtete in Betreff seiner ein vornehmes Schweigen, und doch wurde er allgemein gelesen. Warum vernachlässigte nun das deutsche Volk einen Schriftsteller, dessen Phantasie von weltumfassender Weite, dessen Gemüth von schauerlichster Tiefe, und dessen Darstellungsgabe so unübertrefflich war? Etwas fehlte diesem Dichter, und dieses Etwas ist es eben, was das Volk in den Büchern sucht: das Leben. Das Volk verlangt, daß die Schriftsteller seine Tagesleidenschaften mitfühlen, daß sie die Empfindungen seiner eigenen Brust entweder angenehm anregen oder verletzen: das Volk will bewegt werden. Dieses Bedürfniß konnte aber Arnim nicht befriedigen. Er war kein Dichter des Lebens, sondern des Todes. In allem was er schrieb, herrscht nur eine schattenhafte Bewegung, die Figuren tummeln sich hastig, sie bewegen die Lippen, als wenn sie sprächen, aber man sieht nur ihre Worte, man hört sie nicht. Diese Figuren springen, ringen, stellen sich auf den Kopf, nahen sich uns heimlich, und flüstern uns leise ins Ohr: wir sind todt. Solches Schauspiel würde allzu grauenhaft und peinigend sein, wäre nicht die Arnimsche Grazie, die über jede dieser Dichtungen verbreitet ist, wie das Lächeln eines Kindes, aber eines todten Kindes. Arnim kann die Liebe schildern, zuweilen auch die Sinnlichkeit, aber sogar da können wir nicht mit ihm fühlen; wir sehen schöne Leiber, wogende Busen, feingebaute Hüften, aber ein kaltes, feuchtes Leichengewand umhüllt dieses Alles. Manchmal ist Arnim witzig, und wir müssen sogar lachen; aber es ist doch, als wenn der Tod uns kitzle mit seiner Sense. Gewöhnlich jedoch ist er ernsthaft, und zwar wie ein todter Deutscher. Ein lebendiger Deutscher ist schon ein hinlänglich ernsthaftes Geschöpf, und nun erst ein todter Deutscher! Ein Franzose hat gar keine Idee davon, wie ernsthaft wir erst im Tode sind; da sind unsere Gesichter noch viel länger, und die Würmer, die uns speisen, werden melancholisch, wenn sie uns dabei ansehen. Die Franzosen wähnen Wunder, wie schrecklich ernsthaft der Hoffmann sein könne; aber das ist Kinderspiel in Vergleichung mit Arnim. Wenn Hoffmann seine Todten beschwört und sie aus den Gräbern hervorsteigen und ihn umtanzen: dann zittert er selber vor Entsetzen, und tanzt selber in ihrer Mitte, und schneidet dabei die tollsten Affengrimassen. Wenn aber Arnim seine Todten beschwört, so ist es, als ob ein General Heerschau halte, und er sitzt so ruhig auf seinem hohen Geisterschimmel, und läßt die entsetzlichen Schaaren vor sich vorbeidefiliren, und sie sehen ängstlich nach ihm hinauf und scheinen sich vor ihm zu fürchten. Er nickt ihnen aber freundlich zu.

Ludwig Achim von Arnim ward geboren 1784, in der Mark Brandenburg, und starb den Winter 1830. Er schrieb dramatische Gedichte, Romane und Novellen. Seine Dramen sind voll intimer Poesie, namentlich ein Stück darunter betitelt „der Auerhahn." Die erste Scene wäre selbst des allergrößten Dichters nicht unwürdig. Wie wahr, wie treu ist die betrübteste Langeweile da geschildert! Der eine von den drei natürlichen Söhnen des verstorbenen Landgrafen sitzt allein, in dem verwaisten weiten Burgsaal, und spricht gähnend mit sich selber, und klagt, daß ihm die Beine unter dem Tische immer länger wüchsen, und daß ihm der Morgenwind so kalt durch die Zähne pfiffe. Sein Bruder, der gute Franz, kommt nun langsam hereingeschlappt, in den Kleidern des seligen Vaters, die ihm viel zu weit am Leibe hängen, und wehmüthig gedenkt er, wie er sonst um diese Stunde dem Vater beim Anziehen half, wie dieser ihm oft eine Brodkruste zuwarf, die er mit seinen alten Zähnen nicht mehr beißen konnte, wie er ihm auch manchmal verdrießlich einen Tritt gab; diese letztere Erinnerung rührt den guten Franz bis zu Thränen, und er beklagt, daß nun der Vater todt sei und ihm keinen Tritt mehr geben könne.

Arnims Romane heißen „die Kronwächter" und die „Gräfin Dolores." Auch ersterer hat einen vortrefflichen Anfang. Der Schauplatz ist oben im Wartthurme von Waiblingen, in dem traulichen Stübchen des Thürmers und seiner wackeren dicken Frau, die aber doch nicht so dick ist, wie man unten in der Stadt behauptet. In der That, es ist Verläumbung, wenn man ihr nachsagte, sie sei oben in der Thurmwohnung so korpulent geworden, daß sie die enge Thurmtreppe nicht mehr herabsteigen könne, und nach dem Tode ihres ersten Ehegatten, des alten Thürmers, genöthigt gewesen sei, den neuen Thürmer zu heirathen. Ueber solche böse Nachrede grämte sich die arme Frau dre-

ben nicht wenig; und sie konnte nur deßhalb die Thurmtreppe nicht hinabstei-
gen, weil sie am Schwindel litt.

Der zweite Roman von Arnim, „die Gräfin Dolores,‟ hat ebenfalls den
allervortrefflichsten Anfang, und der Verfasser schildert uns da die Poesie der
Armuth und zwar einer adelichen Armuth, die er, der damals selber in großer
Dürftigkeit lebte, sehr oft zum Thema gewählt hat. Welch ein Meister ist
Arnim auch hier in der Darstellung der Zerstörniß! Ich meine es immer vor
Augen zu sehen, das wüste Schloß der jungen Gräfin Dolores, das um so
wüster aussieht, da es der alte Graf in einem heiter italienischen Geschmacke,
aber nicht fertig gebaut hat. Nun ist es eine moderne Ruine, und im Schloßgarten ist alles veröbet; die geschnittenen Taxusalleen sind struppig verwildert,
die Bäume wachsen sich einander in den Weg, der Lorbeer und der Oleander
ranken schmerzlich am Boden, die schönen großen Blumen werden von ver-
drießlichem Unkraut umschlungen, die Götterstatuen sind von ihren Postamenten herabgefallen, und ein paar muthwillige Bettelbuben kauern neben einer
armen Venus, die im hohen Grase liegt, und mit Brennesseln geiseln sie ihr
den marmornen Hintern. Wenn der alte Graf, nach langer Abwesenheit,
wieder in sein Schloß heimkehrt, ist ihm das sonderbare Benehmen seiner Haus-
genossenschaft, besonders seiner Frau, sehr auffallend, es passirt bei Tische so
allerlei Befremdliches, und das kommt wohl daher, weil die arme Frau vor
Gram gestorben und eben so wie das übrige Hausgesinde längst todt war.
Der Graf scheint es aber am Ende selbst zu ahnen, daß er sich unter lauter
Gespenstern befindet, und, ohne sich etwas merken zu lassen, reist er in der
Stille wieder ab.

Unter Arnims Novellen dünkt mir die kostbarste seine „Isabella von Egypten.‟ Hier sehen wir das wanderschaftliche Treiben der Zigeuner, die man
hier in Frankreich Bohémiens, auch Egyptiens nennt. Hier lebt und webt
das seltsame Mährchenvolk mit seinen braunen Gesichtern, freundlichen Wahr-
sageraugen, und seinem wehmüthigen Geheimniß. Die bunte, gaukelnde
Heiterkeit verhüllt einen großen mystischen Schmerz. Die Zigeuner müssen
nemlich nach der Sage, die in dieser Novelle gar lieblich erzählt wird, eine
Zeit lang in der ganzen Welt herumwandeln, zur Abbuße jener ungastlichen
Härte, womit einst ihre Vorfahren die heilige Muttergottes mit ihrem Kinde
abgewiesen, als diese, auf ihrer Flucht in Egypten, ein Nachtlager von ihnen
verlangte. Deßhalb hielt man sich auch berechtigt, sie mit Grausamkeit zu
behandeln. Da man im Mittelalter noch keine Schellingschen Philosophen
hatte, so mußte die Poesie damals die Beschönigung der unwürdigsten und
grausamsten Gesetze übernehmen. Gegen niemand waren diese Gesetze bar-
barischer als gegen die armen Zigeuner. In manchen Ländern erlaubten sie,
jeden Zigeuner, bei Diebstahlverdacht, ohne Untersuchung und Urthel, aufzu-

knüpfen. So wurde ihr Oberhaupt Michael, genannt Herzog von Egypten, unschuldig gehenkt. Mit diesem trüben Ereigniß beginnt die Arnimsche Novelle. Nächtlich nehmen die Zigeuner ihren todten Herzog vom Galgen herab, legen ihm den rothen Fürstenmantel um die Schulter, setzen ihm die silberne Krone auf das Haupt und versenken ihn in die Schelde, fest überzeugt, daß ihn der mitleidige Strom nach Hause bringt, nach dem geliebten Egypten. Die arme Zigeunerprinzessin Isabella, seine Tochter, weiß nichts von dieser traurigen Begebenheit, sie wohnt einsam in einem verfallenen Hause an der Schelde, und hört, des Nachts, wie es so sonderbar im Wasser rauscht, und sie sieht plötzlich wie ihr bleicher Vater hervortaucht, im purpurnen Todtenschmuck, und der Mond wirft sein schmerzliches Licht auf die silberne Krone. Das Herz des schönen Kindes will schier brechen vor unnennbarem Jammer, vergebens will sie den todten Vater festhalten; er schwimmt ruhig weiter nach Egypten, nach seinem heimathlichen Wunderland, wo man seiner Ankunft harrt, um ihn in einer der großen Pyramiden nach Würden zu begraben. Rührend ist das Todtenmal womit das arme Kind den verstorbenen Vater ehrt; sie legt ihren weißen Schleier über einen Feldstein, und darauf stellt sie Speiß und Trank, welches sie feierlich genießt. Tief rührend ist alles was uns der vortreffliche Arnim von den Zigeunern erzählt, denen er schon an anderen Orten sein Mitleid gewidmet, z. B. in seiner Nachrede zum „Wunderhorn," wo er behauptet, daß wir den Zigeunern so viel Gutes und Heilsames, namentlich die mehrsten unserer Arznien verdanken. Wir hätten sie mit Undank verstoßen und verfolgt. Mit all ihrer Liebe, klagt er, hätten sie bei uns keine Heimath erwerben können. Er vergleicht sie in dieser Hinsicht mit den kleinen Zwergen, wovon die Sage erzählt, daß sie alles herbeischafften was sich ihre großen starken Feinde zu Gastmälern wünschten, aber einmal für wenige Erbsen, die sie aus Noth vom Felde ablasen, jämmerlich geschlagen und aus dem Lande gejagt wurden. Das war nun ein wehmüthiger Anblick, wie die armen kleinen Menschen nächtlich über die Brücke wegtrappelten, gleich einer Schafherde, und jeder dort ein Münzchen niederlegen mußte, bis sie ein Faß damit füllten.

Eine Uebersetzung der erwähnten Novelle, Isabella von Egypten, würde den Franzosen nicht bloß eine Idee von Arnims Schriften geben, sondern auch zeigen, daß all die furchtbaren, unheimlichen, grausigen und gespenstischen Geschichten, die sie sich in der letzten Zeit gar mühsam abgequält, in Vergleichung mit Arnimschen Dichtungen, nur rosige Morgenträume einer Operntänzerin zu sein scheinen. In sämmtlichen französischen Schauergeschichten ist nicht so viel Unheimliches zusammengepackt wie in jener Kutsche, die Arnim von Bracke nach Brüssel fahren läßt, und worin folgende vier Personagen bei einander sitzen:

1) Eine alte Zigeunerin, welche zugleich Here ist. Sie sieht aus wie die schönste von den sieben Todsünden, und strotzt im buntesten Goldflitter und Seidenputz.

2) Ein todter Bärenhäuter, welcher, um einige Dukaten zu verdienen, aus dem Grabe gestiegen und sich auf sieben Jahr als Bedienter verdingt. Es ist ein fetter Leichnam, der einen Oberrock von weißem Bärenfell trägt, weßhalb er auch Bärenhäuter genannt wird, und der dennoch immer friert.

3) Ein Golem; nemlich eine Figur von Lehm, welche ganz wie ein schönes Weib geformt ist, und wie ein schönes Weib sich gebährdet. Auf der Stirn, verborgen unter den schwarzen Locken, steht mit hebräischen Buchstaben das Wort „Wahrheit,“ und wenn man dieses auslischt, fällt die ganze Figur wieder leblos zusammen, als eitel Lehm.

4) Der Feldmarschall Cornelius Nepos, welcher durchaus nicht mit dem berühmten Historiker dieses Namens verwandt ist, ja welcher sich nicht einmal einer bürgerlichen Abkunft rühmen kann, indem er von Geburt eigentlich eine Wurzel ist, eine Alraunwurzel, welche die Franzosen Mandragora nennen. Diese Wurzel wächst unter dem Galgen, wo die zweideutigsten Thränen eines Gehenkten geflossen sind. Sie gab einen entsetzlichen Schrei, als die schöne Isabella sie dort um Mitternacht aus dem Boden gerissen. Sie sah aus wie ein Zwerg, nur daß sie weder Augen, Mund noch Ohren hatte. Das liebe Mädchen pflanzte ihr ins Gesicht zwei schwarze Wachholderkerne und eine rothe Hagebutte, woraus Augen und Mund entstanden. Nachher streute sie dem Männlein auch ein bischen Hirse auf den Kopf, welches als Haar, aber etwas struppig, in die Höhe wuchs. Sie wiegte das Mißgeschöpf in ihren weißen Armen, wenn es wie ein Kind greinte; mit ihren holdseligen Rosenlippen küßte sie ihm das Hagebuttmaul ganz schief; sie küßte ihm vor Liebe fast die Wachholderäuglein aus dem Kopf; und der garstige Knirbs wurde dadurch so verzogen, daß er am Ende Feldmarschall werden wollte, und eine brillante Feldmarschalluniform anzog, und sich durchaus Herr Feldmarschall tituliren ließ.

Nicht wahr, das sind vier sehr ausgezeichnete Personen? Wenn Ihr die Morgue, die Todtenäcker, die Cour de Mirakle und sämmtliche Pesthöfe des Mittelalters ausplündert, werdet Ihr doch keine so gute Gesellschaft zusammenbringen, wie jene die in einer einzigen Kutsche von Brake nach Brüssel fuhr. Ihr Franzosen solltet doch endlich einsehen, daß das Grauenhafte nicht Euer Fach, und daß Frankreich kein geeigneter Boden für Gespenster jener Art. Wenn Ihr Gespenster beschwört, müssen wir lachen. Ja, wir Deutschen, die wir bei Euren heitersten Witzen ganz ernsthaft bleiben können, wir lachen desto herzlicher bei Euren Gespenstergeschichten. Denn Eure Gespenster sind doch immer Franzosen; und französische Gespenster! welch ein Widerſpruch in den Worten. In dem Wort „Geſpenſt" liegt ſo viel Einſames, Mürriſches, Deutſches, Schweigendes, und in dem Worte „Franzöſiſch" liegt hingegen ſo viel Geſelliges, Artiges, Franzöſiſches, Schwaßendes! Wie könnte ein Franzoſe ein Geſpenſt ſein, oder gar wie könnten in Paris Geſpenſter exiſtiren! In Paris, im Foyer der europäiſchen Geſellſchaft! Zwiſchen zwölf und ein Uhr, der Stunde, die nun einmal von jeher den Geſpenſtern zum Spuken angewieſen iſt, rauſcht noch das lebendigſte Leben in den Gaſſen von Paris, in der Oper klingt eben dann das brauſendſte Finale, aus den Varietés und dem Gymnas ſtrömen die heiterſten Gruppen, und das wimmelt und tänzelt und lacht und ſchäkert auf den Boulevards, und man geht in die Soiree. Wie müßte ſich ein armes ſpukendes Geſpenſt unglücklich fühlen in dieſer heiteren Menſchenbewegung! Und wie könnte ein Franzoſe, ſelbſt wenn er todt iſt, den zum Spuken nöthigen Ernſt beibehalten, wenn ihn von allen Seiten die bunteſte Volksluſt umjauchzt! Ich ſelbſt, obgleich ein Deutſcher, im Fall ich todt wäre und hier in Paris des Nachts ſpuken ſollte, ich könnte meine Geſpenſterwürde gewiß nicht behaupten, wenn mir etwa an einer Stra= ßenecke irgend eine jener Göttinnen des Leichtſinns entgegenrennte, die einem dann ſo köſtlich ins Geſicht zu lachen wiſſen. Gäbe es wirklich in Paris Ge= ſpenſter, ſo bin ich überzeugt, geſellig wie die Franzoſen ſind, ſie würden ſich ſogar als Geſpenſter einander anſchließen, ſie würden bald Geſpenſterreünions bilden, ſie würden ein Todtenkaffeehaus ſtiften, eine Todtenzeitung heraus= geben, eine Pariſer Todtenrevüe, und es gäbe bald Todtenſoirees, où l'on fera de la musique. Ich bin überzeugt, die Geſpenſter würden ſich hier in Paris weit mehr amüſiren als bei uns die Lebenden. Was mich betrifft, wüßte ich, daß man ſolcherweiſe in Paris als Geſpenſt exiſtiren könnte, ich würde den Tod nicht mehr fürchten. Ich würde nur maßregeln treffen, daß ich am Ende auf dem Père=Lachaiſe beerdigt werde und in Paris ſpuken kann, zwiſchen zwölf und ein Uhr. Welche köſtliche Stunde! Ihr deutſchen Landsleute, wenn Ihr nach meinem Tode mal nach Paris kommt, und mich des Nachts hier als Geſpenſt erblickt, erſchreckt nicht; ich ſpuke nicht in furchtbar unglück= lich deutſcher Weiſe, ich ſpuke vielmehr zu meinem Vergnügen.

Da man, wie ich in allen Geſpenſtergeſchichten geleſen, gewöhnlich an den Orten ſpuken muß, wo man Geld begraben hat, ſo will ich aus Vorſorge einige Sous irgendwo auf den Boulevards begraben. Bis jetzt habe ich zwar ſchon in Paris Geld todtgeſchlagen, aber nie begraben.

O Ihr armen franzöſiſchen Schriftſteller, Ihr ſolltet doch endlich einſehen, daß Eure Schauerromane und Spukgeſchichten ganz unpaſſend ſind für ein Land, wo es entweder gar keine Geſpenſter giebt, oder wo doch die Geſpenſter ſo geſellſchaftlich heiter wie wir anderen ſich gehabt würden. Ihr kommt mir vor wie die Kinder, die ſich Masken vors Geſicht halten, um ſich einander

Furcht einzujagen. Es sind ernsthafte, furchtbare Larven, aber durch die Au-
genlucken schauen fröhliche Kinderaugen. Wir Deutschen hingegen tragen
zuweilen die freundlich jugendlichsten Larven, und aus den Augen lauscht der
greise Tod. Ihr seid ein zierliches, liebenswürdiges, vernünftiges und lebendiges Volk, und nur das Schöne und Edle und Menschliche liegt im Bereiche
Eurer Kunst. Das haben schon Eure älteren Schriftsteller eingesehen, und
Ihr, die neueren, werdet am Ende ebenfalls zu dieser Einsicht gelangen. Laßt
ab vom Schauerlichen und Gespenstischen. Laßt uns Deutschen alle Schrecknisse des Wahnsinns, des Fiebertraums und der Geisterwelt. Deutschland ist
ein gedeihlicheres Land für alte Hexen, todte Bärenhäuter, Golems jedes Ge-
schlechts, und besonders für Feldmarschälle wie der kleine Cornelius Nepos.
Nur jenseits des Rheins können solche Gespenster gedeihen; nimmermehr in
Frankreich. Als ich hieher reiste, begleiteten mich meine Gespenster bis an die
französische Grenze. Da nahmen sie betrübt von mir Abschied. Denn der
Anblick der dreifarbigen Fahne verscheucht die Gespenster jeder Art. —

3.

Die Geschichte der Literatur ist eben so schwierig zu beschreiben wie die Naturgeschichte. Dort wie hier hält man sich an die besonders hervortretenden
Erscheinungen. Aber wie in einem kleinen Wasserglas eine ganze Welt
wunderlicher Thierchen enthalten ist, die eben so sehr von der Allmacht Gottes
zeugen, wie die größten Bestien: so enthält der kleinste Musenalmanach zuweilen eine Anzahl Dichterlinge, die dem stillen Forscher eben so interessant
dünken, wie die größten Elephanten der Literatur. Gott ist groß!

Die meisten Literaturhistoriker geben uns wirklich eine Literaturgeschichte
wie eine wohlgeordnete Menagerie, und immer besonders abgesperrt, zeigen
sie uns epische Säugedichter, lyrische Luftdichter, dramatische Wasserdichter,
prosaische Amphibien, die sowohl Land- wie Seeromane schreiben, humoristische Mollusken u. s. w. Andere, im Gegentheil, treiben die Literaturgeschichte pragmatisch, beginnen mit den ursprünglichen Menschheitsgefühlen,
die sich in den verschiedenen Epochen ausgebildet und endlich eine Kunstform
angenommen; sie beginnen ab ovo, wie der Geschichtschreiber, der den trojanischen Krieg mit der Erzählung vom Ei der Leda eröffnet. Und wie dieser
handeln sie thöricht. Denn ich bin überzeugt, wenn man das Ei der Leda zu
einer Omelette verwendet hätte, würden sich dennoch Hektor und Achilles vor
dem skäischen Thore begegnet und ritterlich bekämpft haben. Die großen
Fakta und die großen Bücher entstehen nicht aus Geringfügigkeiten, sondern

sie sind nothwendig, sondern sie hängen zusammen mit den Kreisläufen von Sonne, Mond und Sterne und sie entstehen vielleicht durch deren Influenz auf die Erde. Die Fakta sind nur die Resultate der Ideen; ... aber wie kommt es, daß zu gewissen Zeiten sich gewisse Ideen so gewaltig geltend machen, daß sie das ganze Leben der Menschen, ihr Dichten und Trachten, ihr Denken und Schreiben, aufs wunderbarste umgestalten? Es ist vielleicht an der Zeit eine literarische Astrologie zu schreiben und die Erscheinung gewisser Ideen, oder gewisser Bücher worin diese sich offenbaren, aus der Constellazion der Gestirne zu erklären.

Oder entspricht das Aufkommen gewisser Ideen nur momentanen Bedürf= nissen der Menschen? Suchen sie immer die Ideen, womit sie ihre jedes= malingen Wünsche legitimiren können? In der That, die Menschen sind ihrem innersten Wesen nach lauter Doktrinäre; sie wissen immer eine Doktrin zu finden, die alle ihre Entsagungen oder Begehrnisse justifizirt. In bösen mageren Tagen, wo die Freude ziemlich unerreichbar geworden, huldigen sie dem Dogma der Abstinenz und behaupten die irdischen Trauben seien sauer; werden jedoch die Zeiten wohlhabender, wird es den Leuten möglich emporzu= langen nach den schönen Früchten dieser Welt, dann tritt auch eine heitere Doktrin ans Licht, die dem Leben alle seine Süßigkeiten und sein volles, un= veräußerliches Genußrecht vindizirt.

Nahen wir dem Ende der christlichen Fastenzeit und bricht das rosige Welt= alter der Freude schon leuchtend heran? Wie wird die heitere Doktrin die Zukunft gestalten?

In der Brust der Schriftsteller eines Volkes liegt schon das Abbild von dessen Zukunft, und ein Kritiker, der mit hinlänglich scharfem Messer einen neueren Dichter sezirte, könnte, wie aus den Eingeweiden eines Opferthieres, sehr leicht prophezeien, wie sich Deutschland in der Folge gestalten wird. Ich würde herzlich gern, als ein literarischer Calchas, in dieser Absicht einige un= serer jüngsten Poeten kritisch abschlachten, müßte ich nicht befürchten in ihren Eingeweiden viele Dinge zu sehen, über die ich mich hier nicht aussprechen darf. Man kann nämlich unsere neueste deutsche Literatur nicht besprechen, ohne ins tiefste Gebiet der Politik zu gerathen. In Frankreich, wo sich die belletristischen Schriftsteller von der politischen Zeitbewegung zu entfernen suchen, sogar mehr als löblich, da mag man jetzt die Schöngeister des Tages beurtheilen und den Tag selbst unbesprochen lassen können. Aber jenseits des Rheines werfen sich jetzt die belletristischen Schriftsteller mit Eifer in die Tagesbewegung, wovon sie sich so lange entfernt gehalten. Ihr Franzosen seid während funfzig Jahren beständig auf den Beinen gewesen und seid jetzt müde; wir Deutsche hingegen haben bis jetzt am Studiertische gesessen, und haben alte Klassifer kommentirt, und möchten uns jetzt einige Bewegung machen.

Derselbe Grund, den ich oben angedeutet, verhindert mich mit gehöriger Würdigung einen Schriftsteller zu besprechen, über welchen Frau von Staël nur flüchtige Andeutungen gegeben und auf welchen seitdem, durch die geistreichen Artikel von Philareth Chales, das französische Publikum noch besonders aufmerksam geworden. Ich rede von Jean Paul Friedrich Richter. Man hat ihn den Einzigen genannt. Ein treffliches Urtheil, das ich jetzt erst ganz begreife, nachdem ich vergeblich darüber nachgesonnen, an welcher Stelle man in einer Literaturgeschichte von ihm reden müßte. Er ist fast gleichzeitig mit der romantischen Schule aufgetreten, ohne im mindesten daran Theil zu nehmen, und eben so wenig hegte er später die mindeste Gemeinschaft mit der goetheschen Kunstschule. Er steht ganz isolirt in seiner Zeit, eben weil er, im Gegensatz zu den beiden Schulen, sich ganz seiner Zeit hingegeben und sein Herz ganz davon erfüllt war. Sein Herz und seine Schriften waren eins und dasselbe. Diese Eigenschaft, diese Ganzheit finden wir auch bei den Schriftstellern des heutigen jungen Deutschlands, die ebenfalls keinen Unterschied machen wollen zwischen Leben und Schreiben, die nimmermehr die Politik trennen von Wissenschaft, Kunst und Religion, und die zu gleicher Zeit Künstler, Tribune und Apostel sind.

Ja, ich wiederhole das Wort Apostel, denn ich weiß kein bezeichnenderes Wort. Ein neuer Glaube beseelt sie mit einer Leidenschaft, von welcher die Schriftsteller der früheren Periode keine Ahnung hatten. Es ist dieses der Glaube an den Fortschritt, ein Glaube der aus dem Wissen entsprang. Wir haben die Lande gemessen, die Naturkräfte gewogen, die Mittel der Industrie berechnet, und siehe wir haben ausgefunden: daß diese Erde groß genug ist; daß sie jedem hinlänglichen Raum bietet, die Hütte seines Glückes darauf zu bauen; daß diese Erde uns alle anständig ernähren kann, wenn wir alle arbeiten und nicht Einer auf Kosten des Anderen leben will; und daß wir nicht nöthig haben die größere und ärmere Klasse an den Himmel zu verweisen. — Die Zahl dieser Wissenden und Gläubigen ist freilich noch gering. Aber die Zeit ist gekommen wo die Völker nicht mehr nach Köpfen gezählt werden, sondern nach Herzen. Und ist das große Herz eines einzigen Heinrich Laube nicht mehr werth, als ein ganzer Thiergarten von Raupachen und Comödianten?

Ich habe den Namen Heinrich Laube genannt; denn, wie könnte ich von dem jungen Deutschland sprechen, ohne des großen flammenden Herzens zu gedenken, das daraus am glänzendsten hervorleuchtet. Heinrich Laube, einer jener Schriftsteller, die seit der Juliusrevolution aufgetreten sind, ist für Deutschland von einer socialen Bedeutung, deren ganzes Gewicht jetzt noch

nicht ermeſſen werden kann. Er hat alle gute Eigenſchaften, die wir bei den
Autoren der vergangenen Periode finden und verbindet damit den apoſtoliſchen
Eifer des jungen Deutſchlands. Dabei iſt ſeine gewaltige Leidenſchaft durch
hohen Kunſtſinn gemildert und verklärt. Er iſt begeiſtert für das Schöne
eben ſo ſehr wie für das Gute; er hat ein feines Ohr und ein ſcharfes Auge
für edle Form; und gemeine Naturen widern ihn an, ſelbſt wenn ſie als
Kämpen für noble Geſinnung dem Vaterlande nutzen. Dieſer Kunſtſinn,
der ihm angeboren, ſchützte ihn auch vor der großen Verirrung jenes patrio-
tiſchen Pöbels, der noch immer nicht aufhört, unſeren großen Meiſter Goethe
zu verläſtern und zu ſchmähen.

In dieſer Hinſicht verdient auch ein anderer Schriftſteller der jüngſten Zeit,
Herr Carl Gutzkow, das höchſte Lob. Wenn ich dieſen erſt nach Laube erwähne, ſo geſchieht es keineswegs weil ich ihm nicht eben ſo viel Talent zu-
traue, noch viel weniger weil ich von ſeinen Tendenzen minder erbaut wäre;
nein, auch Carl Gutzkow muß ich die ſchönſten Eigenſchaften der ſchaffenden
Kraft und des urtheilenden Kunſtſinnes zuerkennen, und auch ſeine Schriften
erfreuen mich durch die richtige Auffaſſung unſerer Zeit und ihrer Bedürfniſſe;
aber in allem was Laube ſchreibt herrſcht eine weitaustönende Ruhe, eine
ſelbſtbewußte Größe, eine ſtille Sicherheit, die mich perſönlich tiefer anſpricht,
als die pitoreske, farbenſchillernde und ſtechend gewürzte Beweglichkeit des gutz-
kowſchen Geiſtes.

Herr Carl Gutzkow, deſſen Seele voller Poeſie, mußte eben ſo wie Laube
ſich zeitig von jenen Zeloten, die unſeren großen Meiſter ſchmähen, aufs be-
ſtimmteſte losſagen. Daſſelbe gilt von den Herren L. Wienbarg und Guſtav
Schleſier, zwei höchſt ausgezeichneten Schriftſtellern der jüngſten Periode, die
ich hier, wo vom jungen Deutſchland die Rede iſt, ebenfalls nicht unerwähnt
laſſen darf. Sie verdienen, in der That, unter deſſen Chorführern genannt
zu werden und ihr Name hat guten Klang gewonnen im Lande. Es iſt hier
nicht der Ort ihr Können und Wirken ausführlicher zu beſprechen. Ich habe
mich zu ſehr von meinem Thema entfernt; nur noch von Jean Paul will ich
mit einigen Worten reden.

Ich habe erwähnt wie Jean Paul Friedrich Richter in ſeiner Hauptrichtung
dem jungen Deutſchland voranging. Dieſes letztere jedoch, aufs Praktiſche
angewieſen, hat ſich der abſtruſen Verworrenheit, der barocken Darſtellungsart
und des ungenießbaren Styles der Jean-Paul'ſchen Schriften zu enthalten
gewußt. Von dieſem Style kann ſich ein klarer wohlredigirter franzöſiſcher
Kopf nimmermehr einen Begriff machen. Jean Pauls Periodenbau beſteht
aus lauter kleinen Stübchen, die manchmal ſo eng ſind, daß wenn eine Idee
dort mit einer anderen zuſammentrifft, ſie ſich beide die Köpfe zerſtoßen; oben
an der Decke ſind lauter Haken woran Jean Paul allerlei Gedanken hängt

und an den Wänden sind lauter geheime Schubladen, worin er Gefühle verbirgt. Kein deutscher Schriftsteller ist so reich wie er an Gedanken und Gefühlen, aber er läßt sie nie zur Reife kommen, und mit dem Reichthum seines
Geistes und seines Gemüthes bereitet er uns mehr Erstaunen als Erquickung.
Gedanken und Gefühle, die zu ungeheuren Bäumen auswachsen würden,
wenn er sie ordentlich Wurzel fassen und mit allen ihren Zweigen, Blüthen
und Blättern sich ausbreiten ließe: diese rupft er uns, wenn sie kaum noch
kleine Pflänzchen, oft sogar noch bloße Keime sind, und ganze Geisteswälder
werden uns solchermaßen, auf einer gewöhnlichen Schüssel, als Gemüse vorgesetzt. Dieses ist nun eine wundersame, ungenießbare Kost; denn nicht
jeder Magen kann junge Eichen, Zedern, Palmen und Bananen in solcher
Menge vertragen. Jean Paul ist ein großer Dichter und Philosoph, aber
man kann nicht unkünstlerischer sein als eben er im Schaffen und Denken.
Er hat in seinen Romanen ächtpoetische Gestalten zur Welt gebracht, aber alle
diese Geburten schleppen eine närrisch lange Nabelschnur mit sich herum und
verwickeln und würgen sich damit. Statt Gedanken giebt er uns eigentlich
sein Denken selbst, wir sehen die materielle Thätigkeit seines Gehirns; er giebt
uns, so zu sagen, mehr Gehirn als Gedanken. In allen Richtungen hüpfen
dabei seine Witze, die Flöhe seines erhitzten Geistes. Er ist der lustigste
Schriftsteller und zugleich der sentimentalste. Ja, die Sentimentalität über-
windet ihn immer und sein Lachen verwandelt sich jählings in Weinen. Er
vermummt sich manchmal in einen bettelhaften plumpen Gesellen, aber dann
plötzlich, wie die Fürsten incognito, die wir auf dem Theater sehen, knöpft er
den groben Oberrock auf, und wir erblicken alsdann den strahlenden Stern.

Hierin gleicht Jean Paul ganz dem großen Irländer, womit man ihn oft
verglichen. Auch der Verfasser des Tristram Shandy, wenn er sich in den
rohesten Trivialitäten verloren, weiß uns plötzlich, durch erhabene Uebergänge,
an seine fürstliche Würde, an seine Ebenbürtigkeit mit Shakespeare, zu erinnern. Wie Lorenz Sterne hat auch Jean Paul in seinen Schriften seine
Persönlichkeit Preis gegeben, er hat sich ebenfalls in menschlichster Blöße gezeigt, aber doch mit einer gewissen unbeholfenen Scheu, besonders in geschlechtlicher Hinsicht. Lorenz Sterne zeigt sich dem Publikum ganz entkleidet, er ist
ganz nackt; Jean Paul hingegen hat nur Löcher in der Hose. Mit Unrecht
glauben einige Kritiker, Jean Paul habe mehr wahres Gefühl besessen als
Sterne, weil dieser, sobald der Gegenstand den er behandelt eine tragische
Höhe erreicht, plötzlich in den scherzhaftesten, lachendsten Ton überspringt;
statt daß Jean Paul, wenn der Spaß nur im mindesten ernsthaft wird, all-
mälig zu flennen beginnt und ruhig seine Thränendrüsen austräufen läßt.
Nein, Sterne fühlte vielleicht noch tiefer als Jean Paul, denn er ist ein
größerer Dichter. Er ist, wie ich schon erwähnt, ebenbürtig mit William

Shakespeare, und auch ihn, den Lorenz Sterne, haben die Musen erzogen auf dem Parnaß. Aber, nach Frauenart, haben sie ihn, besonders durch ihre Liebkosungen, schon frühe verdorben. Er war das Schooßkind der bleichen tragischen Göttin. Einst, in einem Anfall von grausamer Zärtlichkeit, küßte diese ihm das junge Herz so gewaltig, so liebestark, so inbrünstig saugend, daß das Herz zu bluten begann und plötzlich alle Schmerzen dieser Welt verstand und von unendlichem Mitleid erfüllt wurde. Armes, junges Dichterherz! Aber die jüngere Tochter Mnemosines, die rosige Göttin des Scherzes, hüpfte schnell hinzu und nahm den leidenden Knaben in ihre Arme und suchte ihn zu erheitern mit Lachen und Singen und gab ihm als Spielzeug die komische Larve und die närrischen Glöckchen, und küßte begütigend seine Lippen, und küßte ihm darauf all ihren Leichtsinn, all ihre trotzige Lust, all ihre witzige Neckerei.

Und seitdem geriethen Sternes Herz und Sternes Lippen in einen sonderbaren Widerspruch: wenn sein Herz manchmal ganz tragisch bewegt ist, und er seine tiefsten blutenden Herzensgefühle aussprechen will, dann, zu seiner eignen Verwunderung, flattern von seinen Lippen die lachend ergötzlichsten Worte.

4.

Im Mittelalter herrschte unter dem Volke die Meinung: wenn irgend ein Gebäude zu errichten sei, müsse man etwas Lebendiges schlachten und auf dem Blute desselben den Grundstein legen; dadurch werde das Gebäude fest und unerschütterlich stehen bleiben. War es nun der altheidnische Wahnwitz, daß man sich die Gunst der Götter durch Blutopfer erwerbe, oder war es Mißbegriff der christlichen Versöhnungslehre was diese Meinung von der Wunderkraft des Blutes, von einer Heiligung durch Blut, von diesem Glauben an Blut hervorgebracht hat: genug, er war herrschend, und in Liedern und Sagen lebt die schauerliche Kunde, wie man Kinder oder Thiere geschlachtet, um mit ihrem Blute große Bauwerke zu festigen. Heut zu Tage ist die Menschheit verständiger; wir glauben nicht mehr an die Wunderkraft des Blutes, weder an das Blut eines Edelmanns noch eines Gottes, und die große Menge glaubt nur an Geld. Besteht nun die heutige Religion in der Gelderwerbung Gottes oder in der Gotterwerbung des Geldes? Genug, die Leute glauben nur an Geld; nur dem gemünzten Metall, den silbernen und goldenen Hostien, schreiben sie eine Wunderkraft zu; das Geld ist der Anfang und das Ende aller ihrer Werke; und wenn sie ein Gebäude zu errichten haben, so tragen sie große Sorge, daß unter den Grundstein einige Geldstücke, eine Kapsel mit allerlei Münzen, gelegt werden.

Ja, wie im Mittelalter Alles, die einzelnen Bauwerke eben so wie das ganze Staats- und Kirchengebäude, auf dem Glauben an Blut beruhte, so beruhen alle unsere heutigen Instituzionen auf dem Glauben an Geld, auf wirklichem Geld. Jenes war Aberglauben, doch dieses ist der baare Egoismus. Ersteren zerstörte die Vernunft, letzteren wird das Gefühl zerstören. Die Grundlage der menschlichen Gesellschaft wird einst eine bessere sein, und alle großen Herzen Europas sind schmerzhaft beschäftigt, diese neue bessere Basis zu entdecken.

Vielleicht war es der Mißmuth ob dem jetzigen Geldglauben, der Widerwille gegen den Egoismus, den sie überall hervorgrinsen sahen, was in Deutschland einige Dichter von der romantischen Schule, die es ehrlich meinten, zuerst bewogen hatte, aus der Gegenwart in die Vergangenheit zurückzuflüchten und die Restaurazion des Mittelalters zu befördern. Dieses mag namentlich bei denjenigen der Fall sein, die nicht die eigentliche Coterie bildeten. Zu dieser letztern gehörten die Schriftsteller die ich im zweiten Buche besonders abgehandelt, nachdem ich im ersten Buche die Romantische Schule im Allgemeinen besprochen. Nur wegen dieser literar-historischen Bedeutung, nicht wegen ihres inneren Werthes, habe ich von diesen Coteriegenossen, die in Gemeinschaft wirkten, zuerst und ganz umständlich geredet. Man wird mich daher nicht mißverstehen, wenn von Zacharias Werner, von dem Baron de la Motte Fouqué und von Herrn Ludwig Uhland eine spätere und kärglichere Meldung geschieht. Diese drei Schriftsteller verdienten vielmehr, ihrem Werthe nach, weit ausführlicher besprochen und gerühmt zu werden. Denn Zacharias Werner war der einzige Dramatiker der Schule, dessen Stücke auf der Bühne aufgeführt und vom Parterre applaudirt wurden. Der Herr Baron de la Motte Fouqué war der einzige epische Dichter der Schule, dessen Romane das ganze Publikum ansprachen. Und Herr Ludwig Uhland ist der einzige Lyriker der Schule, dessen Lieder in die Herzen der großen Menge gedrungen sind und noch jetzt im Munde der Menschen leben.

In dieser Hinsicht verdienen die erwähnten drei Dichter einen Vorzug vor Herrn Ludwig Tieck, den ich als einen der besten Schriftsteller der Schule gepriesen habe. Herr Tieck hat nemlich, obgleich das Theater sein Steckenpferd ist und er von Kind auf bis heute sich mit dem Comödianthum und mit den kleinsten Details desselben, beschäftigt hat, doch immer darauf verzichten müssen, jemals von der Bühne herab die Menschen zu bewegen, wie es dem Zacharias Werner gelungen ist. Herr Tieck hat sich immer ein Hauspublikum halten müssen, dem er selber seine Stücke vordeklamirte und auf deren Händeklatschen ganz sicher zu rechnen war. Während Herr de la Motte Fouqué

von der Herzogin bis zur Wäscherin mit gleicher Lust gelesen wurde und als
die Sonne der Leihbibliotheken stralte, war Herr Tieck nur die Astrallampe der
Theegesellschaften, die, angeglänzt von seiner Poesie, bei der Vorlesung seiner
Novellen, ganz seelenruhig ihren Thee verschluckten. Die Kraft dieser Poesie
mußte immer desto mehr hervortreten, je mehr sie mit der Schwäche des Thees
kontrastirte, und in Berlin, wo man den mattesten Thee trinkt, mußte Herr
Tieck als einer der kräftigsten Dichter erscheinen. Während die Lieder unseres vortrefflichen Uhland in Wald und Thal erschollen, und noch jetzt von wilden Studenten gebrüllt und von zarten Jungfrauen gelispelt werden, ist kein
einziges Lied des Herrn Tieck in unsere Seelen gedrungen, kein einziges Lied
des Herrn Ludwig Tieck ist in unserem Ohre geblieben, das große Publikum
kennt kein einziges Lied dieses großen Lyrikers.

Zacharias Werner ist geboren zu Königsberg in Preußen, den 18. Nov.
1768. Seine Verbindung mit den Schlegeln war keine persönliche, sondern
nur eine sympathetische. Er begriff in der Ferne was sie wollten, und that
sein Möglichstes in ihrem Sinne zu dichten. Aber er konnte sich für die
Restaurazion des Mittelalters nur einseitig, nemlich nur für die hierarchisch
katholische Seite desselben, begeistern; die feudalistische Seite hat sein Gemüth
nicht so stark in Bewegung gesetzt. Hierüber hat uns sein Landsmann T. A.
Hoffmann, in den Serapionsbrüdern, einen merkwürdigen Aufschluß ertheilt.
Er erzählt nemlich, daß Werners Mutter gemüthskrank gewesen und während
ihrer Schwangerschaft sich eingebildet, daß sie die Muttergottes sei und den
Heiland zur Welt bringe. Der Geist Werners trug nun, sein ganzes Leben
hindurch, das Muttermahl dieses religiösen Wahnsinns. Die entsetzlichste
Religionsschwärmerei finden wir in allen seinen Dichtungen. Eine einzige,
der Vierundzwanzigste Februar, ist frei davon und gehört zu den kostbarsten
Erzeugnissen unserer dramatischen Literatur. Sie hat, mehr als Werners
übrige Stücke, auf dem Theater den größten Enthusiasmus hervorgebracht.
Seine anderen dramatischen Werke haben den großen Haufen weniger ange-
sprochen, weil es dem Dichter, bei aller drastischen Kraft, fast gänzlich an Kenntniß der Theaterverhältnisse fehlte.

Der Biograph Hoffmanns, der Herr Criminalrath Hitzig, hat auch Werners Leben beschrieben. Eine gewissenhafte Arbeit, für den Psychologen eben
so interessant wie für den Literarhistoriker. Wie man mir jüngst erzählt, war
Werner auch einige Zeit in Paris, wo er an den peripatetischen Philosophinnen,
die damals des Abends im brillantesten Putz, die Gallerien des Palais-Royal
durchwandelten, sein besonderes Wohlgefallen fand. Sie liefen immer hinter
ihm drein, und neckten ihn, und lachten über seinen komischen Anzug und seine
noch komischeren Manieren. Das war die gute alte Zeit! Ach, wie das
Palais-royal so hat sich auch Zacharias Werner späterhin sehr verändert; die

letzte Lampe der Lust erlosch im Gemüthe des vertrübten Mannes, zu Wien
trat er in den Orden der Ligorianer, und in der Sankt-Stephanskirche predigte er dort über die Nichtigkeit aller irdischen Dinge. Er hatte ausgefunden, daß alles auf Erden eitel sei. Der Gürtel der Venus, behauptete er
jetzt, sei nur eine häßliche Schlange, und die erhabene Juno trage unter ihrem
weißen Gewande ein paar hirschlederne, nicht sehr reinliche Postilionshosen.
Der Pater Zacharias kasteite sich jetzt und fastete und eiferte gegen unsere ver-
steckte Weltlust. Verflucht ist das Fleisch! schrie er so laut und mit so grell
ostpreußischem Accent, daß die Heiligenbilder in Sankt Stephan erzitterten
und die Wiener Grisetten allerliebst lächelten. Außer dieser wichtigen Neuigkeit erzählte er den Leuten beständig: daß er ein großer Sünder sei.

Genau betrachtet, ist sich der Mann immer konsequent geblieben, nur daß
er früherhin bloß besang, was er späterhin wirklich übte. Die Helden seiner
meisten Dramen sind schon mönchisch entsagende Liebende, ascetische Wollüst-
linge, die in der Abstinenz eine erhöhte Wonne entdeckt haben, die durch die
Marter des Fleisches ihre Genußsucht spiritualisiren, die in den Tiefen der religiösen Mystik die schauerlichsten Seeligkeiten suchen, heilige Roués.

Kurz vor seinem Tode war die Freude an dramatischer Gestaltung noch einmal in Wernern erwacht, und er schrieb noch eine Tragödie, betitelt: die Mutter der Makkabäer. Hier galt es aber nicht den profanen Lebensernst mit romantischen Späßen zu festoniren; zu dem heiligen Stoff wählte er auch einen
kirchlich breitgezogenen Ton, die Rhythmen sind feierlich gemessen wie Glockengeläute, bewegen sich langsam wie eine Charfreitagsprozession, und es ist eine
palestinische Legende in griechischer Tragödienform. Das Stück fand wenig
Beifall bei den Menschen hier unten; ob es den Engeln im Himmel besser gefiel, das weiß ich nicht.

Aber der Pater Zacharias starb bald darauf, Anfang des Jahres 1823,
nachdem er über 54 Jahr auf dieser sündigen Erde gewandelt.

Wir lassen ihn ruhen, den Todten, und wenden uns zu dem zweiten Dichter des romantischen Triumvirats. Es ist der vortreffliche Freiherr Friedrich
de la Motte Fouqué, geboren in der Mark Brandenburg im Jahr 1777 und
zum Professor ernannt an der Universität Halle, im Jahr 1833. Früher
stand er als Major im königl. Preuß. Militärdienst und gehört zu den San-
gesgilden oder Heldensängern, deren Leyer und Schwert, während dem sogenannten Freiheitskriege, am lautesten erklang. Sein Lorbeer ist von ächter
Art. Er ist ein wahrer Dichter und die Weihe der Poesie ruht auf seinem
Haupte. Wenigen Schriftstellern ward so allgemeine Huldigung zu Theil,
wie einst unserem vortrefflichen Fouqué. Jetzt hat er seine Leser nur noch
unter dem Publikum der Leihbibliotheken. Aber dieses Publikum ist immer groß genug, und Herr Fouqué kann sich rühmen, daß er der einzige

von der romantischen Schule ist, an dessen Schriften auch die niederen Klassen Geschmack gefunden. Während man in den ästhetischen Theezirkeln Berlins über den heruntergekommenen Ritter die Nase rümpfte, fand ich, in einer kleinen Harzstadt, ein wunderschönes Mädchen, welches von Fouqué mit entzückender Begeisterung sprach und erröthend gestand: daß sie gern ein Jahr ihres Lebens dafür hingäbe, wenn sie nur einmahl den Verfasser der Undine küssen könnte. — Und dieses Mädchen hatte die schönsten Lippen, die ich jemals gesehen.

Aber welch ein wunderliebliches Gedicht ist die Undine! Dieses Gedicht ist selbst ein Kuß! der Genius der Poesie küßte den schlafenden Frühling, und dieser schlug lächelnd die Augen auf, und alle Rosen dufteten und alle Nachtigallen sangen, und was die Rosen dufteten und alle Nachtigallen sangen, das hat unser vortrefflicher Fouqué in Worte gekleidet und er nannte es: Undine.

Ich weiß nicht, ob diese Novelle ins Französische übersetzt worden. Es ist die Geschichte von der schönen Wasserfee, die keine Seele hat, die nur dadurch, daß sie sich in einen Ritter verliebt, eine Seele bekömmt .... aber, ach! mit dieser Seele bekömmt sie auch unsere menschlichen Schmerzen, ihr ritterlicher Gemahl wird treulos, und sie küßt ihn todt. Denn der Tod ist in diesem Buche ebenfalls nur ein Kuß.

Diese Undine könnte man als die Muse der Fouqué'schen Poesie betrachten. Obgleich sie unendlich schön ist, obgleich sie eben so leidet wie wir und irdischer Kummer sie hinlänglich belastet, so ist sie doch kein eigentlich menschliches Wesen. Unsere Zeit aber stößt alle Luft- und Wassergebilde von sich, selbst die schönsten, sie verlangt wirkliche Gestalten des Lebens, und am allerwenigsten verlangt sie Niren, die in adelige Ritter verliebt sind. Das war es. Die retrograde Richtung, das beständige Loblied auf den Geburtadel, die unaufhörliche Verherrlichung des alten Feudalwesens, die ewige Ritterthümelei, mißbehagte am Ende den bürgerlich Gebildeten im deutschen Publikum, und man wandte sich ab von dem unzeitgemäßen Sänger. In der That, dieser beständige Singsang von Harnischen, Turnierrossen, Burgfrauen, ehrsamen Zunftmeistern, Zwergen, Knappen, Schloßkapellen, Minne und Glaube, und wie der mittelalterliche Trödel sonst heißt, wurde uns endlich lästig; und als der ingeniose Hidalgo Friedrich de la Motte Fouqué sich immer tiefer in seine Ritterbücher versenkte, und im Traume der Vergangenheit das Verständniß der Gegenwart einbüßte: da mußten sogar seine besten Freunde sich kopfschüttelnd von ihm abwenden.

Die Werke, die er in dieser späteren Zeit schrieb, sind ungenießbar. Die Gebrechen seiner früheren Schriften sind hier aufs höchste gesteigert. Seine Rittergestalten bestehen nur aus Eisen und Gemüth; sie haben weder

Fleisch noch Vernunft. Seine Frauenbilder sind nur Bilder, oder vielmehr
nur Puppen, deren goldne Locken gar zierlich herabwallen, über die anmuthi-
gen Blumengesichter. Wie die Werke von Walter Scott mahnen auch die
Fouqué'schen Ritterromane an die gewirkten Tapeten, die wir Gobelins nennen, und die durch reiche Gestaltung und Farbenpracht mehr unser Auge als
unsere Seele ergötzen. Das sind Ritterfeste, Schäferspiele, Zweikämpfe, alte
Trachten, alles recht hübsch neben einander, abenteuerlich ohne tieferen Sinn,
bunte Oberflächlichkeit. Bei den Nachahmern Fouqués wie bei den Nachahmern des Walter Scott ist diese Manier, statt der inneren Natur der Menschen und Dinge nur ihre äußere Erscheinung und das Costum zu schildern,
noch trübseliger ausgebildet. Diese flache Art und leichte Weise grassirt heutigen Tages in Deutschland eben so gut wie in England und Frankreich.
Wenn auch die Darstellungen nicht mehr die Ritterzeit verherrlichen, sondern
auch unsere modernen Zustände betreffen, so ist es doch noch immer die vorige
Manier, die statt der Wesenheit der Erscheinung nur das Zufällige derselben
auffaßt. Statt Menschenkenntniß bekunden unsere neueren Romanciers nur
Kleiderkenntniß, und sie fußen vielleicht auf dem Sprüchwort: Kleider machen
Leute. Wie anders die älteren Romanenschreiber, besonders bei den Engländ-
dern. Richardson giebt uns die Anatomie der Empfindungen. Goldsmidt
behandelt pragmatisch die Herzensaktionen seiner Helden. Der Verfasser des
Tristram Shandy zeigt uns die verborgensten Tiefen der Seele; er öffnet eine
Luke der Seele, erlaubt uns einen Blick in ihre Abgründe, Paradiese und
Schmutzwinkel, und läßt gleich die Gardine davor wieder fallen. Wir haben
von vorn in das seltsame Theater hineingeschaut, Beleuchtung und Perspektive hat ihre Wirkung nicht verfehlt, und indem wir das Unendliche geschaut
zu haben meinen, ist unser Gefühl unendlich geworden, poetisch. Was Fiel-
ding betrifft, so führt er uns gleich hinter die Kulissen, er zeigt uns die falsche
Schminke auf allen Gefühlen, die plumpesten Springfedern der zartesten
Handlungen, das Kolophonium, das nachher als Begeisterung aufblitzen wird,
die Pauke worauf noch friedlich der Klopfer ruht, der späterhin den gewaltigsten Donner der Leidenschaft daraus hervortrommeln wird; kurz, er zeigt uns
jene ganze innere Machinerie, die große Lüge, wodurch uns die Menschen anders erscheinen als sie wirklich sind, und wodurch alle freudige Realität des
Lebens verloren geht. Doch wozu als Beispiel die Engländer wählen, da
unser Goethe, in seinem Wilhelm Meister, das beste Muster eines Romans
geliefert hat.

Die Zahl der Fouqué'schen Romane ist Legion; er ist einer der fruchtbarsten
Schriftsteller. „Der Zauberring" und „Thiodolph der Isländer" verdienen besonders rühmend angeführt zu werden. Seine metrischen Dramen,
die nicht für die Bühne bestimmt sind, enthalten große Schönheiten. Beson-

bers „Sigurd, der Schlangentödter" ist ein kühnes Werk, worin die altscandinavische Heldensage mit all ihrem Riesen- und Zauberwesen sich abspiegelt. Die Hauptperson des Dramas, der Sigurd, ist eine ungeheure Gestalt. Er ist stark wie die Felsen von Norweg und ungestüm wie das Meer, das sie umrauscht. Er hat so viel Muth wie hundert Löwen und so viel Verstand wie zwei Esel.

Herr Fouqué hat auch Lieder gedichtet. Sie sind die Lieblichkeit selbst. Sie sind so leicht, so bunt, so glänzend, so heiter dahin flatternd; es sind süße lyrische Kolibri.

Der eigentliche Liederdichter aber ist Herr Ludwig Uhland, der geboren zu Tübingen im Jahr 1787 jetzt als Advokat in Stuttgart lebt. Dieser Schriftsteller hat einen Band Gedichte, zwei Tragödien und zwei Abhandlungen über Walter von der Vogelweide und über französische Troubaduren geschrieben. Es sind zwei kleine historische Untersuchungen und zeugen von fleißigem Studium des Mittelalters. Die Tragödien heißen „Ludwig der Bayer" und „Herzog Ernst von Schwaben." Erstere habe ich nicht gelesen; ist mir auch nicht als die vorzüglichere gerühmt worden. Die zweite jedoch enthält große Schönheiten und erfreut durch Adel der Gefühle und Würde der Gesinnung. Es weht darin ein süßer Hauch der Poesie, wie er in den Stücken, die jetzt auf unserem Theater so viel Beifall ärnbten, nimmermehr angetroffen wird. Deutsche Treue ist das Thema dieses Dramas, und wir sehen sie hier, stark wie eine Eiche, allen Stürmen trotzen; deutsche Liebe blüht, kaum bemerkbar, in der Ferne, doch ihr Veilchenduft dringt uns um so rührender ins Herz. Dieses Drama, oder vielmehr dieses Lied, enthält Stellen, welche zu den schönsten Perlen unserer Literatur gehören. Aber das Theaterpublikum hat das Stück dennoch mit Indifferenz aufgenommen oder vielmehr abgelehnt. Ich will die guten Leute des Parterres nicht allzubitter darob tadeln. Diese Leute haben bestimmte Bedürfnisse, deren Befriedigung sie vom Dichter verlangen. Die Produkte des Poeten sollen nicht eben den Sympathien seines eignen Herzens, sondern viel eher dem Begehr des Publikums entsprechen. Dieses letztere gleicht ganz dem hungrigen Beduinen in der Wüste, der einen Sack mit Erbsen gefunden zu haben glaubt und ihn hastig öffnet: aber ach! es sind nur Perlen. Das Publikum verspeist mit Wonne des Herrn Raupachs dürre Erbsen und Madame Birch-Pfeifers Saubohnen; Uhlands Perlen findet es ungenießbar.

Da die Franzosen höchstwahrscheinlich nicht wissen wer Madame Birch-Pfeifer und Herr Raupach ist, so muß ich hier erwähnen, daß dieses göttliche Paar, geschwisterlich neben einander stehend, wie Apoll und Diana, in den Tempeln unserer dramatischen Kunst am meisten verehrt wird. Ja, Herr Raupach ist eben so sehr dem Apoll wie Madame Birch-Pfeifer der Diana

vergleichbar. Was ihre reale Stellung betrifft, so ist letztere als kaiserl. öst-
reichische Hofschauspielerin in Wien, und ersterer als königl. preußischer Thea-
terdichter in Berlin angestellt. Die Dame hat schon eine Menge Dramen
geschrieben worin sie selber spielt. Ich kann nicht umhin hier einer Erscheinung zu erwähnen, die den Franzosen fast unglaublich vorkommen wird: eine
große Anzahl unserer Schauspieler sind auch dramatische Dichter und schreiben
sich selbst ihre Stücke. Man sagt Herr Ludwig Tieck habe, durch eine unvor-
sichtige Aeußerung, dieses Unglück veranlaßt. In seinen Cirkeln bemerkte er
nemlich: daß die Schauspieler in einem schlechten Stücke immer besser spielen
können, als in einem guten Stücke. Fußend auf solchem Axiom griffen die
Comödianten schaarenweis zur Feder, schrieben Trauerspiele und Lustspiele
die Hülle und Fülle, und es wurde uns manchmal schwer zu entscheiden: dichtete der eitle Comödiant sein Stück absichtlich schlecht, um gut darin zu spielen? oder spielte er schlecht in so einem selbstverfertigten Stücke, um uns glauben zu machen das Stück sei gut? Der Schauspieler und der Dichter, die
bisher in einer Art von kollegialischem Verhältnisse standen, (ungefähr wie
der Scharfrichter und der arme Sünder) traten jetzt in offne Feindschaft.
Die Schauspieler suchten die Poeten ganz vom Theater zu verdrängen, unter
dem Vorgeben: sie verständen nichts von den Anforderungen der Bretterwelt,
verständen nichts von drastischen Effekten und Theatercoups, wie nur der Schauspieler sie in der Praxis erlernt und sie in seinen Stücken anzubringen weiß.
Die Comödianten, oder wie sie sich am liebsten nennen, die Künstler spielten
daher vorzugsweise in ihren eignen Stücken oder wenigstens in Stücken, die
einer der Ihrigen, ein Künstler, verfertigt hatte. In der That, diese entspra-
chen ganz ihren Bedürfnissen; hier fanden sie ihre Lieblingscostume, ihre fleisch-
farbige Trikotpoesie, ihre applaudirten Abgänge, ihre herkömmlichen Grimassen, ihre Flittergold-Redensarten, ihr ganzes affectirtes Kunstzigeunerthum:
eine Sprache, die nur auf den Brettern gesprochen wird, Blumen, die nur
diesem erlogenen Boden entsprossen, Früchte, die nur am Lichte der Orchester-
lampe gereift, eine Natur worin nicht der Odem Gottes, sondern des Souf-
fleurs weht, kulissenerschütternde Tobsucht, sanfte Wehmuth mit kitzelnder
Flötenbegleitung, geschminkte Unschuld mit Lasterversenkungen, Monatsgagen-
gefühle, Trompetentusch u. s. w.

Solchermaßen haben die Schauspieler in Deutschland sich von den Poeten
und auch von der Poesie selbst emanzipirt. Nur der Mittelmäßigkeit erlaubten
sie noch, sich auf ihrem Gebiete zu produziren. Aber sie geben genau Acht,
daß es kein wahrer Dichter ist, der, im Mantel der Mittelmäßigkeit, sich bei
ihnen eindrängt. Wie viel Prüfungen hat Herr Raupach überstehen müssen,
ehe es ihm gelang, auf dem Theater Fuß zu fassen! Und noch jetzt haben sie
ein waches Auge auf ihn, und wenn er mal ein Stück schreibt, das nicht

ganz und gar schlecht ist, so muß er, aus Furcht vor dem Ostrazismus der Comödianten, gleich wieder ein Dutzend der allermiserabelsten Machwerke zu Tage fördern. Ihr wundert Euch über das Wort „ein Dutzend?" Es ist gar keine Uebertreibung von mir. Dieser Mann kann wirklich jedes Jahr ein Dutzend Dramen schreiben, und man bewundert diese Produktivität. Aber „es ist keine Hexerei," sagt Jantjen von Amsterdam, der berühmte Taschenspieler, wenn wir seine Kunststücke anstaunen: „Es ist keine Hexerei, sondern nur die Geschwindigkeit."

Daß es Herrn Raupach gelungen ist, auf der deutschen Bühne empor zu kommen, hat aber noch einen besondern Grund. Dieser Schriftsteller, von Geburt ein Deutscher, hat lange Zeit in Rußland gelebt, dort erwarb er seine Bildung und es war die moskowitische Muse, die ihn eingeweiht in die Poesie. Diese Muse, die eingezobelte Schöne mit der holdselig aufgestülpten Nase, reichte unserem Dichter die volle Branntweinschaale der Begeisterung, hing um seine Schulter den Köcher mit kirgisischen Witzpfeilen und gab in seine Hände die tragische Knute. Als er zuerst damit auf unsere Herzen losschlug, wie erschütterte er uns! Das Befremdliche der ganzen Erscheinung mußte uns nicht wenig in Verwunderung setzen. Der Mann gefiel uns gewiß nicht im zivilisirten Deutschland; aber sein sarmatisch ungethümes Wesen, eine täppische Behendigkeit, ein gewisses brummendes Zugreifen in seinem Verfahren, verblüffte das Publikum. Es war jedenfalls ein origineller Anblick, wenn Herr Raupach auf seinem slavischen Pegasus, dem kleinen Klepper, über die Steppen der Poesie dahinjagte, und unter dem Sattel, nach ächter Baschkirenweise seine dramatischen Stoffe gar ritt. Dieses fand Beifall in Berlin; — dem Herrn Raupach gelang es dort Fuß zu fassen, er wußte sich mit den Schauspielern zu verständigen, und seit einiger Zeit, wie schon gesagt, wird Raupach Apollo neben Diana Birch-Pfeifer, göttlich verehrt in dem Tempel der dramatischen Kunst. Dreißig Thaler bekömmt er für jeden Akt den er schreibt, und er schreibt lauter Stücke von sechs Akten, indem er dem ersten Akt den Titel „Vorspiel" giebt. Alle mögliche Stoffe hat er schon unter den Sattel seines Pegasus geschoben und gar geritten. Kein Held ist sicher vor solchem tragischen Schicksal. Sogar den Siegfried, den Drachentödter, hat er unter bekommen. Die Muse der deutschen Geschichte ist in Verzweiflung. Einer Niobe gleich betrachtet sie mit bleichem Schmerze die edlen Kinder, die Raupach-Apollo so entsetzlich bearbeitet hat. O Jupiter! er wagte es sogar Hand zu legen an die Hohenstaufen, unsere alten geliebten Schwabenkaiser! Es war nicht genug, daß Herr Friedrich Raumer sie geschichtlich eingeschlachtet, jetzt kommt gar Herr Raupach der sie fürs Theater zurichtet. Raumersche Holzfiguren überzieht er mit seiner ledernen Poesie, mit seinen russischen Juchten, und der Anblick solcher Carrikaturen und ihr

Mißduft verleidet uns am Ende noch die Erinnerung an die schönsten und edelsten Kaiser des deutschen Vaterlandes. Und die Polizei hemmt nicht solchen Frevel? Wenn sie nicht gar selbst die Hand im Spiel hat. Neue, emporstrebende Regentenhäuser lieben nicht bei dem Volke die Erinnerung an die alten Kaiserstämme, an deren Stelle sie gern treten möchten. Nicht bei Immermann, nicht bei Grabbe, nicht einmal bei Herrn Uchtritz, sondern bei dem Herrn Raupach, wird die berliner Theaterintendanz einen Barbarossa bestellen. Aber streng bleibt es Herrn Raupach untersagt einen Hohenzollern unter den Sattel zu stecken; sollte es ihm einmal danach gelüsten, so würde man ihm bald die Hausvogtei als Helikon anweisen.

Die Ideenassoziazion, die durch Contraste entsteht, ist Schuld daran, daß ich, indem ich von Herrn Uhland reden wollte, plötzlich auf Herrn Raupach und Madame Birch-Pfeifer gerieth. Aber obgleich dieses göttliche Paar, unsere Theaterbiana noch viel weniger als unser Theaterapoll, nicht zur eigentlichen Literatur gehört, so mußte ich doch einmal von ihnen reden, weil sie die jetzige Bretterwelt repräsentiren. Auf jeden Fall war ich es unseren wahren Poeten schuldig, mit wenigen Worten in diesem Buche zu erwähnen, von welcher Natur die Leute sind, die bei uns die Herrschaft der Bühne usurpiren.

5.

Ich bin in diesem Augenblick in einer sonderbaren Verlegenheit. Ich darf die Gedichtesammlung des Herrn Ludwig Uhland nicht unbesprochen lassen, und dennoch befinde ich mich in einer Stimmung, die keineswegs solcher Besprechung günstig ist. Schweigen könnte hier als Feigheit oder gar als Perfidie erscheinen, und ehrlich offne Worte könnten als Mangel an Nächstenliebe gedeutet werden. In der That, die Sippen und Magen der Uhlandschen Muse und die Hintersassen seines Ruhmes werde ich mit der Begeisterung, die mir heute zu Gebote steht, schwerlich befriedigen. Aber ich bitte Euch, Zeit und Ort, wo ich dieses niederschreibe, gehörig zu ermessen. Vor zwanzig Jahren, ich war ein Knabe, ja damals, mit welcher überströmenden Begeisterung hatte ich den vortrefflichen Uhland zu feiern vermocht! Damals empfand ich seine Vortrefflichkeit vielleicht besser als jetzt; er stand mir näher an Empfindung und Denkvermögen. Aber so vieles hat sich seitdem ereignet! Was mir so herrlich dünkte, jenes chevthereske und katholische Wesen, jene Ritter die im adlichen Turnei sich hauen und stechen, jene sanften Knappen und sittigen Edelfrauen, jene Nordlandshelden und Minnesänger, jene Mönche und Nonnen, jene Vätergrüfte mit Ahnungsschauern, jene blassen Entsagungsgefühle mit Glockengeläute, und das ewige Wehmuthgewimmer, wie bitter ward es mir seitdem verleidet! Ja, einst war es anders. Wie oft, auf den Trümmern des alten Schlosses zu Düsseldorf am Rhein, saß ich und deklamirte vor mich hin das schönste aller Uhlandschen Lieder:

Der schöne Schäfer zog so nah
Vorüber am Königsschloß;
Die Jungfrau von der Zinne sah,
Da war ihr Sehnen groß.

Sie rief ihm zu ein süßes Wort:
„O dürft ich gehn hinab zu Dir!
Wie glänzen weiß die Lämmer dort,
Wie roth die Blümlein hier!"

Der Jüngling ihr entgegenbot:
„O kämest du herab zu mir!
Wie glänzen so die Wänglein roth,
Wie weiß die Arme dir!"

Und als er nun mit stillem Weh
In jeder Früh vorübertrieb:
Da sah er hin, bis in der Höh
Erschien sein holdes Lieb.

Dann rief er freundlich ihr hinauf:
„Willkommen, Königstöchterlein!"
Ihr süßes Wort ertönte drauf:
„Viel Dank, du Schäfer mein!"

Der Winter floh, der Lenz erschien,
Die Blümlein blühten reich umher,
Der Schäfer thät zum Schlosse ziehn,
Doch Sie erschien nicht mehr.

Er rief hinauf so klagevoll:
„Willkommen, Königstöchterlein!"
Ein Geisterlaut herunter scholl:
„Ade, du Schäfer mein!"

Wenn ich nun auf den Ruinen des alten Schlosses saß und dieses Lied deklamirte, hörte ich auch wohl zuweilen wie die Nixen im Rhein, der dort vorbeifließt, meine Worte nachäfften, und das seufzte und das stöhnte aus den Fluten mit komischem Pathos:

„Ein Geisterlaut herunter schoß,
Ade, du Schäfer mein!"

Ich ließ mich aber nicht stören von solchen Neckereien der Wasserfrauen,
selbst wenn sie bei den schönsten Stellen in Uhlands Gedichten ironisch kicher-
ten. Ich bezog solches Gekicher damals bescheidentlich auf mich selbst, namentlich gegen Abend, wenn die Dunkelheit heranbrach, und ich mit etwas
erhobener Stimme deklamirte, um dadurch die geheimnißvollen Schauer zu
überwinden, die mir die alten Schloßtrümmer einflößten. Es ging nämlich
die Sage, daß dort des Nachts eine Dame ohne Kopf umherwandle. Ich
glaubte manchmal ihre lange seidne Schleppe vorbei rauschen zu hören, und
mein Herz pochte . . . . . das war die Zeit und der Ort, wo ich für die „Gedichte von Ludwig Uhland" begeistert war.

Dasselbe Buch habe ich wieder in Händen, aber zwanzig Jahre sind seitdem
verflossen, ich habe unterdessen viel gehört und gesehen, gar viel, ich glaube
nicht mehr an Menschen ohne Kopf, und der alte Spuk wirkt nicht mehr auf
mein Gemüth. Das Haus, worin ich eben sitze und lese, liegt auf dem
Boulevard Mont-Martre; und dort branden die wildesten Wogen des Tages,
dort kreischen die lautesten Stimmen der modernen Zeit; das lacht, das grollt,
das trommelt; im Sturmschritt schreitet vorüber die Nazionalgarde; und
jeder spricht französisch. — Ist das nun der Ort, wo man Uhlands Gedichte
lesen kann? Dreimal habe ich den Schluß des obenerwähnten Gedichtes mir
wieder vordeklamirt, aber ich empfinde nicht mehr das unnennbare Weh, das
mich einst ergriff, wenn das Königstöchterlein stirbt und der schöne Schäfer so
klagevoll zu ihr hinaufrief: Willkommen, Königstöchterlein!

„Ein Geisterlaut herunterscholl,
Ade! du Schäfer mein!"

Vielleicht auch bin ich für solche Gedichte etwas kühl geworden, seitdem ich
die Erfahrung gemacht, daß es eine weit schmerzlichere Liebe giebt, als die
welche den Besitz des geliebten Gegenstandes niemals erlangt, oder ihn durch
den Tod verliert. In der That, schmerzlicher ist es, wenn der geliebte Gegenstand Tag und Nacht in unseren Armen liegt, aber durch beständigen Widerspruch und blödsinnige Capricen uns Tag und Nacht verleidet, dergestalt, daß
wir das, was unser Herz am meisten liebt, von unserem Herzen fortstoßen,
und wir selber das verflucht geliebte Weib nach dem Postwagen bringen und
fortschicken müssen:

Ade, du Königstöchterlein!

Ja, schmerzlicher als der Verlust durch den Tod ist der Verlust durch das
Leben, z. B. wenn die Geliebte, aus wahnsinniger Leichtfertigkeit, sich **von**

uns abwendet, wenn sie durchaus auf einen Ball gehen will, wohin kein
ordentlicher Mensch sie begleiten kann, und wenn sie dann ganz aberwitzig
bunt geputzt und trotzig frisirt, dem ersten besten Lump den Arm reicht und
uns den Rücken kehrt . . . .

Ade, du Schäfer mein!

Vielleicht erging es Herrn Uhland selber nicht besser als uns. Auch seine
Stimmung muß sich seitdem etwas verändert haben. Mit geringen Ausnahmen hat er seit zwanzig Jahren keine neue Gedichte zu Markte gebracht.
Ich glaube nicht, daß dieses schöne Dichtergemüth so kärglich von der Natur
begabt gewesen und nur einen einzigen Frühling in sich trug. Nein, ich
erkläre mir das Verstummen Uhlands vielmehr aus dem Widerspruch, worin
die Neigungen seiner Muse mit den Ansprüchen seiner politischen Stellung
gerathen sind. Der elegische Dichter, der die katholisch feudalistische Vergangenheit in so schönen Balladen und Romanzen zu besingen wußte, der
Ossian des Mittelalters, wurde seitdem in der würtembergischen Ständever-
sammlung, ein eifriger Vertreter der Volksrechte, ein kühner Sprecher für
Bürgergleichheit und Geistesfreiheit. Daß diese demokratische und protestantische Gesinnung bei ihm ächt und lauter ist, bewies Herr Uhland durch die
großen persönlichen Opfer, die er ihr brachte; hatte er einst den Dichterlorbeer
errungen, so erwarb er jetzt auch den Eichenkranz der Bürgertugend. Aber
eben weil er es mit der neuen Zeit so ehrlich meinte, konnte er das alte Lied
von der alten Zeit nicht mehr mit der vorigen Begeisterung weiter singen;
und da sein Pegasus nur ein Ritterroß war, das gern in die Vergangenheit
zurücktrabte, aber gleich stätig wurde wenn es vorwärts sollte in das moderne
Leben, da ist der wackere Uhland lächelnd abgestiegen, ließ ruhig absatteln und
den unfügsamen Gaul nach dem Stall bringen. Dort befindet er sich noch
bis auf heutigen Tag, und wie sein College das Roß Bayard hat er alle
möglichen Tugenden und nur einen einzigen Fehler: er ist todt.

Schärferen Blicken als den meinigen will es nicht entgangen sein, daß das
hohe Ritterroß mit seinen bunten Wappendecken und stolzen Federbüschen, nie
recht gepaßt habe zu seinem bürgerlichen Reuter, der an den Füßen, statt
Stiefeln mit goldenen Sporen, nur Schuh mit seidenen Strümpfen, und auf
dem Haupte, statt eines Helms, nur einen tübinger Doktorhut getragen hat.
Sie wollen entdeckt haben: daß Herr Ludwig Uhland niemals mit seinem
Thema ganz übereinstimmen konnte; daß er die naiven, grauenhaft kräftigen
Töne des Mittelalters nicht eigentlich in idealisirter Wahrheit wiedergiebt,
sondern sie vielmehr in eine kränklich sentimentale Melancholie auflöst; daß
er die starken Klänge der Heldensage und des Volkslieds in seinem Gemüthe
gleichsam weich gekocht habe, um sie genießbar zu machen für das moderne

Publikum. Und in der That, wenn man die Frauen der Uhland'schen Gedichte genau betrachtet, so sind es nur schöne Schatten, verkörperter Mondschein, in den Adern Milch, in den Augen süße Thränen, nämlich Thränen ohne Salz. Vergleicht man die Uhland'schen Ritter mit den Rittern der alten Gesänge, so kommt es uns vor, als beständen sie aus Harnischen von Blech, worin lauter Blumen stecken, statt Fleisch und Knochen. Die Uhland-schen Ritter duften daher für zarte Nasen weit minniglicher als die alten Kämpen, die recht dicke eiserne Hosen trugen und viel fraßen und noch mehr soffen.

Aber das soll kein Tadel sein. Herr Uhland wollte uns keineswegs in wahrhafter Copey die deutsche Vergangenheit vorführen, er wollte uns vielleicht nur durch ihren Widerschein ergötzen; und er ließ sie freundlich zurückspiegeln von der dämmernden Fläche seines Geistes. Dieses mag seinen Gedichten vielleicht einen besondern Reiz verleihen und ihnen die Liebe vieler sanften und guten Menschen erwerben. Die Bilder der Vergangenheit üben ihren Zauber selbst in der mattesten Beschwörung. Sogar Männer, die für die moderne Zeit Parthei gefaßt, bewahren immer eine geheime Sympathie für die Ueberlieferungen alter Tage; wunderbar berühren uns diese Geisterstimmen selbst in ihrem schwächsten Nachhall. Und es ist leicht begreiflich, daß die Balladen und Romanzen unseres vortrefflichen Uhlands, nicht blos bei Patrioten von 1813, bei frommen Jünglingen und minniglichen Jungfrauen, sondern auch bei manchen Höhergekräftigten und Neudenkenden den schönsten Beifall finden.

Ich habe bei dem Wort Patrioten die Jahrzahl 1813 hinzugefügt, um sie von den heutigen Vaterlandsfreunden zu unterscheiden. — Jene älteren Patrioten müssen an der Uhland'schen Muse das süßeste Wohlgefallen finden, da die meisten seiner Gedichte ganz von dem Geiste ihrer Zeit geschwängert sind, einer Zeit, wo sie selber noch in Jugendgefühlen und stolzen Hoffnungen schwelgten. Diese Vorliebe für Uhlands Gedichte überlieferten sie ihren Nachbetern, und den Jungen auf den Turnplätzen ward es einst als Patriotismus angerechnet, wenn sie sich Uhlands Gedichte anschafften. Sie fanden darin Lieder die selbst Max von Schenkendorf und Herr Ernst Moritz Arndt nicht besser gedichtet hätten. Und in der That, welcher Enkel des biderben Arminius und der blonden Thusnelda wird nicht befriedigt von dem Uh'and-schen Gedichte:

> Vorwärts! fort und immerfort:
> Rußland rief das stolze Wort:
>   Vorwärts!
>
> Preußen hört das stolze Wort,
> Hört es gern und hallt es fort:
>   Vorwärts!

Auf gewaltiges Oesterreich!
Vorwärts! thu's den andern gleich!
   Vorwärts!

Auf, du altes Sachsenland!
Immer vorwärts, Hand in Hand!
   Vorwärts!

Bayern, Hessen, schlaget ein!
Schwaben, Franken, vor zum Rhein!
   Vorwärts!

Vorwärts, Holland, Niederland!
Hoch das Schwert in freier Hand!
   Vorwärts!

Grüß' Euch Gott, du Schweizerbund!
Elsaß, Lothringen, Burgund!
   Vorwärts!

Vorwärts, Spanien, Engelland!
Reicht den Brüdern bald die Hand!
   Vorwärts!

Vorwärts, fort und immerfort!
Guter Wind und naher Port!
   Vorwärts!

Vorwärts heißt ein Feldmarschall.
Vorwärts, tapfre Streiter all!
   Vorwärts!

Ich wiederhole es, die Leute von 1813 finden in Herrn Uhlands Gedichten den Geist ihrer Zeit aufs kostbarste aufbewahrt, und nicht blos den politischen, sondern auch den moralischen und ästhetischen Geist. Herr Uhland repräsentirt eine ganze Periode, und er repräsentirt sie jetzt fast allein, da die anderen Repräsentanten derselben in Vergessenheit gerathen und sich wirklich in diesem Schriftsteller alle resumiren. Der Ton, der in den Uhlandschen Liedern, Balladen und Romanzen herrscht, war der Ton aller seiner romantischen Zeitgenossen, und mancher darunter hat, wo nicht gar Besseres, doch wenigstens eben so Gutes geliefert. Und hier ist der Ort, wo ich noch manchen von der romantischen Schule rühmen kann, der, wie gesagt, in Betreff des Stoffes und der Tonart seiner Gedichte die sprechendste Aehnlichkeit mit Herrn Uhland bekundet, auch an poetischem Werthe ihm nicht nachzustehen braucht, und sich etwa nur durch mindere Sicherheit in der Form von ihm unterscheidet. In der That, welch ein vortrefflicher Dichter ist der Freiherr von Eichendorf; die Lieder, die er seinem Roman „Ahnung und Gegenwart" eingewebt hat, lassen sich von den Uhlandschen gar nicht unterscheiden, und zwar von den besten derselben. Der Unterschied besteht vielleicht nur in der grüneren Waldesfrische und der kristallhafteren Wahrheit der Eichendorfschen Gedichte. Herr Justinus Kerner, der fast gar nicht bekannt ist, verdient hier ebenfalls eine preisende Erwähnung; auch er dichtete in derselben Tonart und Weise die wackersten Lieder; er ist ein Landsmann des Herrn Uhland. Dasselbe ist der Fall bei Herrn Gustav Schwab, einem berühmteren Dichter, der ebenfalls aus den schwäbischen Gauen hervorgeblüht, und uns noch jährlich mit hübschen und duftenden Liedern erquickt. Besonderes Talent besitzt er für die Ballade und er hat die heimischen Sagen in dieser Form aufs erfreusamste besungen. Wilhelm Müller, den uns der Tod in seiner heitersten Jugendfülle entrissen, muß hier ebenfalls erwähnt werden. In der Nachbildung des deutschen Volkslieds klingt er ganz zusammen mit Herrn Uhland; mich will es sogar bedünken, als sei er in solchem Gebiete manchmal glücklicher und übertreffe ihn an Natürlichkeit. Er erkannte tiefer den Geist der alten Liedesformen, und brauchte sie daher nicht äußerlich nachzuahmen; wir finden daher bei ihm ein freieres Handhaben der Uebergänge und ein verständiges Vermeiden aller veralteten Wendungen und Ausdrücke. Den verstorbenen Wetzel, der jetzt vergessen und verschollen ist, muß ich ebenfalls hier in Erinnerung bringen; auch er ist ein Wahlverwandter unseres vortrefflichen Uhlands, und in einigen Liedern, die ich von ihm kenne, übertrifft er ihn an Süße und hinschmelzender Innigkeit. Diese Lieder, halb Blume, halb Schmetterling, verdufteten und verflatterten in einem der ältern Jahrgänge von Brockhaus Urania. Daß Herr Clemens Brentano seine meisten Lieder in derselben Tonart und Gefühlsweise, wie Herr Uhland, gedichtet hat, versteht sich von selbst; sie schöpften beide aus derselben Quelle, dem Volksgesange, und bieten uns denselben Trank; nur die Trinkschale, die Form, ist bei Herrn Uhland gerundeter. Von Adalbert von Chamisso darf ich hier eigentlich nicht reden; obgleich Zeitgenosse der romantischen Schule, an deren Bewegungen er Theil nahm, hat doch das Herz dieses Mannes sich in der letzten Zeit so wunderbar verjüngt, daß er in ganz neue Tonarten überging, sich als einen der eigenthümlichsten und bedeutendsten modernen Dichter geltend machte, und weit mehr dem jungen als dem alten Deutschland angehört. Aber in den Liedern seiner früheren Periode weht derselbe Odem, der uns auch aus den Uhlandschen Gedichten entgegenströmt; derselbe Klang, dieselbe Farbe, derselbe Duft, dieselbe Wehmuth, dieselbe Thräne . . . . Chamissos Thränen sind vielleicht rührender, weil sie, gleich einem Quell, der aus einem Felsen springt, aus einem weit stärkeren Herzen hervorbrechen.

Die Gedichte, die Herr Uhland in südlichen Versarten geschrieben, sind ebenfalls den Sonetten, Assonanzen und Ottaverimen seiner Mitschüler von der
romantischen Schule aufs innigste verwandt, und man kann sie nimmermehr,
sowohl der Form als dem Tone nach, davon unterscheiden. Aber wie gesagt,
die meisten jener Uhlandschen Zeitgenossen, mitsammt ihren Gedichten, gerathen in Vergessenheit; letztere findet man nur noch mit Mühe in verschollenen
Sammlungen, wie der „Dichterwald," die „Sängerfahrt," in einigen Frauen-
und Musenalmanachen, die Herr Fouqué und Herr Tieck herausgegeben, in
alten Zeitschriften, namentlich in Achim von Arnims „Trösteinsamkeit" und
in der „Wünschelruthe" redigirt von Heinrich Straube und Rudolph Chri-
stiani, in den damaligen Tagesblättern und Gott weiß mehr wo!

Herr Uhland ist nicht der Vater einer Schule, wie Schiller oder Goethe oder
sonst so Einer, aus deren Individualität ein besonderer Ton hervordrang, der
in den Dichtungen ihrer Zeitgenossen einen bestimmten Wiederhall fand.
Herr Uhland ist nicht der Vater, sondern er ist selbst nur das Kind einer Schule,
die ihm einen Ton überliefert, der ihr ebenfalls nicht ursprünglich angehört,
sondern den sie aus früheren Dichterwerken mühsam hervorgequetscht hatte.
Aber, als Ersatz für diesen Mangel an Originalität, an eigenthümlicher Neuheit, bietet Herr Uhland eine Menge Vortrefflichkeiten, die eben so herrlich wie
selten sind. Er ist der Stolz des glücklichen Schwabenlandes und alle Genossen deutscher Zunge erfreuen sich dieses edlen Sängergemüthes. In ihm resumiren sich die meisten seiner lyrischen Gespielen von der romantischen Schule,
die das Publikum jetzt in dem einzigen Mann liebt und verehrt. Und wir
verehren und lieben ihn jetzt vielleicht um so inniger, da wir im Begriffe sind,
uns auf immer von ihm zu trennen.

———

6.

„Als nach langen Jahren Kaiser Otto III. an das Grab kam, wo Karls
Gebeine bestattet ruhten, trat er mit zwei Bischöfen und dem Grafen von
Laumel (der dieses alles berichtet hat) in die Höle ein. Die Leiche lag nicht,
wie andere Todte; sondern saß aufrecht, wie ein Lebender auf einem Stuhl.
Auf dem Haupte war eine Goldkrone, den Scepter hielt er in den Händen, die
mit Handschuhen bekleidet waren, die Nägel der Finger hatten aber das Leder
durchbort und waren herausgewachsen. Das Gewölbe war aus Marmor und
Kalk sehr dauerhaft gemauert. Um hinein zu gelangen, mußte eine Oeffnung
gebrochen werden; sobald man hineingelangt war, spürte man einen heftigen
Geruch. Alle beugten sogleich die Knie, und erwiesen dem Todten Ehrerbie-

tung. Kaiser Otto legte ihm ein weißes Gewand an, beschnitt ihm die Nägel, und ließ alles Mangelhafte ausbessern. Von den Gliedern war nichts verfault, außer von der Nasenspitze fehlte etwas; Otto ließ sie von Gold wieder herstellen. Zuletzt nahm er aus Karls Munde einen Zahn, ließ das Gewölbe wieder zumauern und ging von dannen.—Nachts darauf soll ihm im Traume Karl erschienen sein, und verkündigt haben: daß Otto nicht alt werden, und keinen Erben hinterlassen werde."

Solchen Bericht geben uns die „deutschen Sagen." Es ist dies aber nicht das einzige Beispiel der Art. So hat auch Euer König Franz das Grab des berühmten Roland öffnen lassen, um selber zu sehen, ob dieser Held von so riesenhafter Gestalt gewesen, wie die Dichter rühmen. Dieses geschah kurz vor der Schlacht von Pavia. Sebastian von Portugal ließ die Grüfte seiner Vorfahren öffnen und betrachtete die todten Könige, ehe er nach Afrika zog.

Sonderbar schauerliche Neugier, die oft die Menschen antreibt, in die Gräber der Vergangenheit hinabzuschauen! Es geschieht dieses zu außerordentlichen Perioden, nach Abschluß einer Zeit, oder kurz vor einer Katastrophe. In unseren neueren Tagen haben wir eine ähnliche Erscheinung erlebt; es war ein großer Souverain, das französische Volk, welcher plötzlich die Lust empfand, das Grab der Vergangenheit zu öffnen und die längst verschütteten, verschollenen Zeiten bei Tageslicht zu betrachten. Es fehlte nicht an gelehrten Todtengräbern, die, mit Spaten und Brecheisen, schnell bei der Hand waren, um den Schutt aufzuwühlen und die Grüfte zu erbrechen. Ein starker Duft ließ sich verspüren, der, als gothisches Haut=gout, diejenigen Nasen, die für Rosenöl blasirt sind, sehr angenehm kitzelte. Die französischen Schriftsteller knieten ehrerbietig nieder vor dem aufgedeckten Mittelalter. Der Eine legte ihm ein neues Gewand an, der Andere schnitt ihm die Nägel; ein Dritter setzte ihm eine neue Nase an; zuletzt kamen gar einige Poeten, die dem Mittelalter die Zähne ausrissen, alles wie Kaiser Otto.

Ob der Geist des Mittelalters diesen Zahnausreißern im Traume erschienen ist und ihrer ganzen romantischen Herrschaft ein frühes Ende prophezeit hat, das weiß ich nicht. Ueberhaupt, ich erwähne diese Erscheinung der französischen Literatur nur aus dem Grunde, um bestimmt zu erklären, daß ich weder direkt noch indirekt eine Befehdung derselben im Sinne habe, wenn ich in diesem Buche eine ähnliche Erscheinung, die in Deutschland statt fand, mit etwas scharfen Worten besprochen. Die Schriftsteller, die in Deutschland das Mittelalter aus seinem Grabe hervorzogen, hatten andere Zwecke, wie man aus diesen Blättern ersehen wird, und die Wirkung, die sie auf die große Menge ausüben konnten, gefährdete die Freiheit und das Glück meines Vaterlandes. Die französischen Schriftsteller hatten nur artistische Interessen und das französische Publikum suchte nur seine plötzlich erwachte Neugier zu befrie-

digen. Die meisten schauten in die Gräber der Vergangenheit nur in der Absicht, um sich ein interessantes Costum für den Carneval auszusuchen. Die
Mode des Gothischen war in Frankreich eben nur eine Mode, und sie diente
nur dazu, die Lust der Gegenwart zu erhöhen. Man läßt sich die Haare mittelalterlich lang vom Haupte herabwallen, und bei der flüchtigsten Bemerkung
des Friseurs, daß es nicht gut kleide, läßt man es kurz abschneiden mitsammt
den mittelalterlichen Ideen, die dazu gehören. Ach! in Deutschland ist das
anders. Vielleicht eben weil das Mittelalter dort nicht, wie bei Euch, gänzlich
todt und verwest ist.

Was ich in Betreff des Mittelalters im Allgemeinen angedeutet, findet auf
die Religion desselben eine ganz besondere Anwendung. Loyalität erfordert, daß ich eine Parthei, die man hier zu Land die katholische nennt, aufs
allerbestimmteste von jenen deplorablen Gesellen, die in Deutschland diesen
Namen führen, unterscheide. Nur von letzteren habe ich in diesen Blättern
gesprochen, und zwar mit Ausdrücken, die mir immer noch viel zu gelinde dünken. Es sind die Feinde meines Vaterlandes, ein kriechendes Gesindel, heuch-
lerisch, verlogen, und von unüberwindlicher Feigheit. Das zischelt in Berlin,
das zischelt in München, und während du auf dem Boulevard Montmartre
wandelst, fühlst du plötzlich den Stich in der Ferse. Aber wir zertreten ihr
das Haupt, der alten Schlange. Es ist die Parthei der Lüge, es sind die
Schergen des Despotismus, die Restauratoren aller Misere, aller Greul und
Narrethei der Vergangenheit. Wie himmelweit davon verschieden ist jene
Parthei, die man hier die katholische nennt, und deren Häupter zu den talent-
reichsten Schriftstellern Frankreichs gehören. Wenn sie auch nicht eben unsere
Waffenbrüder sind, so kämpfen wir doch für dieselben Interessen, nemlich für
die Interessen der Menschheit. In der Liebe für dieselbe sind wir einig; wir
unterscheiden uns nur in der Ansicht dessen, was der Menschheit frommt. Jene
glauben die Menschheit bedürfe nur des geistlichen Trostes, wir hingegen sind
der Meinung, daß sie vielmehr des körperlichen Glückes bedarf. Wenn jene
die katholische Partei in Frankreich, ihre eigne Bedeutung verkennend, sich als
die Parthei der Vergangenheit, als die Restauratoren des Glaubens derselben,
ankündigt, müssen wir sie gegen ihre eigne Aussage in Schutz nehmen. Das
achtzehnte Jahrhundert hat den Katholicismus in Frankreich so gründlich efra-
sirt, daß fast gar keine lebende Spur davon übrig geblieben, und daß derjenige,
welcher den Katholicismus in Frankreich wieder herstellen will, gleichsam eine
ganz neue Religion predigt. Unter Frankreich verstehe ich Paris, nicht die
Provinz; denn was die Provinz denkt, ist eine ebenso gleichgültige Sache, als
was unsere Beine denken; der Kopf ist der Sitz unserer Gedanken. Man
sagte mir, die Franzosen in der Provinz seien gute Katholiken; ich kann es
weder bejahen noch verneinen; die Menschen welche ich in der Provinz fand,

fahen alle aus wie Meilenzeiger, welche ihre mehr oder minder große Entfernung von der Hauptstadt auf der Stirne geschrieben trugen. Die Frauen dort suchen vielleicht Trost im Christenthum weil sie nicht in Paris leben können. In Paris selbst hat das Christenthum seit der Revoluzion nicht mehr existirt, und schon früher hatte es hier alle reelle Bedeutung verloren. In einem abgelegenen Kirchwinkel lag es lauernd, das Christenthum, wie eine Spinne, und sprang dann und wann hastig hervor, wenn es ein Kind in der Wiege oder einen Greis im Sarge erhaschen konnte. Ja, nur zu zwei Perioden, wenn er eben zur Welt kam oder wenn er eben die Welt wieder verließ, gerieth der Franzose in die Gewalt des katholischen Priesters; während der ganzen Zwischenzeit war er bei Vernunft und lachte über Weihwasser und Oehlung. Aber heißt das eine Herrschaft des Katholicismus? Eben weil dieser in Frankreich ganz erloschen war, konnte er unter Ludwig XVIII. und Carl X., durch den Reiz der Neuheit, auch einige uneigennützige Geister für sich gewinnen. Der Katholicismus war damals so etwas Unerhörtes, so etwas Frisches, so etwas Ueberraschendes! Die Religion, die kurz vor jener Zeit in Frankreich herrschte, war die klassische Mythologie, und diese schöne Religion war dem französischen Volke von seinen Schriftstellern, Dichtern und Künstlern mit solchem Erfolge gepredigt worden, daß die Franzosen zu Ende des vorigen Jahrhunderts, im Handeln wie im Gedanken, ganz heidnisch kostümirt waren. Während der Revoluzion blühte die klassische Religion in ihrer gewaltigsten Herrlichkeit; es war nicht ein alexandrinisches Nachäffen, Paris war eine natürliche Fortsetzung von Athen und Rom. Unter dem Kaiserreich erlosch wieder dieser antique Geist, die griechischen Götter herrschten nur noch im Theater, und die römische Tugend besaß nur noch das Schlachtfeld; ein neuer Glaube war aufgekommen und dieser resümirte sich in dem Namen: Napoleon! Dieser Glaube herrscht noch immer unter der Masse. Wer daher gesagt, das französische Volk sei irreligiös weil es nicht mehr an Christus und seine Heiligen glaubt, hat Unrecht. Man muß vielmehr sagen: die Irreligiosität der Franzosen besteht darin, daß sie jetzt an einen Menschen glauben, statt an die unsterblichen Götter. Man muß sagen: die Irreligiosität der Franzosen besteht darin, daß sie nicht mehr an den Jupiter glauben, nicht mehr an Diana, nicht mehr an Minerva, nicht mehr an Venus. Dieser letzte Punkt ist zweifelhaft; so viel weiß ich, in Betreff der Grazien sind die Französinnen noch immer orthodox geblieben.

Ich hoffe man wird diese Bemerkungen nicht mißverstehen; sie sollten ja eben dazu dienen den Leser dieses Buches vor einem argen Mißverständnisse zu bewahren.

Anhang.

—

Ich wäre in Verzweiflung, wenn die wenigen Andeutungen, die mir (Seite 194) in Betreff des großen Eklektikers entschlüpft sind, ganz mißverstanden werden. Wahrlich, fern ist von mir die Absicht Herrn Victor Cousin zu verkleinern. Die Titel dieses berühmten Philosophen verpflichten mich sogar zu Preiß und Lob. Er gehört zu jenem lebenden Pantheon Frankreichs, welches wir die Pairie nennen, und seine geistreichen Gebeine ruhen auf den Sammetbänken des Luxembourgs.

Ich muß wahrlich alle Privatgefühle, die mich zu einem überlauten Enthusiasmus verleiten könnten, gewaltsam unterdrücken. Ich möchte nemlich auch nicht des Servilismus verdächtig werden; denn Herr Cousin ist sehr einflußreich im Staate, durch seine Stellung und Zunge. Diese Rücksicht könnte mich sogar bewegen, eben so freimüthig seine Fehler wie seine Tugenden zu besprechen. Wird er selber dieses mißbilligen? Gewiß nicht! Ich weiß, daß man große Geister nicht schöner ehren kann, als indem man ihre Mängel eben so gewissenhaft wie ihre Tugenden beleuchtet. Wenn man einen Herkules besingt, muß man auch erwähnen, daß er einmal die Löwenhaut abgelegt und am Spinnrocken gesessen; er bleibt ja darum doch immer ein Herkules! Wenn wir eben solche Umstände von Herrn Cousin berichten, dürfen wir jedoch feinlobend hinzufügen: Herr Cousin, wenn er auch zuweilen schwatzend am Spinnrocken saß, so hat er doch nie die Löwenhaut abgelegt.

In Vergleichung mit dem Herkules fortfahrend, dürften wir auch noch eines anderen schmeichelhaften Unterschieds erwähnen. Das Volk hat nemlich dem Sohne der Alkmene auch jene Werke zugeschrieben, die von verschiedenen seiner Zeitgenossen vollbracht worden; die Werke des Herren Cousin sind aber so kolossal, so erstaunlich, daß das Volk nie begriff, wie ein einziger Mensch dergleichen vollbringen konnte, und es entstand die Sage, daß die Werke, die unter dem Namen dieses Herrn erschienen sind, von mehren seiner Zeitgenossen herrühren.

So wird es auch einst Napoleon gehn; schon jetzt können wir nicht begreifen, wie ein einziger Held so viele Wunderthaten vollbringen konnte. Wie man dem großen Victor Cousin schon jetzt nachsagt, daß er fremde Talente zu exploitiren und ihre Arbeiten als die seinigen zu publiziren gewußt: so wird man

einst auch von dem armen Napoleon behaupten, daß nicht er selber, sondern
Gott weiß wer? vielleicht gar Herr Sebastiani, die Schlachten von Marengo,
Austerlitz und Jena gewonnen habe.

Große Männer wirken nicht bloß durch Thaten, sondern auch durch ihr
persönliches Leben. In dieser Beziehung muß man Herrn Cousin ganz unbedingt loben. Hier erscheint er in seiner tadellosesten Herrlichkeit. Er wirkte
durch sein eignes Beispiel zur Zerstörung eines Vorurtheils, welches vielleicht
bis jetzt die meisten seiner Landsleute davon abgehalten hat, sich dem Studium
der Philosophie, der wichtigsten aller Bestrebungen, ganz hinzugeben. Hier
zu Lande herrschte nemlich die Meinung, daß man durch das Studium der
Philosophie für das praktische Leben untauglich werde, daß man durch meta-
physische Spekulationen den Sinn für industrielle Spekulationen verliere, und
daß man, allem Aemterglanz entsagend, in naiver Armuth, und zurückgezogen
von allen Intriguen leben müsse, wenn man ein großer Philosoph werden wolle.
Diesen Wahn, der so viele Franzosen von dem Gebiete des Abstrakten fernhielt,
hat nun Herr Cousin glücklich zerstört, und durch sein eignes Beispiel hat er
gezeigt: daß man ein unsterblicher Philosoph und zu gleicher Zeit ein lebens-
länglicher Pair-de-France werden kann.

Freilich einige Voltairianer erklären dieses Phänomen aus dem einfachen
Umstande: daß von jenen zwei Eigenschaften des Herrn Cousin nur die letztere
konstatirt sei. Giebt es eine lieblosere, unchristlichere Erklärung? Nur ein
Voltairianer ist dergleichen Frivolität fähig!

Welcher große Mann ist aber jemals der Persifflage seiner Zeitgenossen
entgangen? Haben die Athener mit ihren attischen Epigrammen den großen
Alexander verschont? Haben die Römer nicht Spottlieder auf Cäsar gesungen? Haben die Berliner nicht Pasquille gegen Friedrich den Großen gedichtet? Herrn Cousin trifft dasselbe Schicksal, welches schon Alexander, Cäsar
und Friedrich getroffen, und noch viele andere große Männer, mitten in Paris,
treffen wird. Je größer der Mann, desto leichter trifft ihn der Pfeil des Spot-
tes. Zwerge sind schon schwerer zu treffen.

Die Masse aber, das Volk, liebt nicht den Spott. Das Volk, wie das
Genie, wie die Liebe, wie der Wald, wie das Meer, ist von ernsthafter Natur,
es ist abgeneigt jedem boshaften Salonwitz, und große Erscheinungen erklärt
es in tiefsinnig mystischer Weise. Alle seine Auslegungen tragen einen poetischen, wunderbaren, legendenhaften Charakter. So z. B. Paganinis er-
staunliches Violinspiel sucht das Volk dadurch zu erklären, daß dieser Musiker
aus Eifersucht seine Geliebte ermordet, deßhalb lange Jahre im Gefängnisse
zugebracht, dort zur einzigen Erheiterung nur eine Violine besessen, und, indem er sich Tag und Nacht darauf übte, endlich die höchste Meisterschaft auf
diesem Instrumente erlangt habe. Die philosophische Virtuosität des Herrn

Cousin sucht das Volk in ähnlicher Weise zu erklären, und man erzählt: daß einst die deutschen Regierungen unseren großen Eklektiker für einen Freiheits- helden angesehen und festgesetzt haben, daß er im Gefängnisse kein anderes Buch außer Kants Critik der reinen Vernunft zu lesen bekommen, daß er aus langer Weile beständig darin studirt, und daß er dadurch jene Virtuosität in der deutschen Philosophie erlangte, die ihm späterhin, in Paris, so viele Ap- plaudissements erwarb, als er die schwierigsten Passagen derselben öffentlich vortrug.

Dieses ist eine sehr schöne Volkssage, mährchenhaft, abentheuerlich, wie die von Orpheus, von Bileam, dem Sohne Beors, von Quaser dem Weisen, von Buddah, und jedes Jahrhundert wird daran modeln, bis endlich der Name Cousin eine symbolische Bedeutung gewinnt, und die Mythologen in Herrn Cousin nicht mehr ein wirkliches Individuum sehen, sondern nur die Personifikazion des Märtyrers der Freiheit, der, im Kerker sitzend, Trost sucht in der Weisheit, in der Critik der reinen Vernunft; ein künftiger Ballanche sieht vielleicht in ihm eine Allegorie seiner Zeit selbst, einer Zeit, wo die Critik und die reine Vernunft und die Weisheit gewöhnlich im Kerker saß.

Was nun wirklich diese Gefangenschaftsgeschichte des Herrn Cousin betrifft, so ist sie keineswegs ganz allegorischen Ursprungs. Er hat, in der That, einige Zeit der Demagogie verdächtig, in einem deutschen Gefängnisse zugebracht, eben so gut wie Lafayette und Richard Löwenherz. Daß aber Herr Cousin dort, in seinen Mußestunden, Kants Critik der reinen Vernunft studirt habe, ist, aus drei Gründen, zu bezweifeln. Erstens: dieses Buch ist auf deutsch geschrieben. Zweitens: man muß deutsch verstehen, um dieses Buch lesen zu können. Und drittens: Herr Cousin versteht kein deutsch.

Ich will dieses, bei Leibe! nicht in tadelnder Absicht gesagt haben. Die Größe des Herrn Cousin tritt um so greller ins Licht, wenn man sieht, daß er die deutsche Philosophie erlernt hat, ohne die Sprache zu verstehen, worin sie gelehrt wird. Dieser Genius, wie überragt er dadurch uns gewöhnliche Menschen, die wir nur mit großer Mühe diese Philosophie verstehen, obgleich wir mit der deutschen Sprache von kindauf ganz vertraut sind! Das Wesen eines solchen Genius wird uns immer unerklärlich bleiben; das sind jene intuitive Naturen, denen Kant das spontaneische Begreifen der Dinge in ihrer Totalität zuschreibt, im Gegensatz zu uns gewöhnlichen analytischen Na- turen, die wir erst durch ein Nacheinander und durch Combinazion der Ein- zeltheile, die Dinge zu begreifen wissen. Kant scheint geahnt zu haben, daß einst ein solcher Mann erscheinen werde, der sogar seine Critik der reinen Vernunft, durch bloße intuitive Anschauung, verstehen wird, ohne diskursiv analytisch deutsch gelernt zu haben. Vielleicht aber sind die Franzosen über- haupt glücklicher organisirt wie wir Deutschen, und ich habe bemerkt, daß man

ihnen von einer Doktrin, von einer gelehrten Untersuchung, von einer wissenschaftlichen Ansicht nur ein Weniges zu sagen braucht, und dieses Wenige
wissen sie so vortrefflich in ihrem Geiste zu kombiniren und zu verarbeiten,
daß sie alsdann die Sache noch weit besser verstehen wie wir selber und uns
über unser eignes Wissen belehren können. Es will mich manchmal bedünken,
als seien die Köpfe der Franzosen, eben so wie ihre Kaffeehäuser, inwendig
mit lauter Spiegeln versehen, so daß jede Idee, die ihnen in den Kopf gelangt, sich dort unzählige Mal reflektirt: eine optische Einrichtung, wodurch
sogar die engsten und dürftigsten Köpfe sehr weit und strahlend erscheinen.
Diese brillanten Köpfe, ebenso wie die glänzenden Kaffeehäuser, pflegen einen
armen Deutschen, wenn er zuerst nach Paris kömmt, sehr zu blenden.

Ich fürchte, ich komme aus den süßen Gewässern des Lobes unversehens in
das bittere Meer des Tadels. Ja, ich kann nicht umhin den Herrn Cousin
wegen eines Umstandes bitter zu tadeln: nämlich Er, der die Wahrheit liebt
noch mehr als den Plato und den Tennemann, Er ist ungerecht gegen sich
selber, er verleumdet sich selber, indem er uns einreden möchte, er habe aus
der Philosophie der Herren Schelling und Hegel allerlei entlehnt. Gegen
diese Selbstanschuldigung muß ich Herrn Cousin in Schutz nehmen. Auf
Wort und Gewissen! dieser ehrliche Mann hat aus der Philosophie der Herren Schelling und Hegel nicht das Mindeste gestohlen, und wenn er als ein
Andenken von diesen beiden etwas mit nach Hause gebracht hat, so war es
nur ihre Freundschaft. Das macht seinem Herzen Ehre. Aber von solchen
fälschlichen Selbstanklagen giebt es viele Beispiele in der Psychologie. Ich
kannte einen Mann, der von sich selber aussagte: er habe an der Tafel des
Königs silberne Löffel gestohlen; und doch wußten wir alle, daß der arme
Teufel nicht hoffähig war, und sich dieses Löffeldiebstahls anklagte, um uns
glauben zu machen, er sei im Schlosse zu Gaste gewesen.

Nein, Herr Cousin hat in der deutschen Philosophie immer das sechste Gebot
befolgt, hier hat er auch nicht eine einzige Idee, auch nicht ein Zuckerlöffelchen
von Idee eingesteckt. Alle Zeugenaussagen stimmen darin überein, daß Herr
Cousin in dieser Beziehung, ich sage in dieser Beziehung, die Ehrlichkeit selbst
sei. Und es sind nicht bloß seine Freunde, sondern auch seine Gegner, die
ihm dieses Zeugniß geben. Ein solches Zeugniß enthalten z. B. die berliner
Jahrbücher der wissenschaftlichen Critik von diesem Jahre, und da der Verfasser dieser Urkunde, der große Hinrichs, keineswegs ein Lobhudler und seine
Worte desto unverdächtiger sind, so will ich sie später in ihrem ganzen Umfange mittheilen. Es gilt einen großen Mann von einer schweren Anklage
zu befreien, und nur deshalb erwähne ich das Zeugniß der berliner Jahrbücher die freilich durch einen etwas spöttischen Ton, womit sie von Herrn
Cousin reden, mein eigenes Gemüth unangenehm berühren. Denn ich bin

ein wahrhafter Verehrer des großen Eklektikers, wie ich schon gezeigt in diesen Blättern, wo ich ihn mit allen möglichen großen Männern, mit Herkules, Napoleon, Alexander, Cäsar, Friedrich, Orpheus, Bileam den Sohn Beors, Quaser dem Weisen, Buddah, Lafayette, Richard Löwenherz und Paganini verglichen habe.

Ich bin vielleicht der erste, der diesen großen Namen auch den Namen Cousin beigesellt. Du sublime au ridicule il n'y a qu'un pas! werden freilich seine Feinde sagen, seine frivolen Gegner, jene Voltairianer, denen nichts heilig ist, die keine Religion haben, und die nicht einmal an Herrn Cousin glauben. Aber es wird nicht das erstemal sein, daß eine Nazion erst durch einen Fremden ihre großen Männer schätzen lernt. Ich habe vielleicht das Verdienst um Frankreich, daß ich den Werth des Herrn Cousin für die Gegenwart und seine Bedeutung für die Zukunft gewürdigt habe. Ich habe gezeigt, wie das Volk ihn schon bei Lebzeiten poetisch ausschmückt und Wunderdinge von ihm erzählt. Ich habe gezeigt wie er sich allmählig ins Sagenhafte verliert, und wie einst eine Zeit kommt, wo der Name Viktor Cousin eine Mythe sein wird. Jetzt ist er schon eine Fabel, kichern die Voltairianer.

O Ihr Verläfterer des Thrones und des Altars, Ihr Bösewichter, die Ihr, wie Schiller singt, „das Glänzende zu schwärzen und das Erhabene in den Staub zu ziehen pflegt," ich prophezeihe Euch, daß die Renommee des Herrn Cousin, wie die französische Revolution, die Reise um die Welt macht!— Ich höre wieder boshaft hinzusetzen: In der That, die Renommee des Herrn Cousin macht eine Reise um die Welt, und von Frankreich ist sie bereits abgereist.

21*

Der Schwabenspiegel.

{247}

Vorbemerkung.

—

Die hier mitgetheilten Blätter wurden im Beginn des Frühlings, als Nachrede zum 2. Theil des Buchs der Lieder, und mit der Bitte um schleunigsten Abdruck, nach Deutschland gesendet. Ich dachte nun, das Buch sei dort längst erschienen, als mir vor ein paar Wochen mein Verleger meldete: in einem süddeutschen Staate, wo er das Manuscript zur Censur gegeben, habe man ihn während der ganzen Zeit mit dem Imprimatur hingehalten, und er schlüge mir vor, die Nachrede als besonderen Artikel in einer periodischen Publikazion vorweg abdrucken zu lassen. Indem ich sie also in solcher Weise dem verehrungswürdigen Leser mittheile, glaube ich, daß er, ohne große Anstrengung seines Scharfsinns, errathen wird, warum ich seit zwei und ein halb Jahren so vielen Schlichen und Ränken begegne, wenn ich jene Denunziatoren besprechen will, die ihrerseits, ganz ohne alle Censur- und Redakzionsbeschränkung, den größten Theil der deutschen Pressen mißbrauchen dürfen. —

Paris, im Spätherbst 1838.

Nach Brauch und Sitte deutscher Dichterschaft sollte ich meiner Gedicht-sammlung, die den Titel „Buch der Lieder" führt und jüngst in erneutem Abdruck erschienen ist, auch die nachfolgenden Blätter einverleiben. Aber es wollte mich bedünken, als klänge in dem Buch der Lieder ein Grundton, der durch Beimischung späterer Erzeugnisse seine schöne Reinheit einbüßen möchte. Diese späteren Produkzionen übergebe ich daher dem Publikum als besonderen Nachtrag, und indem ich bescheidentlich fühle, daß an dem Grundton dieser zweiten Sammlung wenig zu stören ist, füge ich ein dramatisches Gedicht hinzu, welches, in einer frühesten Periode entstanden, zu einer Reihe von Dichtungen gehört, die seitdem, durch betrübsames Mißgeschick, unwieder-bringlich verloren gegangen sind. Dieses dramatische Gedicht (Ratcliff) kann vielleicht in der Sammlung meiner poetischen Werke eine Lakune füllen und Zeugniß geben von Gefühlen, die in jenen verlorenen Dichtungen flamm-ten oder wenigstens knisterten.

Etwas Aehnliches möchte ich in Beziehung auf „das Lied vom Tannhäu-ser" andeuten. Es gehört einer Periode meines Lebens, wovon ich ebenfalls wenige schriftliche Urkunden dem Publikum mittheilen kann, oder vielmehr mittheilen darf.

Der Einfall, dieses Buch mit einem Conterfei meines Antlitzes zu schmücken, ist nicht von mir ausgegangen. Das Portrait des Verfassers vor den Büchern erinnert mich unwillkührlich an Genua, wo vor dem Narrenhospital die Bild-säule des Stifters aufgestellt ist. Es war mein Verleger, welcher auf die Idee gekommen ist, dem Nachtrag zum „Buch der Lieder," diesem gedruckten Narrenhause, worin meine verrückten Gedanken eingesperrt sind, mein Bild-niß voranzukleben. Mein Freund Julius Campe ist ein Schalk, und wollte gewiß den lieben Kleinen von der schwäbischen Dichterschule, die sich gegen mein Gesicht verschworen haben, einen Schabernack spielen . . . Wenn sie jetzt an meinen Liedern klauben und knuspern, und die Thränen zählen, die darin vorkommen, so können sie nicht umhin, manchmal meine Züge zu be-trachten. Aber warum grollt Ihr mir so unversöhnbar, Ihr guten Leutchen? Warum zieht Ihr gegen mich los in weitschweifigen Artikeln, woran ich mich zu Tode langweilen könnte? Was habt Ihr gegen mein Gesicht? Beiläufig will ich hier bemerken, daß das Portrait im Musenalmanach gar nicht ge-troffen ist. Das Bild, welches Ihr heute schaut, ist weit besser, besonders der

(249)

Obertheil des Gesichtes; der untere Theil ist viel zu schmächtig. Ich bin nämlich seit einiger Zeit sehr dick und wohlbeleibt geworden, und ich fürchte, ich werde bald wie ein Bürgermeister aussehn; — ach, die schwäbische Schule macht mir so viel Kummer!

Ich sehe, wie der geneigte Leser mit verwunderten Augen um Erklärung bittet: was ich unter dem Namen „schwäbische Schule" eigentlich verstehe? Was ist das, die schwäbische Schule? Es ist noch nicht lange her, daß ich selber an mehre reisende Schwaben diese Frage richtete, und um Auskunft bat. Sie wollten lange nicht mit der Sprache heraus und lächelten sehr sonderbar, etwa wie die Apotheker lächeln, wenn frühmorgens am ersten April eine leichtgläubige Magd zu ihnen in den Laden kömmt und für zwei Kreuzer Mückenhonig verlangt. In meiner Einfalt glaubte ich anfangs, unter dem Namen schwäbische Schule verstünde man jenen blühenden Wald großer Männer, der dem Boden Schwabens entsprossen, jene Rieseneichen, die bis in den Mittelpunkt der Erde wurzeln und deren Wipfel hinaufragt bis an die Sterne ... Und ich frug: nicht wahr, Schiller gehört dazu, der wilde Schöpfer, der die Räuber schuf? ... Nein, lautete die Antwort, mit dem haben wir nichts zu schaffen, solche Räuberdichter gehören nicht zur schwäbischen Schule; bei uns geht's hübsch ordentlich zu, und der Schiller hat auch früh aus dem Land hinaus müssen. Gehört denn Schelling zur schwäbischen Schule, Schelling, der irrende Weltweise, der König Arthus der Philosophie, welcher vergeblich das absolute Montsalvatsch aufsucht und verschmachten muß in der mystischen Wildniß? Wir verstehen das nicht, antwortete man mir, aber soviel können wir Ihnen versichern, der Schelling gehört nicht zur schwäbischen Schule. Gehört Hegel dazu, der Geistesweltumsegler, der unerschrocken vorgedrungen bis zum Nordpol des Gedankens, wo einem das Gehirn einfriert im abstrakten Eis? ... Den kennen wir gar nicht. Gehört denn David Strauß dazu, der David mit dem tödtlichen Schleuder? ... Gott bewahre uns vor dem, den haben wir sogar erkommunizirt, und wollte der sich in die schwäbische Schule aufnehmen lassen, so bekäme er gewiß lauter schwarze Kugeln.

Aber um des Himmels willen — rief ich aus, nachdem ich fast alle große Namen Schwabens aufgezählt hatte, und bis auf alte Zeiten zurückgegangen war, bis auf Keppler, den großen Stern, der den ganzen Himmel verstanden, ja, bis auf die Hohenstaufen, die so herrlich auf Erden leuchteten, irdische Sonnen im deutschen Kaisermantel — wer gehört denn eigentlich zur schwäbischen Schule?

Wohlan, antwortete man mir, wir wollen Ihnen die Wahrheit sagen: die Renommeen, die Sie eben aufgezählt, sind viel mehr europäisch als schwäbisch, sie sind gleichsam ausgewandert und haben sich dem Auslande aufge-

brungen statt daß die Renommeen der schwäbischen Schule jenen Kosmopolitismus verachten und hübsch patriotisch und gemüthlich zu Hause bleiben
bei den Gelbveiglein und Metzelsuppen des theuren Schwabenlandes. — Und
nun kam ich endlich dahinter, von welcher bescheidenen Größe jene Berühmtheiten sind, die sich seitdem als schwäbische Schule aufgethan, in demselben
Gedankenkreise umherhüpfen, sich mit denselben Gefühlen schmücken und auch
Pfeifenquäste von derselben Farbe tragen.

Der bedeutendste von ihnen ist der evangelische Pastor Gustav Schwab.
Er ist ein Hering in Vergleichung mit den anderen, die nur Sardellen sind;
versteht sich, Sardellen ohne Salz. Er hat einige schöne Lieder gedichtet, auch
etwelche hübsche Balladen; freilich mit einem Schiller, mit einem großen
Wallfisch, muß man ihn nicht vergleichen. Nach ihm kommt der Doktor
Justinus Kerner, welcher Geister und vergiftete Blutwürste sieht, und einmal
dem Publikum auf's ernsthafteste erzählt hat, daß ein paar Schuhe, ganz
allein, ohne menschliche Hülfe, langsam durch das Zimmer gegangen sind, bis
zum Bette der Seherin von Prevorst. Das fehlt noch, daß man seine Stiefel
des Abends festbinden muß, damit sie einem nicht des Nachts trapp! trapp!
vor's Bett kommen und mit lederner Gespensterstimme die Gedichte des Herrn
Justinus Kerner vordeklamiren! Letztere sind nicht ganz und gar schlecht, der
Mann ist überhaupt nicht ohne Verdienst, und von ihm möchte ich dasselbe
sagen, was Napoleon von Murat gesagt hat, nämlich: „er ist ein großer
Narr, aber der beste General der Cavallerie.‟ Ich sehe schon, wie sämmtliche
Insassen von Weinsberg über dieses Urtheil den Kopf schütteln und mit
Befremden mir entgegnen: unser theurer Landsmann, Herr Justinus, ist
freilich ein großer Narr, aber keineswegs der beste General der Cavallerie!
Nun, wie Ihr wollt, ich will Euch gern einräumen, daß er kein vorzüglicher
Cavalleriegeneral ist.

Herr Carl Mayer, welcher auf Latein Carolus Magnus heißt, ist ein anderer
Dichter der schwäbischen Schule und man versichert, daß er den Geist und den
Charakter derselben am treusten offenbare; er ist eine matte Fliege und besingt
Maikäfer. Er soll sehr berühmt sein in der ganzen Umgegend von Waiblin-
gen, vor dessen Thoren man ihm eine Statue setzen will, und zwar eine
Statue von Holz und in Lebensgröße. Dieses hölzerne Ebenbild des Sän-
gers soll alle Jahre mit Oelfarbe neu angestrichen werden, alle Jahr, im
Frühling, wenn die Gelbveiglein düften und die Maikäfer summen. Auf
dem Piedestal wird die Inschrift zu lesen sein: dieser Ort darf nicht verun-
reinigt werden!

Ein ganz ausgezeichneter Dichter der schwäbischen Schule, versichert man
mir, ist Herr *** — er sei erst kürzlich zum Bewußtsein, aber noch nicht zur
Erscheinung gekommen; er habe nämlich seine Gedichte noch nicht drucken

laſſen. Man ſagt mir, er beſinge nicht blos Maikäfer, ſondern ſogar Lerchen und Wachteln, was gewiß ſehr löblich iſt. Lerchen und Wachteln ſind wahrhaftig werth, daß man ſie beſinge, nämlich wenn ſie gebraten ſind. Ueber den Charakter und reſpektiven Werth der ***ſchen Dichtungen kann ich, ſo lange ſie noch nicht zur äußeren Erſcheinung gekommen ſind, gar kein Urtheil fällen, eben ſo wenig wie über die Meiſterwerke ſo vieler anderen großen Unbekannten der ſchwäbiſchen Schule.

Die ſchwäbiſche Schule hat wohl gefühlt, daß es ihrem Anſehen nicht ſchaden würde, wenn ſie neben ihren großen Unbekannten, die uns nur vermittels eines Hydro-Gasmikroſkops ſichtbar werden, auch einige kleine Bekannte, einige Renommeen, die nicht blos in der umfriedeten Heimlichkeit ſchwäbiſcher Gauen, ſondern auch im übrigen Deutſchland einige Geltung erworben, zu den ihrigen zählen könnte. Sie ſchrieben daher an den König Ludwig von Baiern, den gekrönten Sänger, welcher aber abſagen ließ. Uebrigens ließ er ſie freundlich grüßen und ſchickte ihnen ein Prachtexemplar ſeiner Poeſien mit Goldſchnitt und Einband von rothem Maroquin-Papier. Hierauf wandten ſich die Schwaben an den Hofrath Winkler, welcher unter dem Namen Theodor Hell ſeinen Dichterruhm verbreitet hat; dieſer aber antwortete, ſeine Stellung als Herausgeber der Abendzeitung erlaube ihm nicht, ſich in die ſchwäbiſche Schule aufnehmen zu laſſen, dazu komme, daß er ſelber eine ſächſiſche Schule ſtiften wolle, wozu er bereits eine bedeutende Anzahl poetiſcher Landsleute engagirt habe. In ähnlicher Weiſe haben auch einige berühmte Oberlauſitzer und Hinterpommern die Anträge der ſchwäbiſchen Schule abgewieſen.

In dieſer Noth begingen die Schwaben einen wahren Schwabenſtreich, ſie nahmen nämlich zu Mitgliedern ihrer ſchwäbiſchen Schule einen Ungar und einen Kaſchuben. Erſterer, der Ungar, nennt ſich Nicolaus Lenau, und iſt, ſeit der Juliusrevolution, durch ſeine liberalen Beſtrebungen, auch durch den anpreiſenden Eifer meines Freundes Laube, zu einer Renommee gekommen, die er bis zu einem gewiſſen Grade verdient. Die Ungarn haben jedenfalls viel dadurch verloren, daß ihr Landsmann Lenau unter die Schwaben gegangen iſt; indeſſen, ſo lange ſie ihren Tokayer behalten, können ſie ſich über dieſen Verluſt tröſten.

Die andere Acquiſition der ſchwäbiſchen Schule iſt minder brillant; ſie beſteht nämlich in der Perſon des gefeierten Wolfgang Menzel, welcher unter den Kaſchuben das Licht erblickt, an den Marken Polens und Deutſchlands, an jener Grenze, wo der germaniſche Flegel den ſlaviſchen Flegel verſteht, wie der alte Voß ſagen würde, der alte Johann Heinrich Voß, der ungeſchlachte aber ehrliche ſächſiſche Bauer, der, wie in ſeiner Geſichtsbildung ſo auch in ſeinem Gemüthe, die Merkmale des Deutſchthums trug.

Daß dieses bei Herrn Wolfgang Menzel nicht der Fall ist, daß er weder dem Aeußeren noch dem Inneren nach ein Deutscher ist, habe ich in der kleinen allerliebsten Schrift „Ueber den Denunzianten" gehörig bewiesen. Ich hätte, beiläufig gestanden, diese kleine Schrift nicht herausgegeben, wenn mir die Abhandlungen über denselben Gegenstand, die großen Bomben von Ludwig Börne und David Strauß, vorher zu Gesicht gekommen wären. Aber dieser kleinen Schrift, welche die Vorrede zum dritten Theil des Salons bilden sollte, ward von dem Censor dieses Buches das Imprimatur verweigert — „aus Pietät gegen Wolfgang Menzel" — und das arme Ding, obgleich in politischer und religiöser Beziehung zahm genug abgefaßt, mußte während sieben Monaten von einem Censor zum andern wandern, bis es endlich nothdürftig unter die Haube kam. Wenn du, geneigter Leser, das Büchlein in der Buchhandlung von Hoffmann und Campe zu Hamburg selber holst, so wird dir dort mein Freund Julius Campe bereitwillig erzählen, wie schwer es war, den Denunzianten in die Presse zu bringen, wie das Ansehen desselben durch gewisse Autoritäten geschützt werden sollte, und wie endlich durch unableugbare Urkunden, durch ein Autograph des Denunzianten, der sich in den Händen von Theodor Mundt befindet, der Titel meiner Schrift auf's glänzendste gerechtfertigt wird. Was der Gefeierte dagegen vorgebracht hat, ist Dir vielleicht bekannt, mein theurer Leser. Als ich ihm, Stück vor Stück, die Fetzen des falschen Patriotismus und der erlogenen Moral vom Leibe riß, — da erhub er wieder ein ungeheures Geschrei: die Religion sei in Gefahr, die Pfeiler der Kirche brächen zusammen, Heinrich Heine richte das Christenthum zu Grunde! Ich habe herzlich lachen müssen, denn dieses Zetergeschrei erinnerte mich an einen andern armen Sünder, der auf dem Marktplatz zu Lübek mit Staupenschlag und Brandmark abgestraft wurde, und plötzlich, als das rothe Eisen seinen Rücken berührte, ein entsetzliches Mordio erhob und beständig schrie: „Feuer! Feuer! es brennt, es brennt, die Kirche steht in Flammen!" Die alten Weiber erschraken auch diesmal über solchen Feuerlärm, vernünftige Leute aber lachten und sprachen: der arme Schelm! nur sein eigner Rücken ist entzündet, die Kirche steht sicher auf ihrem alten Platze, auch hat dort die Polizei, aus Furcht vor Brandstiftung, noch einige Spritzen aufgestellt, und aus frommer Vorsorge darf jetzt in der Nähe der Religion nicht einmal eine Cigarre geraucht werden! Wahrlich, das Christenthum ward nie ängstlicher geschützt als eben jetzt.

Bei dieser Gelegenheit kann ich nicht umhin, dem Gerüchte zu widersprechen, als habe Herr Wolfgang Menzel, auf Andrang seiner Collegen, sich endlich entschlossen, jene Großmuth zu benutzen, womit ich ihm gestattete, sich wenigstens von dem Vorwurf der persönlichen Feigheit zu reinigen. Ehrlich gestanden, ich war immer darauf gefaßt, daß mir Ort und Zeit anberaumt würde, wo der Ritter der Vaterlandsliebe, des Glaubens und der Jugend sich bewähren wolle in all seiner Mannhaftigkeit. Aber leider bis auf diese Stunde wartete ich vergebens, und die Witzlinge in deutschen Blättern moquirten sich obendrein über meine Leichtgläubigkeit. Spottvögel haben sich sogar den Spaß erlaubt, mir im Namen der unglücklichen Gattin des Denunzianten einen Brief zu schreiben, worin die arme Frau sich über die häuslichen Nöthen, die sie seit dem Erscheinen meiner kleinen Schrift zu erdulden habe, schmerzlich beklagt. Jetzt sei gar kein Auskommen mehr mit ihrem Manne, der zu Hause zeigen wolle, daß er ein Held sei. Die geringste Anspielung auf Feigheit brächte ihn zur Wuth. Eines Abends habe er das kleine Kind geprügelt, weil es „Häschen an der Wand" spielte. Jüngst sei er wie rasend aus der Ständekammer gekommen und habe wie ein Ajax getobt, weil dort alle Blicke auf ihn gerichtet gewesen, als die Gesetzfrage „ob man jemanden ungestraft dem öffentlichen Gelächter preisgeben dürfe?" diskutirt wurde. Ein andermal habe er bitterlich geweint, als einer von den undankbaren Juden, die er emanzipiren wolle, ihm ins Gesicht gemauschelt: Sie sind doch kein Patriot, Sie thun nichts fürs Volk, Sie sind nicht der Aette sondern die Memme des Vaterlandes. Aber gar des Nachts beginne der rechte Jammer und dann seufze er und wimmere und stöhne, daß sich ein Stein drob erbarmen könnte. Das sei nicht länger zum Aushalten, schloß der angebliche Brief der armen Frau, sie wolle lieber sterben, als diesen Zustand länger ertragen, und um der Sache ein Ende zu machen, sei sie erbötig, statt ihres furchsamen Gemahls, sich selber mit mir zu schlagen. Gehorsame Dienerin.

Als ich diesen Brief las, und in meiner Einfalt die offenbare Mystifikation nicht gleich merkte, rief ich mit Begeisterung: edles Weib! würdige Schwäbin! würdig deiner Mütter, die einst zu Weinsberg ihre Männer huckepak trugen!

Die Weiber im Schwabenlande scheinen überhaupt mehr Energie zu besitzen als ihre Männer, die nicht selten nur auf Geheiß ihrer Ehehälften zum Schwerte greifen. Weiß ich doch eine schöne Schwäbin, die mir seit Jahren wüthender als zwanzig Teufel den Krieg macht, und mich mit unversöhnlicher Feindschaft verfolgt.

Ein Naturforscher hat ganz richtig die Bemerkung gemacht, daß im Sommer, besonders in den Hundstagen, weit mehr gegen mich geschrieben wird, als im Winter.

Daß es nicht die altpoetische Vornehmigkeit ist, welche mich davon abhält, dergleichen Angriffe zu besprechen, habe ich bereits an einem anderen Orte erwähnt. Eines Theils liegt mir ein gewisser Knebel im Munde sobald ich mich gegen Anschuldigung von Immoralität, oder irreligiöser Frivolität oder gar politischer Inkonsequenz, durch Erörterung der letzten Gründe von all meinem Dichten und Trachten vertheidigen wollte. Anderen Theils befinde ich mich meinen Widersachern gegenüber in derselben Lage, die Freund Semilasso irgendwo in seiner afrikanischen Reisebeschreibung mit der richtigen Empfindung erwähnt. Er erzählt uns nemlich, daß, als er in einem Beduinenlager übernachtete, rings um sein Zelt eine große Menge Hunde unaufhörlich bellten und heulten und winselten, was ihn aber am Schlafen gar nicht gehindert habe; „wäre es nur ein einziger Kläffer gewesen," setzt er hinzu, „so hätte ich die ganze Nacht kein Auge zuthun können." Das ist es: weil der Kläffer so viele sind, und weil der Mops den Spitz, dieser wieder den gemüthlichen Dachs, letzterer das edle Windspiel oder die fromme Dogge überbellt, und die schnöden Laute der verschiedenen Bestien im Gesammtgeheul verloren gehen, kann mir ein ganzer Hundelärm wenig anhaben.

Nein, Herr Gustav Pfizer eben so wenig wie die anderen hat mir jemals den Schlaf gekostet, und man darf es mir aufs Wort glauben, daß bei Erwähnung dieses Dichterlings auch nicht die mindeste Bitterkeit in meiner Seele waltet. Aber ich kann ihn, der Vollständigkeit wegen, nicht unerwähnt lassen; die schwäbische Schule zählt ihn nemlich zu den ihrigen, was mir sonderbar genug dünkt, da er, im Gegensatze zu dieser Genossenschaft, mehr als reflektirende Fledermaus, denn als gemüthlicher Maikäfer umherflattert, und vielmehr nach der schiller'schen Todtengruft als nach Gelbveiglein riecht. Mir wurden mal seine Gedichte aus Stuttgart zugeschickt, und die freundlichen Begleitungszeilen veranlaßten mich, einen flüchtigen Blick hineinzuwerfen; ich fand sie herzlich schlecht. Dasselbe kann ich auch von seiner Prosa sagen; sie ist herzlich schlecht. Ich gestehe freilich, daß ich nichts anderes von ihm gelesen habe, als eine Abhandlung, die er gegen mich geschrieben. Sie ist geistlos und unbeholfen und miserabel stylisirt; letzteres ist um so unverzeihlicher, da die ganze Schule die Materialien dazu kotisirt. Das Beste in der ganzen Abhandlung ist der wohlbekannte Kniff, womit man verstümmelte Sätze aus den heterogensten Schriften eines Autors zusammenstellt, um demselben jede beliebige Gesinnung oder Gesinnungslosigkeit aufzubürden. Freilich der Kniff ist nicht neu, doch bleibt er immer probat, da von Seiten des angefochtenen Autors keine Widerlegung möglich ist, wenn er nicht etwa ganze Folianten schreiben wollte, um zu beweisen: daß der eine von den angeführten Sätzen humoristisch gemeint, der andere zwar ernst gemeint sei, aber sich auf einen Vordersatz beziehe, der ihm eben seine richtige Bedeutung verleiht; daß ferner die aneinander gereihten Sätze, nicht blos aus ihrem logischen, sondern auch aus ihrem chronologischen Zusammenhang gerissen worden, um einige scheinbare Widersprüche hervorzuklauben; daß aber eben diese Widersprüche von der höchsten Consequenz zeugen würden, wenn man Zeitfolge, Zeitumstände, Zeitbedingungen bedächte — ach! wenn man bedächte, wie die Strategie eines Autors, der für die Sache der europäischen Freiheit kämpft, wunderlich verwickelt ist, wie seine allen möglichen Veränderungen unterworfen, wie er heute etwas als äußerst wichtig verfechten muß, was ihm morgen ganz gleichgültig sein kann, wie er heute diesen Punkt, morgen einen andern zu beschützen oder anzugreifen hat, je nachdem es die Stellung der Gegenparthei, die wechselnden Allianzen, die Siege oder die Niederlagen des Tages erfordern!

Das einzige Neue und Eigenthümliche, was ich in der oben erwähnten Abhandlung des Herrn Gustav Pfizer gefunden habe, war hie und da nicht bloß eine listige Verkehrung des Wortsinnes meiner Schriften, sondern sogar die Fälschung meiner Worte selbst — dieses ist neu, ist eigenthümlich, wenigstens bis jetzt hat man in Deutschland noch nicht einen Autor mit verfälschten Worten citirt. Doch Herr Gustav Pfizer scheint noch ein junger Anfänger zu sein, es juckt ihm zwar die Begabniß des Fälschens in den Fingern, doch merkt man an ihm noch eine gewisse Befangenheit in der Ausübung, und wenn er z. B. „Hostien" citirt statt der gewöhnlichen „Oblaten" des Originaltextes oder mehrmals „göttlich" citirt statt des ursprünglichen „vortrefflich" — so weiß er doch noch nicht recht welchen Gebrauch er von solcher Fälschung machen kann. Er ist ein junger Anfänger. Aber sein Talent ist unläugbar, er hat es hinlänglich offenbart, die geziemendste Anerkennung darf ihm nicht verweigert werden, er verdient, daß ihm Wolfgang Menzel, mit der tapferen Hand, seinen schäbigsten Lorbeerkranz aufs Haupt drückt.

Indessen, ehrlich gestanden, ich rathe ihm sein Talent nicht bedeutender auszubilden. Es könnte ihn einst das Gelüste anwandeln jenes edle Talent auch auf außerliterärische Gegenstände anzuwenden. Es giebt Länder wo dergleichen mit einem Halsband von Hanf belohnt wird. Ich sah zu Old-Baily in London Jemanden hängen, der ein falsches Citat unter einen Wechsel geschrieben hatte — und der arme Schelm mochte es wohl aus Hunger gethan haben, nicht aus Büberei oder aus eitel Neid oder gar um eine kleine Lobspende im stuttgarter Literaturblatt, ein literärisches Trinkgeld, zu verdienen. Ich hatte deshalb Mitleid mit dem armen Schelm, bei dessen Exekution sehr viele Zögerungen vorfielen. Es ist ein Irrthum wenn man glaubt, daß das Hängen in England so schnell von Statten gehe. Die Zubereitungen dauerten fast eine Viertelstunde. Ich ärgere mich noch heute, wenn ich daran denke, mit welcher Langsamkeit dem armen Menschen die Schlinge um den Hals gelegt und die weiße Nachtmütze über die Augen gezogen wurde. Neben ihm standen seine Freunde, vielleicht die Genossen der Schule, wozu er gehörte, und harrten des Augenblicks, wo sie ihm den Liebesdienst erweisen konnten; dieser Liebesdienst besteht darin, daß sie den gehenkten Freund, um seine zuckende Todesqual abzukürzen, so stark als möglich an den Beinen ziehen.

Ich habe von Herrn Gustav Pfizer geredet, weil ich ihn, bei Besprechung der schwäbischen Schule, nicht füglich übergehen konnte. So viel darf ich versichern daß ich in der Heiterkeit meines Herzens, nicht den mindesten Unmuth wider Herrn Pfizer empfinde. Im Gegentheil, sollte ich je im Stande sein ihm einen Liebesdienst zu erweisen, so werde ich ihn gewiß nicht lange zappeln lassen.

— — — Und nun laß uns ernsthaft reden, lieber Leser; was ich dir jetzt noch zu sagen habe, verträgt sich nicht mit dem scherzenden Tone, mit der leichtsinnig guten Laune, die mich beseelte, während ich diese Blätter schrieb. Es liegt mir drückend etwas im Sinne, was ich nicht mit ganz freier Zunge zu erörtern vermag, und worüber dennoch das unzweideutigste Geständniß nöthig wäre. Ich hege nämlich eine wahre Scheu, bei Gelegenheit — der schwäbischen Schule, auch von Ludwig Uhland zu sprechen, von dem großen Dichter, den ich schier zu beleidigen fürchte, wenn ich seiner in so kläglicher Gesellschaft gedenke. Und dennoch, da die erwähnten Dichterlinge den Ludwig Uhland zu den ihrigen zählen oder gar für ein Haupt ihrer Genossen ausgeben, so könnte man hier jedes Verschweigen seines Namens als eine Unredlichkeit betrachten. Weit entfernt an seinem Werthe zu mäkeln, möchte ich vielmehr die Verehrung, die ich seinen Dichtungen zolle, mit den volltönendsten Worten an den Tag geben. Es wird sich mir bald dazu eine passendere Gelegenheit bieten. Ich werde alsdann zur Genüge zeigen, daß sich in meiner früheren Beurtheilung des trefflichen Sängers zwar einige grämliche Töne, einige zeitliche Verstimmungen einschleichen konnten, daß ich aber nie die Absicht hegte, an seinem inneren Werthe, an seinem Talente selbst eine Ungerechtigkeit zu begehen. Nur über die literärhistorischen Beziehungen, über die äußeren Verhältnisse seiner Muse, habe ich unumwunden eine Ansicht, die vielleicht seinen Freunden mißfällig, aber darum dennoch nicht minder wahr ist, aussprechen müssen. Als ich nämlich Ludwig Uhland im Zusammenhang mit der „Romantischen Schule" in dem Buche welches eben diesen Namen führt, flüchtig beurtheilte, habe ich deutlich genug nachgewiesen: daß der vortreffliche Sänger nicht eine neue, eigenthümliche Sangesart aufgebracht hat, sondern nur die Töne der romantischen Schule gelehrig nachsprach; daß seitdem die Lieder seiner Schulgenossen verschollen sind, Uhlands Gedichtesammlung als das einzig überlebende lyrische Denkmal jener Töne der romantischen Schule zu betrachten ist; daß aber der Dichter selbst, eben so gut wie die ganze Schule, längst todt ist. Eben so gut wie Schlegel, Tieck, wie Fouqué, ist auch Uhland längst verstorben, und hat vor jenen edlen Leichen nur das größere Verdienst, daß er seinen Tod wohl begriffen und seit zwanzig Jahren nichts mehr geschrieben hat. Es ist wahrlich ein eben so widerwärtiges wie lächerliches Schauspiel, wenn jetzt meine schwäbischen Dichterlinge den Uhland zu den ihrigen zählen, wenn sie den großen Todten aus seinem Grabmal hervorholen, ihm ein Fallhütchen aufs Haupt stülpen und ihn in ihr niedriges Schulstübchen hereinzerren, — oder wenn sie gar den erblichenen

Helden, wohlgeharnischt, aufs hohe Pferd packen, wie einst die Spanier ihren Cid, und solchermaßen gegen die Ungläubigen, gegen die Verächter der schwäbischen Schule, losrennen lassen!

Das fehlte mir noch, daß ich auch im Gebiete der Kunst mit Todten zu kämpfen hätte! Leider muß ich es oft genug in anderen Gebieten, und ich versichere euch, bei allen Schmerzen meiner Seele! solcher Kampf ist der fatalste und verdrießlichste. Da ist keine glühende Ungeduld, die da hetzt Hieb auf Hieb, bis die Kämpfer wie trunken hinsinken und verbluten. Ach, die Todten ermüden uns mehr als sie uns verwunden und der Streit verwandelt sich am Ende in eine fechtende Langeweile. Kennst du die Geschichte von dem jungen Ritter, der in den Zauberwald zog? Sein Haar war goldig, auf seinem Helm wehten die kecken Federn, unter dem Gitter des Visirs glühten die rothen Wangen, und unter dem blanken Harnisch pochte der frischeste Muth. In dem Walde aber flüsterten die Winde sehr sonderbar. Gar unheimlich schüttelten sich die Bäume, die manchmal häßlich verwachsen, an menschliche Mißbildungen erinnerten. Aus dem Laubwerk guckte hie und da ein gespenstisch weißer Vogel, der fast verhöhnend kicherte und lachte. Allerlei Fabelgethier huschte schattenhaft durch die Büsche. Mitunter freilich zwitscherte auch mancher harmlose Zeisig und nickte aus den breitblättrigen Schlingpflanzen manch stille schöne Blume. Der junge Fant aber, immer weiter vordringend, rief endlich mit Uebertrotz: wann erscheint denn der Kämpe, der mich besiegen kann? Da kam, nicht eben rüstig, aber doch nicht allzuschlotterig, herangezogen ein langer, magerer Ritter mit geschlossenem Visir, und stellte sich zum Kampfe. Sein Helmbusch war geknickt, sein Harnisch war eher verwittert als schlecht, sein Schwert war schartig, aber vom besten Stahl, und sein Arm war stark. Ich weiß nicht, wie lange die beiden mit einander fochten, doch mag es wohl geraume Zeit gedauert haben, denn die Blätter fielen unterdessen von den Bäumen, und diese standen kahl und frierend, und dann knospeten sie wieder aufs neue und grünten im Sonnenschein, und so wechselten die Jahrzeiten — ohne daß sie es merkten, die beiden Kämpfer, die beständig auf einander loshieben, anfangs unbarmherzig wild, später minder heftig, dann sogar etwas phlegmatisch, bis sie endlich ganz und gar die Schwerter sinken ließen, und erschöpft ihre Helmgitter aufschlossen — das gewährte einen betrübenden Anblick! Der eine Ritter, der herausgeforderte Kämpe, war ein Todter, und aus dem geöffneten Visir grinste ein fleischloser Schädel. Der andere Ritter, der als junger Fant in den Wald gezogen, trug jetzt ein verfallen fahles Greisenantlitz und sein Haar war schneeweiß.—Von den hohen Bäumen herab, wie verhöhnend, kicherte und lachte das gespenstisch weiße Gevögel.

Geschrieben zu Paris im Wonnemond 1838.

Shakespeare's

Mädchen und Frauen.

Notiz.

—

Die nachfolgenden Abhandlungen über Shakespeare's Frauen-Charaktere hat Heine auf Veranlassung der Brockhaus'schen Buchhandlung geschrieben, welche dieselben im Jahre 1839 nebst einer Sammlung trefflich gezeichneter Portraite von Shakespeare's Frauen und Mädchen herausgab. Die Kosten unserer Edition würden sich beinahe verdoppeln, wenn wir die 45 Portraite mittheilen wollten, und beschränken wir uns daher auf den Heine'schen Text, der auch ohne die künstlerische Zuthat von bleibendem Werthe ist, so weit er die Charaktere aus den Tragödien betrifft.

Die Frauen-Portraite zu den Shakespeare'schen Comödien dagegen hat Heine nur durch charakteristische Citate aus den betreffenden Stücken erläutert, ohne selbst etwas darüber zu schreiben. Dieser Theil des Werkes kann daher in unserer Edition füglich ausgelassen werden. Eine mehr in's Allgemeine gehende Abhandlung über die Frauen aus den Comödien findet der Leser am Schlusse dieser Schrift unter dem Titel „Comödien."

Philadelphia, im Juli 1855.

Der Verleger.

(260)

Ich kenne einen guten Hamburger Christen, der sich nie darüber zufrieden geben konnte, daß unser Herr und Heiland von Geburt ein Jude war. Ein tiefer Unmuth ergriff ihn jedesmal, wenn er sich eingestehen mußte, daß der Mann, der, ein Muster der Vollkommenheit, die höchste Verehrung verdient, dennoch zur Sippschaft jener ungeschnäuzten Langnasen gehörte, die er auf der Straße als Trödler herumhausiren sieht, die er so gründlich verachtet, und die ihm noch fataler sind, wenn sie gar, wie er selber, sich dem Großhandel mit Gewürzen und Farbestoffen zuwenden, und seine eigenen Interessen beeinträchtigen.

Wie es diesem vortrefflichen Sohne Hammonias mit Jesus Christus geht, so geht es mir mit William Shakspeare. Es wird mir flau zu Muthe, wenn ich bedenke, daß er am Ende doch ein Engländer ist, und dem widerwärtigsten Volke angehört, das Gott in seinem Zorne erschaffen hat.

Welch ein widerwärtiges Volk, welch ein unerquickliches Land! Wie steifleinen, wie hausbacken, wie selbstsüchtig, wie eng, wie englisch! Ein Land, welches längst der Ocean verschluckt hätte, wenn er nicht befürchtete, daß es ihm Uebelkeiten im Magen verursachen möchte ... Ein Volk, ein graues, gähnendes Ungeheuer, dessen Athem nichts als Stickluft und tödtliche Langeweile, und das sich gewiß mit einem kolossalen Schiffstau am Ende selbst aufhängt ...

Und in einem solchen Lande, und unter einem solchen Volke, hat William Shakspeare im April 1564 das Licht der Welt erblickt.

Aber das England jener Tage, wo in dem nordischen Bethlehem, welches Stafford upon Avon geheißen, der Mann geboren ward, dem wir das weltliche Evangelium, wie man die Shakspeare'schen Dramen nennen möchte, verdanken, das England jener Tage war gewiß von dem heutigen sehr verschieden; auch nannte man es merry England, und es blühete in Farbenglanz, Maskenscherz, tiefsinniger Narrethei, sprudelnder Thatenlust, überschwenglicher Leidenschaft ... Das Leben war dort noch ein buntes Turnier, wo freilich die edelbürtigen Ritter im Schimpf und Ernst die Hauptrolle spielten, aber der helle Trompetenton auch die bürgerlichen Herzen erschütterte ... Und statt des dicken Biers trank man den leichtsinnigen Wein, das demokratische Getränk, welches im Rausche die Menschen gleich macht, die sich eben noch auf den nüchternen Schauplätzen der Wirklichkeit nach Rang und Geburt unterschieden ...

All diese farbenreiche Lust ist seitdem erblichen, verschollen sind die freudigen Trompetenklänge, erloschen ist der schöne Rausch ... Und das Buch, welches dramatische Werke von William Shakespeare heißt, ist als Trost für schlechte Zeiten, und als Beweis, daß jenes merry England wirklich existirt habe, in den Händen des Volkes zurückgeblieben.

Es ist ein Glück, daß Shakespeare eben noch zur rechten Zeit kam, daß er ein Zeitgenosse Elisabeths und Jakobs war, als freilich der Protestantismus sich bereits in der ungezügelten Denkfreiheit, aber keineswegs in der Lebensart und Gefühlsweise äußerte, und das Königthum, beleuchtet von den letzten Strahlen des untergehenden Ritterwesens, noch in aller Glorie der Poesie blühte und glänzte. Ja, der Volksglaube des Mittelalters, der Katholicismus, war erst in der Theorie zerstört; aber er lebte noch mit seinem vollen Zauber im Gemüthe der Menschen, und erhielt sich noch in ihren Sitten, Gebräuchen und Anschauungen. Erst später, Blume nach Blume, gelang es den Puritanern, die Religion der Vergangenheit gründlich zu entwurzeln, und über das ganze Land, wie eine graue Nebeldecke, jenen öden Trübsinn auszubreiten, der seitdem, entgeistet und entkräftet, zu einem lauwarmen, greinenden, dünnschläfrigen Pietismus sich verwässerte. Wie die Religion, so hatte auch das Königthum in England zu Shakespeare's Zeit noch nicht jene matte Umwandlung erlitten, die sich dort heutigen Tags unter dem Namen constitutioneller Regierungsform, wenn auch zum Besten der europäischen Freiheit, doch keineswegs zum Heile der Kunst geltend macht. Mit dem Blute Karls des Ersten, des großen, wahren, letzten Königs, floß auch alle Poesie aus den Adern Englands; und dreimal glücklich war der Dichter, der dieses kummervolle Ereigniß, das er vielleicht im Geiste ahnete, nimmermehr als Zeitgenosse erlebt hat. Shakespeare ward in unsren Tagen sehr oft ein Aristokrat genannt. Ich möchte dieser Anklage keineswegs widersprechen, und seine politischen Neigungen vielmehr entschuldigen, wenn ich bedenke, daß sein Zukunft-schauendes Dichterauge, aus bedeutenden Wahrzeichen, schon jene nivellirende Puritanerzeit voraussah, die mit dem Königthum, so auch aller Lebenslust, aller Poesie und aller heitern Kunst ein Ende machen würde.

Ja, während der Herrschaft der Puritaner ward die Kunst in England geächtet; namentlich wüthete der evangelische Eifer gegen das Theater, und sogar der Name Shakespeare erlosch für lange Jahre im Andenken des Volks. Es erregt Erstaunen, wenn man jetzt in den Flugschriften damaliger Zeit, z. B. in dem Histrio Mastix des famosen Prynn, die Ausbrüche des Zornes liest, womit über die arme Schauspielkunst das Anathema ausgekrächzt wurde. Sollen wir den Puritanern ob solchem Zelotismus allzu ernsthaft zürnen? Wahrlich nein; in der Geschichte hat jeder Recht, der seinem inwohnenden Prinzipe getreu bleibt, und die düstern Stutzköpfe folgten nur den Konsequengen jenes kunstfeindlichen Geistes, der sich schon während der ersten Jahrhunderte der Kirche kund gab, und sich mehr oder minder bilderstürmend bis auf heutigen Tag geltend machte. Diese alte, unversöhnliche Abneigung gegen das Theater ist nichts als eine Seite jener Feindschaft, die seit achtzehn Jahrhunderten zwischen zwei ganz heterogenen Weltanschauungen waltet, und wovon die eine dem dürren Boden Judäas, die andere dem blühenden Griechenland entsprossen ist. Ja, schon seit achtzehn Jahrhunderten dauert der Groll zwischen Jerusalem und Athen, zwischen dem heiligen Grab und der Wiege der Kunst, zwischen dem Leben im Geiste und dem Geist im Leben; und die Reibungen, öffentliche und heimliche Befehdungen, die dadurch entstanden, offenbaren sich dem esoterischen Leser in der Geschichte der Menschheit. Wenn wir in der heutigen Zeitung finden, daß der Erzbischof von Paris einem armen todten Schauspieler die gebräuchlichen Begräbnißehren verweigert, so liegt solchem Verfahren keine besondere Priesterlaune zum Grunde, und nur der Kurzsichtige erblickt darin eine engsinnige Böswilligkeit. Es waltet hier vielmehr der Eifer eines alten Streites, eines Todeskampfs gegen die Kunst, welche von dem hellenischen Geist oft als Tribüne benutzt wurde, um von da herab das Leben zu predigen gegen den abtödtenden Judäismus: die Kirche verfolgte in den Schauspielern die Organe des Griechenthums, und diese Verfolgung traf nicht selten auch die Dichter, die ihre Begeisterung nur von Apollo herleiteten, und den proscribirten Heidengöttern eine Zuflucht sicherten im Lande der Poesie. Oder ist gar etwa Ranküne ein Spiel? Die unleidlichsten Feinde der gedrückten Kirche, während der zwei ersten Jahrhunderte, waren die Schauspieler, und die Acta Sanctorum erzählen oft, wie diese verruchten Histrionen auf den Theatern in Rom sich dazu hergaben, zur Lust des heidnischen Pöbels, die Lebensart und Mysterien der Nazarener zu parodiren. Oder war es gegenseitige Eifersucht, was zwischen den Dienern des geistlichen und des weltlichen Wortes so bittern Zwiespalt erzeugte?

Nächst dem ascetischen Glaubenseifer, war es der republikanische Fanatismus, welcher die Puritaner beseelte in ihrem Haß gegen die alt-englische Bühne, wo nicht blos das Heidenthum und die heidnische Gesinnung, sondern auch der Royalismus und die adligen Geschlechter verherrlicht wurden. Ich habe an einem anderen Orte gezeigt, wie viele Aehnlichkeit in dieser Beziehung zwischen den ehemaligen Puritanern und den heutigen Republikanern waltet. Mögen Apollo und die ewigen Musen uns vor der Herrschaft dieser letztern bewahren!

Im Strudel der angedeuteten kirchlichen und politischen Umwälzungen verlor sich auf lange Zeit der Name Shakspeare's, und es dauerte fast ein ganzes Jahrhundert, ehe er wieder zu Ruhm und Ehre gelangte. Seitdem aber stieg sein Ansehen von Tag zu Tag, und gleichsam eine geistige Sonne ward er für jenes Land, welches der wirklichen Sonne fast während zwölf Monate im Jahre entbehrt, für jene Insel der Verdammniß, jenes Botanibay ohne südliches Clima, jenes steinkohlenqualmige, maschinenschnurrende, kirchen- gängerische und schlecht besoffene England! Die gütige Natur enterbt nie gänz- lich ihre Geschöpfe, und indem sie den Engländern alles was schön und lieblich ist versagte, und ihnen weder Stimme zum Gesang, noch Sinne zum Genuß verliehen, und sie vielleicht nur mit ledernen Porterschläuchen, statt mit mensch- lichen Seelen begabt hat, ertheilte sie ihnen zum Ersatz ein groß Stück bürger- licher Freiheit, das Talent sich häuslich bequem einzurichten, und den William Shakespeare.

Ja, dieser ist die geistige Sonne, die jenes Land verherrlicht mit ihrem hol- desten Lichte, mit ihren gnadenreichen Strahlen. Alles mahnt uns dort an Shakespeare, und wie verklärt erscheinen uns dadurch die gewöhnlichsten Ge- genstände. Ueberall umrauscht uns dort der Fittig seines Genius, aus jeder bedeutenden Erscheinung grüßt uns sein klares Auge, und bei großartigen Vorfällen glauben wir ihn manchmal nicken zu sehen, leise nicken, leise und lächelnd.

Diese unaufhörliche Erinnerung an Shakespeare und durch Shakespeare, ward mir recht deutlich während meines Aufenthalts in London, während ich, ein neugieriger Reisender, dort von Morgens bis in die späte Nacht nach den sogenannten Merkwürdigkeiten herumlief. Jeder lyon mahnte an den größe- ren lyon, an Shakespeare. Alle jene Orte, die ich besuchte, leben in seinen historischen Dramen ihr unsterbliches Leben, und waren mir eben dadurch von frühester Jugend bekannt. Diese Dramen kennt aber dort zu Lande nicht blos der Gebildete, sondern auch jeder im Volke, und sogar der dicke Beefeater, der mit seinem rothen Rock und rothen Gesicht im Tower als Wegweiser dient, und dir hinter dem Mittelthor das Verließ zeigt, wo Richard seine Neffen, die jungen Prinzen, hat ermorden lassen, verweist dich an Shakespeare, welcher die näheren Umstände dieser grausamen Geschichte beschrieben habe. Auch der Küster, der dich in der Westminsterabtei herumführt, spricht immer von Shakespeare, in dessen Tragödien jene todten Könige und Königinnen, die hier, in steinernem Conterfei, auf ihren Sarkophagen ausgestreckt liegen, und für einen Schilling sechs Pence gezeigt werden, eine so wilde oder klägliche Rolle spielen. Er selber, die Bildsäule des großen Dichters, steht dort in Lebens- größe, eine erhabene Gestalt mit sinnigem Haupt, in den Händen eine Perga- mentrolle . . . Es stehen vielleicht Zauberworte darauf, und wenn er um Mitternacht die weißen Lippen bewegt und die Todten beschwört, die dort in den Grabmälern ruhen: so steigen sie hervor, mit ihren verrosteten Harnischen und verschollenen Hofgewanden, die Ritter der weißen und der rothen Rose, und auch die Damen heben sich seufzend aus ihren Ruhestätten, und ein

Schwertergeklirr, und ein Lachen und Fluchen erschallt . . . Ganz wie zu Drurilane, wo ich die Shakespeare'schen Geschichtsdramen so oft tragiren sah, und wo Kean mir so gewaltig die Seele bewegte, wenn er verzweifelnd über die Bühne rann:

"A horse, a horse, my kingdom for a horse!"

Ich müßte den ganzen Guide of London abschreiben, wenn ich die Orte anführen wollte, wo mir dort Shakespeare in Erinnerung gebracht wurde. Am bedeutungsvollsten geschah dieses im Parlamente, nicht sowohl deßhalb, weil das Local desselben jenes Westminster-Hall ist, wovon in den Shakespeare'schen Dramen so oft die Rede, sondern weil, während ich den dortigen Debatten beiwohnte, einige mal von Shakespeare selber gesprochen wurde, und zwar wurden seine Verse, nicht ihrer poetischen, sondern ihrer historischen Bedeutung wegen, citirt. Zu meiner Verwunderung merkte ich, daß Shakespeare in England nicht blos als Dichter gefeiert, sondern auch als Geschichtsschreiber von den höchsten Staatsbehörden, von dem Parlamente, anerkannt wird.

Dies führt mich auf die Bemerkung, daß es ungerecht sei, wenn man bei den geschichtlichen Dramen Shakespeare's die Ansprüche machen will, die nur ein Dramatiker, dem blos die Poesie und ihre künstlerische Einkleidung der höchste Zweck ist, befriedigen kann. Die Aufgabe Shakespeares war nicht blos die Poesie, sondern auch die Geschichte; er konnte die gegebenen Stoffe nicht willkürlich modeln, er konnte nicht die Ereignisse und Charaktere nach Laune gestalten; und eben so wenig, wie Einheit der Zeit und des Ortes, konnte er Einheit des Interesse für eine einzige Person oder für eine einzige Thatsache beobachten. Dennoch in diesen Geschichtsdramen strömt die Poesie reichlicher und gewaltiger und süßer als in den Tragödien jener Dichter, die ihre Fabeln entweder selbst erfinden oder nach Gutdünken umarbeiten, das strengste Ebenmaß der Form erzielen, und in der eigentlichen Kunst, namentlich aber in dem enchainement des scènes, den armen Shakespeare übertreffen.

Ja, das ist es, der große Britte ist nicht blos Dichter, sondern auch Historiker; er handhabt nicht blos Melpomenes Dolch, sondern auch Clios noch schärferen Griffel. In dieser Beziehung gleicht er den frühesten Geschichtsschreibern, die ebenfalls keinen Unterschied wußten zwischen Poesie und Historie, und nicht blos eine Nomenklatur des Geschehenen, ein staubiges Herbarium der Ereignisse, lieferten, sondern die Wahrheit verklärten durch Gesang, und im Gesange nur die Stimme der Wahrheit tönen ließen. Die sogenannte Objectivität, wovon heut so viel die Rede, ist nichts als eine trockene Lüge; es ist nicht möglich, die Vergangenheit zu schildern, ohne ihr die Färbung unserer eigenen Gefühle zu verleihen. Ja, da der sogenannte objective Geschichtschreiber doch immer sein Wort an die Gegenwart richtet, so schreibt er unwillkürlich im Geiste seiner eigenen Zeit, und dieser Zeitgeist wird in seinen Schriften sichtbar sein, wie sich in Briefen nicht blos der Charakter des Schreibers, sondern auch des Empfängers offenbart. Jene sogenannte Objectivität, die, mit ihrer Leblosigkeit sich brüstend, auf der Schädelstätte der Thatsachen thront, ist schon deshalb als unwahr verwerflich, weil zur geschichtlichen Wahrheit nicht blos die genauen Angaben des Faktums, sondern auch gewisse Mittheilungen über den Eindruck, den jenes Faktum auf seine Zeitgenossen hervorgebracht hat, nothwendig sind. Diese Mittheilungen sind aber die schwierigste Aufgabe; denn es gehört dazu nicht blos eine gewöhnliche Notizenkunde, sondern auch das Anschauungsvermögen des Dichters, dem, wie Shakespeare sagt, „das Wesen und der Körper verschollener Zeiten" sichtbar geworden.

Und ihm waren sie sichtbar, nicht blos die Erscheinungen seiner eigenen Landesgeschichte, sondern auch die, wovon die Annalen des Alterthums uns Kunde hinterlassen haben, wie wir es mit Erstaunen bemerken in den Dramen, wo er das untergegangene Römerthum mit den wahrsten Farben schildert. Wie den Rittergestalten des Mittelalters, hat er auch den Helden der antiken Welt in die Nieren gesehen, und ihnen befohlen, das tiefste Wort ihrer Seele auszusprechen. Und immer wußte er die Wahrheit zur Poesie zu erheben, und sogar die gemüthlosen Römer, das harte nüchterne Volk der Prosa, diese Mischlinge von roher Raubsucht und feinem Advokatensinn, diese kasuistische Soldateske, wußte er poetisch zu verklären.

Aber auch in Beziehung auf seine römischen Dramen muß Shakespeare wieder den Vorwurf der Formlosigkeit anhören, und sogar ein höchst begabter Schriftsteller, Didrich Grabbe, nannte sie „poetisch verzierte Chroniken," wo aller Mittelpunkt fehle, wo man nicht wisse, wer Hauptperson, wer Nebenperson, und wo, wenn man auch auf Einheit des Orts und der Zeit verzichtet, doch nicht einmal Einheit des Interesse zu finden sei. Sonderbarer Irrthum der schärfsten Kritiker! Nicht sowohl die letztgenannte Einheit, sondern auch die Einheiten von Ort und Zeit mangeln keineswegs unserm großen Dichter. Nur sind bei ihm die Begriffe etwas ausgedehnter als bei uns: Der Schauplatz seiner Dramen ist dieser Erdball, und das ist seine Einheit des Ortes; die Ewigkeit ist die Periode, während welcher seine Stücke spielen, und das ist seine Einheit der Zeit; und beiden angemäß ist der Held seiner Dramen, der dort als Mittelpunkt strahlt, und die Einheit des Interesse repräsentirt .. Die Menschheit ist jener Held, jener Held, welcher beständig stirbt und beständig aufersteht — beständig liebt, beständig haßt, doch noch mehr liebt als haßt — sich heute wie ein Wurm krümmt, morgen als ein Adler zur Sonne fliegt — heute eine Narrenkappe, morgen einen Lorbeer verdient, noch öfter beides zu gleicher Zeit — der große Zwerg, der kleine Riese, der homöopathisch zubereitete Gott, in welchem die Göttlichkeit zwar sehr verdünnt, aber doch immer existirt — ach! laßt uns von dem Heldenthum dieses Helden nicht zu viel reden, aus Bescheidenheit und Scham!

Dieselbe Treue und Wahrheit, welche Shakespeare in Betreff der Geschichte beurkundet, finden wir bei ihm in Betreff der Natur. Man pflegt zu sagen, daß er der Natur den Spiegel vorhalte. Dieser Ausdruck ist tadelhaft, da er über das Verhältniß des Dichters zur Natur irre leitet. In dem Dichtergeiste spiegelt sich nicht die Natur; sondern ein Bild derselben, das dem getreuesten Spiegelbilde ähnlich, ist dem Geiste des Dichters eingeboren; er bringt gleichsam die Welt mit zur Welt, und wenn er, aus dem träumenden Kindesalter erwachend, zum Bewußtsein seiner selbst gelangt, ist ihm jeder Theil der äußern Erscheinungswelt gleich in seinem ganzen Zusammenhang begreifbar: denn er trägt ja ein Gleichbild des Ganzen in seinem Geiste, er kennt die letzten Gründe aller Phänomene, die dem gewöhnlichen Geiste räthselhaft dünken, und auf dem Wege der gewöhnlichen Forschung nur mühsam, oder auch gar nicht, begriffen werden ... Und wie der Mathematiker, wenn man ihm nur das kleinste Fragment eines Kreises giebt, unverzüglich den ganzen Kreis und den Mittelpunkt desselben angeben kann: so auch der Dichter, wenn seiner Anschauung nur das kleinste Bruchstück der Erscheinungswelt von außen geboten wird, offenbart sich ihm gleich der ganze universelle Zusammenhang dieses Bruchstücks; er kennt gleichsam Circulatur und Centrum aller Dinge; er begreift die Dinge in ihrem weitesten Umfang und tiefsten Mittelpunkt.

Aber ein Bruchstück der Erscheinungswelt muß dem Dichter immer von außen geboten werden, ehe jener wunderbare Prozeß der Weltergänzung in ihm stattfinden kann; dieses Wahrnehmen eines Stücks der Erscheinungswelt geschieht durch die Sinne, und ist gleichsam das äußere Ereigniß, wovon die innern Offenbarungen bedingt sind, denen wir die Kunstwerke des Dichters verdanken. Je größer diese letztern, desto neugieriger sind wir jene äußeren Ereignisse zu kennen, welche dazu die erste Veranlassung gaben. Wir forschen gern nach Notizen über die wirklichen Lebensbeziehungen des Dichters. Diese Neugier ist um so thörichter, da, wie aus Obengesagtem schon hervorgeht, die Größe der äußeren Ereignisse in keinem Verhältnisse steht zu der Größe der Schöpfungen, die dadurch hervorgerufen wurden. Jene Ereignisse können sehr klein und scheinlos sein, und sind es gewöhnlich, wie das äußere Leben der Dichter überhaupt gewöhnlich sehr klein und scheinlos ist. Ich sage scheinlos und klein, denn ich will mich keiner betrübsameren Worte bedienen. Die Dichter präsentiren sich der Welt im Glanze ihrer Werke, und besonders wenn man sie aus der Ferne sieht, wird man von den Strahlen geblendet. O laßt uns nie in der Nähe ihren Wandel beobachten! Sie sind wie jene holden Lichter, die, am Sommerabend, aus Rasen und Lauben so prächtig hervorglänzen, daß man glauben sollte, sie seien die Sterne der Erde . . . daß man glauben sollte, sie seien Diamanten und Smaragde, kostbares Geschmeide, welches die Königskinder, die im Garten spielten, an den Büschen aufgehängt und dort vergaßen . . . daß man glauben sollte, sie seien glühende Sonnentropfen, welche sich im hohen Grase verloren haben, und jetzt in der kühlen Nacht sich erquicken und freudeblitzen, bis der Morgen kommt und das rothe Flammengestirn sie wieder zu sich heraufsaugt . . . Ach! suche nicht am Tage die Spur jener Sterne, Edelsteine und Sonnentropfen! Statt ihrer siehst du ein armes, mißfarbiges Würmchen, das am Wege kläglich dahinkriecht, dessen Anblick dich anwidert, und das dein Fuß dennoch nicht zertreten will, aus sonderbarem Mitleid!

Was war das Privatleben von Shakespeare? Trotz aller Forschungen hat man fast gar nichts davon ermitteln können, und das ist ein Glück. Nur allerlei unbewiesene läppische Sagen haben sich über die Jugend und das Leben des Dichters fortgepflanzt. Da soll er bei seinem Vater, welcher Metzger gewesen, selber die Ochsen abgeschlachtet haben . . . Diese letztern waren vielleicht die Ahnen jener englischen Commentatoren, die wahrscheinlich aus Nachgroll ihm überall Unwissenheit und Kunstfehler nachwiesen. Dann soll er Wollhändler gewesen sein und schlechte Geschäfte gemacht haben . . . Armer Schelm! er meinte, wenn er Wollhändler würde, könne er endlich in der Wolle sitzen. Ich glaube nichts von der ganzen Geschichte; viel Geschrei und wenig Wolle. Geneigter bin ich zu glauben, daß unser Dichter wirklich Wilddieb geworden, und wegen eines Hirschkalbs in gerichtliche Bedrängniß gerieth; weshalb ich ihn aber dennoch nicht ganz verdamme. „Auch Ehrlich hat einmal ein Kalb gestohlen," sagt ein teutsches Sprichwort. Hierauf soll er nach London entflohen sein und dort, für ein Trinkgeld, die Pferde der großen Herrn vor der Thüre des Theaters beaufsichtigt haben . . . So ungefähr lauten die Fabeln, die in der Literaturgeschichte ein altes Weib dem andern nachklatscht.

Authentische Urkunden über die Lebensverhältnisse Shakespeare's sind seine Sonette, die ich jedoch nicht besprechen möchte, und die eben, ob der tiefen menschlichen Misère, die sich darin offenbart, zu obigen Betrachtungen über das Privatleben der Poeten mich verleiteten.

Der Mangel an bestimmteren Nachrichten über Shakespeare's Leben ist leicht erklärbar, wenn man die politischen und religiösen Stürme bedenkt, die bald nach seinem Tode ausbrachen, für einige Zeit eine vollständige Puritanerherrschaft hervorriefen, auch später noch unerquicklich nachwirkten, und die goldene Elisabethperiode der englischen Literatur nicht blos vernichteten, sondern auch in gänzliche Vergessenheit brachten. Als man zu Anfang des vorigen Jahrhunderts die Werke von Shakespeare wieder ans große Tages-licht zog, fehlten alle jene Tradizionen, welche zur Auslegung des Textes för-dersam gewesen wären, und die Commentatoren mußten zu einer Kritik ihre Zuflucht nehmen, die in einem flachen Empirismus, und noch kläglicheren Materialismus, ihre letzten Gründe schöpfte. Nur mit Ausnahme von William Hazlitt hat England keinen einzigen bedeutenden Commentator Shakespeare's hervorgebracht; überall Kleinigkeitskrämerei, selbstbespiegelnde Seichtigkeit, enthusiastisch thuender Dünkel, gelehrte Aufgeblasenheit, die vor Wonne fast zu platzen droht, wenn sie dem armen Dichter irgend einen anti-quarischen, geographischen oder chronologischen Schnitzer nachweisen und dabei bedauern kann, daß er leider die Alten nicht in der Ursprache studirt, und auch sonst wenige Schulkenntnisse besessen habe. Er läßt ja die Römer Hüte tragen, läßt Schiffe landen in Böhmen, und zur Zeit Troyas läßt er den Aristoteles citiren! Das war mehr, als ein englischer Gelehrter, der in Ox-fort zum Magister Artium graduirt worden, vertragen konnte! Der einzige Commentator Shakespeare's, den ich als Ausnahme bezeichnet, und der auch in jeder Hinsicht einzig zu nennen ist, war der selige Hazlitt, ein Geist, eben so glänzend wie tief, eine Mischung von Diderot und Börne, flammende Be-geisterung für die Revolution neben dem glühendsten Kunstsinn, immer spru-delnd von Verve und Esprit.

Besser als die Engländer haben die Deutschen den Shakespeare begriffen. Und hier muß wieder zuerst jener theure Name genannt werden, den wir überall antreffen, wo es bei uns eine große Initiative galt. Gotthold Ephraim Lessing war der erste, welcher in Deutschland seine Stimme für Shakespeare erhob. Er trug den schwersten Baustein herbei zu einem Tempel für den größten aller Dichter, und, was noch preisenswerther, er gab sich die Mühe, den Boden, worauf dieser Tempel erbaut werden sollte, von dem alten Schutte zu reinigen. Die leichten französischen Schaubuden, die sich breit machten auf jenem Boden, riß er unbarmherzig nieder in seinem freudigen Baueifer. Gottsched schüttelte so verzweiflungsvoll die Locken seiner Perrücke, daß ganz Leipzig erbebte, und die Wangen seiner Gattin vor Angst, oder auch von Puderstaub, erbleichten. Man könnte behaupten, die ganze Les-sing'sche Dramaturgie sei im Interesse Shakespeare's geschrieben.

Nach Lessing ist Wieland zu nennen. Durch seine Uebersetzung des großen Poeten vermittelte er noch wirksamer die Anerkennung desselben in Deutsch-land. Sonderbar, der Dichter des Agathon und der Musarion, der tän-delnde Cavalière-Servente der Grazien, der Anhänger und Nachahmer der Franzosen: er war es, den auf einmal der brittische Ernst so gewaltig erfaßte. daß er selber den Helden auf's Schild hob, der seiner eigenen Herrschaft ein Ende machen sollte.

23 *

Die dritte große Stimme, die für Shakespeare in Deutschland erklang, gehörte unserem lieben theuern Herder, der sich mit unbedingter Begeisterung für ihn erklärte. Auch Goethe huldigte ihm mit großem Trompetentusch; kurz, es war eine glänzende Reihe von Königen, welche, einer nach dem andern, ihre Stimme in die Urne warfen, und den William Shakespeare zum Kaiser der Literatur erwählten.

Dieser Kaiser saß schon fest auf seinem Throne, als auch der Ritter August Wilhelm von Schlegel und sein Schildknappe, der Hofrath Ludwig Tieck, zum Handkusse gelangten, und aller Welt versicherten, jetzt erst sei das Reich auf immer gesichert, das tausendjährige Reich des großen Williams.

Es wäre Ungerechtigkeit, wenn ich Herrn A. W. Schlegel die Verdienste absprechen wollte, die er durch seine Uebersetzung der Shakespeare'schen Dramen und durch seine Vorlesungen über dieselben erworben hat. Aber ehrlich gestanden, diesen letzteren fehlt allzusehr der philosophische Boden; sie schweifen allzu oberflächlich in einem frivolen Dilettantismus umher, und einige häßliche Hintergedanken treten allzu sichtbar hervor, als daß ich darüber ein unbedingtes Lob aussprechen dürfte. Des Herrn A. W. Schlegel's Begeisterung ist immer ein künstliches, ein absichtliches Hineinlügen in einen Rausch ohne Trunkenheit, und bei ihm, wie bei der übrigen romantischen Schule, sollte die Apotheose Shakespeare's indirekt zur Herabwürdigung Schiller's dienen. Die Schlegel'sche Uebersetzung ist gewiß bis jetzt die gelungenste, und entspricht den Anforderungen, die man an eine metrische Uebertragung machen kann. Die weibliche Natur seines Talents kommt hier dem Uebersetzer gar vortrefflich zu statten, und in seiner charakterlosen Kunstfertigkeit kann er sich dem fremden Geiste ganz liebevoll und treu anschmiegen.

Indessen, ich gestehe es, trotz dieser Tugenden, möchte ich zuweilen der alten Eschenburg'schen Uebersetzung, die ganz in Prosa abgefaßt ist, vor der Schlegel'schen den Vorzug ertheilen, und zwar aus folgenden Gründen:

Die Sprache des Shakespeare ist nicht demselben eigenthümlich, sondern sie ist ihm von seinen Vorgängern und Zeitgenossen überliefert; sie ist die herkömmliche Theatersprache, deren sich damals der dramatische Dichter bedienen mußte, er mochte sie nun seinem Genius passend finden oder nicht. Man braucht nur flüchtig in Dodsleys Collection of old plays zu blättern, und man bemerkt, daß in allen Tragödien und Lustspielen damaliger Zeit dieselbe Sprechart herrscht, derselbe Euphuismus, dieselbe Uebertreibung der Zierlichkeit, geschraubte Wortbildung, dieselben Conzetti, Wortspiele, Geistesschnörkeleien, die wir ebenfalls bei Shakespeare finden, und die von beschränkten Köpfen blindlings bewundert, aber von dem einsichtsvollen Leser, wo nicht getadelt, doch gewiß nur als eine Aeußerlichkeit, als eine Zeitbedingung, die nothwendiger Weise zu erfüllen war, entschuldigt werden. Nur in den

Stellen, wo der ganze Genius von Shakespeare hervortritt, wo seine höchsten Offenbarungen laut werden, da streift er auch jene tradizionelle Theatersprache von sich ab, und zeigt sich in einer erhaben schönen Nacktheit, in einer Einfachheit, die mit der ungeschminkten Natur wetteifert und uns mit den süßesten Schauern erfüllt. Ja, wo solche Stellen, da bekundet Shakespeare auch in der Sprache eine bestimmte Eigenthümlichkeit, die aber der metrische Uebersetzer, der mit gebundenen Wortfüßen dem Gedanken nachhinkt, nimmermehr getreu abspiegeln kann. Bei dem metrischen Uebersetzer verlieren sich diese außerordentlichen Stellen in dem gewöhnlichen Gleise der Theatersprache, und auch Herr Schlegel kann diesem Schicksal nicht entgehen. Wozu aber die Mühe des metrischen Uebersetzens, wenn eben das Beste des Dichters dadurch verloren geht, und nur das Tadelhafte wiedergegeben wird? Eine Uebersetzung in Prosa, welche die prunklose, schlichte, naturähnliche Keuschheit gewisser Stellen leichter reprozuzirt, verdient daher gewiß den Vorzug vor der metrischen.

In unmittelbarer Nachfolge Schlegel's hat sich Herr L. Tieck als Erläuterer Shakespeare's einiges Verdienst erworben. Dieses geschah namentlich durch seine dramaturgischen Blätter, welche vor vierzehn Jahren in der Abendzeitung erschienen sind, und unter Theaterliebhabern und Schauspielern das größte Aufsehen erregten. Es herrscht leider in jenen Blättern ein breitbeschaulicher, langwürdiger Belehrungston, dessen sich der liebenswürdige Taugenichts, wie ihn Gutzkow nennt, mit einer gewissen geheimen Schalkheit beflissen hat. Was ihm an Kenntniß der klassischen Sprachen, oder gar an Philosophie, abging, ersetzte er durch Anstand und Spaßlosigkeit, und man glaubt Sir John auf dem Sessel zu sehen, wie er dem Prinzen eine Standrede hält. Aber trotz der weitbauschigen, doktrinellen Gravität, worunter der kleine Ludwig seine philologische und philosophische Unwissenheit, seine Ignorantia, zu verbergen sucht, befinden sich in den erwähnten Blättern die scharfsinnigsten Bemerkungen über die Charaktere der Shakespeare'schen Helden, und hie und da begegnen wir sogar jener poetischen Anschauungsfähigkeit, die wir in den früheren Schriften des Herrn Tieck immer bewundert und mit Freude anerkannt haben.

Ach, dieser Tieck, welcher einst ein Dichter war, und, wo nicht zu den Höchsten, doch wenigstens zu den Hochstrebenden gezählt wurde, wie ist er seitdem herunter gekommen! Wie kläglich ist das abgehaspelte Pensum, das er uns jetzt jährlich bietet, im Vergleiche mit den freien Erzeugnissen seiner Muse aus der frühern mondbeglänzten Mährchenweltzeit! Eben so lieb wie er uns einst war, eben so widerwärtig ist er uns jetzt, der ohnmächtige Neidhart, der die begeisterten Schmerzen deutscher Jugend in seinen Klatschnovellen verläumdet! Auf ihn passen so ziemlich die Worte Shakespeare's: „Nichts schmeckt so ekelhaft wie Süßes, das in Verdorbenheit überging; nichts riecht so schnöde wie eine verfaulte Lilie!"

Unter den deutschen Commentatoren des großen Dichters kann man den seligen Franz Horn nicht unerwähnt lassen. Seine Erläuterungen Shakespeare's sind jedenfalls die vollständigsten, und betragen fünf Bände. Es ist Geist darin, aber ein so verwachsener und verdünnter Geist, daß er uns noch unerquicklicher erscheint als die geistloseste Beschränktheit. Sonderbar, dieser Mann, der sich aus Liebe für Shakespeare sein ganzes Leben hindurch mit dem Studium desselben beschäftigte und zu seinen eifrigsten Anbetern gehört, war ein schwachmatischer Pietist. Aber vielleicht eben das Gefühl seiner eigenen Seelenmattigkeit erregte bei ihm ein beständiges Bewundern Shakespeare'scher Kraft, und wenn gar manchmal der brittische Titane in seinen leidenschaftlichen Scenen den Pelion auf den Ossa schleudert und bis zur Himmelsburg hinanstürmt: dann fällt dem armen Erläuterer vor Erstaunen die Feder aus der Hand, und er seufzt und flennt gelinde. Als Pietist müßte er eigentlich, seinem frömmelnden Wesen nach, jenen Dichter hassen, dessen Geist, ganz getränkt von blühender Götterlust, in jedem Worte das freudigste Heidenthum athmet; er müßte ihn hassen, jenen Bekenner des Lebens, der, dem Glauben des Todes heimlich abhold, und in den süßesten Schauern alter Heldenkraft schwelgend, von den traurigen Seligkeiten der Demuth und der Entsagung und der Kopfhängerei nichts wissen will! Aber er liebt ihn dennoch, und in seiner unermüdlichen Liebe möchte er den Shakespeare nachträglich zur wahren Kirche bekehren; er commentirt eine christliche Gesinnung in ihn hinein: sei es frommer Betrug oder Selbsttäuschung, diese christliche Gesinnung entdeckt er überall in den Shakespeare'schen Dramen, und das fromme Wasser seiner Erläuterungen ist gleichsam ein Taufbad von fünf Bänden, welches er dem großen Heiden auf den Kopf gießt.

Aber, ich wiederhole es, diese Erläuterungen sind nicht ganz ohne Geist. Manchmal bringt Franz Horn einen guten Einfall zur Welt; dann schneidet er allerlei langweilig süß-säuerliche Grimassen, und greint, und dreht sich und windet sich auf dem Gebärstuhl des Gedankens; und wenn er endlich mit dem guten Einfall niedergekommen, dann betrachtet er gerührt die Nabelschnur, und lächelt erschöpft, wie eine Wöchnerin. Es ist in der That eine eben so verdrießliche wie kurzweilige Erscheinung, daß grade unser schwächlicher pietistischer Franz den Shakespeare commentirt hat. In einem Lustspiel von Grabbe ist die Sache aufs ergötzlichste umgekehrt: Shakespeare, welcher nach dem Tode in die Hölle gekommen, muß dort Erläuterungen zu Franz Horn's Werken schreiben.

Wirksamer als die Glossen und die Erklärerei und das mühsame Lobhudeln der Commentatoren, war für die Popularisirung Shakespeare's die begeisterte

Liebe, womit talentvolle Schauspieler seine Dramen aufführten, und somit
dem Urtheil des gesammten Publikums zugänglich machten. Lichtenberg, in
seinen Briefen aus England, giebt uns einige bedeutsame Nachrichten über die
Meisterschaft, womit, in der Mitte des vorigen Jahrhunderts, auf der Lon-
doner Bühne die Shakespeare'schen Charaktere dargestellt wurden. Ich sage
Charaktere, nicht die Werke in ihrer Ganzheit; denn bis auf heutige Stunde
haben die brittischen Schauspieler im Shakespeare nur die Charakteristik begriffen, keineswegs die Poesie, und noch weniger die Kunst. Solche Einsei-
tigkeit der Auffassung findet sich aber jedenfalls in weit bornirterem Grade bei
den Commentatoren, die durch die bestäubte Brille der Gelehrsamkeit nimmermehr im Stande waren, das Allereinfachste, das Zunächstliegende, die Natur,
in Shakespeare's Dramen zu sehen. Garrik sah klarer den Shakespeare'schen
Gedanken als Dr. Johnson, der John Bull der Gelehrsamkeit, auf dessen Nase
die Königin Mab gewiß die drolligsten Sprünge machte, während er über den
Sommernachtstraum schrieb; er wußte gewiß nicht, warum er bei Shakespeare
mehr Nasenkitzel und Lust zum Niesen empfand als bei den übrigen Dichtern, die er kritisirte.

Während Dr. Johnson die Shakespeare'schen Charaktere als todte Leichen
sezirte, und dabei seine dicksten Dummheiten in ciceronianischem Englisch aus-
kramte, und sich mit plumper Selbstgefälligkeit auf den Antithesen seines
lateinischen Periodenbaues schaukelte: stand Garrik auf der Bühne und erschütterte das ganze Volk von England, indem er mit schauerlicher Beschwörung jene Todten ins Leben rief, daß sie vor aller Augen ihre grauenhaften,
blutigen oder lächerlichen Geschäfte verrichteten. Dieser Garrik aber liebte
den großen Dichter, und, zum Lohne für solche Liebe, liegt er begraben in
Westminster, neben dem Piedestal der Shakespeare'schen Statue, wie ein
treuer Hund zu den Füßen seines Herrn.

Eine Uebersiedelung des Garrik'schen Spiels nach Deutschland verdanken
wir dem berühmten Schröder, welcher auch einige der besten Dramen Shakespeare's für die deutsche Bühne zuerst bearbeitete. Wie Garrik, so hat auch
Schröder weder die Poesie noch die Kunst begriffen, die sich in jenen Dramen
offenbart, sondern er that nur einen verständigen Blick in die Natur, die sich
darin zunächst ausspricht; und weniger suchte er die holdselige Harmonie und
die innere Vollendung eines Stücks, als vielmehr die einzelnen Charaktere
darin mit der einseitigsten Naturtreue zu reprozuiren. Zu diesem Urtheil
berechtigen mich sowohl die Tradizionen seines Spieles, wie sie sich bis heutigen
Tag auf der Hamburger Bühne erhielten als auch seine Bearbeitungen der
Shakespeare'schen Stücke selbst, worin alle Poesie und Kunst verwischt ist,
und nur durch Zusammenfassung der schärfsten Züge eine feste Zeichnung

der Hauptcharaktere, eine gewisse allgemein zugängliche Natürlichkeit, hervortritt.

Aus diesem Systeme der Natürlichkeit entwickelte sich auch das Spiel des großen Devrient, den ich einst zu Berlin gleichzeitig mit dem großen Wolf spielen sah, welcher letztere in seinem Spiele vielmehr dem Systeme der Kunst huldigte. Obgleich, von den verschiedensten Richtungen ausgehend, jener die Natur, dieser die Kunst als das Höchste erstrebte, begegneten sie sich doch beide in der Poesie, und durch ganz entgegengesetzte Mittel erschütterten und entzückten sie die Herzen der Zuschauer.

Weniger als man erwarten durfte, haben die Musen der Musik und der Malerei zur Verherrlichung Shakespeare's beigetragen. Waren sie neidisch auf ihre Schwestern Melpomene und Thalia, die durch den großen Britten ihre unsterblichsten Kränze ersiegt? Außer Romeo und Julia, und Othello, hat kein Shakespeare'sches Stück irgend einen bedeutenden Componisten zu großen Schöpfungen begeistert. Der Werth jener tönenden Blumen, die dem jauchzenden Nachtigallherzen Zingarelli's entsprossen, brauche ich eben so wenig zu loben wie jene süßesten Klänge, womit der Schwan von Pesaro die verblutende Zärtlichkeit Desdemona's und die schwarzen Flammen ihres Geliebten besungen hat! Die Malerei, wie überhaupt die zeichnenden Künste, haben den Ruhm unseres Dichters noch kärglicher unterstützt. Die sogenannte Shakespeare-Gallerie in Pall-Mall zeugt zwar von dem guten Willen, aber zugleich von der kühlen Ohnmacht der brittischen Maler. Es sind nüchterne Darstellungen, ganz im Geiste der älteren Franzosen, ohne den Geschmack, der sich bei diesen nie ganz verläugnet. Es gibt etwas, worin die Engländer eben so lächerliche Pfuscher sind, wie in der Musik, das ist nämlich die Malerei. Nur im Fache des Portraits haben sie Ausgezeichnetes geleistet, und gar wenn sie das Portrait mit dem Grabstichel, also nicht mit Farben, behandeln können, übertreffen sie die Künstler des übrigen Europa. Was ist der Grund jenes Phänomens, daß die Engländer, denen der Farbensinn so kümmerlich versagt ist, dennoch die außerordentlichsten Zeichner sind, und Meisterstücke des Kupfer- und Stahlstichs zu liefern vermögen? Daß letzteres der Fall ist, bezeugen die nach Shakespeare'schen Dramen gezeichneten Portraite von Frauen und Mädchen, die ich hier mittheile, und deren Vortrefflichkeit wohl keines Commentars bedarf. Von Commentar ist hier überhaupt am allerwenigsten die Rede. Die vorstehenden Blätter sollten nur dem lieblichen Werke als flüchtige Einleitung, als Vorgruß, dienen, wie es Brauch und üblich ist. Ich bin der Pförtner, der Euch diese Gallerie aufschließt, und was Ihr bis jetzt gehört, war nur eitel Schlüsselgerassel. Indem ich Euch umherführe, werde ich manchmal ein kurzes Wort in Eure Betrachtungen hineinschwatzen; ich werde manchmal jene Cicerone nachahmen, die nie erlauben, daß man sich in der Betrachtung irgend eines Bildes allzu begeisterungsvoll versenkt; mit irgend einer banalen Bemerkung wissen sie Euch bald aus der beschaulichen Entzückung zu wecken.

Jedenfalls glaube ich mit dieser Publication den heimischen Freunden eine Freude zu machen. Der Anblick dieser schönen Frauengesichter möge ihnen die Betrübniß, wozu sie jetzt so sehr berechtigt sind, von der Stirne verscheuchen. Ach! daß ich Euch nichts Reelleres zu bieten vermag, als diese Schattenbilder der Schönheit! Daß ich Euch die rosige Wirklichkeit nicht erschließen kann! Ich wollte einst die Hellebarden brechen, womit man Euch die Gärten des Genusses versperrt . . . Aber die Hand war schwach, und die Hellebardiere lachten und stießen mich mit ihren Stangen gegen die Brust, und das vorlaut großmüthige Herz verstummte, aus Schaam, wo nicht gar aus Furcht. Ihr seufzet?

Tragödien.

—

Creſſida.
(Troilus und Creſſida.)

Es iſt die ehrenfeſte Tochter des Prieſters Calchas, welche ich hier dem verehrungswürdigen Publico zuerſt vorführe. Pandarus war ihr Oheim: ein
wackerer Kuppler; ſeine vermittelnde Thätigkeit wäre jedoch ſchier entbehrlich
geweſen. Troilus, ein Sohn des vielzeugenden Priamus, war ihr erſter
Liebhaber; ſie erfüllte alle Formalitäten, ſie ſchwur ihm ewige Treue, brach ſie
mit gehörigem Anſtand, und hielt einen ſeufzenden Monolog über die Schwäche
des weiblichen Herzens, ehe ſie ſich dem Diomedes ergab. Der Horcher
Therſites, welcher ungalanter Weiſe immer den rechten Namen ausſpricht,
nennt ſie eine Metze. Aber er wird wohl einſt ſeine Ausdrücke mäßigen müſ-
ſen; denn es kann ſich wohl ereignen, daß die Schöne, von einem Helden zum
andern, und immer zum geringeren, hinabſinkend, endlich ihm ſelber als ſüße
Buhle anheimfällt.

Nicht ohne mancherlei Gründe habe ich an der Pforte dieſer Gallerie das
Bildniß der Creſſida aufgeſtellt. Wahrlich nicht ihrer Tugend wegen, nicht
weil ſie ein Typus des gewöhnlichen Weibercharakters, geſtattete ich ihr den
Vorrang vor ſo manchen herrlichen Idealgeſtalten Shakeſpeare'ſcher Schöpfung; nein, ich eröffnete die Reihe mit dem Bilde jener zweideutigen Dame,
weil ich, wenn ich unſeres Dichters ſämmtliche Werke herausgeben ſollte, ebenfalls das Stück, welches den Namen Troilus und Creſſida führt, allen andern
voranſtellen würde. Steevens, in ſeiner Prachtausgabe Shakeſpeare's, thut
daſſelbe, ich weiß nicht warum; doch zweifle ich, ob dieſelben Gründe, die ich
jetzt andeuten will, auch jenen engliſchen Herausgeber beſtimmten.

Troilus und Creſſida iſt das einzige Drama von Shakeſpeare, worin er die
nämlichen Heroen tragiren läßt, welche auch die griechiſchen Dichter zum Gegenſtand ihrer dramatiſchen Spiele wählten; ſo daß ſich uns, durch Vergleichung mit der Art und Weiſe, wie die ältern Poeten dieſelben Stoffe behandelten, das Verfahren Shakeſpeare's recht klar offenbart. Während die klaſſi-

(276)

schen Dichter der Griechen nach erhabenster Verklärung der Wirklichkeit streben, und sich zur Idealität emporschwingen, bringt unser moderner Tragiker
mehr in die Tiefe der Dinge; er gräbt mit scharfgewetzter Geistesschaufel in
den stillen Boden der Erscheinungen, und entblößt vor unseren Augen ihre
verborgenen Wurzeln. Im Gegensatz zu den antiken Tragikern, die, wie die
antiken Bildhauer, nur nach Schönheit und Adel rangen, und auf Kosten des
Gehaltes die Form verherrlichten, richtete Shakspeare sein Augenmerk zunächst
auf Wahrheit und Inhalt; daher seine Meisterschaft der Charakteristik, womit
er nicht selten, an die verdrießlichste Karrikatur streifend, die Helden ihrer glänzenden Harnische entkleidet und in dem lächerlichsten Schlafrock erscheinen läßt.
Die Kritiker, welche Troilus und Cressida nach den Prinzipien beurtheilten,
die Aristoteles aus den besten griechischen Dramen abstrahirt hat, mußten daher in die größten Verlegenheiten, wo nicht gar in die possirlichsten Irrthümer,
gerathen. Als Tragödie war ihnen das Stück nicht ernsthaft und pathetisch
genug; denn alles darin ging so natürlich von statten, fast wie bei uns; und
die Helden handelten eben so dumm, wo nicht gar gemein, wie bei uns; und
der Hauptheld ist ein Laps und die Heldin eine gewöhnliche Schürze, wie wir
deren genug unter unseren nächsten Bekannten wahrnehmen . . . und gar die
gefeiertsten Namenträger, Renomeen der heroischen Vorzeit, z. B. der große
Pelide Achilles, der tapfere Sohn der Thetis, wie miserabel erscheinen sie hier!
Auf der andern Seite konnte auch das Stück nicht für eine Komödie erklärt
werden; denn vollströmig floß darin das Blut, und erhaben genug klangen
darin die längsten Reden der Weisheit, wie z. B. die Betrachtungen, welche
Ulysses über die Nothwendigkeit der Auctoritas anstellt, und die bis auf heutige
Stunde die größte Beherzigung verdienten.

Nein, ein Stück, worin solche Reden gewechselt werden, das kann keine
Komödie sein, sagten die Kritiker, und noch weniger durften sie annehmen, daß
ein armer Schelm, welcher, wie der Turnlehrer Maßmann, blutwenig Latein
und gar kein Griechisch verstand, so verwegen sein sollte, die berühmten klassischen Helden zu einem Lustspiele zu gebrauchen!

Nein, Troilus und Cressida ist weder Lustspiel noch Trauerspiel im gewöhnlichen Sinne; dieses Stück gehört nicht zu einer bestimmten Dichtungsart,
und noch weniger kann man es mit den vorhandenen Maaßstaben messen: es
ist Shakspeare's eigenthümlichste Schöpfung. Wir können ihre hohe Vortrefflichkeit nur im Allgemeinen anerkennen; zu einer besonderen Beurtheilung
bedürften wir jener neuen Aesthetik, die noch nicht geschrieben ist.

Wenn ich nun dieses Drama unter der Rubrik „Tragödien" einregistrire,
so will ich dadurch von vorn herein zeigen, wie streng ich es mit solchen Ueber-
schriften nehme. Mein alter Lehrer der Poetik, im Gymnasium zu Düsseldorf, bemerkte einst sehr scharfsinnig: „Diejenigen Stücke, worin nicht der

heitere Geist Thalias, sondern die Schwermuth Melpomenes athmet, gehören
in's Gebiet der Tragödie.“ Vielleicht trug ich jene umfassende Definizion im
Sinne, als ich auf den Gedanken gerieth, Troilus und Cressida unter die
Tragödien zu stecken. Und in der That, es herrscht darin eine jauchzende
Bitterkeit, eine weltverhöhnende Ironie, wie sie uns nie in den Spielen der
komischen Muse begegnete. Es ist weit eher die tragische Göttin, welche überall
in diesem Stücke sichtbar wird, nur daß sie hier einmal lustig thun und Spaß
machen möchte . . . Und es ist, als sähen wir Melpomene auf einem Grisetten-
ball den Chahut tanzen, freches Gelächter auf den bleichen Lippen, und den
Tod im Herzen.

Cassandra.
(Troilus und Cressida.)

Es ist die wahrsagende Tochter des Priamus, welche wir hier im Bildnisse
vorführen. Sie trägt im Herzen das schauerliche Vorwissen der Zukunft; sie
verkündet den Untergang Ilions, und jetzt, wo Hektor sich waffnet, um mit dem
schrecklichen Peliden zu kämpfen, fleht sie und jammert sie . . . Sie sieht im
Geiste schon den geliebten Bruder aus offenen Todeswunden verbluten . . .
Sie fleht und jammert. Vergebens! niemand hört auf ihren Rath, und eben
so rettungslos wie das ganze verblendete Volk, sinkt sie in den Abgrund eines
dunkeln Schicksals.

Kärgliche und eben nicht sehr bedeutungsvolle Worte widmet Shakespeare
der schönen Seherin; sie ist bei ihm nur eine gewöhnliche Unglücksprophetin,
die mit Wehegeschrei in der verfehmten Stadt umherläuft:

> Ihr Auge rollt irre,
> Ihr Haar flattert wirre,
> Wie Figura zeigt.

Liebreicher hat sie unser großer Schiller in einem seiner schönsten Gedichte
gefeiert. Hier klagt sie dem pythischen Gotte mit den schneidensten Jammer-
tönen das Unglück, das er über seine Priesterin verhängt . . . Ich selber hatte
einmal in öffentlicher Schulprüfung jenes Gedicht zu deklamiren, und stecken
blieb ich bei den Worten:

> Frommt's den Schleier aufzuheben
> Wo das nahe Schreckniß droht?
> Nur der Irrthum ist das Leben,
> Und das Wissen ist der Tod.

Helena.

(Troilus und Cressida.)

Diese ist die schöne Helena, deren Geschichte ich Euch nicht ganz erzählen und erklären kann; ich müßte denn wirklich mit dem Ei der Leda beginnen.

Ihr Titularvater hieß Tyndarus, aber ihr wirklich geheimer Erzeuger war ein Gott, der in der Gestalt eines Vogels ihre gebenedeite Mutter befruchtet hatte, wie dergleichen im Alterthum oft geschah. Früh verheirathet ward sie nach Sparta; doch bei ihrer außerordentlichen Schönheit ist es leicht begreiflich, daß sie dort bald verführt wurde, und ihren Gemahl, den König Meneleus, zum Hahnerei machte.

Meine Damen, wer von Euch sich ganz rein fühlt, werfe den ersten Stein auf die arme Schwester. Ich will damit nicht sagen, daß es keine ganz treuen Frauen geben könne. War doch schon das erste Weib, die berühmte Eva, ein Muster ehelicher Treue. Ohne den leisesten Ehebruchsgedanken, wandelte sie an der Seite ihres Gemahls, des berühmten Adams, der damals der einzige Mann in der Welt war, und ein Schurzfell von Feigenblättern trug. Nur mit der Schlange konversirte sie gern, aber blos wegen der schönen französischen Sprache, die sie sich dadurch aneignete, wie sie denn überhaupt nach Bildung strebte. O ihr Evastöchter, ein schönes Beispiel hat Euch Eure Stammmutter hinterlassen! . . .

Frau Venus, die unsterbliche Göttin aller Wonne, verschaffte dem Prinzen Paris die Gunst der schönen Helena; er verletzte die heilige Sitte des Gastrechts, und entfloh mit seiner holden Beute nach Troja, der sichern Burg . . . was wir alle ebenfalls unter solchen Umständen gethan hätten. Wir alle, und darunter verstehe ich ganz besonders uns Deutsche, die wir gelehrter sind als andere Völker, und uns von Jugend auf mit den Gesängen des Homers beschäftigen. Die schöne Helena ist unser frühester Liebling, und schon im Knabenalter, wenn wir auf den Schulbänken sitzen, und der Magister uns die schönen griechischen Verse explicirt, wo die trojanischen Greise beim Anblick der Helena in Entzückung gerathen . . . dann pochen schon die süßesten Gefühle in unserer jungen unerfahrenen Brust . . . Mit erröthenden Wangen und unsicherer Zunge antworten wir auf die grammatischen Fragen des Magisters . . . Späterhin, wenn wir älter und ganz gelehrt, und sogar Hexenmeister geworden sind, und den Teufel selbst beschwören können, dann begehren wir von dem dienenden Geiste, daß er uns die schöne Helena von Sparta verschaffe. Ich habe es schon einmal gesagt, der Johannes Faustus ist der wahre Repräsentant der Deutschen, des Volkes, das im Wissen seine Lust befriedigt, nicht im Leben. Obgleich dieser berühmte Doktor, der Normal-Deutsche, endlich nach Sinnengenuß lechzt und schmachtet, sucht er den Gegenstand der Befriedigung keineswegs auf den blühenden Fluren der Wirklichkeit, sondern im gelehrten Moder der Bücherwelt; und, während ein französischer oder italienischer Nekromant von dem Mephistopheles das schönste Weib der Gegenwart gefordert hätte, begehrt der deutsche Faust ein Weib, welches bereits vor Jahrtausenden gestorben ist, und ihm nur noch als schöner Schatten aus altgriechischen Pergamenten entgegenlächelt, die Helena von Sparta! Wie bedeutsam charakterisirt dieses Verlangen das innerste Wesen des deutschen Volkes!

Eben so kärglich wie die Cassandra, hat Shakspeare im vorliegenden Stücke, in Troilus und Cressida, die schöne Helena behandelt. Wir sehen sie nebst Paris auftreten, und mit dem greisen Kuppler Pandarus einige heiter neckende Gespräche wechseln. Sie foppt ihn, und endlich begehrt sie, daß er mit seiner alten meckernden Stimme ein Liebeslied singe. Aber schmerzliche Schatten der Ahnung, die Vorgefühle eines entsetzlichen Ausgangs, beschleichen manchmal ihr leichtfertiges Herz; aus den rosigsten Scherzen recken die Schlangen ihre schwarzen Köpfchen hervor, und sie verräth ihren Gemüthszustand in den Worten:

„Laß uns ein Lied der Liebe hören ... diese Liebe wird uns alle zu Grunde richten. O Kupido! Kupido! Kupido!"

Virgilia.

(Coriolan.)

Sie ist das Weib des Coriolan, eine schüchterne Taube, die nicht einmal zu girren wagt in Gegenwart des überstolzen Gatten. Wenn dieser aus dem Felde siegreich zurückkehrt, und alles ihm entgegenjubelt, senkt sie demüthig ihr Antlitz, und der lächelnde Held nennt sie sehr sinnig: „mein holdes Stillschweigen!" In diesem Stillschweigen liegt ihr ganzer Charakter; sie schweigt wie die erröthende Rose, wie die keusche Perle, wie der sehnsüchtige Abendstern, wie das entzückte Menschenherz ...... es ist ein volles, kostbares, glühendes Schweigen, das mehr sagt als alle Beredsamkeit, als jeder rhetorische Wortschwall. Sie ist ein verschämt sanftes Weib, und in ihrer zarten Holdseligkeit bildet sie den reinsten Gegensatz zu ihrer Schwieger, der römischen Wölfin Volumnia, die den Wolf Cajus Marcius einst gesäugt mit ihrer eisernen Milch. Ja, letztere ist die wahre Matrone, und aus ihren patrizischen Zitzen sog die junge Brut nichts als wilden Muth, ungestümen Trotz und Verachtung des Volkes.

Wie ein Held durch solche früh eingezogenen Tugenden und Untugenden die Lorbeerkrone des Ruhmes erwirbt, dagegen aber die bessere Krone, den bürgerlichen Eichenkranz, einbüßt, und endlich bis zum entsetzlichsten Verbrechen, bis zum Verrath an dem Vaterland, herabsinkend, ganz schmählig untergeht: das zeigt uns Shakspeare in dem tragischen Drama, welches „Coriolan" betitelt ist.

Nach Troilus und Cressida, worin unser Dichter seinen Stoff der altgriechischen Heroenzeit entnommen, wende ich mich zu dem Coriolan, weil wir hier sehen, wie er römische Zustände zu behandeln verstand. In diesem Drama schildert er nämlich den Partheikampf der Patrizier und Plebejer im alten Rom.

Ich will nicht geradezu behaupten, daß diese Schilderung in allen Einzelheiten mit den Annalen der römischen Geschichte übereinstimme; aber das Wesen jener Kämpfe hat unser Dichter aufs tiefste begriffen und dargestellt. Wir können solches um so richtiger beurtheilen, da unsere Gegenwart manche Erscheinungen aufweist, die dem betrübsamen Zwiespalte gleichen, welcher einst im alten Rom zwischen den bevorrechteten Patriziern und den herabgewürdigten Plebejern herrschte. Man sollte manchmal glauben, Shakspeare sei ein heutiger Dichter, der im heutigen London lebe und unter römischen Masken die jetzigen Tories und Radikalen schildern wolle. Was uns in solcher Meinung noch bestärken könnte, ist die große Aehnlichkeit, die sich überhaupt zwischen den alten Römern und heutigen Engländern, und den Staatsmännern beider Völker, vorfindet. In der That, eine gewisse poesielose Härte, Habsucht, Blutgier, Unermüdlichkeit, Charakterfestigkeit, ist den heutigen Engländern eben so eigen wie den alten Römern, nur daß diese weit mehr Landratten als Wasserratten waren; in der Unliebenswürdigkeit, worin sie beide den höchsten Gipfel erreicht haben, sind sie sich gleich. Die auffallendste Wahlverwandtschaft bemerkt man bei dem Adel beider Völker. Der englische wie der ehemalige römische Edelmann, ist patriotisch: die Vaterlandsliebe hält ihn, trotz aller politischen Rechtsverschiedenheit, mit den Plebejern aufs innigste verbunden, und dieses sympathetische Band bewirkt, daß die englischen Aristokraten und Demokraten, wie einst die römischen, ein ganzes, ein einiges Volk bilden. In andern Ländern, wo der Adel weniger an den Boden, sondern mehr an die Person des Fürsten gefesselt ist, oder gar sich ganz den partikularen Interessen seines Standes hingiebt, ist dieses nicht der Fall. Dann finden wir bei dem englischen, wie einst bei dem römischen Adel, das Streben nach Auctoritas, als das Höchste, Ruhmwürdigste, und mittelbar auch Einträglichste; ich sage das mittelbar Einträglichste, da, wie einst in Rom, so jetzt auch in England, die Verwaltung der höchsten Staatsämter nur durch mißbrauchten Einfluß und herkömmliche Erpressungen, also mittelbar, bezahlt wird. Jene Aemter sind Zweck der Jugenderziehung in den hohen Familien bei den Engländern, ganz wie einst bei den Römern; und, wie bei diesen, so

24 *

auch bei jenen, gilt Kriegskunst und Beredsamkeit als die besten Hülfsmittel künftiger Auctoritas. Wie bei den Römern, so auch bei den Engländern, ist die Tradizion des Regierens und des Administrirens das Erbtheil der edlen Geschlechter; und dadurch werden die englischen Tories vielleicht eben so lange unentbehrlich sein, ja sich eben so lange in Macht erhalten, wie die senatorischen Familien des alten Roms.

Nichts aber ist dem heutigen Zustand in England so ähnlich, wie jene Stimmenbewerbung, die wir im Coriolan geschildert sehen. Mit welchem verbissenen Grimm, mit welcher höhnischen Ironie bettelt der römische Torie um die Wahlstimmen der guten Bürger, die er in der Seele so tief verachtet, deren Zustimmung ihm aber so unentbehrlich ist, um Consul zu werden! Nur daß die meisten englischen Lords, die, statt in Schlachten, nur in Fuchsjagden ihre Wunden erworben haben, und sich von ihren Müttern in der Verstellungskunst besser unterrichten lassen, bei den heutigen Parlamentswahlen ihren Grimm und Hohn nicht so zur Schau tragen, wie der starre Coriolan.

Wie immer, hat Shakespeare auch in dem vorliegenden Drama die höchste Unpartheilichkeit ausgeübt. Der Aristokrat hat hier Recht, wenn er seine plebejischen Stimmherrn verachtet; denn er fühlt, daß er selber tapferer im Kriege war, was bei den Römern als höchste Tugend galt. Die armen Stimmherrn, das Volk, haben indessen ebenfalls Recht, sich ihm, trotz dieser Tugend, zu widersetzen; denn er hat nicht undeutlich geäußert, daß er, als Consul, die Brodvertheilungen abschaffen wolle. „Das Brod ist aber das erste Recht des Volks."

———

Portia.
(Julius Cäsar.)

Der Hauptgrund von Cäsar's Popularität war die Großmuth, womit er das Volk behandelte, und seine Freigebigkeit. Das Volk ahnte in ihm den Begründer jener besseren Tage, die es unter seinen Nachkommen, den Kaisern, erleben sollte; denn diese gewährten dem Volke sein erstes Recht: sie gaben ihm sein tägliches Brod. Gern verzeihen wir den Kaisern die blutigste Willkühr, womit sie einige hundert patrizische Familien behandelten und die Privilegien derselben verspotteten; wir erkennen in ihnen, und mit Dank, die Zerstörer jener Adelsherrschaft, welche dem Volk für die härtesten Dienste nur kärglichen Lohn bewilligte; wir preisen sie als weltliche Heilande, die, erniedrigend die Hohen und erhöhend die Niedrigen, eine bürgerliche Gleichheit einführten. Mag immerhin der Advokat der Vergangenheit, der Patrizier Tacitus, die Privatlaster und Tollheiten der Cäsaren mit dem poetischsten Gifte beschreiben, wir wissen doch von ihnen das Bessere: sie fütterten das Volk.

Cäsar ist es, welcher die römische Aristokratie ihrem Untergang zuführt und den Sieg der Demokratie vorbereitet. Indessen, manche alte Patrizier hegen im Herzen noch den Geist des Republikanismus; sie können die Oberherrschaft eines Einzigen noch nicht vertragen; sie können nicht leben, wo ein Einziger das Haupt über das ihre erhebt, und sei es auch das herrliche Haupt eines Julius Cäsar; und sie wetzen ihre Dolche und tödten ihn.

Demokratie und Königthum stehen sich nicht feindlich gegenüber, wie man fälschlich in unsern Tagen behauptet hat. Die beste Demokratie wird immer diejenige sein, wo ein Einziger als Inkarnazion des Volkswillens an der Spitze des Staates steht, wie Gott an der Spitze der Weltregierung; unter jenem, dem inkarnirten Volkswillen, wie unter der Majestät Gottes, blüht die sicherste Menschengleichheit, die ächteste Demokratie. Aristokratismus und Republikanismus stehen einander ebenfalls nicht feindlich gegenüber, und das sehen wir am klarsten im vorliegenden Drama, wo sich eben in den hochmüthigsten Aristokraten der Geist des Republikanismus mit seinen schärfsten Charakterzügen ausspricht. Bei Cassius noch weit mehr als bei Brutus, treten uns diese Charakterzüge entgegen. Wir haben nämlich schon längst die Bemerkung gemacht, daß der Geist des Republikanismus in einer gewissen engbrüstigen Eifersucht besteht, die nichts über sich dulden will; in einem gewissen Zwergneid, der allem Emporragenden abhold ist, der nicht einmal die Tugend durch einen Menschen repräsentirt sehen möchte, fürchtend, daß solcher Tugendrepräsentant seine höhere Persönlichkeit geltend machen könne. Die Republikaner sind daher heut zu bescheidenheitsüchtige Deisten, und sähen gern in den Menschen nur kümmerliche Lehmfiguren, die, gleichgeknetet aus den Händen eines Schöpfers hervorgegangen, sich aller hochmüthigen Auszeichnungslust und ehrgeizigen Prunksucht enthalten sollten. Die englischen Republikaner huldigten einst einem ähnlichen Prinzipe, dem Puritanismus, und dasselbe gilt von den altrömischen Republikanern: sie waren nämlich Stoiker. Wenn man dieses bedenkt, muß man erstaunen, mit welchem Scharfsinn Shakespeare den Cassius geschildert hat, namentlich in seinem Gespräche mit Brutus, wenn er hört, wie das Volk den Cäsar, den es zum König erheben möchte, mit Jubelgeschrei begrüßt:

> Ich weiß es nicht, wie ihr und andre Menschen
> Von diesem Leben denkt; mir, für mich selbst,
> Wär' es so lieb, nicht da zu sein, als zu leben
> In Furcht vor einem Wesen, wie ich selbst.
> Ich kam wie Cäsar frei zur Welt, so ihr;

Wir nährten uns so gut, wir können Beide,
So gut wie er, des Winters Frost ertragen:
Denn einst, an einem rauhen, stürm'schen Tage,
Als wild die Tiber an ihr Ufer tobte,
Sprach Cäsar zu mir: Wagst du, Cassius, nun
Mit mir zu springen in die zorn'ge Flut,
Und bis dorthin zu schwimmen? — Auf dies Wort,
Bekleidet, wie ich war, stürzt' ich hinein,
Und hieß ihn folgen; wirklich that er's auch.
Der Strom brüllt' auf uns ein, wir schlugen ihn
Mit wackern Sehnen, warfen ihn bei Seit',
Und hemmten ihn mit einer Brust des Trotzes;
Doch eh' wir das erwählte Ziel erreicht,
Rief Cäsar: Hilf mir, Cassius! ich sinke.
Ich, wie Aeneas, unser großer Ahn,
Aus Trojas Flammen einst auf seinen Schultern
Den alten Vater trug, so aus den Wellen
Zog ich den müden Cäsar. — Und der Mann
Ist nun zum Gott erhöht, und Cassius ist
Ein arm Geschöpf, und muß den Rücken beugen,
Nickt Cäsar nur nachlässig gegen ihn.
Als er in Spanien war, hatt' er ein Fieber,
Und wenn der Schau'r ihn ankam, merkt' ich wohl
Sein Beben: ja, er bebte, dieser Gott!
Das feige Blut der Lippen nahm die Flucht.
Sein Auge, dessen Blick die Welt bedräut,
Verlor den Glanz, und ächzen hört' ich ihn.
Ja, dieser Mund, der horchen hieß die Römer,
Und in ihr Buch einzeichnen seine Reden,
Ach, rief: Titinius! gieb mir zu trinken!
Wie'n krankes Mädchen. Götter! ich erstaune,
Wie nur ein Mann so schwächlicher Natur
Der stolzen Welt den Vorsprung abgewann,
Und nahm die Palm' allein.

Cäsar selber kennt seinen Mann sehr gut, und in einem Gespräche mit
Antonius entfallen ihm die tiefsinnigen Worte:

Laßt wohlbeleibte Männer um mich sein,
Mit glatten Köpfen, und die Nachts gut schlafen:
Der Cassius dort hat einen hohlen Blick;

Er denkt zu viel; die Leute sind gefährlich.

. . . .

Wär' er nur fetter! — Zwar ich fürcht' ihn nicht;
Doch wäre Furcht nicht meinem Namen fremd,
Ich kenne Niemand, den ich eher miede,
Als diesen hagern Cassius. Er liest viel;
Er ist ein großer Prüfer, und durchschaut
Das Thun der Menschen ganz; er liebt kein Spiel,
Wie du, Antonius; hört nicht Musik;
Er lächelt selten, und auf solche Weise,
Als spott er sein, verachte seinen Geist,
Den irgend was zum Lächeln bringen konnte.
Und solche Männer haben nimmer Ruh',
So lang sie jemand größer sehn als sich
Das ist es, was sie so gefährlich macht.

Cassius ist Republikaner, und wie wir es oft bei solchen Menschen finden, er hat mehr Sinn für edle Männerfreundschaft als für zarte Frauenliebe. Brutus hingegen opfert sich für die Republik, nicht weil er seiner Natur nach Republikaner, sondern weil er ein Tugendheld ist, und in jener Aufopferung eine höchste Aufgabe der Pflicht sieht. Er ist empfänglich für alle sanften Gefühle, und mit weicher Seele hängt er an seiner Gattin Portia.

Portia, eine Tochter des Cato, ganz Römerin, ist dennoch liebenswürdig, und selbst in den höchsten Aufflügen ihres Heroismus offenbart sie den weiblichsten Sinn und die sinnigste Weiblichkeit. Mit ängstlichen Liebesaugen lauert sie auf jeden Schatten, der über die Stirne ihres Gemahls dahin zieht und seine bekümmerten Gedanken verräth. Sie will wissen was ihn quält, sie will die Last des Geheimnisses, das seine Seele drückt, mit ihm theilen... Und als sie es endlich weiß, ist sie dennoch ein Weib, unterliegt fast den furchtbaren Besorgnissen, kann sie nicht verbergen und gesteht selber:

Ich habe Mannessinn, doch Weiberohnmacht.
Wie fällt doch ein Geheimniß Weibern schwer!

Cleopatra.
(Antonius und Cleopatra.)

Ja, dieses ist die berühmte Königin von Aegypten, welche den Antonius zu Grunde gerichtet hat.

Er wußte es ganz bestimmt, daß er durch dieses Weib seinem Verderben entgegenging, er will sich ihren Zauberfesseln entreißen...

Schnell muß ich fort von hier.

Er flieht . . . doch nur um desto eher zurückzukehren zu den Fleischtöpfen Ae-
gyptens, zu seiner alten Nilschlange, wie er sie nennt . . . bald wühlt er sich
wieder mit ihr im prächtigen Schlamme zu Alexandrien, und dort, erzählt
Octavius:

> Dort auf dem Markt auf silberner Tribüne,
> Auf goldnen Stühlen, thront er öffentlich
> Mit der Cleopatra.   Cäsarion saß
> Zu ihren Füßen, den man für den Sohn
> Von meinem Vater hält; und alle die
> Unächten Kinder, die seit jener Zeit
> Erzeugte ihre Wollust.   Ihr verlieh
> Aegypten er zum Eigenthum, und machte
> Von Niedersyrien, Cyprus, Lydien sie
> Zur unumschränkten Königin.
>
> · · · · · · · · · · · ·
>   An dem Ort
> Wo man die öffentlichen Spiele giebt,
> Da kündet er als Könige der Kön'ge
> Die Söhne; gab Großmedien, Parthien
> Armenien dem Alexander, wies
> Dem Ptolemäus Syrien, Cilicien
> Und auch Phönizien an.   Sie selbst erschien
> Im Schmuck der Göttin Isis diesen Tag,
> Und wie man sagt, ertheilte sie vorher
> Auf diese Weise oftmals schon Gehör.

Die ägyptische Zauberin hält nicht blos sein Herz, sondern auch sein Hirn
gefangen, und verwirrt sogar sein Feldherrntalent.   Statt auf dem festen
Lande, wo er geübt im Siegen, liefert er die Schlacht auf der unsichern See,
wo seine Tapferkeit sich weniger geltend machen kann; — und dort, wohin
das launenhafte Weib ihm durchaus folgen wollte, ergreift sie plötzlich die
Flucht nebst allen ihren Schiffen, eben im entscheidenden Momente des
Kampfes: — und Antonius, „gleich einem brünst'gen Entrich," mit ausge-
spannten Segelflügeln, flieht ihr nach, und läßt Ehre und Glück im Stich.
Aber nicht blos durch die weiblichen Launen Cleopatras erleidet der unglückliche Held die schmählichste Niederlage; späterhin übt sie gegen ihn sogar den
schwärzesten Verrath, und läßt, im geheimen Einverständniß mit Octavius,
ihre Flotte zum Feinde übergehen . . . Sie betrügt ihn aufs niederträchtigste,

um im Schiffbruche seines Glücks ihre eigenen Güter zu retten, oder gar noch einige größere Vortheile zu erfischen . . . Sie treibt ihn in Verzweiflung und Tod durch Arglist und Lüge . . . Und dennoch bis zum letzten Augenblicke liebt er sie mit ganzem Herzen; ja, nach jedem Verrath, den sie an ihm übte, entlodert seine Liebe um so flammender. Er flucht freilich über ihre jedesmalige Tücke, er kennt alle ihre Gebrechen, und in den rohesten Schimpfreden entladet sich seine bessere Einsicht, und er sagt ihr die bittersten Wahrheiten:

Ehe ich dich kannte, warst du halb verwelkt!
Ha! ließ ich deßhalb ungedrückt in Rom
Mein Kissen; gab darum die Zeugung auf
Rechtmäß'ger Kinder und von einem Kleinod
Der Frauen, um von der getäuscht zu sein
Die gern sieht, daß sie Andre unterhalten?

. . . .

Du warst von jeher eine Heuchlerin.
Doch werden wir in Missethaten hart,
Dann, — o des Unglücks! — schließen weise Götter
Die Augen uns; in unsern eigenen Koth
Versenken sie das klare Urtheil; machen,
Daß wir anbeten unsern Wahn und lachen,
Wenn wir hinstolpern ins Verderben.

. . . .

Als kalten Bissen auf
Des todten Cäsars Schüssel fand ich dich;
Du warst ein Ueberbleibsel schon des Cnejus
Pompejus; andrer heißer Stunden nicht
Zu denken, die vom allgemeinen Ruf
Nicht aufgezeichnet, du wollüstig dir
Erhaschtest.

Aber wie jener Speer des Achilles, welcher die Wunden, die er schlug, wieder heilen konnte, so kann der Mund des Liebenden mit seinen Küssen auch die tödtlichsten Stiche wieder heilen, womit sein scharfes Wort das Gemüth des Geliebten verletzt hat . . . Und nach jeder Schändlichkeit, welche die alte Nilschlange gegen den römischen Wolf ausübte, und nach jeder Schimpfrede, die dieser darüber losheulte, züngeln sie beide mit einander um so zärtlicher; noch im Sterben drückt er auf ihre Lippen von so vielen Küssen noch den letzten Kuß . . .

Aber auch sie, die ägyptische Schlange, wie liebt sie ihren römischen Wolf! Ihre Verräthereien sind nur äußerliche Windungen der bösen Wurmnatur,

sie übt dergleichen mehr mechanisch aus angeborner oder angewöhnter Unart.,,
aber in der Tiefe ihrer Seele wohnt die unwandelbarste Liebe für Antonius,
sie weiß es selbst nicht, daß diese Liebe so stark ist, sie glaubt manchmal diese
Liebe überwinden oder gar mit ihr spielen zu können, und sie irrt sich, und
dieser Irrthum wird ihr erst recht klar in dem Augenblick, wo sie den geliebten
Mann auf immer verliert, und ihr Schmerz in die erhabenen Worte ausbricht:

> Ich träumt': es gab einst einen Feldherrn Mark
> Anton! — O einen zweiten, gleichen Schlaf,
> Um noch einmal solch einen Mann zu sehn!
>
> . . . .
>
> Sein Gesicht
> War wie des Himmels Antlitz. D'rinnen stand
> Die Sonn' und auch ein Mond und liefen um,
> Und leuchteten der Erde kleinem O.
>
> . . . .
>
> Seine Füße
> Beschritten Oceane; sein empor-
> Gestreckter Arm umsauste eine Welt;
> Der Harmonie der Sphären glich die Stimme,
> Wenn sie den Freunden tönte; wenn er meint'
> Den Erdkreis zu bezähmen, zu erschüttern,
> Wie Donner rasselnd. Seine Güte kannte
> Den Winter nie; sie war ein Herbst, der stets
> Durch Ernten reicher ward. Delphinen gleich
> War sein Ergötzen, die den Rücken ob
> Dem Elemente zeigen, das sie hegt.
> Es wandelten in seiner Liverei
> Der Königs- und der Fürstenkronen viel
> Und Königreich und Inseln fielen ihm
> Wie Münzen aus der Tasche.

Diese Cleopatra ist ein Weib. Sie liebt und verräth zu gleicher Zeit. Es
ist ein Irrthum zu glauben, daß die Weiber, wenn sie uns verrathen, auch
aufgehört haben uns zu lieben. Sie folgen nur ihrer angebornen Natur;
und wenn sie auch nicht den verbotenen Kelch leeren wollen, so möchten sie doch
manchmal ein bischen nippen, an dem Rande lecken, um wenigstens zu kosten,
wie Gift schmeckt. Nächst Shakespeare, in vorliegender Tragödie, hat dieses
Phänomen niemand so gut geschildert wie unser alter Abbé Prevost in seinem
Romane „Manon de Lescot.'' Die Intuizion des größten Dichters stimmt
hier überein mit der nüchternen Beobachtung des kühlsten Prosaikers.

Ja, diese Cleopatra ist ein Weib, in der holdseligsten und vermaledeitesten Bedeutung des Wortes! Sie erinnert mich an jenen Ausspruch Lessing's: als Gott das Weib schuf, nahm er den Thon zu fein. Die Ueberzartheit seines Stoffes verträgt sich nun selten mit den Ansprüchen des Lebens. Dieses Geschöpf ist zu gut und zu schlecht für diese Welt. Die lieblichsten Vorzüge werden hier die Ursache der verdrießlichsten Gebrechen. Mit entzückender Wahrheit schildert Shakespeare schon gleich beim Auftreten der Cleopatra den bunten flatterhaften Launengeist, der im Kopfe der schönen Königin beständig rumort, nicht selten in den bedenklichsten Fragen und Gelüsten übersprudelt, und vielleicht eben als der letzte Grund von all' ihrem Thun und Lassen zu betrachten ist. Nichts ist charakteristischer als die fünfte Scene des ersten Akts, wo sie von ihrer Kammerjungfer verlangt, daß sie ihr Mandragora zu trinken gebe, damit dieser Schlaftrunk ihr die Zeit ausfülle, während Antonius entfernt. Dann plagt sie der Teufel ihren Kastraten Mardian zu rufen. Er frägt unterthänig, was seine Gebieterin begehre. Singen will ich dich nicht hören, antwortet sie, denn nichts gefällt mir jetzt was Eunuchen eigen ist — aber sage mir: fühlst du denn Leidenschaft?

Mardian.

Ja, holde Königin!

Cleopatra.

In Wahrheit?

Mardian.

Nicht in Wahrheit;
Denn nichts vermag ich, als was in der Wahrheit
Mit Anstand kann geschehn, und doch empfind'
Ich heft'ge Triebe, denk' auch oft an das,
Was Mars mit Venus that.

Cleopatra.

    O Charmian!
Wo glaubst du, ist er jetzt? Steht oder sitzt er?
Geht er umher? besteigt er jetzt sein Roß!
Beglücktes Roß, das seine Last erträgt!
Sei tapfer, Roß! denn, weißt du wen du trägst?
Der Erde halben Atlas! Ihn, den Arm,
Den Helm der Menschen! Sprechen wird er oder
Wird murmeln jetzt: Wo ist nun meine Schlange
Des alten Nils? — Denn also nennt er mich.

Soll ich, ohne Furcht vor diffamatorischem Mißlächeln, meinen ganzen Gedanken aussprechen, so muß ich ehrlich bekennen: dieses ordnungslose Fühlen und Denken der Cleopatra, welches eine Folge des ordnungslosen, müßigen und beunruhigten Lebenswandels, erinnert mich an eine gewisse Klasse verschwenderischer Frauen, deren kostspieliger Haushalt von einer außerehlichen Freigebigkeit bestritten wird, und die ihre Titulargatten sehr oft mit Liebe und Treue, nicht selten auch mit bloßer Liebe, aber immer mit tollen Launen plagen und beglücken. Und war sie denn im Grunde etwas anders, diese Cleopatra, die wahrlich mit ägyptischen Kroneinkünften nimmermehr ihren unerhörten Luxus bezahlen konnte, und von dem Antonius, ihrem römischen Entreteneur, die erpreßten Schätze ganzer Provinzen als Geschenke empfing, und im eigentlichen Sinne des Wortes eine unterhaltene Königin war!

In dem aufgeregten, unstäten, aus lauter Extremen zusammengewürfelten, drückend schwülen Geiste der Cleopatra, wetterleuchtet ein sinnlich wilder, schwefelgelber Witz, der uns mehr erschreckt als ergötzt. Plutarch giebt uns einen Begriff von diesem Witze, der sich mehr in Handlungen als in Worten ausspricht, und schon in der Schule lachte ich mit ganzer Seele über den mystifizirten Antonius, der mit seiner königlichen Geliebten auf den Fischfang ausfuhr, aber an seiner Schnur lauter eingesalzene Fische heraufzog; denn die schlaue Aegypterin hatte heimlich eine Menge Taucher bestellt, welche unter dem Wasser an dem Angelhaken des verliebten Römers jedesmal einen eingesalzenen Fisch zu befestigen wußten. Freilich, unser Lehrer machte bei dieser Anekdote ein sehr ernsthaftes Gesicht, und tadelte nicht wenig den frevelhaften Uebermuth, womit die Königin das Leben ihrer Unterthanen, jener armen Taucher, aufs Spiel setzte, um den besagten Spaß auszuführen; unser Lehrer war überhaupt kein Freund der Cleopatra, und er machte uns sehr nachdrücklich darauf aufmerksam, wie sich der Antonius durch dieses Weib seine ganze Staats-Carrière verdarb, in häusliche Unannehmlichkeiten verwickelte, und endlich ins Unglück stürzte.

Ja, mein alter Lehrer hatte Recht, es ist äußerst gefährlich, sich mit einer Person, wie die Cleopatra, in ein näheres Verhältniß einzulassen. Ein Held kann dadurch zu Grunde gehen, aber auch nur ein Held. Der lieben Mittelmäßigkeit droht hier, wie überall, keine Gefahr.

Wie der Charakter der Cleopatra, so ist auch ihre Stellung eine äußerst witzige. Dieses launische, lustsüchtige, wetterwendische, fieberhaft kokette Weib, diese antike Pariserin, diese Göttin des Lebens, gaukelt und herrscht über Aegypten, dem schweigsam starren Todtenland . . . Ihr kennt es wohl, jenes Aegypten, jenes geheimnißvolle Mizraim, jenes enge Nilthal, das wie ein Sarg aussieht . . . Im hohen Schilfe greint das Krokodill oder das ausgesetzte Kind der Offenbarung . . . Felsentempel mit kolossalen Pfeilern, woran hei-

lige Thierfraßen lehnen, häßlich bunt bemalt ... An der Pforte nicht der
Hierogliphen-müßige Isismönch ... In üppigen Villas halten die Mumien
ihre Siesta, und die vergoldete Larve schützt sie vor den Fliegenschwärmen der
Verwesung ... Wie stumme Gedanken stehen dort die schlanken Obelisken
und die plumpen Pyramiden ... Im Hintergrund grüßen die Mondberge
Aethiopiens, welche die Quellen des Nils verhüllen ... Ueberall Tod,
Stein und Geheimniß ... Und über dieses Land herrschte als Königin die
schöne Cleopatra.

Wie witzig ist Gott!

Lavinia.
(Titus Andronikus.)

In „Julius Cäsar" sehen wir die letzten Zuckungen des republikanischen
Geistes, der dem Aufkommen der Monarchie vergebens entgegenkämpft; die
Republik hat sich überlebt, und Brutus und Cassius können nur den Mann
ermorden, der zuerst nach der königlichen Krone greift, keineswegs aber vermögen sie das Königthum zu tödten, das in den Bedürfnissen der Zeit schon
tief wurzelt. In Antonius und Cleopatra sehen wir, wie, statt des einen
gefallenen Cäsars, drei andre Cäsaren nach der Weltherrschaft die kühnen
Hände strecken; die Prinzipienfrage ist gelöst und der Kampf, der zwischen
diesen Triumviren ausbricht, ist nur eine Personenfrage: wer soll Imperator
sein, Herr über alle Menschen und Lande? Die Tragödie, betitelt „Titus
Andronikus," zeigt uns, daß auch diese unbeschränkte Alleinherrschaft im
römischen Reiche dem Gesetze aller irdischen Erscheinungen folgen, nämlich in
Verwesung übergehen mußte, und nichts gewährt einen so widerwärtigen
Anblick, wie jene spätern Cäsaren, die dem Wahnsinn und dem Verbrechen
der Neronen und Caligulen, noch die windigste Schwächlichkeit hinzufügten.
Diesen, den Neronen und Caligulen, schwindelte auf der Höhe ihrer Allmacht; sich erhaben dünkend über alle Menschlichkeit, wurden sie Unmenschen;
sich selber für Götter haltend, wurden sie gottlos; ob ihrer Ungeheuerlichkeit
aber können wir vor Erstaunen sie kaum mehr nach vernünftigen Maßstaben
beurtheilen. Die späteren Cäsaren hingegen sind weit mehr Gegenstände
unseres Mitleids, unseres Unwillens, unseres Ekels; es fehlt ihnen die heidnische Selbstvergötterung, der Rausch ihrer alleinigen Majestät, ihrer schauerlichen Unverantwortlichkeit ... Sie sind christlich zerknirscht, und der schwarze
Beichtiger hat ihnen ins Gewissen geredet, und sie ahnen jetzt, daß sie nur
armselige Würmer sind, daß sie von der Gnade einer höhern Gottheit ab-
hängen, und daß sie einst für ihre irdischen Sünden in der Hölle gesotten und
gebraten werden.

Obgleich in Titus Andronikus noch das äußere Gepränge des Heidenthums waltet, so offenbart sich doch in diesem Stück schon der Charakter der spätern christlichen Zeit, und die moralische Verkehrtheit in allen sittlichen und bürgerlichen Dingen ist schon ganz byzantinisch. Dieses Stück gehört sicher zu Shakespeare's frühesten Erzeugnissen, obgleich manche Kritiker ihm die Autorschaft streitig machen; es herrscht darin eine Unbarmherzigkeit, eine schneidende Vorliebe für das Häßliche, ein titanisches Hadern mit den göttlichen Mächten, wie wir dergleichen in den Erstlingswerken der größten Dichter zu finden pflegen. Der Held, im Gegensatz zu seiner ganzen demoralisirten Umgebung, ist ein ächter Römer, ein Ueberbleibsel aus der alten starren Periode. Ob dergleichen Menschen damals noch existirten? Es ist möglich; denn die Natur liebt es von allen Creaturen, deren Gattung untergeht oder sich transformirt, noch irgend ein Exemplar aufzubewahren, und sei es auch als Versteinerung, wie wir dergleichen auf Bergeshöhen zu finden pflegen. Titus Andronikus ist ein solcher versteinerter Römer, und seine fossile Tugend ist eine wahre Curiosität zur Zeit der spätesten Cäsaren.

Die Schändung und Verstümmelung seiner Tochter Lavinia gehört zu den entsetzlichsten Scenen, die sich bei irgend einem Autor finden. Die Geschichte der Philomele in den Verwandlungen des Ovidius ist lange nicht so schauderhaft; denn der unglücklichen Römerin werden sogar die Hände abgehackt, damit sie nicht die Urheber des grausamsten Bubenstücks verrathen könne. Wie der Vater durch seine starre Männlichkeit, so mahnt die Tochter durch ihre hohe Weibeswürde an die sittlichere Vergangenheit; sie scheut nicht den Tod, sondern die Entehrung, und rührend sind die keuschen Worte, womit sie ihre Feindin, die Kaiserin Tamora, um Schonung anfleht, wenn die Söhne derselben ihren Leib beflecken wollen.

> Nur schnellen Tod erfleh' ich! — und noch eins,
> Was Weiblichkeit zu nennen mir verweigert:
> Entzieh' mich ihrer Wollust, schrecklicher
> Als Mord für mich, und wälze meine Leiche
> In eine garst'ge Grube, wo kein Auge
> Des Mannes jemals meinen Körper sieht.
> O, dies erfüll', und sei erbarmensvoll
> Als Mörderin!

In dieser jungfräulichen Reinheit bildet Lavinia den vollendeten Gegensatz zu der erwähnten Kaiserin Tamora; hier, wie in den meisten seiner Dramen, stellt Shakespeare zwei ganz gemüthsverschiedene weibliche Gestalten neben einander, und veranschaulicht uns ihren Charakter durch den Contrast. Dieses sahen wir schon im Antonius und Cleopatra, wo neben der weißen, kalten, sittlichen, erzprosaischen und häuslichen Octavia unsere gelbe, ungezügelte, eitle und inbrünstige Aegypterin desto plastischer hervortritt.

Aber auch jene Tamora ist eine schöne Figur, und es dünkt mir eine Ungerechtigkeit, daß der englische Grabstichel in gegenwärtiger Gallerie Shakespeare'scher Frauen ihr Bildniß nicht eingezeichnet hat. Sie ist ein schönes majestätisches Weib, eine bezaubernd imperatorische Gestalt, auf der Stirne das Zeichen der gefallenen Göttlichkeit, in den Augen eine weltverzehrende Wollust, prachtvoll lasterhaft, lechzend nach rothem Blut. Weitblickend milde, wie unser Dichter sich immer zeigt, hat er schon in der ersten Scene, wo Tamora erscheint, alle die Greuel, die sie später gegen Titus Andronikus ausübt, im Voraus justifizirt. Denn dieser starre Römer, ungerührt von ihren schmerzlichsten Mutterbitten, läßt ihren geliebten Sohn gleichsam vor ihren Augen hinrichten; sobald sie nun, in der werbenden Gunst des jungen Kaisers, die Hoffnungsstrahlen einer künftigen Rache erblickt, entringeln sich ihren Lippen die jauchzend finstern Worte:

> Ich will es ihnen zeigen, was es heißt,
> Wenn eine Königin auf den Straßen knieet,
> Und Gnad umsonst erfleht.

Wie ihre Grausamkeit entschuldigt wird durch das erduldete Uebermaß von Qualen, so erscheint die metzenhafte Lüderlichkeit, womit sie sich sogar einem scheußlichen Mohren hingiebt, gewissermaßen veredelt durch die romantische Poesie die sich darin ausspricht. Ja, zu den schauerlich süßesten Zaubergemälden der romantischen Poesie, gehört jene Scene, wo während der Jagd die Kaiserin Tamora ihr Gesolge verlassen hat, und ganz allein im Walde mit dem geliebten Mohren zusammentrifft.

> Warum so traurig, holder Aaron?
> Da doch umher so heiter alles scheint.
> Die Vögel singen überall im Busch,
> Die Schlange liegt im Sonnenstrahl gerollt,
> Das grüne Laub bebt von dem kühlen Hauch,
> Und bildet bunte Schatten auf dem Boden.
> Im süßen Schatten, Aaron, laß uns sitzen,
> Indeß die Echo schwatzhaft Hunde äfft,
> Und wiederhallt der Hörner hellen Klang,
> Als sei die Jagd verdoppelt; — laß uns sitzen,
> Und horchen auf das gellende Getöse.
> Nach solchem Zweikampf, wie der war, den Dido —
> Erzählt man — mit Aeneas einst genoß,
> Als glücklich sie ein Sturmwind überfiel,

Und die verschwiegne Grotte sie verbarg,
Laß uns verschlungen beide, Arm in Arm,
Wenn wir die Lust genossen, goldnem Schlaf
Uns überlassen; während Hund und Horn
Und Vögel, mit der süßen Melodie
Uns das sind, was der Amme Lied ist, die
Damit das Kindlein lullt und wiegt zum Schlaf.

Während aber Wollustgluthen aus den Augen der schönen Kaiserin hervorlodern und über die schwarze Gestalt des Mohren wie lockende Lichter, wie züngelnde Flammen, ihr Spiel treiben, denkt dieser an weit wichtigere Dinge, an die Ausführung der schändlichsten Intriguen, und seine Antwort bildet den schroffsten Gegensatz zu der brünstigen Anrede Tamoras.

Constanze.
(König Johann.)

Es war am 29. August des Jahrs 1827 nach Christi Geburt, als ich im Theater zu Berlin, bei der ersten Vorstellung einer neuen Tragödie von Herrn E. Raupach, allmählig einschlief.

Für das gebildete Publikum, das nicht ins Theater geht und nur die eigentliche Literatur kennt, muß ich hier bemerken, daß benannter Herr Raupach ein sehr nützlicher Mann ist, ein Tragödien- und Komödien-Liferant, welcher die Berliner Bühne jeden Monat mit einem neuen Meisterwerke versieht. Die Berliner Bühne ist eine vortreffliche Anstalt und besonders nützlich für hegelsche Philosophen, welche des Abends von dem harten Tagwerk des Denkens ausruhen wollen. Der Geist erholt sich dort noch weit natürlicher als bei Wisotzki. Man geht ins Theater, streckt sich nachlässig hin auf die samtnen Bänke, lorgnirt die Augen seiner Nachbarinnen, oder die Beine der eben auftretenden Mimin, und wenn die Kerls von Komödianten nicht gar zu laut schreien, schläft man ruhig ein, wie ich es wirklich gethan, am 29. August des Jahres 1827 nach Christi Geburt.

Als ich erwachte, war alles dunkel rund um mich her, und bei dem Scheine einer mattflimmernden Lampe erkannte ich, daß ich mich ganz allein im leeren Schauspielhause befand. Ich beschloß den übrigen Theil der Nacht dort zu verbringen, suchte wieder gelinde einzuschlafen, welches mir aber nicht mehr so gut gelang wie einige Stunden vorher, als der Mohnduft der Raupach'schen Verse mir in die Nase stieg; auch störte mich allzusehr das Knispern und Gepiepse der Mäuse. Unfern vom Orchester raschelte eine ganze Mäusecolonie, und da ich nicht blos Raupach'sche Verse, sondern auch die Sprache aller übrigen Thiere verstehe, so erlauschte ich ganz unwillführlich die Gespräche jener Mäuse. Sie sprachen über Gegenstände, die ein denkendes Geschöpf am meisten interessiren müssen: über die letzten Gründe aller Erscheinungen, über das Wesen der Dinge an und für sich, über Schicksal und Freiheit des Willens, über die große Raupach'sche Tragödie, die sich kurz verher mit allen möglichen Schrecknissen vor ihren eignen Augen entfaltet, entwickelt und geendigt hatte.

Ihr jungen Leute, sprach langsam ein alter Mauserich, Ihr habt nur ein einziges Stück oder nur wenige solcher Stücke gesehen, ich aber bin ein Greis, und habe deren schon sehr viele erlebt und sie alle mit Aufmerksamkeit betrachtet. Da habe ich nun gefunden, daß sie sich im Wesen alle ähnlich, daß sie fast nur Variazionen desselben Themas sind, daß manchmal ganz dieselben Expositionen, Verwicklungen und Katastrophen vorkommen. Es sind immer dieselben Menschen und dieselben Leidenschaften, welche nur Costume und Redefiguren wechseln. Da sind immer dieselben Beweggründe des Handelns, Liebe oder Haß, oder Ehrgeiz, oder Eifersucht, der Held mag nun eine römische Toga oder einen altdeutschen Harnisch, einen Turban oder einen Filz tragen, sich antik oder romantisch gebährden, einfach oder geblümt, in schlechten Jamben oder in noch schlechtern Trochäen sprechen. Die ganze Geschichte der Menschheit, die man gern in verschiedene Stücke, Akte und Auftritte eintheilen möchte, ist doch immer eine und dieselbe Geschichte; es ist eine nur maskirte Wiederkehr derselben Naturen und Ereignisse, ein organischer Kreislauf, der immer von vorne wieder anfängt: und wenn man das einmal gemerkt hat, so ärgert man sich nicht mehr über das Böse, man freut sich auch nicht mehr allzu stark über das Gute, man lächelt über die Narrheit jener Heroen, die sich aufopfern für die Veredlung und Beglückung des Menschengeschlechts: man amüsirt sich mit weiser Gelassenheit.

Ein kicherndes Stimmchen, welches einem kleinen Spitzmäuschen zu gehören schien, bemerkte dagegen mit großer Hast: Auch ich habe Beobachtungen angestellt, und nicht blos von einem einzigen Standpunkte aus, ich habe mir keine springende Mühe verdrießen lassen, ich verließ das Parterre und betrachtete mir die Dinge hinter den Culißen, und da habe ich gar befremdliche Entdeckungen gemacht. Dieser Held, den Ihr eben bewundert, der ist gar kein Held; denn ich sah, wie ein junger Bursch ihn einen besoffenen Schlingel nannte, und ihm diverse Fußtritte gab, die er ruhig einsteckte. Jene tugendhafte Prinzessin, die sich für ihre Tugend aufzuopfern schien, ist weder eine Prinzessin noch tugendhaft; ich habe gesehen, wie sie aus einem Porzelantöpfchen rothe Farbe genommen, ihre Wangen damit angestrichen, und dieses galt nachher für Schamröthe; am Ende sogar warf sie sich gähnend in die

Arme eines Gardeleutnants, der ihr auf Ehre versicherte, daß sie auf seiner Stube einen juten Häringsalat nebst einem Glase Punsch finden würde. Was Ihr für Donner und Blitz gehalten habt, das ist nur das Rollen einiger Blechwalzen und das Verbrennen einiger Loth gestoßenen Colophoniums. Aber gar jener dicke ehrliche Bürger, der lauter Uneigennützigkeit uud Großmuth zu sein schien, der zankte sich sehr geldgierig mit einem dünnen Menschen, den er Herr Generalintendant titulirte, und von dem er einige Thaler Zulage verlangte. Ja, ich habe alles mit eigenen Augen gesehen, und mit eigenen Ohren gehört; all das Große und Edle, das uns hier voragirt wurde, ist Lug und Trug; Eigennutz und Selbstsucht sind die geheimen Triebfedern aller Handlungen, und ein vernünftiges Wesen läßt sich nicht trügen durch den Schein.

Hiergegen aber erhob sich eine seufzende, weinerliche Stimme, die mir schier bekannt dünkte, obgleich ich dennoch nicht wußte, ob sie einer männlichen oder weiblichen Maus gehörte. Sie begann mit einer Klage über die Frivolität des Zeitalters, jammerte über Unglauben und Zweifelsucht, und betheuerte viel von ihrer Liebe im Allgemeinen. Ich liebe Euch, seufzte sie, und ich sage Euch die Wahrheit. Die Wahrheit aber offenbarte sich mir durch die Gnade in einer geweiheten Stunde. Ich schlich ebenfalls umher, die letzten Gründe der bunten Begebenheiten, die auf dieser Bühne vorüberzogen, zu enträthseln und zu gleicher Zeit auch wohl ein Brodkrümchen zu finden, um meinen leiblichen Hunger zu stillen; denn ich liebe Euch. Da entdeckte ich plötzlich ein ziemlich geräumiges Loch oder vielmehr einen Kasten, worin zusammengekauert ein dünnes, graues Männchen saß, welches eine Rolle Papier in der Hand hielt, und mit monotoner leiser Stimme alle die Reden ruhig vor sich hin sprach, welche oben auf der Bühne so laut und leidenschaftlich deklamirt wurden. Ein mystischer Schauer zog über mein Fell, trotz meiner Unwürdigkeit war ich doch begnadigt worden, das Allerheiligste zu erschauen, ich befand mich in der seligen Nähe des geheimnißvollen Urwesens, des reinen Geistes, welcher mit seinem Willen die Körperwelt regiert, mit seinem Worte sie schafft, mit dem Worte sie belebt, mit dem Worte sie vernichtet; denn die Helden auf der Bühne, die ich noch kurz vorher so stark bewundert, ich sah, daß sie nur dann mit Sicherheit redeten, wenn sie Sein Wort ganz gläubig nachsprachen, daß sie hingegen ängstlich stammelten und stotterten, wenn sie sich stolz von Ihm entfernt, und Seine Stimmen nicht vernommen hatten: Alles, sah ich, war nur abhängige Creatur von Ihm, Er war der Alleinselbstständige in Seinem allerheiligsten Kasten. An jeder Seite seines Kastens erglühten die geheimnißvollen Lampen, erklangen die Violinen und tönten die Flöten, um Ihn her war Licht und Musik, Er schwamm in harmonischen Strahlen und strahlenden Harmonien . . .

Doch diese Rede ward am Ende so näselnd und weinerlich wispernd, daß ich wenig mehr davon verstehen konnte; nur mitunter hörte ich die Worte: Hüte mich vor Katzen und Mausefallen, — gieb mir mein täglich Brosämchen, — ich liebe Euch — In Ewigkeit Amen. —

Durch Mittheilung dieses Traumes möchte ich meine Ansicht über die verschiedenen philosophischen Standpunkte von woaus man die Weltgeschichte zu beurtheilen pflegt, meine Gedanken verrathen, zugleich andeutend, warum ich diese leichten Blätter mit keiner eigentlichen Philosophie der englischen Geschichte befrachte.

Ich will ja überhaupt die dramatischen Gedichte, worin Shakespeare die großen Begebenheiten der englischen Historie verherrlicht hat, nicht dogmatisch erläutern, sondern nur die Bildnisse der Frauen, die aus jenen Dichtungen hervorblühen, mit einigen Wortarabesken verzieren. Da in diesen englischen Geschichtsdramen die Frauen nichts weniger als die Hauptrollen spielen, und der Dichter sie nie auftreten läßt, um, wie in andern Stücken, weibliche Gestalten und Charaktere zu schildern, sondern vielmehr, weil die darzustellende Historie ihre Einmischung erforderte: so werde ich auch desto kärglicher von ihnen reden.

Constanze beginnt den Reihen, und zwar mit schmerzlichen Geberden. Wie die Mater dolorosa trägt sie ihr Kind auf dem Arme . . .

> Das arme Kind, durch welches alles gebüßt wird
> Was die Seinigen verschuldet.

Auf der Berliner Bühne sah ich einst diese trauernde Königin ganz vortrefflich dargestellt von der ehemaligen Madame Stich. Minder brilliant war die gute Maria Luise, welche zur Zeit der Invasion auf dem französischen Hoftheater die Königin Constanze spielte. Indessen kläglich über alle Maaßen zeigte sich in dieser Rolle eine gewisse Madame Caroline, welche sich vor einigen Jahren in der Provinz, besonders in der Vendée, herumtrieb; es fehlte ihr nicht an Talent und Passion, aber sie hatte einen zu dicken Bauch, was einer Schauspielerin immer schadet, wenn sie heroische Königswittwen tragiren soll.

Lady Perch.

(Heinrich IV.)

Ich träumte mir ihr Gesicht und überhaupt ihre Gestalt minder vollfleischig als sie hier konterfeit ist. Vielleicht aber kontrastiren die scharfen Züge und die schlanke Taille, die man in ihren Worten wahrnimmt, und welche ihre geiſtige Phyſionomie offenbaren, deſto intereſſanter mit ihrer wohlgeründeten äußern Bildung. Sie iſt heiter, herzlich und geſund an Leib und Seele. Prinz Heinrich möchte uns gern dieſe liebliche Geſtalt verleiden, und parodirt ſie und ihren Percy:

> „Ich bin noch nicht in Percys Stimmung, dem Heißſporn des Nordens, der euch ſechs bis ſieben Dutzend Schotten zum Frühſtück umbringt, ſich die Hände wäſcht und zu ſeiner Frau ſagt: „Pfui, über dieſes ſtille Leben! Ich muß zu thun haben.“ — „O mein Herzens-Heinrich,“ ſagt ſie, „wie viele haſt du heute umgebracht?“ — „Gebt meinem Schecken zu ſaufen,“ und eine Stunde drauf antwortet er: „Ein Stücker vierzehn; Bagatell! Bagatell!“

Wie kurz, ſo entzückend iſt die Scene, wo wir den wirklichen Haushalt des Percy und ſeiner Frau ſehen, wo dieſe den brauſenden Helden mit den keckſten Liebesworten zügelt:

> Komm, komm, du Papagei! antworte mir
> Gerade zu auf das, was ich dich frage,
> Ich breche dir den kleinen Finger, Heinrich,
> Willſt du mir nicht die ganze Wahrheit ſagen.

Percy.

> Fort! fort!
> Du Tändlerin! — Lieben? — ich lieb dich nicht,
> Ich frage nicht nach dir. Iſt dies ’ne Welt
> Zum Puppenſpielen, und mit Lippen fechten?
> Nein, jetzo muß es blut’ge Naſen geben,
> Zerbrochne Kronen, die wir doch im Handel
> Für voll anbringen. — Alle Welt, mein Pferd!
> Was ſagſt du, Käthchen? wollteſt du mir was?

Lady Percy.

> Ihr liebt mich nicht? ihr liebt mich wirklich nicht?
> Gut, laßt es nur; denn weil ihr mich nicht liebt,
> Lieb’ ich mich ſelbſt nicht mehr. Ihr liebt mich nicht?
> Nein, ſagt mir, ob das Scherz iſt oder Ernſt?

Percy.

> Komm, willſt mich reiten ſehen?
> Wenn ich zu Pferde bin, ſo will ich ſchwören,
> Ich liebe dich unendlich. Doch höre, Käthchen:
> Du mußt mich ferner nicht mit Fragen quälen,

Wohin ich geh', noch rathen, was es soll.
Wohin ich muß, muß ich: und kurz zu sein,
Heut' Abend muß ich von dir, liebes Käthchen.
Ich kenne dich als weise, doch nicht weiser,
Als Heinrich Percy's Frau; standhaft bist du,
Jedoch ein Weib, und an Verschwiegenheit
Ist keine besser: denn ich glaube sicher,
Du wirst nicht sagen, was du selbst nicht weißt
Und so weit, liebes Käthchen, trau ich dir.

Prinzessin Catharina.

(Heinrich V.)

Hat Shakespeare wirklich die Scene geschrieben, wo die Prinzessin Catharina Unterricht in der englischen Sprache nimmt, und sind überhaupt von ihm alle jene französischen Redensarten, womit sie John Bull ergötzt? Ich zweifle. Unser Dichter hätte dieselben komischen Effekte mittelst eines englischen Jargons hervorbringen können, um so mehr, da die englische Sprache die Eigenschaft besitzt, daß sie, ohne von den Regeln der Grammatik abzuweichen, durch bloße Anwendung romanischer Worte und Constructionen, eine gewisse französische Geistesrichtung hervortreten lassen kann. In ähnlicher Weise könnte ein englischer Schauspieldichter eine gewisse germanische Sinnesart andeuten, wenn er sich nur altsächsischer Ausdrücke und Wendungen bedienen wollte. Denn die englische Sprache besteht aus zwei heterogenen Elementen, dem romanischen und dem germanischen Element, die, nur zusammengedrückt, nicht zu einem organischen Ganzen vermischt sind; und die fallen leicht auseinander, und alsdann weiß man doch nicht genau zu bestimmen, auf welcher Seite sich das legitime Englisch befindet. Man vergleiche nur die Sprache des Doctor Johnson oder Adisson's mit der Sprache Byron's oder Cobbet's. Shakespeare hätte wahrlich nicht nöthig gehabt, die Prinzessin Catharina französisch sprechen zu lassen.

Dieses führt mich zu einer Bemerkung, die ich schon an einem andern Orte aussprach. Es ist nemlich ein Mangel in den geschichtlichen Dramen von Shakespeare, daß er den normanisch französischen Geist des hohen Adels nicht mit dem sächsisch brittischen Geist des Volks, durch eigenthümlichere Sprachformen contrastiren läßt. Walter Scott that dieses in seinen Romanen, und erreichte dadurch seine farbigsten Effekte. —

Der Künstler, der uns zu dieser Gallerie das Conterfei der französischen Prinzessin geliefert, hat ihr, wahrscheinlich aus englischer Malice, weniger schöne als drollige Züge geliehen. Sie hat hier ein wahres Vogelgesicht, und die Augen sehen aus wie geborgt. Sind es etwa Papageienfedern, die sie auf dem Haupte trägt, und soll damit ihre nachplappernde Gelehrigkeit angedeutet werden? Sie hat kleine, weiße, neugierige Hände. Eitel Putzliebe und Gefallsucht ist ihr ganzes Wesen, und sie weiß mit dem Fächer allerliebst zu spielen. Ich wette, ihre Füßchen kokettiren mit dem Boden worauf sie wandeln.

Johanna d'Arc.
(Heinrich VI., erster Theil.)

Heil Dir, großer deutscher Schiller, der Du das hohe Standbild wieder glorreich gesäubert hast von dem schmutzigen Witze Voltaires, und den schwarzen Flecken, die ihm sogar Shakespeare angedichtet . . . Ja, war es brittischer Nazionalhaß oder mittelalterlicher Aberglaube, was seinen Geist umnebelte, unser Dichter hat das heldenmüthige Mädchen als eine Hexe dargestellt, die mit den dunkeln Mächten der Hölle verbündet ist. Er läßt die Dämonen der Unterwelt von ihr beschwören, und gerechtfertigt wird durch solche Annahme ihre grausame Hinrichtung. — Ein tiefer Unmuth erfaßt mich jedesmal, wenn ich zu Rouen über den kleinen Marktplatz wandle, wo man die Jungfrau verbrannte und eine schlechte Statue diese schlechte That verewigt. Qualvoll tödten! das war also schon damals Eure Handlungsweise gegen überwundene Feinde! Nächst dem Felsen von St. Helena, giebt der erwähnte Marktplatz von Rouen, das empörendste Zeugniß von der Großmuth der Engländer.

Ja, auch Shakespeare hat sich an der Pücelle versündigt, und wo nicht mit entschiedener Feindschaft, behandelt er sie doch unfreundlich und lieblos, die edle Jungfrau, die ihr Vaterland befreite! Und hätte sie es auch mit der Hülfe der Hölle gethan, sie verdiente dennoch Ehrfurcht und Bewunderung!

Oder haben die Kritiker Recht, welche dem Stücke, worin die Pücelle auftritt, wie auch dem zweiten und dritten Theile Heinrichs VI., die Autorschaft des großen Dichters absprechen? Sie behaupten, diese Trilogie gehöre zu den ältern Dramen, die er nur bearbeitet habe. Ich möchte gern, der Jungfrau von Orleans wegen, einer solchen Annahme beipflichten. Aber die vorgebrachten Argumente sind nicht haltbar. Diese bestrittenen Dramen tragen in manchen Stellen allzu sehr das Vollgepräge des Shakespeare'schen Geistes.

Margaretha.

(König Heinrich VI., erster Theil.)

Hier sehen wir die schöne Tochter des Grafen Reignier noch als Mädchen. Suffolk tritt auf und führt sie vor als Gefangene, doch ehe er sich dessen versieht, hat sie ihn selber gefesselt. Er mahnt uns ganz an den Rekruten, der, von einem Wachtposten aus, seinem Hauptmann entgegenschrie: „Ich habe einen Gefangenen gemacht." — „So bringt ihn zu mir her," antwortete der Hauptmann. „Ich kann nicht," erwiederte der arme Rekrut, „denn mein Gefangener läßt mich nicht mehr los."

Suffolk spricht:

Sei nicht beleidigt, Wunder der Natur!
Von mir gefangen werden ist dein Loos.
So schützt der Schwan die flaumbedeckten Schwänlein,
Mit seinen Flügeln sie gefangen haltend:
Allein, sobald dich kränkt die Sklaverei,
So geh', und sei als Suffolk's Freundin frei.

(Sie wendet sich weg, als wollte sie gehn.)

O bleib! Mir fehlt die Kraft sie zu entlassen,
Befrei'n will sie die Hand, das Herz sagt Nein.
Wie auf krystall'nem Strom die Sonne spielt,
Und blinkt mit zweitem nachgeahmten Strahl,
So scheint die lichte Schönheit meinen Augen;
Ich würde gern, doch wag' ich nicht zu reden;
Ich fordre Tint' und Feder ihr zu schreiben.
Pfui, De la Poole! entherze dich nicht selbst.
Hast keine Zung'? ist sie nicht dort?
Verzagst du vor dem Anblick eines Weibs?
Ach ja! der Schönheit hohe Majestät
Verwirrt die Zung', und macht die Sinne wüst.

Margaretha.

Sag', Graf von Suffolk (wenn du so dich nennst),
Was gilt's zur Lösung eh' du mich entlässest?
Denn wie ich seh', bin ich bei dir Gefangne.

Suffolk (beiseit).

Wie weißt du, ob sie deine Bitte weigert,
Eh' du um ihre Liebe dich versucht?

Margaretha.

Du sprichst nicht: was für Lösung muß ich zahlen?

Suffolk (beiseit).

Ja, sie ist schön, drum muß man um sie werben;
Sie ist ein Weib, drum kann man sie gewinnen.

Er findet endlich das beste Mittel die Gefangene zu behalten, indem er sie seinem Könige anvermählt, und zugleich ihr öffentlicher Unterthan und ihr heimlicher Liebhaber wird.

Ist dieses Verhältniß zwischen Margarethen und Suffolk in der Geschichte begründet? Ich weiß nicht. Aber Shakespeare's divinatorisches Auge sieht oft Dinge, wovon die Chronik nichts meldet, und die dennoch wahr sind. Er kennt sogar jene flüchtigen Träume der Vergangenheit, die Clio aufzuzeichnen vergaß. Bleiben vielleicht auf dem Schauplatz der Begebenheiten allerlei bunte Abbilder derselben zurück, die nicht wie gewöhnliche Schatten mit den wirklichen Erscheinungen verschwinden, sondern gespenstisch haften bleiben am Boden, unbemerkt von den gewöhnlichen Werkeltagsmenschen, die ahnungslos darüber hin ihre Geschäfte treiben, aber manchmal ganz Farben- und Formenbestimmt sichtbar werdend, für das sehende Auge jener Sonntagskinder, die wir Dichter nennen?

Königin Margaretha.

(Heinrich VI., zweiter und dritter Theil.)

In diesem Bildniß sehen wir dieselbe Margaretha als Königin, als Gemahlin des sechsten Heinrichs. Die Knospe hat sich entfaltet, sie ist jetzt eine vollblühende Rose; aber ein widerlicher Wurm liegt darin verborgen. Sie ist ein hartes, frevelhaftes Weib geworden. Beispiellos grausam in der wirklichen wie in der gedichteten Welt ist die Scene, wo sie dem weinenden York das gräßliche, in dem Blute seines Sohnes getauchte Tuch überreicht, und ihn verhöhnt, daß er seine Thränen damit trocknen möge. Entsetzlich sind ihre Worte:

Sieh', York! dieß Tuch befleck' ich mit dem Blut,
Das mit geschärftem Stahl der tapfre Clifford
Hervor ließ strömen aus des Knaben Busen;
Und kann dein Aug' um seinen Tod sich feuchten,
So geb' ich dir's, die Wangen abzutrocknen.
Ach, armer York! haßt' ich nicht tödtlich dich,
So würd' ich deinen Jammerstand beklagen.

So gräm' dich doch, mich zu beluſt'gen, York!
Wie? dörrte ſo das feur'ge Herz dein Inn'res,
Daß keine Thräne fällt um Rutlands Tod?
Warum geduldig, Mann? Du ſollteſt raſen;
Ich höhne dich, um 'raſend dich zu machen.
Stampf', tob' und knirſch', damit ich ſing' und tanze!

Hätte der Künſtler, welcher die ſchöne Margaretha für dieſe Gallerie zeich-
nete, ihr Bildniß mit noch weiter geöffneten Lippen dargeſtellt, ſo würden wir
bemerken, daß ſie ſpitzige Zähne hat, wie ein Raubthier.

In einem folgenden Drama, in Richard III., erſcheint ſie auch phyſiſch
ſcheußlich, denn die Zeit hat ihr alsdann die ſpitzigen Zähne ausgebrochen, ſie
kann nicht mehr beißen, ſondern nur noch fluchen, und als ein geſpenſtiſch altes
Weib wandelt ſie durch die Königsgemächer, und das zahnloſe böſe Maul
murmelt Unheilreden und Verwünſchungen.

Durch ihre Liebe für Suffolk, den wilden Suffolk, weiß uns Shakeſpeare
ſogar für dieſes Unweib einige Rührung abzugewinnen. Wie verbrecheriſch
auch dieſe Liebe iſt, ſo dürfen wir derſelben dennoch weder Wahrheit noch Innigkeit abſprechen. Wie entzückend ſchön iſt das Abſchiedsgeſpräch der beiden
Liebenden! Welche Zärtlichkeit in den Worten Margarethens:

Ach! rede nicht mit mir! gleich eile fort! —
O, geh noch nicht! So herzen ſich und küſſen
Verdammte Freund', und ſcheiden tauſendmal,
Vor Trennung hundertmal ſo bang als Tod.
Doch nun fahr' wohl! fahr' wohl mit dir mein Leben!

Hierauf antwortet Suffolk:

Mich kümmert nicht das Land, wärſt du von hinnen;
Volkreich genug iſt eine Wüſtenei,
Hat Suffolk deine himmliſche Geſellſchaft:
Denn wo du biſt, da iſt die Welt ja ſelbſt,
Mit all' und jeden Freuden in der Welt;
Und wo du nicht biſt, Oede nur und Trauer.

Wenn ſpäterhin Margaretha, das blutige Haupt des Geliebten in der Hand
tragend, ihre wildeſte Verzweiflung ausjammert, mahnt ſie uns an die furchtbare Chrimhilde des Nibelungenlieds. Welche gepanzerte Schmerzen, woran
alle Troſtworte ohnmächtig abgleiten!

Ich habe bereits im Eingange angedeutet, daß ich in Beziehung auf Shakeſpeare's Dramen aus der engliſchen Geſchichte mich aller hiſtoriſchen und philoſophiſchen Betrachtungen enthalten werde. Das Thema jener Dramen iſt

nach immer nicht ganz abgehandelt, so lange der Kampf der modernen Indu-
strie-Bedürfnisse mit den Resten des mittelalterlichen Feudalwesens unter allerlei Transformazionen fortdauert. Hier ist es nicht so leicht, wie bei den römischen Dramen, ein entschiedenes Urtheil auszusprechen, und jede starke Frei-
müthigkeit könnte einer mißlichen Aufnahme begegnen. Nur eine Bemerkung kann ich hier nicht zurückweisen.

Es ist mir nämlich unbegreiflich, wie einige deutsche Commentatoren ganz
bestimmt für die Engländer Parthei nehmen, wenn sie von jenen französischen
Kriegen reden, die in den historischen Dramen des Shakespeare's dargestellt
werden. Wahrlich, in jenen Kriegen war weder das Recht, noch die Poesie
auf Seiten der Engländer, die eines Theils unter nichtigen Successions-
vorwänden die roheste Plünderungslust verbargen, anderen Theils nur im
Solde gemeiner Krämerinteresse sich herumschlugen . . . ganz wie zu unserer
eignen Zeit, nur daß es sich im neunzehnten Jahrhundert mehr um Caffee und
Zucker, hingegen im vierzehnten und fünfzehnten Jahrhundert mehr um
Schafswolle handelte.

Michelet, in seiner französischen Geschichte, dem genialen Buche, bemerkt
ganz richtig:

„Das Geheimniß der Schlachten von Crecy, von Poitiers u. s. w. befindet sich im Comptoir der Kaufleute von London, von Bordeaux, von Bruges.
— — — — „Wolle und Fleisch begründeten das ursprüngliche England und
die englische Raçe. Bevor England für die ganze Welt eine große Baum-
wollespinnerei und Eisenmanufaktur wurde, war es eine Fleischfabrik. Von
jeher trieb dieses Volk vorzugsweise Viehzucht und nährte sich von Fleischspei-
sen. Daher diese Frische des Teints, diese Kraft, diese (kurznasige und hinter-
kopflose) Schönheit. — Man erlaube mir bei dieser Gelegenheit eines persönlichen Eindrucks zu erwähnen:

„Ich hatte London und einen großen Theil Englands und Schottlands gesehen; ich hatte mehr angestaunt als begriffen. Erst auf meiner Rückreise,
als ich von York nach Manchester ging, die Insel in ihrer Breite durchschnei-
dend, empfing ich eine wahrhafte Anschauung Englands. Es war eines Morgens, bei feuchtem Nebel; das Land erschien mir nicht bloß umgeben, sondern
überschwemmt vom Ocean. Eine bleiche Sonne färbte kaum die Hälfte der
Landschaft. Die neuen ziegelrothen Häuser hätten allzu schroff gegen die
saftig grünen Rasen abgestochen, wären diese schreienden Farben nicht von den
flatternden Seenebeln gedämpft worden. Fette Weidenplätze, bedeckt mit
Schafen, und überragt von den flammenden Schornsteinen der Fabriköfen.
Viehzucht, Ackerbau, Industrie, alles war in diesem kleinen Raume zusam-
mengedrängt, eins über das andre, eins das andre ernährend; das Gras lebte
vom Nebel, das Schäf vom Grase, der Mensch von Blut.

„Der Mensch, in diesem verzehrenden Klima, wo er immer von Hunger geplagt ist, kann nur durch Arbeit sein Leben fristen. Die Natur zwingt ihn dazu. Aber er weiß sich an ihr zu rächen; er läßt sie selber arbeiten; er unterjocht sie durch Eisen und Feuer. Ganz England keucht von diesem Kampfe. Der Mensch ist dort wie erzürnt, wie außer sich. Seht dieses rothe Gesicht, dieses irrglänzende Auge . . . Man könnte leicht glauben, er sei trunken. Aber sein Kopf und seine Hand sind fest und sicher. Er ist nur trunken von Blut und Kraft. Er behandelt sich selbst wie eine Dampfmaschine, welche er bis zum Uebermaß mit Nahrung vollstopft, um so viel Thätigkeit und Schnelligkeit als nur irgend möglich daraus zu gewinnen.

„Im Mittelalter war der Engländer ungefähr was er jetzt ist: zu stark genährt, angetrieben zum Handeln, und kriegerisch in Ermanglung einer industriellen Beschäftigung.

„England, obgleich Ackerbau und Viehzucht treibend, fabrizirte noch nicht. Die Engländer lieferten den rohen Stoff; Andere wußten ihn zu bearbeiten. Die Wolle war auf der einen Seite des Kanals, der Arbeiter war auf der andern Seite. Während die Fürsten stritten und haderten, lebten doch die englischen Viehhändler und die flämischen Tuchfabrikanten in bester Einigkeit, im unzerstörbarsten Bündniß. Die Franzosen, welche dieses Bündniß brechen wollten, mußten dieses Beginnen mit einem hundertjährigen Kriege büßen. Die englischen Könige wollten zwar die Eroberung Frankreichs, aber das Volk verlangte nur Freiheit des Handels, freie Einfuhrplätze, freien Markt für die englische Wolle. Versammelt um einen großen Wollsack, hielten die Communen Rath über die Forderungen des Königs, und bewilligten ihm gern hinlängliche Hülfsgelder und Armeen.

„Eine solche Mischung von Industrie und Chevallerie verleiht dieser ganzen Geschichte ein wunderliches Ansehen. Jener Eduard, welcher auf der Tafelrunde einen stolzen Eid geschworen hat, Frankreich zu erobern, jene gravitätisch närrischen Ritter, welche in Folge ihres Gelübdes ein Auge mit rothem Tuch bedeckt tragen, sie sind doch keine so großen Narren, als daß sie auf eigne Kosten ins Feld zögen. Die fromme Einfalt der Kreuzfahrten ist nicht mehr an der Zeit. Diese Ritter sind im Grunde doch nichts anders als käufliche Söldner, als bezahlte Handelsagenten, als bewaffnete Commis-Voyageurs der Londoner und Ganter Kaufleute. Eduard selbst muß sich sehr verbürgern, muß allen Stolz ablegen, muß den Beifall der Tuchhändler- und Webergilde erschmeicheln, muß seinem Gevatter, dem Bierbrauer Artevelde, die Hand reichen, muß auf den Schreibtisch eines Viehhändlers steigen, um das Volk anzureden.

„Die englischen Tragödien des vierzehnten Jahrhunderts haben sehr komische Parthien. In den nobelsten Rittern steckte immer etwas Fallstaff. In Frank-

26*

reich, in Italien, in Spanien, in den schönen Ländern des Südens, zeigen sich
die Engländer eben so gefräßig wie tapfer. Das ist Herkules der Ochsenver-
schlinger. Sie kommen, im wahren Sinne des Wortes, um das Land auf-
zufressen. Aber das Land übt Wiedervergeltung, und besiegt sie durch seine
Früchte und Weine. Ihre Fürsten und Armeen übernehmen sich in Speiß
und Trank, und sterben an Indigestionen und Dyssentrie."

Mit diesen gedungenen Fraßhelden vergleiche man die Franzosen, das mä-
ßigste Volk, das weniger durch seine Weine berauscht wird, als vielmehr durch
seinen angebornen Enthusiasmus. Letzterer war immer die Ursache ihrer
Mißgeschicke, und so sehen wir schon in der Mitte des vierzehnten Jahrhunderts, wie sie im Kampfe mit den Engländern eben durch ihr Uebermaß von
Ritterlichkeit unterliegen mußten. Das was bei Crecy, wo die Franzosen
schöner erscheinen durch ihre Niederlage, als die Engländer durch ihren Sieg,
den sie in unritterlicher Weise, durch Fußvolk erfochten ... Bisher war der
Krieg nur ein großes Turnier von ebenbürtigen Reitern; aber bei Crecy wird
diese romantische Cavalerie, diese Poesie, schmählig niedergeschossen von der
modernen Infanterie, von der Prosa in strengstilisirter Schlachtordnung, ja,
hier kommen sogar die Kanonen zum Vorschein ... Der greise Böhmenkönig, welcher, blind und alt, als ein Vasall Frankreichs dieser Schlacht beiwohnte, merkte wohl, daß eine neue Zeit beginne, daß es mit dem Ritterthum
zu Ende sei, daß künftig der Mann zu Roß von dem Mann zu Fuß über-
wältigt werde, und er sprach zu seinen Rittern: „Ich bitte euch angelegentlichst,
führt mich so weit ins Treffen hinein, daß ich noch einmal mit einem guten
Schwertstreich dreinschlagen kann!" Sie gehorchten ihm, banden ihre Pferde
an das seinige, jagten mit ihm in das wildeste Getümmel, und des andern
Morgens fand man sie alle todt auf den Rücken ihrer todten Pferde, welche
noch immer zusammen gebunden waren. Wie dieser Böhmenkönig und seine
Ritter, so fielen die Franzosen bei Crecy, bei Poitiers; sie starben, aber zu
Pferde. Für England war der Sieg, für Frankreich war der Ruhm. Ja,
sogar durch ihre Niederlagen wissen die Franzosen ihre Gegner in den Schatten zu stellen. Die Triumphe der Engländer sind immer eine Schande der
Menschheit, seit den Tagen von Crecy und Poitiers, bis auf Waterloo. Clio
ist immer ein Weib, trotz ihrer partheilosen Kälte, ist sie empfindlich für Ritterlichkeit und Heldensinn; und ich bin überzeugt, nur mit knirschendem Herzen verzeichnet sie in ihre Denktafeln die Siege der Engländer.

Lady Gray.

(Heinrich VI.)

Sie war eine arme Wittwe, welche zitternd vor König Eduard trat und ihn anflehte, ihren Kindern das Gütchen zurückzugeben, das nach dem Tode ihres Gemahls den Feinden anheim gefallen war. Der wollüstige König, welcher ihre Keuschheit nicht zu kirren vermag, wird so sehr von ihren schönen Thränen bezaubert, daß er ihr die Krone aufs Haupt setzt. Wie viel Kümmernisse für beide dadurch entstanden, meldet die Weltgeschichte.

Hat Shakespeare wirklich den Charakter des erwähnten Königs ganz treu nach der Historie geschildert? Ich muß wieder auf die Bemerkung zurückkommen, daß er verstand, die Lakunen der Historie zu füllen. Seine Königscharaktere sind immer so wahr gezeichnet, daß man, wie ein englischer Schriftsteller bemerkt, manchmal meinen sollte, er sei während seines ganzen Lebens der Kanzler des Königs gewesen, den er in irgend einem Drama agiren läßt. Für die Wahrheit seiner Schilderungen bürgt, nach meinem Bedünken, auch die frappante Aehnlichkeit, welche sich zwischen seinen alten Königen und jenen Königen der Jetztzeit kund giebt, die wir als Zeitgenossen am besten zu beurtheilen vermögen.

Was Friedrich Schlegel von dem Geschichtschreiber sagt, gilt ganz eigentlich von unserem Dichter: Er ist ein in die Vergangenheit schauender Prophet. Wäre es mir erlaubt, einem der berühmtesten unserer gekrönten Zeitgenossen den Spiegel vorzuhalten, so würde jeder einsehen, daß ihm Shakespeare schon vor zwei Jahrhunderten seinen Steckbrief ausgefertigt hat. In der That, beim Anblick dieses großen, vortrefflichen und gewiß auch glorreichen Monarchen überschleicht uns ein gewisses Schauergefühl, das wir zuweilen empfinden, wenn wir im wachen Tageslichte einer Gestalt begegnen, die wir schon in nächtlichen Träumen erblickt haben. Als wir ihn vor acht Jahren durch die Straßen der Hauptstadt reiten sahen, „baarhäuptig und demüthig nach allen Seiten grüßend," dachten wir immer an die Worte, womit York des Bolingbroke's Einzug in London schildert. Sein Vetter, der neuere Richard II. kannte ihn sehr gut, durchschaute ihn immer und äußerte einst ganz richtig:

> Wir selbst und Bushy, Bagot hier und Green,
> Sahn sein Bewerben beim geringen Volk,
> Wie er sich wollt' in ihre Herzen tauchen
> Mit traulicher, demüth'ger Höflichkeit;
> Was für Verehrung er an Knechte wegwarf,
> Handwerker mit des Lächelns Kunst gewinnend,
> Und ruhigem Ertragen seines Looses,

Als wollt' er ihre Neigung mit verbannen.
Vor einem Austerweib zieht er die Mütze,
Ein paar Karrnzieher grüßten; „Gott geleit' euch!"
Und ihnen ward des schmeid'gen Knie's Tribut,
Nebst: „Dank, Landsleute! meine güt'gen Freunde!"

Ja, die Aehnlichkeit ist erschreckend. Ganz wie der ältere, entfaltete sich vor unsern Augen der heutige Bolingbro, der, nach dem Sturze seines königlichen Vetters, den Thron bestieg, sich allmählig darauf befestigte: ein schlauer Held, ein kriechender Riese, ein Titan der Verstellung, entsetzlich, ja empörend ruhig, die Tatze in einem sammtnen Handschuh, und damit die öffentliche Meinung streichelnd, den Raub schon in weiter Ferne erspähend, und nie darauf losspringend bis er in sicherster Nähe... Möge er immer seine schnaubenden Feinde besiegen, und dem Reiche den Frieden erhalten, bis zu seiner Todesstunde, wo er zu seinem Sohn jene Worte sprechen wird, die Shakespeare schon längst für ihn aufgeschrieben:

Komm her, mein Sohn, und setz' dich an mein Bett,
Und hör' den letzten Rathschlag, wie ich glaube,
Den ich je athmen mag. Gott weiß, mein Sohn,
Durch welche Nebenschlich' und krumme Wege
Ich diese Kron' erlangt; ich selbst weiß wohl,
Wie lästig sie auf meinem Haupte saß.
Dir fällt sie heim nunmehr mit bess'rer Ruh',
Mit bess'rer Meinung, besserer Bestät'gung;
Denn jeder Flecken der Erlangung geht
Mit mir in's Grab. An mir erschien sie nur
Wie eine Ehr', erhascht mit heft'ger Hand;
Und viele lebten noch, mir vorzurücken,
Daß ich durch ihren Beistand sie gewonnen,
Was täglich Zwist und Blutvergießen schuf,
Dem vorgeb'nen Frieden Wunden schlagend.
All' diese dreisten Schrecken, wie du siehst,
Hab' ich bestanden mit Gefahr des Lebens:
Denn all' mein Regiment war nur ein Auftritt,
Der diesen Inhalt spielte; nun verändert
Mein Tod die Weise; denn was ich erjagt,
Das fällt dir nun mit schönerm Anspruch heim,
Da du durch Erblichkeit die Krone trägst.
Und, stehst du sich'rer schon als ich es konnte,
Du bist nicht fest genug, so lang die Klagen

So frisch noch sind; und allen meinen Freunden,
Die du zu deinen Freunden machen mußt,
Sind Zähn' und Stachel kürzlich nun entnommen,
Die durch gewaltsam Thun mich erst befördert,
Und deren Macht wohl Furcht erregen konnte
Vor neuer Absetzung; was zu vermeiden
Ich sie verdarb, und nun des Sinnes war,
Zum heil'gen Lande Viele fortzuführen,
Daß Ruh' und Stilleliegen nicht zu nah'
Mein Reich sie prüfen ließ.   Drum, mein Sohn,
Beschäft'ge stets die schwindlichten Gemüther
Mit fremdem Zwist, daß wirken in der Fern
Das Angedenken vor'ger Tage banne.
Mehr wollt' ich, doch die Lung ist so erschöpft,
Daß kräft'ge Rede gänzlich mir versagt ist.
Wie ich zur Krone kam, o Gott vergebe!
Daß sie bei dir in wahrem Frieden lebe!

Lady Anna.

(König Richard III.)

Die Gunst der Frauen, wie das Glück überhaupt, ist ein freies Geschenk, man empfängt es, ohne zu wissen wie, ohne zu wissen warum. Aber es giebt Menschen, die es mit eisernem Willen vom Schicksal zu ertrotzen verstehen, und diese gelangen zum Ziele, entweder durch Schmeichelei, oder indem sie den Weibern Schrecken einflößen, oder indem sie ihr Mitleiden anregen, oder indem sie ihnen Gelegenheit geben, sich aufzuopfern ... Letzteres, nämlich das Geopfert-sein, ist die Lieblingsrolle der Weiber, und kleidet sie so schön vor den Leuten, und gewährt ihnen auch in der Einsamkeit so viel thränenreiche Wehmuthsgenüsse.

Lady Anna wird durch alles dieses zu gleicher Zeit bezwungen. Wie Honigseim gleiten die Schmeichelworte von den furchtbaren Lippen ... Richard schmeichelt ihr, derselbe Richard, welcher ihr alle Schrecken der Hölle einflößt, welcher ihren geliebten Gemahl und den väterlichen Freund getödtet, den sie eben zu Grabe bestattet ... Er befiehlt den Leichenträgern mit herrischer Stimme den Sarg nieder zu setzen, und in diesem Momente richtet er seine Liebeswerbung an die schöne Leidtragende ... Das Lamm sieht schon mit Entsetzen das Zähnefletschen des Wolfes, aber dieser spitzt plötzlich die Schnauze zu den süßesten Schmeicheltönen ... Die Schmeichelei des Wolfes wirkt so erschütternd, so berauschend auf das arme Lammgemüth, daß alle Gefühle darin eine plötzliche Umwandlung erleiden ... Und König Richard spricht von seinem Kummer, von seinem Gram, so daß Anna ihm ihr Mitleid nicht versagen kann, um so mehr, da dieser wilde Mensch nicht sehr klagesüchtig von Natur ist ... Und dieser unglückliche Mörder hat Gewissensbisse, spricht von Reue, und eine gute Frau könnte ihn vielleicht auf den besseren Weg leiten, wenn sie sich für ihn aufopfern wollte ... Und Anna entschließt sich Königin von England zu werden.

Königin Catharina.
(Heinrich VIII.)

Ich hege ein unüberwindliches Vorurtheil gegen diese Fürstin, welcher ich dennoch die höchsten Tugenden zugestehen muß. Als Ehefrau war sie ein Muster häuslicher Treue. Als Königin betrug sie sich mit höchster Würde und Majestät. Als Christin war sie die Frömmigkeit selbst. Aber den Doktor Samuel Johnson hat sie zum überschwenglichsten Lobe begeistert, sie ist unter allen Shakespeare'schen Frauen sein auserlesener Liebling, er spricht von ihr mit Zärtlichkeit und Rührung ... Das ist nicht zu ertragen. Shakespeare hat alle Macht seines Genius aufgeboten, die gute Frau zu verherrlichen, doch diese Bemühung wird vereitelt, wenn man sieht, daß Dr. Johnson, der große Porterkrug, bei ihrem Anblicke in süßes Entzücken geräth und von Lobeserhebungen überschäumt. Wär' sie meine Frau, ich könnte mich von ihr scheiden lassen ob solcher Lobeserhebungen. Vielleicht war es nicht der Liebreiz von Anna Boleyn, was den armen König Heinrich von ihr losriß, sondern der Enthusiasmus, womit sich irgend ein damaliger Dr. Johnson über die treue, würdevolle und fromme Catharina aussprach. Hat vielleicht Thomas Morus, der bei all seiner Vortrefflichkeit etwas pedantisch und ledern und unverdaulich wie Dr. Johnson war, zu sehr die Königin in den Himmel erhoben? Dem wackern Kanzler freilich kam sein Enthusiasmus etwas theuer zu stehen; der König erhob ihn deshalb selbst in den Himmel.

Ich weiß nicht, was ich am meisten bewundern soll: daß Catharina ihren Gemahl ganze fünfzehn Jahre lang ertrug, oder daß Heinrich seine Gattin während so langer Zeit ertragen hat? Der König war nicht blos sehr launenhaft, jähzornig und in beständigem Widerspruch mit allen Neigungen seiner Frau — das findet sich in vielen Ehen, die sich trotz dem, bis der Tod allem Zank ein Ende macht, aufs Beste erhalten — aber der König war auch Musiker und Theolog, und beides in vollendeter Miserabilität. Ich habe unlängst als ergößliche Kuriofität einen Choral von ihm gehört, der eben so schlecht war wie sein Traktat de septem sacramentis. Er hat gewiß mit seinen musikalischen Compositionen und seiner theologischen Schriftstellerei die arme Frau sehr beläftigt. Das Beste an Heinrich war sein Sinn für plastische Kunst, und aus Vorliebe für das Schöne, entstanden vielleicht seine schlimmsten Sympathien und Antipathien. Catharina von Arragonien war nemlich noch hübsch in ihrem vier und zwanzigsten Jahre, als Heinrich achtzehn Jahr alt war und sie heirathete, obgleich sie die Wittwe seines Bruders gewesen. Aber ihre Schönheit hat wahrscheinlich mit den Jahren nicht zugenommen, um so mehr, da sie, aus Frömmigkeit, mit Geißelung, Fasten, Nachtwachen und Betrübungen, ihr Fleisch beständig kasteite. Ueber diese ascetischen Uebungen beklagte sich ihr Gemahl oft genug, und auch uns wären dergleichen an einer Frau sehr fatal gewesen.

Aber es giebt noch einen andern Umstand, der mich in meinem Vorurtheil gegen diese Königin bestärkt: Sie war die Tochter der Isabella von Castilien und die Mutter der blutigen Maria. Was soll ich von dem Baume denken, der solcher bösen Saat entsprossen, und solche böse Frucht gebar?

Wenn sich auch in der Geschichte keine Spuren ihrer Grausamkeit vorfinden, so tritt dennoch der wilde Stolz ihrer Raçe bei jeder Gelegenheit hervor, wo sie ihren Rang vertreten oder geltend machen will. Trotz ihrer wohleingeübten christlichen Demuth, gerieth sie doch jedesmal in einen fast heidnischen Zorn, wenn man einen Verstoß gegen die herkömmliche Etikette machte oder gar ihr den königlichen Titel verweigerte. Bis in den Tod bewahrte sie diesen unauslöschbaren Hochmuth, und auch bei Shakespeare sind ihre letzten Worte:

> Ihr sollt mich balsamiren, dann zur Schau
> Ausstellen, zwar entkönigt, doch begrabt mich
> Als Königin und eines Königs Tochter.
> Ich kann nicht mehr.

Anna Boleyn.

(Heinrich VIII.)

Die gewöhnliche Meinung geht dahin, daß König Heinrichs Gewissensbiss, ob seiner Ehe mit Catharinen durch die Reize der schönen Anna entstanden seien. Sogar Shakespeare verräth diese Meinung, und wenn in dem Krönungszug die neue Königin auftritt, legt er einem jungen Edelmann folgende Worte in den Mund:

. . . . Gott sei mit dir!
Solch süß Gesicht, als dein's, erblick' ich nie!
Bei meinem Leben, Herr, sie ist ein Engel,
Der König hält ganz Indien in den Armen,
Und viel, viel mehr, wenn er dies Weib empfängt:
Ich table sein Gewissen nicht.

Von der Schönheit der Anna Boleyn giebt uns der Dichter auch in der folgenden Scene einen Begriff, wo er den Enthusiasmus schildert, den ihr Anblick bei der Krönung hervorbrachte.

Wie sehr Shakespeare seine Gebieterin, die hohe Elisabeth, liebte, zeigt sich vielleicht am schönsten in der Umständlichkeit, womit er die Krönungsfeier ihrer Mutter darstellt. Alle diese Details sanktioniren das Thronrecht der Tochter, und ein Dichter mußte die bestrittene Legitimität seiner Königin dem ganzen Publikum zu veranschaulichen. Aber diese Königin verdiente solchen Liebeseifer! Sie glaubte ihrer Königswürde nichts zu vergeben, wenn sie dem Dichter gestattete, alle ihre Vorfahren, und sogar ihren eigenen Vater, mit entsetzlicher Unpartheilichkeit auf der Bühne darzustellen! Und nicht blos als Königin, sondern auch als Weib wollte sie nie die Rechte der Poesie beeinträchtigen; wie sie unserem Dichter in politischer Hinsicht die höchste Redefreiheit gewährte, so erlaubte sie ihm auch die kecksten Worte in geschlechtlicher Beziehung, sie nahm keinen Anstoß an den ausgelassensten Witzen einer gesunden Sinnlichkeit, und sie, the maiden queen, die königliche Jungfrau, verlangte sogar, daß Sir Jon Falstaff sich einmal als Liebhaber zeige. Ihrem lächelnden Wink verdanken wir die lustigen Weiber von Windsor.

Shakespeare konnte seine englischen Geschichtsdramen nicht besser schließen, als indem er am Ende von Heinrich VIII. die neugeborne Elisabeth, gleichsam die bessere Zukunft in Windeln, über die Bühne tragen läßt.

Hat aber Shakespeare wirklich den Charakter Heinrichs VIII., des Vaters seiner Königin, ganz geschichtstreu geschildert? Ja, obgleich er die Wahrheit nicht in so grellen Lauten wie in seinen übrigen Dramen verkündete, so hat er sie doch jedenfalls ausgesprochen, und der leisere Ton macht jeden Vorwurf desto eindringlicher. Dieser Heinrich VIII. war der Schlimmste aller Könige, denn während alle andere böse Fürsten nur gegen ihre Feinde wütheten, raste jener gegen seine Freunde, und seine Liebe war immer weit gefährlicher als sein Haß. Die Ehestandsgeschichten dieses königlichen Blaubarts sind entsetzlich. In alle Schrecknisse derselben mischte er obendrein eine gewisse blödsinnig grauenhafte Galanterie. Als er Anna Boleyn hinzurichten befahl, ließ er ihr vorher sagen, daß er für sie den geschicktesten Scharfrichter von ganz England bestellt habe. Die Königin dankte ihm gehorsamst für solche zarte Aufmerksamfeit, und in ihrer leichtsinnig heitern Weise, umspannte sie mit beiden weißen Händen ihren Hals und rief: ich bin sehr leicht zu köpfen, ich hab' nur ein kleines schmales Hälschen.

Auch ist das Beil, womit man ihr das Haupt abschlug, nicht sehr groß. Man zeigte es mir in der Rüstkammer des Towers zu London, und während ich es in Händen hielt, beschlichen mich sehr sonderbare Gedanken.

Wenn ich Königin von England wäre, ich ließe jenes Beil in die Tiefe des Oceans versenken.

Lady Macbeth.
(Macbeth.)

Von den eigentlich historischen Dramen wende ich mich zu jenen Tragödien, deren Fabel entweder rein ersonnen oder aus alten Sagen und Novellen geschöpft ist. Macbeth bildet einen Uebergang zu diesen Dichtungen, worin der Genius des großen Shakspeare am freiesten und kecksten seine Flügel entfaltet. Der Stoff ist einer alten Legende entlehnt, er gehört nicht zur Historie, und dennoch macht dieses Stück einige Ansprüche an geschichtlichen Glauben, da der Ahnherr des königlichen Hauses von England darin eine Rolle spielte. Macbeth ward nämlich unter Jacob I. aufgeführt, welcher bekanntlich von dem schottischen Banko abstammen sollte. In dieser Beziehung hat der Dichter auch einige Prophezeiungen zur Ehre der regierenden Dynastie seinem Drama eingewebt.

Macbeth ist ein Liebling der Kritifer, die hier Gelegenheit finden, ihre Ansichten über die antike Schicksalstragödie, in Vergleichung mit der Auffassung des Fatums bei modernen Tragifern, des Breitesten auseinander zu setzen. Ich erlaube mir über diesen Gegenstand nur eine flüchtige Bemerkung.

Die Schicksalsidee des Shakspeare ist von der Idee des Schicksals bei den Alten in gleicher Weise verschieden, wie die wahrsagenden Frauen, die fronenverheißend in der alten nordischen Legende dem Macbeth begegnen, von jener Herenschwesterschaft verschieden sind, die man in der Shakspeare'schen Tragödie auftreten sieht. Jene wundersamen Frauen in der alten nordischen Legende sind offenbar Walfyren, schauerliche Luftgöttinnen, die über den Schlachtfeldern einherschwebend, Sieg oder Niederlage entscheiden, und als die eigentlichen Lenkerinnen des Menschenschicksals zu betrachten sind, da letzteres im kriegerischen Norden zunächst vom Ausgange der Schwertfämpfe abhängig war. Shakspeare verwandelte sie in unheilstiftende Heren, entfleidete sie aller furchtbaren Grazie des nordischen Zauberthums, er machte sie zu zwitterhaften Mißweibern, die ungeheuerlichen Spuk zu treiben wissen, und

Verderben brauen, aus hämischer Schadenfreude oder auf Geheiß der Hölle: sie sind die Dienerinnen des Bösen, und wer sich von ihren Sprüchen bethören läßt, geht mit Leib und Seele zu Grunde. Shakespeare hat also die altheidnischen Schicksalsgöttinnen und ihren ehrwürdigen Zaubersegen ins Christliche übersetzt, und der Untergang seines Helden ist daher nicht etwas voraus bestimmt Nothwendiges, etwas starr Unabwendbares wie das alte Fatum, sondern er ist nur die Folge jener Lockungen der Hölle, die das Menschenherz mit den feinsten Netzen zu umschlingen weiß: Macbeth unterliegt der Macht Satans, dem Urbösen.

Interessant ist es, wenn man die Shakespeare'schen Hexen mit den Hexen anderer englischen Dichter vergleicht. Man bemerkt, daß Shakespeare sich dennoch von der altheidnischen Anschauungsweise nicht ganz losreißen konnte, und seine Zauberschwestern sind daher auffallend grandioser und respectabler als die Hexen von Middleton, die weit mehr eine böse Bettelnatur bekunden, auch weit kleinlichere Tücken ausüben, nur den Leib beschädigen, über den Geist wenig vermögen, und höchstens mit Eifersucht, Mißgunst, Lüsternheit und ähnlichem Gefühlsaussatz unsere Herzen zu überkrusten wissen.

Die Renommee der Lady Macbeth, die man während zwei Jahrhunderten für eine sehr böse Person hielt, hat sich vor etwa zwölf Jahren in Deutschland sehr zu ihrem Vortheil verbessert. Der fromme Franz Horn machte nämlich im Brokhausischen Conversazions-Blatt die Bemerkung, daß die arme Lady bisher ganz verkannt worden, daß sie ihren Mann sehr liebte, und überhaupt ein liebevolles Gemüth besäße. Diese Meinung suchte bald darauf Herr Ludwig Tieck mit all seiner Wissenschaft, Gelahrtheit und philosophischen Tiefe zu unterstützen, und es dauerte nicht lange, so sahen wir Madame Stich auf der königlichen Hofbühne in der Rolle der Lady Macbeth so gefühlvoll girren und turteltäubeln, daß kein Herz in Berlin vor solchen Zärtlichkeitstönen ungerührt blieb, und manches schöne Auge von Thränen überfloß beim Anblick der juten Macbeth. — Das geschah, wie gesagt, vor etwa zwölf Jahren, in jener sanften Restaurazionszeit, wo wir so viel Liebe im Leibe hatten. Seitdem ist ein großer Bankrot ausgebrochen, und wenn wir jetzt mancher gekrönten Person nicht die überschwengliche Liebe widmen, die sie verdient, so sind Leute daran Schuld, die, wie die Königin von Schottland, während der Restaurazions-Periode unsre Herzen ganz ausgebeutelt haben.

Ob man in Deutschland die Liebenswürdigkeit der besagten Lady noch immer versicht, weiß ich nicht. Seit der Juliusrevoluzion haben sich jedoch die Ansichten in vielen Dingen geändert, und man hat vielleicht sogar in Berlin einsehen lernen, daß die jute Macbeth eine sehr bese Bestie sint.

Ophelia.

(Hamlet.)

Das ist die arme Ophelia, die Hamlet der Däne geliebt hat. Es war ein blondes schönes Mädchen, und besonders in ihrer Sprache lag ein Zauber, der mir schon damals das Herz rührte, als ich nach Wittenberg reisen wollte und zu ihrem Vater ging, um ihm Lebewohl zu sagen. Der alte Herr war so gütig mir alle jene guten Lehren, wovon er selber so wenig Gebrauch machte, auf den Weg mitzugeben, und zuletzt rief er Ophelien, daß sie uns Wein bringe zum Abschiedstrunk. Als das liebe Kind, sittsam und anmuthig, mit dem Kredenzteller zu mir herantrat und das strahlend große Auge gegen mich aufhob, griff ich in der Zerstreuung zu einem leeren, statt zu einem gefüllten Becher. Sie lächelte über meinen Mißgriff. Ihr Lächeln war schon damals so wunderbar glänzend, es zog sich über ihre Lippen schon jener berauschende Schmelz, der wahrscheinlich von den Kuß=Elfen herrührte, die in den Mund= winkeln lauschten.

Als ich von Wittenberg heimkehrte und das Lächeln Ophelas mir wieder entgegenleuchtete, vergaß ich darüber alle Spitzfindigkeiten der Scholastik, und mein Nachgrübeln betraf nur die holden Fragen: Was bedeutet jenes Lächeln? Was bedeutet jene Stimme, jener geheimnißvoll schmachtende Flötenton? Woher empfangen jene Augen ihre seligen Strahlen? Ist es ein Abglanz des Himmels, oder erglänzt der Himmel nur von dem Wiederschein dieser Augen? Steht jenes Lächeln im Zusammenhang mit der stummen Musik des Sphärentanzes, oder ist es nur die irdische Signatur der übersinnlichsten Harmonien? Eines Tages, als wir im Schloßgarten zu Helsingör uns er= gingen, zärtlich scherzend und kosend, die Herzen in voller Sehnsuchtblüthe . . . es bleibt mir unvergeßlich, wie bettelhaft der Gesang der Nachtigallen abstach gegen die himmelhauchende Stimme Ophelias, und wie armselig blöde die Blumen aussahen mit ihren bunten Gesichtern ohne Lächeln, wenn ich sie zufällig verglich mit dem holdseligen Munde Ophelias! Die schlanke Ge= stalt, wie wandelnde Lieblichkeit schwebte sie neben mir einher.

Ach! das ist der Fluch schwacher Menschen, daß sie jedesmal, wenn ihnen eine große Unbill widerfährt, zunächst an dem Besten und Liebsten was sie be= sitzen, ihren Unmuth auslassen. Und der arme Hamlet zerstörte zunächst seine Vernunft, das herrliche Kleinod, stürzte sich durch verstellte Geistesver= wirrung in den entsetzlichen Abgrund der wirklichen Tollheit, und quälte sein armes Mädchen, mit höhnischen Stachelreden . . . Das arme Ding! das fehlte noch, daß der Geliebte ihren Vater für eine Ratte hielt und ihn todt= stach . . . Da mußte sie ebenfalls von Sinnen kommen! Aber ihr Wahnsinn ist nicht so schwarz und brütend düster wie der Hamletische, sondern er gaukelt, gleichsam besänftigend, mit süßen Liedern, um ihr krankes Haupt . . . Ihre sanfte Stimme schmilzt ganz in Gesang, und Blumen und wieder Blumen winden sich durch all' ihr Denken. Sie singt und flechtet Kränze und schmückt damit ihre Stirn, und lächelt mit ihrem strahlenden Lächeln, armes Kind! . . .

> Es neigt ein Weidenbaum sich über'n Bach,
> Und zeigt im klaren Strom sein grünes Laub,
> Mit welchem sie phantastisch Kränze wand
> Von Hahnfuß, Nesseln, Maaslieb, Kukuksblumen.
> Dort, als sie aufklomm, um ihr Laubgewinde
> An den gesenkten Aesten aufzuhängen,
> Zerbrach ein falscher Zweig, und niederfielen
> Die rankenden Trophäen und sie selbst
> Ins weinende Gewässer. Ihre Kleider
> Verbreiteten sich weit und trugen sie
> Sirenengleich ein Weilchen noch empor,
> Indeß sie Stellen alter Weisen sang,
> Als ob sie nicht die eigne Noth begriffe,
> Wie ein Geschöpf, geboren und begabt
> Für dieses Element. Doch lange währt' es nicht
> Bis ihre Kleider, die sich schwer getrunken,
> Das arme Kind von ihren Melodien
> Hinunterzogen in den schlamm'gen Tod.

Doch was erzähl ich Euch diese kummervolle Geschichte. Ihr kennt sie alle von frühester Jugend, und ihr habt oft genug geweint über die alte Tragödie von Hamlet dem Dänen, welcher die arme Ophelia liebte, weit mehr liebte als tausend Brüder mit ihrer Gesammtliebe sie zu lieben vermochten, und welcher verrückt wurde, weil ihm der Geist seines Vaters erschien, und weil die Welt aus ihren Angeln gerissen war und er sich zu schwach fühlte, um sie wieder einzufügen, und weil er im deutschen Wittenberg vor lauter Denken das Handeln verlernt hatte, und weil ihm die Wahl stand, entweder wahnsinnig zu werden oder eine rasche That zu begehn, und weil er als Mensch überhaupt große Anlagen zur Tollheit in sich trug.

Wir kennen diesen Hamlet wie wir unser eignes Gesicht kennen, das wir so oft im Spiegel erblicken, und das uns dennoch weniger bekannt ist, als man glauben sollte; denn begegnete uns jemand auf der Straße, der ganz so aussähe wie wir selber, so würden wir das befremdlich wohlbekannte Antlitz nur instinktmäßig und mit geheimem Schreck anglotzen, ohne jedoch zu merken, daß es unsere eigenen Gesichtszüge sind, die wir eben erblickten.

Cordelia.

(König Lear.)

In diesem Stücke liegen Fußangel und Selbstschüsse für den Leser, sagt ein englischer Schriftsteller. Ein anderer bemerkt, diese Tragödie sei ein Labyrinth, worin sich der Commentator verirren, und am Ende Gefahr laufen könne, von dem Minotaur, der dort haust, erwürgt zu werden; er möge hier das kritische Messer nur zur Selbstvertheidigung gebrauchen. Und in der That, ist es jedenfalls eine mißliche Sache, den Shakespeare zu kritisiren, ihn, aus dessen Worten uns beständig die schärfste Kritik unserer eignen Gedanken und Handlungen entgegen lacht: so ist es fast unmöglich, ihn in dieser Tragödie zu beurtheilen, wo sein Genius bis zur schwindlichsten Höhe sich emporschwang.

Ich wage mich nur bis an die Pforte dieses Wunderbaus, nur bis zur Exposition, die schon gleich unser Erstaunen erregt. Die Expositionen sind überhaupt in Shakespeare's Tragödien bewunderungswürdig. Durch diese ersten Eingangs-Scenen werden wir schon gleich aus unseren Werkeltagsgefühlen und Zunftgedanken herausgerissen, und in die Mitte jener ungeheuern Begebenheiten versetzt, womit der Dichter unsere Seelen erschüttern und reinigen will. So eröffnet sich die Tragödie des Macbeth mit der Begegnung der Heren, und der weissagende Spruch derselben unterjocht nicht blos das Herz des schottischen Feldherrn, den wir siegestrunken auftreten sehen, sondern auch unser eignes Zuschauerherz, das jetzt nicht mehr loskann, bis alles erfüllt und beendigt ist. Wie in Macbeth das wüste, sinnebetäubende Grauen der blutigen Zauberwelt schon im Beginn uns erfaßt, so überfröstelt uns der Schauer des bleichen Geisterreichs bereits in den ersten Scenen des Hamlet, und wir können uns hier nicht loswinden von den gespenstischen Nachtgefühlen, von dem Alpdrücken der unheimlichsten Aengste, bis alles vollbracht, bis Dänemarks Luft, die von Menschenfäulniß geschwängert war, wieder ganz gereinigt ist.

In den ersten Scenen des Lear werden wir auf gleiche Weise unmittelbar hineingezogen in die fremden Schicksale, die sich vor unseren Augen ankündigen, entfalten und abschließen. Der Dichter gewährt uns hier ein Schauspiel, das noch entsetzlicher ist als alle Schrecknisse der Zauberwelt und des Geisterreichs: er zeigt uns nämlich die menschliche Leidenschaft, die alle Vernunftdämme durchbricht, und in der furchtbaren Majestät eines königlichen Wahnsinns hinaustobt, wetteifernd mit der empörten Natur in ihrem wildesten Aufruhr. Aber ich glaube, hier endet die außerordentliche Obmacht, die spielende Willführ, womit Shakespeare seinen Stoff immer bewältigen konnte; hier beherrscht ihn sein Genius weit mehr als in den erwähnten Tragödien

In Macbeth und Hamlet, wo er, mit künstlerischer Gelassenheit, neben den dunkelsten Schatten der Gemüthsnacht, die rosigsten Lichter des Witzes, neben den wildesten Handlungen, das heiterste Stillleben, hinmalen konnte. Ja, in der Tragödie Macbeth lächelt uns eine sanfte befriedete Natur entgegen: an den Fensterfliesen des Schlosses, wo die blutigste Unthat verübt wird, kleben stille Schwalbennester; ein freundlicher schottischer Sommer, nicht zu warm, nicht zu kühl, weht durch das ganze Stück; überall schöne Bäume und grünes Laubwerk, und am Ende gar kommt ein ganzer Wald einhermarschirt, Birnam-Wald kommt nach Dunsinane. Auch in Hamlet kontrastirt die liebliche Natur mit der Schwüle der Handlung; bleibt es auch Nacht in der Brust des Helden, so geht doch die Sonne darum nicht minder morgenröthlich auf, und Polonius ist ein amüsanter Narr, und es wird ruhig Komödie gespielt, und unter grünen Bäumen sitzt die arme Ophelia, und mit bunten, blühenden Blumen windet sie ihre Kränze. Aber in Lear herrschen keine solche Contraste zwischen der Handlung und der Natur, und die entzügelten Elemente heulen und stürmen um die Wette mit dem wahnsinnigen König. Wirkt ein sittliches Ereigniß ganz außerordentlicher Art auch auf die sogenannte leblose Natur? Befindet sich zwischen dieser und dem Menschengemüth ein äußerlich sichtbares Wahlverhältniß? Hat unser Dichter dergleichen erkannt und darstellen wollen?

Mit der ersten Scene dieser Tragödie werden wir, wie gesagt, schon in die Mitte der Ereignisse geführt, und wie klar auch der Himmel ist, ein scharfes Auge kann das künftige Gewitter schon voraussehen. Da ist ein Wölkchen im Verstande Lears, welches sich später zur schwärzesten Geistesnacht verdichten wird. Wer in dieser Weise alles verschenkt, der ist schon verrückt. Wie das Gemüth des Helden, so lernen wir auch den Charakter der Töchter schon in der Erposizionsscene kennen, und namentlich rührt uns schon gleich die schweigsame Zärtlichkeit Cordelias, der modernen Antigone, die an Innigkeit die antike Schwester noch übertrifft. Ja, sie ist ein reiner Geist, wie es der König erst im Wahnsinn einsieht. Ganz rein? Ich glaube, sie ist ein bischen eigensinnig, und dieses Fleckchen ist ein Vatermal. Aber wahre Liebe ist sehr verschämt und haßt allen Wortkram; sie kann nur weinen und verbluten. Die wehmüthige Bitterkeit, womit Cordelia auf die Heuchelei der Schwestern anspielt, ist von der zartesten Art, und trägt ganz den Charakter jener Ironie, deren sich der Meister aller Liebe, der Held des Evangeliums, zuweilen bediente. Ihre Seele entladet sich des gerechtesten Unwillens und offenbart zugleich ihren ganzen Adel in den Worten:

> Fürwahr, nie heurath' ich, wie meine Schwestern, um blos meinen Vater zu lieben.

Julie.

(Romeo und Julie.)

In der That, jedes Shakspeare'sche Stück hat sein besonderes Klima, seine bestimmte Jahreszeit und seine lokalen Eigenthümlichkeiten. Wie die Personen in jeder dieser Dramen, so hat auch der Boden und der Himmel, der darin sichtbar wird, eine besondere Physionomie. Hier, in Romeo und Julie, sind wir über die Alpen gestiegen und befinden uns plötzlich in dem schönen Garten, welcher Italien heißt . . .

> Kennst du das Land, wo die Zitronen blühn,
> Im dunkeln Laub die Goldorangen glühn? —

Es ist das sonnige Verona, welches Shakespeare zum Schauplatze gewählt hat für die Großthaten der Liebe, die er in Romeo und Julie verherrlichen wollte. Ja, nicht das benannte Menschenpaar, sondern die Liebe selbst ist der Held in diesem Drama. Wir sehen hier die Liebe jugendlich übermüthig auftreten, allen feindlichen Verhältnissen Trotz bietend, und Alles besiegend . . . Denn sie fürchtet sich nicht, in dem großen Kampfe zu dem schrecklichsten aber sichersten Bundesgenossen, dem Tode, ihre Zuflucht zu nehmen. Liebe im Bündnisse mit dem Tode ist unüberwindlich. Liebe! Sie ist die höchste und siegreichste aller Leidenschaften. Ihre weltbezwingende Stärke besteht aber in ihrer schrankenlosen Großmuth, in ihrer fast übersinnlichen Uneigennützigkeit, in ihrer aufopferungssüchtigen Lebensverachtung. Für sie giebt es kein Gestern und sie denkt an kein Morgen . . . Sie begehrt nur des heutigen Tages, aber diesen verlangt sie ganz, unverkürzt, unverkümmert . . . Sie will nichts davon aufsparen für die Zukunft und verschmäht die aufgewärmten Reste der Vergangenheit . . . „Vor mir Nacht, hinter mir Nacht" . . . Sie ist eine wandelnde Flamme zwischen zwei Finsternissen . . . Woher entsteht sie? . . . Aus unbegreiflich winzigen Fünkchen! . . . Wie endet sie? . . . Sie erlöscht spurlos, eben so unbegreiflich . . . Je wilder sie brennt, desto früher erlöscht sie . . . Aber das hindert sie nicht, sich ihren lodernden Trieben ganz hinzugeben, als dauerte ewig dieses Feuer . . .

Ach, wenn man zum zweitenmal im Leben von der großen Glut erfaßt wird, so fehlt leider dieser Glaube an ihre Unsterblichkeit, und die schmerzlichste Erinnerung sagt uns, daß sie sich am Ende selber aufzehrt . . . Daher die Verschiedenheit der Melancholie bei der ersten Liebe und bei der zweiten . . . Bei der ersten denken wir, daß unsere Leidenschaft nur mit tragischem Tode endigen müsse, und in der That, wenn nicht anders die entgegendrohenden Schwierigkeiten zu überwinden sind, entschließen wir uns leicht mit der Geliebten ins Grab zu steigen . . . Hingegen bei der zweiten Liebe liegt uns der Gedanke im Sinne, daß unsere wildesten und herrlichsten Gefühle sich mit der Zeit in eine zahme Lauheit verwandeln, daß wir die Augen, die Lippen, die Hüften, die uns jetzt so schauerlich begeistern, einst mit Gleichgültigkeit betrachten werden . . . Ach! dieser Gedanke ist melancholischer als jede Todesahnung! . . . Das ist ein trostloses Gefühl, wenn wir im heißesten Rausche an künftige Nüchternheit und Kühle denken, und aus Erfahrung wissen, daß die hochpoetischen heroischen Leidenschaften ein so kläglich prosaisches Ende nehmen! . . .

Diese hochpoetischen heroischen Leidenschaften! Wie die Theaterprinzessinnen geberden sie sich, und sind hochroth geschminkt, prachtvoll kostumirt, mit funkelndem Geschmeide beladen, und wandeln stolz einher und beklamiren in gemessenen Jamben . . . Wenn aber der Vorhang fällt, zieht die arme Prinzessin ihre Werkeltagskleider wieder an, wischt sich die Schminke von den Wangen, sie muß den Schmuck dem Garderobemeister überliefern, und schlotternd hängt sie sich an den Arm des ersten besten Stadtgerichtsreferendarii, spricht schlechtes Berliner Deutsch, steigt mit ihm in eine Mansarde, und gähnt und legt sich schnarchend aufs Ohr, und hört nicht mehr die süßen Betheurungen: „Sie spielten jettlich, auf Ehre" . . .

Ich wage es nicht Shakespeare im mindesten zu tadeln, und nur meine Verwunderung möchte ich darüber aussprechen, daß er den Romeo erst eine Leidenschaft für Rosalinde empfinden läßt, ehe er ihn Julien zuführt. Trotz dem, daß er sich der zweiten Liebe ganz hingiebt, nistet doch in seiner Seele eine gewisse Skepsis, die sich in ironischen Redensarten kundgiebt, und nicht selten an Hamlet erinnert. Oder ist die zweite Liebe bei dem Manne die stärkere, eben weil sie alsdann mit klarem Selbstbewußtsein gepaart ist? Bei dem Weibe giebt es keine zweite Liebe, seine Natur ist zu zart, als daß sie zweimal das furchtbarste Erdbeben des Gemüthes überstehen könnte. Betrachtet Julie. Wäre sie im Stande zum zweiten Male die überschwenglichen Seligkeiten und Schrecknisse zu ertragen, zum zweiten Male aller Angst trotzbietend, den schauderhaften Kelch zu leeren? Ich glaube, sie hat genug am ersten Male, diese arme Glückliche, dieses reine Opfer der großen Passion.

Julie liebt zum ersten Male, und liebt mit voller Gesundheit des Leibes und der Seele. Sie ist vierzehn Jahre alt, was in Italien so viel gilt, wie siebzehn Jahre nordischer Währung. Sie ist eine Rosenknospe, die eben, vor unseren Augen, von Romeos Lippen aufgeküßt ward, und sich in jugendlicher Pracht entfaltet. Sie hat weder aus weltlichen noch aus geistlichen Büchern gelernt was Liebe ist; die Sonne hat es ihr gesagt und der Mond hat es ihr wiederholt, und wie ein Echo hat es ihr Herz nachgesprochen, als sie sich nächtlich unbelauscht glaubte. Aber Romeo stand unter dem Balkone und hat ihre Reden gehört, und nimmt sie beim Wort. Der Charakter ihrer Liebe ist

Wahrheit und Gesundheit. Das Mädchen athmet Gesundheit und Wahrheit, und es ist rührend anzuhören, wenn sie sagt:

> Du weißt, die Nacht verschleiert mein Gesicht,
> Sonst färbte Mädchenröthe meine Wangen
> Um das, was du vorhin mich sagen hörtest.
> Gern hielt' ich streng auf Sitte, möchte gern
> Verläugnen, was ich sprach: doch weg mit Förmlichkeit!
> Sag', liebst du mich? Ich weiß, du wirst's bejahn,
> Und will dem Worte trau'n; doch wenn du schwörst,
> So kannst du treulos werden; wie sie sagen,
> Lacht Jupiter des Meineids der Verliebten.
> O holder Romeo! wenn du mich liebst:
> Sag's ohne Falsch! Doch dächtest du, ich sei
> Zu schnell besiegt, so will ich finster blicken,
> Will widerspänstig sein, und Nein dir sagen,
> So du dann werben willst: sonst nicht um Alles.
> Gewiß, mein Montague, ich bin zu herzlich;
> Du könntest denken, ich sei leichten Sinns.
> Doch glaube, Mann, ich werde treuer sein
> Als sie, die fremd zu thun geschickter sind.
> Auch ich, bekenn' ich, hätte fremd gethan,
> Wär' ich von dir, eh' ich's gewahrte, nicht
> Belauscht in Liebesklagen. Drum vergieb!
> Schilt diese Hingebung nicht Flatterliebe,
> Die so die stille Nacht verrathen hat.

Desdemona.

(Othello.)

Ich habe oben beiläufig angedeutet, daß der Charakter des Romeo etwas Hamletisches enthalte. In der That, ein nordischer Ernst wirft seine Streifschatten über dieses glühende Gemüth. Vergleicht man Julie mit Desdemona, so wird ebenfalls in jener ein nordisches Element bemerkbar; bei aller Gewalt ihrer Leidenschaft, bleibt sie doch immer ihrer selbst-bewußt und im klarsten Selbstbewußtsein Herrin ihrer That. Julie liebt und denkt und handelt. Desdemona liebt und fühlt und gehorcht, nicht dem eignen Willen, sondern dem stärkern Antrieb. Ihre Vortrefflichkeit besteht darin, daß das Schlechte auf ihre edle Natur keine solche Zwangsmacht ausüben kann wie das Gute. Sie wäre gewiß immer im Palazzo ihres Vaters geblieben, ein schüchternes

Kind, den häuslichen Geschäften obliegend; aber die Stimme des Mohren drang in ihr Ohr, und obgleich sie die Augen niederschlug, sah sie doch sein Antlitz in seinen Worten, in seinen Erzählungen, oder wie sie sagt: „in seiner Seele" ... und dieses leidende, großmüthige, schöne, weiße Seelenantlitz übte auf ihr Herz den unwiderstehlich hinreißenden Zauber. Ja, er hat Recht, ihr Vater, Seine Wohlweisheit der Herr Senator Brabanzio, eine mächtige Magie war Schuld daran, daß sich das bange zarte Kind zu dem Mohren hingezogen fühlte und jene häßlich schwarze Larve nicht fürchtete, welche der große Haufe für das wirkliche Gesicht Othellos hielt ...

Julias Liebe ist thätig, Desdemonas Liebe ist leidend. Sie ist die Sonnenblume, die selber nicht weiß, daß sie immer dem hohen Tagesgestirn ihr Haupt zuwendet. Sie ist die wahre Tochter des Südens, zart, empfindsam, geduldig, wie jene schlanken, großäugigen Frauenlichter, die aus sanskritischen Dichtungen so lieblich, so sanft, so träumerisch hervorstrahlen. Sie mahnt mich immer an die Sakontala des Kalidasa, des indischen Shakespeare's.

Der englische Kupferstecher, dem wir das vorstehende Bildniß der Desdemona verdanken, hat ihren großen Augen vielleicht einen zu starken Ausdruck von Leidenschaft verliehen. Aber, ich glaube bereits angedeutet zu haben, daß der Contrast des Gesichtes und des Charakters immer einen interessanten Reiz ausübt. Jedenfalls aber ist dieses Gesicht sehr schön, und namentlich dem Schreiber dieser Blätter muß es sehr gefallen, da es ihn an jene hohe Schöne erinnert, die Gottlob an seinem eignen Antlitz nie sonderlich gemäkelt hat und dasselbe bis jetzt nur in seiner Seele sah ...

> Ihr Vater liebte mich, lud oft mich ein.
> Er fragte die Geschichte meines Lebens
> Von Jahr zu Jahr; Belagerungen, Schlachten
> Und jedes Schicksal, das ich überstand.
> Ich lief sie durch, von meinem Knabenalter
> Bis zu dem Augenblick, wo er gebot,
> Sie zu erzählen. Sprechen mußt' ich da
> Von höchst unglücklichen Ereignissen,
> Von rührendem Geschick zu See und Land,
> Wie in der Bresche ich gewissem Tod'
> Kaum um die Breite eines Haars entwischte;
> Wie mich ein trotz'ger Feind gefangen nahm,
> Der Sklaverei verkaufte; wie ich mich
> Draus gelöst, und die Geschichte dessen,
> Wie ich auf meinen Reisen mich benahm.
> Von öden Höhlen, unfruchtbaren Wüsten,

Von rauhen Gruben, Felsen, Hügeln, die
Mit ihren Häuptern an den Himmel rühren,
Hat' ich sodann zu sprechen Anlaß, auch
Von Cannibalen, die einander fressen,
Anthropophagen, und dem Volke, dem
Die Köpfe wachsen unter ihren Schultern.
Von solchen Dingen zu vernehmen, zeigte
Bei Desdemona sich sehr große Neigung;
Doch riefen Hausgeschäfte stets sie ab,
Die sie beseitigte mit schnellster Hast;
Kam sie zurück, mit gier'gem Ohr verschlang sie
Was ich erzählte. Dieß bemerkend, nahm
Ich eine weiche Stunde wahr, und fand
Gelegne Mittel, ihr aus ernster Brust
Die Bitte zu entwinden: Daß ausführlich
Ich schild're ihr die ganze Pilgerschaft,
Von der sie stückweis' etwas wohl gehört,
Doch nicht zusammenhängend. Ich gewährt' es,
Und oft hab' ich um Thränen sie gebracht,
Wenn ich von harten, traur'gen Schlägen sprach,
Die meine Jugend trafen! Auserzählt,
Lohnt eine Welt voll Seufzer meine Müh'.
Sie schwor: In Wahrheit! seltsam, mehr als seltsam!
Und kläglich sei es, kläglich wundersam!
Sie wünschte, daß sie nichts davon gehört,
Und wünschte doch, daß sie der Himmel auch
Zu solchem Mann gemacht. Sie dankte mir,
Und bat, wofern ein Freund von mir sie liebe,
Ihn nur zu lehren, wie er die Geschichte
Von meinem Leben müß' erzählen.
Dann werb' er sie. Ich sprach auf diesen Wink:
Sie liebe mich, weil ich Gefahr bestand,
Und weil sie mich bedaure, lieb' ich sie.

Dieses Trauerspiel soll eine der letzten Arbeiten Shakespeare's gewesen sein, wie Titus Andronikus für sein Erstlingswerk erklärt wird. Dort wie hier ist die Leidenschaft einer schönen Frau zu einem häßlichen Mohren mit Vorliebe behandelt. Der reife Mann kehrte wieder zurück zu einem Problem, das einst seine Jugend beschäftigte. Hat er jetzt wirklich die Lösung gefunden? Ist diese Lösung eben so wahr als schön? Eine düstre Trauer erfaßt mich manchmal, wenn ich dem Gedanken Raum gebe, daß vielleicht der ehrliche Jago, mit seinen bösen Glossen über die Liebe Desdemonas zu dem Mohren, nicht ganz Unrecht haben mag. Am allerwiderwärtigsten aber berühren mich Othello's Bemerkungen über die feuchten Hände seiner Gattin.

Ein eben so abentheuerliches und bedeutsames Beispiel der Liebe zu einem Mohren, wie wir in Titus Andronikus und Othello sehen, findet man in Tausend und eine Nacht, wo eine schöne Fürstin, die zugleich eine Zauberin ist, ihren Gemahl in einer statuenähnlichen Starrheit gefesselt hält, und ihn täglich mit Ruthen schlägt, weil er ihren Geliebten, einen häßlichen Neger, getödtet hat. Herzzerreißend sind die Klagetöne der Fürstin am Lager der schwarzen Leiche, die sie durch ihre Zauberkunst in einer Art von Scheinleben zu erhalten weiß, und mit verzweiflungsvollen Küssen bedeckt, und durch einen noch größeren Zauber, durch die Liebe, aus dem dämmernden Halbtode zu voller Lebenswahrheit erwecken möchte. Schon als Knabe frappirte mich in den arabischen Mährchen dieses Bild leidenschaftlicher und unbegreiflicher Liebe.

Jessika.

(Kaufmann von Venedig.)

Als ich dieses Stück in Drurilane aufführen sah, stand hinter mir, in der Loge, eine schöne blasse Brittin, welche am Ende des vierten Aktes heftig weinte und mehrmals ausrief: the poor man is wronged! (dem armen Mann geschieht Unrecht.) Es war ein Gesicht vom edelsten griechischen Schnitt, und die Augen waren groß und schwarz. Ich habe sie nie vergessen können, diese großen und schwarzen Augen, welche um Shylok geweint haben!

Wenn ich aber an jene Thränen denke, so muß ich den Kaufmann von Venedig zu den Tragödien rechnen, obgleich der Rahmen des Stückes von den heitersten Masken, Satyrbildern und Amoretten verziert ist, und auch der Dichter eigentlich ein Lustspiel geben wollte. Shakspeare hegte vielleicht die Absicht, zur Ergötzung des großen Haufens einen gedrillten Währwolf darzustellen, ein verhaßtes Fabelgeschöpf, das nach Blut lechzt, und dabei seine Tochter und seine Dukaten einbüßt und obendrein verspottet wird. Aber der Genius des Dichters, der Weltgeist, der in ihm waltet, steht immer höher als sein Privatwille, und so geschah es, daß er in Shylok, trotz der grellen Fratzenhaftigkeit, die Justifikazion einer unglücklichen Sekte aussprach, welche von der Vorsehung, aus geheimnißvollen Gründen, mit dem Haß des niedern und vornehmen Pöbels belastet worden, und diesen Haß nicht immer mit Liebe vergelten wollte.

Aber was sag' ich? der Genius des Shakespeare erhebt sich noch über den Kleinhader zweier Glaubenspartheien, und sein Drama zeigt uns eigentlich weder Juden noch Christen, sondern Unterdrücker und Unterdrückte, und das wahnsinnig schmerzliche Aufjauchzen dieser letztern, wenn sie ihren übermüthigen Quälern die zugefügten Kränkungen mit Zinsen zurückzahlen können. Von Religionsverschiedenheit ist in diesem Stücke nicht die geringste Spur, und Shakespeare zeigt in Shylok nur einen Menschen, dem die Natur gebietet, seinen Feind zu hassen, wie er in Antonio und dessen Freunden keineswegs die Jünger jener göttlichen Lehre schildert, die uns befiehlt, unsere Feinde zu lieben. Wenn Shylok dem Manne, der von ihm Geld borgen will, folgende Worte sagt:

> Stets trug ich's mit gebuld'gem Achselzucken,
> Signor Antonio, viel und oftermals
> Habt ihr auf dem Rialto mich geschmäht
> Um meine Gelder und um meine Zinsen;
> Denn dulden ist das Erbtheil unsers Stamms.
> Ihr scheltet mich abtrünnig, einen Bluthund,
> Und speit auf meinen jüdischen Rocklor,
> Und alles, weil ich nutz', was mir gehört.
> Gut denn, nun zeigt sich's, ihr braucht meine Hülfe:
> Ei freilich ja, ihr kommt zu mir, ihr sprecht:
> „Shylock, wir wünschten Gelder." So sprecht Ihr,
> Der mir den Auswurf auf den Bart geleert,
> Und mich getreten, wie ihr von der Schwelle
> Den fremden Hund stoßt; Geld ist eu'r Begehren.
> Wie sollt' ich sprechen nun? Sollt' ich nicht sprechen:
> „Hat ein Hund Geld? Ist's möglich, daß ein Spitz
> Dreitausend Dukaten leih'n kann?" Oder soll ich
> Mich bücken und in eines Schuldners Ton,
> Demüthig wispern, mit verhaltnem Odem,
> So sprechen: „Schöner Herr, am letzten Mittwoch
> Spiet ihr mich an; ihr tratet mich den Tag;
> Ein andermal hießt ihr mich einen Hund:
> Für diese Höflichkeiten will ich euch
> Die und Gelder leih'n."

Da antwortete Antonio:

> Ich könnte leichtlich wieder dich so nennen,
> Dich wieder anspei'n, ja mit Füßen treten. —

Wo steckt da die christliche Liebe! Wahrlich, Shakespeare würde eine Satyre auf das Christenthum gemacht haben, wenn er es von jenen Personen repräsentiren ließe, die dem Shylok feindlich gegenüber stehen, aber dennoch kaum werth sind, demselben die Schuhriemen zu lösen. Der bankrotte Antonio ist ein weichliches Gemüth ohne Energie, ohne Stärke des Hasses und also auch ohne Stärke der Liebe, ein trübes Wurmherz, dessen Fleisch wirklich zu nichts besserem taugt, als „Fische damit zu angeln.” Die abgeborgten dreitausend Dukaten stattet er übrigens dem geprellten Juden keineswegs zurück. Auch Bassanio giebt ihm das Geld nicht wieder, und dieser ist ein ächter fortune-hunter, nach dem Ausdruck eines englischen Kritikers; er borgt Geld, um sich etwas prächtig herauszustaffiren und eine reiche Heirath, einen fetten Brautschatz zu erbeuten; denn, sagt er zu seinem Freunde:

> Euch ist nicht unbekannt, Antonio,
> Wie sehr ich meinen Glücksstand hab' erschöpft,
> Indem ich glänzender mich eingerichtet,
> Als meine schwachen Mittel tragen konnten.
> Auch jammer' ich jetzt nicht, daß die große Art
> Mir untersagt ist; meine Sorg' ist blos,
> Mit Ehren von den Schulden loszukommen,
> Worin mein Leben, etwas zu verschwendrisch,
> Mich hat verstrickt. — —

Was gar den Lorenzo betrifft, so ist er der Mitschuldige eines der infamsten Hausdiebstähle, und nach dem preußischen Landrecht würde er zu fünfzehn Jahre Zuchthaus verurtheilt und gebrandmarkt und an den Pranger gestellt werden; obgleich er nicht blos für gestohlene Dukaten und Juwelen, sondern auch für Naturschönheiten, Landschaften im Mondlicht und für Musik, sehr empfänglich ist. Was die andern edlen Venezianer betrifft, die wir als Gefährten des Antonio auftreten sehen, so scheinen sie ebenfalls das Geld nicht sehr zu hassen, und für ihren armen Freund, wenn er ins Unglück gerathen, haben sie nichts als Worte, gemünzte Luft. Unser guter Pietist Franz Horn macht hierüber folgende sehr wäßrige, aber ganz richtige Bemerkung: „Hier ist nun billig die Frage aufzuwerfen: wie war es möglich, daß es mit Antonio's Unglück so weit kam? Ganz Venedig kannte und schätzte ihn, seine guten Bekannten mußten genau um die furchtbare Verschreibung, und daß der Jude auch nicht einen Punkt derselben würde auslöschen lassen. Dennoch lassen sie einen Tag nach dem andern verstreichen, bis endlich die drei Monate vorüber sind, und mit denselben jede Hoffnung auf Rettung. Es würde jenen guten Freunden, deren der königliche Kaufmann ja ganze Schaaren um sich zu haben scheint, doch wohl ziemlich leicht geworden sein, die Summe von dreitausend

Dukaten zusammen zu bringen, um ein Menschenleben — und welch' eines —
zu retten; aber dergleichen ist denn doch immer ein wenig unbequem, und so
thun die lieben guten Freunde, eben weil es nur sogenannte Freunde oder,
wenn man will, halbe oder dreiviertel Freunde sind, — nichts und wieder nichts
und gar nichts. Sie bedauern den vortrefflichen Kaufmann, der ihnen früher
so schöne Feste veranstaltet hat, ungemein, aber mit gehöriger Bequemlichkeit,
schelten, was nur das Herz und die Zunge vermag, auf Shylok, was gleichfalls ohne alle Gefahr geschehen kann, und meinen dann vermuthlich alle, ihre
Freundschaftspflicht erfüllt zu haben. So sehr wir Shylok hassen müssen, so
würden wir doch selbst ihm nicht verdenken können, wenn er diese Leute ein
wenig verachtete, was er denn auch wohl thun mag. Ja er scheint zuletzt auch
den Graziano, den Abwesenheit entschuldiget, mit jenen zu verwechseln und in
Eine Classe zu werfen, wenn er die frühere Thatlosigkeit und jetzige Wortfülle
mit der schneidenden Antwort abfertigt:

> Bis du von meinem Schein das Siegel wegschiltst,
> Thust du mit Schrei'n nur deiner Lunge weh.
> Stell deinen Witz her, guter junger Mensch,
> Sonst fällt er rettungslos in Trümmern dir.
> Ich stehe hier um Recht.

Oder sollte etwa gar Lanzelot Gobbo als Repräsentant des Christenthums
gelten? Sonderbar genug, hat sich Shakespeare über letzteres nirgends so bestimmt geäußert wie in einem Gespräche, das dieser Schalk mit seiner Gebie-
erin führt. Auf Jessikas Aeußerung:

> „Ich werde durch meinen Mann selig werden, er hat mich zu einer
> Christin gemacht"

antwortete Lanzelot Gobbo:

> „Wahrhaftig, da ist er sehr zu tadeln. Es gab unser vorher schon
> Christen genug, grade so viele, als neben einander gut bestehen konnten.
> Dies Christenmachen wird den Preis der Schweine steigern; wenn wir
> alle Schweinefleisch-Esser werden, so ist in Kurzem kein Schnittchen Speck
> in der Pfanne für Geld mehr zu haben."

Wahrlich, mit Ausnahme Portia's, ist Shylok die respektabelste Person im
ganzen Stück. Er liebt das Geld, er verschweigt nicht diese Liebe, er schreit
sie aus, auf öffentlichem Markte... Aber es giebt etwas, was er dennoch
höher schätzt als Geld, nämlich die Genugthuung für sein beleidigtes Herz,
die gerechte Wiedervergeltung unsäglicher Schmähungen: und obgleich man
ihm die erborgte Summe zehnfach anbietet, er schlägt sie aus, und die drei-

tausend, die zehnmal dreitausend Dukaten, gereuen ihn nicht, wenn er ein
Pfund Herzfleisch seines Feindes damit erkaufen kann. „Was willst du mit
diesem Fleische?" fragt ihn Salario. Und er antwortet:

„Fisch' mit zu angeln. Sättigt es sonst niemanden, so sättigt es doch
meine Rache. Er hat mich beschimpft, mir eine halbe Million gehindert,
meinen Verlust belacht, meinen Gewinn bespottet, mein Volk geschmäht,
meinen Handel gekreuzt, meine Freunde verleitet, meine Feinde gehetzt.
Und was hat er für Grund? Ich bin ein Jude. Hat nicht ein Jude
Augen? Hat nicht ein Jude Hände, Gliedmaßen, Werkzeuge, Sinne,
Neigungen, Leidenschaften? Mit derselben Speise genährt, mit denselben Waffen verletzt, denselben Krankheiten unterworfen, mit denselben
Mitteln geheilt, gewärmt und gekältet von eben dem Winter und Sommer, als ein Christ? Wenn ihr uns stecht, bluten wir nicht? Wenn
ihr uns kitzelt, lachen wir nicht? Wenn ihr uns vergiftet, sterben wir
nicht? Und wenn ihr uns beleidigt, sollen wir uns nicht rächen? Sind
wir euch in allen Dingen ähnlich, so wollen wir's euch auch darin gleich
thun. Wenn ein Jude einen Christen beleidigt, was ist seine Demuth?
Rache. Wenn ein Christ einen Juden beleidigt, was muß seine Geduld
sein nach christlichem Vorbild? Nu, Rache. Die Bosheit, die ihr mich
lehrt, die will ich ausüben, und es muß schlimm hergehen, oder ich will
es meinen Meistern zuvorthun."

Nein, Shylok liebt zwar das Geld, aber es giebt Dinge, die er noch weit
mehr liebt, unter andern auch seine Tochter, „Jessika, mein Kind." Obgleich er in der höchsten Leidenschaft des Zorns sie verwünscht und todt zu
seinen Füßen liegen sehen möchte, mit den Juwelen in den Ohren, mit den
Dukaten im Sarg: so liebt er sie doch mehr als alle Dukaten und Juwelen.
Aus dem öffentlichen Leben, aus der christlichen Societät, zurückgedrängt in
die enge Umfriedung häuslichen Glückes, blieben ja dem armen Juden nur
die Familiengefühle, und diese treten bei ihm hervor mit der rührendsten Innigkeit. Den Turkis, den Ring, den ihm einst seine Gattin, seine Lea,
geschenkt, er hätte ihn nicht „für einen Wald von Affen" hingegeben. Wenn
in der Gerichtsscene Bassanio folgende Worte zum Antonio spricht:

Ich hab' ein Weib zur Ehe, und sie ist
So lieb mir als mein Leben selbst, doch gilt
Sie höher als dein Leben nicht bei mir.
Ich gäbe alles hier, ja opfert' alles,
Das Leben selbst, mein Weib und alle Welt,
Dem Teufel da, um dich nur zu befrein.

Wenn Graziano ebenfalls hinzusetzt:

> Ich hab' ein Weib, die ich, auf Ehre liebe;
> Doch wünscht' ich sie im Himmel, könnt' sie Mächte
> Dort flehn, den hünd'schen Juden zu erweichen.

Dann regt sich in Shylok die Angst ob dem Schicksal seiner Tochter, die unter Menschen, welche ihre Weiber aufopfern könnten für ihre Freunde, sich verheurathet hat, und nicht laut, sondern „bei Seite" sagt er zu sich selber:

> So sind die Christenmänner: ich hab' 'ne Tochter,
> Wär' irgend wer vom Stamm des Barnabas
> Ihr Mann geworden, lieber als ein Christ! —

Diese Stelle, dieses leise Wort, begründet das Verdammungsurtheil, welches wir über die schöne Jessika aussprechen müssen. Es war kein liebloser Vater, den sie verließ, den sie beraubte, den sie verrieth ... Schändlicher Verrath! Sie macht sogar gemeinschaftliche Sache mit den Feinden Shylok's, und wenn diese zu Belmontet allerlei Mißreden über ihn führen, schlägt Jessika nicht die Augen nieder, erbleichen nicht die Lippen Jessika's, sondern Jessika spricht von ihrem Vater das Schlimmste ... Entsetzlicher Frevel! Sie hat kein Gemüth, sondern abentheuerlichen Sinn. Sie langweilte sich in dem streng verschlossenen, „ehrbaren" Hause des bittermüthigen Juden, das ihr endlich eine Hölle dünkte. Das leichtfertige Herz ward allzusehr angezogen von den heiteren Tönen der Trommel und der quergehalsten Pfeife. Hat Shakespeare hier eine Jüdin schildern wollen? Wahrlich nein; er schildert nur eine Tochter Evas, einen jener schönen Vögel, die wenn sie flügge geworden, aus dem väterlichen Neste fortflattern zu den geliebten Männchen. So folgte Desdemona dem Mohren, so Imogen dem Posthumus. Das ist weibliche Sitte. Bei Jessika ist besonders bemerkbar eine gewisse zagende Scham, die sie nicht überwinden kann, wenn sie Knabentracht anlegen soll. Vielleicht in diesem Zuge möchte man jene sonderbare Keuschheit erkennen, die ihrem Stamme eigen ist, und den Töchtern desselben einen so wunderbaren Liebreiz verleiht. Die Keuschheit der Juden ist vielleicht die Folge einer Opposizion, die sie von jeher gegen jenen orientalischen Sinnen- und Sinnlichkeitsdienst bildeten, der einst bei ihren Nachbaren, den Aegyptern, Phöniziern, Assyrern und Babyloniern in üppigster Blüthe stand, und sich, in beständiger Transformazion, bis auf heutigen Tag erhalten hat. Die Juden sind ein keusches, enthaltsames, ich möchte fast sagen, abstraktes Volk, und in der Sittenreinheit stehen sie am nächsten den germanischen Stämmen. Die Züchtigkeit der Frauen bei Juden und Germanen ist vielleicht von keinem absoluten Werthe, aber in ihrer Erscheinung macht sie den lieblichsten, anmuthigsten und rührendsten Eindruck. Rührend bis zum Weinen ist es, wenn z. B. nach der Niederlage der Cimbern und Teutonen, die Frauen derselben den Marius anflehen, sie nicht seinen Soldaten, sondern den Priesterinnen der Vesta als Sklavinnen zu übergeben.

Es ist in der That auffallend, welche innige Wahlverwandtschaft zwischen den beiden Völkern der Sittlichkeit, den Juden und Germanen, herrscht. Diese Wahlverwandtschaft entstand nicht auf historischem Wege, weil etwa die große Familien-Chronik der Juden, die Bibel, der ganzen germanischen Welt als Erziehungsbuch diente, auch nicht weil Juden und Germanen von früh an die unerbittlichsten Feinde der Römer, und also natürliche Bundesgenossen waren: sie hat einen tiefern Grund, und beide Völker sind sich ursprünglich so ähnlich, daß man das ehemalige Palestina für ein orientalisches Deutschland ansehen könnte, wie man das heutige Deutschland für die Heimath des heiligen Wortes, für den Mutterboden des Prophetenthums, für die Burg der reinen Geistheit halten sollte.

Aber nicht blos Deutschland trägt die Physiognomie Palestina's, sondern auch das übrige Europa erhebt sich zu den Juden. Ich sage erhebt sich, denn die Juden trugen schon im Beginne das moderne Prinzip in sich, welches sich heute erst bei den europäischen Völkern sichtbar entfaltet.

Griechen und Römer hingen begeistert an dem Boden, an dem Vaterlande. Die spätern nordischen Einwanderer in die Römer- und Griechenwelt hingen an die Person ihrer Häuplinge, und an die Stelle des antiken Patriotismus trat im Mittelalter die Vasallentreue, die Anhänglichkeit an die Fürsten. Die Juden aber, von jeher, hingen nur an dem Gesetz, an dem abstrakten Gedanken, wie unsere neueren kosmopolitischen Republikaner, die weder das Geburtsland noch die Person der Fürsten, sondern die Gesetze als das Höchste achten. Ja, der Kosmopolitismus ist ganz eigentlich dem Boden Judäas entsprossen, und Christus, der, trotz dem Mißmuthe des früher erwähnten Hamburger Spezereihändlers, ein wirklicher Jude war, hat ganz eigentlich eine Propaganda des Weltbürgerthums gestiftet. Was den Republikanismus der Juden betrifft, so erinnere ich mich im Josephus gelesen zu haben, daß es zu Jerusalem Republikaner gab, die sich den königlichgesinnten Herodianern entgegensetzten, am muthigsten fochten, niemanden den Namen „Herr" gaben, und den römischen Absolutismus aufs ingrimmigste haßten; Freiheit und Gleichheit war ihre Religion. Welcher Wahn!

Was ist aber der letzte Grund jenes Hasses, den wir in Europa zwischen den Anhängern der mosaischen Gesetze und der Lehre Christi bis auf heutigen Tag gewahren, und wovon uns der Dichter, indem er das Allgemeine im Besondern veranschaulichte, im Kaufmann von Venedig ein schauerliches Bild geliefert hat? Ist es der ursprüngliche Bruderhaß, den wir schon gleich nach

Erschaffung der Welt, ob der Verschiedenheit des Gottesdienstes, zwischen Kain und Abel entlodern sehen? Oder ist die Religion überhaupt nur Vorwand, und die Menschen hassen sich, um sich zu hassen, wie sie sich lieben, um sich zu lieben? Auf welcher Seite ist die Schuld bei diesem Groll? Ich kann nicht umhin zur Beantwortung dieser Frage eine Stelle aus einem Privatbriefe mitzutheilen, die auch die Gegner Shylok's justifizirt:

„Ich verdamme nicht den Haß, womit das gemeine Volk die Juden verfolgt; ich verdamme nur die unglückseligen Irrthümer, die jenen Haß erzeugten. Das Volk hat immer Recht in der Sache, seinem Hasse wie seiner Liebe liegt immer ein ganz richtiger Instinkt zu Grunde, nur weiß es nicht seine Empfindungen richtig zu formuliren, und statt der Sache, trifft sein Groll gewöhnlich die Person, den unschuldigen Sündenbock zeitlicher oder örtlicher Mißverhältnisse. Das Volk leidet Mangel, es fehlen ihm die Mittel zum Lebensgenuß, und obgleich ihm die Priester der Staatsreligion versichern, „daß man auf Erden sei, um zu entbehren und trotz Hunger und Durst der Obrigkeit zu gehorchen" — so hat doch das Volk eine geheime Sehnsucht nach den Mitteln des Genusses, und es haßt diejenigen, in deren Kisten und Kasten dergleichen aufgespeichert liegt; es haßt die Reichen und ist froh wenn ihm die Religion erlaubt, sich diesem Hasse mit vollem Gemüthe hinzugeben. Das gemeine Volk haßte in den Juden immer nur die Geldbesitzer, es war immer das aufgehäufte Metall, welches die Blitze seines Zornes auf die Juden herabzog. Der jedesweilige Zeitgeist lieh nun immer jenem Hasse seine Parole. Im Mittelalter trug diese Parole die düstre Farbe der katholischen Kirche, und man schlug die Juden todt und plünderte ihre Häuser: „weil sie Christus gekreuzigt" — ganz mit derselben Logik, wie auf St. Domingo einige schwarze Christen, zur Zeit der Massacre, mit einem Bilde des gekreuzigten Heilands herumliefen und fanatisch schrieen: les blancs l'ont tué, tuons tous les blancs.

„Mein Freund, Sie lachen über die armen Neger; ich versichere Sie, die westindischen Pflanzer lachten damals nicht, und wurden niedergemetzelt zur Sühne Christi, wie einige Jahrhunderte früher die europäischen Juden. Aber die schwarzen Christen auf St. Domingo hatten in der Sache ebenfalls Recht! die Weißen lebten müßig in der Fülle aller Genüsse, während der Neger im Schweiße seines schwarzen Angesichts für sie arbeiten mußte, und zum Lohne nur ein Bischen Reismehl und sehr viele Peitschenhiebe erhielt; die Schwarzen waren das gemeine Volk. —

„Wir leben nicht mehr im Mittelalter, auch das gemeine Volk wird aufgeklärter, schlägt die Juden nicht mehr auf einmal todt, und beschönigt seinen Haß nicht mehr mit der Religion; unsere Zeit ist nicht mehr so naiv gläubensheiß, der tradizionelle Groll kleidet sich in modernen Redensarten, und der Pöbel in den Bierstuben wie in den Deputirtenkammern deklamirt wider die Juden mit merkantilischen, industriellen, wissenschaftlichen oder gar philosophischen Argumenten. Nur abgefeimte Heuchler geben noch heute ihrem Haß eine religiöse Färbung und verfolgen die Juden um Christi Willen; die große Menge gesteht offenherzig, daß hier materielle Interessen zu Grunde liegen, und sie will den Juden durch alle möglichen Mittel die Ausübung ihrer industriellen Fähigkeiten erschweren. Hier in Frankfurt z. B. dürfen jährlich nur vier und zwanzig Bekenner des mosaischen Glaubens heurathen, damit ihre Populazion nicht zunimmt und für die christlichen Handelsleute keine allzustarke Konkurrenz erzeugt wird. Hier tritt der wirkliche Grund-des Judenhasses mit seinem wahren Gesichte hervor, und dieses Gesicht trägt keine düster fanatische Mönchsmiene, sondern die schlaffen aufgeklärten Züge eines Krämers, der sich ängstigt im Handel und Wandel von dem israelitischen Geschäfzsgeiste überflügelt zu werden.

„Aber ist es die Schuld der Juden, daß sich dieser Geschäftsgeist bei ihnen so bedrohlich entwickelt hat? Die Schuld liegt ganz an jenem Wahnsinn, womit man im Mittelalter die Bedeutung der Industrie verkannte, den Handel als etwas Unedles und gar die Geldgeschäfte als etwas Schimpfliches betrachtete, und deshalb den einträglichsten Theil solcher Industriezweige, namentlich die Geldgeschäfte, in die Hände der Juden gab; so daß diese, ausgeschlossen von allen anderen Gewerben, nothwendigerweise die raffinirtesten Kaufleute und Banquiers werden mußten. Man zwang sie reich zu werden und haßte sie dann wegen ihres Reichthums; und obgleich jetzt die Christenheit ihre Vorurtheile gegen die Industrie aufgegeben hat, und die Christen in Handel und Gewerb eben so große Spitzbuben und eben so reich wie die Juden geworden sind: so ist dennoch an diesen letztern der trabizionelle Volkshaß haften geblieben, das Volk sieht in ihnen noch immer die Repräsentanten des Geldbesitzes und haßt sie. Sehen Sie, in der Weltgeschichte hat jeder Recht, sowohl der Hammer als der Ambos.''

Portia.

(Kaufmann von Benedig.)

„Wahrscheinlich wurden alle Kunstrichter von Shylok's erstaunlichem Charakter so geblendet und befangen, daß sie ihrerseits Portia ihr Recht nicht widerfahren ließen, da doch ausgemacht Shylok's Charakter in seiner Art nicht kunstreicher, noch vollendeter ist, als Portia's in der ihrigen. Die zwei glänzenden Figuren sind beide ehrenwerth: werth zusammen in dem reichen

Bann bezaubernder Dichtung und prachtvoller anmuthiger Formen zu stehen. Neben dem schrecklichen, unerbittlichen Juden, gegen seine gewaltigen Schatten durch ihre Glanzlichter abstechend, hängt sie wie ein prächtiger Schönheit-athmender Tizian neben einem herrlichen Rembrandt.

„Portia hat ihr gehöriges Theil von den angenehmen Eigenschaften, die Shakespeare über viele seiner weiblichen Charaktere ausgegossen; neben der Würde aber, der Süßigkeit und Zärtlichkeit, welche ihr Geschlecht überhaupt auszeichnen, auch noch ganz eigenthümliche, besondere Gaben: hohe geistige Kraft, begeisterte Stimmung, entschiedene Festigkeit und allem obschwebende Munterkeit. Diese sind angeboren; sie hat aber noch andere ausgezeichnete äußerliche Eigenschaften, die aus ihrer Stellung und ihren Bezügen hervorgehen. So ist sie Erbin eines fürstlichen Namens und unberechenbaren Reichthums; ein Gefolg dienstwilliger Lustbarkeiten hat sie stets umgeben; von Kindheit an hat sie eine mit Wohlgerüchen und Schmeicheldüften durchwürzte Luft geathmet. Daher eine gebieterische Anmuth, eine vornehme hehre Zierlichkeit, ein Geist der Pracht in allem was sie thut und sagt, als die von Geburt an mit dem Glanze vertraute. Sie wandelt einher, wie in Marmorpalästen, unter goldverzierten Decken, auf Fußböden von Ceder und Mosaiken von Jaspis und Porphyr, in Gärten mit Standbildern, Blumen und Quellen und geisterartig flüsternder Musik. Sie ist voll eindringender Weisheit, unverfälschter Zärtlichkeit und lebhaften Witzes. Da sie aber nie Mangel, Gram, Furcht oder Mißerfolg gekannt, so hat ihre Weisheit keinen Zug von Düsterheit oder Trübheit; all' ihre Regungen sind mit Glauben, Hoffnung, Freude versetzt; und ihr Witz ist nicht im mindesten böswillig oder beißend."

Obige Worte entlehne ich einem Werke der Frau Jameson, welches „Moralische, poetische und historische Frauen-Charaktere" betitelt. Es ist in diesem Buche nur von Shakespeare'schen Weibern die Rede, und die angeführte Stelle zeugt von dem Geiste der Verfasserin, die wahrscheinlich von Geburt eine Schottin ist. Was sie über Portia im Gegensatz zu Shylok sagt, ist nicht blos schön, sondern auch wahr. Wollen wir letzteren, in üblicher Auffassung, als den Repräsentanten des starren, ernsten kunstfeindlichen Judäas betrachten, so erscheint uns dagegen Portia als die Repräsentantin jener Nachblüthe des griechischen Geistes, welche von Italien aus, im sechszehnten Jahrhundert, ihren holden Duft über die Welt verbreitete und welche wir noch heute unter dem Namen „die Renaissance" lieben und schätzen. Portia ist zugleich die Repräsentantin des heitern Glückes im Gegensatze zu dem düstern Mißgeschick, welches Shylok repräsentirt. Wie blühend, wie rosig, wie reinklingend ist all ihr Denken und Sprechen, wie freudewarm sind ihre Worte, wie schön alle ihre Bilder, die meistens der Mythologie entlehnt sind! Wie trübe, kneifend und häßlich sind dagegen die Gedanken und Reden des Shylok, der im Gegentheil nur alttestamentalische Gleichnisse gebraucht! Sein Witz ist krampfhaft und ätzend, seine Metaphern sucht er unter den widerwärtigsten Gegenständen, und sogar seine Worte sind zusammengequetschte Mißlaute, schrill, zischend und quirrend. Wie die Personen so ihre Wohnungen. Wenn wir sehen, wie der Diener Jehovas, der weder ein Abbild Gottes noch des Menschen, des erschaffenen Conterfei Gottes, in seinem „ehrbaren Hause" duldet, und sogar die Ohren desselben, die Fenster, verstopft, damit die Töne des heidnischen Mummenschanz nicht hineindringen in sein „ehrbares Haus" ... so sehen wir im Gegentheil das kostbarste und geschmackvollste Villeggia-tura-Leben in dem schönen Palazzo zu Belmontet, wo lauter Licht und Musik, wo unter Gemälden, marmornen Statuen und hohen Lorbeerbäumen die geschmückten Freier lustwandeln und über Liebesräthsel sinnen, und inmitten aller Herrlichkeit Signora Portia, gleich einer Göttin hervorglänzt,

> Das sonnige Haar die Schläf' umwallend.

Durch solchen Kontrast werden die beiden Hauptpersonen des Dramas so individualisirt, daß man darauf schwören möchte, es seien nicht Phantasiebilder eines Dichters, sondern wirkliche, weibgeborne Menschen. Ja, sie erscheinen uns noch lebendiger als die gewöhnlichen Naturgeschöpfe, da weder Zeit noch Tod ihnen etwas anhaben kann, und in ihren Adern das unsterblichste Blut, die ewige Poesie, pulsirt. Wenn du nach Venedig kommst und den Dogen-palast durchwandelst, so weißt du sehr gut, daß du weder im Saal der Sena-toren, noch auf der Riesentreppe dem Marino Falièri begegnen wirst; — an den alten Dandalo wirst du im Arsenale zwar erinnert, aber auf keiner der goldenen Galeren wirst du den blinden Helden suchen; — siehst du an einer Ecke der Straße Santa eine Schlange in Stein gehauen, und an der andern Ecke den geflügelten Löwen, welcher das Haupt der Schlange in der Tatze hält, so kömmt dir vielleicht der stolze Carmagnole in den Sinn, doch nur auf einen Augenblick: — Aber weit mehr als an alle solche historische Personen denkst du zu Venedig an Shakespeare's Shylok, der immer noch lebt, während jene im Grabe längst vermodert sind, — und wenn du über den Rialto steigst, so sucht ihn dein Auge überall, und du meinst, er müsse dort hinter irgend einem Pfei-ler zu finden sein, mit seinem jüdischen Rokolor, mit seinem mißtrauisch be-rechnenden Gesicht, und du glaubst manchmal sogar seine kreischende Stimme zu hören: „dreitausend Dukaten — gut."

Ich wenigstens, wandelnder Traumjäger, wie ich bin, ich sah mich auf dem Rialto überall um, ob ich ihn irgend fände, den Shylok. Ich hätte ihm etwas mitzutheilen gehabt, was ihm Vergnügen machen konnte, daß z. B. sein Vetter, Herr von Shylok zu Paris, der mächtigste Baron der Christenheit geworden, und von Ihrer Katholischen Majestät jenen Isabellenorden erhalten hat, welcher einst gestiftet ward, um die Vertreibung der Juden und Mauren aus Spanien zu verherrlichen. Aber ich bemerkte ihn nirgends auf dem Rialto, und ich entschloß mich daher, den alten Bekannten in der Synagoge zu suchen. Die Juden feierten hier eben ihren heiligen Versöhnungstag und standen eingewickelt in ihren weißen Schaufäden-Talaren, mit unheimlichen Kopfbewegungen, fast aussehend wie eine Versammlung von Gespenstern. Die armen Juden, sie standen dort, fastend und betend, von frühestem Morgen, hatten seit dem Vorabend weder Speise noch Trank zu sich genommen, und hatten auch vorher alle ihre Bekannten um Verzeihung gebeten für etwaige Beleidigungen, die sie ihnen im Laufe des Jahres zugefügt, damit ihnen Gott ebenfalls ihre Sünden verzeihe, — ein schöner Gebrauch, welcher sich sonderbarerweise bei diesen Leuten findet, denen doch die Lehre Christi ganz fremd geblieben ist!

Indem ich, nach dem alten Shylok umherspähend, all die blassen, leidenden Judengesichter aufmerksam musterte, machte ich eine Entdeckung, die ich leider nicht verschweigen kann. Ich hatte nemlich denselben Tag das Irrenhaus San Carlo besucht, und jetzt, in der Synagoge, fiel es mir auf, daß in dem Blick der Juden derselbe fatale, halb stiere, halb unstäte, halb pfiffige halb blöde Glanz flimmerte, welchen ich kurz vorher in den Augen der Wahnsinnigen zu San Carlo bemerkt hatte. Dieser unbeschreibliche, räthselhafte Blick zeugte nicht eigentlich von Geistesabwesenheit, als vielmehr von der Oberherrschaft einer fixen Idee. Ist etwa der Glaube an jenen außerweltlichen Donnergott, den Moses aussprach, zur fixen Idee eines ganzen Volks geworden, das, trotz dem, daß man es seit zwei Jahrtausenden in die Zwangsjacke steckte und ihm die Dusche gab, dennoch nicht davon ablassen will — gleich jenem verrückten Advokaten, den ich in San Carlo sah, und der sich ebenfalls nicht ausreden ließ, daß die Sonne ein englischer Käse sei, daß die Strahlen derselben aus lauter rothen Würmern bestünden, und daß ihm ein solcher herabgeschossener Wurmstrahl das Hirn zerfresse?

Ich will hiermit keineswegs den Werth jener fixen Idee bestreiten, sondern ich will nur sagen, daß die Träger derselben zu schwach sind, um sie zu beherrschen, und davon niedergedrückt und inkurabel werden. Welches Martyrthum haben sie schon um dieser Idee Willen erduldet! welches größere Martyrthum steht ihnen noch bevor! Ich schaudre bei diesem Gedanken, und ein unendliches Mitleid rieselt mir durch's Herz. Während des ganzen Mittelalters bis zum heutigen Tag stand die herrschende Weltanschauung nicht in direktem Widerspruch mit jener Idee, die Moses den Juden aufgebürdet, ihnen mit heiligen Riemen angeschnallt, ihnen ins Fleisch eingeschnitten hatte; ja, von Christen und Mahomedanern unterschieden sie sich nicht wesentlich, unterschieden sie sich nicht durch eine entgegengesetzte Synthese, sondern nur durch Auslegung und

Shiboleth. Aber siegt einst Satan, der sündhafte Pantheismus, vor welchem uns sowohl alle Heiligen des alten und des neuen Testaments als auch des Corans bewahren mögen, so zieht sich über die Häupter der armen Juden ein Verfolgungsgewitter, das ihre früheren Erduldungen noch weit überbieten wird . . .

Trotz dem, daß ich in der Synagoge von Venedig nach allen Seiten umherspähete, konnte ich das Antlitz des Shylok's nirgens erblicken. Und doch war es mir, als halte er sich dort verborgen, unter irgend einem jener weißen Talare, inbrünstiger betend als seine übrigen Glaubensgenossen, mit stürmischer Wildheit, ja mit Raserei hinaufbetend zum Throne Jehovas, des harten Gottkönigs! Ich sah ihn nicht. Aber gegen Abend, wo, nach dem Glauben der Juden, die Pforten des Himmels geschlossen werden und kein Gebet mehr Einlaß erhält, hörte ich eine Stimme, worin Thränen rieselten, wie sie nie mit den Augen geweint werden . . . Es war ein Schluchzen, das einen Stein in Mitleid zu rühren vermochte . . . Es waren Schmerzlaute, wie sie nur aus einer Brust kommen konnten, die all das Martyrthum, welches ein ganzes gequältes Volk seit achtzehn Jahrhunderten ertragen hat, in sich verschlossen hielt . . . Es war das Röcheln einer Seele, welche todtmüde niedersinkt vor den Himmelspforten . . . Und diese Stimme schien mir wohlbekannt, und mir war, als hätte ich sie einst gehört, wie sie eben so verzweiflungsvoll jammerte: „Jessika, mein Kind!"

Comödien.

In den einleitenden Blättern dieses Bildersaals habe ich berichtet, auf welchen Wegen sich die Popularität Shakespeare's in England und Deutschland
verbreitete, und wie hier und dort ein Verständniß seiner Werke befördert ward.
Leider konnte ich in Bezug auf romanische Länder keine so erfreuliche Nachrichten mittheilen: in Spanien ist der Name unseres Dichters bis auf heutigen Tag ganz unbekannt geblieben; Italien ignorirt ihn vielleicht absichtlich,
um den Ruhm seiner großen Poeten vor transalpinischer Nebenbuhlerschaft zu
beschützen; und Frankreich, die Heimath des herkömmlichen Geschmacks und
des gebildeten Tons, glaubte lange Zeit den großen Britten hinlänglich zu
ehren, wenn es ihn einen genialen Barbaren nannte, und über seine Rohheit
so wenig als möglich spöttelte. Indessen die politische Revoluzion, welche dieses Land erlebte, hat auch eine literarische hervorgebracht, die vielleicht an Terrorismus die erstere überbietet, und Shakespeare ward bei dieser Gelegenheit
aufs Schild gehoben. Freilich, wie in ihren politischen Umwälzungsversuchen,
sind die Franzosen selten ganz ehrlich in ihren literärischen Revoluzionen; wie
dort, so auch hier, preisen und feiern sie irgend einen Helden, nicht ob seinem
wahren inwohnenden Werthe, sondern wegen des momentanen Vortheils den
ihre Sache durch solche Anpreisung und Feier gewinnen kann; und so geschieht
es, daß sie heute emporrühmen, was sie morgen wieder herabwürdigen müssen,
und umgekehrt. Shakespeare ist seit zehn Jahren in Frankreich, für die
Parthei welche die literarische Revoluzion durchkämpft, ein Gegenstand der
blindesten Anbetung. Aber, ob er bei diesen Männern der Bewegung eine
wirkliche gewissenhafte Anerkennung, oder gar ein richtiges Verständniß gefunden hat, ist die große Frage. Die Franzosen sind zu sehr die Kinder ihrer
Mütter, sie haben zu sehr die gesellschaftliche Lüge mit der Ammenmilch eingesogen, als daß sie dem Dichter, der die Wahrheit der Natur in jedem Worte
athmet, sehr viel Geschmack abgewinnen oder gar ihn verstehen könnten. Es
herrscht freilich bei ihren Schriftstellern seit einiger Zeit ein unbändiges Streben nach solcher Natürlichkeit; sie reißen sich gleichsam verzweiflungsvoll die
konvenzionellen Gewänder vom Leibe, und zeigen sich in der schrecklichsten

Nacktheit . . . Aber irgend ein modischer Fetzen, welcher ihr m dennoch immer anhängen bleibt, giebt Kunde von der überlieferten Unnatur und entlockt dem deutschen Zuschauer ein ironisches Lächeln. Diese Schriftsteller mahnen mich immer an die Kupferstiche gewisser Romane, wo die unsittlichen Liebschaften des achtzehnten Jahrhunderts abkonterfeit sind, und, trotz dem paradiesischen Naturkostüme der Herren und Damen, jene ihre Zopfperücken, diese ihre Thurmfrisuren und ihre Schuhe mit hohen Absätzen beibehalten haben.

Nicht durch direkte Kritik, sondern indirekt, durch dramatische Schöpfungen, die dem Shakespeare mehr oder minder nachgebildet sind, gelangen die Franzosen zu einigem Verständniß des großen Dichters. Als ein Vermittler in dieser Weise, ist Victor Hugo ganz besonders zu rühmen. Ich will ihn hiermit keineswegs als bloßen Nachahmer des Britten im gewöhnlichen Sinne betrachtet wissen. Victor Hugo ist ein Genius von erster Größe und bewunderungswürdig ist sein Flug und seine Schöpferkraft; er hat das Bild und hat das Wort; er ist der größte Dichter Frankreichs; aber sein Pegasus hegt eine krankhafte Scheu vor den brausenden Strömen der Gegenwart und geht nicht gern zur Tränke, wo das Tageslicht in den frischen Fluten sich abspiegelt . . . vielmehr unter den Ruinen der Vergangenheit sucht er, zu seiner Erlabung, jene verschollenen Quellen, wo einst das hohe Flügelroß des Shakespeare seinen unsterblichen Durst gelöscht hat. Ist es nun weil jene alten Quellen, halbverschüttet und übermoort, keinen reinen Trunk mehr bieten: genug, Victor Hugos dramatische Gedichte enthalten mehr den trüben Moder als den belebenden Geist der altenglischen Hippokrene, es fehlt ihnen die heitere Klarheit und die harmonische Gesundheit . . . und ich muß gestehen, zuweilen erfaßt mich der schauerliche Gedanke, dieser Victor Hugo sei das Gespenst eines englischen Poeten, aus der Blüthezeit der Elisabeth, ein todter Dichter der verdrießlich dem Grabe entstiegen, um in einem anderen Lande und in einer anderen Periode, wo er vor der Concurrenz des großen Williams gesichert, einige posthume Werke zu schreiben. In der That, Victor Hugo mahnt mich an Leute wie Marlow, Decker, Heiwood u. s. w., die in Sprache und Manier ihrem großen Zeitgenossen so ähnlich waren, und nur seinen Tiefblick und Schönheitssinn, seine furchtbare und lächelnde Grazie, seine offenbarende Natursendung, entbehrten . . . Und ach! zu den Mängeln eines Marlows, Deckers und Heiwoods, gesellt sich bei Victor Hugo noch das schlimmste Entbehrniß: es fehlt ihm das Leben. Jene litten an kochender Ueberfülle, an wildester Vollblütigkeit, und ihr poetisches Schaffen war geschriebenes Athmen, Jauchzen und Schluchzen; aber Victor Hugo, bei aller Verehrung, die ich ihm zolle, ich muß es gestehen, hat etwas Verstorbenes, Unheimliches, Spukhaftes, etwas grabentstiegen Vampyrisches . . . Er weckt nicht die Begeisterung in unsern Herzen, sondern er saugt sie heraus . . . Er versöhnt nicht unsere

Gefühle durch poetische Verklärung, sondern er erschreckt sie durch widerwärtiges Zerrbild . . . Er leidet an Tod und Häßlichkeit.

Eine junge Dame, die mir sehr nahe steht, äußerte sich jüngst über diese Häßlichkeits-Sucht der Hugo'schen Muse mit sehr treffenden Worten. Sie sagte nämlich: Die Muse des Victor Hugo mahnt mich an das Mährchen von der wunderlichen Prinzessin, die nur den häßlichsten Mann heirathen wollte, und in dieser Ansicht im ganzen Lande das Aufgeboth ergehen ließ, daß sich alle Junggesellen von ausgezeichneter Mißbildung an einem gewissen Tage vor ihrem Schlosse, als Ehekandidaten, versammeln sollten . . . Da gab's nun freilich eine gute Auswahl von Krüppeln und Fratzen, und man glaubte das Personal eines Hugo'schen Werkes vor sich zu sehen . . . Aber Quasimodo führte die Braut nach Hause.

Nach Victor Hugo muß ich wieder des Alexander Dümas erwähnen; auch dieser hat dem Verständniß des Shakespeare in Frankreich mittelbar vorgearbeitet. Wenn jener durch Extravaganz im Häßlichen die Franzosen daran gewöhnte, im Drama nicht bloß die schöne Drappirung der Leidenschaft zu suchen, so bewirkte Dümas, daß seine Landsleute an dem natürlichen Ausdruck der Leidenschaft großes Gefallen gewannen. Aber ihm galt die Leidenschaft als das Höchste, und in seinen Dichtungen usurpirte sie den Platz der Poesie. Dadurch freilich wirkte er besto mehr auf der Bühne. Er gewöhnte das Publikum in dieser Sphäre, in der Darstellung der Leidenschaften, an die größten Kühnheiten des Shakespeare; und wer einmal an Heinrich III. und Richard Darlington Gefallen fand, klagte nicht mehr über Geschmacklosigkeit im Othello und Richard III. Der Vorwurf des Plagiats, den man ihm einst anheften wollte, war eben so thöricht wie ungerecht. Dümas hat freilich in seinen leidenschaftlichen Scenen hie und da etwas dem Shakespeare entlehnt, aber unser Schiller that dieses mit noch weit kühnerem Zugriff, ohne dadurch irgend einem Tadel zu verfallen. Und gar Shakespeare selber, wie viel entlehnte er nicht seinen Vorgängern! Auch diesem Dichter begegnete es, daß ein sauertöpfiger Pamphletist mit der Behauptung gegen ihn auftrat: „Das Beste seiner Dramen sei den ältern Schriftstellern entwendet." Shakespeare wird bei dieser lächerlichen Gelegenheit ein Rabe genannt, welcher sich mit dem fremden Gefieder des Pfauen geschmückt habe. Der Schwan von Avon schwieg und dachte vielleicht in seinem göttlichen Sinn: „ich bin weder Rabe noch Pfau!" und wiegte sich sorglos auf den blauen Fluthen der Poesie, manchmal hinauflächelnd zu den Sternen, den goldenen Gedanken des Himmels.

Des Grafen Alfred de Vigny muß hier ebenfalls Erwähnung geschehen. Dieser Schriftsteller, des englischen Idioms kundig, beschäftigte sich am gründlichsten mit den Werken des Shakespeare, übersetzte einige derselben mit großem

Geschick, und dieses Studium übte auch auf seine Originalarbeiten den gün-
stigsten Einfluß. Bei dem feinhörigen und scharfäugigen Kunstsinn, den
man dem Grafen de Vigny zuerkennen muß, darf man annehmen, daß er den
Geist Shakespeare's tiefer behorcht und beobachtet habe, als die meisten seiner
Landsleute. Aber das Talent dieses Mannes, wie auch seine Denk- und
Gefühlart, ist auf das Zierliche und Miniaturmäßige gerichtet, und seine
Werke sind besonders kostbar durch ihre ausgearbeitete Feinheit. Ich kann
mir's daher wohl denken, daß er manchmal wie verblüfft stehen blieb vor jenen
ungeheuren Schönheiten, die Shakespeare gleichsam aus den gewaltigsten Gra-
nitblöcken der Poesie ausgehauen hat ... Er betrachtete sie gewiß mit ängstlicher Bewunderung, gleich einem Goldschmied, der in Florenz jene kolossalen
Pforten des Baptisterii anstarrt, die, einem einzigen Metallguß entsprungen,
dennoch zierlich und lieblich, wie ciselirt, ja wie die feinste Bijouterie-Arbeit
aussehen.

Wird es den Franzosen schon schwer genug, die Tragödien Shakespeare's
zu verstehen, so ist ihnen das Verständniß seiner Comödien fast ganz versagt.
Die Poesie der Leidenschaft ist ihnen zugänglich: auch die Wahrheit der Charakteristik können sie bis auf einen gewissen Grad begreifen: denn ihre Herzen
haben brennen gelernt, das Passionirte ist so recht ihr Fach, und mit ihrem
analitischen Verstande wissen sie jeden gegebenen Charakter in seine feinsten
Bestandtheile zu zerlegen, und die Phasen zu berechnen, worin er jedesmal
gerathen wird, wenn er mit bestimmten Weltrealitäten zusammenstößt. Aber
im Zaubergarten der Shakespeare'schen Comödie ist ihnen all dieses Erfahrungswissen von wenig Hülfe. Schon an der Pforte bleibt ihnen der Verstand stehen, und ihr Herz weiß kein Bescheid, und es fehlt ihnen die geheimnißvolle Wünschelruthe, deren bloße Berührung das Schloß sprengt. Da
schauen sie mit verwunderten Augen durch das goldene Gitter, und sehen wie
Ritter und Edelfrauen, Schäfer und Schäferinnen, Narren und Weise, unter
den hohen Bäumen einherwandeln; wie der Liebende und seine Geliebte im
kühlen Schatten lagern und zärtliche Reden tauschen; wie dann und wann
ein Fabelthier, etwa ein Hirsch mit silbernem Geweih, vorüberjagt, oder gar
ein keusches Einhorn aus dem Busche springt und der schönen Jungfrau sein
Haupt in den Schooß legt ... Und sie sehen, wie aus den Bächen die Wasserfrauen, mit grünem Haar und glänzenden Schleiern, hervortauchen, und
wie plötzlich der Mond aufgeht ... Und sie hören dann wie die Nachtigall
schlägt .. Und sie schütteln ihre klugen Köpflein über all das unbegreiflich
närrische Zeug! Ja, die Sonne können die Franzosen allenfalls begreifen,
aber nicht den Mond, und am allerwenigsten das selige Schluchzen und melancholisch entzückte Trillern der Nachtigallen ...

Ja, weder ihre empirische Bekanntschaft mit den menschlichen Passionen, noch ihre positive Weltkenntniß, ist den Franzosen von einigem Nutzen, wenn sie die Erscheinungen und Töne enträthseln wollen, die ihnen aus dem Zaubergarten der Shakespeare'schen Comödie entgegen glänzen und klingen . . . Sie glauben manchmal ein Menschengesicht zu sehen, und bei näherem Hinblick ist es eine Landschaft, und was sie für Augenbraunen hielten war ein Haselbusch, und die Nase war ein Felsen und der Mund eine kleine Quelle, wie wir dergleichen auf den bekannten Verirrbildern schauen . . . Und umgekehrt, was die armen Franzosen für einen bizarrgewachsenen Baum oder wunderlichen Stein ansahen, das präsentirt sich bei genauerer Betrachtung als ein wirkliches Menschengesicht von ungeheurem Ausdruck. Gelingt es ihnen etwa mit höchster Anstrengung des Ohres irgend ein Wechselgespräch der Liebenden, die im Schatten der Bäume lagern, zu belauschen, so gerathen sie in noch größere Verlegenheit . . . Sie hören bekannte Worte, aber diese haben einen ganz anderen Sinn; und sie behaupten dann diese Leute verstünden nichts von der flammenden Leidenschaft, von der großen Passion, das sei witziges Eis was sie einander zur Erfrischung böten, nicht lodernder Liebestrunk . . . Und sie merkten nicht, daß diese Leute nur verkleidete Vögel sind, und in einer Coteriesprache konversiren, die man nur im Traume oder in der frühesten Kindheit erlernen kann . . . Aber am schlimmsten geht es den Franzosen, da draußen an den Gitterpforten der Shakespeare'schen Comödie, wenn manchmal ein heiterer Westwind über ein Blumenbeet jenes Zaubergartens dahin streicht, und ihnen die unerhörtesten Wohlgerüche in die Nase weht . . . „Was ist das?"

Die Gerechtigkeit verlangt, daß ich hier eines französischen Schriftstellers erwähne, welcher mit einigem Geschick die Shakespeare'schen Comödien nachahmte, und schon durch die Wahl seiner Muster eine seltene Empfänglichkeit für wahre Dichtkunst beurkundete. Dieser ist Herr Alfred de Müsset. Er hat vor etwa fünf Jahren einige kleine Dramen geschrieben, die, was den Bau und die Weise betrifft, ganz den Comödien des Shakespeare nachgebildet sind. Besonders hat er sich die Caprize (nicht den Humor), der in denselben herrscht, mit französischer Leichtigkeit zu eigen gemacht. Auch an einiger, zwar sehr dünndrähtiger, aber doch probehaltiger Poesie fehlte es nicht in diesen hübschen Kleinigkeiten. Nur war zu bedauern, daß der damals jugendliche Verfasser außer der französischen Uebersetzung des Shakespeare, auch die des Byron gelesen hatte, und dadurch verleitet ward, im Kostüme des spleenigen Lords, jene Uebersättigung und Lebenssattheit zu affektiren, die in jener Periode unter den jungen Leuten zu Paris Mode war. Die rosigsten Knäbchen, die gesundesten Gelbschnäbel, behaupteten damals ihre Genußfähigkeit sei erschöpft, sie erheuchelten eine greisenhafte Erkältung des Gemüthes, und gaben sich ein zerstörtes und gähnendes Aussehen.

29*

Seitdem freilich ist unser armer Monsieur Müsset von seinem Irrthume zurückgekommen, und er spielt nicht mehr den Blasé in seinen Dichtungen, — aber ach! seine Dichtungen enthalten jetzt, statt der simulirten Zerstörniß, die weit trostloseren Spuren eines wirklichen Verfalls seiner Leibes- und Seelenkräfte... Ach! dieser Schriftsteller erinnert mich an jene künstlichen Ruinen, die man in den Schloßgärten des achtzehnten Jahrhunderts zu erbauen pflegte, an jene Spielereien einer kindischen Laune, die aber im Laufe der Zeit unser wehmüthigstes Mitleid in Anspruch nehmen, wenn sie in allem Ernste verwittern und vermodern und in wahrhafte Ruinen sich verwandeln.

Die Franzosen sind, wie gesagt, wenig geeignet, den Geist der Shakespeare'schen Comödien aufzufassen, und unter ihren Kritikern habe ich, mit Ausnahme eines einzigen, niemand gefunden, der auch nur eine Ahnung von diesem seltsamen Geiste besäße. Wer ist das? Wer ist jene Ausnahme? Gutzkow sagt, der Elephant sei der Doktrinär unter den Thieren. Und ein solcher verständiger und sehr schwerfälliger Elephant, hat das Wesen der Shakespeare'schen Comödie am scharfsinnigsten aufgefaßt. Ja, man sollte es kaum glauben, es ist Herr Guizot, welcher über jene graziösen und muthwilligsten Luftgebilde der modernen Muse das Beste geschrieben hat, und zu Verwunderung und Belehrung des Lesers, übersetze ich hier eine Stelle aus einer Schrift, die im Jahre 1822 bei Ladvokat in Paris erschienen, und "De Shakespeare et de la Poésie dramatique, par F. Guizot" betitelt ist.

„Jene Shakespeare'schen Comödien gleichen weder der Comödie des Molière noch des Aristophanes oder der Römer. Bei den Griechen, und in der neueren Zeit bei den Franzosen, entstand die Comödie durch eine zwar freie aber aufmerksame Beobachtung des wirklichen Weltlebens, und die Darstellung desselben auf der Bühne war ihre Aufgabe. Die Unterscheidung einer komischen und einer tragischen Gattung findet man schon im Beginn der Kunst, und mit der Ausbildung derselben hat sich die Trennung beider Gattungen immer bestimmter ausgesprochen. Sie trägt ihren Grund in den Dingen selbst. Die Bestimmung wie die Natur des Menschen, seine Leidenschaften und seine Geschäfte, der Charakter und die Ereignisse, alles in uns und um uns, hat sowohl seine ernsthafte wie spaßhafte Seite, und kann sowohl unter dem einen wie dem andern Gesichtspunkte betrachtet und dargestellt werden. Diese Zweiseitigkeit des Menschen und der Welt, hat der dramatischen Poesie zwei natürlichermaßen verschiedene Bahnen angewiesen; aber während sie die eine oder die andere zu ihrem Tummelplatz erwählte, hat die Kunst sich dennoch nie von der Beobachtung und Darstellung der Wirklichkeit abgewendet. Mag Aristophanes mit unumschränkter Phantasie-Freiheit die Laster und Thorheiten der Athener geißeln; mag Molière die Gebrechen der Leichtgläubigkeit, des Geizes, der Eifersucht, der Pedanterei, der abligen Hoffart, der bürgerlichen Eitel-

keit und der Tugend selbst durchhecheln; — was liegt daran, daß beide Dichter
ganz verschiedene Gegenstände behandeln; — daß der eine das ganze Leben
und das ganze Volk, der andere hingegen die Vorfälle des Privatlebens, das
Innere der Familien, und die Lächerlichkeiten des Individuums auf die
Bühne gebracht hat: diese Verschiedenheit der komischen Stoffe ist eine Folge
der Verschiedenheit der Zeit, des Ortes und der Civilisazion … Aber dem
Aristophanes wie dem Molière dient die Realität, die wirkliche Welt, immer
als Boden ihrer Darstellungen. Es sind die Sitten und die Ideen ihres
Jahrhunderts, die Laster und Thorheiten ihrer Mitbürger, überhaupt es ist die
Natur und das Leben der Menschen, was ihre poetische Laune entzündet und
erhält. Die Comödie entspringt daher aus der Welt, welche den Poeten um-
giebt, und sie schmiegt sich, noch viel enger als die Tragödie, an die äußeren
Thatsachen der Wirklichkeit ….

„Nicht so bei Shakespeare. Zu seiner Zeit hatte in England der Stoff der
dramatischen Kunst, Natur und Menschengeschick, noch nicht von den Händen
der Kunst jene Unterscheidung und Classifikazion empfangen. Wenn der
Dichter diesen Stoff für die Bühne bearbeiten wollte, so nahm er ihn in seiner
Ganzheit, mit allen seinen Beimischungen, mit allen Contrasten die sich darin
begegneten, und der Geschmack des Publikums gerieth keineswegs in Versuchung sich über solches Verfahren zu beklagen. Das Komische, dieser Theil
der menschlichen Wirklichkeit, durfte sich überall hinstellen, wo die Wahrheit
seine Gegenwart verlangte oder duldete; und es war ganz im Charakter jener
nglischen Civilisazion, daß die Tragödie, indem man ihr solchermaßen das
'omische beigesellte, keineswegs ihre Wahrheitswürde einbüßte. Bei solchem
.ustand der Bühne und solcher Neigung des Publikums, was konnte sich da
.ls die eigentliche Comödie darbieten? Wie konnte letztere als besondere Gattung gelten und ihren bestimmten Namen Comödie führen? Es gelang ihr,
indem sie sich von jenen Realitäten lossagte, wo ja doch die Grenzen ihres
natürlichen Gebietes weder geschützt noch anerkannt wurden. Diese Comödie
beschränkte sich nicht mehr auf die Darstellung bestimmter Sitten und durch-
geführter Charaktere; sie suchte nicht mehr die Dinge und die Menschen unter
einer zwar lächerlichen aber wahren Gestalt zu schildern: sondern sie ward ein
phantastisches und romantisches Geisteswerk, ein Zufluchtsort für alle jene
ergötzlichen Unwahrscheinlichkeiten, welche die Phantasie, aus Trägheit oder
Laune, nur an einem dünnen Faden zusammenreiht, um daraus allerlei bunte
Verknüpfungen zu bilden, die uns erheitern und interessiren, ohne eben dem
Urtheil der Vernunft Stand zu halten. Anmuthige Gemälde, Ueberraschun-
gen, heitere Intriguen, gereizte Neugier, getäuschte Erwartungen, Verwechs-
lungen, witzige Aufgaben welche Verkleidungen herbeiführen, das ward der
Stoff jener harmlosen, leicht zusammengewürfelten Spiele. Die Contextur

der spanischen Stücke, woran man in England Geschmack zu finden begann, lieferte diesen Spielen allerlei verschiedene Rahmen und Muster, die sich auch sehr gut anpassen ließen auf jene Chroniken und Balladen, auf jene französischen und italienischen Novellen, welche, nebst den Ritterromanen, eine Lieblingslektüre des Publikums waren. Es ist begreiflich, wie diese reiche Fundgrube und diese leichte Gattung die Aufmerksamkeit Shakespeare's schon frühe auf sich zog! Man darf sich nicht wundern, daß seine junge und glänzende Einbildungskraft sich gern in jenen Stoffen wiegte, wo sie des strengen Vernunftjoches baar, auf Kosten der Wahrscheinlichkeit alle mögliche ernste und starke Effekte bereiten konnte! Dieser Dichter, dessen Geist und Hand mit gleicher Rastlosigkeit sich bewegten, dessen Manuskripte fast keine Spur von Verbesserungen enthielten, er mußte sich gewiß mit besonderer Lust jenen ungezügelten und abentheuerlichen Spielen hingeben, worin er ohne Anstrengung alle seine verschiedenartigen Fähigkeiten entfalten durfte. Er konnte alles in seine Comödien hineinschütten, und in der That! er goß alles hinein, ausgenommen was mit einem solchen Systeme ganz unverträglich war, nämlich jene logische Verknüpfung, welche jeden Theil des Stückes dem Zwecke des Ganzen unterordnet, und in jeder Einzelheit die Tiefe, Größe und Einheit des Werks bekundet. In den Tragödien des Shakespeare findet man schwerlich irgend eine Conzepzion, eine Situazion, einen Akt der Leidenschaft, einen Grad des Lasters oder der Tugend, welchen man nicht ebenfalls in einer seiner Comödien wiederfände; aber was sich dort in die abgründlichste Tiefe erstreckt, was sich fruchtbar an erschütternden Folgerungen erweist, was sich streng in eine Reihe von Ursachen und Wirkungen einfügt: das ist hier kaum angedeutet, nur für einen Augenblick hingeworfen, um einen flüchtigen Effekt zu erzielen und sich eben so schnell in einer neuen Verknüpfung zu verlieren."

In der That, der Elephant hat Recht: Das Wesen der Shakespeare'schen Comödie besteht in der bunten Schmetterlingslaune, womit sie von Blume zu Blume dahingaukelt, selten den Boden der Wirklichkeit berührend. Nur im Gegensatz zu der realistischen Comödie der Alten und der Franzosen läßt sich von der Shakespeare'schen Comödie etwas Bestimmtes aussagen.

Ich habe vorige Nacht lange darüber nachgegrübelt, ob ich nicht dennoch von dieser unendlichen und unbegrenzten Gattung von der Comödie des Shakespeare, eine positive Erklärung geben könnte. Nach langem Hin- und Hersinnen schlief ich endlich ein, und mir träumte: es sei sternhelle Nacht und ich schwämme in einem kleinen Kahn, auf einem weiten, weiten See, wo allerlei Barken, angefüllt mit Masken, Musikanten und Fackeln, tönend und glänzend, manchmal nah, manchmal ferne, an mir vorbeifuhren. Das waren Kostume aus allen Zeiten und Landen: altgriechische Tuniken, mittelalterliche Rittermäntel, orientalische Turbane, Schäferhüte mit flatternden Bän-

tern, wilde und zahme Thierlarven ... Zuweilen nickte mir eine wohlbekannte Gestalt ... Zuweilen grüßten vertraute Weisen ... Aber das zog
immer schnell vorüber, und lauschte ich eben den Tönen der freudigen Melodie,
die mir aus einer dahin gleitenden Barke entgegenjubelten, so verhallten sie
bald, und anstatt der lustigen Fiedeln erseufzten neben mir die melancholischen
Waldhörner einer anderen Barke ... Manchmal trug der Nachtwind beides
zu gleicher Zeit an mein Ohr, und da bildeten diese gemischten Töne eine
selige Harmonie ... Die Wasser erklangen von unerhörtem Wohllaut, und
brannten im magischen Widerschein der Fackeln, und die buntbewimpelten
Lustschiffe, mit ihrer abentheuerlichen Maskenwelt, schwammen in Licht und
Musik ... Eine anmuthige Frauengestalt, die am Steuer einer jeden Barke
stand, rief mir im Vorbeifahren: Nicht wahr, mein Freund, du hättest gern
eine Definizion von der Shakespeare'schen Comödie? Ich weiß nicht, ob ich
es bejahte, aber das schöne Weib hatte zu gleicher Zeit ihre Hand ins Wasser
getaucht und mir die klingenden Funken in's Gesicht gespritzt, so daß ein allgemeines Gelächter erscholl und ich davon erwachte.

Wer war jene anmuthige Frauengestalt, die mich solchermaßen im Traume
neckte? Auf ihrem idealisch schönen Haupte saß eine buntscheckige gehörnte
Schellenkappe, ein weißes Atlaskleid mit flatternden Bändern umschloß die
fast allzu schlanken Glieder, und vor der Brust trug sie eine rothblühende
Distel. Es war vielleicht die Göttin der Caprize, jene sonderbare Muse, die
bei der Geburt Rosalindens, Beatrizes, Titanias, Violas, und wie sie sonst
heißen, die lieblichen Kinder der Shakespeare'schen Comödie, zugegen war
und ihnen die Stirne küßte. Sie hat wohl alle ihre Launen und Grillen
und Schrullen in die jungen Köpfchen hineingeküßt, und das wirkte auch auf
die Herzen. Wie bei den Männern, so auch bei den Weibern in der Shakespeare'schen Comödie, ist die Leidenschaft ganz ohne jenen furchtbaren Ernst,
ganz ohne jene fatalistische Nothwendigkeit, womit sie sich in den Tragödien
offenbart. Amor trägt dort zwar ebenfalls eine Binde und einen Köcher mit
Pfeilen. Aber diese Pfeile sind dort weniger tödtlich zugespitzt als buntbefie-
dert, und der kleine Gott schielt manchmal schalkhaft über die Binde hinweg.
Auch die Flammen brennen dort weniger als sie leuchten, aber Flammen sind
es immer, und wie in den Tragödien des Shakespeare, so auch in seinen Comödien trägt die Liebe ganz den Charakter der Wahrheit. Ja, Wahrheit ist
immer das Kennzeichen Shakespeare'scher Liebe, gleichviel in welcher Gestalt
sie erscheint, sie mag sich Miranda nennen oder Julia oder gar Cleopatra.

Indem ich diese Namen eher zufällig als absichtlich zusammen erwähne,
bietet sich mir die Bemerkung, daß sie auch die drei bedeutungsvollsten Typen
der Liebe bezeichnen. Miranda ist die Repräsentantin einer Liebe, welche,
ohne historische Einflüsse, als Blume eines unbefleckten Bodens, den nur Gei-

sterfüße betreten durften, ihre höchste Idealität entfalten konnte. Ariels Melodien haben ihr Herz gebildet, und die Sinnlichkeit erschien ihr nie andes als in der abschreckend häßlichen Gestalt eines Kaliban. Die Liebe welche Ferdinand in ihr erregt, ist daher nicht eigentlich naiv, sondern von seliger Treuherzigkeit, von urweltlicher, fast schauerlicher Reinheit. Julias Liebe trägt, wie ihre Zeit und Umgebung, einen mehr romantisch mittelalterlichen, schon der Renaissance entgegenblühenden Charakter; sie ist farbenglänzend wie der Hof der Scaliere, und zugleich stark wie jene edlen Geschlechter der Lombardei, die mit germanischem Blute verjüngt worden, und eben so kräftig liebten, wie sie haßten. Julia repräsentirt die Liebe einer jugendlichen, noch etwas rohen aber unverdorbenen, gesunden Periode. Sie ist ganz durchbrungen von der Sinnenglut und von der Glaubensstärke einer solchen Zeit, und selbst der kalte Moder der Todtengruft kann weder ihr Vertrauen erschüttern, noch ihre Flamme dämpfen. Unsere Kleopatra, ach! sie repräsentirt die Liebe einer schon erkrankten Civilisazion, einer Zeit, deren Schönheit schon abwelkt, deren Locken zwar mit allen Künsten gekräuselt, mit allen Wohldüften gesalbt, aber auch mit manchem grauen Haar durchflochten sind, einer Zeit, die den Kelch der zur Neige geht, um so hastiger leeren will. Diese Liebe ist ohne Glaube und ohne Treue, aber darum nicht minder wild und glühend. Im ärgerlichen Bewußtsein, daß diese Glut nicht zu dämpfen ist, gießt das ungeduldige Weib noch Oel hinein, und stürzt sich bachantisch in die lodernden Flammen. Sie ist feige und dennoch getrieben von eigner Zerstörungslust. Die Liebe ist immer eine Art Wahnsinn, mehr oder minder schön; aber bei dieser ägyptischen Königin steigert sie sich zur gräulichsten Tollheit . . . Diese Liebe ist ein rasender Comet, der mit seinem Flammenschweif, in den unerhörtesten Kreisläufen, am Himmel dahinstürmt, alle Sterne auf seinem Wege erschreckt, wo nicht gar beschädigt, und endlich, kläglich zusammenkrachend, wie eine Rakete, in tausend Funken zerstiebt.

Ja, du glichest einem furchtbaren Comete, schöne Cleopatra, und du glühtest nicht blos zu deinem eignen Verderben, sondern du bedeutetest auch Unglück für deine Zeitgenossen . . . Mit Antonius nimmt auch das alte heroische Römerthum ein jämmerliches Ende.

Womit soll ich aber euch vergleichen, Julia und Miranda? Ich schaue wieder nach dem Himmel und suche dort euer Ebenbild. Es befindet sich vielleicht hinter den Sternen, wo mein Blick nicht hindringt. Vielleicht, wenn die glühende Sonne auch die Milde des Mondes besäße, ich könnte dich mit ihr vergleichen, Julia! Wäre der milde Mond zugleich begabt mit der Glut der Sonne, ich würde dich damit vergleichen, Miranda!

Briefe aus Berlin.

(1822.)

Seltsam! — Wenn ich der Dey von Tunis wär',
Schlüg' ich, bei so zweideut'gem Vorfall. Lärm.

Kleist's „Prinz v. Homburg."

1.

Haben Sie noch nicht Maria von Weber's „Freischütz" gehört? Nein! Unglücklicher Mann! Aber haben Sie nicht wenigstens aus dieser Oper „das Lied der Brautjungfern" oder „den Jungfernkranz" gehört? Nein! Glücklicher Mann!

Wenn Sie vom Hallischen- nach dem Oranienburger-Thore, und vom Brandenburger- nach dem Königs-Thore, ja selbst, wenn sie vom Unterbaum nach dem Köpniker-Thore gehen, hören sie jetzt immer und ewig dieselbe Melodie, das Lied aller Lieder — „den Jungfernkranz."

Wie man in den Goethe'schen Elegien den armen Britten von dem "Marlborough s'en va-t-en guerre" durch alle Länder verfolgt sieht, so werde auch ich von Morgens früh bis spät in die Nacht verfolgt durch das Lied:

Wir winden dir den Jungfernkranz
Mit veilchenblauer Seide;
Wir führen dich zu Spiel und Tanz,
Zur Lust und Hochzeitfreude.

Chor:

Schöner, schöner, schöner, grüner Jungfernkranz,
Mit veilchenblauer Seide, mit veilchenblauer Seide!

Lavendel, Myrth' und Thymian,
Das wächst in meinem Garten;
Wie lange bleibt der Freiersmann,
Ich kann ihn kaum erwarten!

Chor:

Schöner, schöner, schöner, u. s. w.

Bin ich mit noch so guter Laune des Morgens aufgestanden, so wird doch gleich alle meine Heiterkeit fortgeärgert, wenn schon früh die Schuljugend, den „Jungfernkranz" zwitschernd, meinem Fenster vorbeizieht. Es dauert keine Stunde, und die Tochter meiner Wirthin steht auf mit ihrem „Jungfernkranz." Ich höre meinen Barbier „den Jungfernkranz" die Treppe heraufsingen. Die kleine Wäscherin kommt „mit Lavendel, Myrth' und Thymian."

So geht's fort. Mein Kopf dröhnt. Ich kann's nicht aushalten, eile aus dem Hause und werfe mich mit meinem Aerger in eine Droschke. Gut, daß ich durch das Rädergerassel nicht singen höre. Bei ***li steig' ich ab. Ist's Fräulein zu sprechen? Der Diener läuft. Ja. Die Thüre fliegt auf. Die Holde sitzt am Pianoforte, und empfängt mich mit einem süßen:

> „Wo bleibt der schmucke Freiersmann,
> Ich kann ihn kaum erwarten." —

Sie singen wie ein Engel! rief ich mit krampfhafter Freundlichkeit. „Ich will noch einmal von vorne anfangen," lispelte die Gütige, und sie windet wieder ihren Jungfernkranz, und windet, und windet, bis ich selbst vor unsäglichen Qualen wie ein Wurm mich winde, bis ich vor Seelenangst ausrufe: „Hilf Samiel!"

Sie müssen wissen, so heißt der böse Feind im Freischützen; der Jäger Kaspar, der sich ihm ergeben hat, ruft in jeder Noth: „Hilf Samiel;" es wurde hier Mode, in komischer Bedrängniß diesen Ausruf zu gebrauchen, und Bouchér, der sich den Sokrates der Violinisten nennt, hat einst sogar im Concerte, als ihm eine Violinsaite sprang, laut ausgerufen: Hilf Samiel!

Und Samiel hilft. Die bestürzte Donna hält plötzlich ein mit dem rädernden Gesange, und lispelte: Was fehlt Ihnen? „Es ist pures Entzücken," ächze ich mit forcirtem Lächeln. Sie sind krank, lispelte sie, gehen Sie nach dem Thiergarten, genießen Sie das schöne Wetter und beschauen Sie die schöne Welt. Ich greife nach Hut und Stock, küsse der Gnädigen die gnädige Hand, werfe ihr noch einen schmachtenden Passionsblick zu, stürze zur Thür hinaus, steige wieder in die erste beste Droschke, und rolle nach dem Brandenburger Thore. Ich steige aus und laufe hinein in den Thiergarten.

Ich rathe Ihnen, wenn Sie hierher kommen, so versäumen Sie nicht, an solchen schönen Vorfrühlingstagen, um diese Zeit, um halb eins, in den Thiergarten zu gehen. Gehen Sie links hinein, und eilen Sie nach der Gegend, wo unserer seligen Louise von den Einwohnerinnen des Thiergartens ein kleines, einfaches Monument gesetzt ist. Dort pflegt unser König oft spazieren zu gehen. Es ist eine schöne, edle, ehrfurchtgebietende Gestalt, die allen äußeren Prunk verschmäht. Er trägt fast immer einen scheinlos grauen Mantel, und einem Tölpel habe ich weiß gemacht: der König müsse sich oft mit dieser Kleidung etwas behelfen, weil sein Garderobemeister außer Landes wohnt und nur selten nach Berlin kömmt. Die schönen Königskinder sieht man ebenfalls zu dieser Zeit im Thiergarten, so wie auch den ganzen Hof und die allernobelste Noblesse. Die fremdartigen Gesichter sind Familien auswärtiger Gesandten. Ein oder zwei Livreebediente folgen den edlen Damen in einiger Entfernung. Officiere auf den schönsten Pferden galoppiren vorbei. Ich habe selten schö-

nere Pferde gesehen, als hier in Berlin. Ich weide meine Augen an dem
Anblick der herrlichen Reutergestalten. Die Prinzen unseres Hauses sind
darunter. Welch ein schönes, kräftiges Fürstengeschlecht! An diesem Stamme
ist kein mißgestalteter, verwahrlos'ter Ast. In freudiger Lebensfülle, Muth
und Hoheit auf den edeln Gesichtern, reiten dort die zwei ältern Königssöhne
vorbei. Jene schöne, jugendliche Gestalt, mit frommen Gesichtszügen und
liebeklaren Augen, ist der dritte Sohn des Königs, Prinz Karl. Aber jenes
leuchtende majestätische Frauenbild, das, mit einem buntglänzenden Gefolge,
auf hohem Rosse vorbeifliegt, das ist unsere — Alexandrine. Im braunen,
festanliegenden Reitkleide, ein runder Hut mit Federn auf dem Haupte, und
eine Gerte in der Hand, gleicht sie jenen ritterlichen Frauengestalten, die uns
aus dem Zauberspiegel alter Mährchen so lieblich entgegenleuchten, und wovon
wir nicht entscheiden können, ob sie Heiligenbilder sind oder Amazonen. Ich
glaube, der Anblick dieser reinen Züge hat mich besser gemacht; andächtige
Gefühle durchschauern mich, ich höre Engelstimmen, unsichtbare Friedenspalmen
fächeln, in meine Seele steigt ein großer Hymnus — da erklirren plötzlich
schnarrende Harfensaiten, und eine Alteweiberstimme quäkt: „Wir winden
dir den Jungfernkranz u. s. w."

Und nun den ganzen Tag verläßt mich nicht das vermaledeite Lied. Die
schönsten Momente verbittert es mir. Sogar wenn ich bei Tisch sitze, wird
es mir vom Sänger Heinsius als Dessert vorgedudelt. Den ganzen Nach-
mittag werde ich mit „veilchenblauer Seide" gewürzt. Dort wird der Jungfernkranz von einem Lahmen abgeorgelt, hier wird er von einem Blinden her-
untergefidelt. Am Abend geht der Spuk erst recht los. Das ist ein Flöten
und ein Gröhlen, und ein Fistuliren, und ein Gurgeln, und immer die alte
Melodie. Das Kasparlied und der Jägerchor wird wohl dann und wann
von einem illuminirten Studenten oder Fähnrich, zur Abwechselung, in das
Gesumme hineingebrüllt, aber der Jungfernkranz ist permanent; wenn der
Eine ihn beendigt hat, fängt ihn der Andere wieder von vorn an; aus allen
Häusern klingt er mir entgegen; Jeder pfeift ihn mit eigenen Variationen;
ja, ich glaube fast, die Hunde auf der Straße bellen ihn.

Wie ein zu Tode gehetzter Rehbock lege ich Abends mein Haupt auf den
Schooß der schönsten Borussin; sie streichelt mir zärtlich das borstige Haar,
lißelt mir ins Ohr: „Ich liebe dir, und deine Lawise wird dich ehch immer
juht sünt," und sie streichelt und hätschelt so lange, bis sie glaubt, daß ich am
Einschlummern sei, und sie ergreift leise „die Katharre" und spielt und singt
„die Kravatte" aus Tankred: „Nach so viel Leiden," und ich ruhe aus nach
so vielen Leiden, und liebe Bilder und Töne umgaukeln mich, — da weckt's
mich wieder gewaltsam aus meinen Träumen, und die Unglückselige singt:
„Wir winden dir den Jungfernkranz" —

In wahnsinniger Verzweiflung reiße ich mich los aus der lieblichsten Um-
armung, eile die enge Treppe hinunter, fliege wie der Sturmwind nach
Hause, werfe mich knirschend ins Bett, höre noch die alte Köchin mit ihrem
Jungfernkranze herumtrippeln, und hülle mich tiefer in die Decke.

2.

Berlin den 16. März 1822.

Wie man diesen Winter hier lebte, läßt sich von selbst errathen. Das bedarf keiner besondern Schilderung, da Winterunterhaltungen in jeder Residenz
dieselben sind. Oper, Theater, Concerte, Assembleen, Bälle, Thees (sowohl
dansant als medisant), kleine Maskeraden, Liebhaberei-Komödien, große
Redouten u. s. w., das sind wohl unsere vorzüglichsten Abendunterhaltungen
im Winter. Es ist hier ungemein viel geselliges Leben, aber es ist in lauter
Fetzen zerrissen. Es ist ein Nebeneinander vieler kleiner Kreise, die sich immer
mehr zusammen zu ziehen als auszubreiten suchen. Man betrachte nur die
verschiedenen Bälle hier: man sollte glauben, Berlin bestände aus lauter In-
nungen. Der Hof und die Minister, das diplomatische Corps, die Civilbe-
amten, die Kaufleute, die Officiere ꝛc. ꝛc., alle geben sie eigene Bälle, worauf
nur ein zu ihrem Kreise gehöriges Personal erscheint. Bei einigen Ministern
und Gesandten sind die Assembleen eigentlich große Thees, die an bestimmten
Tagen in der Woche gegeben werden, und woraus sich, durch einen mehr oder
minder großen Zusammenfluß von Gästen, ein wirklicher Ball entwickelt.
Alle Bälle der vornehmen Classe streben, mit mehr oder minderm Glücke, den
Hofbällen oder fürstlichen Bällen ähnlich zu sein. Auf letztern herrscht jetzt
fast im ganzen gebildeten Europa, derselbe Ton, oder vielmehr sie sind den
Pariser Bällen nachgebildet. Folglich haben unsere hiesigen Bälle nichts
charakteristisches; wie verwunderlich es auch oft aussehen mag, wenn vielleicht
ein von seiner Gage lebender Secondelieutenant, und ein, mit Läppchen und
Geflitter, mosaikartig aufgeputztes Kommisbrod-Fräulein, sich auf solchen
Bällen in entsetzlich vornehmen Formen bewegen, und die rührend-kümmer-
lichen Gesichter puppenspielmäßig kontrastiren mit dem angeschnallten, steifen
Hofkothurn.

Wenig Schnee, und folglich auch fast gar kein Schlittengeklingel und Peit-
schengeknall hatten wir dieses Jahr. Wie in allen protestantischen Städten
spielt hier Weihnachten die Hauptrolle in der großen Winterkomödie. Schon
eine Woche vorher ist alles beschäftigt mit Einkauf von Weihnachtsgeschenken.
Alle Modemagazine und Bijouterie- und Quinkaillieriehandlungen haben ihre

schönsten Artikel — wie unsere Stutzer ihre gelehrten Kenntnisse — leuchtend ausgestellt; auf dem Schloßplatze stehen eine Menge hölzerner Buden mit Putz-, Haushaltung- und Spielsachen; und die beweglichen Berlinerinnen flattern, wie Schmetterlinge, von Laden zu Laden, und kaufen, und schwatzen, und äugeln, und zeigen ihren Geschmack, und zeigen sich selber den lauschenden Ankerern. Aber des Abends geht der Spaß erst recht los; dann sieht man unsere Helden oft mit der ganzen respectiven Familie, mit Vater, Mutter, Tante, Schwesterchen und Brüderchen, von einem Conditorladen nach dem andern wallfahrten, als wären es Passionsstationen. Dort zahlen die lieben Leutchen ihre zwei Courantgroschen Entree und besehen sich con amore die „Ausstellung," eine Menge Zucker- oder Dragéepuppen, die, harmonisch neben einander aufgestellt, rings beleuchtet, und von vier perspectivisch bemalten Wänden eingepfercht, ein hübsches Gemälde bilden. Der Hauptwitz ist nun, daß diese Zuckerpüppchen zuweilen wirkliche, allgemein bekannte Personen vorstellen.

Die Redouten im Opernhause sind sehr schön und großartig. Wenn dergleichen gegeben werden, ist das ganze Parterre mit der Bühne vereinigt, und das giebt einen ungeheuern Saal, der oben durch eine Menge ovaler Lampenleuchter erhellt wird. Diese brennenden Kreise sehen fast aus wie Sonnensysteme, die man in astronomischen Compendien abgebildet findet, sie überraschen und verwirren das Auge des Hinaufschauenden, und gießen ihren blendenden Schimmer auf die buntscheckige, funkelnde Menschenmenge, die, fast die Musik überlärmend, tänzelnd und hüpfend und drängend im Saale hin und her wogt. Jeder muß hier in einem Maskenanzuge erscheinen und Niemanden ist es erlaubt, unten im großen Tanzsaale die Maske vom Gesicht zu nehmen. Nur in den Gängen und in den Logen des ersten und zweiten Ranges darf man die Larven ablegen. Die niedre Volksklasse bezahlt ein kleines Entree, und kann, von der Gallerie aus, auf all diese Herrlichkeit herabschauen. In der großen königl. Loge sieht man den Hof, größtentheils unmaskirt; dann und wann steigen Glieder desselben in den Saal hinunter und mischen sich in die rauschende Maskenmenge. Fast alle Männer tragen hier nur einfache, seidene Dominos und lange Klapphüte. Dieses läßt sich leicht aus dem großstädtischen Egoismus erklären. Jeder will sich hier amüsiren und nicht als Charaktermaske andern zum Amüsement dienen. Die Damen sind aus demselben Grunde ganz einfach maskirt, meistens als Fledermäuse. Eine Menge femmes entretenues und Priesterinnen der ordinairen Venus sieht man in dieser Gestalt herumflirren und Erwerbsintriguen anknüpfen. „Ich kenne dir," flüstert dort eine solche Vorbeiflirrende. „Ich kenne dir auch," ist die Antwort. "Je te connais, beau masque," ruft hier eine Chauve-souris einem jungen Wüstlinge entgegen. "Si tu me connais, ma belle, tu n'ès pas grand chose," entgegnet der Bösewicht ganz laut, und die blamirte Donna verschwindet wie ein Wind.

Aber was ist daran gelegen, wer unter der Maske steckt? Man will sich freuen, und zur Freude bedarf man nur Menschen. Und Mensch ist man erst recht auf dem Maskenballe, wo die wächserne Larve unsere gewöhnliche Fleischlarve bedeckt, wo das schlichte Du die urgesellschaftliche Vertraulichkeit herstellt, wo ein alle Ansprüche verhüllender Domino die schönste Gleichheit hervorbringt, und wo die schönste Freiheit herrscht — Maskenfreiheit. Für mich hat eine Redoute immer etwas höchst Ergötzliches. Wenn die Pauken donnern und die Trompeten erschmettern, und liebliche Flöten und Geigenstimmen lockend dazwischen tönen: dann stürze ich mich, wie ein toller Schwimmer, in die tosende, buntbeleuchtete Menschenfluth, und tanze, und renne, und scherze, und necke Jeden, und lache, und schwatze, was mir in den Kopf kömmt. Auf der letzten Redoute war ich besonders freudig, ich hätte auf dem Kopfe gehen mögen, ein bacchantischer Geist hatte mein ganzes Wesen ergriffen, und wär' mein Todfeind mir in den Weg gekommen, ich hätte ihm gesagt: Morgen wollen wir uns schießen, aber heute will ich dich recht herzlich abküssen. Die reinste Lustigkeit ist die Liebe, Gott ist die Liebe, Gott ist die reinste Lustigkeit! "Tu ès beau! tu ès charmant! tu ès l'objet de ma flamme! je t'adore, ma belle!" das waren die Worte, die meine Lippen hundertmal unwillkührlich wiederholten. Und allen Leuten drückte ich die Hand, und zog vor allen hübsch den Hut ab; und alle waren auch so höflich gegen mich. Nur ein deutscher Jüngling wurde grob, und schimpfte über mein Nachäffen des welschen Babelthums, und donnerte im urteutonischen Bierbaß: „Auf einer teutschen Mummerei soll der Teutsche teutsch sprechen!" O deutscher Jüngling, wie finde ich dich und deine Worte sündlich und läppisch in solchen Momenten, wo meine Seele die ganze Welt mit Liebe umfaßt, wo ich Russen und Türken jauchzend umarmen würde, und wo ich weinend hinsinken möchte an die Bruderbrust des gefesselten Afrikaners! Ich liebe Deutschland und die Deutschen; aber ich liebe nicht minder die Bewohner des übrigen Theils der Erde, deren Zahl vierzig mal größer ist, als die der Deutschen. Die Liebe giebt dem Menschen seinen Werth. Gott lob! ich bin also vierzig mal mehr werth als Jene, die sich nicht aus dem Sumpfe der Nationalselbstsucht hervorwinden können, und die nur Deutschland und Deutsche lieben.

3.

Berlin, ben 8. Mai 1822.

Ich habe eben meinen Gallarock, schwarzseidene Hosen und dito Strümpfe angezogen, und melde Ihnen allerfeierlichst:

die hohe Vermählung Ihrer königl. Hoheit der Prinzessin Alexandrine mit Sr. königl. Hoheit dem Erb-Groß-Herzoge von Mecklenburg-Schwerin.

Man trug sich damit herum, diese Feier solle noch etwas länger aufgeschoben werden, und wahrhaftig, vorigen Freitag wollte ich selbst nicht recht glauben, daß schon am andern Tage die Trauung statt finden werde. Es ging manchem so. Sonnabendmorgen war es nicht sehr lebhaft auf der Straße. Aber auf den Gesichtern lag Eilfertigkeit und geheimnißvolle Erwartung. Herumlaufende Bedienten, Friseure, Schachteln, Putzmacherinnen u. s. w. Ein schöner Tag, nicht sehr schwül; aber die Menschen schwitzten. Gegen sechs Uhr begann das Wagengerassel.

Ich bin kein Adeliger, kein hoher Staatsbeamte und kein Officier: folglich bin ich nicht kurfähig und konnte den Vermählungsfeierlichkeiten auf dem Schlosse selbst nicht beiwohnen. Dennoch ging ich nach dem Schloßhof, um mir wenigstens das ganze kurfähige Personal zu beschauen. Ich habe nie so viel prächtige Equipagen beisammen gesehen. Die Bedienten hatten ihre besten Livreen an, und in ihren schreiend hellfarbigen Röcken und kurzen Hosen mit weißen Strümpfen sahen sie aus wie holländische Tulpen. Mancher von ihnen trug mehr Gold und Silber am Leibe als das ganze Hauspersonal des Bürgermeisters von Nordamerika. Aber dem Kutscher des Herzogs von Cumberland gebührt der Preis. Wahrlich, diese Blume der Kutscher auf ihrem Bocke paradiren zu sehen, ist schon allein werth, daß man deshalb nach Berlin reis't. Was ist Salomo in seiner Königspracht, was ist Harun-al-Raschid in seinem Kalifenschmuck, ja was ist der Triumph-Elephant in der Olympia gegen die Herrlichkeit dieses Herrlichen? An minder festlichen Tagen imponirt er schon hinlänglich durch seine ächt chinesische Porcellanhaftigkeit, durch die pendulartigen Bewegungen seines gepuderten, schwerbezopften, mit einem dreieckigen Wünschelhütchen bedeckten Kopfes, und durch die wunderliche Beweglichkeit seiner Arme beim Pferdelenken. Aber heute trug er ein karmoisinrothes Kleid, das halb Frack, halb Ueberrock war, Hosen von derselben Farbe, alles mit breiten goldnen Tressen besetzt. Sein edles Haupt, kreideweiß gepudert, und mit einem unmenschlich großen schwarzen Haarbeutel geziert, war von einem schwarzen Sammtkäppchen mit langem Schirm bedeckt. Ganz auf gleiche Weise waren die vier Bedienten gekleidet, die hinten auf dem Wagen standen, sich mit brüderlicher Umschlingung einer an dem andern festhielten, und dem gaffenden Publikum vier wackelnde Haarbeutel zeigten. Aber Er trug die gewöhnliche Herrscherwürde im Antlitz, Er dirigirte die sechsspännige Staatskarosse, zerrend zog er die Zügel,

„und rasch hinflogen die Rosse."

Es war ein furchtbares Menschengewühl auf dem Schloßhofe. Das muß man sagen, die Berlinerinnen sind nicht neugierig. Die zartesten Mägblein gaben mir Stöße in die Seiten, die ich noch heute fühle. Es war ein Glück, daß ich keine schwangere Frau bin. Ich quetschte mich aber ehrlich durch, und gelangte glücklich in's Portal des Schlosses. Der zurückdrängende Polizeibeamte ließ mich durch, weil ich einen schwarzen Rock trug, und weil er es mir wohl ansah, daß die Fenster meines Logis mit rothseidenen Gardinen behangen sind. Ich konnte jetzt ganz gut die hohen Herren und Damen aussteigen sehen, und mich amüsirten recht sehr die vornehmen Hofkleider und Hofgesichter. Erstere kann ich nicht beschreiben, weil ich zu wenig Schneidergenie bin, und letztere will ich nicht beschreiben, aus stadtvogteilichen Gründen. Zwei hübsche Berlinerinnen, die neben mir standen, bewunderten mit Enthusiasmus die schönen Diamanten, und Goldstickereien, und Blumen, und Gaze, und Atlasse, und lange Schleppen, und Frisuren. Ich hingegen bewunderte noch mehr die schönen Augen dieser schönen Bewunderinnen, und wurde etwas ärgerlich, als mir von hinten Jemand freundschaftlich auf die Achsel schlug, und mir das rothbäckige Gesichtlein des Kammermusici entgegenleuchtete. Er war in ganz besonderer Bewegung, und hüpfte wie ein Laubfrosch. „Carissime," quäkte er, „sehen Sie dort die schöne Comptesse? Zypressenwuchs, Hyazinthenlocken, der Mund ist Ros' und Nachtigall zu gleicher Zeit, die ganze Frau ist eine Blume, und wie eine arme Blume, die zwischen zwei Blättern Löschpapier gepreßt wird, steht sie da zwischen ihren grauen Tanten. Der Herr Gemahl, der solche Blumen statt Disteln verzehrt, um uns glauben zu machen, er sei kein Esel, mußte heute zu Hause bleiben, hat den Schnupfen, liegt auf dem Sopha, ich habe ihn unterhalten müssen, wir schwatzten zwei Stunden lang von der neuen Liturgie, und die Zunge ist mir ordentlich dünner geworden durch das viele Schwatzen und die Lippen thun mir weh vor lauter Lächeln —" Bei diesen Worten zog sich um die Mundwinkel des Kammermusici ein sauerhöfliches Lächeln, das er mit dem feinen Zünglein wieder fortleckte, und plötzlich rief er: „die Liturgie! die Liturgie! sie wird auf den Flügeln des rothen Adlers dritter Classe von Kirchthurm zu Kirchthurm fliegen, jusqu'à la tour de notre Dame! Doch laßt uns etwas Vernünftiges sprechen — betrachten Sie die beiden geputzten Herren, die eben vorgefahren — ein zerquetschtes, eingemachtes Gesichtchen, ein feines Köpfchen mit

weichen, baumwollenen Gedanken, buntgestickte Weste, Galanteriedegen, weiß-
seidene, lächelnde Beinchen, und er parlirt französisch, und wenn man es ins
Deutsche übersetzt, ist es eine Dummheit — Dagegen der Andre, der Große
mit dem Schnurrbart, der Titane, der alle Betthimmel stürmen will! ich
wette, er hat so viel Verstand wie der Apoll von Belvedere —" Um den Raisonneur auf andre Gedanken zu bringen, zeigte ich ihm meinen Barbier, der
uns gegenüber stand und seinen neuen altdeutschen Rock angezogen hatte.
Kirschbraun wurde jetzt das Gesicht des Kammermusici und er fletschte mit den
Zähnen: „O Sanct Marat! so ein Lump will den Freiheitshelden spielen!
O Danton, Callot d'Herbois, Robespierre —" Vergebens trällerte ich das
Liedchen:

> Eine feste Burg, O lieber Gott,
> Ist Spandau, u. s. w.

Vergebens, ich hatte das Ding noch verschlimmert, der Mensch gerieth jetzt
in seine alten Revolutionsgeschichten, und schwatzte von nichts als Guillotinen,
Laternen, Septembrisiren, bis mir, zu meinem Glück, seine lächerliche Pul-
verfurcht in den Sinn kam, und ich sagte ihm: Wissen Sie auch, daß gleich
im Lustgarten zwölf Kanonen losgeschossen werden? Kaum hatte ich diese
Worte ausgesprochen, und verschwunden war der Kammermusikus.

Ich wischte mir den Angstschweiß aus dem Gesicht, als ich den Kerl vom
Halse hatte, sah noch die letzten Aussteigenden, machte meinen schönen Nachbarinnen eine mit einem holden Lächeln accompagnirte Verbeugung, und be-
gab mich nach dem Lustgarten. Da standen wirklich zwölf Kanonen aufgepflanzt, die dreimal losgeschossen werden sollten, in dem Augenblick, wo das
fürstliche Brautpaar die Ringe wechseln würde. An einem Fenster des Schlosses stand ein Offizier, der den Kanonieren im Lustgarten das Zeichen zum
Abfeuern geben sollte. Hier hatte sich eine Menge Menschen versammelt.
Auf ihren Gesichtern waren ganz eigne, fast sich widersprechende Gedanken zu
lesen.

Es ist einer der schönsten Züge im Charakter der Berliner, daß sie den König
und das königliche Haus ganz unbeschreiblich lieben. Die Prinzen und Prinzessinnen sind hier ein Hauptgegenstand der Unterhaltung in den geringsten
Bürgerhäusern. Ein ächter Berliner wird auch nie anders sprechen, als
„unsre" Charlotte, „unsre" Alexandrine, „unser" Prinz Carl u. s. w.
Sie können sich also vorstellen, wie sehr hier die schöne, leuchtende Alexandrine
vom Volke geliebt sein muß; und aus dieser Liebe können Sie sich auch den
Widerspruch erklären, der auf den Gesichtern der Berliner lag, als sie erwartungsvoll nach den hohen Schloßfenstern sahen, wo unsre Alexandrine vermählt wurde. Verdruß durften sie nicht zeigen; denn es war der Ehrentag
der geliebten Prinzessin. Recht freuen konnten sie sich auch nicht; denn sie

verloren dieselbe. Neben mir stand ein Mütterchen, auf dessen Gesicht zu lesen war: Jetzt habe ich sie zwar verheirathet, aber sie verläßt mich jetzt. Auf dem Gesichte meines jugendlichen Nachbars stand: Als Herzogin von Mecklenburg ist sie doch nicht so viel, wie sie als Königin aller Herzen war. Auf den rothen Lippen einer hübschen Brünette las ich: Ach, wär' ich schon so weit! — Da donnerten plötzlich die Kanonen, die Damen zuckten zusammen, die Glocken läuteten, Staub- und Dampfwolken erhoben sich, die Jungen schrieen, die Leute trabten nach Hause, und die Sonne ging blutroth unter hinter Monbijou.

Einleitung

zur

Prachtausgabe des Don Quixote.

Leben und Thaten des scharfsinnigen Junkers Don Quixote von der Mancha, beschrieben von Miguel Cervantes de Saavedra, war das erste Buch, das ich gelesen habe, nachdem ich schon in ein verständiges Kindesalter getreten und des Buchstabenwesens einigermaßen kundig war. Ich erinnere mich noch ganz genau jener kleinen Zeit, wo ich mich eines frühen Morgens von Hause wegstahl und nach dem Hofgarten eilte, um dort ungestört den Don Quixote zu lesen. Es war ein schöner Maitag, lauschend im stillen Morgenlichte lag der blühende Frühling und ließ sich loben von der Nachtigall, seiner süßen Schmeichlerin, und diese sang ihr Loblied so caressirend weich, so schmelzend enthusiastisch, daß die verschämtesten Knospen aufsprangen und die lüsternen Gräser und die duftigen Sonnenstrahlen sich hastiger küßten, und Bäume und Blumen schauerten vor eitel Entzücken. Ich aber setzte mich auf eine alte moosige Steinbank in der sogenannten Seufzerallee, unfern des Wasserfalls, und ergötzte mein kleines Herz an den großen Abenteuern des kühnen Ritters. In meiner kindischen Ehrlichkeit nahm ich Alles für baaren Ernst; so lächerlich auch dem armen Helden von dem Geschicke mitgespielt wurde, so meinte ich doch, das müsse so sein, das gehöre nun 'mal zum Heldenthum, das Ausgelachtwerden eben so gut wie die Wunden des Leibes, und jenes verdroß mich eben so sehr, wie ich diese in meiner Seele mitfühlte. — Ich war ein Kind und kannte nicht die Ironie, die Gott in die Welt hineingeschaffen, und die der große Dichter in seiner gedruckten Kleinwelt nachgeahmt hatte, und ich konnte die bittersten Thränen vergießen, wenn der edle Ritter für allen seinen Edelmuth nur Undank und Prügel genoß. Da ich, noch ungeübt im Lesen, jedes Wort laut aussprach, so konnten Vögel und Bäume, Bach und Blume Alles mit anhören, und da solche unschuldige Naturwesen, eben so wie die Kinder, von der Weltironie nichts wissen, so hielten sie gleichfalls Alles für baaren Ernst und weinten mit mir über die Leiden des armen Ritters; sogar eine alte ausgediente Eiche schluchzte, und der Wasserfall schüttelte heftiger seinen weißen Bart und schien zu schelten auf die Schlechtigkeit der Welt. Wir fühlten, daß der Heldensinn des Ritters darum nicht mindere Bewunderung verdient, wenn ihm der Löwe ohne Kampflust den Rücken kehrte, und daß seine Thaten um so preisenswerther, je schwächer und ausgedörrter sein Leib, je morscher die Rüstung, die ihn schützte, und je armseliger der Klepper, der ihn trug. Wir verachteten den niedrigen Pöbel, der, geschmückt mit buntseidenen Mänteln, vornehmen Redensarten und Herzogstiteln, einen Mann verhöhnte, der ihm an Geisteskraft und Edelsinn so weit überlegen war. Dulcinea's Ritter stieg immer höher in meiner Achtung und gewann immer mehr meine Liebe, je länger ich in dem wundersamen Buche las, was in demselben Garten täglich geschah, so daß ich schon im Herbste das Ende der Geschichte erreichte, — und nie werde ich den Tag vergessen, wo ich von dem kummervollen Zweikampfe las, worin der Ritter so schmählich unterliegen mußte!

Es war ein trüber Tag, häßliche Nebelwolken zogen den grauen Himmel entlang, die gelben Blätter fielen schmerzlich von den Bäumen, schwere Thränentropfen hingen an den letzten Blumen, die gar traurig welk die sterbenden Köpfchen senkten, die Nachtigallen waren längst verschollen, von allen Seiten starrte mich an das Bild der Vergänglichkeit, — und mein Herz wollte schier brechen, als ich las, wie der edle Ritter betäubt und zermalmt am Boden lag und, ohne das Visir zu heben, als wenn er aus dem Grabe gesprochen hätte, mit schwacher, kranker Stimme zu dem Sieger hinaufrief: Dulcinea ist das schönste Weib der Welt, und ich der unglücklichste Ritter auf Erden, aber es ziemt sich nicht, daß meine Schwäche diese Wahrheit verleugne, — stoßt zu mit der Lanze, Ritter!

Ach, dieser leuchtende Ritter vom silbernen Monde, der den muthigsten und edelsten Mann der Welt besiegte, war ein verkappter Barbier!

Es sind nun acht Jahre, daß ich, für den vierten Theil der Reisebilder, diese Zeilen geschrieben, worin ich den Eindruck schilderte, den die Lecture des Don Quixote vor weit längerer Zeit in meinem Geiste hervorbrachte. Lieber Himmel, wie doch die Jahre schnell dahinschwinden! Es ist mir, als habe ich erst gestern in der Seufzerallee des Düsseldorfer Hofgartens das Buch zu Ende gelesen, und mein Herz sei noch erschüttert von Bewunderung für die Thaten und Leiden des großen Ritters. Ist mein Herz die ganze Zeit über stabil geblieben, oder ist es, nach einem wunderbaren Kreislauf, zu den Gefühlen der Kindheit zurückgekehrt? Das Letztere mag wohl der Fall sein: denn ich erinnere mich, daß ich in jedem Lustrum meines Lebens den Don Quixote mit abwechselnd verschiedenartigen Empfindungen gelesen habe. Als ich in's Jünglingsalter emporblühete und mit unerfahrenen Händen in die Rosenbüsche des Lebens hineingriff und auf die höchsten Felsen klomm, um der Sonne näher zu sein, und des Nachts von nichts träumte als von Adlern und reinen Jungfrauen: da war mir der Don Quixote ein sehr unerquickliches Buch, und lag es in meinem Wege, so schob ich es unwillig zur Seite. Späterhin, als ich zum Manne heranreifte, versöhnte ich mich schon einigermaßen mit Dulcinea's unglücklichem Kämpen, und ich fing schon an über ihn zu lachen. Der Kerl ist ein Narr, sagte ich. Doch, sonderbarer Weise, auf allen meinen Lebensfahrten verfolgten mich die Schattenbilder des dürren Ritters und seines fetten Knappen, namentlich wenn ich an einen bedenklichen Scheideweg gelangte. So erinnere ich mich, als ich nach Frankreich reiste und eines Morgens im Wagen aus einem fieberhaften Halbschlummer erwachte, sah ich im Frühnebel zwei wohlbekannte Gestalten neben mir einher reiten, und die eine, an meiner rechten Seite, war Don Quixote von der Mancha auf seinem abstracten Rozinante, und die andere, zu meiner Linken, war Sancho Pansa auf seinem positiven Grauchen. Wir hatten eben die französische Grenze erreicht. Der alte Manchaner beugte ehrfurchtsvoll das Haupt vor der dreifarbigen Fahne, die uns vom hohen Grenzpfahl entgegen flatterte, der gute Sancho grüßte mit etwas kühlerem Kopfnicken die ersten französischen Gensdarmen, die unfern zum Vorschein kamen; endlich aber jagten beide Freunde mir voran, ich verlor sie aus dem Gesichte, und nur noch zuweilen hörte ich Rozinante's begeistertes Gewieher und die bejahenden Töne des Esels.

Ich war damals der Meinung, die Lächerlichkeit des Donquixotismus bestehe darin, daß der edle Ritter eine längst abgelebte Vergangenheit in's Leben zurückrufen wollte, und seine armen Glieder, namentlich sein Rücken, mit den Thatsachen der Gegenwart in schmerzliche Reibungen geriethen. Ach, ich habe seitdem erfahren, daß es eine eben so undankbare Tollheit ist, wenn man die Zukunft allzu frühzeitig in die Gegenwart einführen will und bei solchem Ankampf gegen die schweren Interessen des Tages nur einen sehr mageren Klepper, eine sehr morsche Rüstung und einen eben so gebrechlichen Körper besitzt! Wie über jenen, so auch über diesen Donquixotismus schüttelt der Weise sein vernünftiges Haupt. — Aber Dulcinea von Toboso ist dennoch das schönste Weib der Welt; obgleich ich elend zu Boden liege, nehme ich dennoch diese Behauptung nimmermehr zurück, ich kann nicht anders, — stoßt zu mit Euren Lanzen, Ihr silberne Mondritter, Ihr verkappte Barbiergesellen!

Welcher Grundgedanke leitete den großen Cervantes, als er sein großes Buch schrieb? Beabsichtigte er nur den Ruin der Ritterromane, deren Lecture zu seiner Zeit in Spanien so stark grassirte, daß geistliche und weltliche Verordnungen dagegen ohnmächtig waren? oder wollte er alle Erscheinungen der menschlichen Begeisterung überhaupt und zunächst das Heldenthum der Schwertführer in's Lächerliche ziehen? Offenbar bezweckte er nur eine Satire gegen die erwähnten Romane, die er, durch Beleuchtung ihrer Absurditäten, dem allgemeinen Gespötte und also dem Untergange überliefern wollte. Dieses gelang ihm auch auf's glänzendste: denn was weder die Ermahnungen der Kanzel, noch die Drohungen der Kanzlei bewerkstelligen konnten, das erwirkte ein armer Schriftsteller mit seiner Feder: er richtete die Ritterromane so gründlich zu Grunde, daß bald nach dem Erscheinen des Don Quixote der Geschmack für jene Bücher in ganz Spanien erlosch, und auch keins derselben mehr gedruckt ward. Aber die Feder des Genius ist immer größer als er selber, sie reicht immer weit hinaus über seine zeitlichen Absichten, und ohne daß er sich dessen klar bewußt wurde, schrieb Cervantes die größte Satire gegen die menschliche Begeisterung. Nimmermehr ahnte er dieses, er selber, der Held, welcher den größten Theil seines Lebens in ritterlichen Kämpfen zugebracht hatte und im späten Alter sich noch oft darüber freute, daß er in der Schlacht bei Lepanto mitgefochten, obgleich er diesen Ruhm mit dem Verluste seiner linken Hand bezahlt hatte.

Ueber Person und Lebensverhältnisse des Dichters, der den Don Quixote geschrieben, weiß der Biograph nur Weniges zu melden. Wir verlieren nicht viel durch solchen Mangel an Notizen, die gewöhnlich bei den Frau Basen der Nachbarschaft aufgegabelt werden. Diese sehen ja nur die Hülle; wir aber sehen den Mann selbst, seine wahre, treue, unverleumdete Gestalt.

Er war ein schöner, kräftiger Mann, Don Miguel Cervantes de Saavedra. Seine Stirn war hoch und sein Herz war weit. Wundersam war die Zauberkraft seines Auges. Wie es Leute giebt, welche durch die Erde schauen und die darin begrabenen Schätze oder Leichen sehen können, so drang das Auge des großen Dichters durch die Brust der Menschen, und er sah deutlich, was dort vergraben. Den Guten war sein Blick ein Sonnenstrahl, der ihr Inneres freudig erhellte; den Bösen war sein Blick ein Schwert, das ihre Gefühle grausam zerschnitt. Sein Blick drang forschend in die Seele eines Menschen und sprach mit ihr, und wenn sie nicht antworten wollte, folterte er sie, und die Seele lag blutend auf der Folter, während vielleicht ihre leibliche Hülle sich herablassend vornehm geberdete. Was Wunder, daß ihm dadurch sehr viele Leute abhold wurden, und ihn auf seiner irdischen Laufbahn nur saumselig beförderten! Auch gelangte er niemals zu Rang und Wohlstand, und von all seinen mühseligen Pilgerfahrten brachte er keine Perlen, sondern nur leere Muscheln nach Hause. Man sagt, er habe den Werth des Geldes nicht zu schätzen gewußt; aber ich versichere euch, er wußte den Werth des Geldes sehr zu schätzen, sobald er keins mehr hatte. Nie aber schätzte er es so hoch, wie seine Ehre. Er hatte Schulden, und in einer von ihm verfaßten Charte, die Apollo den Dichtern octroyirt, bestimmt der erste Paragraph, wenn ein Dichter versichert, kein Geld zu haben, so solle man ihm auf's Wort glauben und keinen Eid von ihm verlangen. Er liebte Musik, Blumen und Weiber. Doch auch in der Liebe für Letztere ging es ihm manchmal herzlich schlecht, namentlich als er noch jung war. Konnte das Bewußtsein künftiger Größe ihn genugsam trösten in seiner Jugend, wenn schnippische Rosen ihn

mit ihren Dornen verletzten? — Einst an einem hellen Sommernachmittag
ging er, ein junger Fant, am Tajo spazieren mit einer sechzehnjährigen Schönen, die sich beständig über seine Zärtlichkeit moquirte. Die Sonne war noch
nicht untergegangen, sie glühte noch in ihrer goldigsten Pracht; aber oben am
Himmel stand schon der Mond, winzig und blaß, wie ein weißes Wölkchen.
„Siehst du,“ sprach der junge Dichter zu seiner Geliebten, „siehst du dort oben
jene kleine bleiche Scheibe? der Fluß hier neben uns, worin sie sich abspiegelt,
scheint nur aus Mitleiden ihr ärmliches Abbild auf seinen stolzen Fluten zu
tragen, und die gekräuselten Wellen werfen es zuweilen spottend an's Ufer.
Aber laß nur den alten Tag verdämmern! Sobald die Dunkelheit anbricht,
erglüht droben jene blasse Scheibe immer herrlicher und herrlicher, der ganze
Fluß wird überstrahlt von ihrem Lichte, und die Wellen, die vorhin so wegwerfend übermüthig, erschauern jetzt bei dem Anblick dieses glänzenden Gestirns
und schwellen ihm entgegen mit Wollust.“

In den Werken der Dichter muß man ihre Geschichte suchen, und hier findet
man ihre geheimsten Bekenntnisse. Ueberall, mehr noch in seinen Dramen
als im Don Quixote, sehen wir, was ich bereits erwähnt habe, daß
Cervantes lange Zeit Soldat war. In der That, das römische Wort:
Leben heißt Krieg führen! findet auf ihn seine doppelte Anwendung. Als gemeiner Soldat kämpfte er in den meisten jener wilden Waffenspiele, die König
Philipp II. zur Ehre Gottes und seiner eigenen Lust in allen Landen auf-
führte. Dieser Umstand, daß Cervantes dem größten Kämpen des Katholicismus seine ganze Jugend gewidmet, daß er für die katholischen Interessen
persönlich gekämpft, läßt vermuthen, daß diese Interessen ihm auch theuer am
Herzen lagen, und widerlegt wird dadurch jene vielverbreitete Meinung, daß
nur die Furcht vor der Inquisition ihn abgehalten habe, die protestantischen
Zeitgedanken im Don Quixote zu besprechen. Nein, Cervantes
war ein getreuer Sohn der römischen Kirche, und nicht blos blutete sein Leib
im ritterlichen Kampfe für ihre gebenedeite Fahne, sondern er litt für sie auch
mit seiner ganzen Seele das peinlichste Martyrthum während seiner langjäh-
rigen Gefangenschaft unter den Ungläubigen.

Dem Zufall verdanken wir mehr Details über das Treiben des Cervantes zu Algier, und hier erkennen wir in dem großen Dichter einen eben so
großen Helden. Die Gefangenschaftsgeschichte widerspricht auf's glänzendste
der melodischen Lüge jenes glatten Lebemannes, der dem Augustus und
allen deutschen Schulfüchsen weiß gemacht hat, er sei ein Dichter und Dichter
seien feige. Nein, der wahre Dichter ist auch ein wahrer Held, und in seiner
Brust wohnt die Geduld, die, wie der Spanier sagt, ein zweiter Muth ist. Es
giebt kein erhabeneres Schauspiel, als den Anblick jenes edeln Castilianers, der
dem Dey zu Algier als Sklave dient, beständig auf Befreiung sinnt, seine küh-

nen Plane unermüdlich vorbereitet, allen Gefahren ruhig entgegen blickt und, wenn das Unternehmen scheitert, lieber Tod und Folter ertrüge, als daß er nur mit einer Sylbe die Mitschuldigen verriethe. Der blutgierige Herr seines Leibes wird entwaffnet von so viel Großmuth und Tugend, der Tiger schont den gefesselten Löwen und zittert vor dem schrecklichen Einarm, den er doch mit einem Wort in den Tod schicken könnte. Unter dem Namen „der Einarm" ist Cervantes in ganz Algier bekannt, und der Dey gesteht, daß er ruhig schlafen könne und der Ruhe seiner Stadt, seiner Armee und seiner Sklaven versichert sei, wenn er nur den einhändigen Spanier in festem Gewahrsam wisse.

Ich habe erwähnt, daß Cervantes beständig ein gemeiner Soldat war; aber da er sogar in so untergeordneter Stellung sich auszeichnen und namentlich seinem großen Feldherrn, Don Juan d'Austria, bemerkbar machen konnte, so erhielt er, als er aus Italien nach Spanien zurückkehren wollte, die rühmlichsten Zeugnißbriefe für den König, dem seine Beförderung darin nachdrücklich empfohlen ward. Als nun die algierischen Corsaren, die ihn auf dem mittelländischen Meere gefangen nahmen, diese Briefe sahen, hielten sie ihn für eine Person von äußerst bedeutendem Stande und forderten deßhalb ein so erhöhetes Lösegeld, daß seine Familie, trotz aller Mühen und Opfer, ihn nicht loszukaufen vermochte, und der arme Dichter desto länger und qualsamer in der Gefangenschaft gehalten wurde. So ward sogar die Anerkennung seiner Vortrefflichkeit für ihn nur eine neue Quelle des Unglücks, und so, bis an's Ende seiner Tage, spottete seiner jenes grausame Weib, die Göttin Fortuna, die es dem Genius nie verzeiht, daß er auch ohne ihre Gönnerschaft zu Ruhm und Ehre gelangen kann.

Aber ist das Unglück des Genius immer nur das Werk eines blinden Zufalls, oder entspringt es als Nothwendigkeit aus seiner innern Natur und der Natur seiner Umgebung? Tritt seine Seele in Kampf mit der Wirklichkeit, oder beginnt die rohe Wirklichkeit einen ungleichen Kampf mit seiner edeln Seele?

Die Gesellschaft ist eine Republik. Wenn der Einzelne empor strebt, drängt ihn die Gesammtheit zurück durch Ridicule und Verlästerung. Keiner soll tugendhafter und geistreicher sein, als die Uebrigen. Wer aber durch die unbeugsame Gewalt des Genius hinausragt über das banale Gemeindemaß, diesen trifft der Ostracismus der Gesellschaft, sie verfolgt ihn mit so gnadenloser Verspottung und Verläumbung, daß er sich endlich zurückziehen muß in die Einsamkeit seiner Gedanken.

Ja, die Gesellschaft ist ihrem Wesen nach republikanisch. Jede Fürstlichkeit ist ihr verhaßt, die geistige eben so sehr wie die materielle. Letztere stützt nicht selten auch die Erstere mehr als man gewöhnlich ahnt. Gelangten wir doch selber zu dieser Einsicht bald nach der Juliusrevolution, als der Geist des Republikanismus in allen gesellschaftlichen Verhältnissen sich kund gab. Der Lorbeer eines großen Dichters war unsern Republikanern eben so verhaßt, wie der Purpur eines großen Königs. Auch die geistigen Unterschiede der Menschen wollten sie vertilgen, und indem sie alle Gedanken, die auf dem Territorium des Staates entsprossen, als bürgerliches Gemeingut betrachteten, blieb ihnen nichts mehr übrig, als auch die Gleichheit des Styls zu decretiren. Und in der That, ein guter Styl wurde als etwas Aristokratisches verschrien, und vielfach hörten wir die Behauptung: Der echte Demokrat schreibt, wie das Volk, herzlich schlicht und schlecht. Den meisten Männern der Bewegung gelang dieses sehr leicht; aber nicht Jedem ist es gegeben, schlecht zu schreiben, zumal wenn man sich zuvor das Schönschreiben angewöhnt hatte, und da hieß es gleich: Das ist ein Aristokrat, ein Liebhaber der Form, ein Freund der Kunst, ein Feind des Volks. Sie meinten es gewiß ehrlich, wie der heilige Hieronymus, der seinen guten Styl für eine Sünde hielt und sich weiblich dafür geißelte.

Eben so wenig wie antikatholische, finden wir auch antiabsolutistische Klänge im Don Quixote. Kritiker, welche dergleichen darin wittern, sind offenbar im Irrthum. Cervantes war der Sohn einer Schule, welche den unbedingten Gehorsam für den Oberherrn sogar poetisch idealisirt hatte. Und dieser Oberherr war König von Spanien zu einer Zeit, wo die Majestät desselben die ganze Welt überstrahlte. Der gemeine Soldat fühlte sich im Lichtstrahl jener Majestät und opferte gern seine individuelle Freiheit für solche Befriedigung des castilianischen Nationalstolzes.

Die politische Größe Spaniens zu jener Zeit mochte nicht wenig das Gemüth seiner Schriftsteller erhöhen und erweitern. Auch im Geiste eines spanischen Dichters ging die Sonne nicht unter, wie im Reiche Karls V. Die wilden Kämpfe mit den Morisken waren beendigt, und wie nach einem Gewitter die Blumen am stärksten duften, so erblüht die Poesie immer am herrlichsten nach einem Bürgerkrieg. Dieselbe Erscheinung sehen wir in England zur Zeit der Elisabeth, und gleichzeitig mit Spanien entsprang dort eine Dichterschule, die zu merkwürdigen Vergleichungen auffordert. Dort sehen wir Shakespeare, hier Cervantes als die Blüthe der Schule.

Wie die spanischen Dichter unter den drei Philippen, so haben auch die englischen unter der Elisabeth eine gewisse Familienähnlichkeit, und weder Shakespeare noch Cervantes können auf Originalität in unserem Sinne Anspruch machen. Sie unterscheiden sich von ihren Zeitgenossen keineswegs durch besonderes Fühlen und Denken oder besondere Darstellungsart, sondern nur durch bedeutendere Tiefe, Innigkeit, Zärte und Kraft; ihre Dichtungen sind mehr durchdrungen und umflossen vom Aether der Poesie,

Aber beide Dichter sind nicht bloß die Blüthe ihrer Zeit, sondern sie waren auch die Wurzel der Zukunft. Wie Shakespeare durch den Einfluß seiner Werke, namentlich auf Teutschland und das heutige Frankreich, als der Stifter der späteren dramatischen Kunst zu betrachten ist, so müssen wir im Cervantes den Stifter des modernen Romans verehren. Hierüber erlaube ich mir einige flüchtige Bemerkungen.

Der ältere Roman, der sogenannte Ritterroman, entsprang aus der Poesie des Mittelalters; er war zuerst eine prosaische Bearbeitung jener epischen Gedichte, deren Helden zum Sagenkreise Karls des Großen und des heiligen Graals gehörten; immer bestand der Stoff aus ritterlichen Abenteuern. Es war der Roman des Adels, und die Personen, die darin agirten, waren entweder fabelhafte Phantasiegebilde, oder Reiter mit goldenen Sporen; nirgends eine Spur von Volk. Diese Ritterromane, die in der absurdesten Weise ausarteten, stürzte Cervantes durch seinen Don Quixote. Aber, indem er eine Satire schrieb, die den älteren Roman zu Grunde richtete, lieferte er selber wieder das Vorbild zu einer neuen Dichtungsart, die wir den modernen Roman nennen. So pflegen immer große Poeten zu verfahren: sie begründen zugleich etwas Neues, indem sie das Alte zerstören; sie negiren nie, ohne etwas zu bejahen. Cervantes stiftete den modernen Roman, indem er in den Ritter-Roman die getreue Schilderung der niederen Klassen einführte, indem er ihm das Volksleben beimischte. Die Neigung, das Treiben des gemeinsten Pöbels, des verworfensten Lumpenpacks zu beschreiben, gehört nicht bloß dem Cervantes, sondern der ganzen literarischen Zeitgenossenschaft, und sie findet sich wie bei den Poeten so auch bei den Malern des damaligen Spanien; ein Morillo, der dem Himmel die heiligsten Farben stahl, womit er seine schönen Madonnen malte, conterfeite mit derselben Liebe auch die schmutzigsten Erscheinungen dieser Erde. Es war vielleicht die Begeisterung für die Kunst selber, wenn diese edeln Spanier manchmal an der treuen Abbildung eines Betteljungen, der sich laust, dasselbe Vergnügen empfanden, wie an der Darstellung der hochgebenedeiten Jungfrau. Oder es war der Reiz des Contrastes, welcher eben die vornehmsten Edelleute, einen geschniegelten Hofmann wie Quevedo oder einen mächtigen Minister wie Mendoza, antrieb, ihre zerlumpten Bettler- und Gauner-Romane zu schreiben; sie wollten sich vielleicht aus der Eintönigkeit ihrer Standesumgebung durch die Phantasie in eine entgegengesetzte Lebenssphäre versetzen, wie wir dasselbe Bedürfniß bei manchen deutschen Schriftstellern finden, die ihre Romane nur mit Schilderungen der vornehmen Welt füllen und ihre Helden immer zu Grafen und Baronen machen. Bei Cervantes finden wir noch nicht diese einseitige Richtung, das Unedle ganz abgesondert darzustellen; er vermischt nur das Ideale mit dem Gemeinen, das Eine dient dem Andern zur Abschattung oder

zur Beleuchtung, und das adelthümliche Element ist darin noch eben so mächtig wie das volksthümliche. Dieses adelthümliche, chevaleroske, aristokratische
Element verschwindet aber ganz in dem Roman der Engländer, die den Cervantes zuerst nachgeahmt und ihn bis auf den heutigen Tag immer als Vorbild vor Augen haben. Es sind prosaische Naturen, diese englischen Roman-
dichter seit Richardsons Regierung, der prude Geist ihrer Zeit widerstrebt
sogar aller kernigen Schilderung des gemeinen Volkslebens, und wir sehen
jenseits des Canals jene bürgerlichen Romane entstehen, worin das nüchterne
Kleinleben der Bourgeoisie sich abspiegelt. Diese klägliche Lecture überwäs-
serte das englische Publicum bis auf die letzte Zeit, wo der große Schotte auftrat, der im Roman eine Revolution oder eigentlich eine Restauration bewirkte.
Wie nämlich Cervantes das demokratische Element in den Roman hinein-
brachte, als darin nur das einseitig ritterthümliche herrschend war: so brachte
Walter Scott in den Roman wieder das aristokratische Element zurück,
als dieses gänzlich darin erloschen war, und nur prosaische Spießbürgerlichkeit
dort ihr Wesen trieb. Durch ein entgegengesetztes Verfahren hat Walter
Scott dem Roman jenes schöne Ebenmaß wieder gegeben, welches wir im
Don Quixote des Cervantes bewundern.

Ich glaube, in dieser Beziehung ist das Verdienst des zweiten großen Dichters Englands noch nie anerkannt worden. Seine tory'schen Neigungen,
seine Vorliebe für die Vergangenheit waren heilsam für die Literatur, für jene
Meisterwerke seines Genius, die überall sowohl Anklang als Nachahmung
fanden und die aschgrauen Schemen des bürgerlichen Romans in die dunkle-
ren Winkel der Leihbibliotheken verdrängten. Es ist ein Irrthum, wenn
man Walter Scott nicht als den wahren Begründer des sogenannten historischen Romans ansehen will und Letztern von deutschen Anregungen her-
leitet. Man verkennt, daß das Charakteristische der historischen Romane eben
in der Harmonie des aristokratischen und demokratischen Elements besteht; daß
Walter Scott diese Harmonie, welche während der Alleinherrschaft des
demokratischen Elements gestört war, durch die Wiedereinsetzung des aristokratischen Elements auf's schönste herstellte, statt daß unsere deutschen Romantiker das demokratische Element in ihren Romanen gänzlich verleugneten und
wieder in das aberwitzige Gleise des Ritterromans, der vor Cervantes blühte,
zurückkehrten. Unser de la Motte Fouqué ist nichts als ein Nachzügler
jener Dichter, die den Amadis von Gallien und ähnliche Abenteuerlich-
keiten zur Welt gebracht, und ich bewundere nicht bloß das Talent, sondern
auch den Muth, womit der edle Freiherr zweihundert Jahre nach dem Erscheinen des Don Quixote seine Ritterbücher geschrieben hat. Es war eine
sonderbare Periode in Deutschland, als letztere erschienen, und das Publicum
daran Gefallen fand. Was bedeutete in der Literatur diese Vorliebe für das

Ritterthum und die Bilder der alten Feudalzeit? Ich glaube, das deutsche Volk wollte auf immer Abschied nehmen von dem Mittelalter; aber gerührt, wie wir es leicht sind, nahmen wir Abschied mit einem Kusse. Wir drückten zum letzten Male unsere Lippen auf die alten Leichensteine. Mancher von uns freilich geberdete sich dabei höchst närrisch. Ludwig Tieck, der kleine Junge der Schule, grub die todten Voreltern aus dem Grabe heraus, schaukelte ihren Sarg, als wär' es eine Wiege, und mit aberwitzig kindischem Lallen sang er dabei: Schlaf', Großväterchen, schlafe!

Ich habe Walter Scott den zweiten großen Dichter Englands und seine Romane Meisterwerke genannt. Aber nur seinem Genius wollte ich das höchste Lob ertheilen. Seine Romane selbst kann ich dem großen Roman des Cervantes keineswegs gleichstellen. Dieser übertrifft ihn an epischem Geist. Cervantes war, wie ich schon erwähnt habe, ein katholischer Dichter, und dieser Eigenschaft verdankt er vielleicht jene große epische Seelenruhe, die, wie ein Krystallhimmel, seine bunten Dichtungen überwölbt: nirgends eine Spalte des Zweifels. Dazu kömmt noch die Ruhe des spanischen National=Charakters. Walter Scott aber gehört einer Kirche, welche selbst die göttlichen Dinge einer scharfen Discussion unterwirft; als Advokat und Schotte ist er gewöhnt an Handlung und Discussion, und, wie in seinem Geiste und Leben so ist auch in seinen Romanen das Dramatische vorherrschend. Seine Werke können daher nimmermehr als reine Muster jener Dichtungsart, die wir Roman nennen, betrachtet werden. Den Spaniern gebührt der Ruhm, den besten Roman hervorgebracht zu haben, wie man den Engländern den Ruhm zusprechen muß, daß sie im Drama das Höchste geleistet.

Und den Deutschen, welche Palme bleibt ihnen übrig? Nun, wir sind die besten Liederdichter dieser Erde. Kein Volk besitzt so schöne Lieder, wie die Deutschen. Jetzt haben die Völker allzuviele politische Geschäfte; wenn aber diese einmal abgethan sind, wollen wir Deutsche, Britten, Spanier, Franzosen, Italiener, wir wollen Alle hinausgehen in den grünen Wald und singen, und die Nachtigall soll Schiedsrichterin sein. Ich bin überzeugt, bei diesem Wettgesange wird das Lied von Wolfgang Goethe den Preis gewinnen.

Cervantes, Shakespeare und Goethe bilden das Dichter-Triumvirat, das in den drei Gattungen poetischer Darstellung, im Epischen, Dramatischen und Lyrischen, das Höchste hervorgebracht. Vielleicht ist der Schreiber dieser Blätter besonders befugt, unsern großen Landsmann als den vollendetsten Liederdichter zu preisen. Goethe steht in der Mitte zwischen den beiden Ausartungen des Liedes, jenen zwei Schulen, wovon die eine leider mit meinem eigenen Namen, die andere mit dem Namen Schwabens bezeichnet wird. Beide freilich haben ihre Verdienste: sie förderten indirecter Weise das Gedeihen der deutschen Poesie. Die erstere bewirkte eine heilsame Reaction gegen den einseitigen Idealismus im deutschen Liede, sie führte den Geist zurück zur starken Realität und entwurzelte jenen sentimentalen Petrarchismus, der uns immer als eine lyrische Donquixoterie erschienen ist. Die schwäbische Schule wirkte ebenfalls indirect zum Heile der deutschen Poesie. Wenn in Norddeutschland kräftig gesunde Dichtungen zum Vorschein kommen konnten, so verdankt man dieses vielleicht der schwäbischen Schule, die alle kränkliche, bleichsüchtige, fromm gemüthliche Feuchtigkeiten der deutschen Muse an sich zog. Stuttgart war gleichsam die Fontanelle der deutschen Muse.

Indem ich die höchsten Leistungen im Drama, im Roman und im Liede dem erwähnten großen Triumvirate zuschreibe, bin ich weit davon entfernt, an dem poetischen Werthe anderer großen Dichter zu mäkeln. Nichts ist thörichter, als die Frage: welcher Dichter größer sei, als der andere? Flamme ist Flamme, und ihr Gewicht läßt sich nicht bestimmen nach Pfund und Unze. Nur platter Krämersinn kommt mit seiner schäbigen Käsewage und will den Genius wiegen. Nicht blos die Alten, sondern auch manche Neuere haben Dichtungen geliefert, worin die Flamme der Poesie eben so prachtvoll lodert, wie in den Meisterwerken von Shakespeare, Cervantes und Goethe. Jedoch diese Namen halten zusammen, wie durch ein geheimes Band. Es strahlt ein verwandter Geist aus ihren Schöpfungen; es weht darin eine ewige Milde, wie der Athem Gottes; es blüht darin die Bescheidenheit der Natur. Wie an Shakespeare, erinnert Goethe auch beständig an Cervantes, und diesem ähnelt er bis in die Einzelheiten des Styls, in jener behaglichen Prosa, die von der süßesten und harmlosesten Ironie gefärbt ist. Cervantes und Goethe gleichen sich sogar in ihren Untugenden: in der Weitschweifigkeit der Rede, in jenen langen Perioden, die wir zuweilen bei ihnen finden, und die einem Aufzug königlicher Equipagen vergleichbar. Nicht selten sitzt nur ein einziger Gedanke in so einer breitausgedehnten Periode, die wie eine große vergoldete Hofkutsche mit sechs panaschirten Pferden gravitätisch dahinfährt. Aber dieser einzige Gedanke ist immer etwas Hohes, wo nicht gar der Souverain.

Ueber den Geist des Cervantes und den Einfluß seines Buches habe ich nur mit wenigen Andeutungen reden können. Ueber den eigentlichen Kunstwerth seines Romans kann ich mich hier noch weniger verbreiten, indem Erörterungen zur Sprache kämen, die allzuweit in's Gebiet der Aesthetik hinabführen würden. Ich darf hier auf die Form seines Romans und die zwei Figuren, die den Mittelpunkt desselben bilden, nur im Allgemeinen aufmerksam machen. Die Form ist nämlich die der Reisebeschreibung, wie solches von jeher die natürlichste Form für diese Dichtungsart. Ich erinnere hier nur an den goldenen Esel des Apulejus, den ersten Roman des Alterthums. Der

Einförmigkeit dieser Form haben die späteren Dichter durch das, was wir heute die Fabel des Romans nennen, abzuhelfen gesucht. Aber wegen Armuth an Erfindung haben jetzt die meisten Romanschreiber ihre Fabeln von einander geborgt, wenigstens haben die einen mit wenig Modificationen immer die Fabeln der andern benutzt, und durch die dadurch entstehende Wiederkehr derselben Charaktere, Situationen und Verwicklungen ward dem Publikum am Ende die Romanlecture einigermaßen verleidet. Um sich vor der Langweiligkeit abgedroschener Romanfabeln zu retten, flüchtete man sich für einige Zeit in die uralte, ursprüngliche Form der Reisebeschreibung. Diese wird aber wieder ganz verdrängt, sobald ein Originaldichter mit neuen, frischen Romanfabeln auftritt. In der Literatur, wie in der Politik, bewegt sich Alles nach dem Gesetz der Action und Reaction.

Was nun jene zwei Gestalten betrifft, die sich Don Quixote und Sancho Pansa nennen, sich beständig parodiren und doch so wunderbar ergänzen, daß sie den eigentlichen Helden des Romans bilden, so zeugen sie im gleichen Maße von dem Kunstsinn, wie von der Geistestiefe des Dichters. Wenn andere Schriftsteller, in deren Roman der Held nur als einzelne Person durch die Welt zieht, zu Monologen, Briefen oder Tagebüchern ihre Zuflucht nehmen müssen, um die Gedanken und Empfindungen des Helden kund zu geben, so kann Cervantes überall einen natürlichen Dialog hervortreten lassen; und indem die eine Figur immer die Rede der andern parodirt, tritt die Intention des Dichters um so sichtbarer hervor. Vielfach nachgeahmt ward seitdem die Doppelfigur, die dem Roman des Cervantes eine so kunstvolle Natürlichkeit verleiht, und aus deren Charakter, wie aus einem einzigen Kern, der ganze Roman mit all seinem wilden Laubwerk, seinen duftigen Blüthen, strahlenden Früchten und Affen und Wundervögeln, die sich auf den Zweigen wiegen, gleich einem indischen Riesenbaum sich entfaltet.

Aber es wäre ungerecht, hier Alles auf Rechnung sklavischer Nachahmung zu setzen; sie lag so nahe, die Einführung solcher zwei Figuren, wie Don Quixote und Sancho Pansa, wovon die eine, die poetische, auf Abenteuer zieht, und die andere, halb aus Anhänglichkeit, halb aus Eigennutz hinterdrein läuft durch Sonnenschein und Regen, wie wir selber sie oft im Leben begegnet haben. Um dieses Paar, unter den verschiedenartigsten Vermummungen, überall wieder zu erkennen, in der Kunst wie im Leben, muß man freilich nur das Wesentliche, die geistige Signatur, nicht das Zufällige ihrer äußern Erscheinung in's Auge fassen. Der Beispiele könnte ich unzählige anführen. Finden wir Don Quixote und Sancho Pansa nicht eben so gut in den Gestalten Don Juan's und Leporello's, wie etwa in der Person Lord Byron's und seines Bedienten Fletscher? Erkennen wir dieselben zwei Typen und ihr Wechselverhältniß nicht in der

Gestalt des Ritters von Waldsee und seines Kaspar Larifari
eben so gut, wie in der Gestalt von so manchem Schriftsteller und seinem
Buchhändler, welcher Letztere die Narrheiten seines Autors wohl einsieht, aber
dennoch, um reellen Vortheil daraus zu ziehen, ihn getreusam auf allen seinen
idealen Irrfahrten begleitet. Und der Herr Verleger Sancho, wenn er
auch manchmal nur Püffe bei diesem Geschäfte gewinnt, bleibt doch immer
fett, während der edle Ritter täglich immer mehr und mehr abmagert.

Aber nicht blos unter Männern, sondern auch unter Frauenzimmern habe
ich öfters die Typen Don Quixote's und seines Schildknappen wiedergefunden. Namentlich erinnere ich mich einer schönen Engländerin, einer schwärmerischen Blondine, die mit ihrer Freundin aus einer Londoner Mädchen-
pension entsprungen war und die ganze Welt durchziehen wollte, um ein so
edles Männerherz zu suchen, wie sie es in sanften Mondscheinnächten geträumt
hatte. Die Freundin, eine untersetzte Brünette, hoffte bei dieser Gelegenheit,
wenn auch nicht etwas ganz apartes Ideale, doch wenigstens einen Mann von
gutem Aussehen zu erbeuten. Ich sehe sie noch, mit ihren liebesüchtigen blauen
Augen, die schlanke Gestalt, wie sie am Strande von Brighton, weit über das
flutende Meer, nach der französischen Küste hinüber schmachtete . . . Ihre
Freundin knackte unterdessen Haselnüsse, freute sich des süßen Kerns und warf
die Schalen in's Wasser.

Jedoch weder in den Meisterwerken anderer Künstler, noch in der Natur
selber finden wir die erwähnten beiden Typen in ihrem Wechselverhältnisse so
genau ausgeführt, wie bei Cervantes. Jeder Zug im Charakter und der
Erscheinung des Einen entspricht hier einem entgegengesetzten und doch verwandten Zuge bei dem Andern. Hier hat jede Einzelheit eine parodistische
Bedeutung. Ja sogar zwischen Rozinanten und Sancho's Grauchen herrscht derselbe ironische Parallelismus, wie zwischen dem Knappen
und seinem Ritter, und auch die beiden Thiere sind gewissermaßen die symbo-
lischen Träger derselben Ideen. Wie in ihrer Denkungsart, so offenbaren
Herr und Diener auch in ihrer Sprache die merkwürdigsten Gegensätze, und
hier kann ich nicht umhin, der Schwierigkeiten zu erwähnen, welche der Uebersetzer zu überwinden hatte, der die hausbackene, knorrige, niedrige Sprechart
des guten Sancho in's Deutsche übertrug. Durch seine gehackte, nicht
selten unsaubere Sprichwörtlichkeit mahnt der gute Sancho ganz an den
Narren des Königs Salomon, an Marculf, er ebenfalls einem pa-
thetischen Idealismus gegenüber das Erfahrungswissen des gemeinen Volks
in kurzen Sprüchen vorträgt. Don Quixote hingegen redet die Sprache
der Bildung, des höheren Standes, und auch in der Grandezza des wohlgeründeten Periodenbaues repräsentirt er den vornehmen Hidalgo. Zuweilen
ist dieser Periodenbau allzuweit ausgesponnen, und die Sprache des Ritters

gleicht einer stolzen Hofdame in aufgebauschtem Seidenkleid, mit langer rauschender Schleppe. Aber die Grazien, als Pagen verkleidet, tragen lächelnd einen Zipfel dieser Schleppe: die langen Perioden schließen mit den anmuthigsten Wendungen.

Den Charakter der Sprache Don Quixote's und Sancho Pansa's resumiren wir in den Worten: der Erstere, wenn er redet, scheint immer auf einem hohen Pferde zu sitzen, der Andere spricht, als säße er auf seinem niedrigen Esel.

Mir bliebe noch übrig, von den Illustrationen zu sprechen, womit die Verlagshandlung diese neue Uebersetzung des Don Quixote, die ich hier bevorworte, ausgeschmückt hat. Diese Ausgabe ist das erste der schönen Literatur angehörige Buch, das in Deutschland auf diese Weise verziert an's Licht tritt. In England und namentlich in Frankreich sind dergleichen Illustrationen an der Tagesordnung und finden einen fast enthusiastischen Beifall. Deutsche Gewissenhaftigkeit und Gründlichkeit wird aber gewiß die Frage aufwerfen: Sind den Interessen wahrer Kunst dergleichen Illustrationen förderlich? Ich glaube nicht. Zwar zeigen sie, wie die geistreich und leicht schaffende Hand eines Malers die Gestalten des Dichters auffaßt und wiedergiebt; sie bieten auch für die etwaige Ermüdung durch die Lecture eine angenehme Unterbrechung; aber sie sind ein Zeichen mehr, wie die Kunst, herabgezerrt von dem Piedestale ihrer Selbstständigkeit, zur Dienerin des Luxus entwürdigt wird. Und dann ist hier für den Künstler nicht blos die Gelegenheit und Verführung, sondern sogar die Verpflichtung, seinen Gegenstand nur flüchtig zu berühren, ihn bei Leibe nicht zu erschöpfen. Die Holzschnitte in alten Büchern dienten anderen Zwecken und können mit diesen Illustrationen nicht verglichen werden.

Die Illustrationen der vorliegenden Ausgabe sind, nach Zeichnungen von Tony Johannot, von den ersten Holzschneidern Englands und Frankreichs geschnitten. Sie sind, wie es schon Tony Johannots Name verbürgt, eben so elegant als charakteristisch aufgefaßt und gezeichnet; trotz der Flüchtigkeit der Behandlung sieht man, wie der Künstler in den Geist des Dichters eingedrungen ist. Sehr geistreich und phantastisch sind die Initialen und Culs-de-Lampe erfunden, und gewiß mit tiefsinnig poetischer Intention hat der Künstler zu den Verzierungen meistens moreske Dessins gewählt. Sehen wir ja doch die Erinnerung an die heitere Maurenzeit wie einen schönen fernen Hintergrund überall im Don Quixote hervorschimmern. — Tony Johannot, einer der vortrefflichsten und bedeutendsten Künstler in Paris, ist ein Deutscher von Geburt.

Auffallend ist es, daß ein Buch, welches so reich an pittoreskem Stoff, wie der Don Quixote, noch keinen Maler gefunden hat, der daraus Sujets zu einer Reihe selbstständiger Kunstwerke entnommen hätte. Ist der Geist des Buches etwa zu leicht und phantastisch, als daß nicht unter der Hand des Künstlers der bunte Farbenstaub entflöhe? Ich glaube nicht. Denn der Don Quixote, so leicht und phantastisch er ist, fußt auf derber irdischer Wirklichkeit, wie das ja sein mußte, um ihn zu einem Volksbuche zu machen. Ist es etwa, weil hinter den Gestalten, die uns der Dichter vorführt, tiefere Ideen liegen, die der bildende Künstler nicht wiedergeben kann, so daß er nur die äußere Erscheinung, wie saillant sie auch vielleicht sei, nicht aber den tieferen Sinn festhalten und reproduciren könnte? Das ist wahrscheinlich der Grund. — Versucht haben sich übrigens viele Künstler an Zeichnungen zum Don Quixote. Was ich von englischen, spanischen und früheren französischen Arbeiten dieser Art gesehen habe, war abscheulich. Was deutsche Künstler betrifft, so muß ich hier an unseren großen Daniel Chobowiecki erinnern. Er hat eine Reihe Darstellungen zum Don Quixote gezeichnet, die, von Berger in Chobowiecki's Sinn radirt, die Bertuch'sche Uebersetzung begleiteten. Es sind vortreffliche Sachen darunter. Der falsche theatralisch-conventionelle Begriff, den der Künstler, wie seine übrigen Zeitgenossen, vom spanischen Costume hatte, hat ihm sehr geschadet. Man sieht aber überall, daß Chobowiecki den Don Quixote vollkommen verstanden hat. Das hat mich grade bei diesem Künstler gefreut und war mir um seinetwillen wie des Cervantes wegen lieb. Denn es ist mir immer angenehm, wenn zwei meiner Freunde sich lieben, wie es mich auch stets freut, wenn zwei meiner Feinde auf einander losschlagen. Chobowiecki's Zeit, als Periode einer sich erst bildenden Literatur, die der Begeisterung noch bedurfte und Satire ablehnen mußte, war dem Verständniß des Don Quixote eben nicht günstig, und da zeugt es denn für Cervantes, daß seine Gestalten damals dennoch verstanden wurden und Anklang fanden, wie es für Chobowiecki zeugt, daß er Gestalten wie Don Quixote und Sancho Pansa begriff, er, welcher mehr als vielleicht je ein anderer Künstler das Kind seiner Zeit war, in ihr wurzelte, nur ihr angehörte, von ihr getragen, verstanden und anerkannt wurde.

Von neuesten Darstellungen zum Don Quixote erwähne ich mit Vergnügen einige Skizzen von Decamps, dem originellsten aller lebenden französischen Maler. — Aber nur ein Deutscher kann den Don Quixote ganz verstehen, und das fühlte ich dieser Tage in erfreutester Seele, als ich an den Fenstern eines Bilderladens auf dem Boulevard Montmartre ein Blatt sah, welches den edeln Manchaner in seinem Studierzimmer darstellt und nach Adolf Schröter, einem großen Meister, gezeichnet ist.

Geschrieben zu Paris im Carneval 1837.

Heinrich Heine.

Ueber Polen.

—

Geschrieben im Herbst 1822.

32 *

Notiz.

———

Vorliegenden, äußerst selten mehr aufzutreibenden Aufsatz Heine's „Über Polen," konnte ich mir nur mit vieler Mühe verschaffen. Leider wurde derselbe unter dem Drucke deutscher Zensur und zwar nur einmal im Berliner „Gesellschafter" gedruckt, so daß es nicht möglich war, eine vollständige Ausgabe zu finden. Der Leser möge daher in den mehrfach wiederholten Reihen von Gedankenstrichen die Werke einer deutschen Zensorscheere erblicken.

Philadelphia, im August 1855.

Der Verleger.

(378)

Seit einigen Monaten habe ich den preußischen Theil Polens die Kreuz und die Queer durchstreift; in dem russischen Theil bin ich nicht weit gekommen: nach dem österreichischen gar nicht. Von den Menschen hab' ich sehr viele, und aus allen Theilen Polens, kennen gelernt. Diese waren freilich meistens nur Edelleute, und zwar die vornehmsten. Aber wenn auch mein Leib sich blos in den Kreisen der höheren Gesellschaft, in dem Schloßbann der polnischen Großen, bewegte, so schweifte der Geist doch oft auch in den Hütten des niedern Volks. Hier haben Sie den Standpunkt für die Würdigung meines Urtheils über Polen.

Vom Aeußeren des Landes wüßte ich Ihnen nicht viel Reizendes mitzutheilen. Hier sind nirgends pikante Felsengruppen, romantische Wasserfälle, Nachtigallen-Gehölze u. s. w.; hier giebt es nur weite Flächen von Ackerland, das meistens gut ist, und dicke, mürrische Fichtenwälder. Polen lebt nur von Ackerbau und Viehzucht; von Fabriken und Industrie giebt es hier fast keine Spur. Den traurigsten Anblick geben die polnischen Dörfer: niedere Ställe von Lehm, mit dünnen Latten oder Binsen bedeckt. In diesen lebt der polnische Bauer mit seinem Vieh und seiner übrigen Familie, erfreut sich seines Daseins und denkt an nichts weniger, als an die — ästhetischen Pustkuchen. Leugnen läßt es sich indessen nicht, daß der polnische Bauer oft mehr Verstand und Gefühl hat, als der deutsche Bauer in manchen Ländern. Nicht selten fand ich bei dem geringsten Polen jenen originellen Witz (nicht Gemüthswitz, Humor), der bei jedem Anlaß mit wunderlichem Farbenspiel hervorsprudelt, und jenen schwärmerisch-sentimentalen Zug, jenes brillante Aufleuchten eines Ossianschen Naturgefühls, dessen plötzliches Hervorbrechen bei leidenschaftlichen Anlässen eben so unwillkührlich ist, wie das Insgesichtsteigen des Blutes. Der polnische Bauer trägt noch seine Nationaltracht: eine Jacke ohne Aermel, die bis zur Mitte der Schenkel reicht; darüber einen Oberrock mit hellen Schnüren besetzt. Letzterer, gewöhnlich von hellblauer oder grüner Farbe, ist das grobe Original jener feinen Polen-Röcke unserer Elegants. Den Kopf bedeckt ein kleines rundes Hütchen, weißgerändert, oben wie ein abgekappter Kegel spitz zulaufend, und vorn mit bunten Bandschleifen oder mit einigen Pfauenfedern geschmückt. In diesem Costüm sieht man den polnischen Bauer des Sonntags nach der Stadt wandern, um dort ein dreifaches Geschäft zu verrichten: erstens, sich rasiren zu lassen; zweitens, die Messe zu hören;

(379)

und drittens, sich voll zu saufen. Den, durch das dritte Geschäft gewiß Se-
liggewordenen sieht man des Sonntags, alle Viere ausgestreckt, in einer Stra-
ßengosse liegen, sinneberaubt und umgeben von einem Haufen Freunde, die, in
wehmüthiger Gruppirung, die Betrachtung zu machen scheinen: daß der Mensch
hienieden so wenig vertragen kann! Was ist der Mensch, wenn — drei Kan-
nen Schnaps ihn zu Boden werfen! Aber die Polen haben es doch im Trinken übermenschlich weit gebracht.—Der Bauer ist von gutem Körperbau, stark-
stämmig, soldatischen Ansehens, und hat gewöhnlich blondes Haar; die Meisten
lassen dasselbe lang herunter wallen. Daburch haben so viele Bauern die
Plica polonica (Weichselzopf), eine sehr anmuthige Krankheit, womit auch
wir hoffentlich einst gesegnet werden, wenn das Lange-Haarthum in den deutschen Gauen allgemeiner wird. Die Unterwürfigkeit des polnischen Bauers
gegen den Edelmann ist empörend. Er beugt sich mit dem Kopf fast bis zu
den Füßen des gnädigen Herrn, und spricht die Formel: Ich küsse die Füße.
Wer den Gehorsam personifizirt haben will, sehe einen polnischen Bauer vor
seinem Edelmann stehen; es fehlt nur der webelnde Hundeschweif. Bei einem
solchen Anblick denke ich unwillführlich: Und Gott erschuf den Menschen nach
seinem Ebenbilde! — und es ergreift mich ein unendlicher Schmerz, wenn ich
einen Menschen vor einem andern so tief erniebrigt sehe. Nur vor dem Könige soll man sich beugen; bis auf dieses letztere Glaubensgesetz bekenne ich mich
ganz zum nordamerikanischen Katechismus. Ich leugne es nicht, daß ich die
Bäume der Flur mehr liebe als Stammbäume, daß ich das Menschenrecht
mehr achte als das canonische Recht, und daß ich die Gebote der Vernunft höher
schätze als die Abstraktionen kurzsichtiger Historiker; wenn sie mich aber fragen:
ob der polnische Bauer wirklich unglücklich ist, und ob seine Lage besser wird,
wenn jetzt aus den gedrückten Hörigen lauter freie Eigenthümer gemacht werden? so müßte ich lügen, sollte ich diese Frage unbedingt bejahen. Wenn man
den Begriff von Glücklichsein in seiner Relativität auffaßt, und sich wohl merkt,
daß es kein Unglück ist, wenn man von Jugend auf gewöhnt ist, den ganzen
Tag zu arbeiten und Lebensbequemlichkeiten zu entbehren, die man gar nicht
kennt, so muß man gestehen, daß der polnische Bauer im eigentlichen Sinne
nicht unglücklich ist: um so mehr, da er gar nichts hat, und folglich in der
großen Sorglosigkeit, die ja von Vielen als das höchste Glück geschildert wird,
sein Leben dahin lebt. Aber es ist keine Ironie, wenn ich sage, daß, im Fall
man jetzt die polnischen Bauern plötzlich zu selbstständigen Eigenthümern
machte, sie sich gewiß bald in der unbehaglichsten Lage von der Welt befinden
und Manche gewiß daburch in größeres Elend gerathen würden. Bei seiner
jetzt zur zweiten Natur gewordenen Sorglosigkeit würde der Bauer sein Eigenthum schlecht verwalten, und träfe ihn ein Unglück, wär' er ganz und gar verloren. Wenn jetzt ein Mißwachs ist, so muß der Edelmann dem Bauer von

seinem eigenen Getreide schicken; es wäre ja auch sein eigener Verlust, wenn der Bauer verhungerte oder nicht säen könnte. Er muß ihm aus demselben Grunde ein neues Stück Vieh schicken, wenn der Ochs oder die Kuh des Bauers krepirt ist. Er giebt ihm Holz im Winter, er schickt ihm Aerzte, Arzneien, wenn er oder Einer von der Familie krank ist; kurz, der Edelmann ist der beständige Vormund desselben. Ich habe mich überzeugt, daß diese Vormundschaft von den meisten Edelleuten sehr gewissenhaft und liebreich ausgeübt wird und überhaupt gefunden, daß die Edelleute ihre Bauern milde und gütig behandeln; wenigstens sind die Reste der alten Strenge selten. Viele Edelleute wünschen sogar die Selbstständigkeit der Bauern — der größte Mensch, den Polen hervorgebracht hat, und dessen Andenken noch in allen Herzen lebt, Thadäus Kosziusko, war eifriger Beförderer der Bauern-Emancipation und die Grundsätze eines Lieblings bringen unbemerkt in alle Gemüther. Außerdem ist der Einfluß französischer Lehren, die in Polen leichter als irgendwo Eingang finden, von unberechenbarer Wirkung für den Zustand der Bauern. Sie sehen, daß es mit Letzteren nicht mehr so schlimm steht, und daß ein allmähliches Selbstständigwerden derselben wohl zu hoffen ist. Auch die preußische Regierung scheint dies durch zweckmäßige Einrichtungen nach und nach zu erzielen. Möge diese begütigende Allmählichkeit gedeihen; sie ist gewisser, zeitlich nützlicher, als die zerstörungssüchtige Plötzlichkeit. Aber auch das Plötzliche ist zuweilen gut, wie sehr man dagegen eifere. — — —

— — —

Zwischen dem Bauer und dem Edelmann stehen in Polen die Juden. Diese betragen fast mehr als den vierten Theil der Bevölkerung, treiben alle Gewerbe, und können füglich der dritte Stand Polens genannt werden. Unsere Statistik-Compendienmacher, die an alles den deutschen, wenigstens den französischen Maaßstab legen, schreiben also mit Unrecht: daß Polen keinen tiers état habe, weil dort dieser Stand von den übrigen schroffer abgesondert ist, weil seine Glieder am Mißverständnisse des alten Testaments — Gefallen finden — — — und weil dieselben vom Ideal gemüthlicher Bürgerlichkeit, wie dasselbe in einem Nürnberger Frauen-Taschenbuche, unter dem Bilde reichsstädtischer Philiströsität, so niedlich und sonntäglich schmuck dargestellt wird, äußerlich noch sehr entfernt sind. Sie sehen also, daß die Juden in Polen durch Zahl und Stellung von größerer staatswirthschaftlicher Wichtigkeit sind, als bei uns in Deutschland, und daß um Gediegenes über dieselben zu sagen, etwas mehr dazu gehört, als die großartige Leihhaus-Anschauung gefühlvoller Romanschreiber des Nordens, oder der naturphilosophische Tiefsinn geistreicher Ladendiener des Südens. Man sagte mir, daß die Juden des Großherzogtums auf einer niedrigeren Humanitätsstufe ständen, als ihre östlicheren Glaubensgene ssen; ich will daher nichts Bestimmtes von polnischen Juden überhaupt sprechen, und verweise sie lieber auf David Friesländer's: „Ueber die Verbesserung der Israeliten (Juden) im Königreich Polen; Berlin 1819." Seit dem Erscheinen dieses Buches, das, bis auf eine zu ungerechte Verkennung der Verdienste und der sittlichen Bedeutung der Rabbinen, mit einer seltenen Wahrheits= und Menschenliebe geschrieben ist, hat sich der Zustand der polnischen Juden wahrscheinlich nicht gar besonders verändert. Im Großherzogthum sollen sie einst, wie noch im übrigen Polen, alle Handwerke ausschließlich getrieben haben; jetzt aber sieht man viele christliche Handwerker aus Deutschland einwandern, und auch die polnischen Bauern scheinen an Handwerken und andern Gewerben mehr Geschmack zu finden. Seltsam aber ist es, daß der gemeine Pole gewöhnlich Schuster oder Bierbrauer und Branteweinbrenner wird. In der Walischey, einer Vorstadt Posens, fand ich das zweite Haus immer mit einem Schuhmacher=Schilde verziert, und ich dachte an die Stadt Bradfort in Shakespeare's „Flurschütz von Wakefield." Im preußischen Polen erlangen die Juden kein Staatsamt, die sich nicht taufen lassen; im russischen Polen werden auch die Juden zu allen Staats=Aemtern zugelassen, weil man es dort für zweckmäßig hält. Uebrigens ist der Arsenik in den dortigen Bergwerken auch noch nicht zu einer überfrommen Philosophie sublimirt, und die Wölfe in den altpolnischen Wäldern sind noch nicht darauf abgerichtet, mit historischen Citaten zu heulen.

Es wäre zu wünschen, daß unsere Regierung, durch zweckmäßige Mittel, den Juden des Großherzogthums mehr Liebe zum Ackerbau einzuflößen suchte; denn jüdische Ackerbauer soll es hier nur sehr wenige geben. Im russischen Polen sind sie häufig. Die Abneigung gegen den Pflug soll bei den polnischen Juden daher entstanden sein, weil sie ehemals den leibeigenen Bauer in einem äußerlich so sehr traurigen Zustande sahen. Hebt sich jetzt der Bauernstand aus seiner Erniedrigung, so werden auch die Juden zum Pflug greifen.— Bis auf wenige Ausnahmen sind alle Wirthshäuser Polens in den Händen der Juden und ihre vielen Branntwein=Brennereien werden dem Lande sehr schädlich, indem die Bauern dadurch zur Völlerei angereizt werden. Aber ich habe ja schon oben gezeigt, wie das Branntweintrinken zur Seligmachung der Bauern gehört. — Jeder Edelmann hat einen Juden im Dorf oder in der Stadt, den er Faktor nennt, und der alle seine Commissionen, Ein= und Verkäufe, Erkundigungen u. s. w. ausführt. Eine originelle Einrichtung, welche ganz die Bequemlichkeitsliebe der polnischen Edelleute zeigt. Das Aeußere des polnischen Juden ist schrecklich. Mich überläuft ein Schauder, wenn ich daran denke, wie ich hinter Meseritz zuerst ein polnisches Dorf sah, meistens von Juden bewohnt. Das W—dsche Wochenblatt, auch zu physischem Brei gekocht, hätte mich nicht so brechpulverisch anwidern können, als der Anblick

jener zerlumpten Schmutzgestalten; und die hochherzige Rede eines für Turn-
platz und Vaterland begeisterten Terzianers hätte nicht so zerreißend meine
Ohren martern können, als der polnische Juden-Jargon. Dennoch wurde
der Ekel bald verdrängt von Mitleid, nachdem ich den Zustand dieser Menschen
näher betrachtete, und die schweinestallartigen Löcher sah, worin sie wohnen,
mauscheln, beten, schachern und — elend sind. Ihre Sprache ist ein mit
Hebräisch durchwirktes, und mit Polnisch faconnirtes Deutsch. Sie sind in
sehr frühen Zeiten wegen Religions-Verfolgung aus Deutschland nach Polen
eingewandert; denn die Polen haben sich in solchen Fällen immer durch Tole-
ranz ausgezeichnet. Als Frömmlinge einem polnischen Könige riethen, die
polnischen Protestanten zum Katholizismus zurück zu zwingen, antwortete
derselbe: "Sum rex populorum sed non conscientiarum!" — Die Juden
brachten zuerst Gewerbe und Handel nach Polen und wurden unter Casimir
dem Großen mit bedeutenden Privilegien begünstigt. Sie scheinen dem Adel
weit näher gestanden zu haben als den Bauern; denn nach einem alten Gesetze
wurde der Jude durch seinen Uebertritt zum Christenthum eo ipso in den
Adelstand erhoben. Ich weiß nicht, ob und warum dieses Gesetz untergegangen und was etwa mit Bestimmtheit im Werthe gesunken ist. — In
jenen frühern Zeiten standen indessen die Juden in Cultur und Geistesaus-
bildung gewiß weit über dem Edelmann, der nur das rauhe Kriegshandwerk
trieb, und noch den französischen Firniß entbehrte. Jene aber beschäftigten
sich wenigstens immer mit ihren hebräischen Wissenschaft- und Religions-
Büchern, um derentwillen eben sie Vaterland und Lebens-Behaglichkeit verlassen. Aber sie sind offenbar mit der europäischen Cultur nicht fortgeschrit-
ten und ihre Geisteswelt versumpfte zu einem unerquicklichen Aberglauben,
den eine spitzfindige Scholastik in tausenderlei wunderliche Formen hinein
quetscht. Dennoch, trotz der barbarischen Pelzmütze, die seinen Kopf bedeckt,
und der noch barbarischeren Ideen, die denselben füllen, schätze ich den polnischen Juden weit höher als so manchen deutschen Juden, der seinen Bolivar
auf dem Kopf, und seinen Jean Paul im Kopfe trägt. In der schroffen
Abgeschlossenheit wurde der Charakter des polnischen Juden ein Ganzes;
durch das Einathmen toleranter Luft bekam dieser Charakter den Stempel der
Freiheit. Der innere Mensch wurde kein quodlibetartiges Compositum hetero-
gener Gefühle und verkümmerte nicht durch die Einzwängung Frankfurter
Judengaßmauern, hochweiser Stadt-Verordnungen und liebreicher Gesetz-
Beschränkungen. Der polnische Jude mit seinem schmutzigen Pelze, mit
seinem bevölkerten Barte und Knoblauchgeruch und Gemauschel, ist mir noch
immer lieber als Mancher in all seiner staatspapiernen Herrlichkeit.

Wie ich bereits oben bemerkt, dürfen Sie in diesem Briefe keine Schilderungen reizender Naturscenen, herrlicher Kunstwerke u. s. w. erwarten; nur

die Menschen, und zwar besonders die nobelste Sorte, die Edelleute, verdienen hier in Polen die Aufmerksamkeit des Reisenden. Und wahrlich, ich sollte denken, wenn man einen kräftigen, ächten polnischen Edelmann, oder eine schöne edle Polin in ihrem wahren Glanze sieht, so könnte dieses die Seele eben so erfreuen, wie etwa der Anblick einer romantischen Felsenburg, oder einer marmornen Medizäerin. Ich lieferte Ihnen sehr gerne eine Charakterschilderung der polnischen Edelleute, und das gäbe eine sehr kostbare Mosaik-Arbeit von den Adjektiven: gastfrei, stolz, muthig, geschmeidig, falsch (dieses gelbe Steinchen darf nicht fehlen), reizbar, enthusiastisch, spielsüchtig, lebenslustig, edelmüthig und übermüthig. Aber ich selbst habe zu oft geeifert gegen unsre Broschürenscribler, die, wenn sie einen Pariser Tanzmeister hüpfen sehen, aus dem Stegreif die Charakteristik eines Volkes schreiben, — — — — — — und die, wenn sie einen dicken Liverpooler Baumwollenhändler jähnen sahen, auf der Stelle eine Beurtheilung jenes Volkes liefern, — — — — — — Diese allgemeinen Charakteristiken sind die Quelle aller Uebel. Es gehört mehr als ein Menschenalter dazu, um den Charakter eines einzigen Menschen zu begreifen: und aus Millionen einzelnen Menschen besteht eine Nation. Nur wenn wir die Geschichte eines Menschen, die Geschichte seiner Erziehung und seines Lebens, betrachten, wird es uns möglich, einzelne Hauptzüge seines Charakters aufzufassen. — Bei Menschenklassen, deren einzelne Glieder durch Erziehung und Leben eine gleiche Richtung gewinnen, müssen sich indessen einige hervortretende Charakterzüge bemerken lassen; dies ist bei den polnischen Edelleuten der Fall, und nur von diesem Standpunkte aus läßt sich etwas Allgemeines über ihren Charakter ausmitteln. Die Erziehung selbst wird überall und immer bedingt durch das Lokale, und durch das Temporale, durch den Boden und durch die politische Geschichte. In Polen ist ersteres weit mehr der Fall als irgendwo. Polen liegt zwischen Rußland und — Frankreich. Das noch vor Frankreich liegende Deutschland will ich nicht rechnen, da ein großer Theil der Polen es ungerechter Weise wie einen breiten Sumpf ansah, den man schnell überspringen müsse, um nach dem gebenedeiten Lande zu gelangen, wo die Sitten und die Pomaden am feinsten fabrizirt werden. Den heterogensten Einflüssen war Polen dadurch ausgesetzt. Eindringende Barbarei von Osten, durch die feindlichen Berührungen mit Rußland; eindringende Uebercultur von Westen, durch die freundschaftlichen Berührungen mit Frankreich: daher jene seltsamen Mischungen von Cultur und Barbarei im Charakter und im häuslichen Leben der Polen. Ich sage just nicht, daß alle Barbarei von Osten eingedrungen, ein sehr beträchtlicher Theil mag im Lande selbst verräthig gewesen sein; aber in der neuern Zeit war dieses Eindringen sehr sichtbar. Einen Haupteinfluß übt das Landleben auf den Charakter der polnischen

Edelleute. Nur wenige derselben werden in den Städten erzogen; die meisten
Knaben bleiben auf den Landgütern ihrer Angehörigen, bis sie erwachsen sind,
und durch die nicht gar zu großen Bemühungen eines Hofmeisters, oder durch
einen nicht gar zu langen Schulbesuch, oder durch das bloße Walten der lieben
Natur, in den Stand gesetzt sind, Kriegsdienste zu nehmen, oder eine Universität zu beziehen, oder von der bärenleckenden Lutetia die Weihe der höchsten
Ausbildung zu empfangen. Da nicht Allen hierzu dieselben Mittel zu Gebot
stehen, so ist es einleuchtend, daß man einen Unterschied machen muß zwischen
armen Edelleuten, reichen Edelleuten und Magnaten. Erstere leben oft höchst
jämmerlich, fast wie der Bauer, und machen keine besonderen Ansprüche an
Cultur. Bei den reichen Edelleuten und den Magnaten ist die Unterscheidung
nicht schroff, dem Fremden ist sie sogar sehr wenig bemerkbar. An und für
sich selbst ist die Würde eines polnischen Edelmanns (civis polonus) bei dem
ärmsten wie bei dem reichsten von demselben Umfange und demselben innern
Werthe. Aber an die Namen gewisser Familien, die sich immer durch großen
Güterbesitz und durch Verdienste um den Staat ausgezeichnet, hat sich die
Idee einer höhern Würde geknüpft, und man bezeichnet sie gemeiniglich mit
dem Namen Magnaten. Die Chartoriskis, die Radziwils, die Samoyskis,
die Sapiehas, die Poniatowkis, die Potockis u. s. w. werden zwar eben so
gut als bloße polnische Edelleute betrachtet, wie mancher arme Edelmann, der
vielleicht hinterm Pflug geht; dennoch sind sie der höhere Adel de facto, wenn
auch nicht de nomine. Ihr Ansehen ist sogar fester begründet als das von
unserm hohen Adel, weil sie selbst sich ihre Würde gegeben, und weil nicht
blos manches geschnürte alte Fräulein, sondern das ganze Volk ihren Stammbaum im Kopfe trägt. Die Benennung Starost findet man jetzt selten, und
sie ist ein bloßer Titel geworden. Der Name Graf ist ebenfalls bei den Polen
ein bloßer Titel, und es sind nur von Preußen und Oesterreich einige derselben
vertheilt. Von Adelstolz gegen Bürgerliche wissen die Polen nichts und er
kann sich nur in Ländern bilden, wo ein mächtiger, und mit Ansprüchen her-
vortretender Burgerstand sich erhebt. Erst dann, wenn der polnische Bauer
Güter kaufen wird, und der polnische Jude sich nicht mehr dem Edelmann
zuvorkommend erzeigt, möchte sich bei diesem der Adelstolz regen, der also das
Emporkommen des Landes beweisen würde. Weil hier die Juden höher als
die Bauern gestellt sind, müssen sie zuerst mit diesem Adelstolze collidiren;
aber die Sache wird gewiß alsdann einen religiöseren Namen annehmen.

Dieses hier nur flüchtig angedeutete Wesen des polnischen Adels hat, wie
man sich denken kann, am meisten beigetragen zu der höchst wunderlichen Gestaltung von Polens politischer Geschichte, und die Einflüsse dieser letztern auf
die Erziehung der Polen, und also auf ihren Nationalcharakter, waren fast
noch wichtiger als die oben erwähnten Einflüsse des Bodens. Durch die Idee

der Gleichheit entwickelte sich bei den polnischen Edelleuten jener Nationalstolz, der uns oft so sehr überrascht durch seine Herrlichkeit, der uns oft auch so sehr ärgert durch seine Geringschätzung des Deutschen, und der so sehr contrastirt mit eingeknuteter Bescheidenheit. Durch eben jene Gleichheit entwickelte sich der bekannte großartige Ehrgeiz, der den Geringsten wie den höchsten beseelte, und der oft nach dem Gipfel der Macht strebte: da Polen meistens ein Wahlreich war. Herrschen hieß die süße Frucht, nach der es jedem Polen gelüstete. Nicht durch Geistes=Waffen wollte der Pole sie erbeuten, diese führen nur langsam zum Ziele; ein kühner Schwerthieb sollte die süße Frucht zum raschen Genuß herunterhauen. Daher aber bei den Polen die Vorliebe für den Militärstand, wozu ihr heftiger und streitlustiger Charakter sie hinzog; daher bei den Polen gute Soldaten und Generale, aber gar wenige seidene Staatsmänner, noch viel weniger zu=Ansehen gestiegene Gelehrte. Die Vaterlandsliebe ist bei den Polen das große Gefühl, worin alle anderen Gefühle, wie der Strom in das Weltmeer zusammen fließen; und dennoch trägt dieses Vaterland kein sonderlich reizendes Aeußere. Ein Franzose, der diese Liebe nicht begreifen konnte, betrachtete eine trübselige polnische Sumpfgegend, stampfte ein Stück aus dem Boden, und sprach pfiffig und kopfschüttelnd: „Und das nennen die Kerls ein Vaterland!" Aber nicht aus dem Boden selbst, nur aus dem Kampfe um Selbstständigkeit, aus historischen Erinnerungen und aus dem Unglück ist bei den Polen diese Vaterlandsliebe entsprossen. Sie flammt jetzt noch immer so glühend wie in den Tagen Kosziusko's: vielleicht noch glühender. Fast bis zur Lächerlichkeit ehren jetzt die Polen Alles, was vaterländisch ist. Wie ein Sterbender, der sich in krampfhafter Angst gegen den Tod sträubt, so empört und sträubt sich ihr Gemüth gegen die Idee der Vernichtung ihrer Nationalität. Dieses Todeszucken des polnischen Volkskörpers ist ein entsetzlicher Anblick! Aber alle Völker Europas und der ganzen Erde werden diesen Todeskampf überstehen müssen, damit aus dem Tode das Leben, aus der heidnischen Nationalität die christliche Fraternität hervorgehe. Ich meine hier nicht alles Aufgeben schöner Besonderheiten, worin sich die Liebe am liebsten abspiegelt, sondern jene von uns Deutschen am meisten erstrebte und von unsern edelsten Volkssprechern, Lessing, Herder, Schiller u. s. w. am schönsten ausgesprochene allgemeine Menschenverbrüderung, das Urchristenthum. Von diesem sind die polnischen Edelleute, eben so gut wie wir, noch sehr entfernt. Ein großer Theil lebt noch in den Formen des Katholizismus, ohne leider den großen Geist dieser Formen und ihren jetzigen Uebergang zum Weltgeschichtlichen zu ahnen; ein größerer Theil bekennt sich zur französischen Philosophie. Ich will hier diese gewiß nicht verunglimpfen: es giebt Stunden wo ich sie verehre, und sehr verehre; ich selbst bin gewissermaßen ein Kind derselben. Aber ich glaube doch, es fehlt ihr die Hauptsache — die Liebe.

Wo dieser Stern nicht leuchtet, da ist es Nacht, und wenn auch alle Lichter
der Encyklopädie ihr Brillantfeuer umhersprühen. — Wenn Vaterland das
erste Wort des Polen ist, so ist Freiheit das zweite. Ein schönes Wort! Nächst
der Liebe gewiß das schönste. Aber es ist auch nächst der Liebe das Wort, das
am meisten mißverstanden wird, und ganz entgegen gesetzten Dingen zur Bezeichnung dienen muß. Hier ist das der Fall. Die Freiheit der meisten Polen ist nicht die göttliche, die washingtonsche; nur ein geringer Theil, nur Männer wie Koszciusko haben letztere begriffen und zu verbreiten gesucht. Viele
zwar sprechen enthusiastisch von dieser Freiheit, aber sie machen keine Anstalt
ihre Bauern zu emanzipiren. Das Wort Freiheit, das so schön und volltö-
nend in der polnischen Geschichte durchklingt, war nur der Wahlspruch des
Adels, der dem Könige so viel Rechte als möglich abzuzwängen suchte, um seine
eigne Macht zu vergrößern, und auf solche Weise die Anarchie hervorzurufen.
C'etoit tout comme chez nous, wo ebenfalls deutsche Freiheit einst nichts
anders hieß, als den Kaiser zum Bettler machen, damit der Adel desto reichlicher schlemmen und desto willkührlicher herrschen konnte; und ein Reich mußte
untergehen, dessen Voigt auf seinem Stuhle festgebunden war, und endlich
nur ein Holzschwerdt in der Hand trug. In der That, die polnische Geschichte
ist die Miniaturgeschichte Deutschlands; nur daß in Polen die Großen sich
vom Reichs-Oberhaupte nicht so ganz losgerissen und selbstständig gemacht
hatten, wie bei uns, und daß durch die deutsche Bedächtigkeit doch immer einige
Ordnung in die Anarchie hineingelangsamt wurde. Hätte Luther, der Mann
Gottes und Katharinas, vor einem Krakauer Reichstage gestanden, so hätte
man ihn sicher nicht so ruhig, wie in Augsburg, aussprechen lassen. Jener
Grundsatz von der stürmischen Freiheit, die besser sein mag, als ruhige Knechtschaft, hat dennoch, trotz seiner Herrlichkeit, die Polen ins Verderben gestürzt.
Aber es ist auch erstaunlich, wenn man sieht, welche Macht schon das bloße
Wort Freiheit auf ihre Gemüther ausübt; sie glühen und flammen, wenn sie
hören, daß irgend für die Freiheit gestritten wird; ihre Augen schauen leuchtend nach Griechenland und Südamerika. In Polen selbst aber wird, wie ich
schon oben gesagt, unter Niederdrückung der Freiheit bloß die Beschränkung
der Adelsrechte verstanden, oder gar die allmählige Ausgleichung der Stände.
Wir wissen das besser; die Freiheiten müssen untergehen, wo die allgemeine
gesetzliche Freiheit gedeihen soll.

Jetzt aber knien Sie nieder, oder wenigstens ziehen Sie den Hut ab — ich
spreche von Polens Weibern. Mein Geist schweift an den Ufern des Ganges,
und sucht die zartesten und lieblichsten Blumen, um sie damit zu vergleichen.
Aber was sind gegen diese Holden alle Reize der Mallika, der Kuwalaya,
der Dschabti, der Nagakesarblüthen, der heiligen Lotosblumen, und wie sie
alle heißen mögen—Kamalata, Pedma, Kamala, Tamala, Sirischa, u. s. w.

Hätte ich den Pinsel Raphaels, die Melodien Mozarts und die Sprache Calderons, so gelänge es mir vielleicht, Ihnen ein Gefühl in die Brust zu zaubern, das Sie empfinden würden, wenn eine wahre Polin, eine Weichsel-Aphrodite, vor Ihren hochbegnadigten Augen leibhaftig erschiene. Aber was sind raphaelische Farbenkleckse gegen diese Altarbilder der Schönheit, die der lebendige Gott in seinen heitersten Stunden fröhlich hingezeichnet! Was sind mozartische Klimpereien gegen die Worte, die gefüllten Bonbons für die Seele, die aus den Rosenlippen dieser Süßen hervorquellen! Was sind alle calderonischen Sterne der Erde und Blumen des Himmels gegen diese Holden, die ich ebenfalls auf gut calderonisch, Engel der Erde benamse, weil ich die Engel selbst Polinnen des Himmels nenne! Ja, mein Lieber, wer in ihre Gazellen-Augen blickt, glaubt an den Himmel, und wenn er der eifrigste Anhänger des Baron Holbach war; — — — — —

— — — Wenn ich über den Charakter der Polinnen sprechen soll, so bemerke ich blos: sie sind Weiber. Wer will sich anheischig machen, den Charakter dieser letztern zu zeichnen!

Ein sehr werther Weltweiser, der zehn Oktavbände „weibliche Charaktere" geschrieben, hat endlich seine eigne Frau in militärischen Umarmungen gefunden. Ich will hier nicht sagen, die Weiber hätten gar keinen Charakter. Bei Leibe nicht! Sie haben vielmehr jeden Tag einen andern. Diesen immerwährenden Wechsel des Charakters will ich ebenfalls durchaus nicht tadeln. Es ist sogar ein Vorzug. Ein Charakter entsteht durch ein System stereotyper Grundsätze. Sind letztere irrig, so wird das ganze Leben desjenigen Menschen, der sie systematisch in in seinem Geiste aufgestellt, nur ein großer, langer Irrthum sein. Wir loben das, und nennen es „Charakter haben" wenn ein Mensch nach festen Grundsätzen handelt, und bedenken nicht, daß in einem solchen Menschen die Willensfreiheit untergegangen, daß sein Geist nicht fortschreitet, und daß er selbst ein blinder Knecht seiner verjährten Gedanken ist. Wir nennen das auch Consequenz, wenn Jemand dabei bleibt, was er ein für allemal in sich aufgestellt und ausgesprochen hat, und wir sind oft tolerant genug, Narren zu bewundern und Bösewichter zu entschuldigen, wenn sich nur von ihnen sagen läßt: daß sie consequent gehandelt. Diese moralische Selbstunterjochung findet sich aber fast nur bei Männern; im Geiste der Frauen bleibt immer lebendig und in lebendiger Bewegung das Element der Freiheit. Jeden Tag wechseln sie ihre Weltansichten, meistens ohne sich dessen bewußt zu sein. Sie stehen des Morgens auf wie unbefangene Kinder, bauen des Mittags ein Gedankensystem, das, wie ein Kartenhaus, des Abends wieder zusammen fällt. Haben sie heute schlechte Grundsätze, so wette ich darauf, haben sie morgen die allerbesten. Sie wechseln ihre Meinungen so oft wie ihre Kleider. Wenn in ihrem Geiste just kein herrschender Gedanke steht, so zeigt sich das Allererfreulichste, das Interregnum des Gemüths. Und dieses ist bei den Frauen am reinsten und am stärksten, und führt sie sicherer als die Verstandes-Abstraktions-Laternen, die uns Männer so oft irre leiten. Glauben Sie nicht etwa, ich wollte hier den Advocatus diaboli spielen, und die Weiber noch obendrein preisen wegen jenes Charakter-Mangels, den unsere Gelbschnäbel und Grauschnäbel — die Einen durch Amor, die Andern durch Hymen maltraitirt — mit so vielen Stoßseufzern beklagen. Auch müssen Sie bemerken, daß, bei diesem allgemeinen Ausspruch über die Weiber, die Polinnen hauptsächlich gemeint sind, und die deutschen Frauen so halb und halb ausgenommen werden. Das ganze deutsche Volk hat, durch seinen angeborenen Tiefsinn, ganz besondere Anlage zu einem festen Charakter, und auch den Frauen hat sich ein Anflug davon mitgetheilt, der durch die Zeit sich immer mehr und mehr verdichtet, so daß man bei ältlichen deutschen Damen, sogar bei den Frauen aus dem Mittelalter, d. h. bei Vierzigerinnen, eine ziemlich dicke, schuppige Charakterhornhaut vorfindet. Unendlich verschieden sind die Polinnen von den deutschen Frauen. Das slavische Wesen überhaupt, und die polnische Sitte insbesondere, mag dieses hervorgebracht haben. In Hinsicht der Liebenswürdigkeit will ich die Polin nicht über die Deutsche erheben: sie sind nicht zu vergleichen. Wer will eine Venus von Titian über eine Maria von Correggio setzen? In einem sonnenhellen Blumenthale würde ich mir eine Polin zur Begleiterin wählen; in einem mondbeleuchteten Lindengarten wählte ich eine Deutsche. Zu einer Reise durch Spanien, Frankreich und Italien wünschte ich eine Polin zur Begleiterin; zu einer Reise durch das Leben wünschte ich eine Deutsche. Muster von Häuslichkeit, Kinder-Erziehung, frommer Demuth und allen jenen stillen Tugenden der deutschen Frauen wird man wenige unter den Polinnen finden. Jene Haus-Tugenden finden sich aber auch bei uns meistens nur im Bürgerstande, und einem Theile des Adels, der sich in Sitten und Ansprüchen dem Bürgerstande angeschlossen. Bei dem übrigen Theile des deutschen Adels werden oft jene Haus-Tugenden in höherem Grade und auf eine weit empfindlichere Weise vermißt, als bei den Frauen des polnischen Adels. Ja, bei diesen ist es doch nie der Fall, daß auf diesen Mangel sogar ein Werth gelegt wird, daß man sich etwas darauf einbildet; wie von so manchen deutschen adlichen Damen geschieht, die nicht Geld- oder Geisteskraft genug besitzen, um sich über den Bürgerstand zu erheben, und die sich wenigstens durch Verachtung bürgerlicher Tugenden und Beibehaltung nichtskostender altadlicher Gebrechen auszuzeichnen suchen. Auch die Frauen der Polen sind nicht ahnenstolz, und es fällt keinem polnischen Fräulein ein, sich etwas darauf einzubilden, daß vor einigen hundert Jahren ihr wegelagernder Ahnherr, der Raubritter, der verdienten Strafe — entgan-

33*

gen ist. — Das religiöse Gefühl ist bei den deutschen Frauen tiefer als bei den Polinnen. Diese leben mehr nach außen als nach innen; sie sind heitere Kinder, die sich vor Heiligenbildern bekreuzen, durch das Leben wie durch einen schönen Redouten-Saal gaukeln, und lachen und tanzen, und liebenswürdig sind. Ich möchte wahrlich nicht Leichtfertigkeit, und nicht einmal Leichtsinn nennen jenen leichten Sinn der Polinnen, der so sehr begünstigt wird durch die leichten polnischen Sitten überhaupt, durch den leichten französischen Ton, der sich mit diesen vermischt, durch die leichte französische Sprache, die in Polen mit Vorliebe, und fast wie eine Muttersprache, gesprochen wird, und durch die leichte französische Literatur, deren Desert, die Romane, von den Polinnen verschlungen werden; und was die Sittenreinheit betrifft, so bin ich überzeugt, daß die Polinnen hierin den deutschen Frauen nicht nachzustehen brauchen. Die Ausschweifungen einiger polnischen Magnaten-Weiber haben, wegen ihrer Großartigkeit, zu verschiedenen Zeiten viele Augen auf sich gezogen, und unser Pöbel, wie ich schon oben bemerkt, beurtheilt eine ganze Nation nach den Paar schmutzigen Exemplaren, die ihm davon zu Gesicht gekommen. Außerdem muß man bedenken, daß die Polinnen schön sind, und daß schöne Frauen, aus bekannten Gründen, dem bösen Leumund am meisten ausgesetzt sind, und demselben nie entgehen, wenn sie, wie die Polinnen, freudig dahin leben in leichter, anmuthiger Unbefangenheit. Glauben Sie mir, man ist in Warschau um nichts weniger tugendhaft, wie in Berlin, nur daß die Wogen der Weichsel etwas wilder brausen als die stillen Wasser der seichten Spree.

Von den Weibern gehe ich über zu dem politischen Gemüths-Zustande der Polen, und muß bekennen, daß ich bei diesem exaltirten Volke es immerwährend bemerkte, wie schmerzlich es die Brust des polnischen Edelmanns bewegt, wenn er die Begebenheiten der letzten Zeit überschaut. Auch die Brust des Nicht-Polen wird von Mitgefühl durchdrungen, wenn man sich die politischen Leiden aufzählt, die in einer kleinen Zahl von Jahren die Polen betroffen. Viele unserer Journalisten schaffen sich dieses Gefühl gemächlich vom Halse, indem sie leichthin aussprechen: die Polen haben sich durch ihre Uneinigkeit ihr Schicksal selbst zugezogen, und sind also nicht zu bedauern. Das ist eine thörichte Beschwichtigung. Kein Volk, als ein Ganzes gedacht, verschuldet etwas; sein Treiben entspringt aus einer inneren Nothwendigkeit, und seine Schicksale sind stets Resultate derselben. Dem Forscher offenbart sich der erhabenere Gedanke: daß die Geschichte (Natur, Gott, Vorsehung u. s. w.), wie mit einzelnen Menschen, auch mit ganzen Völkern eigene große Zwecke beabsichtigt, und daß manche Völker leiden müssen, damit das Ganze erhalten werde und blühender fortschreite. Die Polen, ein slavisches Grenzvolk an der Pforte der germanischen Welt, scheinen durch ihre Lage schon ganz besonders dazu bestimmt, gewisse Zwecke in den Weltbegebenheiten zu erfüllen. Ihr moralischer

Kampf gegen den Untergang ihrer Nationalität rief stets Erscheinungen hervor, die dem ganzen Volke einen anderen Charakter aufdrücken, und auch auf
den Charakter der Nachbar-Völker einwirken müssen. — Der Charakter der
Polen war bisher militärisch, wie ich oben schon bemerkte; jeder polnische Edelmann war Soldat und Polen eine große Kriegsschule. Jetzt aber ist dieß
nicht mehr der Fall, es suchen sehr Wenige Militär-Dienste. Die Jugend
Polens verlangt jedoch Beschäftigung, und da haben die Meisten ein anderes
Feld erwählt als den Kriegsdienst, nämlich — die Wissenschaften. Ueberall
zeigen sich die Spuren dieser neuen Geistesrichtung; durch die Zeit und das
Lokal vielfach begünstigt, wird sie in einigen Dezennien, wie schon angedeutet
ist, dem ganzen Volkscharakter eine neue Gestalt verleihen. Noch unlängst
haben sie in Berlin jenen freudigen Zusammenfluß junger Polen gesehen, die
mit edler Wißbegier und musterhaftem Fleiße in alle Theile der Wissenschaften
eindrangen, besonders die Philosophie an der Quelle, im Hörsaale Hegels,
schöpften, und jetzt leider, veranlaßt durch einige unselige Ereignisse, sich von
Berlin entfernten. Es ist ein erfreuliches Zeichen, daß die Polen ihre blinde
Vorliebe für die französische Literatur allmählig ablegen, die lange übersehene
tiefere deutsche Literatur würdigen lernen, und, wie oben erwähnt ist, just dem
tiefsinnigsten deutschen Philosophen Geschmack abgewinnen konnten. Letzteres
zeigt, daß sie den Geist unserer Zeit begriffen haben, deren Stempel und Tendenz die Wissenschaft ist. Viele Polen lernen jetzt Deutsch, und eine Menge
guter deutscher Bücher wird in's Polnische übersetzt. Der Patriotismus hat
ebenfalls Theil an diesen Erscheinungen. Die Polen fürchten den gänzlichen
Untergang ihrer Nationalität; sie merken jetzt, wie viel zu Erhaltung derselben
durch eine National-Literatur bewirkt wird, und (wie drollig es auch klingt,
so ist es doch wahr, was mir viele Polen ernsthaft sagten) in Warschau wird
an einer — polnischen Literatur gearbeitet. Es ist nun freilich ein großes
Mißverständniß, wenn man glaubt, eine Literatur, die ein aus dem ganzen
Volke organisch Hervorgegangenes sein muß, könne im literarischen Treibhause
der Hauptstadt von einer Gelehrten-Gesellschaft zusammen geschrieben werden;
aber durch diesen guten Willen ist doch schon ein Anfang gemacht, und Herrliches muß in einer Literatur hervorblühen, wenn sie als eine Vaterlandssache
betrachtet wird. Dieser patriotische Sinn muß freilich auf eigene Irrthümer
führen, meistens in der Poesie und in der Geschichte. Die Poesie wird das
Erhebungs-Kolorit tragen, hoffentlich aber den französischen Zuschnitt verlieren und sich dem Geiste der deutschen Romantik nähern. — Ein geliebter pol-
nischer Freund sagte mir, um mich besonders zu necken: wir haben eben so gut
romantische Dichter als Ihr, aber sie sitzen bei uns noch — im Tollhause! —
In der Geschichte kann der politische Schmerz die Polen nicht immer zur Unparteilichkeit führen, und die Geschichte Polens wird sich zu einseitig und zu

unverhältnißmäßig aus der Universalgeschichte hervorheben; aber desto mehr wird man auch für Erhaltung Alles desjenigen Sorge tragen, was für die polnische Geschichte wichtig ist, und dieses um so ängstlicher, da man, wegen der heillosen Weise, wie man mit den Büchern der Warschauer Bibliothek im letzten Kriege verfahren, in Sorge ist, alle polnischen National-Denkmale und Urkunden möchten untergehen; deßhalb, scheint es, hat kürzlich ein Samoyski eine Bibliothek für die polnische Geschichte im fernen — Edinburg gegründet. Ich mache Sie aufmerksam auf die vielen neuen Werke, welche nächstens die Pressen Warschau's verlassen, und was die schon vorhandene polnische Literatur betrifft, so verweise ich Sie deßhalb auf das sehr geistreiche Werk von Kaulfus. — Ich hege die größten Erwartungen von dieser geistigen Umwälzung Polens, und das ganze Volk kommt mir vor, wie ein alter Soldat, der sein erprobtes Schwert mit dem Lorbeer an den Nagel hängt, zu den milderen Künsten des Friedens sich wendet, den Geschichten der Vergangenheit nachsinnt, die Kräfte der Natur erforscht und die Sterne mißt, oder gar die Kürze und Länge der Sylben, wie wir es bei Carnot sehen. Der Pole wird die Feder eben so gut führen wie die Lanze, und wird sich eben so tapfer zeigen auf dem Gebiete des Wissens, als auf den bekannten Schlachtfeldern. Eben weil die Geister so lange brach lagen, wird die Saat in ihnen desto mannigfaltigere und üppigere Früchte tragen. Bei vielen Völkern Europa's ist der Geist, eben durch seine vielen Reibungen, schon ziemlich abgestumpft, und durch den Triumph seines Bestrebens, durch sein Sichselbsterkennen, hat er sich sogar hie und da selbst zerstören müssen. Außerdem werden die Polen von den vielhundertjährigen Geistes-Anstrengungen des übrigen Europa die reinen Resultate in Empfang nehmen, und während diejenigen Völker, welche bisher an dem babylonischen Thurmbau europäischer Cultur mühsam arbeiteten, erschöpft sind, werden unsere neuen Ankömmlinge, mit ihrer slavischen Behendigkeit und noch unerschlafften Rüstigkeit, das Werk weiter fördern. Hierzu kommt noch, daß die wenigsten dieser neuen Arbeiter für Tagelohn handlangern, wie der Fall ist bei uns in Deutschland, wo die Wissenschaften ein Gewerbe und zünftig sind, und wo selbst die Muse eine Milchkuh ist, die so lange für Honorar abgemelkt wird, bis sie reines Wasser giebt. Die Polen, welche sich jetzt auf Wissenschaften und Künste werfen, sind Edelleute, und haben meistens Privat-Vermögen genug, um nicht zu ihrem Lebensunterhalt auf den Ertrag ihrer Kenntnisse und wissenschaftlichen Leistungen angewiesen zu sein. Unberechenbar ist dieser Vorzug. Herrliches zwar hat schon der Hunger hervorgebracht, aber noch viel Herrlicheres die Liebe. Auch das Lokal begünstigt die geistigen Fortschritte der Polen: nämlich ihre Erziehung auf dem Lande. Das polnische Landleben ist nicht so geräuschlos und einsamlich, wie das unsrige, da die polnischen Edelleute sich auf zehn Stunden weit besuchen, oft Wochen lang mit der sämmtlichen Familie beisammen bleiben, mit wohleingepackten Betten nomadisch herum reisen; so daß es mir vorkam, als sei das ganze Großherzogthum Posen eine große Stadt, wo nur die Häuser etwas meilenweit von einander entfernt stehen, und in mancher Hinsicht sogar eine kleine Stadt, weil die Polen sich Alle kennen, Jeder mit den Familien-Verhältnissen und Angelegenheiten des Andern genau bekannt ist, und diese gar oft, auf kleinstädtische Weise, Gegenstände der Unterhaltung werden. Dennoch ist dieses rauschende Treiben, welches dann und wann auf den polnischen Landgütern herrscht, der Erziehung der Jugend nicht so schädlich, wie das Geräusch der Städte, das sich jeden Augenblick in seinen Tonarten verändert, den Geist der Jugend von der Naturanschauung abwendet, durch Mannigfaltigkeit zersplittert und durch Ueberreiz abstumpft. Ja, jene zuweilige Störung im ländlichen Stillleben ist der Jugend sogar heilsam, da sie wieder anregt und aufwühlt, wenn der Geist durch die immerwährende äußere Ruhe versumpfen, oder, wie man es nennt, versauern möchte: eine Gefahr, die bei uns so oft vorhanden. Das frische, freie Landleben in der Jugend hat gewiß am meisten dazu beigetragen, den Polen jenen großen starken Charakter zu verleihen, den sie im Kriege und im Unglück zeigen. Sie bekommen dadurch einen gesunden Geist in einem gesunden Körper; dieses bedarf der Gelehrte eben so gut wie der Soldat. Die Geschichte zeigt uns, wie die meisten Menschen, die etwas Großes gethan, ihre Jugend im Stillleben verbrachten. — Ich habe in der letzten Zeit die Erziehung der Mönche im Mittelalter so sehr lobpreisen gehört; man rühmte die Methode in den Klosterschulen und nannte die daraus hervor gegangenen großen Männer, deren Geist sogar in unserer absonderlich geistreichen Zeit etwas gelten würde; aber man vergaß, daß es nicht die Mönche, sondern die mönchische Eingezogenheit, nicht die Kloster-Schulmethode, sondern die stille Klösterlichkeit selbst war, die jene Geister nährte und stärkte. Wenn man unsere Erziehungs-Institute mit einer Mauer umgäbe, so würde dieses mehr wirken, als alle unsere pädagogischen Systeme, sowohl idealisch-humanistische, als praktisch-Basedowsche. Geschähe dasselbe bei unsern Mädchen-Pensionen, die jetzt so hübsch frei dastehen zwischen dem Schauspielhause und dem Tanzhause, und der Wachtparade gegenüber, so verlören unsere Pensionärrinnen ihre kaleydoskopartige Phantasterei und neudramatische Wassersuppen-Sentimentalität.

Von den Bewohnern der preußisch polnischen Städte will ich Ihnen nicht viel schreiben; es ist ein Mischvolk von preußischen Beamten, ausgewanderten Deutschen, Wasserpolen, Polen, Juden, Militair u. s. w. Die preußischen deutschen Beamten fühlen sich von den polnischen Edelleuten nicht eben zuvorkommend behandelt. Viele deutsche Beamten werden oft, ohne ihren Willen, nach Polen versetzt, suchen aber sobald als möglich wieder heraus zu kommen;

Andere sind von häuslichen Verhältnissen in Polen festgehalten. Unter ihnen finden sich auch solche, die sich darin gefallen, daß sie von Deutschland isolirt sind; die sich bestreben, das bischen Wissenschaftlichkeit, das sich ein Beamter, zum Behuf des Examens, erworben haben mußte, so schnell als möglich wieder auszugähnen; die ihre Lebensphilosophie auf eine gute Mahlzeit basirt haben, und die, bei ihrer Kanne schlechten Bieres, geifern gegen die polnischen Edelleute, die alle Tage ungarischen Wein trinken und keine Aktenstöße durchzuarbeiten brauchen. Von dem preußischen Militair, das in dieser Gegend liegt, brauche ich nicht viel zu sagen; dieses ist, wie überall, brav, wacker, höflich, treuherzig und ehrlich. Es wird von dem Polen geachtet, weil dieser selbst soldatischen Sinn hat und der Brave alles Brave schätzt; aber von einem näheren Gefühle ist noch nicht die Rede.

Posen, die Hauptstadt des Großherzogthums, hat ein trübsinniges unerfreuliches Ansehen. Das einzige Anziehende ist, daß sie eine große Menge katholischer Kirchen hat. Aber keine einzige ist schön. Vergebens wallfahrte ich alle Morgen von einer Kirche zur andern, um schöne alte Bilder aufzusuchen. Die alten Gemälde finde ich hier nicht schön, und die einigermaßen schönen sind nicht alt. Die Polen haben die fatale Gewohnheit, ihre Kirchen zu renoviren. Im uralten Dom zu Gnesen, der ehemaligen Hauptstadt Polens, fand ich lauter neue Bilder und neue Verzierungen. Dort interessirte mich nur die figurenreiche, aus Eisen gegossene Kirchenthür, die einst das Thor von Kiew war, welches der siegreiche Boguslaw erbeutete, und worin noch sein Schwerthieb zu sehen ist. Der Kaiser Napoleon hat sich, als er in Gnesen war, ein Stückchen aus dieser Thür herausschneiden lassen, und diese hat, durch solche hohe Aufmerksamkeit, noch mehr an Werth gewonnen. In dem Gnesener Dom hörte ich auch, nach der ersten Messe, einen vierstimmigen Gesang, den der heilige Adalbert, der dort begraben liegt, selbst componirt haben soll und der alle Sonntage gesungen wird. Der Dom hier in Posen ist neu, hat wenigstens ein neues Ansehen; und folglich gefiel er mir nicht. Neben demselben liegt der Palast des Erzbischofs, der auch zugleich Erzbischof von Gnesen, und folglich zugleich römischer Cardinal ist, und folglich rothe Strümpfe trägt. Er ist ein sehr gebildeter, französisch-urbaner Mann, weißhaarig und klein. Der hohe Clerus in Polen gehört immer zu den vornehmsten adlichen Familien; der niedere Clerus gehört zum Plebs, ist roh, unwissend und rauschtrinkend. — Ideen-Assoziation führt mich direkt auf das Theater. Ein schönes Gebäude haben die hiesigen Einwohner den Musen zur Wohnung angewiesen; aber die göttlichen Damen sind nicht eingezogen, und schickten nach Posen blos ihre Kammerjungfern, die sich mit der Garderobe ihrer Herrschaft putzen und auf den geduldigen Brettern ihr Wesen treiben. Die Eine spreizt sich wie eine Pfau, die Andere flattert wie eine Schnepfe, die Dritte kollert wie ein Truthahn und die Vierte hüpft auf einem Beine wie ein Storch. Das entzückte Publikum aber sperrt ellenweit den Mund auf, der Epaulet=Mensch ruft: Auf Ehre, Melpomene! Thalia! Polyhymnia! Terpsichore! — Auch einen Theater=Recensenten giebt es hier. Als wenn die unglückliche Stadt nicht genug hätte an dem bloßen Theater! Die trefflichen Recensionen dieses trefflichen Recensenten stehen bis jetzt nur in der Posener Stadt=Zeitung, werden aber bald als eine Fortsetzung der Lessing'schen Dramaturgie gesammelt erscheinen!! Doch mag sein, daß mir dieses Provinzial=Theater so schlecht erscheint, weil ich just von Berlin komme, und noch zuletzt die Schröck und die Stich sah. Nein, ich will nicht das ganze Posensche Theater verdammen; ich bekenne sogar, daß es ein ganz ausgezeichnetes Talent, zwei gute Subjekte und einige nicht ganz schlechte besitzt. Das ausgezeichnete Talent, wovon ich hier spreche, ist Demois. Paien. Ihre gewöhnliche Rolle ist die erste Liebhaberin. Da ist nicht das weinerliche Lamento und das zierliche Geträtsche jener Gefühlvollen, die sich für die Bühne berufen glauben, weil sie vielleicht im Leben die sentimentale oder kokette Rolle mit einigem Succes gespielt, und die man von den Brettern fortpfeifen möchte, eben weil man sie im einsamen Closet herzlich applaudiren würde. Demois. Paien spielt mit gleichem Glücke auch die heterogensten Rollen, eine „Elisabeth" so gut wie eine „Maria." Am besten gefiel sie mir jedoch im Lustspiel, in Conversations=Stücken, und da besonders in jovialen, neckenden Rollen. Sie ergötzte mich königlich als „Pauline" in „Sorgen ohne Noth und Noth ohne Sorge." Bei Demois. Paien fand ich ein freies Spielen von innen heraus, eine wohlthuende Sicherheit, eine fortreißende Kühnheit, ja fast Verwegenheit des Spiels, wie wir es nur bei einem ächten, großen Talente gewahren. Ich sah sie ebenfalls mit Entzücken in einigen Männer=Rollen, z. B. in der „Liebeserklärung" und in Wolff's „Cäsario;" nur hätte ich hier eine etwas eckige Bewegung der Arme zu rügen, welchen Fehler ich aber auf Rechnung der Männer setze, die ihr zum Muster dienen. Demois. Paien ist zu gleicher Zeit Sängerin und Tänzerin, hat ein günstiges Aeußere, und es wäre Schade, wenn dieses kunstbegabte Mädchen in den Sümpfen herum ziehender Truppen untergehen müßte.

Ein brauchbares Subjekt der Posener Bühne ist Herr Carlsen, er verdirbt keine Rolle; auch muß man Madam Paien eine gute Schauspielerin nennen. Sie glänzt in den Rollen lächerlicher Alten. Als Geliebte „Schieberle's" gefiel sie mir besonders. Sie spielt ebenfalls keck und frei, und hat nicht den gewöhnlichen Fehler derjenigen Schauspielerinnen, die zwar mit vieler Kunst solche Alte=Weiberrollen darstellen, uns aber doch gern merken lassen möchten, daß in der alten Schachtel noch immer eine aimable Frau stecke. Herr Oldenburg, ein schöner Mann, ist als Liebhaber im Lustspiel unerquicklich und ein Muster von Steifheit und Unbeholfenheit; als Held=Liebhaber im Trauerspiel ist er ziemlich erträglich. Es ist nicht zu verkennen, daß er Anlage zum Tragischen hat; aber seinen langen Armen, die bei dem Knicen perpendikelartig hin und her fliegen, muß ich alles Schauspieler-Talent durchaus absprechen. Als „Richard" in „Rosamunde" gefiel er mir aber, und ich übersah manchmal den falschen Pathos, weil solcher im Stücke selbst liegt. In diesem Trauerspiel gefiel mir sogar Herr Munsch, als König, am Ende des zweiten Akts in der unübertrefflichen Knall-Effektscene. Herr Munsch pflegt gewöhnlich, wenn er in Leidenschaft geräth, einem Gebell ähnliche Töne auszustoßen. Demois. Franz, ebenfalls erste Liebhaberin, spielt schlecht aus Bescheidenheit; sie hat etwas Sprechendes im Gesicht, nämlich einen Mund. Madam Fabrizius ist ein niedliches Figürchen, und gewiß enchantirend außer dem Theater. Ihr Mann, Herr Fabrizius, hat in dem Lustspiel: „des Herzogs Befehl," den großen Fritz so meisterhaft parodirt, daß sich die Polizei hätte d'rein mischen sollen. (?) Madam Carlsen ist die Frau von Herrn Carlsen. Aber Herr Vogt ist der Komiker: er sagt es ja selbst, denn er macht den Comödien-Zettel. Er ist der Liebling der Gallerie, hat den Grundsatz, daß man eine Rolle wie die andere spielen müsse, und ich sah mit Bewunderung, daß er demselben getreu blieb als „Fels von Felsenburg," als dummer „Baron" im „Alpenröschen," als „Spießbürger-Anführer" im „Vogelschießen" u. s. w. Es war immer ein und derselbe Herr Ernst Voat mit seiner Fistel-Komik. Einen andern Komiker hat Posen kürzlich gewonnen in Herrn Ackermann, von welchem ich den „Staberle" und die „falsche Catalani" mit vielem Vergnügen gesehen. Madam Lentner ist die Direktrice der Posener Bühne, und findet nichts weniger als ihre Rechnung dabei. Vor ihr spielte hier die Köhlersche Truppe, die jetzt in Gnesen ist, und zwar im allerdesolatesten Zustande. Der Anblick dieser armen Waisenkinder der deutschen Kunst, die, ohne Brod und ohne aufmunternde Liebe, in dem fremden, kalten Polen herum irren, erfüllte meine Seele mit Wehmuth. Ich habe sie bei Gnesen, auf einem freien, mit hohen Eichen romantisch umzäunten Platze, genannt der Waldkrug, spielen sehen; sie führten ein Schauspiel auf, betitelt: „Bianka von Toredo, oder die Bestürmung von Castellnero," ein großes Ritter-Schauspiel in fünf Aufzügen von Winkler; es wurde viel darin geschossen, und gefochten und geritten, und innig rührten mich die armen, geängstigten Prinzessinnen, deren wirkliche Betrübniß merklich schimmerte durch ihre betrübte Deklamation, deren häusliche Dürftigkeit sichtbar hervor guckte aus ihrem fürstlichen Goldflitter-Staate, und auf deren Wangen das Elend nicht ganz von der Schminke bedeckt war. — Vor Kurzem spielte hier auch eine polnische Gesellschaft aus Krakau. Für zweihundert Thaler Abstandsgeld überließ ihr Madam Lentner die Benutzung des Schauspielhauses auf vierzehn Darstellungen. Die Polen gaben meistens Opern. An Parallelen zwischen ihnen und der deutschen Truppe konnte es nicht fehlen. Die Posener von deutscher Zunge gestanden zwar, daß die polnischen Schauspieler schöner spielten, als die deutschen, und schöner sangen, und eine schönere Garderobe führten u. s. w.; aber sie bemerkten doch: die Polen hätten keinen Anstand. Und das ist wahr; es fehlte ihnen jene traditionelle Theater-Etikette und pompöse, präziöse und graziöse Gravität deutscher Comödianten. Die Polen spielen im Lustspiel, im bürgerlichen Schauspiel und in der Oper nach leichten, französischen Mustern; aber doch mit der original-polnischen Unbefangenheit. Ich habe leider keine Tragödie von ihnen gesehen. Ich glaube, ihre Haupt-force ist das Sentimentale. Dieses bemerkte ich in einer Vorstellung des „Taschenbuchs" von Kotzebue, das man hier gab unter dem Titel: „Jan Grudczynski, Starost von Rawa," Schauspiel in drei Akten, nach dem Deutschen von L. A. Dmuczewski. Ich wurde ergriffen von dem hinreißend schmelzenden Klagen-Erguß der Madam Szymkaylowa, welche die „Jad-wiga," Tochter des in Anklagezustand gesetzten Starosts spielte. Die Sprache des Herrn Wlodek, Liebhaber „Jadwiga's," trug dasselbe sentimentale Co-lorit. An die Stelle der tabackschnupfenden Alten war ein schnupfender Haushofmeister, „Tadeusz Telempski," substituirt, den Herr Zebrowski ziemlich unbedeutend gab. Eine unvergleichliche Anmuth zeigten die polni-schen Sängerinnen, und das sonst so rohe Polnische klang mir wie Italienisch, als ich es singen hörte. Madam Skibinska beseligte meine Seele als „Prin-zessin von Navarra," als „Zetulba" im „Caliphen von Bagdad" und als „Aline." Eine solche „Aline" habe ich noch nie gehört. In der Scene, da sie ihren Geliebten in den Schlaf singt und die bedrängenden Botschaften er-hält, zeigte sie auch ein Spiel, wie es selten bei einer Sängerin gefunden wird. Sie und ihr heiteres Golkonda werden mir noch lange vor den Augen schweben und in den Ohren klingen. Madam Zawadzka ist eine liebliche „Lo-rezza," ein freundlich schönes Mädchenbild. Auch Madam Wlodkowa singt trefflich. Herr Zawadzki singt den „Olivier," ganz vorzüglich, spielt ihn aber schlecht. Herr Romanowski giebt einen guten „Johann." Herr Szym-kaylo ist ein gar köstlicher Bouffon. Aber die Polen haben keinen Anstand! Viel mag der Reiz der Neuheit dazu beigetragen haben, daß mich die polnischen Schauspieler so sehr ergötzt. Bei jeder Vorstellung, die sie gaben, war das Haus gedrängt voll. Alle Polen, die in Posen sind, besuchten aus Patrio-tismus das Theater. Die meisten polnischen Edelleute, deren Güter nicht gar zu weit von hier entfernt liegen, reisten nach Posen, um polnisch spielen zu sehen. Der erste Rang war gewöhnlich garnirt von polnischen Schönen, die, Blume an Blume gedrängt, heiter beisammen saßen, und vom Parterre aus den herrlichsten Anblick gewährten.

Von Antiquitäten der Stadt Posen und des Großherzogthums überhaupt

will ich Ihnen nichts schreiben, da sich jetzt ein weit erfahrenerer Alterthumsforscher, als ich bin, damit beschäftigt, und gewiß bald dem Publikum viel
Interessantes darüber mittheilen wird. Dieser ist der hiesige Professor Maximilian Schottky, der sechs Jahre, in Auftrag unserer Regierung, in Wien
zubrachte, um dort teutsche Geschichts- und Sprach-Urkunden zu sammeln.
Angetrieben von einem jugendlichen Enthusiasmus für diese Gegenstände, und
dabei unterstützt von den gründlichsten gelehrten Kenntnissen, hat Professor
Schottky eine literarische Ausbeute mitgebracht, die der teutsche Alterthumsforscher als unschätzbar betrachten kann. Mit einem beispiellosen Fleiße und
einer rastlosen Thätigkeit muß derselbe in Wien gearbeitet haben, da er nicht
weniger als sechs und dreißig dicke, und zwar sehr dicke, und fast sämmtlich
schön geschriebene Quartbände Manuskript von dort mitgebracht hat. Außer
ganzen Abschriften altteutscher Gedichte, die gut gewählt und für die Berliner
und Breslauer Bibliothek bestimmt sind, enthalten diese Bände auch viele zur
Herausgabe schon fertige, große, meistens historische Gedichte und Dichter-
blüthen des 13. Jahrhunderts, alle durch Sach- und Sprach-Erklärungen
und Handschriften-Vergleichungen gründlich bearbeitet; hiernächst enthalten
diese Bände prosaische Auflösungen von einigen Gedichten, die größtentheils
dem Sagenkreise des König Arthus angehören, und auch die größere Lesewelt
ansprechen können; ferner viele mit Scharfsinn und Umsicht entworfene Zusammenstellungen aus gedruckten und ungedruckten Denkmalen, deren Ueber-
schriften den meisten und wichtigsten Lebensverhältnissen im ganzen Mittelalter zur Bezeichnung dienen; dann enthalten diese Bände rein geschichtliche
Urkunden, worunter eine in den Haupttheilen vollständige Abschrift der Ge-
denkbücher des Kaisers Maximilian I. von 1494—1508, drei starke Quartbände füllend, und eine Sammlung alter Urkunden, aus späterer Zeit, am
wichtigsten sind, weil erstere das Leben des großen Kaisers und den Geist seiner
Zeit so treu beleuchten, und letztere, die mit der alten Orthographie genau
abgeschrieben sind, über viele Familienverhältnisse des östreichischen Hauses
Licht verbreiten, und nicht jedem zugänglich sind, dem nicht, wie dem Professor
Schottky, aus besonderer Gunst die Archive geöffnet werden. Endlich ent-
halten diese Bände über anderthalbtausend Lieder, aus alten, verschollenen
Sammlungen, aus seltenen fliegenden Blättern, und aus dem Munde des
Volkes niedergeschrieben: Materialien zur Geschichte der östreichischen Dicht-
kunst, dahin einschlagende Lieder und größere Gedichte, Auszüge seltener
Werke, interessante mündliche Sagen, Volkssprüche, durchgezeichnete Schrift-
züge der östreichischen Fürsten, eine Menge Hexenprozesse in Original-Akten,
Nachrichten über Kinderleben, Sitten, Feste und Gebräuche in Oestreich, und
eine Menge anderer sehr wichtiger und manchmal wunderlicher Notizen.
Zwar von tiefer Kenntniß des Mittelalters und inniger Vertrautheit mit dem

Geiste desselben zeugen die oben erwähnten sinnreichen Zusammenstellungen unter verschiedene Rubriken; aber dieses Verfahren entstammt doch eigentlich den Fehlgriffen der Breslauer Schule, welcher Professor Schottky angehört. Nach meiner Ansicht geht die Erkenntniß des ganzen geistigen Lebens im Mittelalter verloren, wenn man seine einzelne Momente in ein bestimmtes Fachwerk einregistrirt; — wie sehr schön und bequem es auch für das größere Publikum sein mag, wenn man, wie in Schottkys Zusammenstellungen meistens der Fall ist, z. B. unter der Rubrik Ritterthum gleich Alles beisammen findet, was auf Erziehung, Leben, Waffen, Festspiele und andere Angelegenheiten der Ritter Bezug hat; wenn man unter der Frauen-Rubrik alle möglichen Dichter-Fragmente und Notizen beisammen findet, die sich auf das Leben der Frauen im Mittelalter beziehen; wenn dieses ebenso der Fall ist bei Jagd, Liebe, Glaube u. s. w. Ueber den Glauben im Mittelalter giebt Professor Schottky (bei Marr in Breslau) nächstens ein Werk heraus, betitelt: „Gott, Christus und Maria." In der „Zeitschrift für Vergangenheit und Gegenwart" welche Professor Schottky nächstes Jahr (bei Munk in Posen) herausgiebt, werden wir von ihm gewiß viele der schätzbarsten Aufsätze über das Mittelalter und herrliche Resultate seiner Forschungen erhalten, obschon diese Zeitschrift auch einen großen Theil der allergegenwärtigsten Gegenwart umfassen, und zunächst eine literarische Verbindung Ostdeutschlands mit Süd- und Westdeutschland bezwecken soll. Es ist dennoch sehr zu bedauern, daß dieser Gelehrte auf einem Platze lebt, wo ihm die Hülfsmittel fehlen zur Bearbeitung und Herausgabe seiner reichen Materialien-Sammlung. In Posen ist keine Bibliothek; wenigstens keine, die diesen Namen verdiente. Auf der Allee hier, die Berliner Linden in Miniatur, wird jetzt eine Bibliothek gebaut, und, wenn sie fertig ist, mit Büchern allmählig versehen werden, und es wäre schlimm, wenn die Schottky'schen Sammlungen so lange unbearbeitet und dem größern Publikum unzugänglich bleiben müßten. Außerdem muß man im wirklichen Deutschland leben, wenn man mit einer Arbeit beschäftigt ist, die ein gänzliches Versenken in deutschen Geist und deutsches Wesen nothwendig erfordert. Den deutschen Alterthumsforscher müssen deutsche Eichen umrauschen. Es ist zu befürchten, daß der heiße Enthusiasmus für das Deutsche sich in der sarmatischen Luft abkühle oder verflüchtige. Möge der wackere Schottky jene äußern Anregungen nie entbehren, ohne welche keine ungewöhnliche Arbeit gedeihen kann. Es betrifft diese eine unserer heiligsten und wichtigsten Angelegenheiten, unsere Geschichte. Das Interesse für dieselbe ist zwar jetzt nicht sonderlich rege im Volke. Es ist sogar der Fall, daß gegenwärtig das Studium altdeutscher Kunst und Geschichts-Denkmale im Allgemeinen übel accreditirt ist; eben weil es vor mehreren Jahren als Mode getrieben wurde, weil der Schneider-Patriotismus sich damit breit machte, und weil unberufene Freunde ihm mehr geschadet, als die bittersten Feinde. Möge bald die Zeit kommen, wo man auch dem Mittelalter sein Recht widerfahren läßt, wo kein alberner Apostel seichter Aufklärung ein Inventarium der Schatten-Partien des großen Gemäldes verfertigt, um seiner lieben Lichtzeit dadurch ein Compliment zu machen; wo kein gelehrter Schulknabe Parallelen zieht zwischen dem Cöllner Dom und dem Pantheon, zwischen dem „Nibelungen-Lied" und der „Odyssee," wo man die Mittelalter-Herrlichkeiten aus ihrem organischen Zusammenhange erkennt, und nur mit sich selbst vergleicht, und das Nibelungen-Lied einen versifizirten Dom und den Cöllner Dom ein steinernes Nibelungen-Lied nennt.

Vorwort

zu

A. Weill's Sittengemälden

aus dem

elfässischen Volksleben.

—

Herr A. Weill, der Verfasser der elsässischen Idyllen, denen wir einige Geleitzeilen widmen, behauptet, daß er der erste gewesen, der dieses Genre auf den deutschen Büchermarkt gebracht. Es hat mit dieser Behauptung vollkommen seine Richtigkeit, wie uns Freunde versichern, die sich zugleich dahin aussprechen, als habe der erwähnte Autor nicht blos die ersten, sondern auch die besten Dorfnovellen geschrieben. Unbekanntschaft mit den Meisterwerken der Tagesschriftstellerei jenseits des Vater Rheins, hindert uns, hierüber ein selbstständig eignes Urtheil zu fällen.

Dem Genre selbst, der Dorfnovellistik, möchten wir übrigens keine bedeutende Stellung in der Literatur anweisen, und was die Priorität der Hervorbringung betrifft, so überschätzen wir ebenfalls nicht dieses Verdienst. Die Hauptsache ist und bleibt, daß die Arbeit, die uns vorliegt, in ihrer Art gut und gelungen ist, und in dieser Beziehung zollen wir ihr das ehrlichste Lob und die freundlichste Anerkennung.

Herr Weill ist freilich keiner jener Dichter, die mit angeborener Begabniß für plastische Gestaltung ihre stillsinnig harmonischen Kunstgebilde schaffen, aber er besitzt dagegen in übersprudelnder Fülle eine seltene Ursprünglichkeit des Fühlens und Denkens, ein leicht-erregbares, enthusiastisches Gemüth und eine Lebhaftigkeit des Geistes, die ihm im Erzählen und Schildern ganz wunderbar zu statten kommt, und seinen literarischen Erzeugnissen den Charakter eines Naturprodukts verleiht. Er ergreift das Leben in jeder momentanen Aeußerung, er ertappt es auf der That, und er selbst ist so zu sagen ein passionirtes Taguerreotyp, das die Erscheinungswelt mehr oder minder glücklich und manchmal, nach den Launen des Zufalls, poetisch abspiegelt. Dieses merkwürdige Talent, oder besser gesagt, dieses Naturell, bekundet sich auch in den übrigen Schriften des Herrn Weill, namentlich in seinem jüngsten Geschichtsbuche über den Bauernkrieg und in seinen sehr interessanten, sehr pikanten und sehr tumultuarischen Aufsätzen, wo er für die große Sache unserer Gegenwart auf's löblich Tollste Partei ergreift. Hier zeigt sich unser Autor mit allen seinen sozialen Tugenden und ästhetischen Gebrechen; hier sehen wir ihn in seiner vollen agitatorischen Pracht und Lückenhaftigkeit. Hier ist er ganz der zerrissene, europamüde Sohn der Bewegung, der die Unbehagnisse und Ekelthümer unserer heutigen Weltordnung nicht mehr zu ertragen weiß, und hinausgaloppirt in die Zukunft, auf dem Rücken einer Idee . . . .

Ja, solche Menschen sind nicht allein die Träger einer Idee, sondern sie werden selbst davon getragen, und zwar als gezwungene Reiter ohne Sattel und Zaum: sie sind gleichsam mit ihrem nackten Leibe festgebunden an die Idee wie Mazeppa an seinem wilden Rosse auf den bekannten Bildern des Horaz Vernet — sie werden davon fortgeschleift, durch alle fürchterliche Consequenzen, durch alle Steppen und Einöden, über Stock und Stein—das Dornengestrüpp zerfleischt ihre Glieder — die Waldesbestien schnappen nach ihnen im Vorüberjagen — ihre Wunden bluten — Wo werden sie zuletzt anlangen? Unter donischen Kosacken, wie auf dem Vernet'schen Bilde? Oder an dem Goldgitter der glückseligen Gärten, wo da wandeln jene Götter . . . .

Wer sind jene Götter?

Ich weiß nicht, wie sie heißen, jedoch die großen Dichter und Weisen aller Jahrhunderte haben sie längst verkündigt. Sie sind jetzt noch geheimnißvoll verhüllt; aber in ahnenden Träumen wage ich es zuweilen, ihren Schleier zu lüften, und dann erblicke ich . . . Ich kann es nicht aussprechen, denn bei diesem Anblick durchzuckt mich immer ein stolzer Schreck und er lähmt meine Zunge. Ach! ich bin ja noch ein Kind der Vergangenheit, ich bin noch nicht geheilt von jener knechtischen Demuth, jener knirschenden Selbstverachtung, woran das Menschengeschlecht seit anderthalb Jahrtausenden siechte, und die wir mit der abergläubischen Muttermilch eingesogen . . . Ich darf nicht aussagen, was ich geschaut . . . Aber unsere gesünderen Nachkommen werden in freudigster Ruhe ihre Göttlichkeit betrachten, bekennen und behaupten. Sie werden die Krankheit ihrer Väter kaum begreifen können. Es wird ihnen wie ein Mährchen klingen, wenn sie hören, daß weiland die Menschen sich alle Genüsse dieser Erde versagten, ihren Leib kasteiten und ihren Geist verdumpften, Mädchenblüthen und Jünglingsstolz abschlachteten, beständig logen und greinten, das abgeschmackteste Elend duldeten . . . ich brauche wohl nicht zu sagen Wem zu Gefallen!

In der That, unsere Enkel werden ein Ammenmährchen zu vernehmen meinen, wenn man ihnen erzählt, was wir geglaubt und gelitten! Und sie werden uns sehr bemitleiden! Wenn sie einst eine freudige Götterversammlung, in ihren Tempelpalästen sitzen, um den Altar, den sie sich selber geweiht haben, und sich von alten Menschheitsgeschichten unterhalten, die schönen Enkel, dann erzählt vielleicht einer der Greise, daß es ein Zeitalter gab, in welchem ein Todter als Gott angebetet und durch ein schauerliches Leichenmahl gefeiert ward, wo man sich einbildete, das Brod, welches man esse, sei sein Fleisch, und der Wein, den man trinke, sei sein Blut. Bei dieser Erzählung werden die Wangen der Frauen erbleichen und die Blumenkränze sichtbar erbeben auf ihren schönlockigten Häuptern. Die Männer aber werden neuen Weihrauch auf den Herd-Altar streuen, um durch Wohlduft die düsteren, unheimlichen Erinnerungen zu verscheuchen.

Geschrieben zu Paris am Charfreitag 1847.

Heinrich Heine.

Nachtrag zu den Gedichten.

Notiz.

Die folgenden zwei Gedichte hat Heine im Schad'schen deutschen Musenalmanach vom Jahre 1854 mitgetheilt. Da wir erst jetzt in den Besitz des letzteren kamen, so konnten die beiden Poesieen nicht unter die „neuesten Gedichte" im vierten Bande eingereiht werden.

Der Verleger.

Das Hohelied.

Des Weibes Leib ist ein Gedicht,
Das Gott der Herr geschrieben
In's große Stammbuch der Natur,
Als ihn der Geist getrieben.

Ja, günstig war die Stunde ihm,
Der Gott war hochbegeistert;
Er hat den spröden, rebellischen Stoff
Ganz künstlerisch bemeistert.

Fürwahr, der Leib des Weibes ist
Das Hohelied der Lieder;
Gar wunderbare Strophen sind
Die schlanken, weißen Glieder.

O, welche göttliche Idee
Ist dieser Hals, der blanke,
Worauf sich wiegt der kleine Kopf,
Der lockige Hauptgedanke!

Der Brüstchen Rosenknospen sind
Epigrammmatisch gefeilet;
Unsäglich entzückend ist die Cäsur,
Die streng den Busen theilet.

(404)

Den plaſtiſchen Schöpfer offenbart
Der Hüften Parallele;
Der Zwiſchenſatz mit dem Feigenblatt
Iſt auch eine ſchöne Stelle.

Das iſt kein abſtraktes Begriffspoem!
Das Lied hat Fleiſch und Rippen,
Hat Hand und Fuß; es lacht und küßt
Mit ſchöngereimten Lippen.

Hier athmet wahre Poeſie!
Anmuth in jeder Wendung!
Und auf der Stirne trägt das Lied
Den Stempel der Vollendung.

Lobſingen will ich bir, o Herr,
Und dich im Staub' anbeten!
Wir ſind nur Stümper gegen dich,
Den himmliſchen Poeten.

Verſenken will ich mich, o Herr,
In deines Liebes Prächten;
Ich widme ſeinem Stubium
Den Tag mitſammt den Nächten.

Ja, Tag und Nacht ſtubier' ich bran,
Will keine Zeit verlieren;
Die Beine werden mir ſo dünn —
Das kommt vom vielen Stubieren.

Lied der Marketenderin.

(Aus dem dreißigjährigen Krieg.)

Und die Huſaren lieb ich ſehr,
Ich liebe ſehr bieſelben;
Ich liebe ſie ohne Unterſchied,
Die blauen und die gelben.

Und die Musketiere lieb ich ſehr,
Ich liebe die Musketiere,
Sowohl Rekrut als Veteran,
Gemeine und Offiziere.

Die Cavalerie und die Infanterie,
Ich liebe sie alle, die Braven;
Auch hab' ich bei der Artillerie
Gar manche Nacht geschlafen.

Ich liebe den Deutschen, ich lieb' den Franzos,
Die Welschen und Niederländschen,
Ich liebe den Schwed, den Böhm und Spanjol,
Ich lieb' in ihnen den Menschen.

Gleichviel von welcher Heimat, gleichviel
Von welchem Glaubensbund ist
Der Mensch, er ist mir lieb und werth,
Wenn nur der Mensch gesund ist.

Das Vaterland und die Religion
Das sind nur Kleidungsstücke —
Fort mit der Hülle! daß ich an's Herz
Den nackten Menschen drücke.

Ich bin ein Mensch und der Menschlichkeit
Geb' ich mich hin mit Freude;
Und wer nicht gleich bezahlen kann,
Für den hab' ich die Kreide.

Der grüne Kranz vor meinem Zelt,
Der lacht im Licht der Sonne;
Und heute schenk' ich Malvasir
Aus einer frischen Tonne.

Inhalt.

—